"十二五"职业教育国家规划教材
经全国职业教育教材审定委员会审定

供高等职业教育药学类、药品制造类、食品药品管理类、医学检验技术等相关专业使用

有机化学

（第四版）

主　编　毛金银　王广珠
副主编　赵桂欣　刘俊宁　盛文文
编　者　（按姓名汉语拼音排序）

黄继红　皖西卫生职业学院
李光跃　山东药品食品职业学院
刘俊宁　山东医学高等专科学校
毛金银　中国药科大学高等职业技术学院
盛文文　皖西卫生职业学院
王广珠　山东药品食品职业学院
杨　俊　遵义医药高等专科学校
叶群丽　雅安职业技术学院
张青芳　长沙卫生职业学院
赵桂欣　南阳医学高等专科学校

科学出版社
北　京

内 容 简 介

本教材是“十二五”职业教育国家规划教材，依据教育部最新专业目录和培养方案的要求，结合有机化学课程理论与实践教学的特点，在第三版的基础上增补实践教学内容修订而成。教材理论内容涵盖链烃、环烃、对映异构、卤代烃、醇、酚、醚、醛、酮、醌、羧酸及其衍生物、有机含氮化合物、杂环化合物与生物碱、糖、蛋白质、核酸、萜类和甾族化合物。教材实践教学内容包含实验安全常识、熔点和旋光度测定、重结晶、常压蒸馏与减压蒸馏、水蒸气蒸馏、萃取与索氏提取和制备等典型技能训练项目。本教材具有体系新颖、基础理论知识简单、语言简练、通俗易懂、层次分明、突出实用和网络增值服务等特点。

本教材主要供高等职业教育药学类、药品制造类、食品药品管理类、医学检验技术等相关专业使用。

图书在版编目（CIP）数据

有机化学 / 毛金银，王广珠主编. —4 版. —北京：科学出版社，2021.7

“十二五”职业教育国家规划教材

ISBN 978-7-03-066961-2

Ⅰ.有… Ⅱ. ①毛… ②王… Ⅲ.有机化学－高等职业教育－教材 Ⅳ. O62

中国版本图书馆 CIP 数据核字（2019）第 113421 号

责任编辑：段婷婷 / 责任校对：樊雅琼

责任印制：赵 博 / 封面设计：涿州锦晖

科学出版社 出版

北京东黄城根北街 16 号

邮政编码：100717

http：//www.sciencep.com

中煤（北京）印务有限公司印刷

科学出版社发行 各地新华书店经销

*

2004 年 9 月第 一 版 开本：850×1168 1/16

2021 年 7 月第 四 版 印张：14 1/2

2025 年 1 月第十四次印刷 字数：439 000

定价：56.80 元

（如有印装质量问题，我社负责调换）

前　言

Preface

党的二十大报告指出：“人民健康是民族昌盛和国家强盛的重要标志。把保障人民健康放在优先发展的战略位置，完善人民健康促进政策。”贯彻落实党的二十大决策部署，积极推动健康事业发展，离不开人才队伍建设。党的二十大报告指出：“培养造就大批德才兼备的高素质人才，是国家和民族长远发展大计。”教材是教学内容的重要载体，是教学的重要依据、培养人才的重要保障。本次教材修订旨在贯彻党的二十大报告精神和党的教育方针，落实立德树人根本任务，坚持为党育人、为国育才。

本版教材依据教职成〔2019〕13号《教育部关于职业院校专业人才培养方案制订与实施工作的指导意见》文件精神，以《有机化学》第三版为基础进行了增删修订。在修订过程中以提高教材质量为中心，并吸取了广大师生对《有机化学》第三版的意见和建议，在内容上进一步体现通识性、实用性和实践性，更贴近高职高专层次学生的认识规律。

本版教材将第三版15章理论内容的部分章节前后顺序进行调整，并做了合并归类，整合为12章，使章节内容前后衔接更顺畅、系统性更好；将原版章节内容的化合物结构、分类、命名、性质和制备方法的主线调整为化合物结构、命名、性质和常用重要化合物及其应用的主线，删减了过多知识链接，增补插入案例、思考练习，降低了教材内容学习难度，增加了教学或自主学习过程中的互动、引导和思考。增补实验安全常识、熔点和旋光度测定、重结晶、常压蒸馏与减压蒸馏、水蒸气蒸馏、萃取与索氏提取和制备等十一个典型技能训练项目，作为高职高专学生必须掌握的有机化学实验基本技能，独立成第13章。将原章节学习目标和目标检测，调整为考点与自测题，并强化了两者相关性。在修订过程中更加注重语言简洁，更新图片和自测题，进一步统一了体例格式。

本版教材内容的选取更贴近高职高专层次药学类、药品制造类、食品药品管理类、医学检验技术及相关专业的有机化学课程标准与“书证融通”的要求，并兼顾了知识拓展，体现了“理实一体”“案例教学”“项目教学”的教学方式和“参与式”“探究式”的教学方法。本版教材在“中科云”教育平台配有数字资源。

在本版教材编写过程中，编者参考了许多书籍、文献资料，在此向相关书籍、文献资料的作者表示衷心的感谢！对支持和帮助本教材出版的科学出版社编辑和领导们表示最衷心的感谢！书中或有遗漏与不当之处，敬请广大读者批评指正！

毛金银

2023年5月30日

配套资源

欢迎登录“中科云教育”平台，**免费**数字化课程等你来！

本教材配有图片、视频、音频、动画、题库、PPT 课件等数字化资源，持续更新，欢迎选用！

“中科云教育”平台数字化课程登录路径

电脑端

- 第一步：打开网址 http://www.coursegate.cn/short/PC0U4.action
- 第二步：注册、登录
- 第三步：点击上方导航栏“课程”，在右侧搜索栏搜索对应课程，开始学习

手机端

- 第一步：打开微信“扫一扫”，扫描下方二维码
- 第二步：注册、登录
- 第三步：用微信扫描上方二维码，进入课程，开始学习

PPT课件，请在数字化课程中各章节里下载！

目　录

Contents

第 1 章　绪论 /1

第 1 节　有机化合物和有机化学 /1

第 2 节　有机化合物的结构 /2

第 3 节　有机化合物的分类和特点 /9

第 2 章　链烃 /13

第 1 节　烷烃 /13

第 2 节　单烯烃 /22

第 3 节　二烯烃 /29

第 4 节　炔烃 /32

第 3 章　环烃 /38

第 1 节　脂环烃 /38

第 2 节　单环芳烃 /44

第 3 节　多环芳烃和非苯系芳烃 /54

第 4 章　对映异构 /61

第 1 节　手性与对映异构 /61

第 2 节　光学异构体 /67

第 5 章　卤代烃 /72

第 1 节　卤代烃的分类和命名 /72

第 2 节　卤代烃的性质 /73

第 3 节　重要的卤代烃 /78

第 4 节　亲核取代反应和消除反应机理 /79

第 6 章　醇　酚　醚 /84

第 1 节　醇 /84

第 2 节　酚 /91

第 3 节　醚 /94

第 4 节　硫醇和硫醚 /98

第 7 章　醛　酮　醌 /101

第 1 节　醛和酮 /101

第 2 节　醌 /108

第 8 章　羧酸及其衍生物 /112

第 1 节　羧酸 /112

第 2 节　取代羧酸 /117

第 3 节　羧酸衍生物 /123

第 4 节　油脂和磷脂 /128

第 5 节　碳酸衍生物 /130

第 9 章　有机含氮化合物 /135

第 1 节　胺 /135

第 2 节　重氮化合物和偶氮化合物 /142

第 3 节　腈 /146

第 10 章　杂环化合物与生物碱 /149

第 1 节　杂环化合物 /149

第 2 节　生物碱 /164

第 11 章　糖　蛋白质　核酸 /169

第 1 节　糖 /169

第 2 节　蛋白质 /178

第 3 节　核酸 /184

第 12 章　萜类和甾族化合物 /188

第 1 节　萜类化合物 /188

第 2 节　甾族化合物 /193

第 13 章　有机化学实验基本技能 /200

实践项目一　有机化学实验常识 /200

实践项目二　熔点的测定 /206

实践项目三　重结晶 /207

实践项目四　旋光度的测定 /210

实践项目五　常压蒸馏 /211

实践项目六　萃取 /213

实践项目七　减压蒸馏 /214

实践项目八　提取茶叶中的咖啡因 /216

实践项目九　水蒸气蒸馏八角茴香 /217

实践项目十　乙酰苯胺的制备 /219

实践项目十一　乙酸丁酯的制备 /220

参考文献 /222

教学基本要求 /223

自测题（选择题）参考答案 /226

第1章 绪 论

第1节 有机化合物和有机化学

一、有机化合物和有机化学概述

有机化合物简称有机物，是自然界中重要的一类物质，迄今已发现的几千万种化合物中绝大多数是有机化合物。人类对有机化合物的认识经历了三个阶段。第一阶段是不知但自觉使用阶段。夏商时期，我国劳动人民依据生产和生活中积累的经验会利用自然界生长的谷物酿酒、制醋；汉朝时期人们会利用植物提取染料、香料，造纸；医药学家们会利用各种动植物治疗疾病，并总结归纳形成了世界上最早的药物集——《神农本草经》；明代药学大师李时珍撰写了举世闻名的药物全书——《本草纲目》，形成了我国中医药学的特色。第二阶段是提取阶段。进入18世纪后，人们先后从动植物中分离出一系列较纯的有机化合物，如酒石酸、草酸、枸橼酸、甘油、乳酸、吗啡、尿素等。由于当时人们认知的局限，有机化合物到底是如何形成的这一问题尚不能解释清楚，当时有些学者把从生物体中获得的此类"有生命力的物质"称为有机化合物。这些学者认为此类有机化合物只能在神秘的"生命力"作用下才能产生，不能人工合成，是与矿石、金属、盐类、水等无机化合物（简称无机物）截然不同的一类物质，这就是"生命力"学说，此学说在相当长的一段时间内严重阻碍了有机化合物的发现和利用，也阻碍了人类生活质量的提高。1828年德国化学家弗里德里希·维勒（Friedrich Wohler）加热无机化合物氰酸铵（NH_4CNO）得到了当时公认的有机化合物——尿素[$(NH_2)_2CO$]，首次实现了通过人工的方法把无机化合物转变成有机化合物。1845年德国的柯尔贝（Kolbe）合成了乙酸。1854年法国的贝特罗（Berthelot）合成了脂肪。随着越来越多的有机化合物的合成成功，"生命力"学说彻底被打破，人们对有机化合物的认识也相应进入第三阶段——合成阶段。实际上，有机化合物和无机化合物同属于自然界，遵循着相同的物理和化学的变化规律，在一定的条件下可以相互转化。人们在研究有机化合物的组成元素时发现其构成元素除了氢、氧、氮、硫、磷等元素外，都含有碳元素，因此，通常将"含碳的化合物"称为有机化合物（不包括碳化物、CO、CO_2、碳酸盐和氰化物）。随着化学分析手段的提高和研究的不断深入，发现有机化合物都可由简单的碳氢元素组成的化合物衍生而来，即通过它的氢原子被其他的原子或原子团所取代，形成更加复杂的含有氧、氮、卤素、硫、磷等元素的化合物，所以，也就有了当今有机化合物的准确定义：碳氢化合物及其衍生物统称为有机化合物。

有机化学是研究有机化合物的组成、结构、性质、制备方法及其应用的一门科学，是一门实验、理论并重的基础性学科，是和材料学、医学、药学、生物学、环境科学等许多学科的发展有着紧密联系的一门学科。有机化学从诞生之日起就在为人类提供新物质的服务，合成并设计出了如橡胶、纤维、塑料、药物等数千万种有机化合物，已渗透到生活生产的各个领域，使人们受益匪浅。随着现代物理学、计算机技术和生命科学的发展，有机化学必将有更多的交叉式、融合式的发展，也将呈现旺盛的生命力，为人类社会的美好生活创造更加丰硕的成果。

二、有机化学与食医药的关系

有机化学是食品类、医药类专业的一门十分重要的基础性课程，它为专业的后续课程奠定理论知识基础及实践方法。

医学研究的主要目的是防病、治病，保障人们的健康，研究的对象是组成成分复杂的人体。组成人体的物质除水和一些无机盐以外，绝大部分是有机化合物。例如，构成人体组织的蛋白质，与体内代谢有密切关系的酶、激素和维生素，人体储藏的养分——糖原、脂肪等，这些有机化合物在体内进行着一系列复杂的变化（包括化学变化），以维持体内新陈代谢的平衡。有关生命物质的人工合成，遗传基因的控制，癌症、艾滋病和帕金森病等疾病的治疗都是目前医学和生物学正在探索的重大课题，这些领域都必须要有有机化学的密切配合。

药学领域与有机化学关系密切。目前国内外的各类药物中，绝大多数是有机化合物或动植物中的有机成分。药物在体内代谢的机制、药效、毒性、原料药的合成、制剂的制备、质量控制等诸多方面都要应用到有机化学基础理论知识和实验方法。从分子水平认识疾病和药物作用机制是新药开发的必经之路。

有机化学与我们的食品也是息息相关的。我们的食品的成分主要是碳水化合物，如淀粉；食品加工行业也将有机化合物应用于食品添加剂和食品烹饪的调味品中，让食品在原有的基础上更加的鲜美，还能有效地延长食品的保质期。食品中的添加剂对人体既有利又有害，适当地添加一些食品添加剂可以改善食品的口感，进而增加人们的食欲；但是如果食品添加剂添加过多，则极易危害人体健康。食品原料动植物在生长过程中加入的高效低毒农药、动植物生长调节剂等也与有机化学有关。正确地应用有机化学，才能为我们的生活提供健康的食品。

考点：有机化学研究的对象和内容

链接 绿色化学

几百年来，化学为人类提供了数不尽的产品，提高人们生活质量的同时，也产生大量有害物质，造成环境的污染和生态的恶化；人类开始质疑化学，但又需要化学，这种情况迫切需要改变。20 世纪 90 年代人们提出“绿色化学”的概念，即是用化学技术和方法减少或消除那些对人类健康或环境有害的原料、产物、副产物、溶剂或试剂的生产及应用。绿色化学为我们指明了化学研究的新内容和发展方向：即设计绿色产品，利用无害原料，运用绿色工艺实现“零排放”，生产出环境友好的产品。让化学与人类共存共生，创造更加美好的生活。

第 2 节 有机化合物的结构

分子中各类元素原子间的连接次序和方式称为化学结构或简称结构，现在按国际纯粹与应用化学联合会（International Union of Pure and Applied Chemistry，IUPAC）的建议应改称为构造（constitution）。有机化合物的结构中原子间的连接方式（即化学键）主要是共价键。有机化合物的结构决定其性质；反之，也可以根据化合物的性质推断其化学结构。

一、共价键理论

（一）“八隅体”学说

二十世纪初期，美国化学家路易斯（Lewis）等提出著名的“八隅体”学说：原子之间在组成化学键时，有使外层电子形成八个电子或两个电子稳定结构的倾向。在形成离子键时通过电子得失达到稳定结构；而在形成共价键时则通过组成共用电子对达到稳定结构。两个成键原子间共一对电子形成的共价键称为单键；共用两对电子形成的共价键称为双键；共用三对电子形成的共价键称为叁键。用“·”表示结构式中原子外层的一个电子的化学式称为电子式；用“—”表示结构式中共价键的一对电子的化学式称为结构式。

案例 1-1

CH_4、C_2H_4、HCN 的电子式和结构式。

分子式 电子式 结构式

CH_4

C_2H_4

HCN

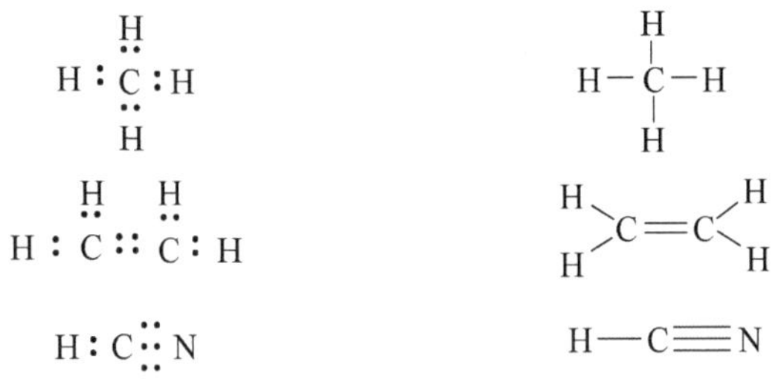

课堂互动 1-1

写出 C_2H_6、CH_2O 的电子式和结构式。

"八隅体"学说基本上解释了各类共价键形成的差异，也能说明分子中原子的连接次序，但仍有许多问题它无法解释。例如，分子中单键、双键和叁键的区别是什么？分子究竟是平面的，还是立体的？各个分子立体构型是由哪些因素决定的？等等。

（二）现代价键理论

为了解决上述问题，20 世纪 30 年代人们在量子力学的基础上，创建了现代价键理论，包括价键理论、杂化轨道理论、分子轨道理论。

1. 价键理论 该理论认为原子间的共价键是通过两个成键原子间的原子轨道（或电子云）相互重叠而形成的。形成的共价键相当于一个轨道，因同一个轨道中最多只能容纳自旋方向相反的两个电子，这就要求相互重叠的两个原子轨道中的电子总数为两个，并且自旋方向相反，因此，也称之为电子配对法。根据原子轨道重叠的方式，共价键分为 σ 键和 π 键。σ 键是指成键轨道沿对称轴头碰头重叠形成的共价键；π 键是指两个相互平行的成键轨道肩并肩重叠形成的共价键，如图 1-1 所示。

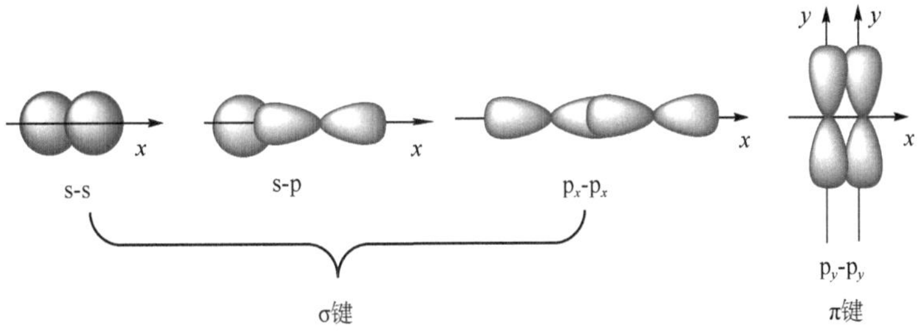

图 1-1 σ 键和 π 键的形成

因 σ 键是沿着电子云密度最大的方向重叠而成，它的重叠程度比 π 键在侧面重叠程度大，所以 σ 键比 π 键牢固；σ 键是轴对称的，成键的原子可绕着键轴自由地旋转，而 π 键不是轴对称的，成键的原子不能绕着键轴自由地旋转；σ 键可单独存在，π 键不能单独存在，它只能与 σ 键共存，所以 π 键只存在于双键或叁键之中；因 σ 键的电子云是轴对称呈圆柱形分布，电子云比较集中，不易受外电场的影响而发生变化（即难极化），而 π 键的电子云分散在对称平面上、下两边，电子云比较分散，受两核的作用力较小，易受外电场的影响而发生流动（易极化）。因此，σ 键不易断裂，性质较稳定；π 键容易断裂，性质较活泼。

一般来说，原子核外未成对的电子数就是该原子可能形成的共价键数目。例如，氢原子和氯原子外层都只有一个未成对电子，只能和其他原子间形成一个共价键，而不能形成第二个共价键，这就是共价键的饱和性。共价键形成时总是尽可能采取轨道最大重叠方向，这也决定了共价键具有方向性。共价键的饱和性和方向性决定每一个有机分子都是由一定数目的某几种元素的原子按特定方式结合而成，且使得该有机分子有特定的大小及空间形状。但是，电子配对法无法解释碳原子的外层只有两个未成对电子，而其在有机分子中总是呈现四价和甲烷分子是四面体结构的现象。

2. 杂化轨道理论 为了解释碳总是四价的现象，鲍林（Pauling）等科学家又提出了杂化轨道理论对价键理论进行了补充说明。他们认为，元素的原子在成键时不但可以变成激发态，而且能量相近的轨道可以重新组合成新的原子轨道，此新的原子轨道称为杂化轨道。杂化轨道的数目等于参与杂化的原子轨道数目，杂化轨道含有参与杂化的原来原子轨道的部分成分；杂化轨道的方向性更强，成键的能力变大。依据碳原子参与杂化原子轨道种类和数目可分为 sp^3、sp^2、sp 杂化三种类型，成功解释了碳碳单键、碳碳双键、碳碳叁键的形成机制和差异。

（1）碳原子的 sp^3 杂化：碳原子的电子构型为 $1s^22s^22p_x^12p_y^1$，杂化轨道理论的处理方法是将一个 2s 电子激发到 $2p_z$ 轨道，然后一个 2s 轨道和三个 2p 轨道线性组合成四个能量相同的 sp^3 杂化轨道（图 1-2）。每个 sp^3 杂化轨道的形状是一头大、一头小，如图 1-3A 所示；碳原子的四个 sp^3 杂化轨道的轨道轴间的夹角为 109°28′，空间分布呈正四面体型，如图 1-3B 所示。在烷、醇等有机化合物中的饱和碳原子都是 sp^3 杂化。

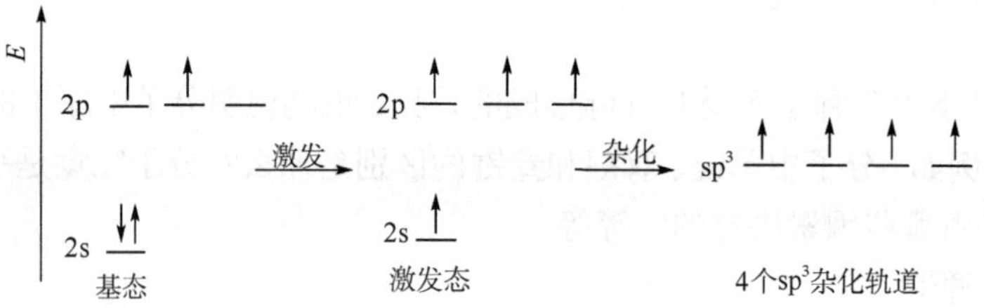

图 1-2 碳原子的 sp^3 杂化过程

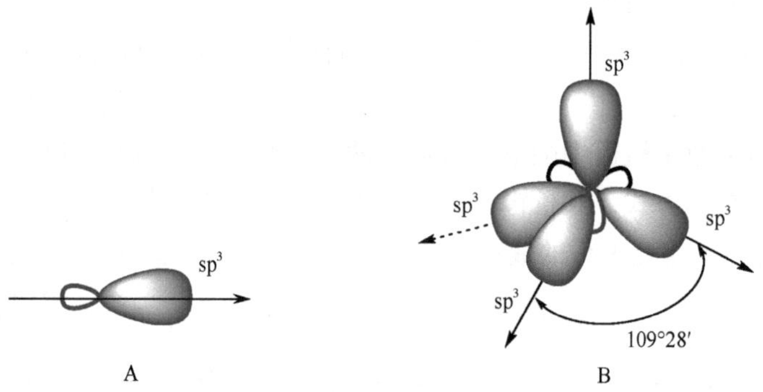

图 1-3 碳原子的 sp^3 杂化轨道

（2）碳原子的 sp^2 杂化：碳原子激发态中 2s 轨道和两个 2p 轨道进行线性组合成三个能量相同的 sp^2 杂化轨道（图 1-4），三者共平面且彼此的键轴间夹角是 120°，也称平面三角形杂化（图 1-5A），未参与杂化的 p 轨道与三个杂化轨道的平面垂直（图 1-5B）。在烯、醛（酮）等分子中具有双键的碳、氧、氮等原子都是 sp^2 杂化。

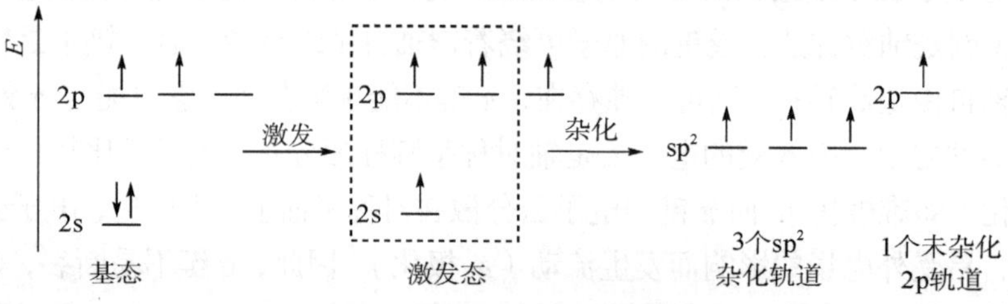

图 1-4 碳原子的 sp^2 杂化过程

（3）碳原子的 sp 杂化：碳原子激发态中 2s 轨道和 1 个 2p 轨道进行线性组合成 2 个能量相同的 sp 杂化轨道（图 1-6），两者的轨道轴间的夹角是 180°，称为线性杂化（图 1-7A），两个未杂化的 p 轨道与 sp 杂化轨道的对称轴平面相互垂直（图 1-7B）。在炔、腈分子中具有叁键的碳原子都是 sp 杂化。

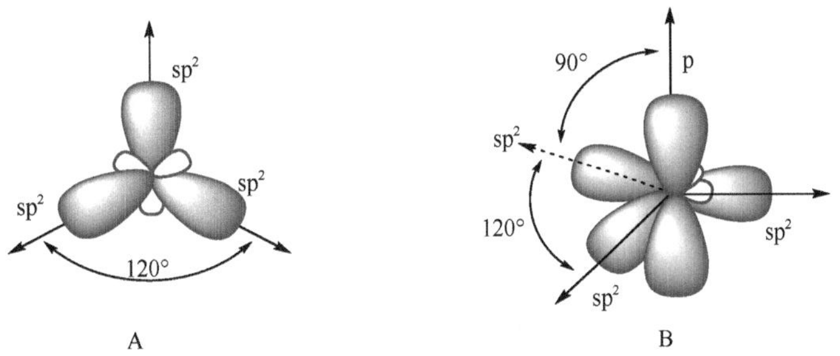

图 1-5 碳原子的 sp^2 杂化轨道

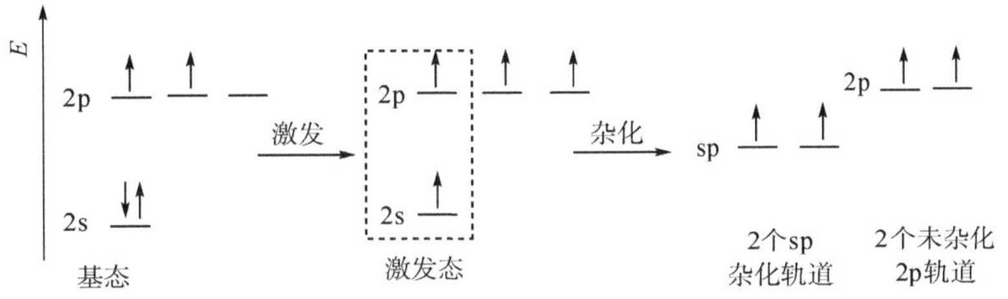

图 1-6 碳原子的 sp 杂化过程

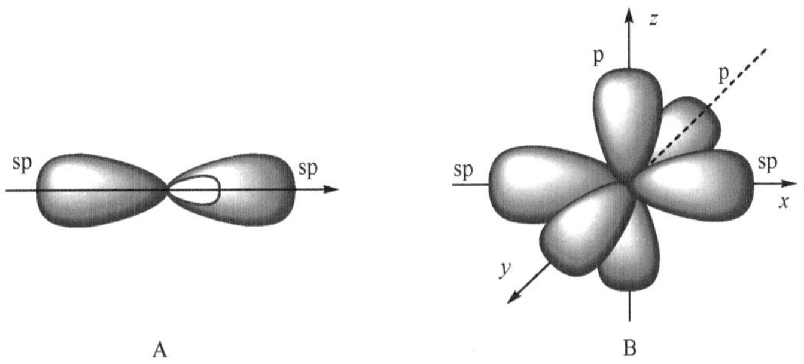

图 1-7 碳原子的 sp 杂化轨道

课堂互动 1-2

试指出下列化合物中碳原子的杂化类型。

（1）$CH_2{=}CHCH_2CH_2OH$　　（2）$CH{\equiv}C{-}CH{=}CH_2$

3. 分子轨道理论 价键理论与杂化轨道理论虽然通俗、形象、直观地解释了有机分子中常见的结构问题，但其将成键的电子局限于成键的两个原子间运动，无法解释奇数电子或缺电子共价键的存在以及苯分子相当稳定的原因。分子轨道理论认为分子中的电子围绕整个分子里的多核体系运动，成键的电子是非定域的即离域的。分子轨道也是由分子中原子轨道线性组合而成，分子轨道数等于原子轨道总数且遵循原子轨道排布规则。此理论用于解释碳正离子、氧气负离子（O_2^-）、苯分子等的稳定性更为贴切。

二、共价键的键参数

因为成键原子的电负性、成键方式和杂化类型等方面的不同，形成的共价键属性也有所差别。常通过键长、键能、键角和极性等物理量参数表示共价键的属性。

（一）键长

键长是指成键的两个原子的原子核间距离。共价键的键长除了与成键原子种类有关外，还与原子轨道重叠程度有关，重叠程度越大，键长越短。一些常见共价键的键长见表 1-1。

表 1-1 一些常见共价键的键长和键能

共价键	键长/nm	键能/（kJ/mol）	共价键	键长/nm	键能/（kJ/mol）
C—H	0.109	415	O—H	0.097	464
C—C	0.154	347	N—H	0.103	389
C—O	0.143	360	C═C	0.133	611
C—N	0.147	305	C═O	0.122	736
C—Cl	0.177	339	C═N	0.128	615
C—Br	0.191	285	C≡C	0.120	837
C—I	0.213	218	C≡N	0.116	880

（二）键能

在标准状况下，1mol 气态 A 原子和 1mol 气态 B 原子结合成 1mol 气态 AB 分子时，所放出的能量称为键能（符号：E，单位：kJ/mol）；反之，1mol 气态 AB 双原子分子解离成 1mol 气态 A 原子和 1mol 气态 B 原子所要吸收的能量称为 A—B 键的解离能（符号：D，单位：kJ/mol）。双原子分子的键能与解离能是相等的；但在多原子分子中，即使是相同的各个键，它们的解离能也不相同，习惯上将各个键的解离能的平均值作为该种键的键能。一些常见共价键的平均键能见表 1-1。键能是衡量共价键强度的重要参数。一般情况下键能越大，键就越牢固。

案例 1-2

甲烷分子中各 C—H 键的解离能和 C—H 键的键能。

$$CH_3—H \longrightarrow \cdot CH_3 + H\cdot \quad D_1=435.4\text{kJ/mol}$$

$$\cdot CH_2—H \longrightarrow \cdot\dot{C}H_2 + H\cdot \quad D_2=443.8\text{kJ/mol}$$

$$\cdot\dot{C}H—H \longrightarrow \cdot\ddot{C}H + H\cdot \quad D_3=443.8\text{kJ/mol}$$

$$\cdot\ddot{C}—H \longrightarrow \cdot\ddot{C}\cdot + H\cdot \quad D_4=339.1\text{kJ/mol}$$

断裂甲烷分中四个 C—H 键共需能量是 1662.1kJ/mol，将此数值除以 4 即为 CH_4 分子中 C—H 键的平均键能（415.5kJ/mol）。

（三）键角

键角是指分子中同一原子形成的两个共价键之间的夹角。键角能反映有机化合物分子的立体空间形状。键角的大小与成键中心原子杂化类型有关，同时也会受到分子中各原子或基团的相互影响而有所改变。例如，CH_2═CH_2 中碳原子是 sp^2 杂化，分子是平面的；而 CH≡CH 中碳原子是 sp 杂化，分子是线型的。CH_4 分子是正四面体型，而氯仿（CH_3Cl）分子是非正四面体型，这两者中碳原子都是 sp^3 杂化，但连接的原子有所不同，导致了两者分子形状的不同。

（四）键的极性和极化度

1. 键的极性 两个相同的原子间形成的共价键是非极性共价键，简称非极性键。两个不同原子间形成的共价键是极性共价键，简称极性键。在极性键中，电负性大的原子端电子云密度大，使其带部分负电荷，用“δ^-”表示；电负性小的原子端电子云密度小，相当于其带有部分正电荷，用“δ^+”表示。共价键的极性大小主要取决于成键的原子电负性之差，与外界条件无关。极性的大小常用偶极矩衡量，其数学表达式为

$$\mu = q \cdot d \qquad (1\text{-}1)$$

式中：μ 为偶极矩，单位：C·m；q 为正电荷或负电荷中心的电荷量，单位：C（库仑）；d 为正负电荷

中心距离，单位：m（米）。偶极矩是矢量（或向量），其方向总是由正电荷端指向负电荷端，一般用“⟶”表示。当 $\mu=0$ 时，共价键是非极性键；当 $\mu\neq0$ 时，μ 越大，键的极性越大；反之，键的极性越小。

案例 1-3

标注 C—Br 键和 C═O 键的正电荷、负电荷中心和偶极矩方向。

有机分子有无极性与分子中化学键的极性、空间分布有关；也用分子的偶极矩衡量。当 $\mu=0$ 时，分子无极性；$\mu\neq0$ 时，分子有极性，且 μ 越大，极性越大。

2. 极化度 在外界电场（如反应试剂、极性溶剂）作用下，价键的电子云发生相对变化的过程称为极化；电子云变化的程度称为极化度。除了与外界电场的强度有关外，极化度还和成键原子的结构和键的种类有关。π 键和 σ 键相比较，π 键比 σ 键受原子核的影响小，因此，π 键的极化度比 σ 键更大，也就更易断开。成键原子的体积越大，电负性越小，核对成键电子的约束越小，键的极化度越大，键的活性也就越高。例如，碳卤键的极化度次序为：C—I＞C—Br＞C—Cl＞C—F，这和卤代烷中卤原子被取代的活性顺序一致：碘代烷＞溴代烷＞氯代烷＞氟代烷（很难）。

当外界电场消失后，共价键的极化也就随之消失，共价键恢复成原来状态。因此，键的极化是一种暂时现象。

课堂互动 1-3

给下列共价键的极性和极化度排序。

①C—C ②O—H ③S—H ④C—H

三、共价键断裂方式和反应类型

有机化学反应总是伴随着旧键的断裂和新键的生成（即电子转移），按照共价键的断裂方式可将有机化学反应分为相应的类型。在讨论有机化学反应机理时，常用弯的鱼钩箭头线“⌒”表示反应中一个电子的转移；弯的箭头线“⌒”表示一对电子的转移。

（一）均裂和自由基型反应

1. 均裂 成键的一对电子平均分给两个原子或基团的断裂方式称为共价键的均裂。例如，X—Y 的均裂，共价键的一对电子平均分布到 X 和 Y 上，生成的 X· 和 Y· 各带有一个未成对电子。

带有一个或几个未成对电子的原子或基团称为自由基或游离基。自由基是电中性的，如 $\cdot CH_3$ 称为甲基自由基，$\cdot CH_2CH_3$ 称为乙基自由基，等等。非极性或极性小的共价键易发生均裂。

2. 自由基型反应 共价键经均裂而发生的反应称为自由基型反应或均裂反应。因反应过程中产生的自由基活性高，故此类反应能力强，副反应多。此类反应一般在光照或加热条件下进行。

（二）异裂和离子型反应

1. 异裂 成键的一对电子完全转移给其中一方原子或原子团的断裂方式称为共价键的异裂。例如，X—Y 的异裂，共价键的一对电子完全转移给 X 或 Y，生成正离子或负离子。

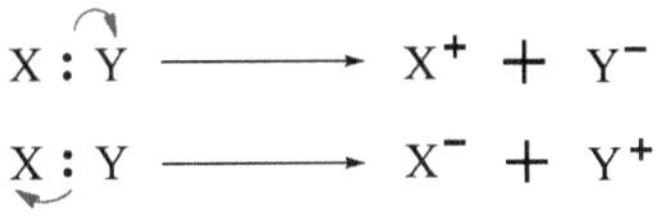

生成烃基的正离子称为某基碳正离子，如 CH_3^+ 称为甲基碳正离子，$CH_3CH_2^+$ 称为乙基碳正离子；生成烃基的负离子称为某基碳负离子，如 CH_3^- 称为甲基碳负离子，$CH_3CH_2CH_2^-$ 称为正丙基碳负离子。

案例 1-4

CH_2CH_3Br 分子中 C—Br 的异裂，生成 $CH_3CH_2^+$（乙基碳正离子）和 Br^-。

$$CH_3CH_2\text{—}Br \longrightarrow CH_3CH_2^+ + Br^-$$

2. 离子型反应　共价键经异裂而发生的反应称为离子型反应，也称异裂反应。极性键易发生异裂。因反应中生成离子较单一，故此类反应副反应相应较少。此类反应一般在酸、碱、极性溶剂或催化剂作用下进行。

有机化学反应如按反应物和产物结构关系分类，也可分为加成、取代、消除、重排、缩合、聚合、氧化还原等反应类型，将在以后章节学习中再详细介绍。

四、有机化合物的结构表示方式

构成无机化合物的元素种类近百种，但组成每种无机化合物分子的原子却都比较少，用分子式即可表示无机化合物的组成结构；虽然构成有机化合物的元素只有 C、H、O、N、P、S 等十多种，但有机化合物数目众多，种类繁杂，单单通过分子式很难书写表达清楚，常根据书写方便性和表达意义的需要，通过平面结构式和三维立体空间结构式表示其构造。平面结构式含有电子式、网格式、简写式和键线式等；三维立体空间结构式含有凯库勒模型（球棍模型）、斯陶特模型（比例模型）、楔线式等。这里重点介绍常用的简写式、键线式和楔线式。

（一）简写式与键线式

网格式是分子中所有原子符号间都以短横（键）相连的网状碳架构造式；简写式是在网格式的基础上，略去碳氢单键以简单基团相连的构造式；键线式是在网格式的基础上，保留碳架结构和非碳原子或原子团符号的构造式。

案例 1-5

写出 2-甲基戊烷、2-戊烯和 2-戊炔的网格式、简写式、键线式。

	网格式	简写式	键线式
2-甲基戊烷	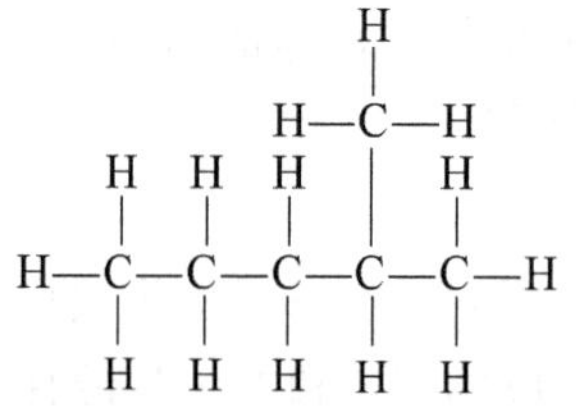	$CH_3(CH_2)_2CH(CH_3)_2$	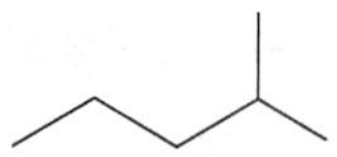
2-戊烯	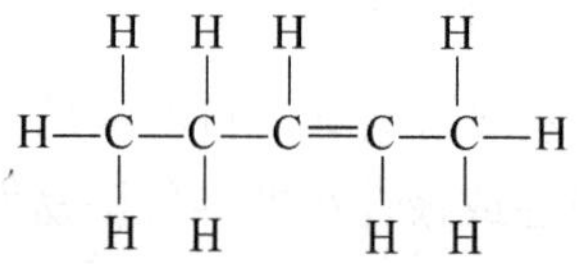	$CH_3CH_2CH=CHCH_3$	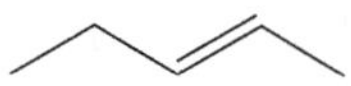
2-戊炔	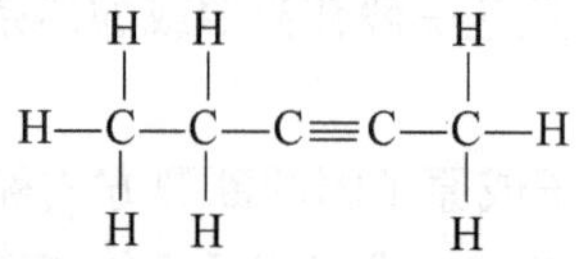	$CH_3CH_2C\equiv CCH_3$	

在书写较复杂的有机分子构造式时，一般用简写式或键线式较方便，而不采用电子式和网格式。例如：

简写式

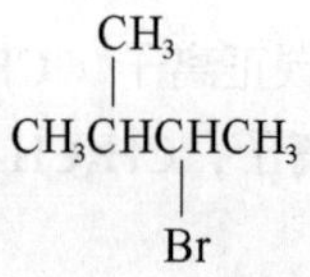

键线式

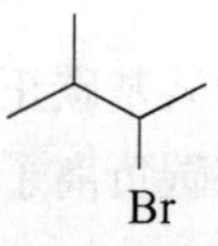

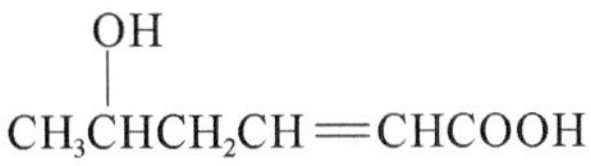

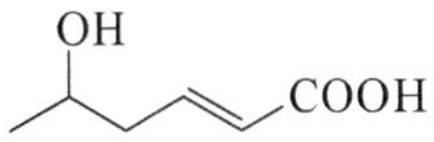

课堂互动 1-4

将下列化合物的简写式改写成键线式。

（1）$(CH_3)_2CHC{=}C(CH_3)_2$

（2）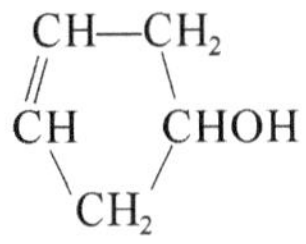

（二）楔线式

有机化合物的结构严格来讲都是三维空间结构，如要将全部三维空间结构表示出来，书写很烦琐，为了简洁、方便、形象地反映有机化合物的三维空间结构，常用楔线式重点表示有机化合物的中心碳原子（或氧、氮等中心原子）上各价键在三维空间的分布与排列。楔线式中细线“—”表示该键在纸面上；楔形实线“◀”表示该键在纸面前方；虚线“------”或楔形虚线“▥”表示该键在纸面后方。

案例 1-6

用楔线式表示 CH_3Cl、CH_3CH_3、$CH_3CH(Br)OH$ 的立体结构。

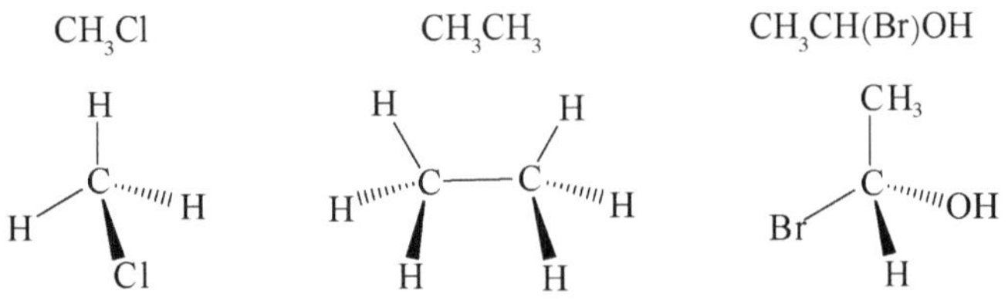

综上所述，在表示有机化合物的结构时，可根据表达意义的需要自由选用或混合使用。

考点：①现代价键理论；②共价键的四个键参数；③共价键的异裂和均裂；④有机分子构造式和楔线式

第 3 节　有机化合物的分类和特点

一、有机化合物的分类

有机化合物数目庞大，而且每天都会有新的化合物合成或从自然界中分离出来，对这些化合物进行分类，有利于人们系统地学习和研究，造福于人类社会。常见的分类方法有两种：根据碳架分类和按照官能团（决定分子化学性质的特定原子或基团）分类。

（一）按碳架分类

按碳架可将有机化合物分为链状化合物和环状化合物。

1. 链状化合物　在这类化合物的分子中，碳原子相互连接成长链状或长链上带有支链结构。因其最初是从油脂中发现的，所以又称为脂肪族化合物。例如：

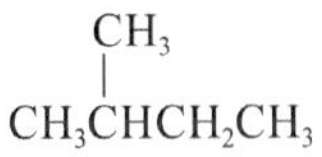

异戊烷

$CH_3CH_2CH_2CH_2OH$

正丁醇

2. 环状化合物　这类化合物的分子中都含有环状的骨架结构。根据环的构成元素的种类又可分为碳环化合物和杂环化合物。

（1）碳环化合物：这类化合物含有完全由碳原子组成的碳环，又可分为脂环族化合物和芳香族化合物。

1）脂环族化合物：这类化合物含有完全的碳环且具有和脂肪族化合物相似的性质，因此称为脂环族化合物。例如：

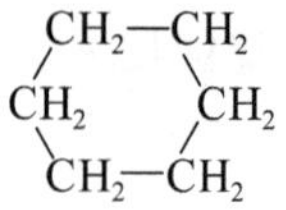

环己烷

环戊二烯

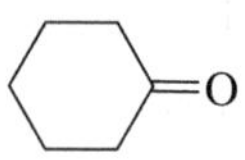

环己酮

2）芳香族化合物：这类化合物具有苯环或由苯环稠合而成的结构，也有着与脂肪族化合物不一样的特殊性质。例如：

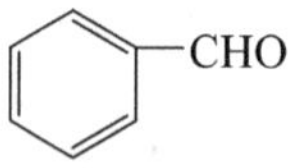

苯甲醛

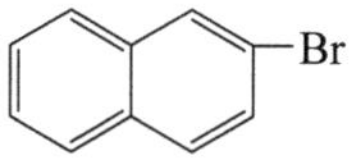

β-溴萘

（2）杂环化合物：这类化合物的环中含有除碳以外的其他原子（如氧、硫、氮等）。例如：

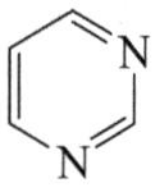

嘧啶

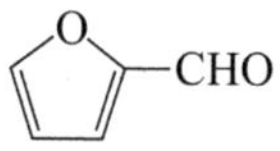

α-呋喃甲醛

（二）按官能团分类

官能团又称为功能基，是决定有机化合物主要性质的原子或原子团。一般来说，含有相同官能团的化合物具有基本相同的化学性质，所以将这些化合物归为一类，便于认识它们的共性。一些常见的官能团的名称和化合物类别见表 1-2。

表 1-2　常见的官能团的名称和化合物类别

官能团名称	官能团结构	化合物类别	典型化合物
双键	$>C=C<$	烯烃	$CH_2=CH_2$
叁键	$-C\equiv C-$	炔烃	$CH\equiv CH$
卤素	$-X$	卤代烃	CH_3Br
羟基	$-OH$	醇	CH_3OH
		酚	C_6H_5OH
醚键	$C-O-C$	醚	CH_3OCH_3
羰基	$-\overset{O}{\overset{\|}{C}}-$	醛	CH_3CHO
		酮	CH_3COCH_3
羧基	$-\overset{O}{\overset{\|}{C}}-OH$	羧酸	CH_3COOH
氨基	$-NH_2$	胺	CH_3NH_2
硝基	$-NO_2$	硝基化合物	$C_6H_5NO_2$
氰基	$-C\equiv N$	腈	CH_3CN
巯基	$-SH$	硫醇	CH_3CH_2SH
磺酸基	$-SO_3H$	磺酸	$C_6H_5SO_3H$

二、有机化合物的特点

虽然有机化合物与无机化合物之间没有绝对的界限，但有机化合物在组成和性质上有别于无机化合物的一些共同的特点，主要表现在以下几个方面。

（一）可燃性

大多数有机化合物都容易燃烧，产物一般是二氧化碳、水和其他元素的含氧化合物，并且放出热量；若不完全燃烧，则会产生浓烟、有毒有害的物质。绝大多数无机化合物不可燃。因此，可用引燃的方法初步区别有机化合物和无机化合物，也可利用焚烧法对有机化合物进行无害化处理，减轻其对环境的污染。

（二）水溶性差

有机化合物多数是非极性或弱极性分子，如大豆油、胡萝卜素、鱼肝油等。依据相似相溶原理，有机化合物难溶于极性的水，易溶于非极性或弱极性溶剂。烹饪胡萝卜时常和猪肉一起红烧，就是利用胡萝卜素和脂肪相溶易被人体吸收这一性质。有时人们在有机药物结构中常引入亲水性基团（—OH、—SO_3H、—COOH）对药物结构进行改良，以增加其在人体内的水溶性和生物利用度。无机化合物大多数是离子型化合物，水溶性一般都较好。

（三）熔点低，耐热性差

有机化合物的熔点一般低于 400℃，受热后易于炭化变黑或分解。例如，水杨酸的熔点为 159℃，加热到熔点之上即分解。多数无机化合物耐热性好，熔点较高，受热不易分解。例如，氧化铝的熔点为 2050℃。这是因为有机化合物是通过分子间作用力而形成的分子晶体，而多数无机化合物是通过离子键形成的离子晶体。

（四）导电性差

绝大多数有机化合物是共价化合物，在溶解或熔化状态下难以生成离子，在外加 220V 电场下，一般很难导电，如绝缘塑料、橡胶、涤纶纤维等。无机化合物大多数是离子型化合物，在水溶液中或熔融状态下，解离成阳离子和阴离子，很容易导电。

（五）反应速率慢，副产物多

无机化合物之间的反应主要是离子间的重新组合，反应速率快，反应比较专一，一般副产物较少。有机化合物之间反应需要一定时间才能断开分子中的共价键，有的需长达几十个小时，因此反应速率较慢；加之，有机分子大多是较复杂分子，受到反应试剂进攻和影响的部位较多，因此，在主反应之外，还伴有不同的副反应，产物也较为复杂。这一特点给有机反应的研究和有机化合物的纯化带来了很多麻烦。在进行有机反应时，为了提高反应速率，常采用加热、加压、使用催化剂等方法。

（六）同分异构体多

同分异构体是分子式相同而结构不同的分子间的互称。由于大多数有机化合物分子含有较多的原子，在各组成元素原子数一定的情况下，它们可通过共价键形成链状或环状结构，又可以改变两原子间的连接方式形成不种类型的共价键，还可以改变原子或基团的空间分布，形成多种不同结构的分子。因此，有机化合物一般同分异构体多。无机化合物很少有同分异构体。根据有机化合物同分异构体相互间的结构特征关系，可将同分异构体分为以下多种类型。这些类型的同分异构现象将会在后续相应的章节中分别论述。一般情况下，我们所指的同分异构体不包含构象异构体。

- 同分异构
  - 构造异构
    - 碳链异构
    - 位置异构
    - 官能团异构
    - 互变异构
  - 立体异构
    - 构型异构
      - 顺反异构
      - 对映异构
    - 构象异构

案例 1-7

分子式为 C_4H_8 的化合物有以下六个同分异构体。

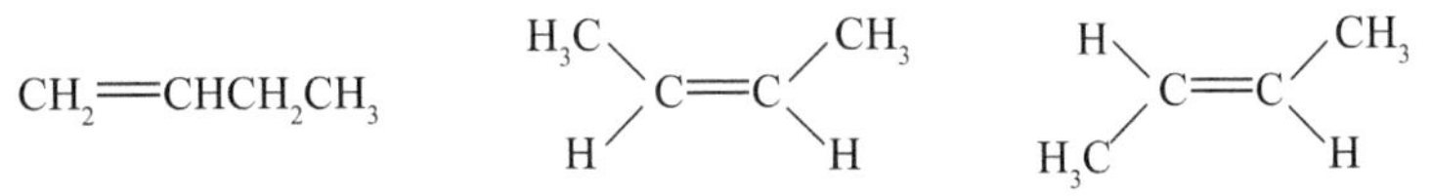

1-丁烯　　顺-2-丁烯　　反-2-丁烯

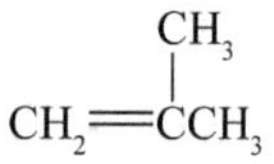

2-甲基丙烯

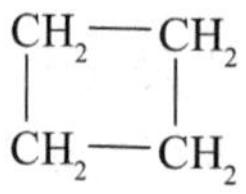

环丁烷

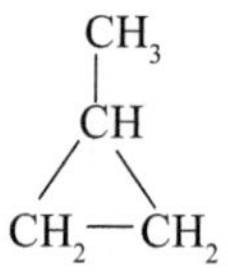

甲基环丙烷

考点：①官能团与化合物类别；②有机化合物的特点

自测题

一、不定项选择题

1. 下列说法正确的是（　　）
   A. 有机化合物是指含碳的化合物
   B. 有机化合物是指碳氢化合物及其衍生物
   C. 有机化学是一门自然科学
   D. 有机化学是研究化合物组成、结构的一门学科
2. 最早被人工合成的有机化合物是（　　）
   A. 吗啡　　B. 尿素
   C. 油脂　　D. 乙酸
3. 下列说法正确的是（　　）
   A. σ 键是单键　　B. π 键是双键
   C. 双键中含有 σ 键和 π 键　　D. 叁键是共价键
4. 下列说法不正确的是（　　）
   A. σ 键比 π 键牢固
   B. 有机分子中一定含有 σ 键
   C. π 键不能单独存在
   D. 叁键中三对共用电子对组成性质是一样的
5. 下列说法正确的是（　　）
   A. 杂化轨道理论解决了成键数与中心原子外层未成对电子数不一致的问题
   B. “八隅体”学说是指没有达到稳定结构的原子都有达到八电子或两电子稳定结构的要求
   C. 分子轨道数等于分子中所有原子轨道数总和
   D. σ 键和 π 键成键的重叠方式是一致的
6. 下列说法不正确的是（　　）
   A. 双原子分子的键能和解离能相等
   B. 多原子分子的键能是其解离能的平均值
   C. 极性键一定比非极性键键长短
   D. 键能越大，键越牢固
7. 下列共价键键长最短的是（　　）
   A. C—I　　B. C—Cl
   C. C—Br　　D. C—O
8. 下列共价键键能最大的是（　　）
   A. C—C　　B. C═C
   C. C≡C　　D. C≡N
9. 下列说法正确的是（　　）
   A. μ 越大，共价键极性越大
   B. 分子的极性取决于分子中的键的极性
   C. μ 是矢量
   D. 共价键的极化度取决于成键原子的电负性之差
10. 下列说法不正确的是（　　）
    A. 均裂产生自由基
    B. 异裂产生正负离子
    C. σ 键比 π 键更易极化
    D. 键角是两个共价键键轴间的夹角
11. 下列官能团中不含双键的是（　　）
    A. $—NH_2$　　B. —COOH
    C. —CN　　D. $—SO_3H$
12. 下列化合物属于芳香杂环化合物的是（　　）
    A. 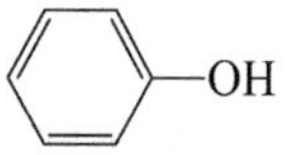

    B. 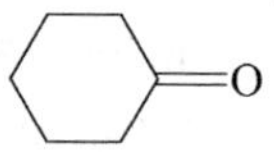

    C. 

    D. 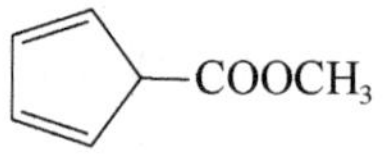

二、简答题

1. 用价键理论分析 σ 键和 π 键的不同之处。
2. 有机化合物有哪些共同特点？
3. 找出下列化合物的官能团并说出其化合物所属类别。
   （1）$(CH_3)_3C—Br$
   （2）$CH_3CH_2OCH_3$
   （3）CH_3CH_2CHO
   （4）$CH_3C≡CCH_2CH_2OH$
   （5）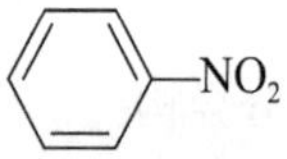

4. 写出下列化合物的分子式、电子式、键线式。
   （1）$CH_3CH_2COCH_3$
   （2）$BrCH_2CH_2CH_2OH$
   （3）$CH_3C≡CCH_2CH_2OH$
   （4）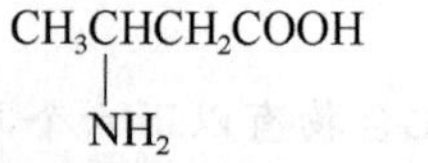

   （5）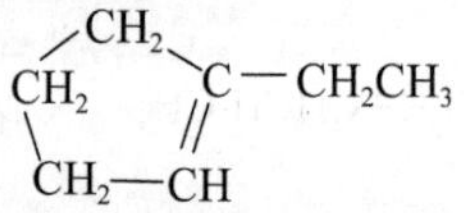

（毛金银）

第2章
链　烃

只含碳和氢两种元素的有机化合物称为碳氢化合物，简称为烃。从碳架结构来看，烃可分为链烃和环烃。链烃又包括烷烃、烯烃、炔烃和二烯烃；环烃包括脂环烃和芳香烃等。本章着重讲述链烃。

第1节　烷　　烃

烷烃分子中碳原子之间以单键互相连接成链，碳的其余价键全部与氢原子相连，含氢量达到最高限度，因此烷烃属于饱和烃。

一、烷烃的结构与同分异构

（一）烷烃的结构

最简单的烷烃是甲烷，分子式为 CH_4。现代物理方法证明，甲烷分子的空间立体结构为正四面体。甲烷分子中的碳原子采取 sp^3 杂化，4 个 sp^3 杂化轨道分别与氢的 s 轨道重叠形成完全等同的四个 σ 键（图 2-1）。在立体结构中，碳原子位于正四面体的中心，四个氢原子位于正四面体的四个顶点上，四个 σ 键之间的夹角相等，为 109°28′。

为了形象地表示甲烷分子的立体结构，常用凯库勒模型（球棍模型）（图 2-2）和斯陶特模型（比例模型）（图 2-3）来表示。

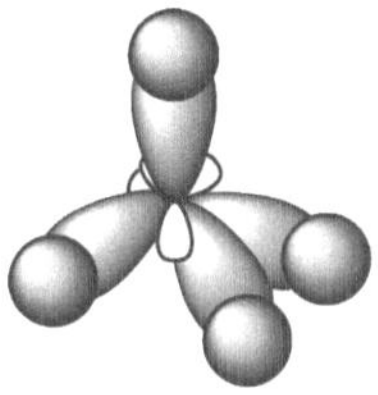

图 2-1　甲烷分子中的 σ 键

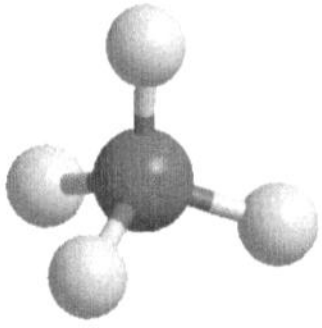

图 2-2　球棍模型

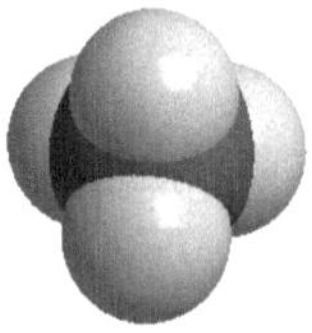

图 2-3　比例模型

与甲烷类似，其余烷烃中的碳均为 sp^3 杂化。除了形成 C—H σ 键之外，两个碳原子的 sp^3 杂化轨道也可以相互重叠形成 C—C σ 键，C—H σ 键和 C—C σ 键的斥力稍有不同，但 C—C—C 的键角基本保持 109.5°。因此烷烃的分子结构不是直线型的。X 射线衍射研究表明，高级烷烃晶体是锯齿形的碳链（图 2-4）。

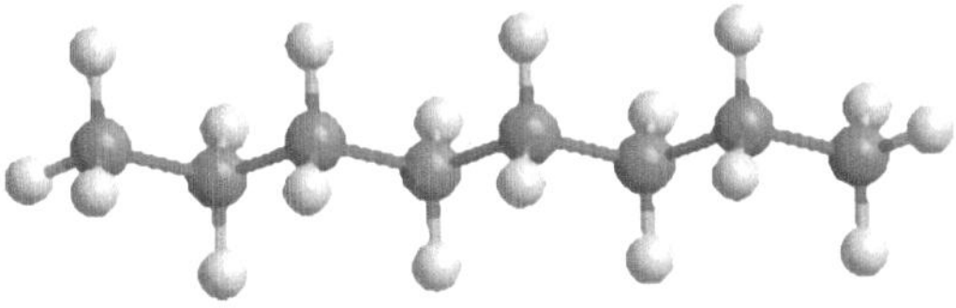

图 2-4　锯齿形的烷烃碳链

但在气态或液态时，碳链可以有不同的形状，如戊烷的碳链如图 2-5 所示。

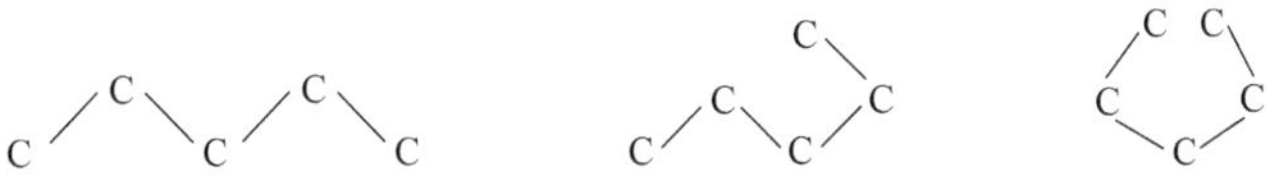

图 2-5　碳链的不同形状

（二）烷烃的同系列和异构现象

1. 同系列和同系物 甲烷的分子式是 CH_4，乙烷、丙烷、丁烷和戊烷的分子式分别为 C_2H_6、C_3H_8、C_4H_{10} 和 C_5H_{12}。两个烷烃分子式之间在组成上相差一个 CH_2 或其倍数。像这种结构相似，但在组成上相差一个或若干个 CH_2 的一系列化合物称为同系列。同系列中的各个化合物彼此互称为同系物。CH_2 则称为同系差。烷烃同系列的通式为 C_nH_{2n+2}。同系物性质相似，因此只要研究同系列中一个或几个化合物的性质就能推及其他。

2. 构造异构 结构简单的烷烃如甲烷、乙烷和丙烷没有同分异构体。从丁烷 C_4H_{10} 开始，出现了碳架异构，有两种异构体；而戊烷则有三种异构体。

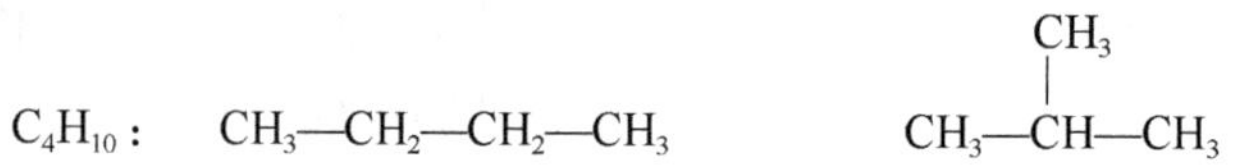

正丁烷　　异丁烷

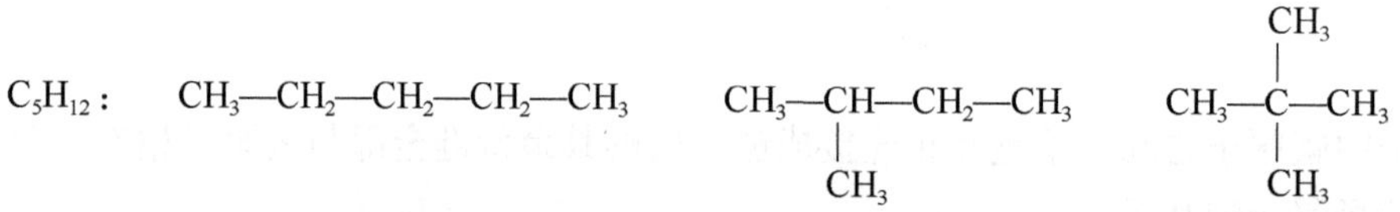

正戊烷　　异戊烷　　新戊烷

这种由于构造不同产生的同分异构称为构造异构。构造异构属于同分异构的一种。随着碳原子数目不断增加，异构体的数目也在迅速增加。

3. 化学环境中碳和氢的分类 烷烃分子中，碳原子所处的位置不完全相同，有的在端点处，有的在碳链的中间，它们所连接的碳原子和氢原子的数目也不尽相同。根据碳原子在分子中所处位置不同将其分为四类：①伯碳（也称一级碳原子或 1°碳）是指分子中仅和一个碳原子直接相连的碳原子；②仲碳（也称二级碳原子或 2°碳）是指分子中和两个碳原子直接相连的碳原子；③叔碳（也称三级碳原子或 3°碳）是指分子中和三个碳原子直接相连的碳原子；④季碳（也称四级碳原子或 4°碳）是指分子中与四个碳原子直接相连的碳原子。

案例 2-1

标注异戊烷分子中伯、仲、叔、季碳原子。

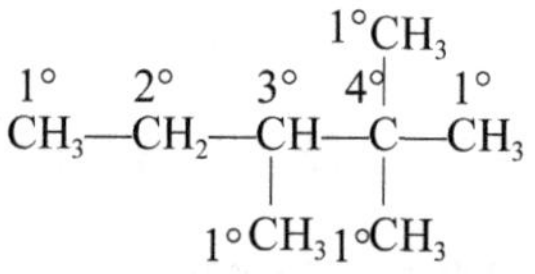

相应地，与伯、仲、叔碳原子相连的氢原子则分别被称为伯（1°）、仲（2°）、叔（3°）氢。在考虑烷烃分子的各种氢相对反应活性时，将经常用到这些名称。

二、烷烃的命名

有机化合物命名方法主要有普通命名法和系统命名法。

（一）普通命名法

对于结构比较简单的烷烃通常采用普通命名法。其命名规则是：对于含 1～10 个碳原子的直链烷烃，用甲、乙、丙、丁、戊、己、庚、辛、壬、癸表示，称为某烷，例如，CH_4 称为甲烷，C_6H_{14} 称为己烷；10 个以上碳原子的烷烃，用中文数字表示，例如，$C_{11}H_{24}$ 称为十一烷、$C_{13}H_{28}$ 称为十三烷等。对于同分异构体，通常在烷烃名称前加一词头如正、异、新来区分。直链烷烃称为正某烷；碳链的一端具有 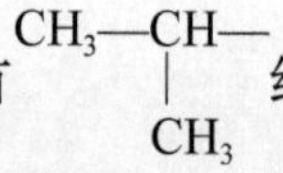 结构的烷烃称为异某烷；碳链一端具有 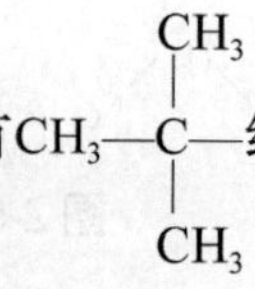 结构的烷烃称为新某烷。例如：

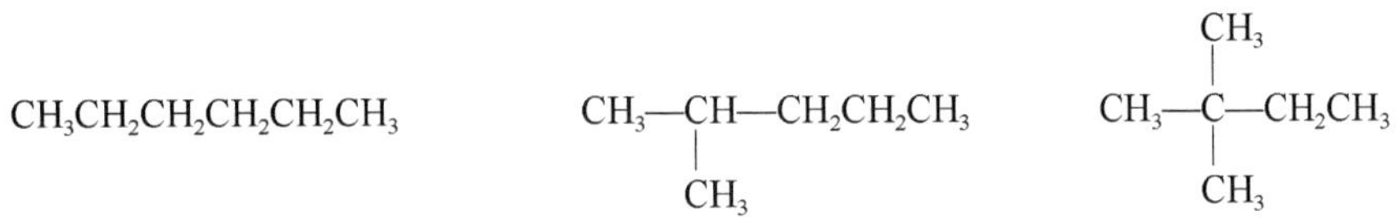

正己烷　　　　异己烷　　　　新己烷

（二）系统命名法

系统命名法是在 IUPAC 系统命名法的基础上，结合中文文字特点修改制定的命名原则。系统命名法适用于所有的有机化合物。

1. 烷基的命名　烷烃分子去掉一个氢原子后剩下的部分称为烷基，通式为 C_nH_{2n+1}—，用 R—表示。常见的烷基见表 2-1。

表 2-1　常见的烷基

名称	英文缩写	结构式	名称	英文缩写	结构式
甲基	Me	CH_3—	正丁基	*n*-Bu	$CH_3CH_2CH_2CH_2$—
乙基	Et	CH_3CH_2—	异丁基	*i*-Bu	CH_3CHCH_2— │ CH_3
正丙基	*n*-Pr	$CH_3CH_2CH_2$—	仲丁基	*s*-Bu	CH_3CH_2CH— │ CH_3
异丙基	*i*-Pr	CH_3—CH— │ CH_3	叔丁基	*t*-Bu	CH_3 │ CH_3—C— │ CH_3

2. 烷烃的命名　本书所采用系统命名法是在 IUPAC 系统命名法的基础上，结合中文的文字特点修改制定的命名规则。

（1）直链烷烃：命名时不加“正”字，根据碳原子数目直接称为某烷。

（2）支链烷烃：结构复杂的支链烷烃通常按以下规则进行命名。①选主链：选择最长的碳链作为主链，根据其所含碳原子数目先称为某烷。除主链外的支链都作为取代基。若有等长碳链时，应选含支链最多的碳链为主链。②编号：主链的编号从最靠近取代基的一端用阿拉伯数字开始编号。若主链上连有 2 个或 2 个以上的取代基，编号顺序应使支链位次之和最小，即“最低系列”原则；若从碳链的两端编号取代基的位次完全一样，则应从较小的取代基的一端开始编号。③书写名称：按取代基由小到大的顺序，将取代基的位次、数目、名称依次写在主链名称的前面，位次和取代基名称间用连字符“-”相连。取代基的数目用二、三等中文数字表示，并标注每一个取代基的位次且位次之间用逗号隔开。在英文名称中，取代基按其名称的首字母前后顺序排列先后次序。④支链的取代基命名：如果支链上还有取代基，应从与主链相连的碳原子开始，给最长支链上的碳原子编号，注明支链上取代基的位置及名称，将它作为一个整体放在括号内，括号外加上支链的位次。若不采用括号，则可用带撇的阿拉伯数字表示支链上取代基的位次。

取代基的大小按照“次序规则”依次列出（“次序规则”详见烯烃部分），如异丙基＞正丙基＞乙基＞甲基。

案例 2-2

用系统命名法给下列结构式命名。

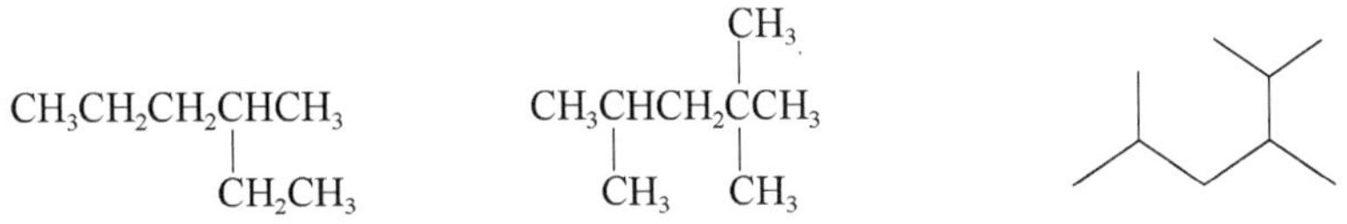

3-甲基己烷　　　　2,2,4-三甲基戊烷　　　　2,3,5-三甲基己烷

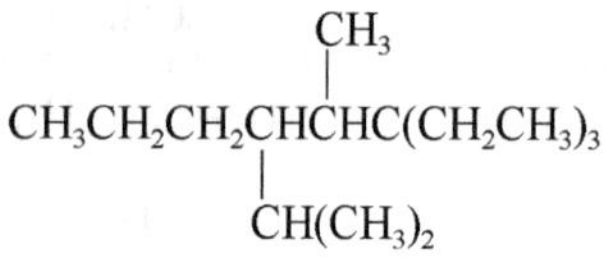

4-甲基-3,3-二乙基-5-异丙基辛烷

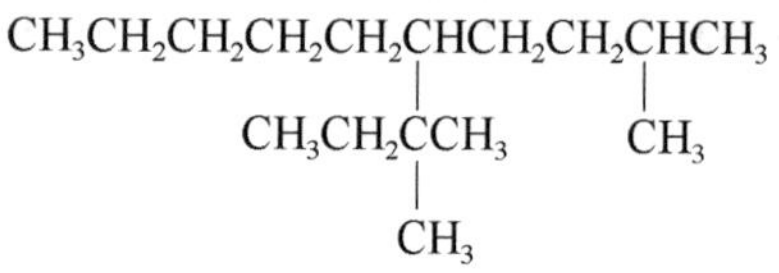

2-甲基-5-（1,1-二甲基丙基）癸烷
或2-甲基-5-1′,1′-二甲基丙基癸烷

课堂互动 2-1

给下列化合物命名或写出其结构式。

1. 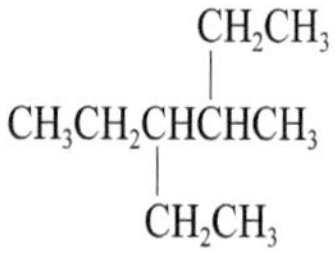

2. 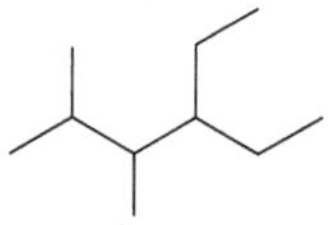

3. 2, 3-二甲基-3-乙基庚烷

三、烷烃的构象

因分子中 C—C σ 键的旋转而产生的各原子或基团的某一种立体排列方式称为构象。具有相同构造式的分子通过 C—C σ 键的旋转而产生不同构象的现象称为构象异构。在室温下 C—C σ 键能够自由地旋转，所以构象异构体之间可以自由地相互转换。构象异构属于立体异构的范畴，对有机化合物的性质和反应有时会产生重要的影响。

（一）乙烷的构象

乙烷没有构造异构，但是当乙烷分子中的两个碳原子围绕着 C—C 键做相对旋转时，随着旋转角度的不同，两个碳原子上的氢原子之间可以处于不同的位置。从理论上来说，C—C 键在旋转 360°的过程中可以产生无数种构象，其中有两种典型构象，一种称为重叠式，另一种称为交叉式，其他构象都介于这两者之间。

构象的表示方法一般有两种：透视式和纽曼（Newman）投影式。透视式是从侧面观察分子，直接反映出碳、氢原子在空间排列的表示式。纽曼投影式则是正视观察得出的表达式，具体画法是：以碳碳单键的键轴方向为观察方向，离观察者距离较近的碳原子以点表示，距离观察者较远的碳原子以圆圈表示，每个碳原子所连接的三个相互间夹角呈 120°的共价键，C—C 键在 360°范围内每次旋转一定角度都会产生一个新的构象。例如，乙烷的交叉式通过 C—C 键旋转 60°就转换为重叠式（图 2-6）。

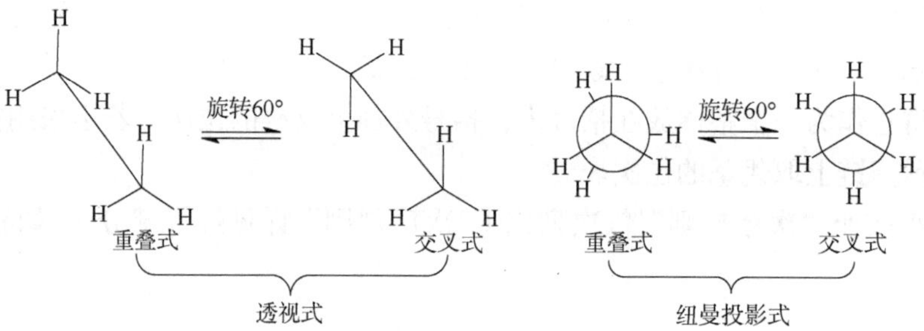

图 2-6　乙烷分子的构象

在交叉式中，前后两个碳原子上的氢原子之间相对距离最远，相互之间的斥力最小，内能最低，分子最稳定；而重叠式两个碳原子上的氢原子之间相对距离最近，相互之间的斥力最大，内能最高，分子最不稳定；其他构象的能量和稳定性介于它们之间。乙烷分子重叠式与交叉式的能量差约为 12.6 kJ/mol，室温下分子间的碰撞即可产生 83.8 kJ/mol 的能量，足以使 C—C 键自由旋转，各构象迅

速互变。因此在室温下，乙烷是一个包含无数构象异构体的动态平衡混合物，无法将某个单一的构象异构体分离出来。

（二）正丁烷的构象

正丁烷分子中有三个 C—C σ 键，每个 C—C 单键旋转都可以产生无数个构象，情况复杂。一般讨论沿 C_2 和 C_3 之间的 σ 键键轴旋转所形成的四种典型构象。

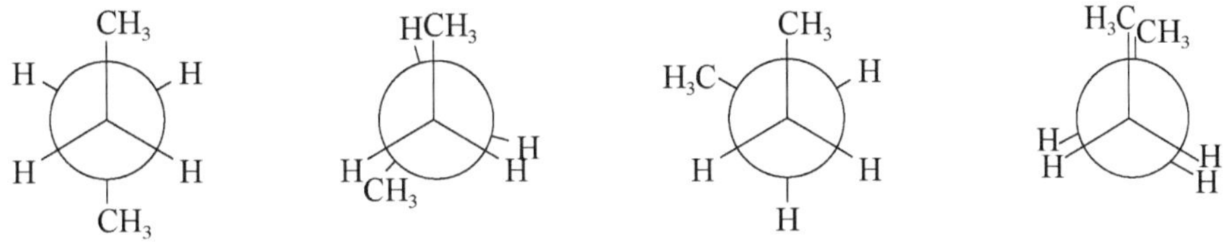

对位交叉式　部分重叠式　邻位交叉式　全重叠式

室温下，最稳定的对位交叉式构象约占 72%，邻位交叉式构象约占 28%，其余两种构象含量极少。由于正丁烷各种构象之间的能量差别不大，可以通过 σ 键的旋转而相互转化，给分离带来了很大的困难。

四、烷烃的物理性质

有机化合物的物理性质主要指熔点、沸点、相对密度、溶解度、折光率等。在一定条件下，物理性质都有固定的数值，称为物理常数（表 2-2）。通过测定相关物理常数可以鉴别和鉴定有机化合物。

表 2-2　一些直链烷烃的物理常数

名称	分子式	熔点/℃	沸点/℃	相对密度（液态时）
甲烷	CH_4	−182.5	−161.5	0.424
乙烷	C_2H_6	−183.3	−88.6	0.450
丙烷	C_3H_8	−187.6	−42.1	0.501
丁烷	C_4H_{10}	−135.0	−0.5	0.579
戊烷	C_5H_{12}	−129.7	36.1	0.626
己烷	C_6H_{14}	−95.0	63.7	0.659
庚烷	C_7H_{16}	−90.5	98.4	0.684
辛烷	C_8H_{18}	−56.8	125.7	0.703
壬烷	C_9H_{20}	−53.7	150.8	0.718
癸烷	$C_{10}H_{22}$	−30.0	174.1	0.730

从表中可以看出随着烷烃分子量的增加，物理性质呈现出规律性的变化。主要体现在以下几个方面。

1. 沸点　沸点的高低与分子间作用力的大小有关。由于烷烃是非极性分子，分子间作用力主要是色散力。色散力随着分子量的增加而增大，色散力越大，沸点越高。烷烃的沸点随分子量的增加而升高，但升高的幅度逐渐减小。对于低级烷烃，每增加一个 CH_2，其分子量的变化幅度较大，沸点的差值也大；而对于高级烷烃而言，增加一个 CH_2，分子量增加幅度相对较小，沸点差也小。对于直链烷烃，大约每增加一个 CH_2，沸点升高 20～30℃。在室温时，C_1～C_4 的烷烃为气体，C_5～C_{16} 的烷烃为液体，C_{17} 以上的烷烃为固体（图 2-7）。

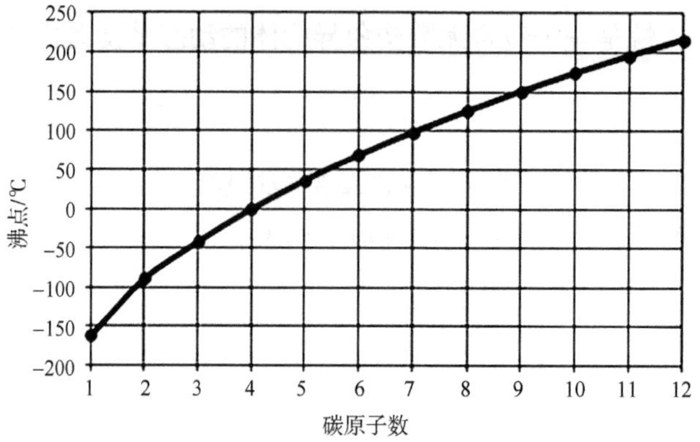

图 2-7 直链烷烃的沸点变化曲线

烷烃异构体中，支链越多，阻碍越大，分子间距离也就越远，色散力也逐渐减弱。因此支链烷烃的沸点要低于直链烷烃，支链越多，沸点越低（表 2-3）。

表 2-3 戊烷三种异构体的沸点和熔点

名称	结构简式	沸点/℃	熔点/℃
正戊烷	$CH_3(CH_2)_3CH_3$	36.1	−129.7
异戊烷	$(CH_3)_2CHCH_2CH_3$	27.9	−159.9
新戊烷	$C(CH_3)_4$	9.5	−16.6

2. 熔点 与沸点相似，直链烷烃的熔点也是随着分子量的增加而升高。但是偶数碳原子的烷烃熔点升高的幅度比奇数碳原子的烷烃要大一些，构成两条熔点曲线，偶数在上，奇数在下（图 2-8）。

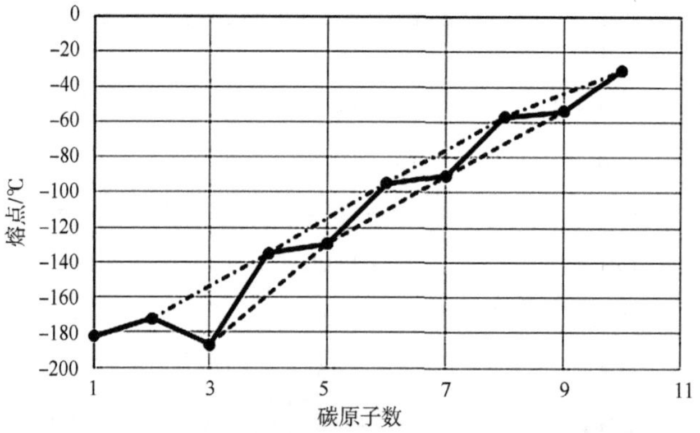

图 2-8 直链烷烃的熔点变化曲线

熔点不仅涉及分子间作用力，还跟分子在晶格中堆积的紧密程度有关。分子的对称性越高，在晶格中的堆积就越紧密，分子间作用力也就越大，熔点越高。偶数碳原子组成的锯齿状碳链中，两端的甲基处在相反的位置，对称性相对较高，因而熔点较高。同分异构体中对称性越高，熔点越高。如表 2-3 中，新戊烷的熔点最高，异戊烷的熔点最低。

3. 溶解度 烷烃为非极性分子，根据“相似相溶”原理，不溶于水，易溶于苯、氯仿、四氯化碳、醚等非极性或弱极性的有机溶剂。

4. 密度 烷烃比水轻，相对密度都小于 1，最高接近 0.8。随着分子量的增加，烷烃的密度也逐渐增大。

五、烷烃的化学性质

烷烃化学性质稳定，与强酸（如 H_2SO_4、HCl）、强碱（如 NaOH）、强氧化剂（如 $KMnO_4$、$K_2Cr_2O_7$）、强还原剂及活泼金属等一般情况下不发生反应。因为烷烃是非极性分子，C—C 键或 C—H 键是非极性或弱极性 σ 键，键能较大。但是，烷烃的稳定性是相对的，如果有足够的能量，如在高温、光照、催化剂等条件下，烷烃也可以进行氧化、裂解、卤代等自由基反应。

（一）氧化反应

烷烃在空气或氧气中可以燃烧，当氧气充足时产物是二氧化碳和水，同时释放出大量热。作为发动机燃料的汽油和柴油中的主要成分就是不同结构的烷烃混合物，因此烷烃是非常重要的能源资源。在有机合成工业中，常常控制反应条件，使用某些催化剂将烷烃氧化生成醇、醛、酮、酸等一系列含氧衍生物。

$$CH_4 + 2O_2 \longrightarrow CO_2 + 2H_2O + 890kJ/mol$$

（二）裂解

烷烃在高温下可使 C—C、C—H 键断裂，生成分子量较小的烷烃、烯烃和氢气称为高温裂解。在石油化工生产中，常常利用高碳馏分热裂来得到低碳馏分，以增加汽油的产量和质量。裂解过程中可得到乙烯、丙烯、丁二烯等多种化工原料。

（三）卤代反应

有机化合物中的原子或原子团被其他原子或原子团取代的反应称为取代反应。被卤素取代的反应称为卤代反应。

1. 甲烷的卤代反应 甲烷与氯气在紫外光照射下或适当加热条件下，甲烷分子中的四个氢原子能逐个被氯原子取代，得到多种氯代甲烷和氯化氢的混合物，分离很困难。

$$CH_4 + Cl_2 \xrightarrow{h\nu} \underset{\text{一氯甲烷}}{CH_3Cl} + HCl$$

$$CH_3Cl + Cl_2 \xrightarrow{h\nu} \underset{\text{二氯甲烷}}{CH_2Cl_2} + HCl$$

$$CH_2Cl_2 + Cl_2 \xrightarrow{h\nu} \underset{\text{三氯甲烷}}{CHCl_3} + HCl$$

$$CHCl_3 + Cl_2 \xrightarrow{h\nu} \underset{\text{四氯化碳}}{CCl_4} + HCl$$

2. 烷烃卤代反应活性 甲烷与其他卤素也能发生类似反应，但反应活性不同。氟最活泼，反应过于激烈，难以控制。氯其次，在室温下光照即可发生反应。溴与烷烃发生取代反应必须在加热和光照的条件下。碘最不活泼，反应难以进行。因此卤素的相对反应活性顺序是：$F_2 > Cl_2 > Br_2 > I_2$。一般用氯和溴作为卤代试剂。

对于同一烷烃，不同类型的氢原子被取代的难易程度是不同的。大量实验证明，不同类型的氢被取代的相对反应活性顺序为

$$3°H > 2°H > 1°H > CH_4\text{的 H}$$

链 接 烷烃卤代反应产率

甲烷和乙烷的一氯代反应产物只有一种，而丙烷的一氯代产物有两种。

$$CH_3CH_2CH_3 + Cl_2 \xrightarrow{h\nu} \underset{\text{1-氯丙烷45\%}}{CH_3CH_2CH_2Cl} + \underset{\text{2-氯丙烷55\%}}{CH_3\underset{\substack{|\\ Cl}}{C}HCH_3}$$

丙烷分子中存在两种氢——6 个伯氢和 2 个仲氢。假定所有的氢原子活性一样，那么氯取代 1°氢与 2°氢的概率之比为 3∶1，但产物中 2-氯丙烷的量却比 1-氯丙烷多，这说明 2°氢的活性比 1°氢大，更容易被卤素取代，它们的相对活性之比为

$$\frac{\text{伯氢的活性}}{\text{仲氢的活性}} = \frac{45/6}{55/2} = \frac{1}{3.7}$$

同样以异丁烷进行氯代反应，取代1°氢生成的产物占64%，取代3°氢得到的产物占36%。

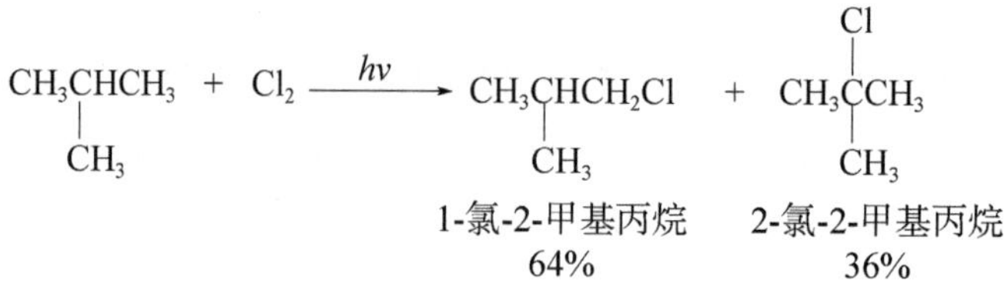

伯氢与叔氢的相对反应活性之比为

$$\frac{\text{伯氢的活性}}{\text{叔氢的活性}}=\frac{64/9}{36/1}=\frac{1}{5}$$

所以烷烃氯代时，三种氢的活性之比是：伯氢的活性：仲氢的活性：叔氢的活性=1：3.7：5。

烷烃的氯代反应中，尽管氯对三种氢原子具有选择性，但选择性不高，常常得到混合物，分离提纯很不方便，所以在合成上用处不大。在实验室中则将溴作为烷烃卤代试剂，因为溴代时，烷烃氢原子的活性比为：伯氢的活性：仲氢的活性：叔氢的活性=1：80：1600，选择性较高，产物较纯净。

3. 烷烃卤代反应机理 大多数有机反应比较复杂，并不是由反应物到产物的一步反应，而是中间经历许多步骤。化学反应所经历的途径或过程称为反应机理，也称反应历程。必须深入了解反应机理，才能认清反应本质，发现各种反应之间内在的联系，掌握反应的规律，以求达到控制和利用反应的目的。有机反应机理不是凭空捏造的，而是人们在大量实验事实的基础上作出的逻辑推理。

实验证明甲烷的氯代反应机理为自由基链反应。在反应过程中，烷烃C—H σ键均裂形成自由基，自由基间再发生连锁反应，最终生成产物卤烃。整个反应可以分为三个阶段。

（1）链的引发：室温黑暗条件下，甲烷与氯气不反应。当用紫外光照射或加热时，反应立即发生。光照或加热给予的能量先使氯分子发生共价键的均裂，产生氯自由基，由此引发了整个反应。

$$\text{Cl—Cl} \xrightarrow{h\nu} 2\text{Cl}\cdot$$

（2）链的增长：氯自由基很不稳定，活性很强，当它和反应体系中浓度很高的甲烷分子碰撞时，便夺得一个氢原子形成HCl分子，同时产生甲基自由基。

$$\cdot\text{Cl}+CH_4 \longrightarrow \cdot CH_3+\text{HCl}$$

甲基自由基仍非常活泼，与Cl_2分子相碰撞，夺取一个带有一个单电子的氯原子，生成氯甲烷和新的氯自由基。

$$\cdot CH_3+Cl_2 \longrightarrow CH_3Cl+\text{Cl}\cdot$$

新产生的Cl·又可以重复上述两步反应。

在反应的初始阶段，CH_4浓度很高，生成的Cl·主要与CH_4碰撞而得到产物CH_3Cl。随着反应的进行，CH_4的量逐渐减少，CH_3Cl的浓度逐步提高，这时Cl·与CH_3Cl碰撞的机会增加，反应得到二氯甲烷。反应一步一步地传递下去，直至生成CCl_4，得到四种氯代甲烷的混合物。

$$CH_3Cl+\text{Cl}\cdot \longrightarrow \cdot CH_2Cl+\text{HCl}$$
$$\cdot CH_2Cl+Cl_2 \longrightarrow CH_2Cl_2+\text{Cl}\cdot$$
$$CH_2Cl_2+\text{Cl}\cdot \longrightarrow \cdot CHCl_2+\text{HCl}$$
$$\cdot CHCl_2+Cl_2 \longrightarrow CHCl_3+\text{Cl}\cdot$$
$$CHCl_3+\text{Cl}\cdot \longrightarrow \cdot CCl_3+\text{HCl}$$
$$\cdot CCl_3+Cl_2 \longrightarrow CCl_4+\text{Cl}\cdot$$

（3）链的终止：反应不会无限制地进行下去。因为甲烷不断被消耗，自由基的浓度在不断增加，自由基之间相互碰撞形成分子的机会也在增加，因此当自由基逐渐减少直至消失，链反应也随之结束。

$$Cl\cdot + Cl\cdot \longrightarrow Cl_2$$
$$\cdot CH_3 + \cdot CH_3 \longrightarrow CH_3CH_3$$
$$\cdot CH_3 + Cl\cdot \longrightarrow CH_3Cl$$

只要产生少量活性中间体，就可以使反应不断地传递下去，直到活性中间体被消耗完，反应才停止，这种反应称为链反应。若活性中间体是自由基，则称为自由基链反应。

链 接 烷烃卤代反应活性与自由基的稳定性

为什么烷烃卤代时，氢原子的活性有 3°H＞2°H＞1°H 呢？烷烃卤代反应的活性，是由其反应历程中速率最慢的一步反应决定的。在链的引发阶段，氯分子吸收一定的能量分解成氯自由基，而后者为了满足八隅体结构很快反应释放出能量。在链终止阶段，自由基之间相互碰撞，反应速率很快。而在链增长阶段，取代氢的反应有两步：

$$\cdot Cl + CH_4 \longrightarrow \cdot CH_3 + HCl \qquad ①$$
$$\cdot CH_3 + Cl_2 \longrightarrow CH_3Cl + Cl\cdot \qquad ②$$

这两步中反应①所需的能量较高，反应速率较慢，是整个链反应的决速步骤。反应①生成了活性中间体——自由基。因此，比较 3°H、2°H、1°H 及甲烷 H 的相对反应活性，也就是比较 3°、2°、1° 自由基与甲基自由基的稳定性顺序。虽然自由基很活泼，但不同自由基的稳定性还是有差异的，其顺序为

$$3°自由基＞2°自由基＞1°自由基＞\cdot CH_3$$

C—H 键均裂形成自由基时所吸收的能量（键的解离能）越少，生成自由基的动力越大，稳定性越高，与之相应的氢越活泼。下面是一些烷烃的解离能数据：

$$CH_3—H \longrightarrow \cdot CH_3 + H\cdot \qquad \Delta H=435.1kJ/mol$$
$$CH_3CH_2CH_2—H \longrightarrow CH_3CH_2\dot{C}H_2 + H\cdot \qquad \Delta H=410kJ/mol$$
$$CH_3CH(H)CH_3 \longrightarrow CH_3\dot{C}HCH_3 + H\cdot \qquad \Delta H = 397.5kJ/mol$$
$$(CH_3)_3C—H \longrightarrow (CH_3)_3C\cdot + H\cdot \qquad \Delta H = 3380.7kJ/mol$$

六、重要的烷烃

1. 石油醚 C_5～C_8 低级烷烃的混合物，是无色、透明、易挥发的液体，主要用作有机溶剂，可用于提取和纯化某些中药的有效成分。由于其极易燃烧，使用及储存时要特别注意防火。

2. 石蜡 烷烃的混合物，根据状态不同可分为液体石蜡和固体石蜡两类。液体石蜡是 C_{18}～C_{24} 烷烃的混合物，为透明液体，不溶于水和醇，能溶于醚和氯仿中。医药上主要用作滴鼻剂或喷雾剂的溶剂以及软膏剂的基质，也用作肠道润滑的缓泻剂。固体石蜡是 C_{25}～C_{34} 固体烷烃的混合物，医药上用作蜡疗和成药密封材料，也是制造蜡烛的原料。

3. 凡士林 液体和固体石蜡的混合物，呈软膏状半固体，不溶于水，溶于醚和石油醚。由于凡士林不被皮肤吸收，化学性质稳定，不易与软膏中的药物作用，因此医药上用作软膏基质。凡士林一般呈黄色，经漂白或用骨炭脱色，可得白色凡士林。

考点：①烷烃的命名；②烷烃的构造异构和构象；③烷的卤代、裂解和燃烧反应；④碳和氢原子种类及氢的活泼性

链 接 可再生资源——生物质

生物质是指通过光合作用所产生的生物有机物质的总称，包括野生植物、农作物、林产物、海

产物等。生物质资源不仅储量丰富且可再生。仅就植物性生物质的主要成分——木质素和纤维素而言，约以 1640 亿 t/a 的速度再生，相当于目前石油年产量的 15 倍。现今人们已可利用微生物技术将生物质转化为药物、生化试剂等，但应用规模都较小，不及化学品年产量的 2%；当绿色化学技术高度发展时，生物质资源将代替石油等矿物质资源。

第2节 单 烯 烃

烯烃是分子中含有碳碳双键的不饱和烃，碳碳双键是其官能团。依据分子中碳碳双键的数目，烯烃可分为单烯烃、二烯烃和多烯烃。本节所指的烯烃是链式单烯烃，通式为 C_nH_{2n}。

一、单烯烃的结构和命名

（一）单烯烃的结构

1. 乙烯的结构 最简单的烯烃——乙烯，分子式为 C_2H_4，其他单烯烃可以看成是乙烯中氢被其他烃基所取代的衍生物。

乙烯分子中的两个碳原子均采取 sp^2 杂化，两个碳原子各以 1 个 sp^2 杂化轨道相互重叠形成 C—C σ 键，再分别以 2 个 sp^2 杂化轨道和氢原子的 1s 轨道重叠形成 2 个 C—H σ 键，5 个 σ 键处在同一平面上（图 2-9）。

两个碳原子未参与杂化的 2p 轨道，垂直于上述平面，且相互平行，彼此侧面重叠形成一个 π 键（图 2-10），处在 π 轨道上的电子称为 π 电子。

因此，碳碳双键是由一个 σ 键和一个 π 键构成，而不是碳碳单键的简单组合。图 2-11 是乙烯分子的两种近似模型。

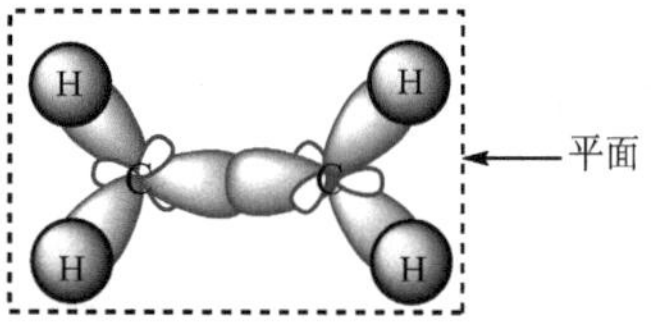

图 2-9 乙烯分子中的 σ 键

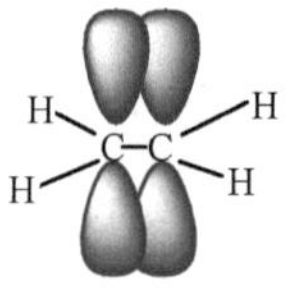

图 2-10 乙烯分子中 π 键的形成

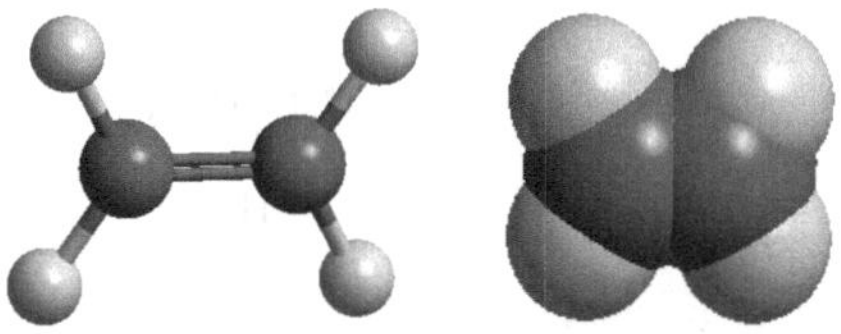
图 2-11 乙烯的球棍模型和比例模型

2. 单烯烃的顺反异构 烯烃与相同碳原子数的烷烃相比，除了存在碳架异构和双键位置异构的构造异构外，还存在一种立体异构现象——顺反异构。在烯烃分子中，由于 π 键的存在限制了碳碳双键的自由旋转，当双键碳原子上分别连有两个不同的原子或基团时，双键碳上的这四个原子或基团在空间就有两种不同的排列方式，产生两种构型异构体。

案例 2-3

2-丁烯的顺反异构体。

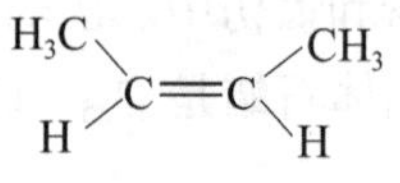

顺-2-丁烯

（Ⅰ）

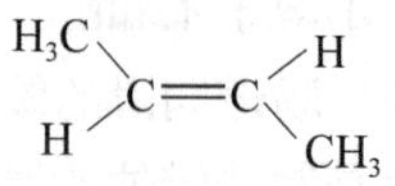

反-2-丁烯

（Ⅱ）

（Ⅰ）和（Ⅱ）的分子式相同，构造也相同，但双键碳原子上的原子或基团的空间排列不同。像这种由于双键不能自由旋转，造成分子中的原子或基团在空间产生不同的排列方式称为顺反异构或几何异构。

产生顺反异构体的必要条件，一是分子中必须含有像碳碳双键那样的不能绕轴旋转的因素；二是

两个双键碳原子必须分别连接两个不同的原子或基团，即

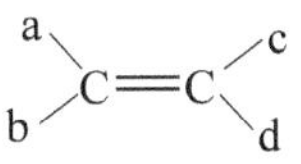

当 a≠b、c≠d 时，可产生几何异构；a=b 或 c=d 时，没有几何异构。

课堂互动 2-2

试判断下列烯烃有无顺反异构？

（1）2-甲基-2-戊烯　（2）3-甲基-2-戊烯　（3）3-乙基-2-己烯

（二）单烯烃的命名

1. 简单烯烃的命名　简单烯烃可像简单烷烃一样，用普通命名法，直接依据含碳数称为某烯。例如：

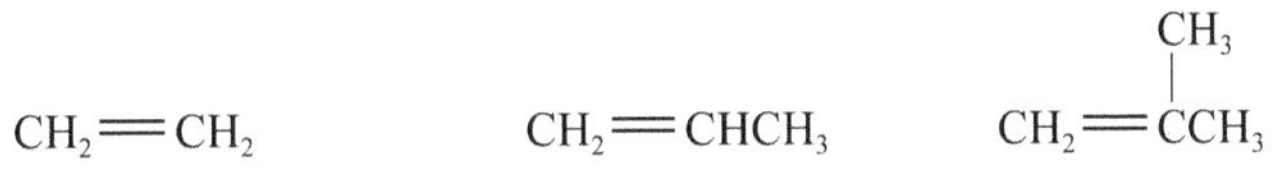

乙烯　丙烯　异丁烯

复杂烯烃用系统命名法，选择含有碳碳双键的最长碳链为主链，如有两条或两条以上等长度的含碳碳双键的碳链，选支链多的作主链；根据主链碳原子的数目命名为某烯；在编号时从最靠近双键的一端编起，使双键位置的编号尽可能最小，并将双键编号中较小的那个位号写在某烯名称前，且用“-”相连，以表示双键在碳链中的位置。取代基名称和位置等的表示方法与烷烃类似。例如：

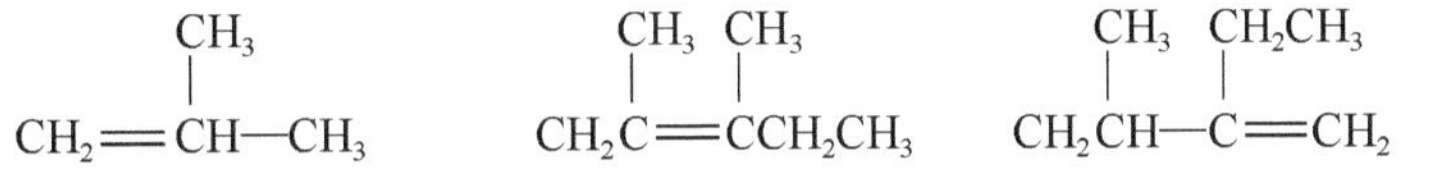

2-甲基丙烯(异丁烯)　2,3-二甲基-2-戊烯　3-甲基-2-乙基-1-丁烯

烯烃分子中去掉一个氢原子的基团称为烯基。常见的几种烯基如下：

$CH_2=CH-$　乙烯基

$CH_3CH=CH-$　丙烯基（或 1-丙烯基）

$CH_2=CH-CH_2-$　烯丙基（或 2-丙烯基）

2. 顺反异构体的命名　烯烃顺反异构体的系统命名法是用字母 *Z* 和 *E* 表示顺反异构的构型。命名时将每个双键碳上的取代基按次序规则排列优先次序；若两个碳上的优先基团在双键键轴的同侧称为 *Z* 型，在异侧称为 *E* 型。例如：

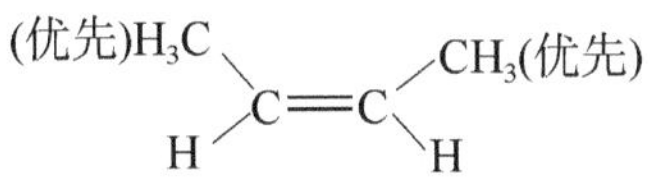

(*Z*)-2-丁烯

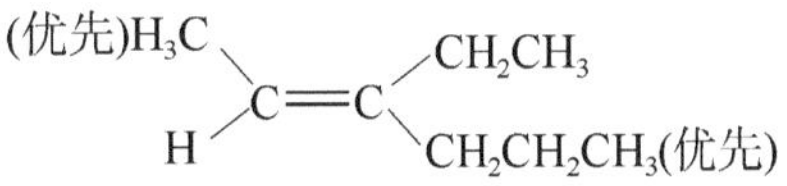

(*E*)-3-乙基-2-己烯

若两个双键碳上连有相同原子或基团时，也可用顺和反词头表示其构型。相同基团在双键键轴同侧为顺式，在异侧为反式。例如：

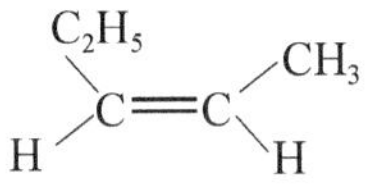

顺-2-戊烯

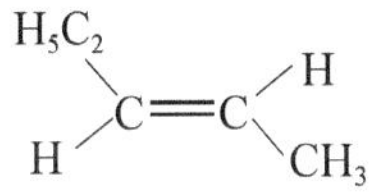

反-2-戊烯

次序规则如下。①首先比较原子或原子团中与双键碳直接相连的第一个原子的原子序数，原子序数较大者为优先基团。一些常见基团的优先次序为—I>—Br>—Cl>—SH>—OH>—NH_2>—CH_3>—H。②如第一个原子相同，则向该原子所连接的其余几个原子延伸，比较这些原子的原子序数，若仍相同，继续向外延伸，直到能比出先后为止，例如，$(CH_3)_3C-$>$(CH_3)_2CH-$>$CH_3CH_2CH_2-$>CH_3CH_2->CH_3-。③对于含有双键或叁键的原子团，把双键看成连有两个相同原子或把叁键看成连有三个相同原子再进行比较，例如，—CN>—C=NH>—C≡CH>—C=CH_2。

Z/E 构型和顺/反构型命名法之间没有必然的联系，顺式构型不一定是 *Z* 构型，反式构型不一定是 *E* 构型。

课堂互动 2-3

命名或写出下列的结构式。

1. 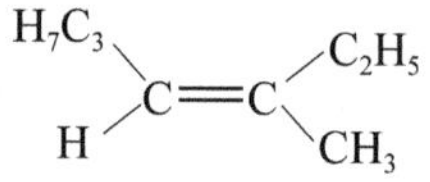

2. (*E*)-2-戊烯

二、烯烃的物理性质

烯烃的物理性质与相应的烷烃相似。常温常压下，2～4 个碳原子的烯烃为气体，5～15 个碳原子的烯烃为液体，高级烯烃为固体。烯烃的熔点、沸点和相对密度都随分子量的增加而升高。和烷烃一样，烯烃也极难溶解于水而易溶于有机溶剂。常见烯烃的物理常数见表 2-4。

表 2-4 部分烯烃的物理常数

名称	熔点/℃	沸点/℃	相对密度（液态时）
乙烯	−169.4	−103.7	0.5700
丙烯	−185.2	−47.7	0.6100
1-丁烯	−130.0	−6.4	0.6255
顺-2-丁烯	−139.3	3.5	0.6213
反-2-丁烯	−105.5	0.9	0.6024
异丁烯	−141.0	−6.5	0.6310
1-戊烯	−166.2	30.1	0.641
2-甲基-1-丁烯	−137.6	31.2	0.650
1-己烯	−138.0	63.5	0.673
1-十八碳烯	17.5	179.0	0.791

三、烯烃的化学性质

与烷烃相比，烯烃表现出较强的反应活性。这是因为烯烃碳碳双键中的 π 键电子受原子核的束缚较弱，易受到极化，π 键键能较小，易断裂而发生加成反应。此外，由于受 π 键的影响，双键邻位碳上的氢即 *α*-H 也表现出一定的活性，易被其他基团取代。

（一）加成反应

加成反应指的是碳碳双键中的 π 键打开，两个一价的原子或基团分别加到双键两端的碳原子上，形成两个新的 σ 键，碳原子的杂化方式也由 sp^2 转为 sp^3。加成反应通式如下。

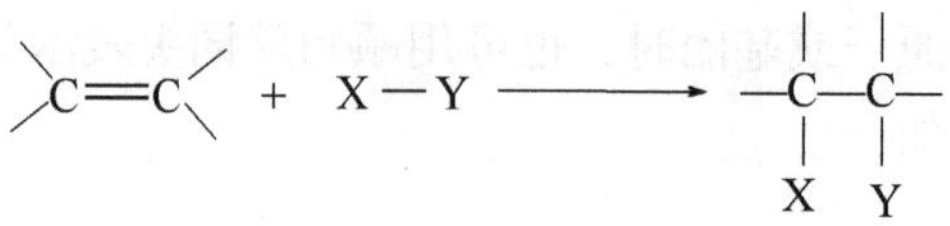

双键的加成反应在药物合成中有着重要的实用价值。通常借助双键的加成而实现官能团的转换来合成卤代烃、醇等。

1. 催化加氢 无催化剂的条件下，烯烃加氢很困难，但是有铂、镍、钯等过渡金属存在下，反应可以定量完成，产物为烷烃。

$$C_nH_{2n} + H_2 \xrightarrow{Ni} C_nH_{2n+2}$$

该反应也称为催化氢化。工业上常用骨架镍（Raney nickel）或铂黑作为催化剂。由于反应能定量完成，所以可根据消耗氢气的体积来测定烯烃的含量或双键的数目。

2. 加卤素 烯烃与氯、溴很容易加成，生成邻二卤代烷。例如，将丙烯通入溴水或溴的四氯化碳溶液中，红棕色很快褪去。实验室中通常利用该反应检验烯烃的存在。

$$CH_3CH{=\!=}CH_2 + Br_2 \xrightarrow{CCl_4} \underset{\text{Br}\quad\ \ \text{Br}}{CH_3CH{-}CH_2}$$

1,2-二溴丙烷

烯烃与氟反应过于剧烈，往往使碳链断裂，副产物多，无实用价值。烯烃与碘的反应难以发生。一般烯烃与氯、溴的加成反应有实际应用价值。

链 接 烯烃与卤素的亲电加成反应历程

烯烃与卤素的加成反应从反应机理来看，是分两步完成的。以乙烯与溴的加成为例。乙烯分子中π键易发生键的极化使π电子云有转向双键一端的趋势，双键产生偶极。溴分子受π电子影响而极化产生偶极。第一步，带部分正电荷的 $Br^{\delta+}$ 首先进攻碳碳双键，形成一个含溴的三元环状活性中间体——溴鎓离子，并解离出溴负离子。第二步，溴负离子从环状溴鎓离子的反面进攻碳原子，生成 1, 2-二溴乙烷，这在立体化学上称为反式加成。

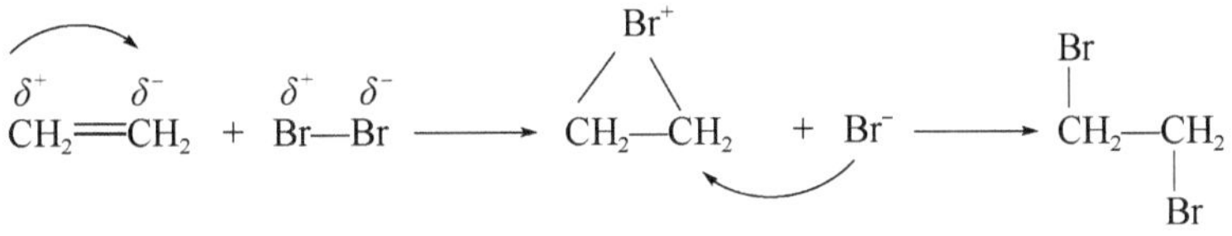

第一步反应速率较慢，是速控步骤，决定了整个化学反应的速率。由于烯烃的加成反应首先是由试剂中带正电的部分先来进攻带负电的碳引起的，所以称为亲电加成反应。带正电的进攻试剂称为亲电试剂。由于存在离子的产生和结合，此反应属于离子型反应。因此烯烃与卤素的加成反应属于离子型的亲电加成反应。

烯烃与氯的加成反应中，活性中间体倾向于碳正离子型。因为形成的环状氯鎓离子稳定性不及碳正离子。

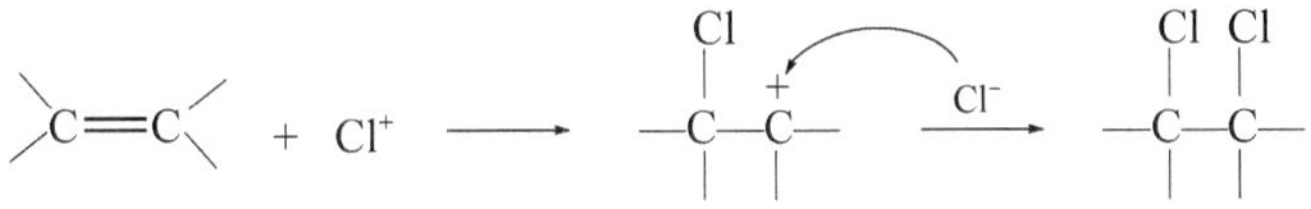

3. 加卤化氢 卤化氢气体或浓氢卤酸溶液与烯烃加成，生成一卤代烷。例如：

$$CH_2{=\!=}CH_2 + HCl \longrightarrow CH_3CH_2Cl$$

一氯乙烷

$$CH_3CH{=\!=}CHCH_3 + HBr \longrightarrow CH_3\overset{\text{Br}}{\overset{|}{C}}HCH_2CH_3$$

2-溴丁烷

浓氢碘酸和浓氢溴酸能直接和烯烃起反应，而浓盐酸与烯烃作用则需要催化剂 $AlCl_3$。故卤化氢活性次序为 HI＞HBr＞HCl，恰好与酸性顺序一致。

当不对称性的烯烃与卤化氢加成时，可以得到两种不同的产物，例如：

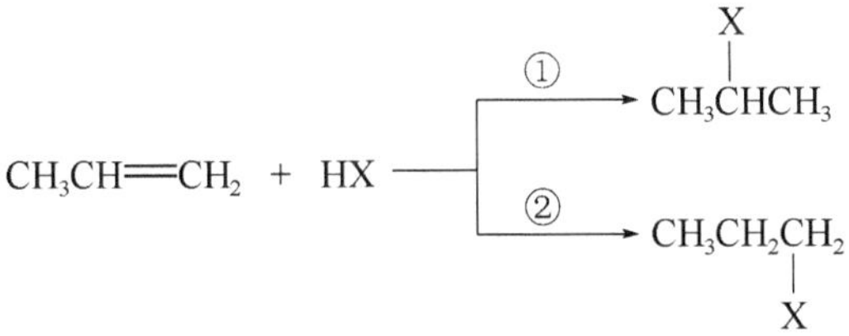

实验证明第①个反应的产物 2-卤代丙烷是主要产物。大量实验事实发现：不对称烯烃与 HX 加成

时，HX 中带正电的部分 H 加到含氢较多的双键碳原子上，而负性基团 X 主要加到含氢较少的双键碳原子上，这一规则称为马尔科夫尼科夫（Markovnikov）规则，简称马氏规则。应用马氏规则可以预测反应的主要产物。

链 接 不对称烯烃与卤化氢加成反应的区域选择性

不对称烯烃与卤化氢的加成反应遵守马氏规则，可以用反应机理来解释。烯烃与卤化氢的加成反应也属于亲电加成反应。第一步，质子 H^+首先进攻烯烃 π 键，π 键异裂将电子提供给质子形成 C—H 键，得到碳正离子活性中间体；第二步再加上负性基团 X^-。

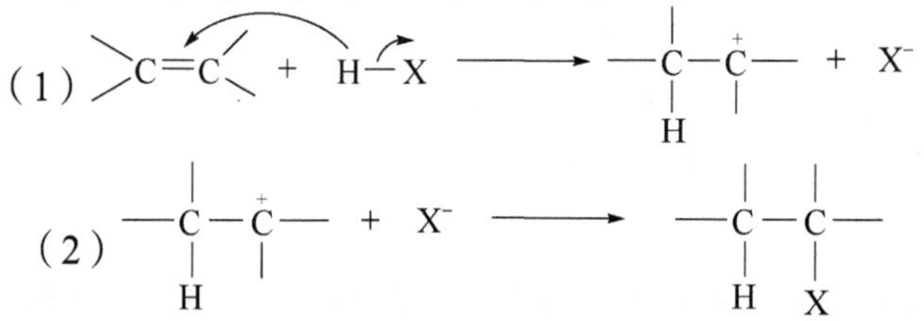

第一步形成碳正离子的反应是整个反应的决速步骤，因此生成的碳正离子越稳定，反应就越容易发生，反应速率就越快，按此反应得到的产物在混合物中的比例也就越大。

碳正离子的稳定性与什么有关呢？碳正离子是一个外层只有 6 个电子的碳原子作为中心原子的正离子。按照带正电荷的中心碳原子类型可分为一级（1°）、二级（2°）和三级（3°）三类。

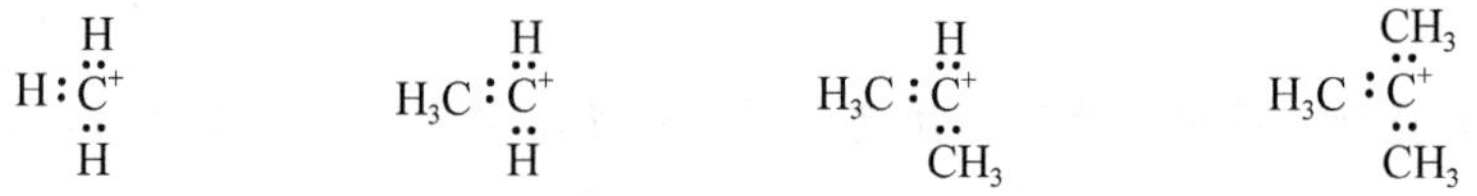

甲基正离子　　乙基正离子　　异丙基正离子　　叔丁基正离子

1°　　2°　　3°

一个带电体系的稳定性取决于所带电荷的分布情况，电荷越分散，体系越稳定。碳正离子的稳定性也是如此。

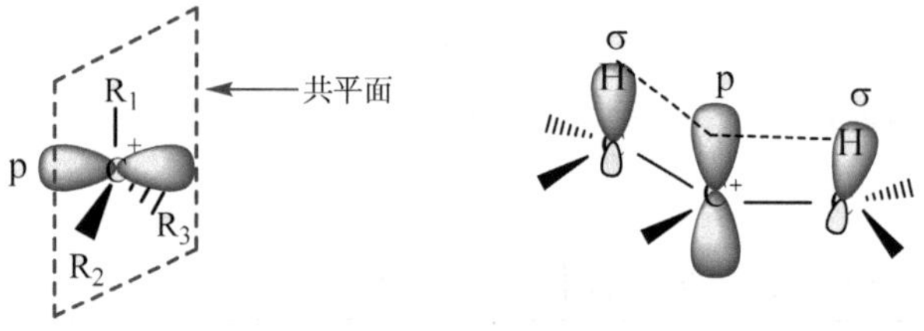

图 2-12　碳正离子的结构

碳正离子中心碳原子采取 sp^2 杂化，有一条空 p 轨道垂直于 sp^2 杂化轨道对称轴所在的平面，周围烷基的碳氢键的 σ 电子便离域到 C^+的空 p 轨道中，中心碳原子的正电荷得到分散，体系趋于稳定，此种现象称为 σ-p 超共轭（图 2-12）。周围能参与共轭的 C—H 键数目越多，则体系就越稳定，碳正离子就越容易生成。故碳正离子的稳定性次序为 $3°C^+>2°C^+>1°C^+>{}^+CH_3$。

当不对称烯烃与卤化氢加成时，氢质子有两种加成取向，分别形成 1°碳正离子和 2°碳正离子。由于反应①中的 2°碳正离子稳定性大于反应②中的 1°碳正离子，反应①更易生成，所以主要产物是①中的产物，反应体现出选择性，符合马氏规则。

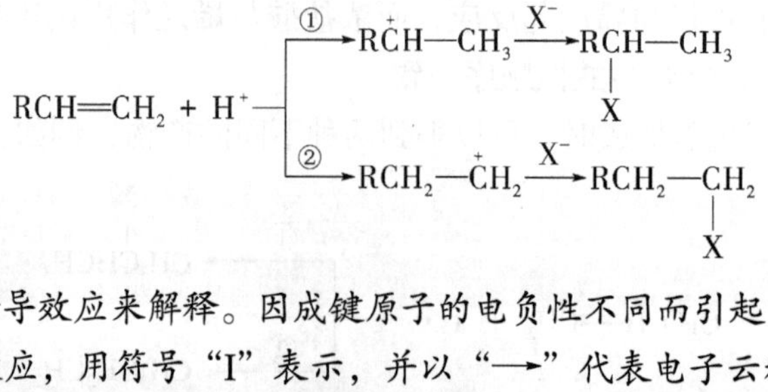

马氏规则也可以用诱导效应来解释。因成键原子的电负性不同而引起电子云沿着碳链向某一方向移动的现象称为诱导效应，用符号“I”表示，并以“⟶”代表电子云移动的方向。各原子或原子团的 I 效应是以氢为基准，比较其斥电子或吸电子的能力大小。

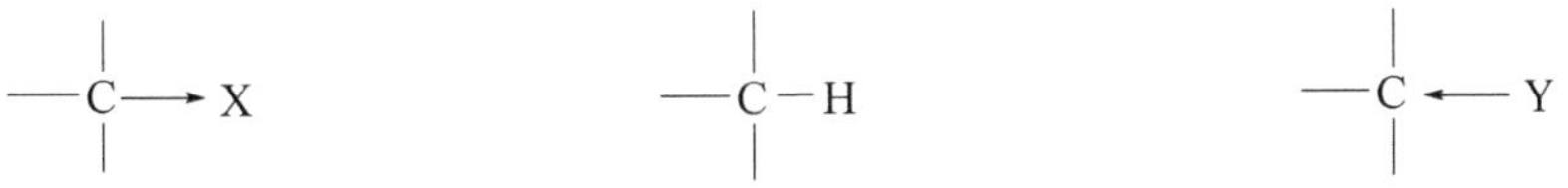

-I效应　　比较标准　　+I效应

当基团 X 的电负性大于氢原子，C—X 键电子偏向 X，X 具有吸电子能力，称为吸电子基，产生吸电子诱导效应（–I）。当基团 Y 的电负性小于氢原子，C—Y 键电子云偏向 C，Y 具有斥电子能力，称为斥电子基，产生斥电子诱导效应（+I）。诱导效应中，键极性的影响可延伸到其他原子上，但随着距离的增加而逐渐减弱直至消失。

一些常见的基团诱导效应强弱次序如下：吸电子基—NR_3^+ >—NO_2 >—CN >—COOH >—COOR >═C═O >—F >—Cl >—Br >—I >—OCH_3 >—OH >—$NHCOCH_3$ >—C_6H_5 >—CH═CH_2；斥电子基—$C(CH_3)_3$ >—$CH(CH_3)_2$ >—C_2H_5 >—CH_3。

当双键上连有烷基时，烷基的斥电子作用决定了 π 电子云的偏移方向。π 电子云的偏移使得离烷基较远的双键碳原子带部分负电荷，加成试剂中的正电部分加到含氢较多的双键碳原子上。

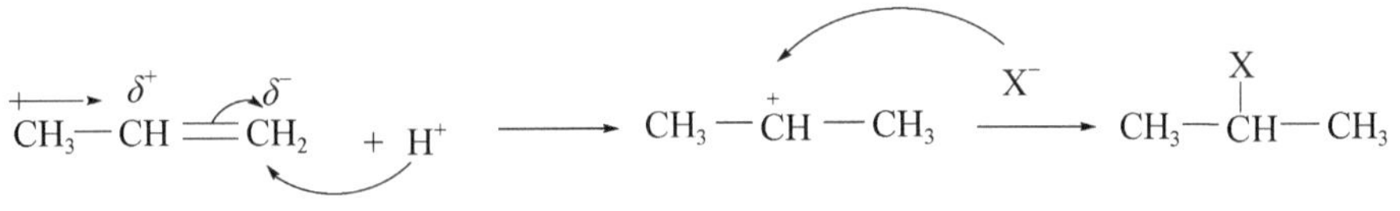

当有过氧化物（如过氧化二苯甲酰等）存在时，不对称烯烃与 HBr 加成，生成的是反马氏规则的产物，称为过氧化物效应。例如，丙烯和溴化氢在过氧化物作用下的反应。

$$CH_3CH{=}CH_2 + HBr \xrightarrow{\text{过氧化物}} CH_3CH_2{-}CH_2Br$$

注意：只有烯烃与溴化氢，在有过氧化物存在下或光照下（促发自由基）才生成反马氏规则的产物，其反应历程为自由基加成。不对称烯烃与 HI 和 HCl 加成时仍然服从马氏规则。

4. 加硫酸　烯烃和冷的浓硫酸反应生成硫酸氢烷酯。硫酸氢烷酯易溶于硫酸，加水稀释后水解生成醇，反应的取向也符合马氏规则。这是工业制备醇的重要方法，称为烯烃的间接水合法。该法也有缺点，大量浓硫酸的使用会导致设备的严重腐蚀。

$$CH_2{=}CH_2 + HO{-}\overset{\overset{O}{\|}}{\underset{\underset{O}{\|}}{S}}{-}OH \longrightarrow \underset{\text{硫酸氢乙酯}}{CH_3CH_2OSO_2OH} \xrightarrow{H_2O} \underset{\text{乙醇}}{CH_3CH_2OH}$$

在高温高压、强酸催化下，将水蒸气直接通到烯烃中发生加成反应生成醇。这种方法称为烯烃的直接水合法。

$$CH_3CH{=}CH_2 + H_2O \xrightarrow[100℃,5MPa]{H_3PO_4/\text{硅藻土}} CH_3\underset{\underset{OH}{|}}{C}HCH_3$$

课堂互动 2-4

写出下列反应的主要产物。

（1）$(CH_3)_2C{=}CH_2 + HBr \xrightarrow{\text{过氧化物}}$　（2）$(CH_3)_2C{=}CHCH_3 + Cl_2 \xrightarrow{CCl_4}$

（3）$CH_3CH{=}CHCH_3 + H_2O \underset{100℃,\ 5MPa}{\overset{H_3PO_4/\text{硅藻土}}{\rightleftharpoons}}$

（二）氧化反应

烯烃的碳碳双键较容易被氧化，随氧化剂和反应条件的不同产物也不同。

1. 高锰酸钾氧化　碱性或中性高锰酸钾稀溶液能将烯烃氧化成邻二醇。该反应很灵敏，随着紫红色的褪去，生成棕褐色的 MnO_2 沉淀，可用作烯烃的鉴别。

$$RCH=CHR' \xrightarrow{KMnO_4/OH^-} \underset{OH}{RCH}-\underset{OH}{CHR'}$$

若是酸性高锰酸钾溶液作氧化剂，则得到碳碳双键断裂的氧化产物。

$$\underset{R'}{\overset{R}{>}}C=CHR'' \xrightarrow{KMnO_4/H^+} \underset{\text{酮}}{\underset{R'}{\overset{R}{>}}C=O} + \underset{\text{羧酸}}{R''COOH}$$

$$RCH=CH_2 \xrightarrow{KMnO_4/H^+} RCOOH + CO_2$$

此反应可用于测定烯烃的结构。

2. 臭氧氧化 臭氧在低温下迅速定量地与烯烃作用，生成糊状的臭氧化物，称为臭氧氧化反应。臭氧化物很不稳定，容易发生爆炸，所以不必将它从溶液里分离，直接加水进行水解，产物为醛、酮和过氧化氢。为了防止产生的过氧化氢将醛、酮氧化，通常加入还原剂锌粉。

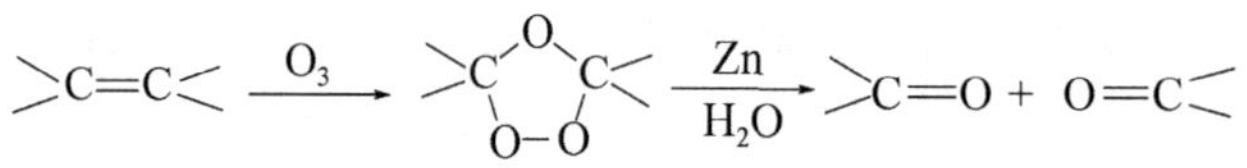

不同结构的烯烃经臭氧氧化，还原剂存在条件下水解得到不同的醛或酮。

$$=CH_2 \longrightarrow HCHO \quad \text{甲醛}$$

$$RCH= \longrightarrow RCHO \quad \text{醛}$$

$$R_2C= \longrightarrow R_2C=O \quad \text{酮}$$

此反应也可用于测定未知烯烃的结构。臭氧化物还可以用氢化铝锂（$LiAlH_4$）或硼氢化钠（$NaBH_4$）还原，产物是醇。

（三）聚合反应

在一定条件下，烯烃分子中 π 键打开，相互加成连接成具有重复链节单元的高分子量化合物称为聚合物，这种反应称为聚合反应，合成聚合物的原料称为单体。例如，在齐格勒-纳塔催化剂催化下，乙烯在低压下聚合成聚乙烯。

$$nCH_2=CH_2 \xrightarrow{\text{催化剂}} \left[CH_2-CH_2\right]_n$$

（四）α-H 的卤代反应

丙烯高温下与卤素作用，进行的是类似于烷烃的光卤代反应，反应历程为自由基取代，得到的产物是 3-卤代丙烯。而常温下丙烯与卤素则发生亲电加成反应。

$$CH_3CH=CH_2 + Cl_2 \xrightarrow[\text{气相}]{500\sim600^\circ C} Cl-CH_2CH=CH_2$$

$$CH_3CH=CH_2 + Cl_2 \xrightarrow[CCl_4\text{溶液}]{\text{室温}} CH_3\underset{Cl}{CH}-\underset{Cl}{CH_2}$$

实验室常用过氧化物来引发自由基，这样可避免高温反应条件。一个很重要的溴代试剂就是 *N*-溴代丁二酰亚胺（NBS）。

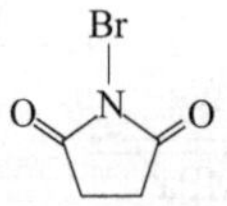

NBS 专一性地取代烯烃的 α-H。例如：

$$CH_3CH_2CH=CH_2 \xrightarrow[\text{过氧化物}]{NBS} CH_3\overset{Br}{CH}CH=CH_2$$

四、重要的烯烃

1. **乙烯**（$CH_2{=}CH_2$） 乙烯常温常压下为无色气体。医药上，乙烯与氧的混合物可以作麻醉剂。农业上，乙烯用作植物生长调节剂，也可作未成熟果实的催熟剂。工业上，许多有机化工产品的生产都是以乙烯为原料，如乙醇、乙醛、氯乙烯、乙酸、环氧乙烷、乙二醇等。乙烯的聚合物也广泛应用于日常生活用品的制造以及食品、制药、电器和机械制造等方面。

2. **丙烯**（$CH_3CH{=}CH_2$） 丙烯常温下为无色、稍带有甜味的气体，不溶于水，溶于有机溶剂，是一种低毒类物质。丙烯是三大合成材料的基本原料，主要用于生产聚丙烯、丙烯腈、异丙醇、丙酮和环氧丙烷等。

考点：①单烯烃的构造异构和顺反异构；②单烯烃的命名；③烯烃的加成、氧化、聚合以及 α-H 取代反应

第3节 二 烯 烃

一、二烯烃的分类与命名

（一）分类

分子中含有两个碳碳双键的不饱和链烃，称为二烯烃。根据二烯烃中两个双键的相对位置的不同，可分为累积二烯烃、共轭二烯烃和孤立二烯烃三类。

1. **累积二烯烃** 两个双键与同一个碳原子相连接，即分子中含有$-\underset{|}{C}=C=\underset{|}{C}-$结构的二烯烃称为累积或聚集二烯烃，如丙二烯 $CH_2{=}C{=}CH_2$。

2. **共轭二烯烃** 两个双键被一个单键隔开，即分子中含有$-\underset{|}{C}=\underset{|}{C}-\underset{|}{C}=\underset{|}{C}-$结构的二烯烃称为共轭二烯烃，如 1, 3-丁二烯 $CH_2{=}CH{-}CH{=}CH_2$，此类二烯烃在结构和性质上很特殊，在理论和应用上都有重要的价值，是最重要的二烯烃。

3. **孤立二烯烃** 两个双键被两个或两个以上的单键隔开，即分子中含有$-\underset{|}{C}=\underset{|}{C}-(\overset{|}{\underset{|}{C}})_n-\underset{|}{C}=\underset{|}{C}-$（$n\geqslant1$）结构的二烯烃称为孤立二烯烃或隔离二烯烃，如 1, 4-戊二烯 $CH_2{=}CH{-}CH_2{-}CH{=}CH_2$。

（二）命名

二烯烃的命名与单烯烃相似，先选择含有两个双键的最长碳链作为主链，称为“某二烯”，然后从距离双键最近的一端给主链上的碳原子编号，最后写出取代基名称、数目、位次，标出两个双键的位次。例如：

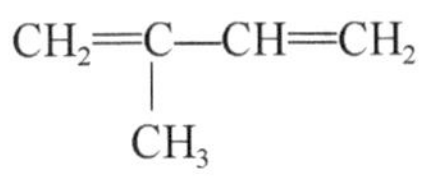

2-甲基-1,3-丁二烯(或异戊二烯)

二烯烃的顺反异构体的命名也与烯烃相似。两双键的位次及顺反构型写在括号内并用逗号隔开，标注在其构造式名称的最前面。例如：

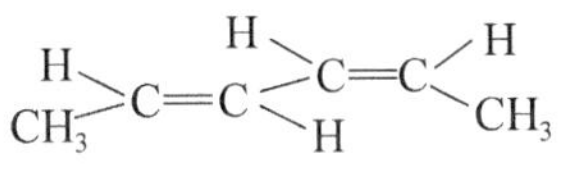

(2*E*,4*Z*)-2,4-己二烯

二、共轭二烯烃的结构和共轭效应

（一）1, 3-丁二烯的结构

1, 3-丁二烯是最简单的共轭二烯烃。在 1, 3-丁二烯分子中，四个碳原子都是 sp^2 杂化，彼此各以一个 sp^2 杂化轨道结合形成 C—C σ 键，其余的 sp^2 杂化轨道分别与氢原子的 s 轨道重叠形成 C—H σ 键。由于 sp^2 杂化轨道是平面分布的，所以分子中的所有原子都处于同一平面。此外，每个碳原子还有一个未参加杂化的 p 轨道与上述平面垂直，这 4 个相互平行的 p 轨道侧面重叠，不仅在 C_1 和 C_2 以及 C_3 和 C_4

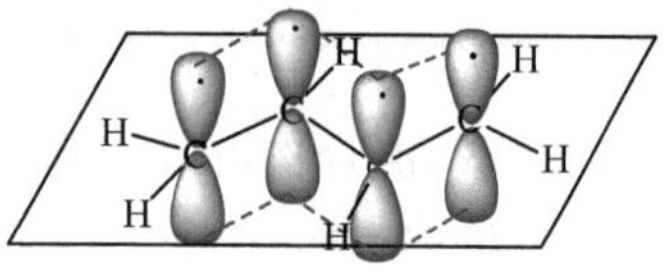

图 2-13 1，3-丁二烯分子中的共轭 π 键

之间各形成一个 π 键，同时，C_2 和 C_3 之间的 p 轨道由于相邻又相互平行，也可以部分重叠，从而将两个 π 键连接起来，形成一个包含 4 个碳原子的 4 个电子的大 π 键或 π_4^4 键（图 2-13）。

由此可见，在 1, 3-丁二烯分子中的 π 电子不是局限于 C_1 和 C_2 或 C_3 和 C_4 之间，而是扩展至 4 个碳原子的范围内。这些 π 电子比单烯烃中的 π 电子具有更大的运动范围，这种现象称为 π 电子的离域。因 π 电子的离域而形成的 π 键称为大 π 键或共轭 π 键，以区别于单烯烃及孤立二烯烃中的 π 键。

（二）共轭效应

在 1, 3-丁二烯分子中，双键的键长为 0.137nm（比乙烯的双键的键长 0.134nm 变长了），单键的键长为 0.146nm（比烷烃中的单键的键长 0.154nm 变短了）；单双键交替排列的多烯烃比其构造式相同的孤立多烯烃更稳定，例如，1, 4-戊二烯比 1, 3-戊二烯更容易发生加氢生成戊烷。分析其原因不难发现：由于 π 电子的离域，电子云密度分布平均化，键长也平均化（即双键的键长变长，单键的键长变短），体系能量的降低，稳定性的增加。这种效应称为共轭效应（conjugated effect）。

具有共轭效应的体系称为共轭体系。当共轭体系受到外电场（或其他带电性的粒子）的影响时，整个分子可以通过 π 电子的运动沿着共轭链而产生正负电性交替极化的现象。例如，1, 3-丁二烯自身是非极性分子，当受到 H^+ 进攻时，产生吸电子的效应，使 C_1—C_2 间的 π 电子云向 C_1 方向偏移，则 C_1 带上部分负电荷，而 C_2 带上部分正电荷；C_2 上的正电荷继续吸引 C_3—C_4 间的 π 电子云向 C_3 方向偏移，则 C_3 带上部分负电荷，而 C_4 带上部分正电荷，如此产生交替极化的现象。

$$H^+ \quad \overset{\delta^-}{\underset{1}{CH_2}}{=}\overset{\delta^+}{\underset{2}{CH}}{-}\overset{\delta^-}{\underset{3}{CH}}{=}\overset{\delta^+}{\underset{4}{CH_2}}$$

共轭效应是一种电子效应，用 C 表示。根据共轭效应的效果可分为供电子共轭效应（+C）和吸电子共轭效应（–C）。共轭效应的交替极化一般不会因共轭体系增长而减弱。

（三）共轭体系

根据共轭体系的组成不同，可分为 π-π 共轭体系、p-π 共轭体系、σ-π 和 σ-p 超共轭体系。

1. π-π 共轭体系 有机分子中，凡单键和重键（双键或叁键）交替排列的结构（两个重键以上）都是 π-π 共轭体系。例如：

$CH_2{=}CH{-}CH{=}CH{-}CH{=}CH{-}CH_3$　　1, 3, 5-庚三烯

$CH_3{-}CH{=}CH{-}CH{=}O$　　2-丁烯醛

2. p-π 共轭体系 与双键碳原子相连的原子，由于处于共平面，它的 p 轨道与形成 π 的 p 轨道彼此平行，并发生侧面重叠，形成 p-π 共轭体系。例如，在溴乙烯（$CH_2{=}CH{-}Br$）分子中，溴原子的 p 轨道上有一对孤对电子，3 个原子核吸引 4 个电子，形成 π_3^4 的多电子共轭体系。在烯丙基自由基（$CH_2{=}CH{-}\dot{C}H_2$）中，C_3 是 sp^2 杂化，形成 3 个原子核吸引 3 个电子的 p-π 共轭体系，是 π_3^3 的等电子共轭体系。在烯丙基碳正离子 $CH_2{=}CH{-}\overset{+}{C}H_2$ 中形成了 π_3^2 的缺电子共轭体系。

3. σ-π 和 σ-p 超共轭体系 超共轭体系是指有 C—H σ 键参与的共轭体系。由于氢原子体积小，在 C—H σ 键中好像是嵌在 C 和 H 形成的 σ 电子云中，其类似于未共用的电子对。虽然 C—H σ 键和毗邻的 π 键或 p 轨道不完全平行，但仍然可以发生少部分的重叠，形成 σ-π 或 σ-p 超共轭体系。例如，丙烯（$CH_2{=}CH{-}CH_3$）中，由于 C—C 单键自由旋转，甲基上的 3 个 C—H σ 键有可能在最佳位置上与 π 键形成 σ-π 超共轭体系。σ-p 超共轭体系在讨论碳正离子稳定时已叙述。

三、共轭二烯烃的特征反应

（一）共轭加成

共轭二烯烃的性质与单烯烃相似，易发生加成、氧化和聚合等反应，但由于 π-π 共轭体系的影响，也表现

出一些特殊的性质。例如，与卤素、卤化氢等发生加成反应时，通常得到1,2-加成产物和1,4-加成产物两种。

案例 2-4

1,3-丁二烯分别与溴、溴化氢的加成反应。

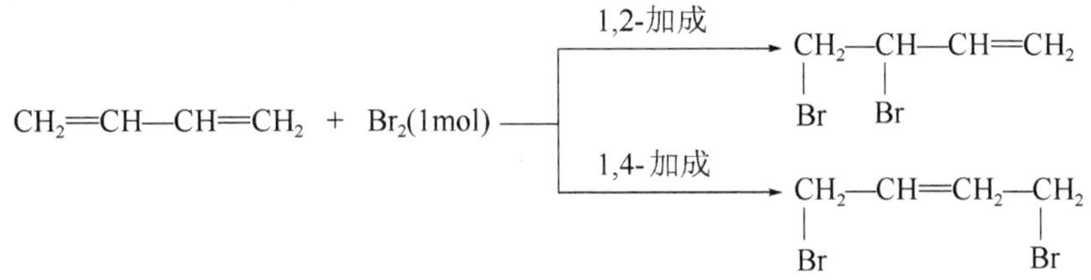

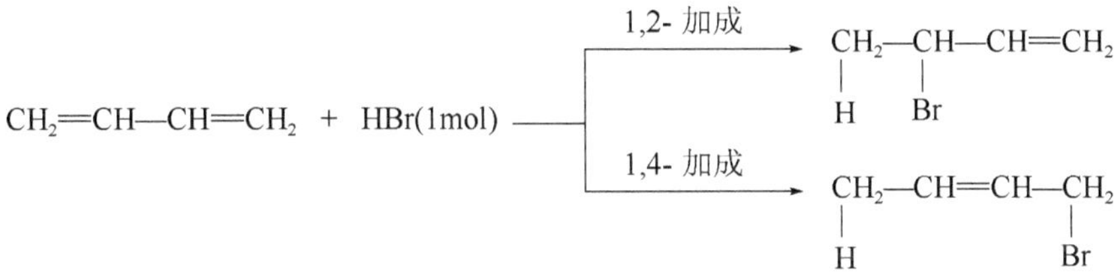

发生在一个双键上的加成方式称为1,2-加成。分子中的两个π键均打开，试剂的两部分分别加到共轭体系的两端，而在C_2和C_3之间形成一个新的双键，这种共轭体系特有的加成方式称为1,4-加成，又称共轭加成。共轭二烯烃的1,2-加成和1,4-加成同时发生，哪一种加成方式占优势，受共轭二烯烃的结构、反应的温度以及溶剂等条件的影响，一般在较高温度下以1,4-加成为主，在低温下以1,2-加成为主。

链 接 共轭二烯烃发生1,4-加成的理论解释

共轭二烯烃与卤化氢的加成也是亲电加成，反应分两步进行，例如，1,3-丁二烯与HX的加成反应。第一步，H^+可进攻1,3-丁二烯的C_1和C_3，形成两种正离子：

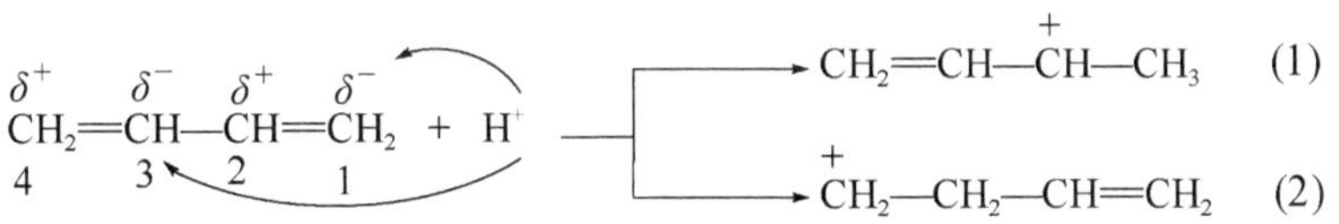

在（1）中烯丙基型碳正离子带正电荷的碳原子是sp^2杂化，其空的p轨道可以与双键碳原子的p轨道相互重叠形成p-π共轭体系（图2-14），π电子可离域到空的p轨道中，从而使碳正离子的正电荷得以分散，故比（2）中伯碳正离子稳定，更易发生。

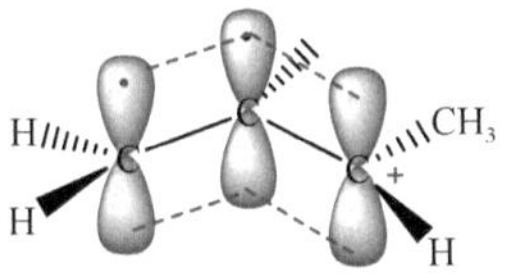

图2-14 烯丙基型碳正离子中的p-π共轭

第二步，在碳正离子（1）中，由于π电子的离域，C_2、C_4都带上部分的正电荷。

带负电荷的试剂卤离子加到带正电荷的碳原子上，因C_2和C_4都带有部分正电荷，所以X^-既可以加到C_2上发生1,2-加成，也可以加到C_4上发生1,4-加成。

综合前面所学的烷基碳正离子的稳定性，碳正离子稳定性顺序为烯丙基碳正离子＞叔碳正离子＞仲碳正离子＞伯碳正离子＞甲基正离子。

（二）双烯合成

共轭二烯烃与含有碳碳双键的不饱和化合物之间发生1,4-加成生成环状化合物的反应，称为双烯合成，也称第尔斯-阿尔德（Diels-Alder）反应。这是共轭二烯烃特有的反应，在理论和生产上都具有

重要的意义。例如：

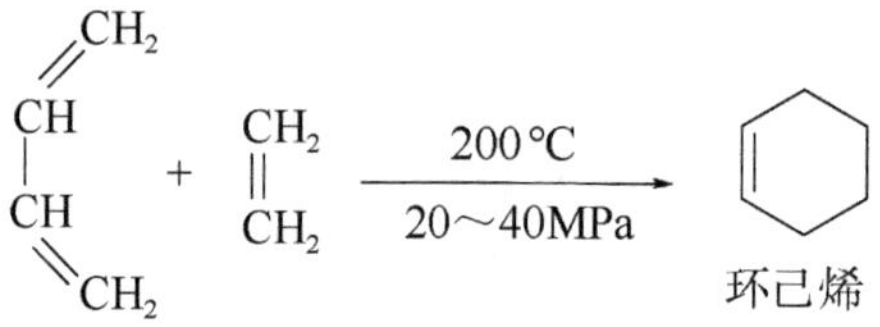

在双烯合成反应中，一般把共轭二烯烃称为双烯体，而把与共轭二烯烃进行加成的不饱和化合物称为亲双烯体。亲双烯体是乙烯时，反应十分困难，需要在一定条件下进行。实践证明，当亲双烯体的双键碳原子上连有强的吸电子基团（如—CHO、—COR、—CN、—COOH）时，反应较容易进行。例如：

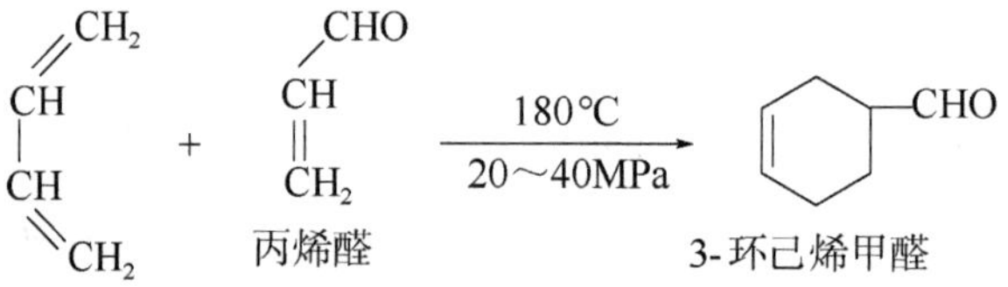

课堂互动 2-5

写出下列反应的主要产物。

（1）$CH_3CH{=}CHCH{=}CHCH_3 + HCl$（1mol）⟶

（2）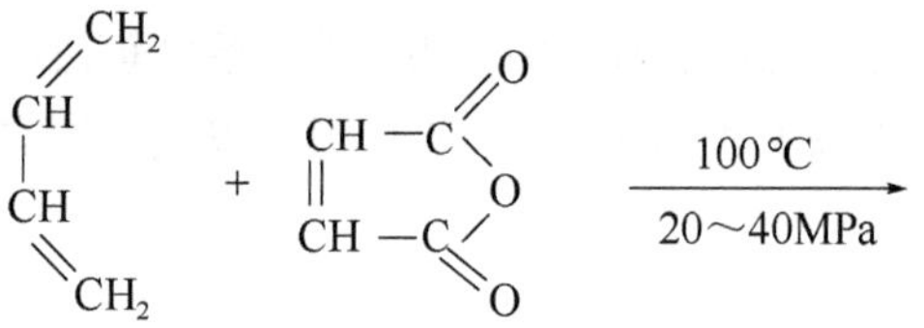

四、重要的二烯烃

1. 1, 3-丁二烯 无色微弱芳香气味的气体，溶于丙酮、苯、乙酸、酯等多数有机溶剂。1, 3-丁二烯是生产合成橡胶和各种用途广泛的树脂的主要原料，是重要的基础化工原料。丁二烯与缺电子亲双烯化合物发生第尔斯-阿尔德反应，制得蒽醌，其衍生物是重要染料中间体、杀菌剂和杀虫剂。1, 3-丁二烯在合成香料、表面活性剂、润滑油添加剂方面都有重要用途。用钴络合物作催化剂，其二聚体、三聚体、四聚体，都是合成高级醇和大环麝香的原料。

2. 异戊二烯 无色易挥发、刺激性油状液体。不溶于水，溶于苯，易溶于乙醇、乙醚、丙酮。异戊二烯是合成橡胶的重要单体，也是合成树脂和制造农药、医药、香料的重要原料。

考点：①二烯烃的分类；②共轭效应；③共轭二烯烃的共轭加成和双烯合成反应

第 4 节 炔　烃

分子中含有碳碳叁键的不饱和烃称为炔烃。碳碳叁键（—C≡C—）是炔烃的官能团。依据分子中所含叁键的数目，可分为单炔、二炔和多炔。本节着重讲述链式单炔，通式为 C_nH_{2n-2}。

一、炔烃的结构和命名

（一）炔烃的结构

1. 乙炔的结构 最简单的炔烃是乙炔，其结构式为 HC≡CH。乙炔分子中，两个碳原子采用 sp 杂化，乙炔分子中的两个碳原子各以一个 sp 杂化轨道沿对称轴正面重叠形成 C—C σ 键，同时每个碳原子的另一个 sp 杂化轨道分别与氢原子的 1s 轨道重叠，形成两个 C—H σ 键，所以乙炔分子是直线型分子。

在形成这些 σ 键的同时，两个碳原子余下的两对 p 轨道分别平行重叠，生成两个相互垂直的 π 键（图 2-15），两个 π 键的电子云对称地分布在两个碳原子核连线的上下左右，形成一个圆筒形（图 2-16）。由此可见，碳碳叁键是由一个 σ 键和两个 π 键组成。

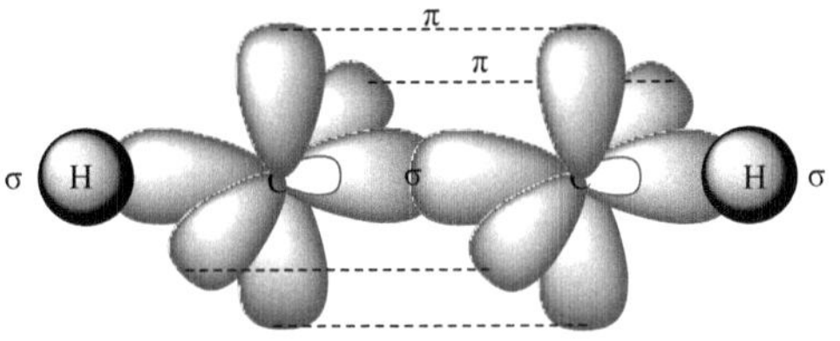

图 2-15　乙炔分子的 σ 键和 π 键

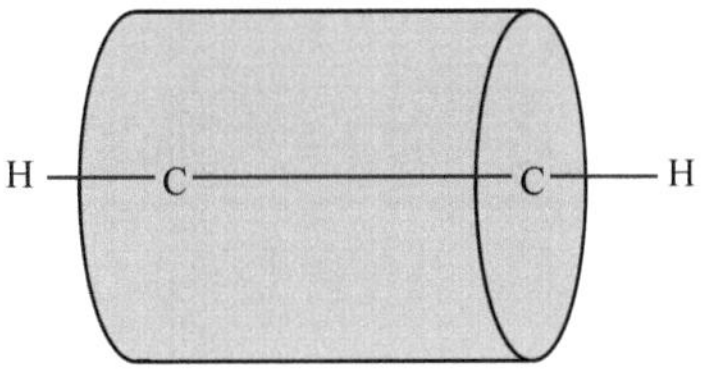

图 2-16　乙炔分子的 π 电子云

2. 炔烃的构造异构　乙炔和丙炔没有构造异构，四个碳原子以上的炔烃都存在着碳架异构、官能团位置异构和官能团异构，但炔烃没有顺反异构。例如，戊炔的部分构造异构的相互关系如下：

1-戊炔　　　3-甲基-1-丁炔

（二）炔烃的命名

炔烃的命名与烯烃类似，只需把“烯”字改成“炔”字即可。例如：

$HC{\equiv}CCH_2CH_3$

1-丁炔

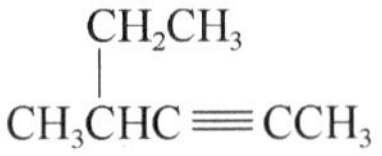

4-甲基-2-己炔

当分子中同时具有碳碳叁键和碳碳双键时，首先选择含有叁键和双键的最长碳链作为主链，称为某烯炔。编号时，应使双键、叁键位次之和最小。例如：

$CH{\equiv}C{-}CH{=}CHCH_3$　　　$CH_2{=}CH{-}C{\equiv}CCH_3$

3-戊烯-1-炔　　　1-戊烯-3-炔

但是，当双键和叁键处在相同的位次时，则从靠近双键的一端开始编号。例如：

$CH_2{=}CHCH_2C{\equiv}CH$

1-戊烯-4-炔（不是 4-戊烯-1-炔）

有时也用衍生物命名法，以乙炔为母体，其余均看作取代基。例如：

$CH_2{=}CHC{\equiv}CH$

乙烯基乙炔

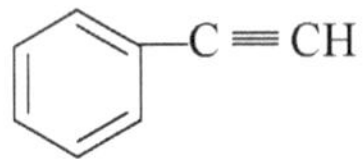

苯乙炔

二、炔烃的物理性质

炔烃的物理性质与烯烃相似，乙炔、丙炔和丁炔为气体，戊炔以上的低级炔烃为液体，高级炔烃为固体。炔烃的物理常数也随分子量的增加而呈现出规律性的变化（表 2-5）。炔烃分子极性很弱，难溶于水而易溶于有机溶剂。

表 2-5　一些常见炔烃的物理常数

名称	熔点/℃	沸点/℃	相对密度
乙炔	−82.0	−75.0	0.618（沸点时）
丙炔	−101.5	−23.3	0.671（沸点时）
1-丁炔	−122.5	8.5	0.668（沸点时）
2-丁炔	−28.0	27.2	0.694

续表

名称	熔点/℃	沸点/℃	相对密度
1-戊炔	−98.0	39.7	0.695
2-戊炔	−101.0	55.5	0.213
3-甲基-1-丁炔	−89.7	28.0	0.685
1-己炔	−124.0	71.4	0.719
2-己炔	−92.0	84.0	0.7305
1-庚炔	−80.9	99.8	0.733
1-十八碳炔	22.5	180.0	0.8696（0℃）

三、炔烃的化学性质

由于炔烃和烯烃分子中都含有 π 键，具有相似的化学性质中心，因此炔烃也能发生加成、氧化和聚合等反应。但由于炔烃分子中的碳碳叁键键长比烯烃分子中的碳碳双键短，所以两者加成反应的历程和反应进行的难易程度均有所不同。同时，由于 sp 杂化的碳原子有较大的电负性，从而与叁键碳原子直接相连的氢原子较活泼。

（一）加成反应

1. 催化氢化 在 Pd、Pt、Ni 等活性强的催化剂存在下，炔烃与氢气的加成分两步进行，第一步生成烯烃，第二步生成烷烃，且反应难以停留在烯烃阶段。

$$RC{\equiv}CH \xrightarrow{H_2/Ni} RCH{=}CH_2 \xrightarrow{H_2/Ni} RCH_2{-}CH_3$$

若在反应中采用活性较弱的催化剂，如用乙酸铅处理过的附在碳酸钙上的钯，即林德拉（Lindlar）催化剂，可使反应停留在烯烃阶段且收率较高，产物是顺式烯烃。例如：

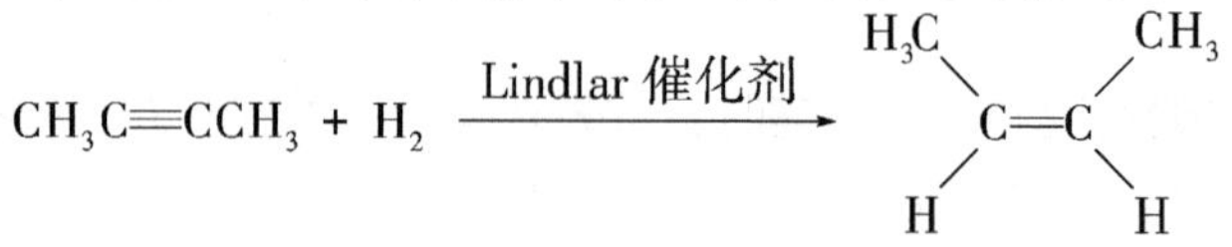

若在液氨中以金属锂或钠作还原剂，则产物主要为反式烯烃。例如：

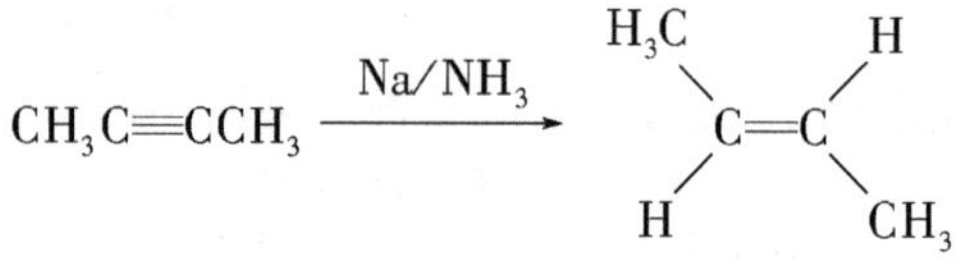

2. 加卤素 炔烃与卤素的加成也是分两步进行，首先生成邻二卤代烯，继续反应生成四卤代烷。

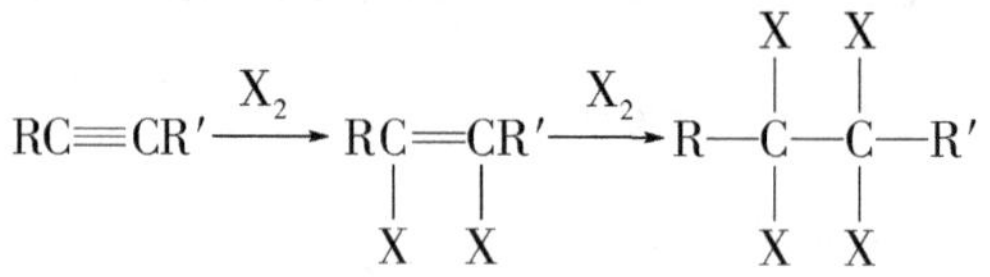

例如：

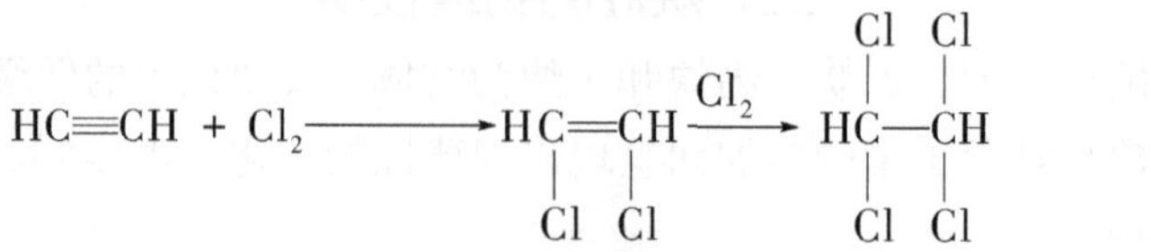

邻二氯乙烯　　1,1,2,2-四氯乙烷

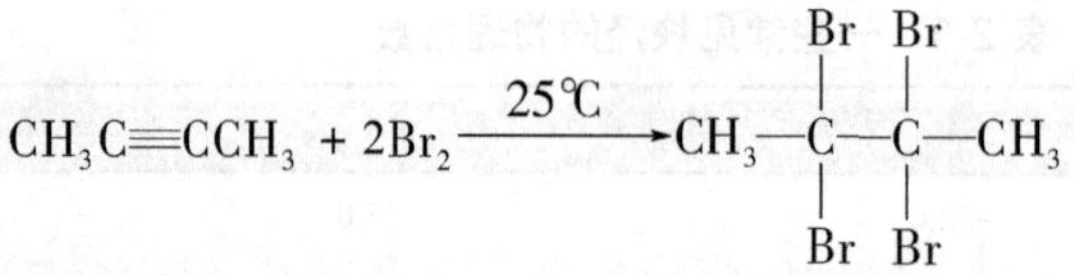

2,2,3,3-四溴丁烷

虽然炔烃比烯烃多一个 π 键，但炔烃在与卤素进行亲电加成时却比烯烃难。当分子中同时存在双键和叁键时，与溴的加成首先发生在双键上。

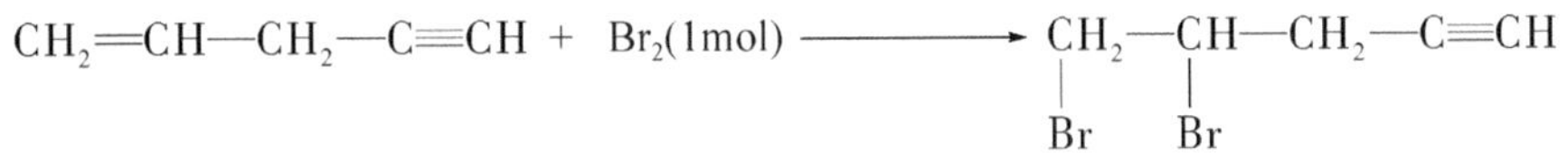

3. 加卤化氢 炔烃与卤化氢的加成，可以加一分子，也可以加两分子。同样，不对称的炔烃与不对称的试剂加成时，加成的产物遵守马氏规则。例如，在汞盐的催化作用下，乙炔与氯化氢在气相发生加成反应，生成氯乙烯。这是工业上生产氯乙烯的重要反应。

$$CH{\equiv}CH + HCl \xrightarrow{HgCl_2} CH_2{=}CH{-}Cl$$

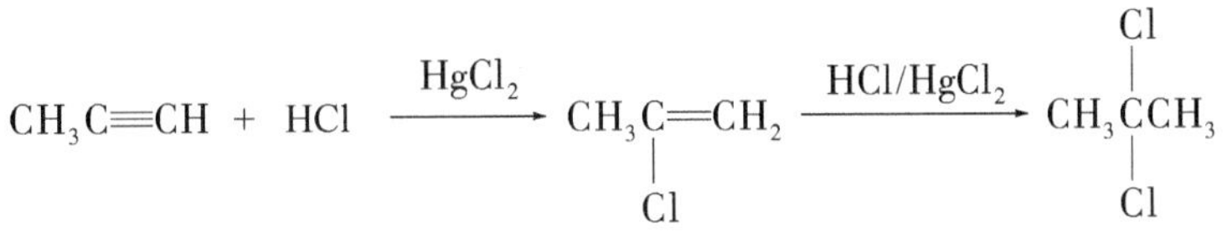

在过氧化物存在下，与烯烃相似，溴化氢和炔烃的加成反应遵循反马氏规则。例如：

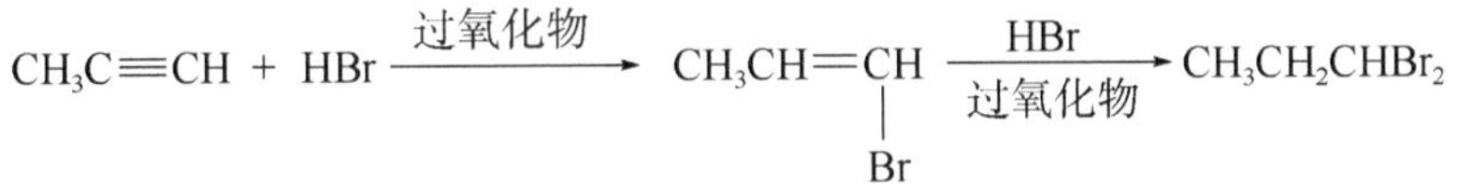

4. 加水 在硫酸汞的稀硫酸溶液中，炔烃与水发生加成反应生成烯醇，然后发生分子重排生成酮（但乙炔会变成乙醛），反应中汞盐（$HgSO_4$）是催化剂。

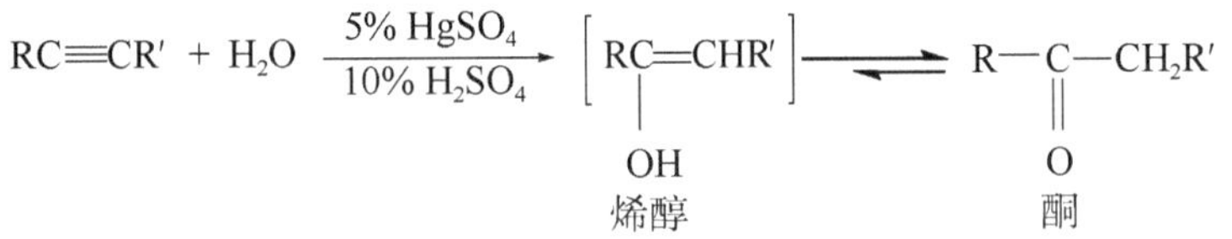

例如：

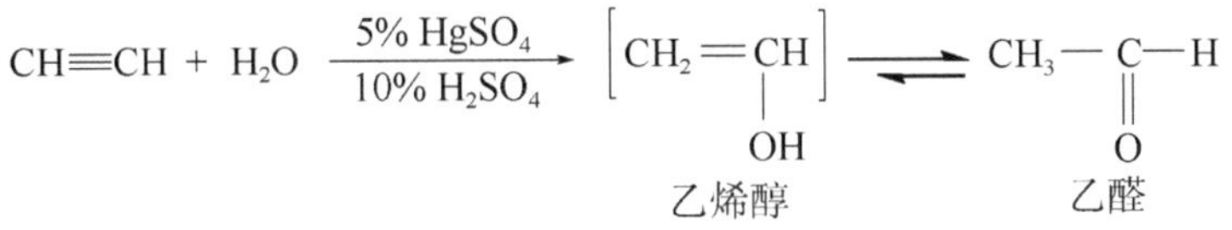

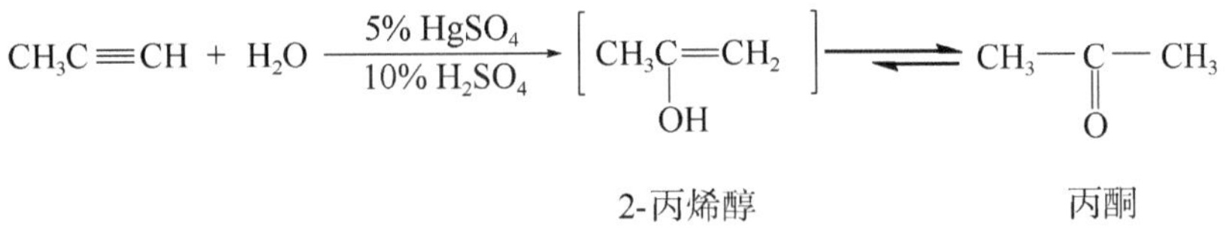

烯醇一般是不稳定的中间体，会迅速地转化成比较稳定的羰基化合物。这样的一个过程称为互变异构。互变异构现象是两种异构分子通过质子转移位置而相互转变的一种平衡现象。烯醇式-酮式之间的互变异构是有机化学中常见的一种互变异构现象。

（二）氧化反应

炔烃易燃烧，生成二氧化碳和水，并有浓烟。炔烃也能被高锰酸钾等氧化剂氧化，生成羧酸或二氧化碳。例如：

$$CH_3C{\equiv}CH \xrightarrow[H_2O]{KMnO_4} CH_3COOH + CO_2\uparrow$$

乙酸

$$CH_3CH_2C{\equiv}CCH_3 \xrightarrow[H_2O]{KMnO_4} CH_3CH_2COOH + CH_3COOH$$

丙酸

（三）聚合反应

在一定的催化剂或高温下，炔烃可以发生二聚或三聚反应，生成链状或环状化合物。与烯烃的聚合反应不同，炔烃一般不聚合成高分子化合物。例如：

$$CH{\equiv}CH + CH{\equiv}CH \xrightarrow{Cu_2Cl_2,\ NH_4Cl} CH_2{=}CH{-}C{\equiv}CH$$

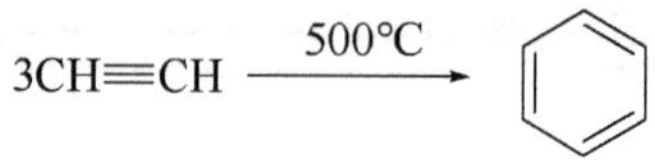

在这个反应中，苯的产量很低，所以没有工业生产价值，但该反应从理论上说明了从开链化合物可以转变成芳香族化合物，为研究苯的结构提供了重要的依据。

（四）炔氢的反应

与碳碳叁键碳原子直接相连的氢称为炔氢。由于 sp 杂化的碳原子电负性较大，从而与叁键碳原子相连的氢原子性质较活泼，显示出弱酸性，可与碱金属或某些重金属离子反应生成金属炔化物。例如，有炔氢的炔烃与金属钠或氨基钠反应，生成炔化钠。

$$HC{\equiv}CH \xrightarrow{Na} \underset{\text{乙炔一钠}}{HC{\equiv}CNa} + H_2\uparrow \xrightarrow{Na} \underset{\text{乙炔二钠}}{NaC{\equiv}CNa} + H_2\uparrow$$

$$RC{\equiv}CH + NaNH_2 \xrightarrow{\text{液氨}} \underset{\text{炔钠}}{RC{\equiv}CNa} + NH_3$$

炔化钠与卤代烷（一般为伯卤代烃）作用，可在炔烃分子中引入烷基，得到一系列炔烃同系物。例如：

$$RC{\equiv}CNa + \underset{\text{溴甲烷}}{CH_3Br} \longrightarrow RC{\equiv}CCH_3 + NaBr$$

有炔氢的炔烃还可以与硝酸银或氯化亚铜的氨溶液作用，立即生成炔化银的白色沉淀或炔化亚铜的红棕色沉淀。例如：

$$HC{\equiv}CH + 2Ag(NH_3)_2NO_3 \longrightarrow \underset{\text{乙炔银}}{AgC{\equiv}CAg\downarrow} + 2NH_4NO_3 + 2NH_3$$

$$HC{\equiv}CCH_3 + Cu(NH_3)_2Cl \longrightarrow \underset{\text{丙炔亚铜}}{CuC{\equiv}CCH_3\downarrow} + NH_4Cl + NH_3$$

上述反应很灵敏，现象也很明显，常用来鉴别分子中含有炔氢的炔烃。重金属炔化物在湿润时比较稳定，但在干燥时受热或撞击时容易发生爆炸，所以要用稀硝酸及时处理反应生成的重金属炔化物，使其分解，以防危险。

课堂互动 2-6

完成下列反应式。

（1）$CH_3C{\equiv}CCH_2CH_3 \xrightarrow{Na/NH_3}$

（2）$CH_3C{\equiv}CH \xrightarrow{Li}$

（3）$CH_3C{\equiv}CCH_3 + H_2O \xrightarrow[10\%\ H_2SO_4]{5\%\ HgSO_4}$

（4）$CH_3C{\equiv}CCH_3 \xrightarrow{KMnO_4/H^+}$

四、重要的炔烃

乙炔　俗称电石气，是最简单、最重要的炔烃。目前工业上用电石与水反应或甲烷部分氧化法来制备乙炔。乙炔是纤维、塑料、橡胶三大合成材料的基本原料，也是有机合成和药物合成的重要原料。

考点：①炔烃的结构；②炔烃的命名；③炔烃的化学性质

自测题

一、单项选择题

1. 下列烷烃沸点最高的是（　　）

A. 正丁烷　　B. 正戊烷

C. 异戊烷　　D. 正己烷

2. 2, 2, 3-三甲基戊烷在光照下与溴反应，主要产物是（　　）

A. 2, 2, 3-三甲基-1-溴戊烷

B. 2, 2, 3-三甲基-3-溴戊烷

C. 2, 2, 3-三甲基-4-溴戊烷

D. 3, 4, 4-三甲基-1-溴戊烷

3. 下列最稳定的自由基是（　　）

A. 烯丙基自由基　　B. 乙基自由基

C. 甲基自由基　　D. 叔丁基自由基

4. 下列碳正离子最稳定的是（　　）

A. $(CH_3)_3C^+$　　B. $CH_3\overset{+}{C}HNO_2$

C. $(CH_3)_2\overset{+}{C}H$　　D. $CH_2{=}CH\overset{+}{C}HCH_3$

5. 下列化合物中存在顺反异构的是（　　）

A. 2-甲基-2-丁烯　　B. 2, 3-二甲基-2-丁烯

C. 2, 3-二氯-2-丁烯　　D. 1, 3-丁二烯

6. 下列化合物属于π-π共轭体系的是（　　）

A. 2, 5-庚二烯　　B. 1, 4-戊二烯

C. 1, 3-戊二烯　　D. 丙二烯

7. 以下分子内的碳原子均为 sp^2 杂化的是（　　）

A. $CH_3CH_2CH{=}CHCH_3$

B. $CH_2{=}CHCH{=}CH_2$

C. $CH_3CH_2CH_3$

D. $CH_2{=}CHCH_2CH{=}CH_2$

8. 以下分子内所有碳原子处于同一平面的是（　　）

A. $CH_3CH_2CH{=}CHCH_3$

B. $CH_2{=}CHCH{=}CH_2$

C. $CH_3CH_2CH_3$

D. $CH_2{=}CHCH_2CH{=}CH_2$

9. 与氢气发生加成反应后能得到 $(CH_3)_2CHCH_2CH_3$，则该烃不可能是（　　）

A. 2-甲基-2-丁烯　　B. 3-甲基-1-丁烯

C. 2, 3-二甲基-1-丁烯　　D. 3-甲基-1-丁炔

10. 1-丁烯与氯化氢反应生成的主要产物是（　　）

A. 1-氯丁烷　　B. 2-氯丁烷

C. 1-氯丁烯　　D. 2-氯丁烯

11. 下列化合物，被酸性高锰酸钾氧化的产物都是酮的是（　　）

A. 1-丁烯　　B. 2-丁烯

C. 2-甲基-2-丁烯　　D. 2, 3-二甲基-2-丁烯

12. 以下是供电子基团的是（　　）

A. $—NO_2$　　B. —COOH

C. $—CH(CH_3)_2$　　D. —OH

13. 下列化合物不能使酸性高锰酸钾溶液褪色的是（　　）

A. 1-戊炔　　B. 3-甲基己烷

C. 1, 3-戊二烯　　D. 环己烯

14. 鉴别1-丁炔和2-丁炔可用下列（　　）

A. 高锰酸钾中性溶液

B. 溴水

C. 三氯化铁溶液

D. 氯化亚铜的氨溶液

15. 下列化合物能与硝酸银的氨溶液作用，生成白色沉淀的是（　　）

A. 2-戊炔　　B. 1-戊炔

C. 1, 3-戊二烯　　D. 环戊烯

二、根据所给结构命名或根据名称写出结构式

1. 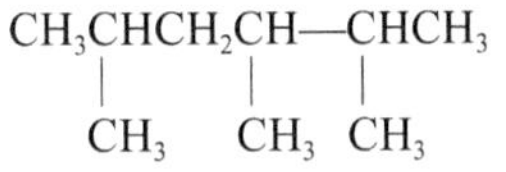

2. 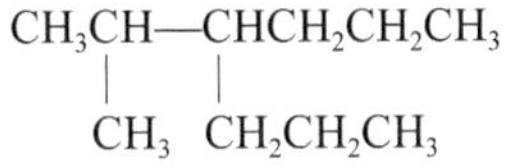

3. 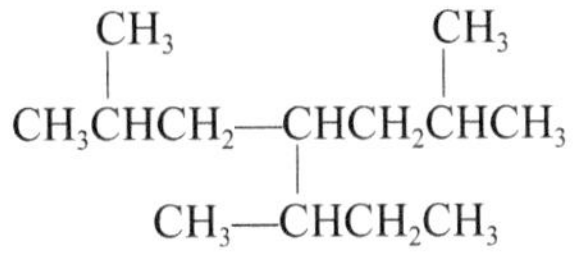

4. 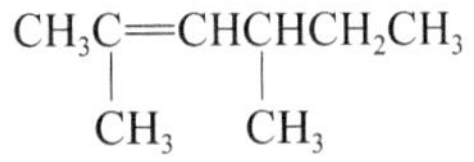

5. 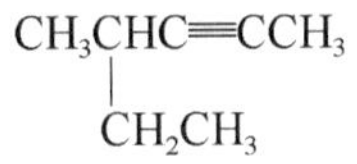

6. 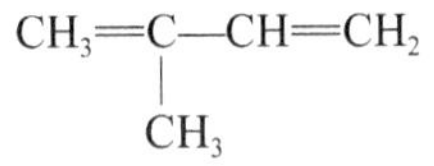

7. 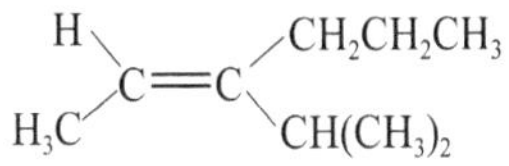

8. 2-甲基-5-（1, 1-二甲基丙基）癸烷

9. 3-甲基-2-乙基-1-丁烯

10. 3-戊烯-1-炔

11. 2, 4-庚二烯

12. （*Z*）-2-戊烯

三、完成下列化学反应式

1. 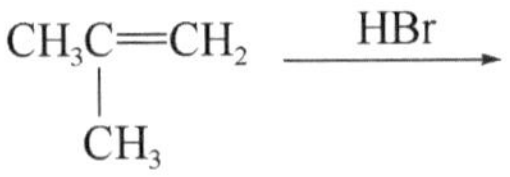

2. 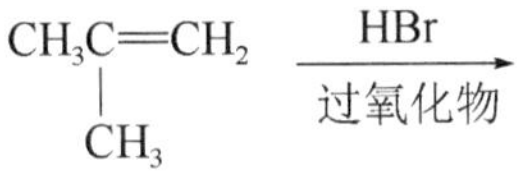

3. $CH_3CH_2CH{=}CH_2 \xrightarrow{KMnO_4/H^+}$

4. $CH_3CH{=}CHCH{=}CH_2 \xrightarrow{HBr}$

5. 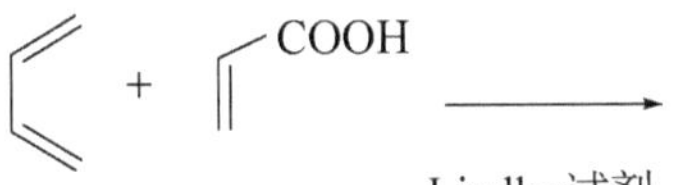

6. $CH_3C{\equiv}CCH_3 + H_2 \xrightarrow{\text{Lindlar试剂}}$

7. $CH_3C{\equiv}CH \xrightarrow{Li/NH_3}$

8. $CH_3C{\equiv}CH \xrightarrow{Na} \xrightarrow{CH_3Br}$

9. $CH_3C{\equiv}CCH_2CH_3 \xrightarrow{KMnO_4/H^+}$

四、用化学方法鉴别下列各组物质

1. 乙烷、乙烯、乙炔

2. 1, 3-丁二烯、1-丁炔

五、推断题

有分子式为 C_6H_{12} 的两种烯烃A和B，用酸性高锰酸钾氧化后，A只生成酮，B的产物中一个是羧酸，另一个是酮，试写出A和B的结构式。

（刘俊宁）

第3章

环　　烃

环烃是指具有碳环的碳氢化合物，又称闭链烃。早年，人们从石油和一些动植物体内提取到一些环烃，经研究发现：一部分环烃具有类似于脂肪烃的性质，如柠檬烯和胆甾烷等，此类环烃被称为脂环烃；另一部分具有较高的不饱和度（$\Omega \geqslant 4$），但却不具有烯烃和炔烃的易加成、易氧化的性质，且具有特殊芳香味，如甲苯、萘、蒽等，此类环烃依据具有芳香味的属性称为芳香烃（简称芳烃）。随着研究的深入人们发现，有些芳香烃含有苯环结构，有些不含苯环结构但却具有含苯环结构类似的性质，且有部分也不具有芳香味而有恶臭味，但芳香烃名称仍沿用至今。“芳香烃”现指具有特定环状结构和特殊化学性质的一类化合物。芳香烃可分为含苯环的苯系芳烃和不含苯环的非苯系芳烃；苯系芳烃依据所含苯环数又可分为单环芳烃和多环芳烃。本章着重介绍脂环烃、单环芳烃和简单的多环芳烃与非苯系芳烃。

第1节　脂　环　烃

一、脂环烃的分类和命名

（一）脂环烃的分类

脂环烃与脂肪烃（又称开链烃）类似，可分为环烷烃、环烯烃和环炔烃，环烷烃属于饱和烃，环烯烃、环炔烃属于不饱和烃。

依据成环的碳原子数目，脂环烃可分小环（三元环、四元环）、普通环（五元环、六元环）、中环（七元～十二元环）和大环（十二元环以上）脂环烃。例如：

环丙烷（三元环）

环己烯（六元环）

环辛炔（八元环）

根据所含环的数目，脂环烃分为单环脂环烃和多环脂环烃。环与环间共用一个碳原子的多环脂环烃称为螺环烃；环与环间共用两个或更多个碳原子的脂环烃称为桥环烃。例如：

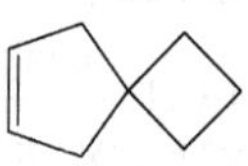
螺[3.4]-6-辛烯（螺环烃）

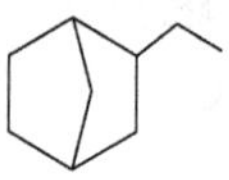
2-乙基二环[2.2.1]庚烷（桥环烃）

（二）脂环烃的命名

1. 单环脂环烃的命名　简单的单环脂环烃命名类似于脂肪烃，以环为母体，依据成环的碳原子数目，相应称为环某烷或环某烯或环某炔（见前面脂环烃分类的举例）。

若环烷上有取代基时，从连有最小取代基的环上碳原子开始，给环编号，并使所有取代基的编号之和最小，单取代基的位号常省略不写。例如：

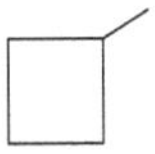
甲基环丁烷

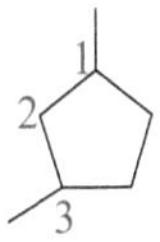
1,3-二甲基环戊烷

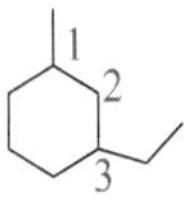
1-甲基-3-乙基环己烷

若环上有不饱和键时，优先从不饱和键的环上碳原子开始编号，并使不饱和键位次最小。例如：

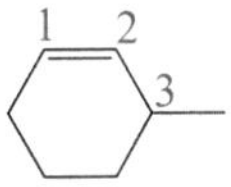
3-甲基-1-环己烯

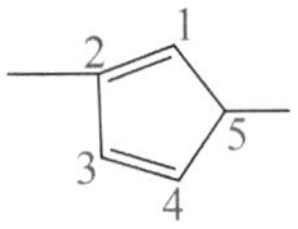
2,5-二甲基-1,3-环戊二烯

若环上有较复杂取代基时，也可将环作为取代基来命名，例如：

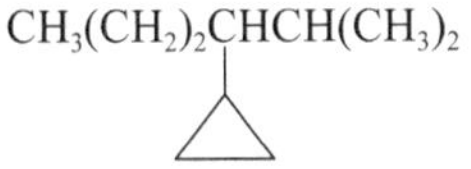

2-甲基-3-环丙基己烷

2. 双环脂环烃的命名

（1）螺环烃的命名：在螺环烃中，两个碳环共用的那个碳原子称为螺原子（简称螺碳）。命名时，螺环作为母体，根据成螺环的碳原子总数称为螺[　]某烃，在方括号中，用阿拉伯数标出两个碳环原子数目（螺原子不计算在内），将小的数字排在前面，数字间用下角圆点隔开。例如：

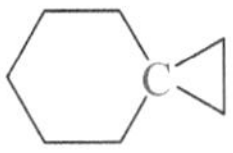
C—— 螺原子（螺碳）

螺[2.5]辛烷

若有取代基时，编号从螺原子邻位的碳原子开始，总是沿着小环经过螺原子编号到大环，并使取代基编号符合“最低系列”原则。例如：

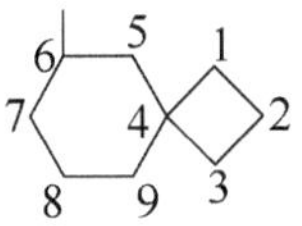
6-甲基螺[3.5]壬烷

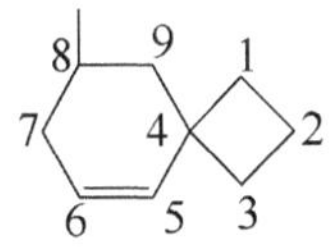
8-甲基螺[3.5]-5-壬烯

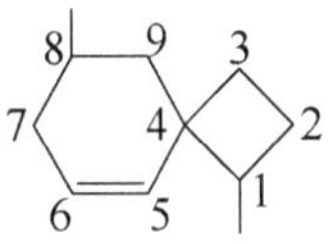
1,8-二甲基螺[3.5]-5-壬烯

（2）桥环烃的命名：在桥环烃中，各碳链的交汇点的两个碳原子称为桥头碳原子（简称桥头碳）；两个桥头碳间的3条碳链统称为碳桥。命名时，桥环作为母体，根据成桥环的碳原子总数称为二环[　]某烃，在方括号中，将3条碳桥的碳原子数目（桥头碳原子不计算在内）按照从大到小顺序写入其中，并且数字之间用下角圆点隔开。若环上有取代基时，桥环编号从一个桥头碳原子开始，先编号最长的桥，再经第二个桥头碳原子编号次长的桥，最后编号最短的桥，并使取代基的位号之和遵循“最低系列”原则。例如：

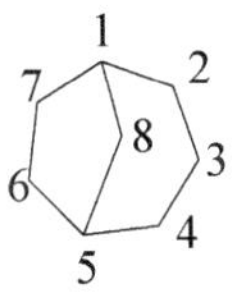
二环[3.2.1]辛烷

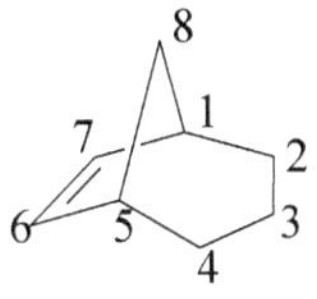
二环[3.2.1]-6-辛烯

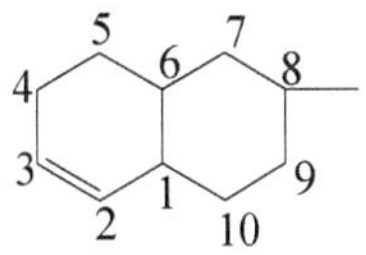
8-甲基二环[4.4.0]-2-癸烯

课堂互动 3-1

命名下列化合物。

（1）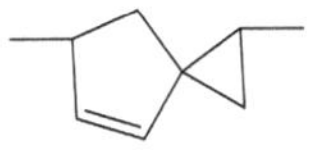

（2）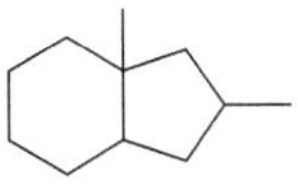

二、脂环烃的结构

（一）烷环的形成及稳定性

1. 烷环的形成 环丙烷中的 C—C 键都是由环上碳原子采用 sp^3 杂化轨道重叠成键。由于受到三个碳原子构成平面正三角形形状的限制，两个成键碳原子的 sp^3 杂化轨道不能沿着原子核间的连线实现头碰头的最大重叠，而是偏离一定角度斜着重叠形成 σ 键，这样的 σ 键的电子云弯曲了，呈“香蕉形”，因而，也被形象地称为弯曲键或香蕉键（图 3-1）。

环丁烷的烷环也是通过类似环丙烷的弯曲键构成的，但它的四个碳原子不在一个平面上而呈折叠形（图 3-2），两种形状互相转化，犹如蝴蝶的翅膀上下飞舞，故称为蝶式。

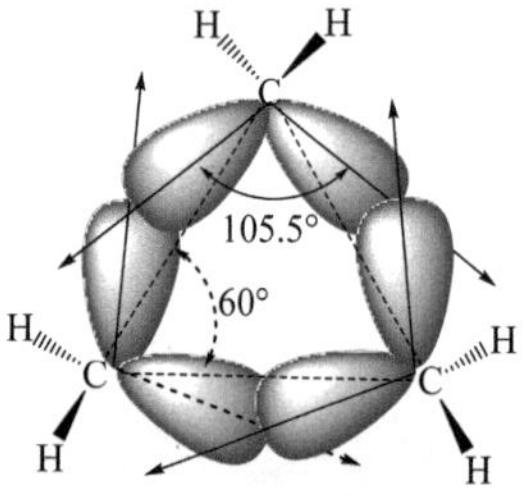

图 3-1 环丙烷碳碳键

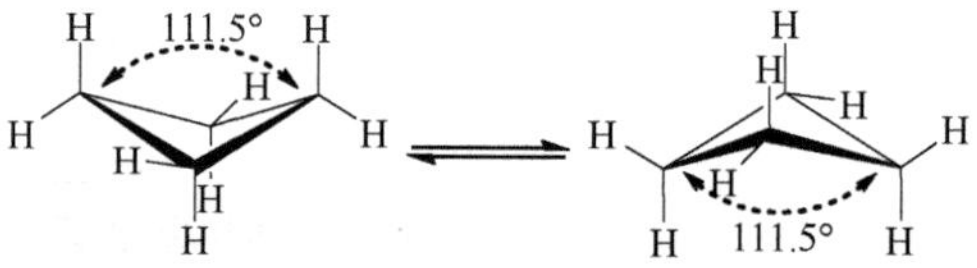

图 3-2 环丁烷的结构

五元环以上的烷环，基本上都是通过正常的 sp^3 杂化轨道重叠形成 σ 键连接而成，但它们成环的碳原子也都不在一个平面上。环戊烷的五元环的形状宛如开启的信封，故称信封式（图 3-3）；环己烷的六元环以船式和椅式两种形状最为常见（图 3-4）。

图 3-3 环戊烷的环结构

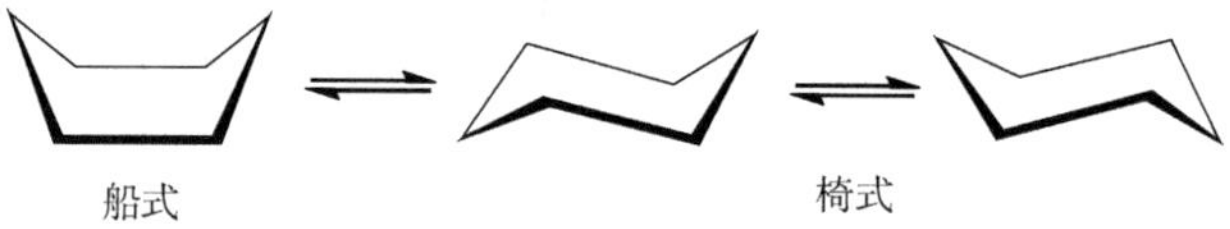

图 3-4 环己烷的环结构

2. 脂环烃的稳定性 一个碳原子的四个 σ 键的正常键角为 109°28′，在环丙烷中必须通过弯曲键将键角压缩到 105.5°才能形成三元环，这时分子内部存在着一种恢复正常键角的内在力量，称为角张力。一般情况下，弯曲键的键角偏离正常键角的数值越大，角张力越大，烷环的稳定性越差，越易开环。环丁烷中弯曲键的键角是 111.5°；环戊烷中 C—C 键的键角是 108°，接近正常键角；环己烷中 C—C 键的键角是 109°28′，是正常键角，无角张力；大环的烷烃中 C—C 键的键角都是正常键角，无角张力，都比较稳定。此外，环中相邻两个碳原子上的原子或基团处于最适宜的空间排列时，它们之间的作用力最小；当这些原子或基团偏离最适宜的空间排列时，C—C 键便受到扭转而产生张力，这种张力称为扭转张力。角张力和扭转张力总称为环张力，环张力越大，环的稳定性越差。在环烷烃中，环张力最小的是环己烷，因而最稳定；其次是环戊烷；再次就是大环烷烃；最不稳定的是环丙烷。

（二）顺反异构

由于环的存在，C—C 键绕着键轴的自由旋转受到阻碍，所以环就具有了刚性的一面。当环上有取代基时，能够产生顺反异构现象。顺反异构体命名规则类同于烯烃的几何异构体的命名规则。

案例 3-1

1, 2-二甲基环丙烷、1-甲基-3-乙基环己烷的顺反异构体。

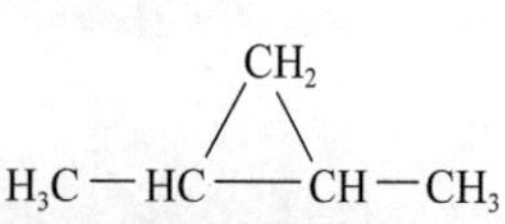

1,2-二甲基环丙烷

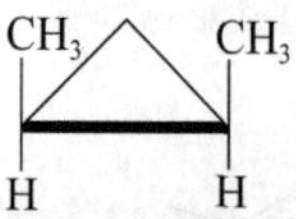

顺-1,2-二甲基环丙烷

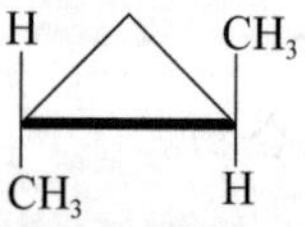

反-1,2-二甲基环丙烷

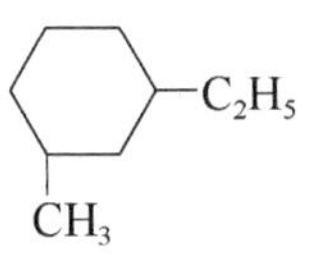

1-甲基-3-乙基环己烷

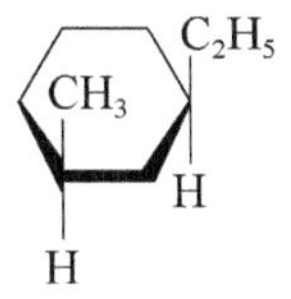

顺-1-甲基-3-乙基环己烷

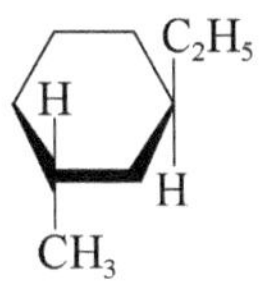

反-1-甲基-3-乙基环己烷

（三）脂环烃的构象

1. 环己烷的构象 在链烷烃中，构象在化学反应中的重要性并不突出，但在环烷烃中却关系甚大。环己烷是最稳定、较简单的六碳环，无张力环，环上所有键角都是 109°28′；虽然，环限制环上 C—C 键的旋转，但也不能完全阻碍其旋转，因而，环己烷有许多种构象，其中椅式构象和船式构象最为常见（图 3-5）。

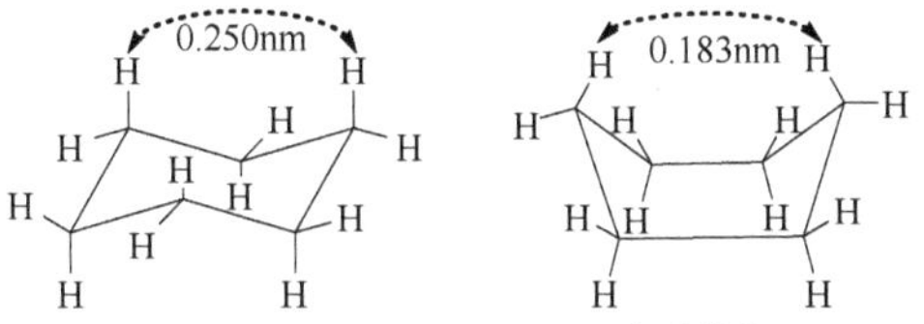

椅式构象　　船式构象

图 3-5 环己烷的构象

环己烷的船式构象和椅式构象相比较，谁更稳定呢？从构象中两个氢原子间的距离来看，船式构象的两个船头氢原子间的距离是 0.183nm，椅式构象的两个顶部氢原子间的距离都是 0.250nm（图 3-5）；两个氢原子间距离越小，相互斥力就越大，稳定性就越差；所以椅式构象更为稳定。伸向环内的两个船头氢原子因离得近而有相互斥力，产生扭曲张力，使得船式构象能够扭转变成椅式构象。再从两构象的纽曼投影式上看，椅式构象是类似于丁烷的邻位交叉式构象（图 3-6），船式构象则类似于丁烷的全重叠式构象（图 3-7）；全重叠式比邻位交叉式内能高，稳定性低。实验表明，环己烷的船式构象比椅式构象的能量高 29.7kJ/mol。在室温下，两者可以相互转换，达到动态平衡时，以椅式构象存在的环己烷比例高达 99.9%，所以椅式构象是环己烷的最稳定构象，也称为优势构象。

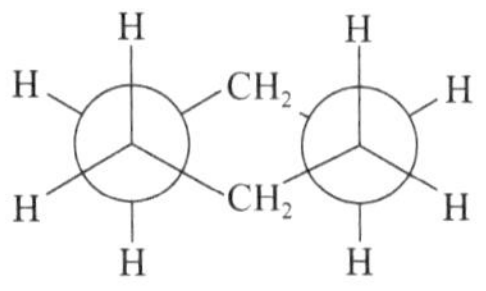

图 3-6 椅式构象的纽曼投影式

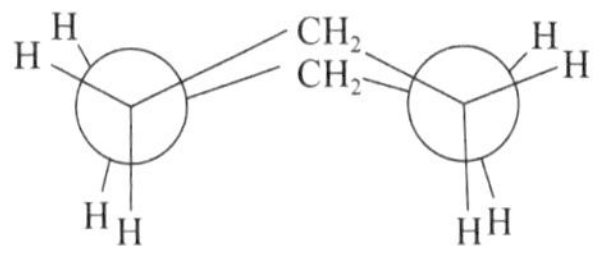

图 3-7 船式构象的纽曼投影式

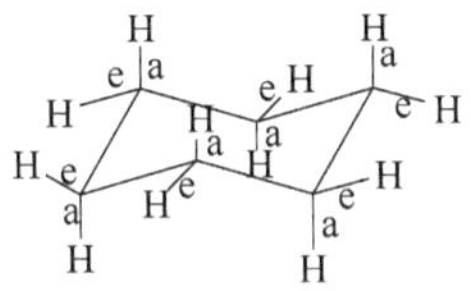

图 3-8 a 键和 e 键

2. 直立键与平伏键 如果我们仔细观察环己烷的构象，不难发现，分子中的 12 个 C—H 键可按指向方向分为两种类型。一类是垂直于环平面的六个 C—H 键，称为直立键或竖键或 a 键（axial 的首字母，轴的意思）；另一类是伸向环外的六个 C—H 键，称平伏键或横键或 e 键（equatorial 的首字母，赤道的意思），如图 3-8 所示。在环己烷分子中，每个碳原子上两个 C—H 键分别占有 a 键和 e 键。两个环己烷椅式构象相互转变时，原来的 a 键变为 e 键，原来的 e 键变为 a 键。

3. 取代环己烷的构象 在带有取代基的环己烷中，首先环己基应该以椅式构象存在才是稳定构象，其次，取代基究竟是占据 a 键稳定还是占据 e 键稳定我们可以通过甲基环己烷的构象进行分析。从图 3-9 中可以看出，甲基（—CH_3）占据 a 键时，甲基（—CH_3）与其处于同侧的两个 a 键的氢原子相距较近，产生的相互斥力较大；甲基（—CH_3）占据 e 键时，甲基（—CH_3）与其处于同侧的两个 e 键的氢原子相距较远，产生的相互斥力较小；因此，甲基环己烷 e 键型的构象是优势构象，比 a 键型的构象稳定。事实上，甲基环己烷 e 键型的构象占 95%，a 键型的构象只占约 5%。

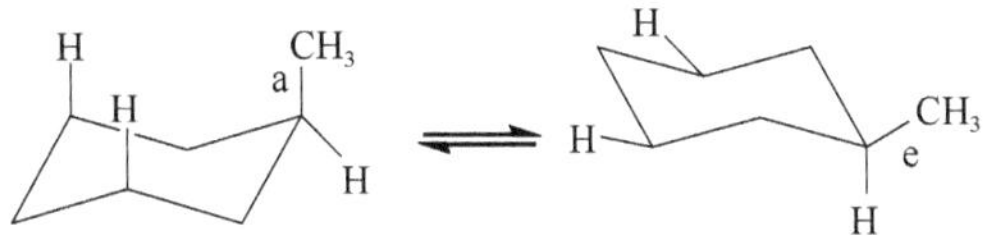

图 3-9 甲基环己烷 a 键型和 e 键型构象

随着取代基体积的增大，这种作用更加明显。例如，叔丁基环己烷的椅式构象中，叔丁基几乎全部处于 e 键。

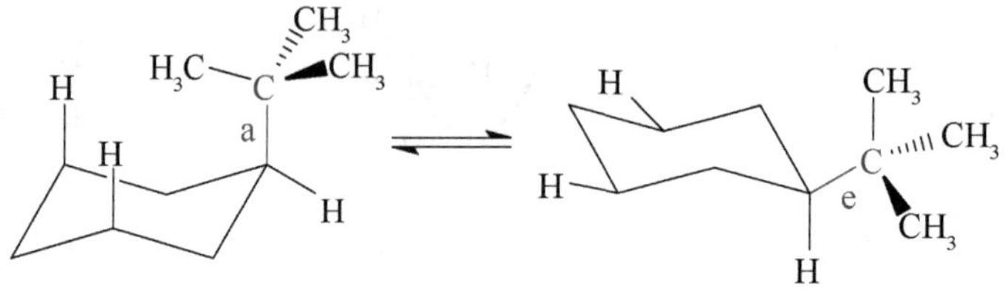

< 0.1%　　　　>99.9%

分析和实践的结果都表明：一般情况下，取代环己烷的优势构象有以下规律。①一元取代环己烷中，取代基处于 e 键者为优势构象；②多元取代环己烷中，以取代基处于 e 键多者为优势构象；③有不同取代基时，体积较大的基团处于 e 键者为优势构象。另外，在书写优势构象时，还必须注意环上各基团相互的位置关系及构型。

案例 3-2

1-甲基-4-乙基环己烷的顺反异构体及其优势构象。

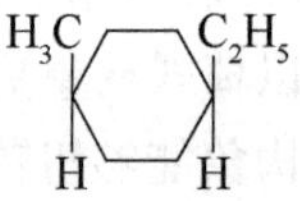

顺-1-甲基-4-乙基环己烷

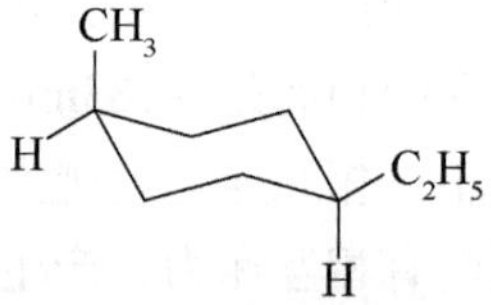

顺式……优势构象

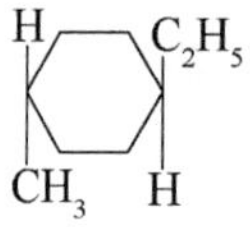

反-1-甲基-4-乙基环己烷

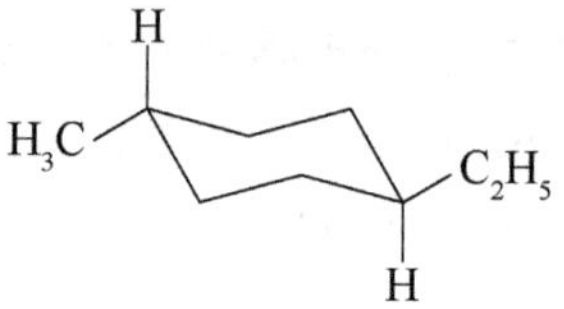

反式……优势构象

三、脂环烃的性质

(一) 物理性质

脂环烃的物理性质与脂肪烃类似，比水轻，不溶于水，易溶于有机溶剂。脂环烃的熔沸点及密度都较含同数碳原子的同类链烃要高。常压常温下，4 个碳原子以内的环烷、环烯为气体，C_5～C_{11} 的脂环烃一般为液体，高级脂环烃为固体。

(二) 化学性质

1. 通性　脂环烃的化学通性与开链烃相似。环烷烃与烷烃一样，常温下较稳定，不与高锰酸钾反应，利用此性质可以区别环烷和开链的烯烃。在高温或光照下可发生自由基卤代反应，生成相应的卤代环烷。例如：

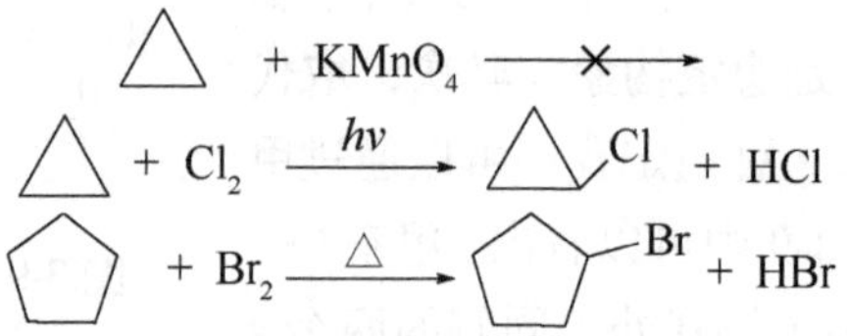

环烯烃与烯烃一样，主要发生环双键加成和氧化反应。环双键上易与卤素、卤化氢发生加成反应，生成相应的卤代烷，不对称环烯与不对称试剂加成的产物也遵循马氏规则。环上双键发生氧化反应，生成产物是二元羧酸或酮酸。例如：

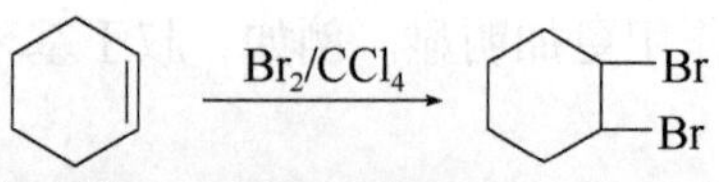

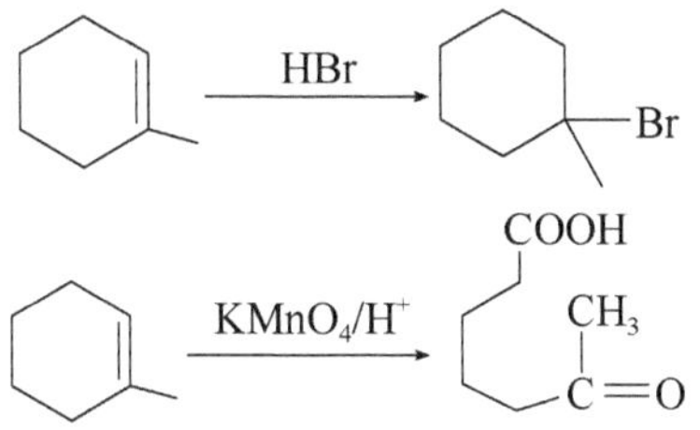

2. 特性 脂环烃的化学特性是指小环烷烃（三元环、四元环）不稳定，容易开环发生加成反应。

（1）加氢：生成产物是同碳数开链的烷烃。例如：

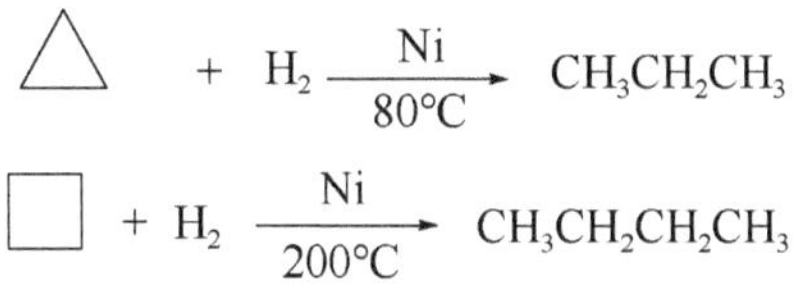

（2）加卤素或卤化氢：生成相应开链的卤代烷。烷基取代环丙烷或环丁烷与卤化氢加成时，环的断裂发生在含氢最多与含氢最少的两个碳原子之间，加成产物符合马氏规则。例如：

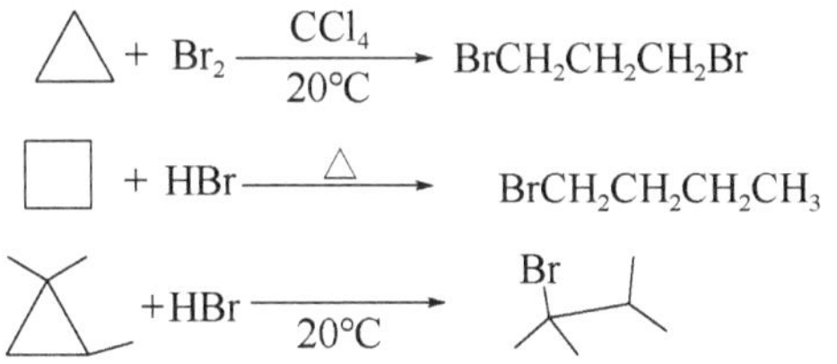

四、重要的脂环烃

1. 环己烷 常温下，无色液体，具有刺激性气味，有毒但较小，有麻醉性，易燃，易溶于乙醇、丙酮、苯、四氯化碳等有机溶剂，不溶于水。主要用于制备环己醇、环己酮和合成尼龙 6；是光刻胶、树脂、脂肪、石蜡油类、丁基橡胶等的极好溶剂；也是常用色谱分析试剂。

2. 环戊二烯 即 1, 3-环戊二烯，又称茂，其结构式见图 3-10A。无色液体，有类似萜烯气味，不溶于水，溶于乙醇、乙醚、苯等多数有机溶剂，比水轻。有麻醉作用，对皮肤及黏膜有强烈刺激作用。环戊二烯是有机合成的重要中间体。环戊二烯在室温下聚合生成二聚环戊二烯，工业品也是二聚体；在 100℃以上聚合，生成三聚体、四聚体。环戊二烯和二聚环戊二烯在空气中都容易被氧化成过氧化物，都容易与不饱和化合物发生双烯合成反应，生成六元环状化合物。环戊二烯同橄榄油、桐油和亚麻仁油等在溶剂中催化聚合，得到的聚合物可以用于生产薄膜。环戊二烯与过渡金属的盐，在二甲基亚砜-乙二醇二甲醚的碱性溶液中发生反应，生成的二茂铁可以作火箭燃料添加剂、汽油抗震剂、橡胶以及硅树脂的熟化剂和紫外线的吸收剂。

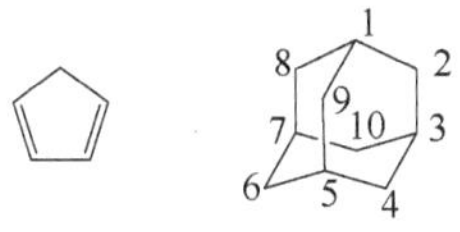

A　　B

图 3-10　环戊二烯和金刚烷的结构式

3. 金刚烷 一种含有 10 个碳原子和 16 个氢原子的环状四面体烃，其结构可以看成三个椅式环己烷稠合而成（图 3-10B），是一种高度对称和非常稳定的化合物。金刚烷是易升华的无色晶体，无臭味，亲油，润滑性好，熔点高达 270℃，可从石油中直接分馏出来。虽然其反应活性不如苯，但是它的桥头碳原子（即 1, 3, 5, 7 位）上的氢原子易发生取代反应，可用于抗病毒、抗肿瘤等药物的合成。例如，金刚烷的衍生物 1-氨基金刚烷盐酸盐和 1-金刚烷基乙胺盐酸盐能预防和治疗由 A2 病毒引起的流行性感冒；也可用来制备润滑剂、照相感光材料表面活性剂、杀虫剂、催化剂等。

考点：①脂环烃的命名；②环烷烃结构与稳定性；③环烷烃的顺反异构和环己烷的优势构象；④脂环烃的通性和小环烷开环加成反应；⑤环己烷、环戊二烯和金刚烷的物理性质与应用

第2节 单环芳烃

一、苯的结构

（一）苯分子的凯库勒结构式

1825年英国的法拉第（Faraday）从照明气中分离出苯之后，有机化学家们对它的结构和性质做了大量工作，提出了多种结构式，但都不能充分地表达苯的结构。直到1865年，凯库勒根据当时已知的苯的分子式 C_6H_6 提出了苯的如下环状结构式，也称凯库勒结构式（简称凯库勒式）。

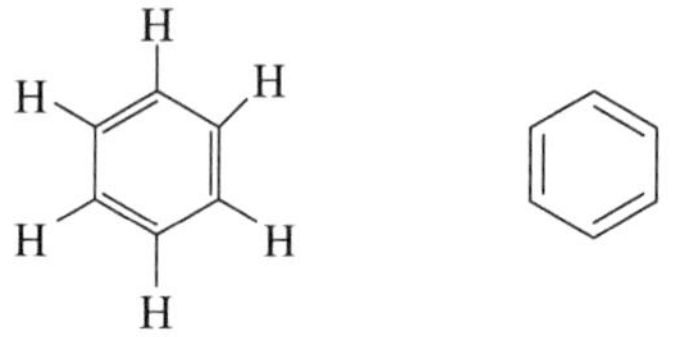

该结构式符合苯的一元取代产物只有一种、加氢后能得到环己烷的实验事实，但不能解释以下三种现象：①凯库勒式中有三个双键，但不能进行类似于烯烃的加成和氧化反应，却容易发生取代反应；②依据凯库勒式，苯的邻位二元卤代物应有以下两种，实际只有一种；③凯库勒式的单键和双键交替连接，单、双键长应该不一样长，但实际上，苯的六个C—C键键长相等，均为0.139nm，介于C—C单键0.154nm与双键0.134nm之间，键角为120°。

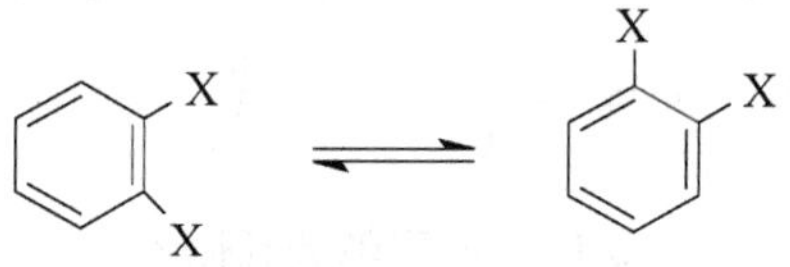

综合上述情况，说明苯的凯库勒式只能解释苯分子的组成以及原子间的排列次序，不能完全地、真实地反映苯的结构和性质。

（二）苯环闭合共轭体系

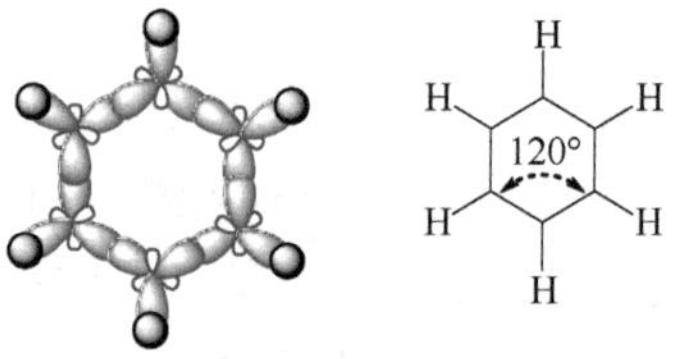

图3-11 苯环的骨架

近代人们运用X射线衍射法、光谱法、核磁共振法等测定苯分子的结构，实验结果表明：苯分子的6个碳原子都是以 sp^2 杂化轨道相互沿对称轴的方向重叠形成6个C—C σ键，正好连成一个正六边形的平面环形结构，每个碳原子各以一个 sp^2 杂化轨道与氢原子的1s轨道重叠形成6个C—H σ键，使苯分子中所有原子都在同一平面上，键角都是120°，见图3-11。

每个碳上有一个未参与杂化的p轨道与环平面垂直，相互平行，相邻碳原子p轨道互相重叠，形成环状闭合的π-π共轭体系，见图3-12A。在这个π-π共轭体系中，每个p轨道的电子云都离域至6个碳原子上，为6个碳原子共享，完全平均化，像两个中空的救生圈均匀分布在苯环平面的上下侧（图3-12B），这个具有6个π电子的闭合共轭体系（称为大π键或 π_6^6 键）使得整个体系能量降低，使苯环具有高度的对称性和稳定性；同时，也使C—C键键长发生了平均化，无单键、双键之分，也就决定了苯的邻位二元取代物没有异构体。虽然苯环上的大π电子云像烯烃的π电子云一样受到碳原子核的束缚小，都易受亲电试剂进攻；但不同的是，烯烃容易进行亲电加成反应和氧化反应；苯环若进行亲电加成或氧化将破坏苯环共轭体系，使其稳定性反而降低，而亲电取代可以不破坏稳定体系，所以苯不易加成和氧化，易亲电取代。

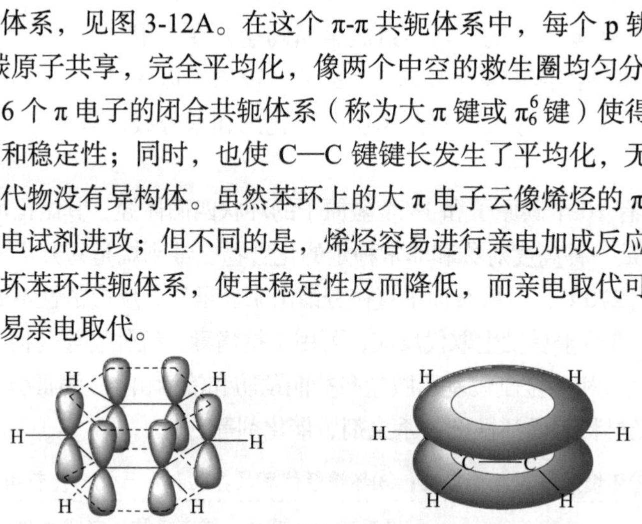

A. π-π共轭体系　　B. π_6^6 电子云

图3-12 苯的大π键及电子云

目前，为了描述苯分子中完全平均化的大 π 键，可以用一个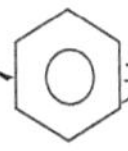来表示苯的结构，圆圈表示大 π 键。出于习惯和解释问题的方便，现仍然采用凯库勒结构式。

二、单环芳烃的分类、同分异构及命名

（一）单环芳烃的分类

单环芳烃分为烷基苯和不饱和烃基苯。苯是最简单的单环芳烃，当苯环上的氢原子被烷基所取代时，就得到了烷基苯。例如：

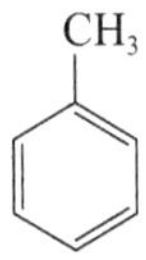

甲苯

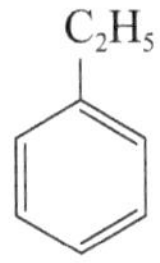

乙苯

对二甲苯

不饱和烃基苯是指与苯环相连的侧链上含有 C═C 或 C≡C 键的烃类化合物。例如：

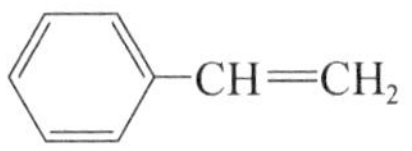

苯乙烯

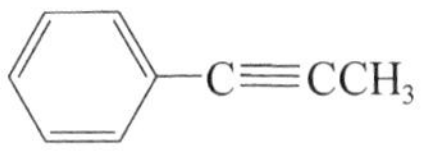

苯丙炔

（二）单环芳烃的同分异构

单环芳烃的同分异构主要分为苯环侧链的碳架异构和侧链在苯环上的位置异构。

1. 苯环侧链的碳架异构 当苯环上的侧链有 3 个以上碳原子时，会因碳链排列方式不同而产生碳架异构。例如：

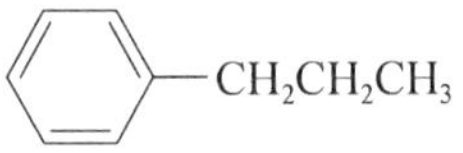

正丙苯

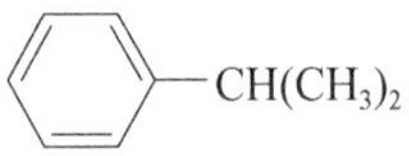

异丙苯

2. 侧链在苯环上的位置异构 当苯环上连有两个或两个以上的侧链时，就会因在苯环上位置的不同而产生异构现象。例如：

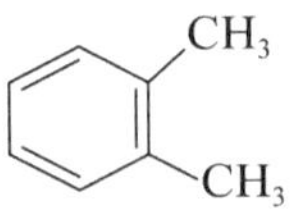

邻二甲苯

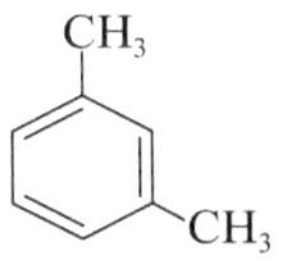

间二甲苯

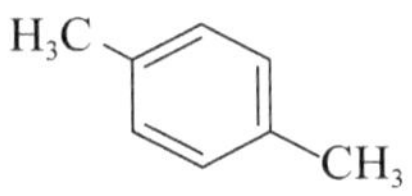

对二甲苯

（三）单环芳烃的命名

1. 烷基苯的命名 当苯环上连有一个简单的烷基时，以苯环为母体，烷基作为取代基，称为“某基苯”，其中“基”字常省略，如前面提到的甲苯、正丙苯等。当苯环上连有两个或两个以上烷基时，可用阿拉伯数字给苯环编号，以标明烷基的位置，并遵循“最低系列原则”。若有两个取代烷基时，也可用邻（*o*）、间（*m*）、对（*p*）标明取代基位置；若有 3 个相同取代烷基时，也可用“连”、“偏”、“均”标明取代基相对位置。例如：

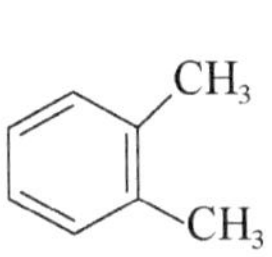

1,2-二甲苯
（邻二甲苯）
（*o*-二甲苯）

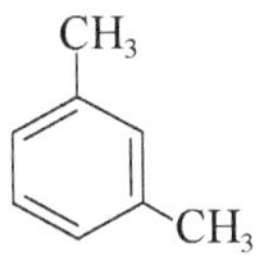

1,3-二甲苯
（间二甲苯）
（*m*-二甲苯）

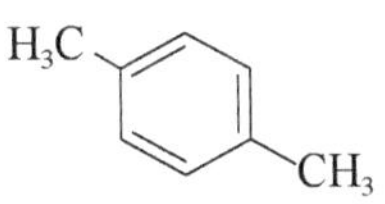

1,4-二甲苯
（对二甲苯）
（*p*-二甲苯）

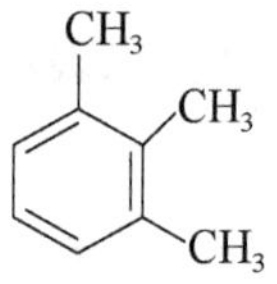

1,2,3-三甲苯
（连三甲苯）

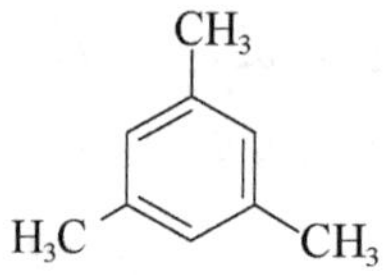

1,3,5-三甲苯
（均三甲苯）

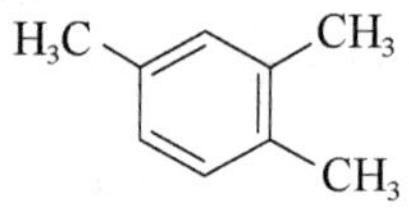

1,2,4-三甲苯
（偏三甲苯）

若多个不同烷基取代基中有甲基，可将甲苯作为母体来命名；若苯环上连有构造复杂的烷基时，则将苯环作为取代基，烷基碳链作母体来命名。例如：

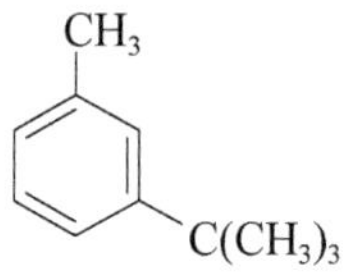

3-叔丁基甲苯（或间叔丁基甲苯）

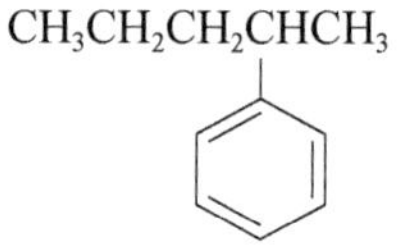

2-苯基戊烷

2. 不饱和烃基苯的命名 若苯环连有不饱和烃基（如烯基、炔基），则一般将苯环作为取代基。例如：

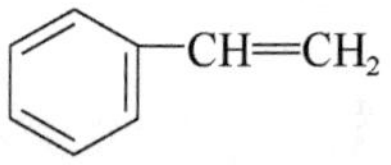

苯乙烯

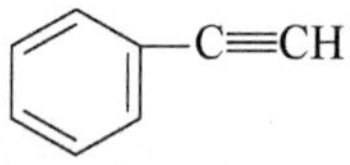

苯乙炔

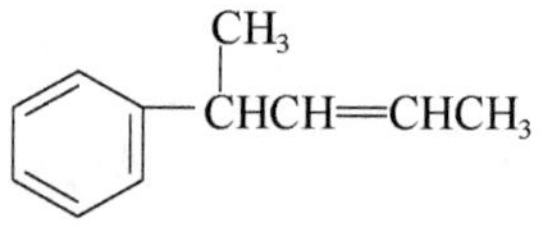

4-苯基-2-戊烯

3. 常用芳基 芳烃分子中的一个氢原子被去掉后余下的基团称为对应的芳基，常用符号 Ar—表示。例如：

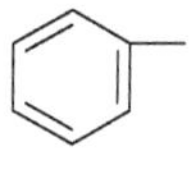

苯基（Ph—）

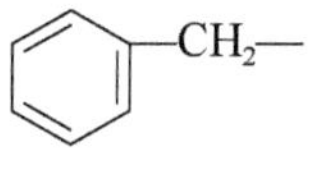

苯甲基（苄基或Bz—）

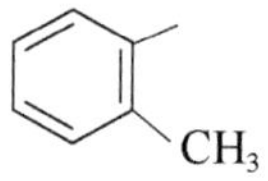

邻甲苯基（*o*-Ph—）

课堂互动 3-2

命名下列化合物。

（1）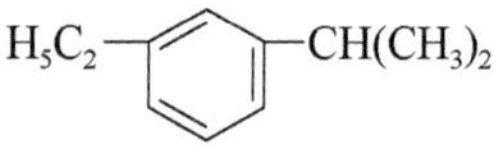

（2）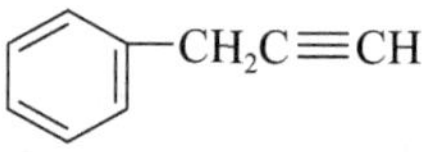

三、单环芳烃的性质

（一）物理性质

低级的单环芳烃一般都为无色透明、有特殊气味的液体，不溶于水，易溶于石油醚、乙醚等有机溶剂，其本身也是很好的溶剂，相对密度大多数为 0.86～0.93。单环芳烃的沸点会随着分子量的增大而升高；熔点除和分子量有关外，还和结构对称性有关，通常结构对称性高的化合物，熔点较高。芳烃有毒，会损害造血器官和神经系统。

（二）化学性质

由于苯系芳烃都含有很稳定的苯环结构，与链烃的性质相比较，苯环上易发生取代反应，不易发生加成和氧化反应。这是芳香族化合物的通性，也称为“芳香性”。

1. 苯环的亲电取代反应 苯环上的氢原子被亲电基团所取代的反应称为亲电取代反应。根据亲电取代基团的不同，可分为卤代、硝化、磺化、烷基化、酰基化等反应类型。

（1）卤代反应：苯与卤素在催化剂（如 Fe 粉、FeX_3、无水 $AlCl_3$ 等）作用下，加热即能发生苯环上的亲电取代反应，得到卤苯。氟代反应太剧烈，不易控制；碘的活性低，收率太低，实用价值小；此反应主要是指氯代反应和溴代反应。

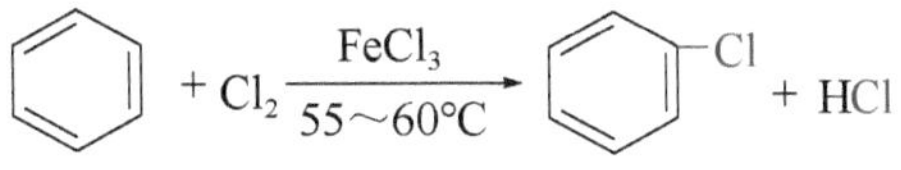

氯苯

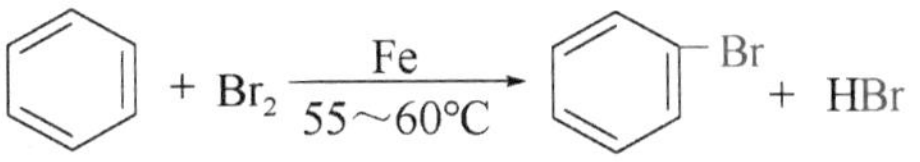

溴苯

烷基苯比苯更易发生苯环上的卤代反应，主要得到邻卤烷基苯和对卤烷基苯，如甲苯的卤代反应。

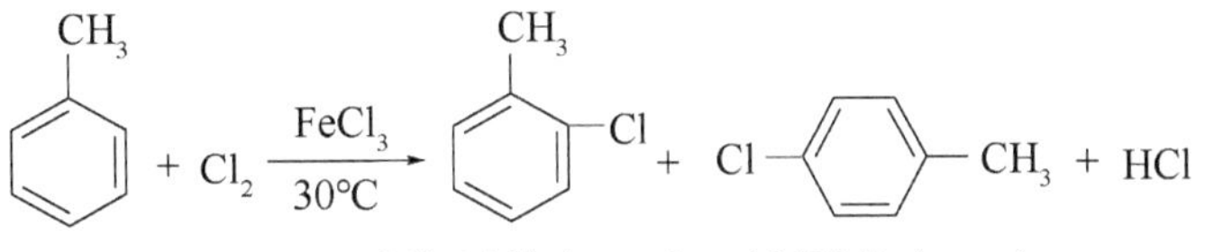

邻氯甲苯（59%） 对氯甲苯（40%）

另外，在光照或加热的条件下，烷基苯更易发生类似于烷烃的卤代反应，特别是苯环侧链 α 位烷基上的氢原子更易被取代，反应机理是自由基取代反应。例如：

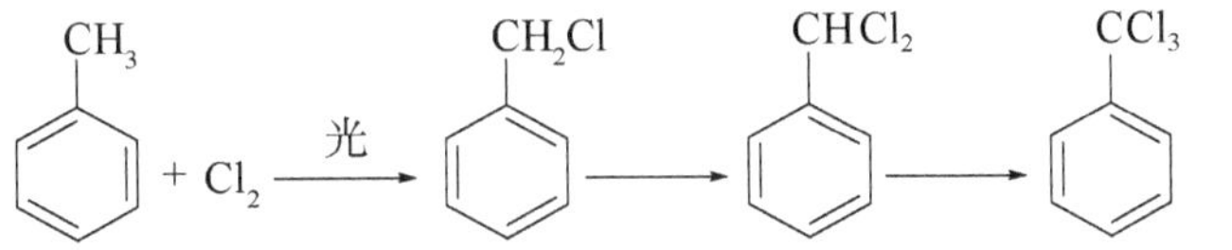

氯化苄 苯二氯甲烷 苯三氯甲烷

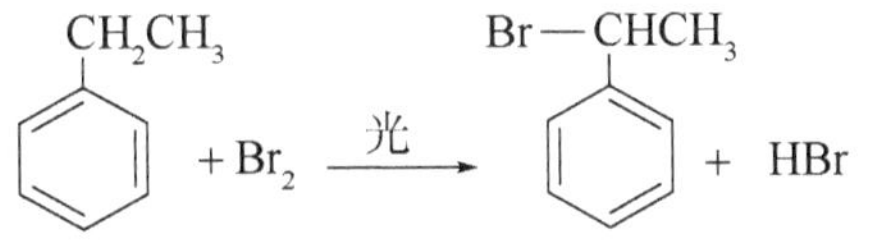

1-溴苯乙烷(1-苯基-1-溴乙烷)

综上所述，单环芳烃的卤代产物与反应条件有关。

（2）硝化反应：有机化合物分子中引入硝基的反应称为硝化反应。苯和浓硝酸与浓硫酸的混合酸作用，苯环上的氢原子被硝基取代，生成硝基苯。此反应中浓硫酸是催化剂兼脱水剂。

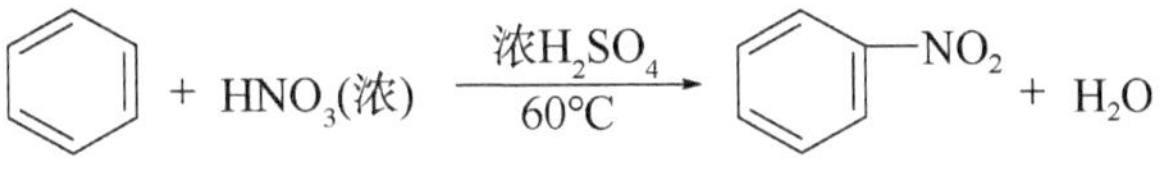

硝基苯

烷基苯比苯的硝化相对容易，反应温度一般低于 50℃，主要产物为邻硝基烷基苯和对硝基烷基苯。例如，乙苯的硝化反应主要产物是邻硝基乙苯和对硝基乙苯。

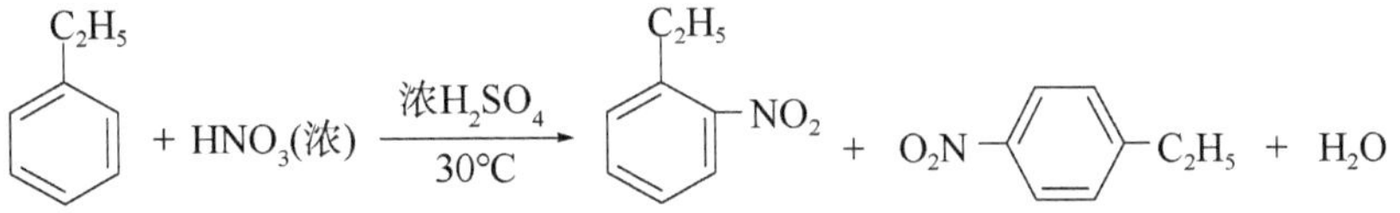

邻硝基乙苯 对硝基乙苯

（3）磺化反应：有机化合物分子中引入磺酸基（—SO_3H）的反应称为磺化反应。苯与浓硫酸共热，苯环上的氢原子被磺酸基取代，生成苯磺酸。

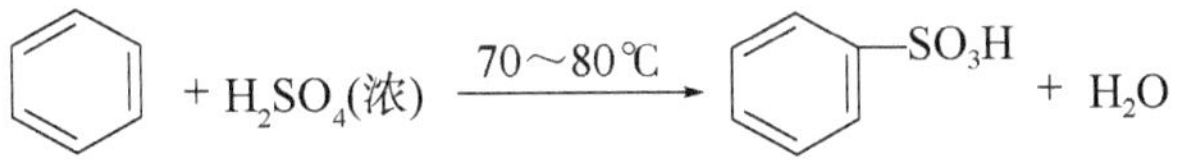

苯磺酸

磺化反应与卤代反应、硝化反应不同，高温下它是一个可逆反应，因此制备苯磺酸时应尽可能移除磺化时生成的水，阻止逆反应，提高收率。在有机合成中，利用此性质，可将磺酸基（—SO_3H）引入苯环，先占住苯环上不想引入其他基团的位置，再在所需要的位置上引入其他基团，然后在高温下（150～180℃）将磺酸基水解去除。

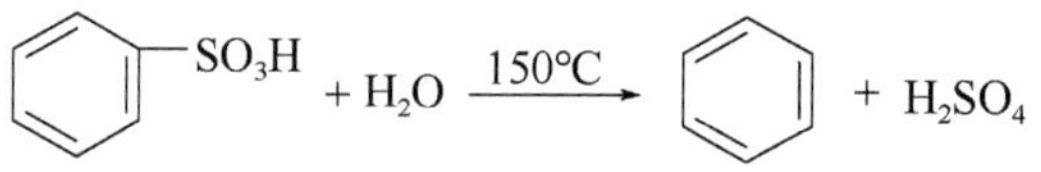

烷基苯比苯的磺化反应更容易进行，主要生成物是邻烷基苯磺酸和对烷基苯磺酸，两者生成比例易受到磺化温度影响。例如，在温度 0℃时甲苯的磺化反应，主要产物邻甲苯磺酸和对甲苯磺酸比例接近；在 100～120℃时，对甲苯磺酸的量大约是邻甲苯磺酸的 6 倍。

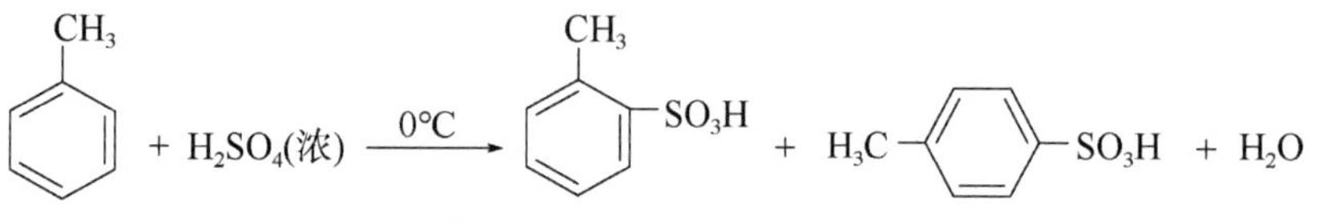

邻甲苯磺酸（43%）　对甲苯磺酸（53%）

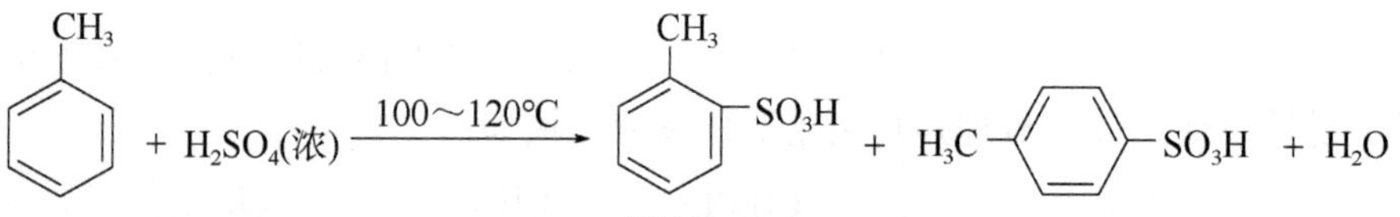

(13%)　(79%)

（4）弗里德-克拉夫茨（Friedel-Crafts）反应：1877 年由法国化学家弗里德（C. Friedel）和美国化学家克拉夫茨（J. M. Crafts）发现了用以制备烷基苯和芳酮的反应，简称 F-C 反应。前者称为 F-C 烷基化反应；后者称为 F-C 酰基化反应。

1）烷基化反应：凡向有机化合物分子中引入烷基的反应统称为烷基化反应。反应中提供烷基的试剂称为烷基化试剂；卤代烷、烯烃和醇都可作为烷基化试剂。在催化剂作用下，芳烃与烷基化试剂才会发生反应，得到烷基芳烃。例如，在无水 $AlCl_3$ 作用下，苯与氯乙烷的反应。

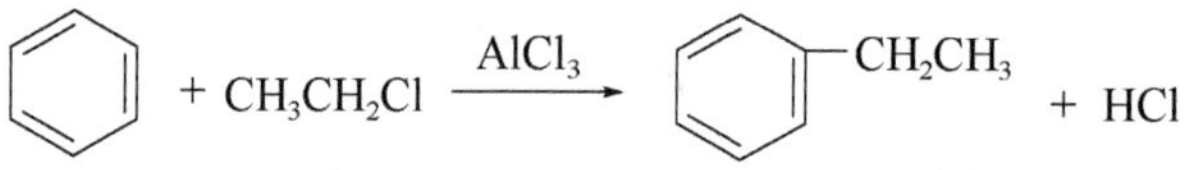

醇或烯在酸性条件下也能作为烷基化试剂。例如，工业上用苯和乙烯或乙醇制备乙苯。

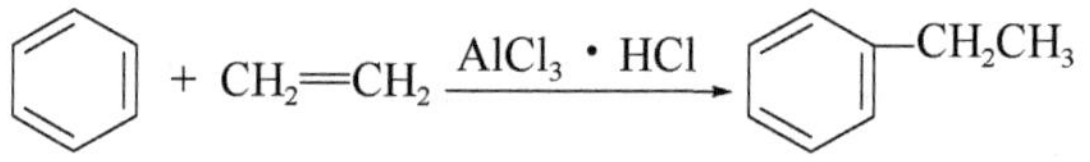

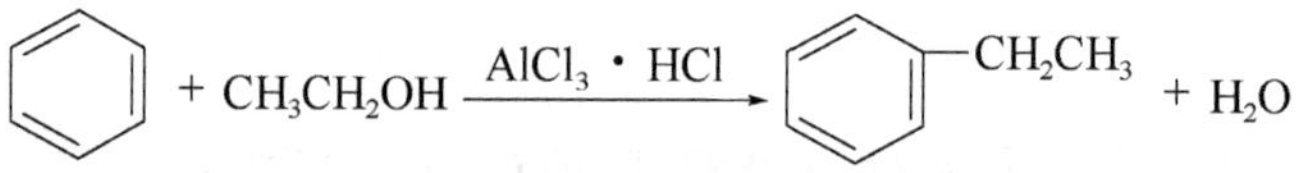

当烷基化试剂含有 3 个或 3 个以上碳原子的直链烷基时，容易获得碳链异构化的产物。例如：

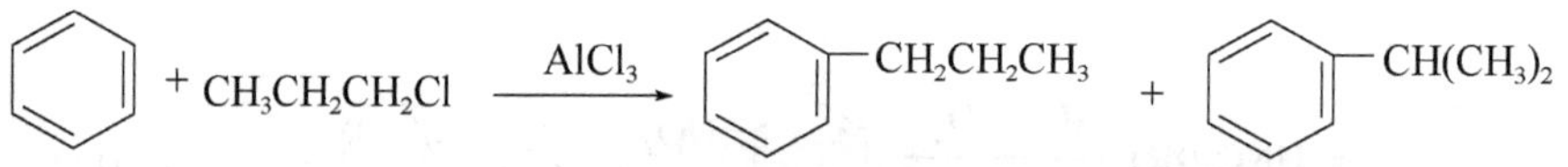

30%　70%

在烷基化反应中，反应很难控制在第一步反应上，得到的烷基苯可继续烷基化，得到多烷基取代物。只有当苯过量且反应控制得当时，才以一元取代产物为主。但当苯环上已有硝基、磺酸基等吸电子基团时，苯的烷基化反应不再发生。烷基化反应中除用 $AlCl_3$ 作催化剂外，常用的催化剂还有 $FeCl_3$、$SbCl_5$、BF_3、HF、$SnCl_4$、$ZnCl_2$ 等 Lewis 酸及硫酸和磷酸等质子酸。

2）酰基化反应：凡在有机化合物分子中引入酰基（$R—\overset{\overset{O}{\|}}{C}—$）的反应称为酰基化反应。反应中提供酰基的试剂称为酰基化试剂，常用的酰基化试剂主要是酰卤和酸酐。例如：

乙酰氯 苯乙酮

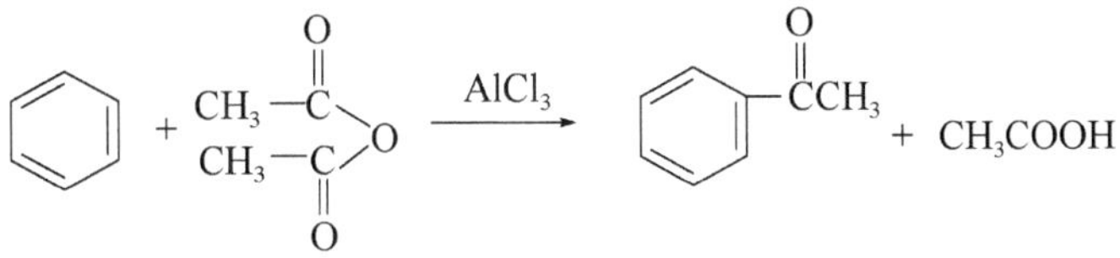

乙酸酐（乙酐） 苯乙酮 乙酸

酰基化反应不能生成多元取代物，也不发生碳链异构化，是制备芳酮的重要方法之一。当苯环上已有硝基、磺酸基等吸电子基团时，苯的酰基化反应也不再发生。所以硝基苯是F-C反应的良好溶剂。

课堂互动 3-3

写出下列反应的主要产物。

（1）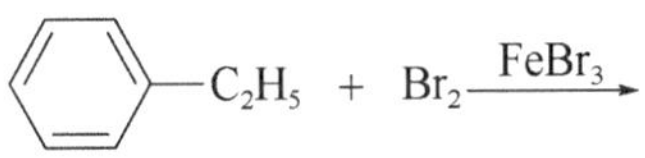 （2）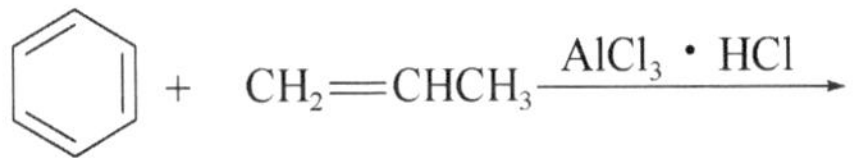

（5）苯环亲电取代反应历程：苯环上的取代反应都是共价键异裂的离子型反应，都是亲电试剂（符号E）的带正电或缺电子部分进攻苯环后，去除苯环上氢原子的过程。首先，E在催化剂作用下解离出亲电的E^+离子或缺电子体；然后E^+离子或缺电子体进攻苯环，从苯环的闭合共轭π_6^6体系中获得两个电子，与苯环的某一个碳原子结合形成σ键，在此过程中，与E相连的那个碳原子由原来sp^2杂化状态转换成sp^3杂化状态，不再有p轨道，退出π_6^6共轭体系，变为π_5^4的环状碳正离子中间体（也称为σ-配合物）。此中间体能量较高，不稳定，有恢复稳定体系的趋势。最后，碳正离子中间体中与亲电试剂E相连的碳原子上失去一个H^+，重新恢复到苯环的π_6^6共轭稳定体系，形成相应的取代产物。在催化剂作用下解离出的负离子与苯环上离去的H^+结合成另一化合物。苯环的亲电取代反应历程可概括如下：

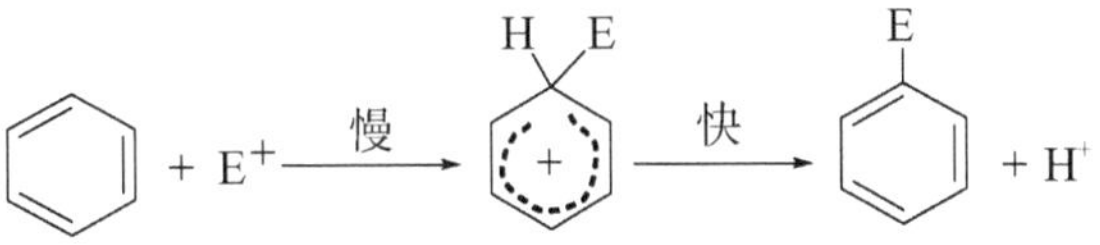

综合来看，苯环上的卤代、硝化、磺化、F-C反应都经历两步历程：一步是碳正离子生成即加成过程，另一步是失去氢离子即消除过程；而不同之处是亲电试剂在催化剂作用下解离出的E^+离子或缺电子体不同。卤代、硝化、磺化、烷基化、酰基化的E^+离子或缺电子体分别是X^+、$^+NO_2$、SO_3、R^+、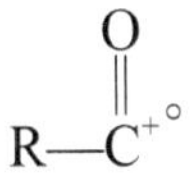。

案例 3-3

在$FeBr_3$催化作用下，苯与溴的亲电取代反应历程。

（1）催化产生亲核的Br^+：$Br_2 + FeBr_3 \rightleftharpoons Br^+ + FeBr_4^-$

（2）亲核试剂进攻苯环形成σ-配合物：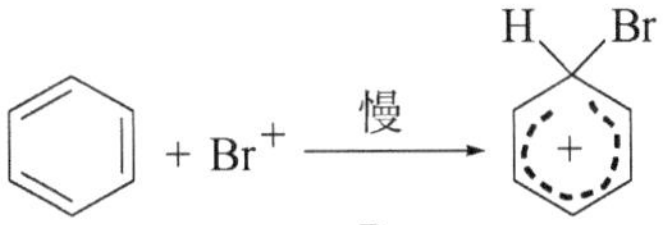

（3）脱氢恢复苯环共轭体系：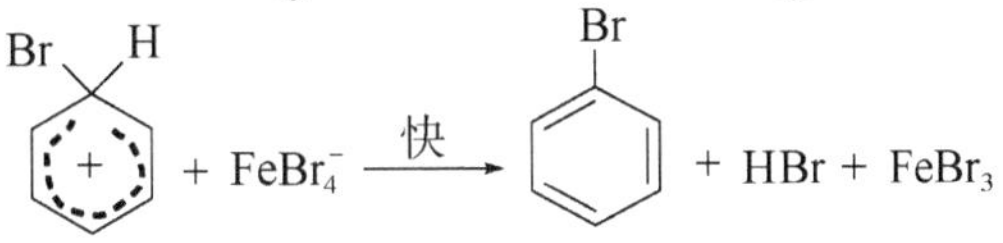

2. 氧化反应 一般情况下，苯很难被高锰酸钾、重铬酸钾等氧化剂氧化，但在一定条件下也可以发生氧化反应。例如：

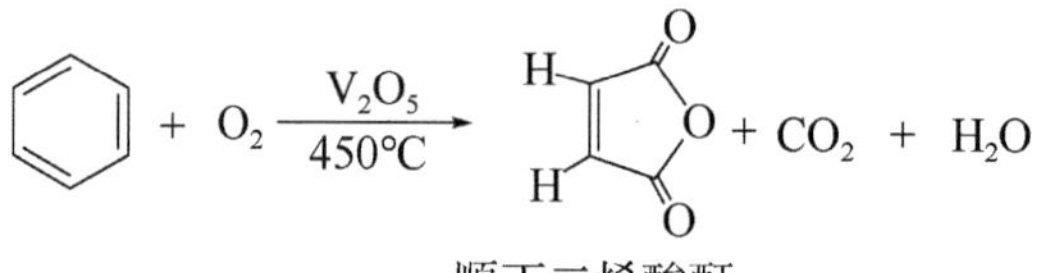

顺丁二烯酸酐

凡含有 α-H 的烷基苯，在高锰酸钾、重铬酸钾等强氧化剂作用下，其侧链无论长短都可以被氧化成羧基，而苯环不被氧化。例如：

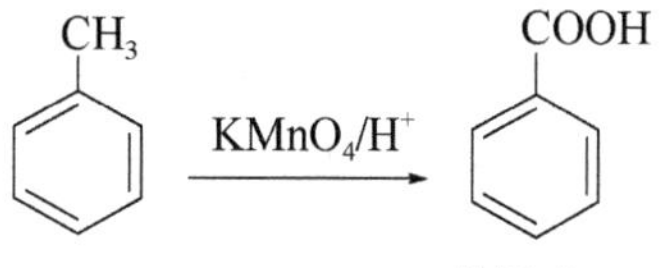

苯甲酸

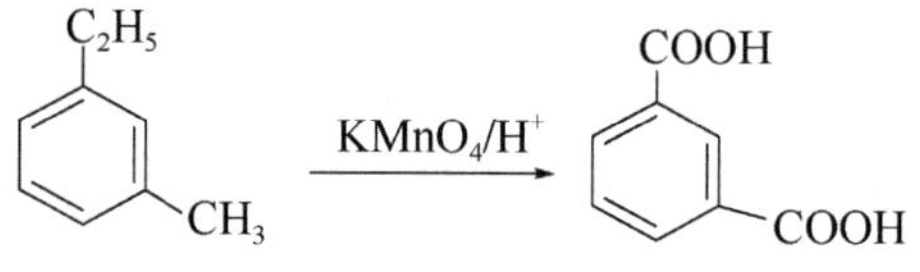

间苯二甲酸

对于无 α-H 的烷基苯，则不能发生此类氧化反应。此反应可用来鉴别苯环侧链有无 α-H。例如：

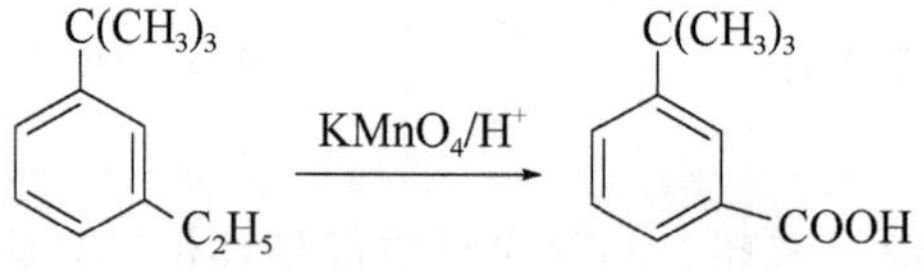

间叔丁基苯甲酸

课堂互动 3-4

写出下列反应的主要产物。

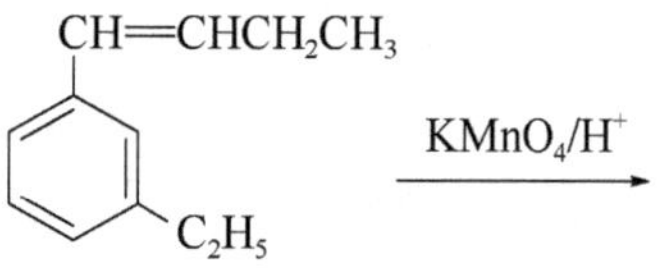

3. 催化加氢 苯环很难发生加成反应，但如果在较高温度和 Ni 等催化剂作用下，也可以氢化还原成环烷烃。例如：

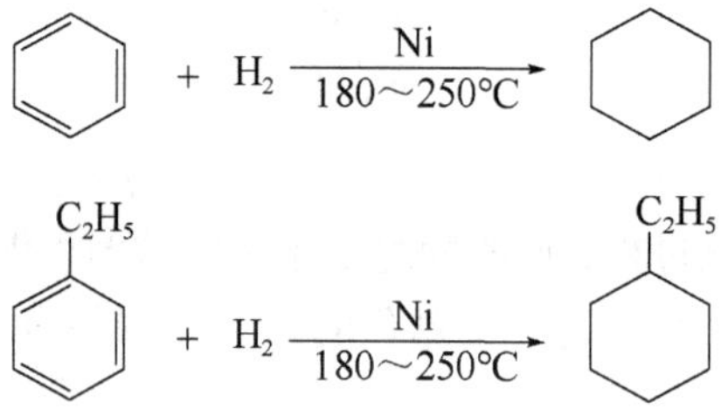

四、苯环上取代基的定位效应及应用

（一）定位效应与定位基分类

1. 定位效应 当苯环已有取代基，再进行取代反应时，新引入的取代基进入苯环的位置主要取决于苯环上原有取代基的性质，而与新引入取代基的性质无关的现象，称为定位效应（或定位规律）。原有取代基又称定位基。例如，甲苯无论发生卤代、硝化或磺化反应，苯环上的主要取代位置都是甲基的邻位和对位，甲基起到了邻位、对位的定位作用。

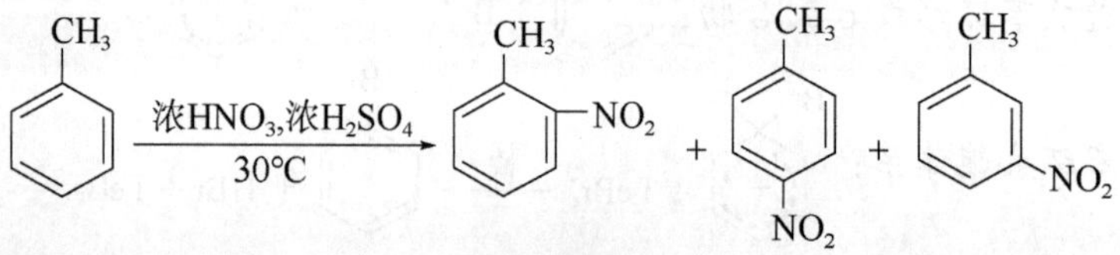

58%　　38%　　4%

而硝基苯无论发生卤代、硝化或磺化反应，苯环上的主要取代位置都是硝基的间位，硝基起到了间位的定位作用。

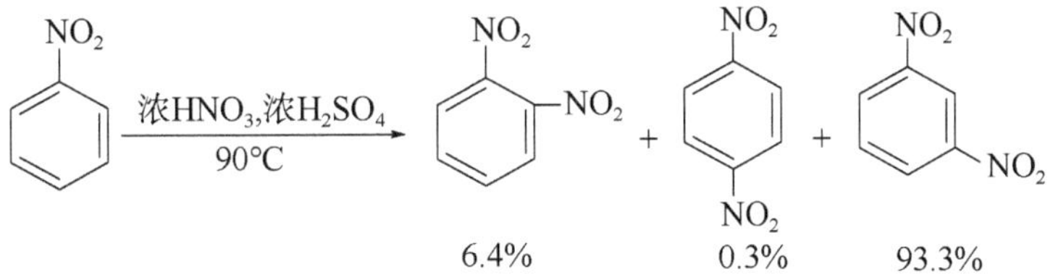

2. 定位基分类 人们通常根据定位基定位后的亲电取代产物中邻、间、对位产物所占比例的多少，将定位基划分为两类：邻、对位产物比例大于 60%的称为邻对位定位基；间位产物比例大于 40%的称为间位定位基。

（1）邻对位定位基：此类定位基的结构特点是与苯环直接相连的原子一般为饱和原子，多数还具有孤对电子或负电荷。邻对位定位基能增加苯环亲电取代反应的活性（卤素例外），具有致活作用。常见的这类基团中，其增加活性的能力由强到弱的顺序是：—NR_2>—NHR>—NH_2>—OH>—OR>—NHCOR>—OCOR>—R>—Ar>—X。

（2）间位定位基：这类定位基的特点是与苯环直接相连的原子带有重键或正电荷。间位定位基一般降低苯环的亲电取代活性，具有钝化苯环的作用。常见的这类基团中，其钝化作用由强到弱的顺序是：—NR_3^+>—NO_2>—CN>—SO_3H>—CHO>—COR>—COOH>—COOR。

需特别说明的是：定位基的定位效应只表示取代基进入芳环的某些位置的概率较高，并不意味着它不进入其他位置。另外，温度、催化剂、溶剂等反应条件对反应中生成的各种异构体比例也有一定的影响。

（二）定位效应的理论释解

为什么邻对位定位基和间位定位基会引起不同的定位效应呢？下面从电子效应角度来分析说明两类定位基的定位效应。

1. 邻对位定位基的定位效应 邻对位定位基一般向苯环供电子，能使苯环电子云密度增大，带负电荷，有利于吸引亲电试剂 E^+的进攻，对苯环取代起到活化作用。由于苯环的共轭效应呈现交替极化的状态，每个碳原子上的 π 电子云密度并不一样，邻位和对位电子云密度较高，相对间位来说表现出带部分负电荷，所以亲电试剂 E^+更容易进攻邻位和对位的碳原子。定位基的性质不同，致活能力也不同。下面分别举例分析说明。

（1）甲基：因甲基 sp^3 杂化的碳电负性小于苯环 sp^2 杂化碳的电负性，所以甲基或其他烷基是供电子基团。当其连在苯环上时，它通过供电子的诱导效应（+I）和 σ-π 超共轭效应（+C），使苯环上电子云密度增加。由于苯环的邻、对位电子云密度相对较高，有利于亲电试剂 E^+的进攻，主要得到邻、对位产物，而且亲电取代比苯更容易进行。

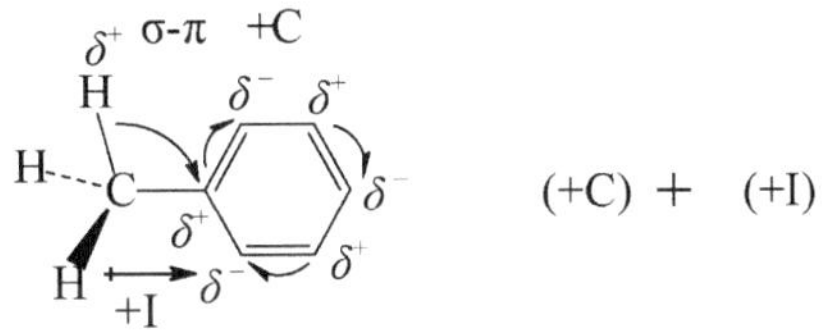

（2）羟基：因氧的电负性大于碳的电负性，所以羟基是吸电子基团。虽然吸电子诱导效应使苯环上电子云密度减少；但是，羟基氧原子上的未共用电子对能与苯环形成 p-π 共轭效应，且氧原子的电子云向苯环转移，向苯环供电子。虽然两者互相矛盾，但羟基共轭效应远远大于羟基的吸电子诱导效应，所以总的结果使苯环电子云密度增加，而且邻对位比间位增加较多，E^+主要进攻邻对位。苯酚比甲苯更容易发生亲电取代反应，这也是苯酚遇溴水就能发生三取代生成三溴苯酚的原因。

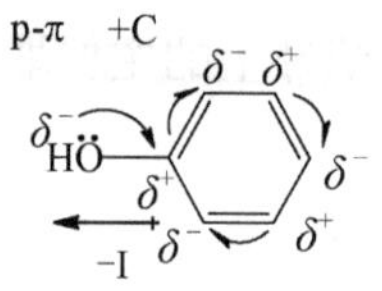

$(+C) \gg (-I)$

（3）卤素：卤素（符号 X）的电负性大于碳的电负性，卤素是吸电子基团。卤素与苯环相连，同时存在着吸电子的诱导效应和供电子的 p-π 共轭效应；但是卤素的吸电子诱导效应远强于供电子共轭效应，使苯环电子云密度降低，对苯环有较弱的致钝作用。由于 p-π 共轭交替极化的存在，间位电子云密度相对于邻对位电子云密度降低多一些，邻对位相对于间位带较少量的负电荷，有利于亲电试剂 E^+的进攻，生成邻对位产物。

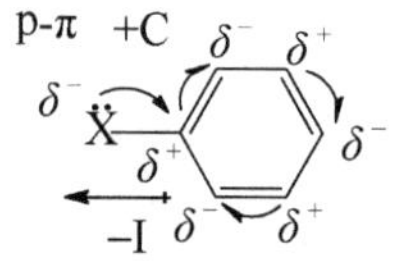

$(+C) \ll (-I)$

2. 间位定位基的定位效应 以硝基为例，它是一个强吸电子基团，通过吸电子的诱导效应和吸电子的 π-π 共轭效应，使苯环电子云密度降低，交替极化的结果使邻、对位比间位降低得更多，因此亲电试剂 E^+进攻间位有利。

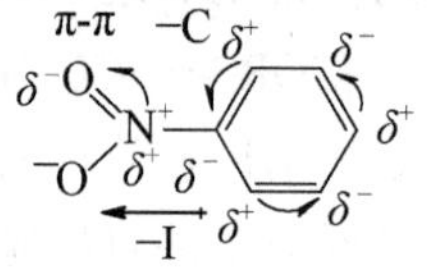

$(-C) + (-I)$

（三）定位效应在有机合成中的应用

1. 预测反应的主要产物 如果苯环上已有两个取代基，在进行亲电取代反应时，新引入的取代基进入苯环的位置取决于已有的两个定位基的性质、相对位置、空间位阻等条件，一般有以下几种情况。

（1）两个定位基的定位方向一致：当苯环上已有两个取代基的定位方向一致时，则新引入的取代基进入两定位基一致指向的位置。例如：

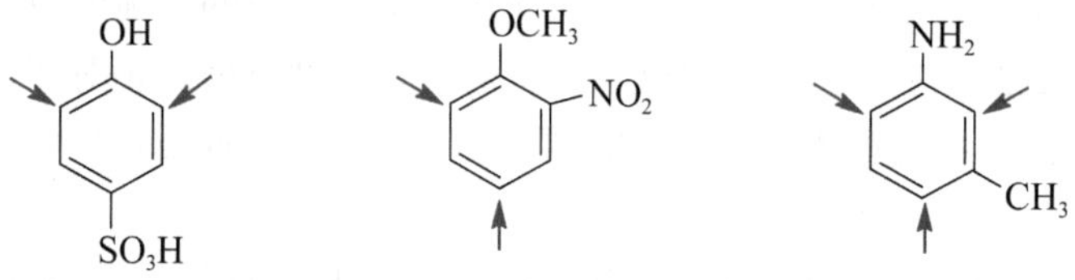

少（空间位阻大）

在考虑定位基定位方向的同时，还要考虑到空间位阻的影响，在某些情况下，空间位阻大的方向很难引入新的基团，甚至不发生反应。

（2）两个定位基的定位方向不一致：当苯环上原有的两个定位基的定位方向不一致时，会有两种情况。

1）两个定位基同是一类定位基，新引入的基团最终定位方向由定位能力较强的基团决定。例如：

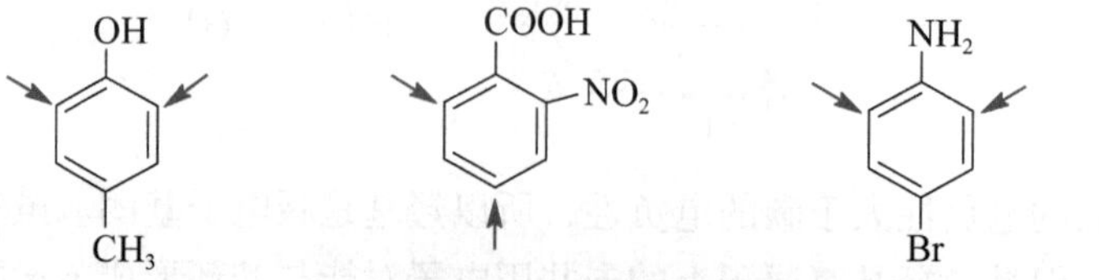

$—OH > —CH_3$ $—NO_2 > —COOH$ $—NH_2 > —Br$

如果两个定位基的定位能力相差不大，则新引入的基团进入各位置上的可能性都存在。如果两个定位基同是间位定位基，则反应较难发生。

2）两个定位基不同类型，则新基团进入苯环的位置主要由邻对位定位基决定。例如：

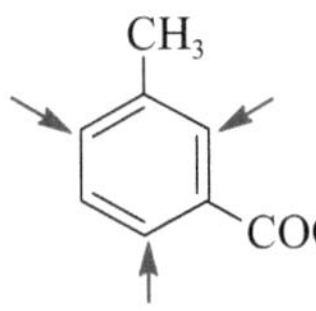

少（空间位阻大）

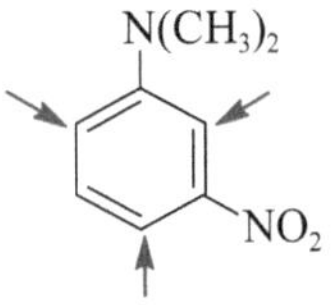

少（空间位阻大）

2. 设计合适的合成路线 苯环上亲电取代反应的定位规律不仅可以帮助我们预测取代反应的产物，还可以帮助我们选择和优化苯系化合物的合成路线。

案例 3-4

以甲苯为原料合成间硝基苯甲酸。

解析：间硝基苯甲酸与甲苯相比较，苯环上引入硝基和羧基，去掉了甲基，但没有增加碳原子数，所以羧基应为苯环侧链甲基氧化而来，硝基可通过硝化反应引入，且目标产物中的羧基和硝基互为间位。综合上述分析，应先将甲苯氧化得到苯甲酸，再硝化，生成间硝基苯甲酸。设计合成路线如下：

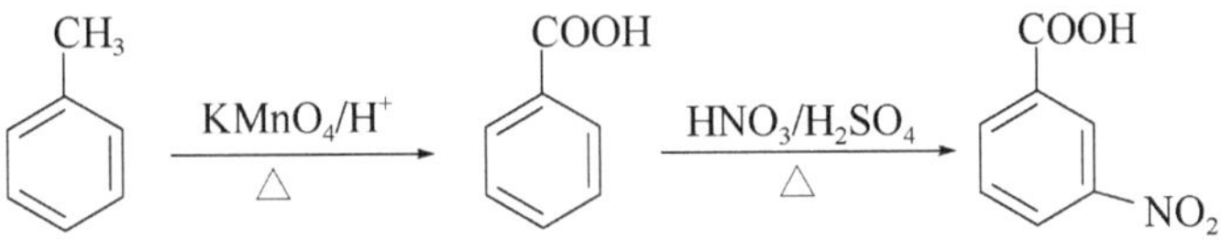

案例 3-5

以苯为原料合成邻硝基乙苯。

解析：目标产物邻硝基乙苯与原料苯相比较，增加了硝基和乙基，且互为邻位，因此合成邻硝基乙苯应先烷基化，再硝化。因乙基是邻对位定位基，为防止硝化时硝基进入对位，先磺化合成对乙基苯磺酸，再硝化，最后高温水解消去磺酸基，得到目标产物。设计合成路线如下：

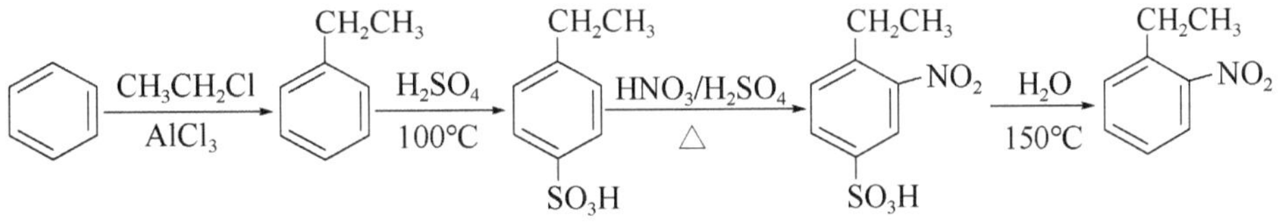

五、重要的单环芳烃

1. 苯 无色液体，具有特殊芳香气味，熔点 5.5℃，沸点 80.1℃，易燃，不溶于水，易溶于有机溶剂。其蒸气有毒，损害造血器官和神经系统，急性中毒表现为头痛、头晕、无力、嗜睡、机体痉挛等症状，很快昏迷死亡。苯也是一种良好的溶剂，溶解有机分子和一些非极性的无机分子的能力强，能与水形成恒沸物，因此在有水生成反应中常加入苯蒸馏，以将水带出，提高反应收率。

苯主要来源于煤焦油和石油的芳构化，也是重要的化工原料，可通过卤代、磺化、硝化、氧化等反应制备橡胶、塑料、树脂、涂料、药品等化工产品或中间体。

2. 甲苯 无色液体，气味与苯相似，熔点−95.0℃，沸点 110.6℃，相对于水的密度为 0.8669，易燃，易挥发，不溶于水，但可以与二硫化碳、乙醇、乙醚等以任意比例混溶，也可溶于丙酮、氯仿等有机溶剂。甲苯毒性小于苯，但刺激性症状比苯的严重。

甲苯主要来源于煤焦油和石油的铂重整；易硝化，产物对硝基甲苯和邻硝基甲苯是合成染料的原料，也是制造三硝基甲苯的原料；甲苯磺化生成邻甲苯磺酸和对甲苯磺酸是合成染料或制备糖精的原料；也可用于制备苯甲醛、苯甲酸等化工原料。

3. 二甲苯 无色液体，有邻、间、对 3 种异构体，有芳香气味，沸程 137～140℃。易燃，易挥发，其蒸气与空气可形成爆炸性混合物，遇明火、高热能引起燃烧爆炸；与氧化剂能发生强烈反应。不溶于水，与乙醇、氯仿或乙醚以任意比例混溶。二甲苯的毒性小于苯，对眼及呼吸道有刺激作用，高浓度对中枢神经有麻醉作用。

二甲苯由分馏煤焦油的轻油、轻汽油催化重整制得，工业品为 3 种异构体混合物。邻二甲苯是合成邻苯二甲酸、苯酐（邻苯二甲酸酐）、二苯甲酮等化合物的原料；间二甲苯是合成树脂、染料、药物和香料的原料；对二甲苯主要用于生产聚酯纤维、涤纶、涂料和农药的原料。

4. 苯乙烯　无色油状液体，具有辛辣气味，略带毒性，沸点 145.2℃，不溶于水，能与乙醇、乙醚等有机溶剂混溶。可燃，暴露于空气中逐渐发生聚合及氧化，储存时要加阻聚剂。在工业上，苯乙烯可由乙苯催化去氢制得；实验室可以用肉桂酸加热制备。苯乙烯是良好的溶剂及重要的有机原料，可用于制造合成橡胶、离子交换树脂、医药上的功能性聚合物微球等。

考点：①苯的结构；②单环芳烃的命名和结构式；③卤代、磺化、硝化、烷基化、酰基化、氧化反应；④定位基与定位效应；⑤简单苯系化合物的合成；⑥重要的单环芳烃

第 3 节　多环芳烃和非苯系芳烃

一、多环芳烃的分类和命名

（一）多环芳烃的分类

多环芳烃是指分子中含有两个或两个以上苯环的芳烃。按照苯环相互连接的方式可以分为三类：联苯型芳烃、多苯代脂肪烃和稠环芳烃。

1. 联苯型芳烃　联苯型芳烃是指分子中有两个或两个以上的苯环直接以单键相连接的芳烃。也可将这类化合物看作是一个苯环的氢原子被另一个苯环取代的产物，如联苯、三联苯等。

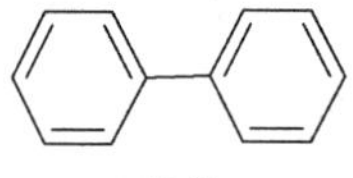
联苯

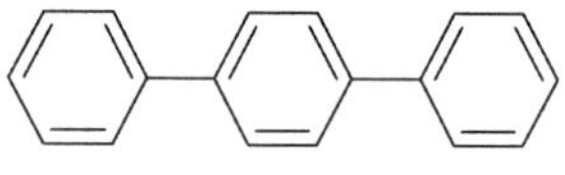
三联苯

2. 多苯代脂肪烃　多苯代脂肪烃是指多个苯环以单键方式与脂肪烃基相连的芳烃。也可将这类多环芳烃看作是脂肪烃中的多个氢原子被多个苯环所取代的产物，如三苯甲烷、1, 2-二苯乙烯等。

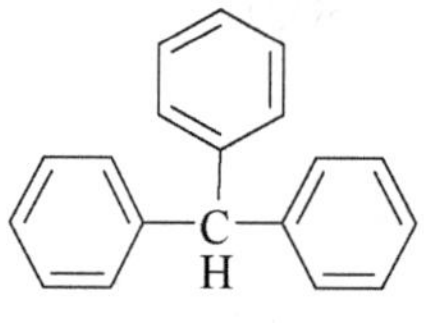

三苯甲烷

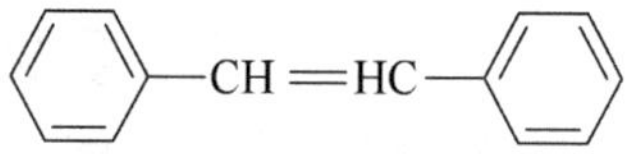

1,2-二苯乙烯

3. 稠环芳烃　这是较为重要的一类多环芳烃，是指分子中两个或更多个苯环共用两个相邻的碳原子相互稠合而形成的芳烃，如萘、苯并芘等。

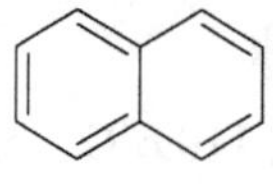
萘

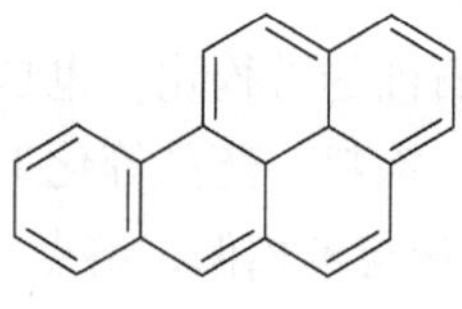
苯并芘

（二）多环芳烃的命名

1. 联苯型芳烃的命名　联苯型芳烃及其衍生物的命名以联苯或联苯加官能团为母体，分别从两个苯环相连的碳原子开始编号，用环上编号来标明取代基或官能团的位置。例如：

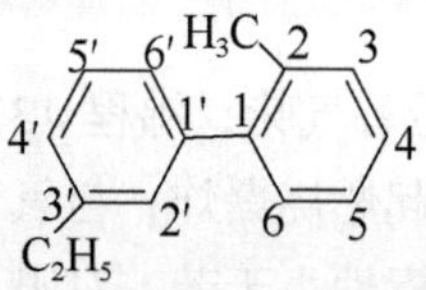

2-甲基-3′-乙基联苯

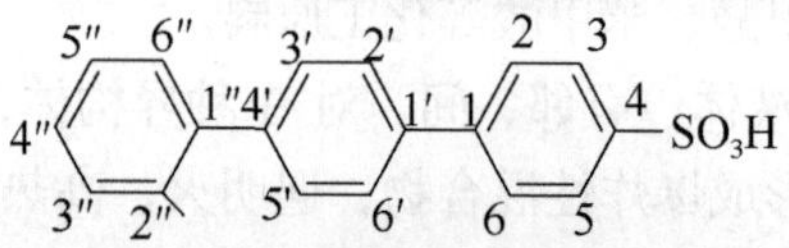

2″-甲基-4-三联苯磺酸

2. 多苯代脂肪烃的命名 此类化合物的命名类似于脂肪烃的命名，将苯环作为取代基。例如：

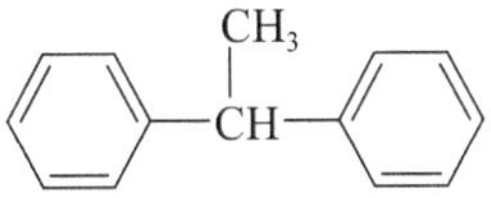
1,1-二苯乙烷

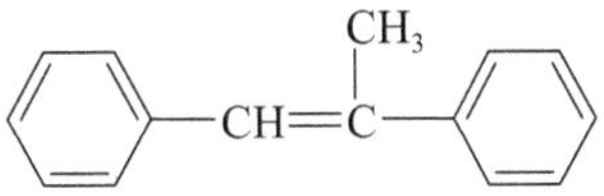
1,2-二苯丙烯

3. 稠环芳烃的命名 稠环芳烃及其衍生物的命名是以稠环芳烃或稠环芳烃加官能团为母体，从离共用碳原子最近的碳原子开始，给除共用碳原子外的环上碳原子编号，以标明取代基或官能团的位置。一个取代时也用希腊字母 α、β、γ…标注环上碳原子与共用碳原子相对位置来表示取代基的位置。例如：

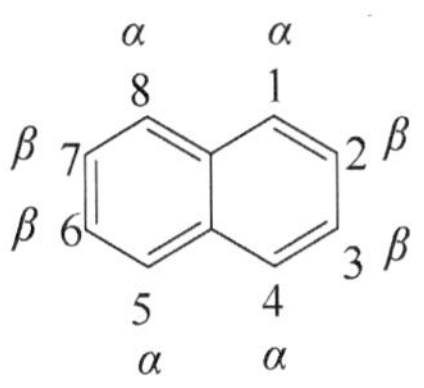
萘

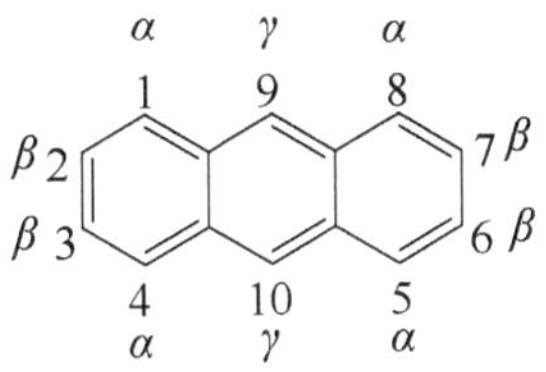
蒽

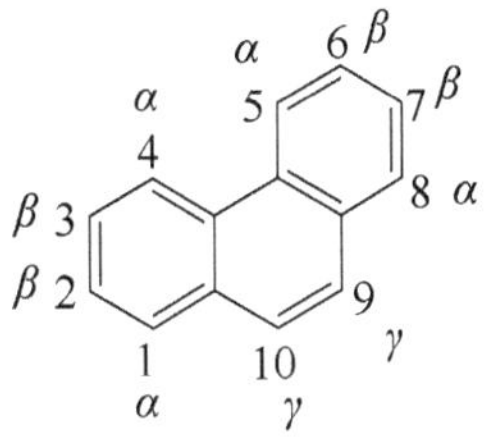
菲

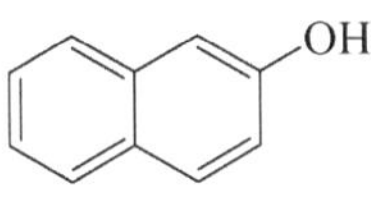
2-萘酚（β-萘酚）

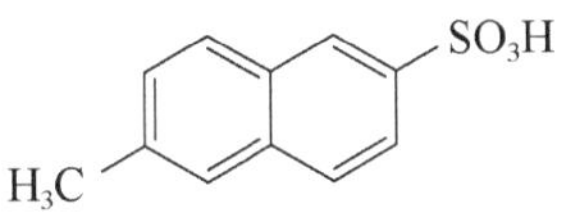
6-甲基-2-萘磺酸

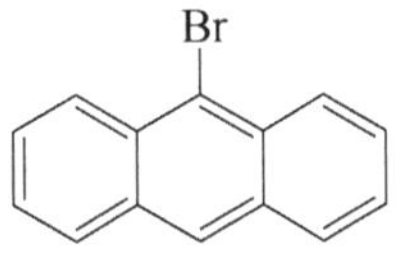
9-溴蒽（γ-溴蒽）

课堂互动 3-5

命名下列化合物。

（1）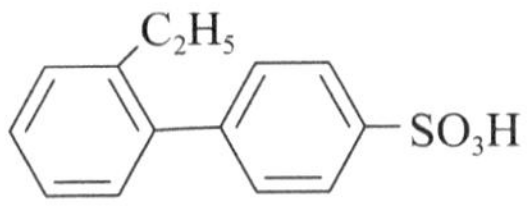

（2）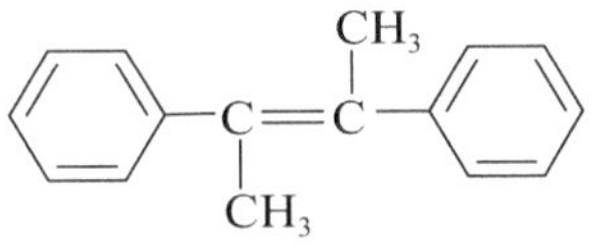

（3）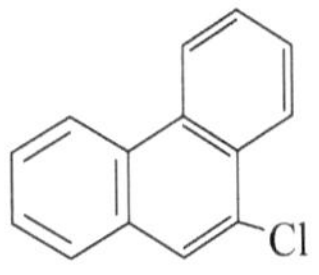

（4）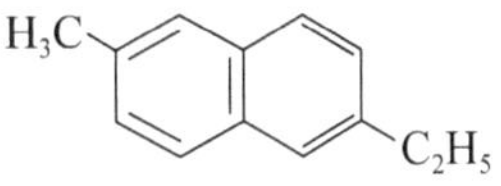

二、稠环芳烃

联苯型芳烃和多苯代脂肪烃中的苯环都是单独存在的，因此，其有类似于单苯环芳烃的易卤代、磺化、硝化等化学性质，不再做叙述。这里主要讲述稠环芳烃中最重要的萘、蒽和菲。

（一）萘

萘为白色片状晶体，易升华并有特殊气味。熔点为80.5℃，沸点为218℃，不溶于水而易溶于苯、乙醚等有机溶剂。以前市场上所售卫生球是用萘制成的，因萘有毒性，现已禁止。萘是炼焦的副产品，可用于合成染料、树脂等。

1. 萘的结构 萘的分子式为 $C_{10}H_8$，可看作是两个苯环稠合而成，10个碳原子和8个氢原子共平面。萘环上的每个碳原子均为 sp^2 杂化，碳原子之间以σ键相连，余下的 sp^2 杂化轨道与氢的s轨道重叠形成C—H σ键。所有的原子共面，每个碳原子未杂化的p轨道垂直于σ键所在的平面，相互平行且在侧面相互交盖，形成了闭合的10个电子的大π键；但是，各个p轨道重叠程度并不完全相同，因此萘分子中的碳碳键长并不完全相同（图3-13）。

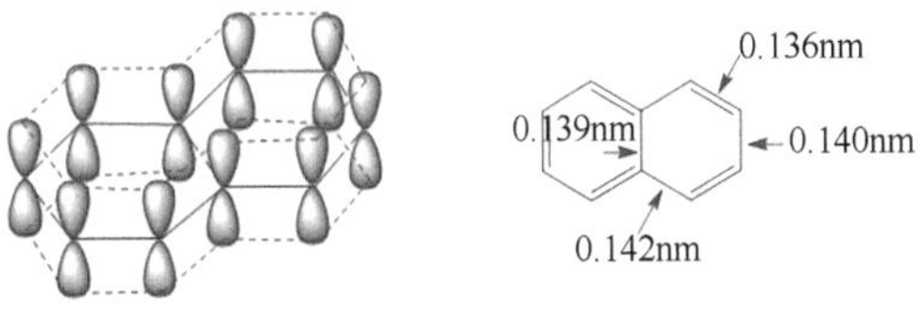

图3-13 萘的结构示意图

2. 萘的化学性质　因萘的稳定性不如苯，且 α 位碳原子的电子云密度高于 β 位碳原子，所以，萘的亲电取代反应易发生在 α 位上，且比苯易发生加成和氧化反应。

（1）亲电取代反应：萘和苯一样，能发生卤代、硝化、磺化和 F-C 反应，主要得到 α 位取代的相应萘的衍生物。例如：

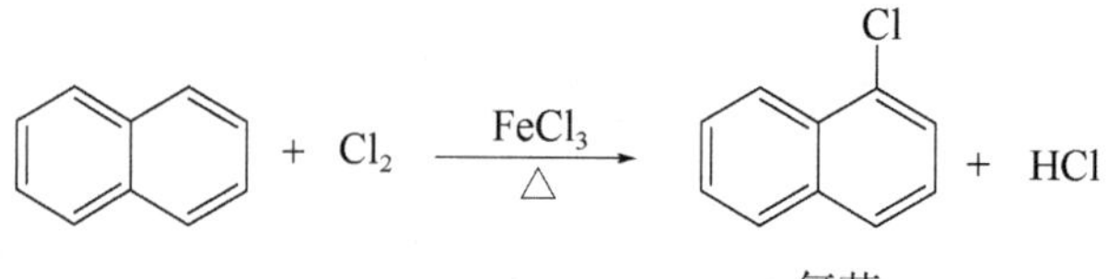

α-氯萘

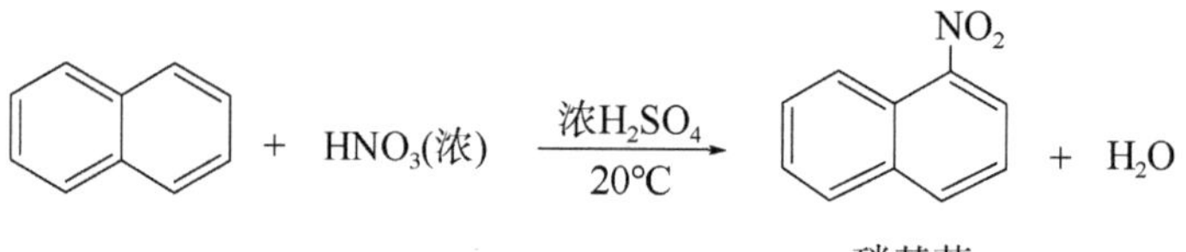

α-硝基萘

（2）加成反应：用钠和乙醇或催化加氢的方法都可以将萘还原；控制反应条件可得到不同程度的还原产物。

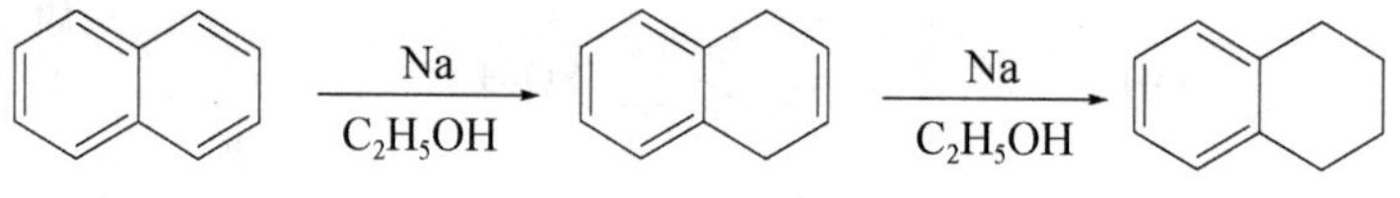

1,2-二氢萘　1,2,3,4-四氢萘

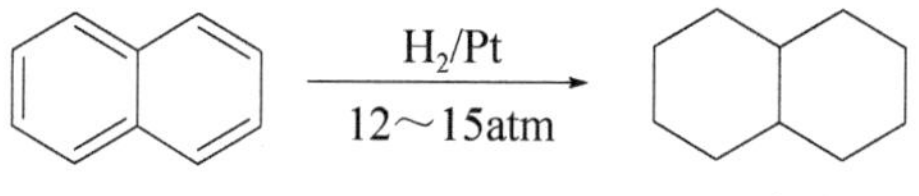

十氢萘

（3）氧化反应：萘比苯易氧化，反应条件不同，得到不同的氧化产物。

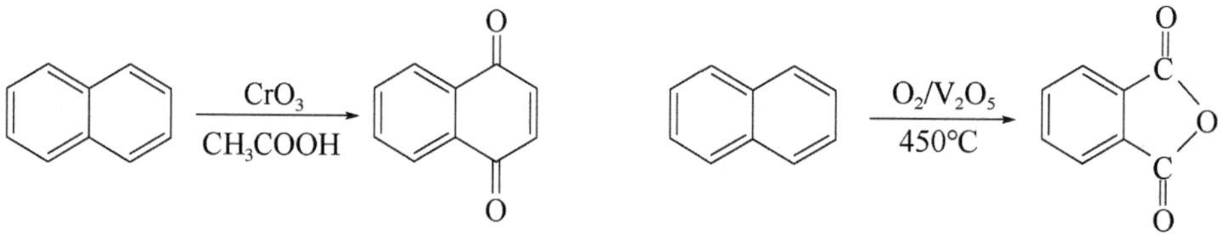

1, 4-萘醌　邻苯二甲酸酐

（二）蒽和菲

蒽和菲互为同分异构体（分子式 $C_{14}H_{10}$），是都具有荧光的无色片状晶体。蒽的熔点 217℃，沸点 340℃；菲的熔点 101℃，沸点 340℃。易升华，有毒，不溶于水，微溶于乙醇，溶于乙醚、苯、丙酮等。主要来源于煤焦油。

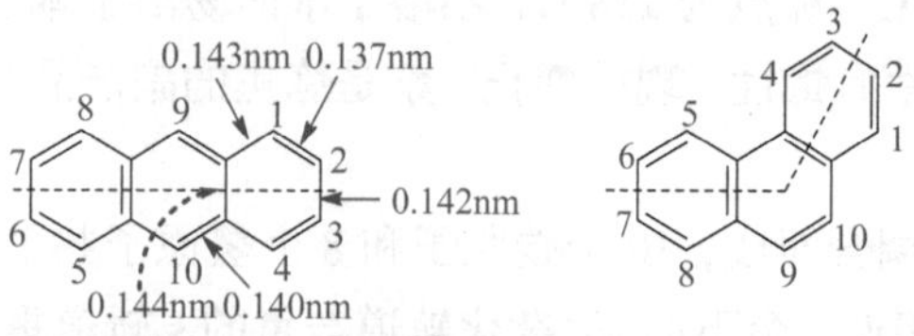

图 3-14　蒽和菲稠合方式与键长

1. 蒽和菲的结构　蒽是由三个苯环呈线式稠合而成，菲是三个苯环的角式稠合，但蒽和菲分子中所有的原子都在同一平面上。环上相邻的碳原子的 p 轨道侧面相互重叠，形成了包含 14 个碳原子的大 π 键；但重叠程度不如萘，碳碳键长也没有完全平均化（图 3-14）。

2. 蒽和菲的化学性质　蒽和菲的芳香性不如苯和萘，不饱和性比萘更显著，易发生加成和氧化反应，特别是 9、10 位尤其活泼。

（1）亲电取代反应：蒽的芳香性不如菲，其更倾向于加成。亲电取代一般得到混合物或多元取代物，实用价值较小。

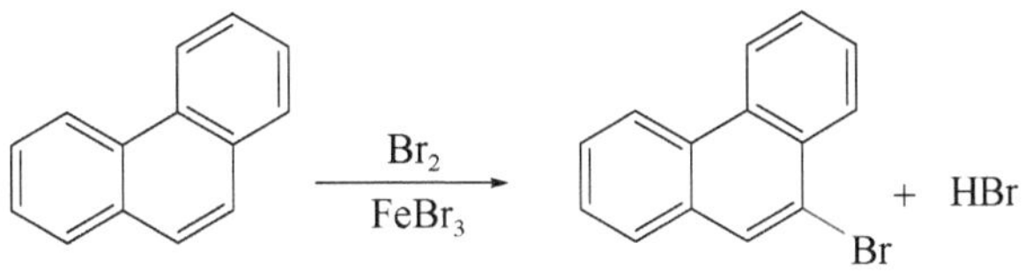

9-溴菲

（2）加成反应：一般情况下，蒽的加成反应比菲容易，但加成产物产物均保留两个完整苯环。

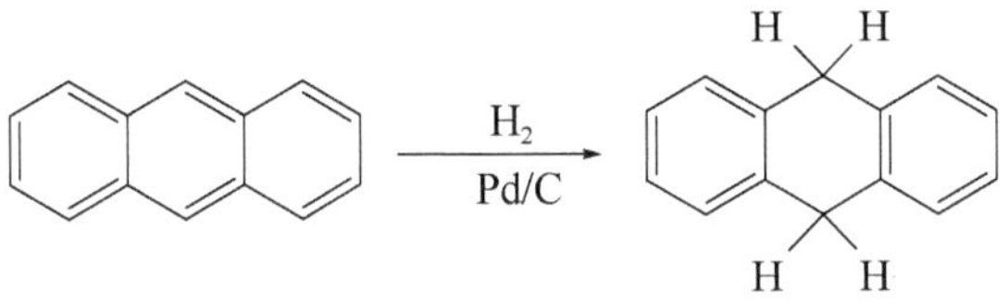

9,10-二氢蒽

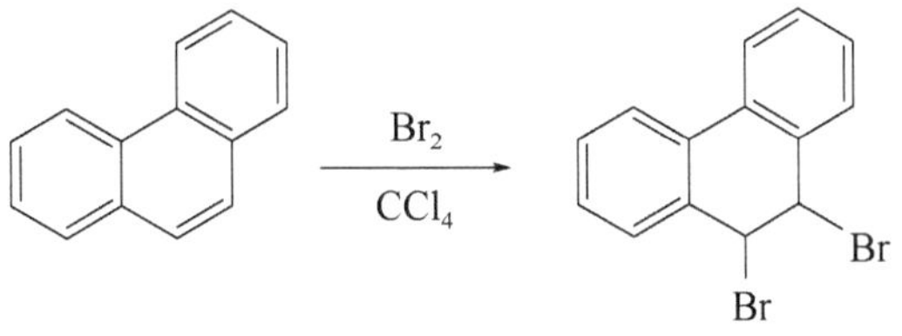

9,10-二溴-9,10-二氢菲

（3）氧化反应：蒽、菲的氧化反应主要发生在 9、10 位，生成相应的醌。

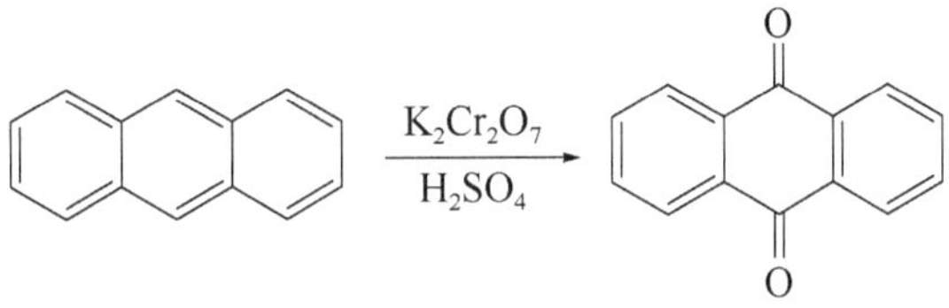

9,10-蒽醌

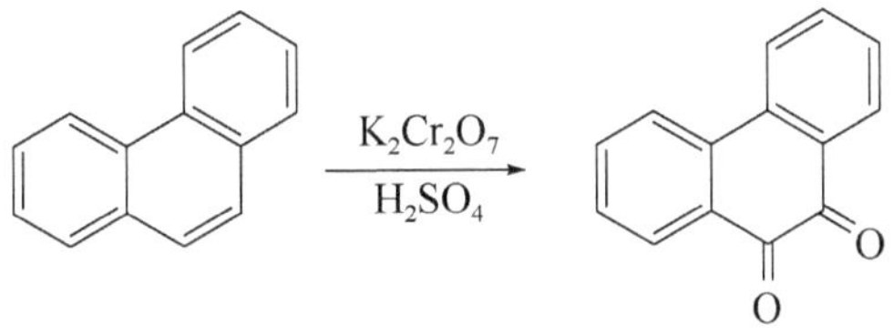

9,10-菲醌

蒽和菲的实用价值不高，但其衍生物比较重要。例如，蒽醌是一种重要的染料，中药大黄、番泻叶等的有效成分都属于蒽醌类衍生物；菲醌是一种农药，性激素、甾醇等分子中含有菲的衍生物结构，具有特殊生理作用。但是苯并蒽、苯并菲等蒽、菲的衍生物具有强致癌性，生活中应引起足够的重视。

三、非苯系芳烃

苯、萘、蒽、菲等都具有闭合共轭 π 键，都具有芳香性；但是，在那些不含有苯环结构却含有闭合共轭 π 键的环状多烯烃中，有些不具有芳香性，也有些具有芳香性。那什么样的环状多烯烃是具有芳香性的呢?

（一）休克尔规则

德国化学家休克尔（Hückel）运用量子力学理论研究单环多烯烃时，发现单环多烯烃具有芳香性的规律：凡具有闭合共轭体系的单环多烯烃，其 π 电子数等于 $4n+2$（$n=0, 1, 2, 3, \cdots$ 正整数），该单环多烯烃就具有芳香性；否则，就没有芳香性。这个规律称为休克尔规则或 $4n+2$ 规则。依据休克尔规则，芳香性化合物必须具备三个条件：①必须是一个环状化合物，且成环原子都在同一平面上；②每个成环原子必须都有 p 轨道，能形成一个离域 π 键的共轭体系；③π 电子数为 $4n+2$（$n=0, 1, 2, 3, \cdots$）。

依据休克尔规则，苯分子符合上述三个条件，具有芳香性；而环丁二烯只有 4 个 π 电子，环辛四烯有 8 个 π 电子，都不符合 4*n*+2 规则，不具有芳香性。

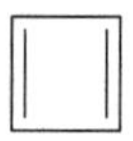
环丁二烯（4个π电子）

辛四烯（8个π电子）

对于稠环化合物，只要它的整体轮廓是一个闭合共轭体系，且具有的 π 电子数符合 4*n*+2 规则，这个化合物就具有芳香性。例如，萘、蒽、菲都具有芳香性。

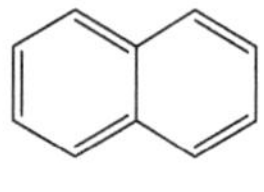
萘（10个π电子）

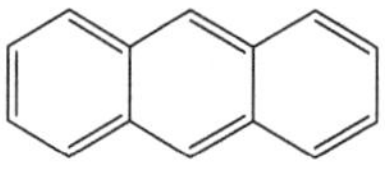
蒽（14个π电子）

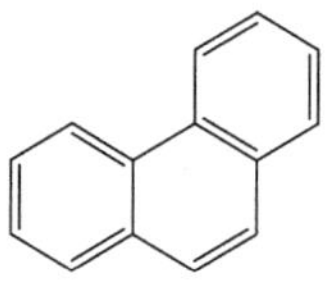
菲（14个π电子）

（二）非苯系芳烃

不含苯环且具有芳香性的烃称为非苯系芳烃。非苯系芳烃与苯系芳烃一样，难发生加成反应，易发生亲电卤代、硝化、磺化等反应。主要非苯系芳烃有以下几类。

1. 环烯负离子或正离子 环丙烯正离子、环戊二烯负离子、环庚三烯正离子、环辛四烯双负离子等都符合 4*n*+2 规则，具有芳香性。经测定这些离子中 C—C 键长完全平均化，性质比较稳定。

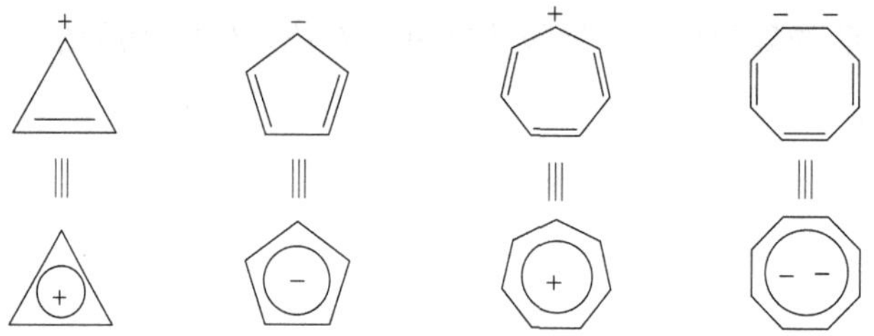

	环丙烯正离子	环戊二烯负离子	环庚三烯正离子	环辛四烯双负离子
n =	0	1	1	2
$4n+2$ =	2	6	6	10

2. 轮烯 单环共轭多烯烃称为轮烯。环丁二烯称为[4]轮烯，环辛四烯称为[8]轮烯。根据休克尔规则，[10]轮烯、[14]轮烯、[18]轮烯应该都具有芳香性；但是，[10]轮烯、[14]轮烯分子中，环内氢原子具有强烈排斥作用，致使环中碳原子不能在同一平面上，故没有芳香性。[18]轮烯环较大，允许成为平面环，所以具有芳香性。

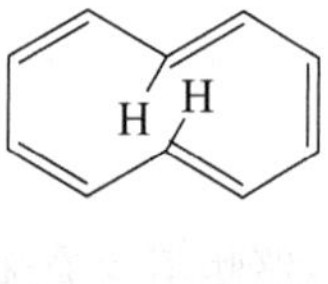
[10]轮烯

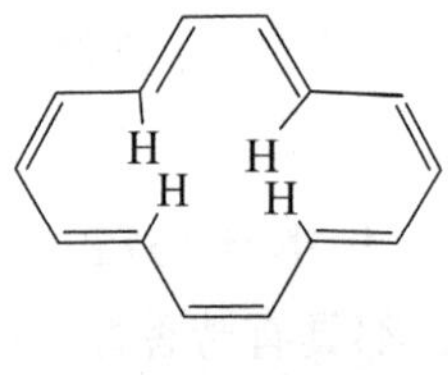
[14]轮烯

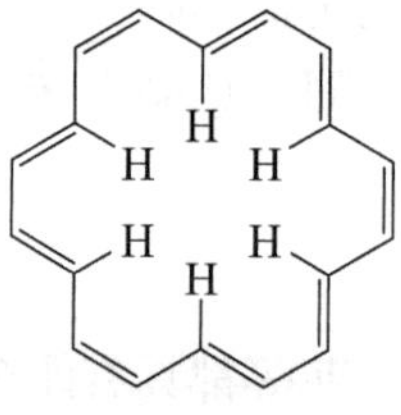
[18]轮烯

课堂互动 3-6

根据休克尔规则，判断下列化合物有无芳香性？

（1）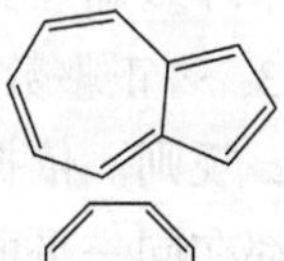

（2）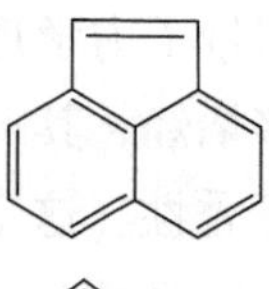

（3）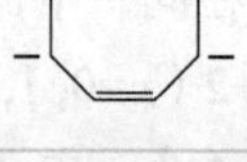

（4）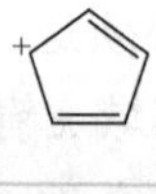

考点：①多苯芳香烃的命名；②萘、蒽、菲的结构与化学性质；③休克尔规则；④化合物芳香性判断

链接 碳纳米管

碳纳米管（carbon nanotube，CNT）是和环烃结构非常相似的一种特殊碳材料，是由碳六元环构成的类石墨平面按一定的螺旋角度卷曲而成，每一个碳原子与周围三个碳原子键合，各单层管的顶端由于形成封闭曲面的需要，存在一些五元环。管径一般为几纳米到几十纳米，像铁丝网一样卷成的一个空心圆柱状的“笼形”管。根据石墨片层的层数不同，可分为单壁碳纳米管和多壁碳纳米管（图3-15）。碳纳米管导电性强、韧性高、场发射性能好，兼具金属和半导体性质，强度是钢的100倍，密度却只有钢的六分之一。

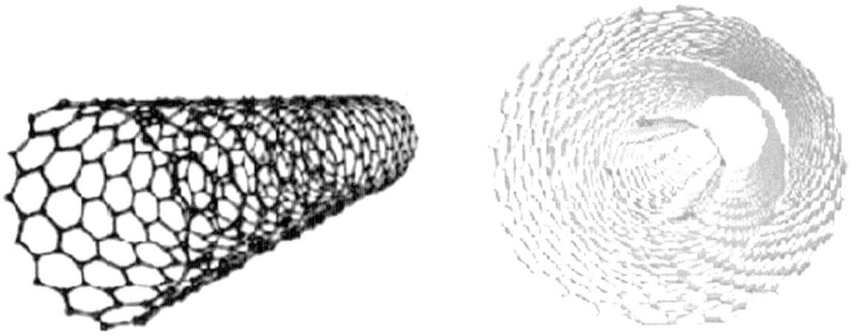

A. 单壁碳纳米管　　　　B. 多壁碳纳米管

图3-15　碳纳米管示意图

碳纳米管因其性能奇特，被科学家称为未来的超级纤维。不仅可用于原子显微镜或扫描探针显微镜的探针，也可作为药物输送至靶点的管腔、硅芯片的导线、生物传感器；还可制作可称单原子质量的“纳米秤”、化学反应的微反应器、储物储能的微容器等。现今，碳纳米管在各相关领域研究或应用越来越广泛。

自测题

一、不定项选择题

1. 下列说法正确的是（　　）
   A. 环己烷的船式构象比椅式构象稳定
   B. 环戊烷比环己烷稳定
   C. 环丙烷和环丁烷中碳碳键是弯曲键
   D. 环己烷中所有键角都是109°28′

2. 下列脂环烃中最易氧化的化合物是（　　）
   A. 环丙烷　　B. 环戊烷
   C. 环戊二烯　　D. 螺[2.4]庚烷

3. 下列说法正确的是（　　）
   A. 环丙烷与溴反应生成1, 2-二溴丙烷
   B. 环戊烷和溴能发生卤代反应
   C. 高锰酸钾溶液可区分环丁烷和2-丁烯
   D. 1, 2-二甲基环丁烷有顺反异构

4. 关于苯的结构，叙述正确的是（　　）
   A. 苯环中有封闭式共轭大π键
   B. 苯环中有碳碳双键和单键
   C. 苯具有平面正六边形结构
   D. 苯的结构特点决定其具有芳香性

5. 在芳香烃取代反应中起活化作用的基团是（　　）
   A. —OH　　B. $—CH_3$
   C. $—NH_2$　　D. —Br

6. 在芳香烃取代反应中起钝化作用的基团是（　　）
   A. $—SO_3H$　　B. —CHO
   C. $—NH_2$　　D. $—NO_2$

7. 下列化合物最容易发生亲电取代反应的是（　　）
   A. 甲苯　　B. 苯酚
   C. 氯苯　　D. 苯

8. 下列物质中，亲电取代反应发生在间位，且取代反应活性最弱的是（　　）

A. 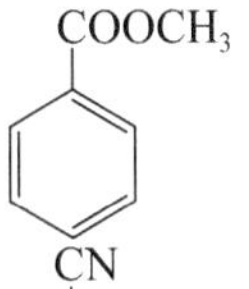

B. 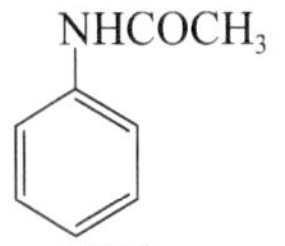

C. 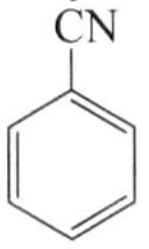

D. 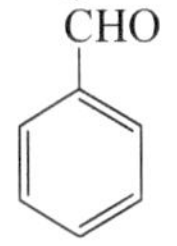

9. 苯环上连有以下哪些基团时，一般不发生F–C反应（　　）
   A. $—NO_2$　　B. $—CH_3$
   C. $—OCH_3$　　D. $—COCH_3$

10. 芳烃的烷基化反应属于（　　）
   A. 亲电取代　　B. 亲电加成

C. 亲核加成　　D. 亲核取代

11. 下列叙述正确的是（　　）

A. 卤代反应一定亲电取代反应

B. 苯环芳烃的磺化产物和反应温度有关

C. 烷基化反应易发生多取代反应

D. F-C 酰基化反应不会发生多取代反应

12. 下列化合物芳香性强弱顺序正确的是（　　）

A. 苯＞萘＞蒽＞菲　　B. 苯＞萘＞菲＞蒽

C. 蒽＞菲＞萘＞苯　　D. 苯＞萘＞菲＞蒽

13. 下列说法不正确的是（　　）

A. 邻对位定位基都有供电子共轭效应

B. 间位定位基都有吸电子共轭效应

C. 邻对位定位基都是活化基团

D. 间位定位基都是钝化基团

14. 下列说法正确的是（　　）

A. 一取代环己烷的优势构象都是取代基占据 e 键的椅式构象

B. 二取代环己烷的优势构象和顺反异构有关

C. 环己烷的取代基越大越易占据构象 a 键

D. 环己烷的取代基越大越易占据构象 e 键

15. 下列说法正确的是（　　）

A. 脂环烃相对密度小于 1.0

B. 环戊烷和环戊烯常温下是液态

C. 萘、蒽、菲易升华

D. 蒽与菲互为同分异构体

二、命名或写出结构式

1. 给下列结构式命名

（1）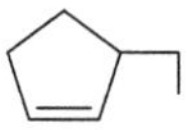

（2）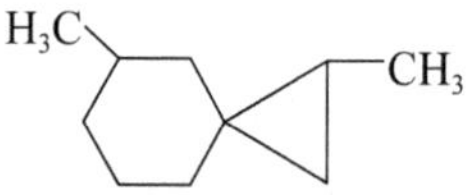

（3）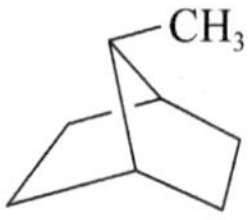

（4）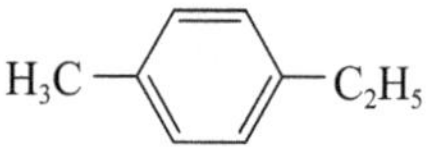

（5）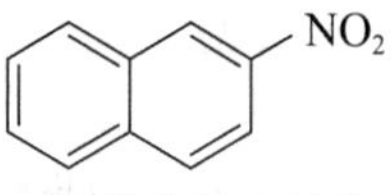

（6）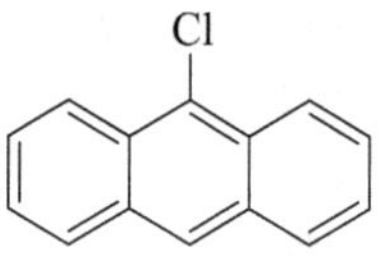

2. 写出下列化合物的结构式

（1）环戊二烯；（2）α-萘磺酸；（3）环己烷；（4）菲；（5）3-苯丙烯；（6）对二甲苯

三、写出下列反应的主要产物

1. 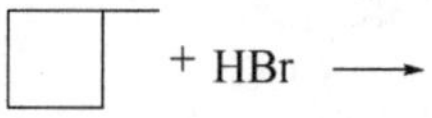

2. 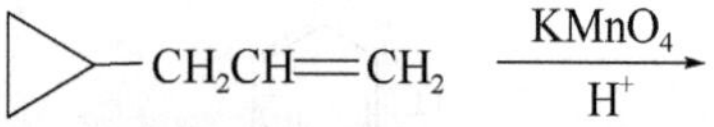

3. 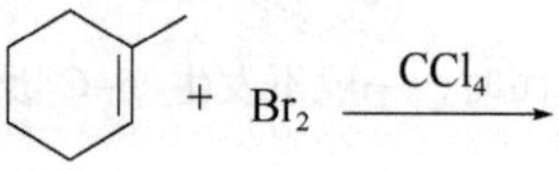

4. 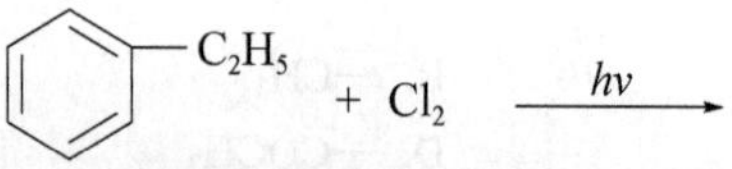

5. 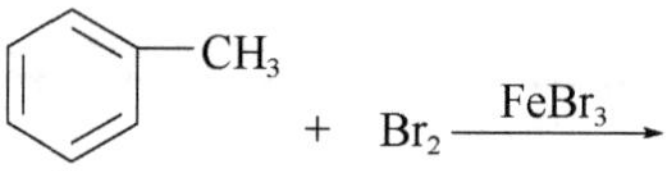

6. 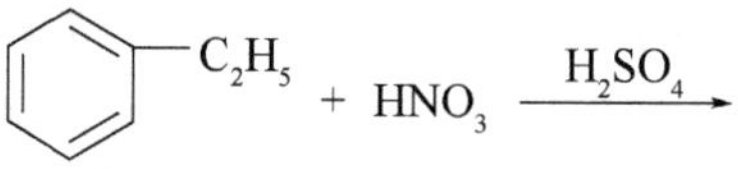

7. 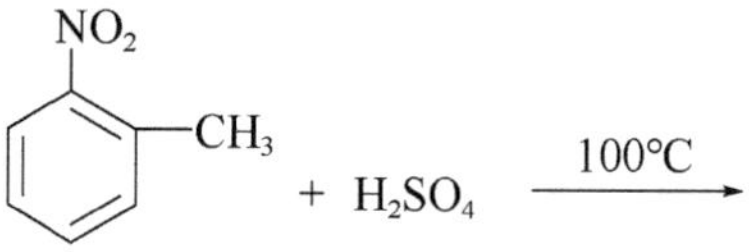

8. 

9. 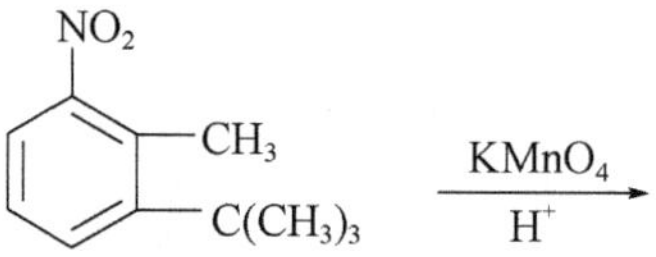

10. 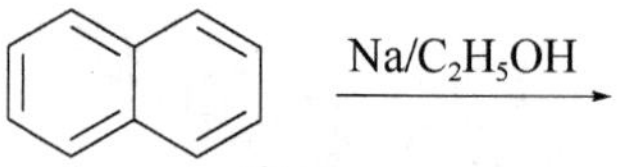

11. 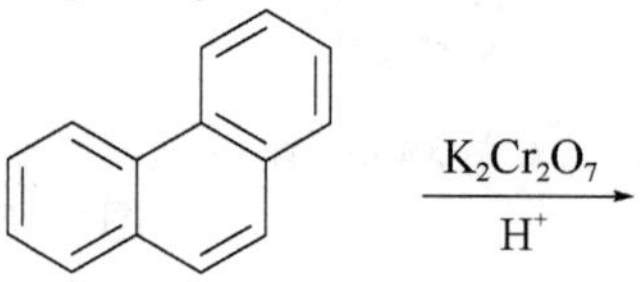

12. 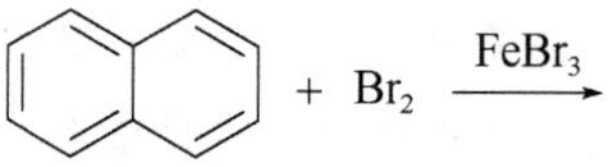

四、简答题

1. 用化学方法鉴别苯、乙苯、环己烯。

2. 判断下列化合物是否具有芳香性：

（1）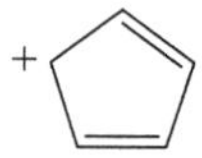

（2）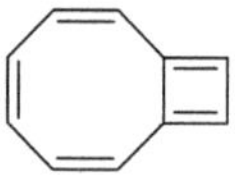

（3）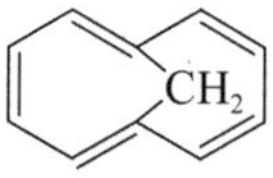

（4）

五、推断题

1. 某芳香烃在高温高压和镍催化下，能与 1mol 氢气发生加成反应生成二甲基环己烷；还能使高锰酸钾酸性溶液褪色，试推断该烃可能的结构式。

2. 甲、乙、丙三种芳烃的分子式同为 C_9H_{12}，氧化时甲生成一元酸，乙生成二元酸，丙生成三元酸。但经硝化时甲和乙分别得到两种一硝基化合物，而丙只得一种一硝基化合物，推断甲、乙、丙三者的结构。

六、合成题

设计下列反应的合成路线（无机试剂和两个碳以下的有机试剂任选）

1. 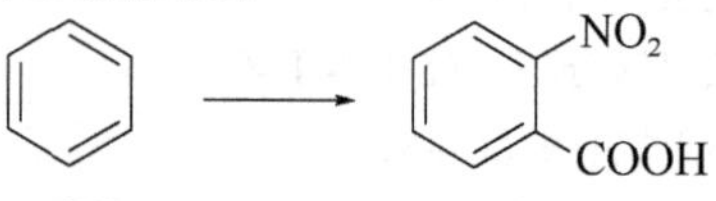

2. 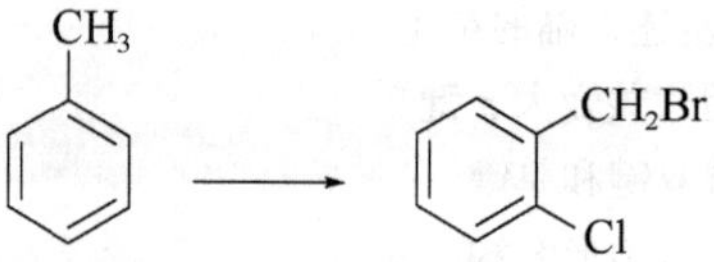

（毛金银）

第4章

对 映 异 构

对映异构是有机化合物立体异构中的一种，在自然界中广泛存在，特别是在生物体内有许多物质都存在对映异构体，如氨基酸、葡萄糖、核酸等。许多天然药物及合成药物也存在对映异构体。各种对映异构体的化学性质在非手性环境中几乎相同，但是在手性环境（如人体内环境）中由于结构上的微小差异，会使对映异构体的生理活性和药理作用有显著不同。例如，降压药左旋氨氯地平有较强药理活性而其对映异构体右旋氨氯地平则无药理活性；奎宁是抗疟疾药，其异构体奎尼丁则用于治疗心脏期前收缩和心房颤动等；美沙酮的左旋体的镇痛活性是它的右旋体的 50 倍，等等。对映异构体最显著的特征是对光的作用并不相同，因此对映异构又称为旋光异构或光学异构。

第 1 节　手性与对映异构

一、偏振光与旋光性

（一）偏振光

光是一种电磁波，其振动的方向与前进的方向互相垂直。普通光的光波在所有与其传播方向垂直的平面上振动（图 4-1）。

图 4-1　光的传播

当一束光通过一个具有特殊光学性质的尼科耳（Nicol）棱镜（由方解石制成，其作用像一个栅栏）的晶体时，光强明显减弱，因为只有与尼科耳棱镜晶轴平行的光才能通过，其他振动方向的光线无法通过，这样得到的光只有一个振动面，这种只在某一平面上振动的光称为平面偏振光，简称偏振光（图 4-2）。

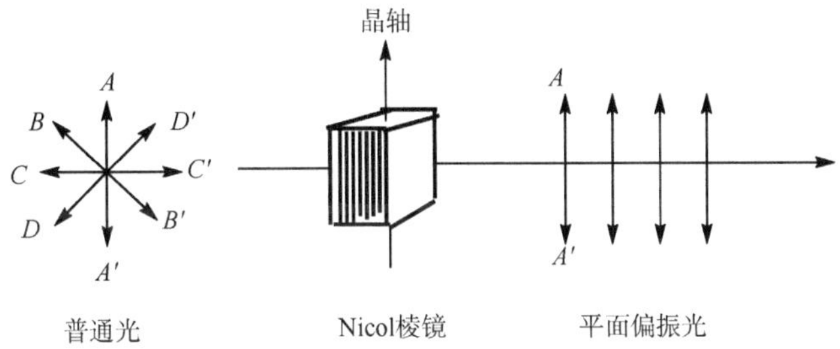

图 4-2　平面偏振光的产生

（二）旋光性

1. 左旋体与右旋体　当偏振光通过某些物质或它的溶液时，偏振光的振动面会出现两种不同情况。有些物质如乳酸、天然葡萄糖等能使偏振光的振动面转动一个角度，而另一些物质，如乙醇、丙酸不能使偏振光的振动面发生偏转（图 4-3）。

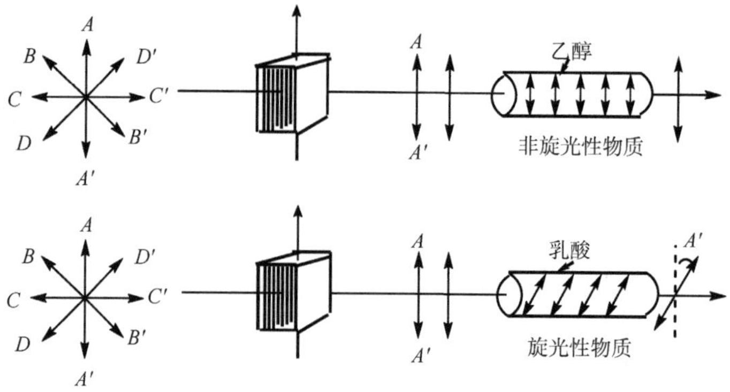

图 4-3　偏振光通过不同溶液的情况

能使平面偏振光的振动平面旋转的物质称为旋光性物质（也称为光活性物质）。没有旋光性的物质称为非旋光性物质（也称为非光活性物质）。使偏振光的振动方向向右旋转的物质，称为右旋物质或右旋体，用“+”或“*D*”表示，如右旋葡萄糖标为（+）-葡萄糖（或 *D*-葡萄糖）。反之称为左旋物质或左旋体，用“–”或“*L*”表示，如左旋 2-羟基丙醛标为（–）-2-羟基丙醛（或 *L*-2-羟基丙醛）。

2. 旋光仪与比旋光度

（1）旋光仪：旋光性物质对平面偏振光的影响表现在两个方面，一个是偏振光的旋转方向，即旋光方向；另一个是偏振光旋转的程度。偏振光通过旋光性物质时，偏振光的振动平面旋转的角度称为旋光度，用“α”表示。旋光仪是用于测定旋光性物质使平面偏振光振动平面转动的角度和方向的仪器。旋光仪主要元器件包括一个单色光源、两个 Nicol 棱镜和一个盛放测试液的盛液管。从光源发出的一定波长的光通过第一个 Nicol 棱镜（起偏镜）后变成偏振光，偏振光通过盛有旋光性物质的溶液的盛液管后，其振动平面发生偏转，然后旋转第二个 Nicol 棱镜（检偏镜），使其旋转的角度与偏振光的偏转角度相等（此时通过第二个 Nicol 棱镜的光最强），检偏镜旋转的角度和方向就是偏振光旋转的角度和方向。检偏镜与刻度盘相连，相关数值可以从刻度盘上读出。旋光仪的构造及工作原理如图 4-4 所示。

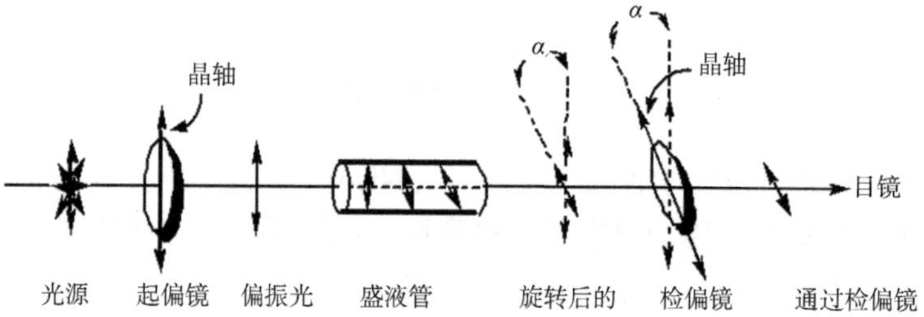

图 4-4　旋光仪的构造

（2）比旋光度：物质的旋光度不仅取决于该物质的分子结构，还会受到溶液的浓度、盛液管的长度、测定温度、所用光源波长等因素的影响。为了消除这些因素对不同物质的旋光性能的影响，引入了比旋光度的概念。比旋光度是指在一定的温度下用一定波长（λ）的光，通过一个 1dm 长的盛满浓度为 1g/ml 旋光性物质的盛液管时所测得的旋光度。比旋光度是旋光性物质的特征物理常数，一般常用$[\alpha]_\lambda^t$表示，并要注明所用的溶剂（水为溶剂时可省略）。通常采用钠光灯作为光源，波长是 586.9nm 或 589.0nm，简写为符号“D”，实验温度常定为 20℃或 25℃，因此$[\alpha]_\lambda^t$也可表示为$[\alpha]_D^{20}$或$[\alpha]_D^{25}$。实际上，比旋光度都不是直接测定的，而是通过测定旋光度再按式（4-1）进行换算。

$$[\alpha]_\lambda^t = \frac{\alpha}{l \times c} \tag{4-1}$$

式中：$[\alpha]_\lambda^t$为比旋光度，(°)；t 为被测溶液的温度，℃；λ 为测量光的波长，nm；α 为旋光度，(°)；

l 为盛液管的长度，dm；c 为溶液的质量浓度，g/ml。

案例 4-1

果糖的水溶液浓度为 5g/100ml，温度 20℃，装满 1dm 长的盛液管，钠光光源，测得旋光度为 −4.64°，果糖的比旋光度是多少？

解：$[\alpha]_D^{20}=\dfrac{\alpha}{l\times c}=\dfrac{-4.64}{1\times 5/100}=-92.8(°)$

二、手性与对映异构

（一）手性和对映异构体

1. 手性 任何物质都有它的镜像，一个有机分子的镜像也同人照镜子一样，在镜子里会出现相应的镜像。如果借助球棒制作实物与其镜像的模型，可以发现有些分子的实物和镜像是可以重合的。例如，图 4-5 中两个丙酸分子模型，它们表面上互为实物和镜像，如果将连在碳原子上的任何两对基团（如图中为甲基和羧基）重叠时，那么剩下的两个基团（图中为氢原子）一定也是重合的。所以这两个分子模型代表同一化合物。

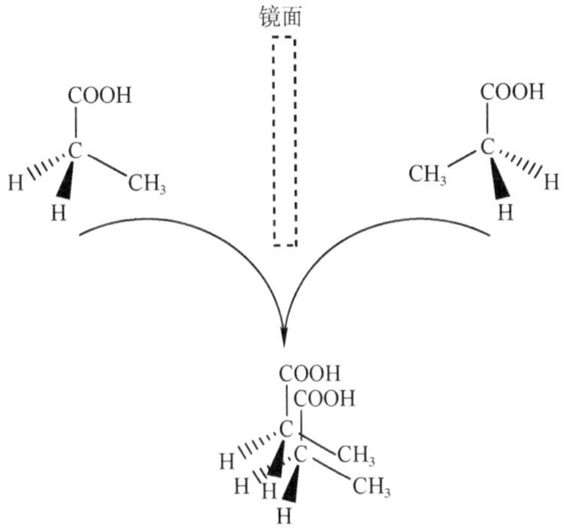

图 4-5 丙酸分子模型重叠操作

但对另外一些分子来说，如图 4-6 所示，两个乳酸分子模型，当将—COOH、C、$—CH_3$ 分别相应重叠时，剩下的两个基团—OH、—H 却不能重合，因此这两个分子模型具有互为实物与镜像而又不能重合的关系。这有点类似于人的左手和右手互为镜像关系但又不能重合（即右手不能戴左手套，左手不能戴右手套）。在立体结构化学中，像这种互为实物与镜像但又不能重叠的关系称之为手性关系或对映关系，简称手性（图 4-7）。具有手性的分子称为手性分子，如乳酸、α-氨基酸等；实物与镜像能重叠的分子称为非手性分子，如丙酸、乙醇等。

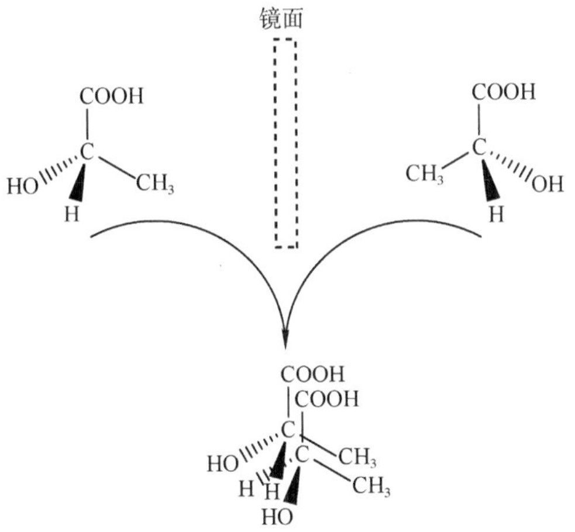

图 4-6 乳酸分子模型重叠操作

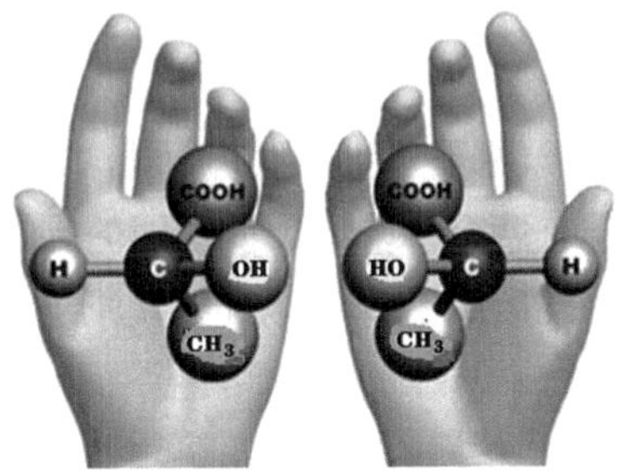

图 4-7 手性关系

2. 对映异构体 由图 4-7 可以看出，乳酸分子的两个模型互为实物与镜像，能对映但不能重叠。在立体结构化学中，互为实物与镜像关系但又不能重叠的两种构型互称为对映异构体，简称对映体，这种异构现象也称之为对映异构现象，简称对映异构。手性分子才会有对映异构现象。

（二）分子的对称因素与手性的关系

分子的空间结构的对称因素有三种：对称面、对称中心和对称轴。

1. 对称面 假如一个平面能把分子分成两半且这两半互为实物与镜像的关系，这个平面就称为分子的对称面。例如，2-溴丙烷和反-1, 2-二氯乙烯有一个对称面，如图 4-8 所示。

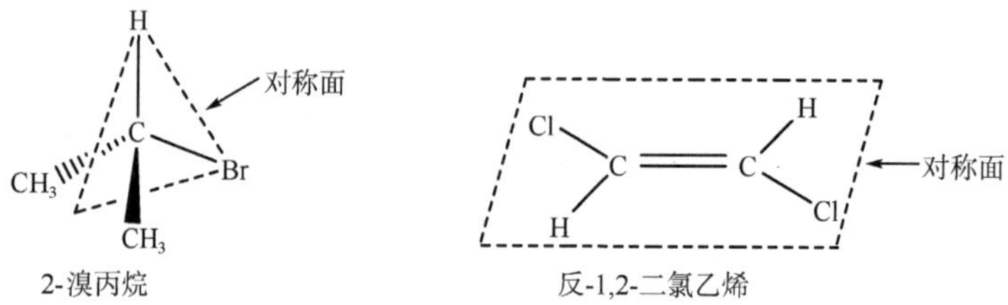

图 4-8　分子的对称面

2. 对称中心　若分子中有一点（P），通过该点画任何直线，如果在离 P 点等距离的直线两端有相同的原子或原子团，则该点是分子的对称中心。例如，1, 3-二氯-2, 4-二溴环丁烷和 2, 3-二羟基丁二酸有一个对称中心，如图 4-9 所示。

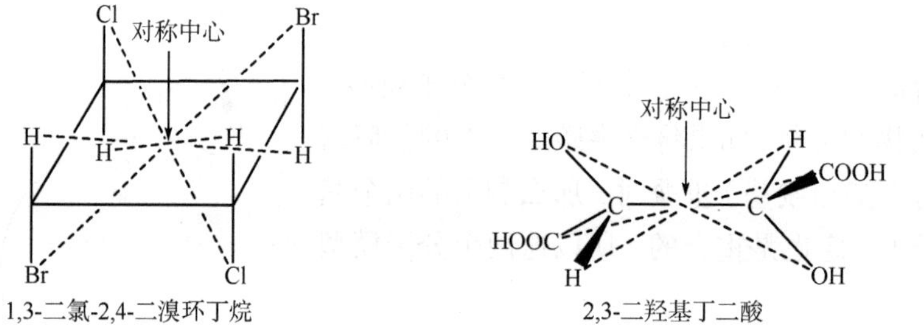

图 4-9　分子的对称中心

实践表明：在结构上具有对称面或对称中心的分子和它的镜像是能够重叠的，因此它是非手性分子，且无对映异构体，无旋光性。

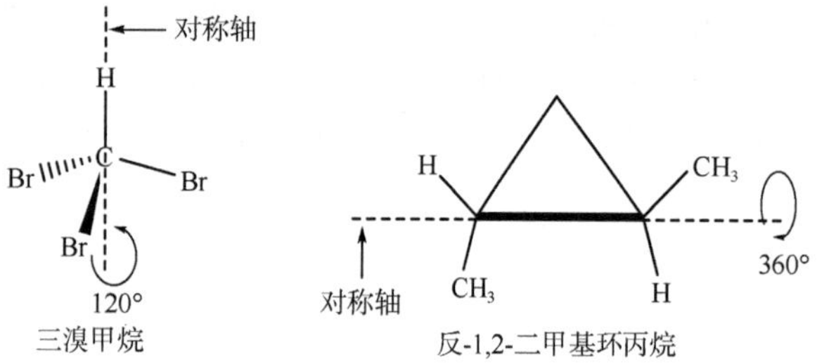

图 4-10　分子的对称轴

3. 对称轴　当分子环绕该分子中心的轴旋转一定角度，得到的形象与原来的完全重合时，此轴称为该分子的对称轴。例如，三溴甲烷和反-1, 2-二甲基环丙烷都有不同旋转角度的对称轴，如图 4-10 所示。

三溴甲烷是非手性分子，没有对映异构体；反-1, 2-二甲基环丙烷是手性分子，有对映异构体。因此，分子有无对称轴和分子是否有手性没有必然相关性。

4. 手性碳原子　研究发现，乳酸等具有手性的分子大多具有一个共同的结构特征：分子中存在一个或多个连有四个不同原子或基团的碳原子。在立体结构化学中，凡是连有四个不同原子或基团的碳原子称为手性碳原子或称不对称碳原子，常用“C^*”来表示。

课堂互动 4-1

用“*”标注下列化合物中的手性碳原子。

（1）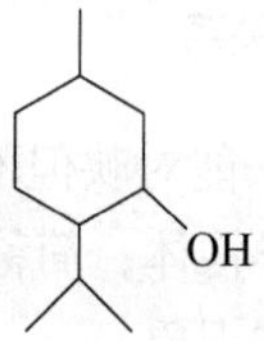

（2）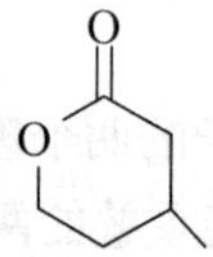

（3）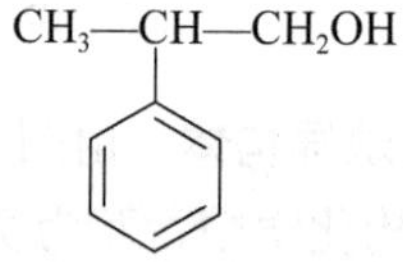

（4）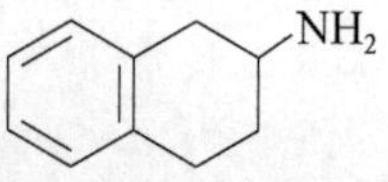

（5）$CH_2{=}CH\overset{\text{Br}}{\overset{|}{C}}HCH_2CH_3$

（6）$HOOCC\overset{\text{CH}_3}{\overset{|}{H}}CH_2COOH$

综上所述，含一个手性碳原子的化合物一定是手性分子。产生手性的充分和必要条件是分子的空间结构与其镜像能对映但不能相互重叠。当分子在结构上既无对称面，又无对称中心时，一般都具有手性。

三、对映异构体的表示式与命名

（一）费歇尔投影式

对映异构体属于三维空间立体构型异构，最好的表示式是三维立体结构式（如楔形式），但书写起来并不方便。为了书写方便和容易进行比较，对映异构体的构型常用费歇尔（Fischer）投影式来表示，即用平面投影式来代替立体结构式。具体投影原则如下：①用横、竖两条直线的交叉点代表手性碳原子，位于纸平面上；②横线表示与 C^*相连的两个键指向纸平面的前面，竖线表示指向纸平面的后面，简称“横前竖后”；③通常主碳链投影在竖线上，编号最小的基团写在竖线上端。例如，乳酸的费歇尔投影式如图 4-11 所示。

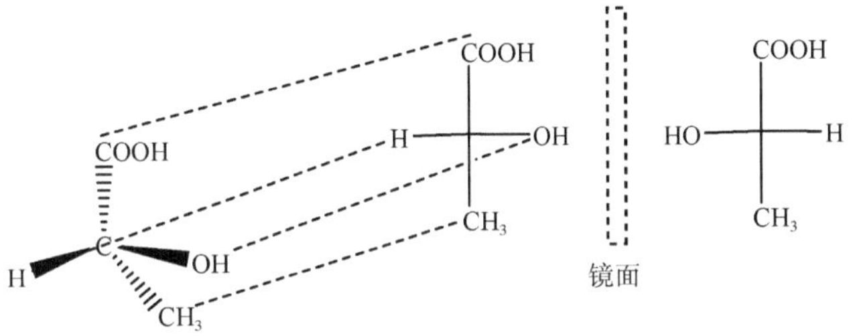

图 4-11 乳酸对映异构体的费歇尔投影式

费歇尔投影式只能在纸平面上旋转，不能离开纸平面翻转。由于在手性分子的费歇尔投影式中，可以随意指定与手性碳原子连接的四个不同基团中的两个处于水平或垂直方向，因此同一分子就会得到几个费歇尔投影式，那么我们怎样判断所给的费歇尔投影式是不是同一个构型的表示式呢？以乳酸的构型为例具体说明判定方法。

（1）将投影式在纸平面上旋转 90°的偶数倍，原构型不变；旋转 90°的奇数倍，为原构型的对映异构体。

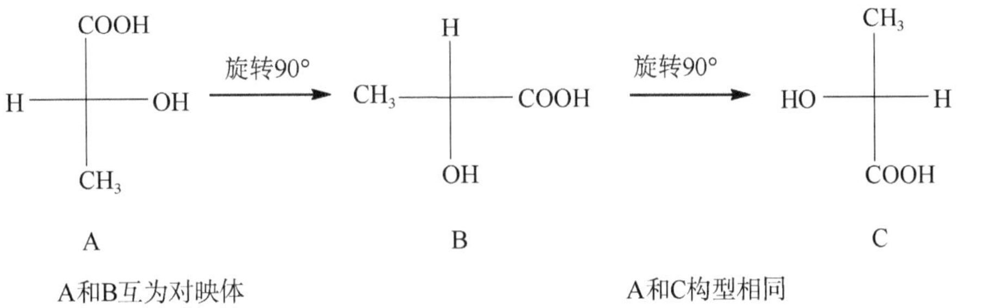

（2）任意固定一个基团，依次（顺时针或反时针）调换另三个基团的位置，原构型不变。

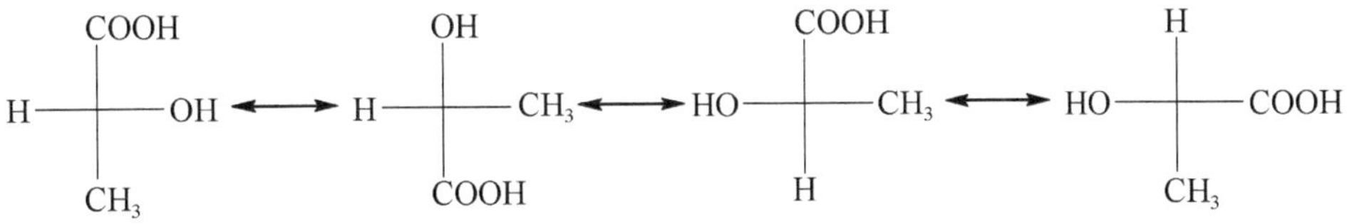

（3）任意对调两个基团的位置，对调偶数次原构型不变，对调奇数次则为原构型的对映异构体。

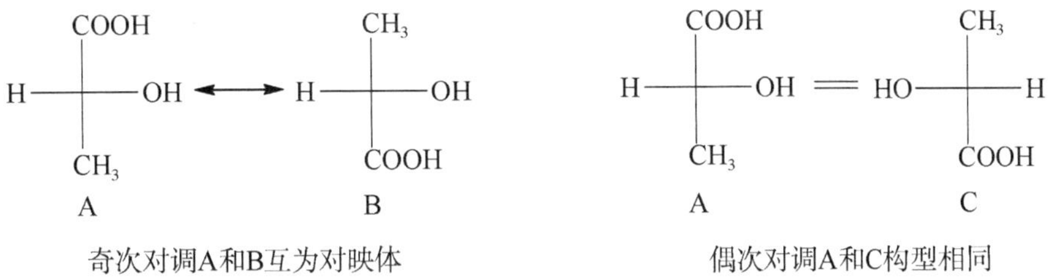

课堂互动 4-2

将下列化合物的立体投影式写成费歇尔投影式，并指出它们的相互关系。

（1）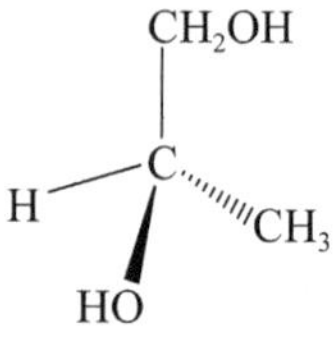
（2）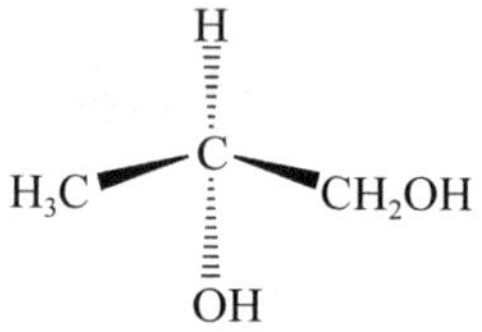
（3）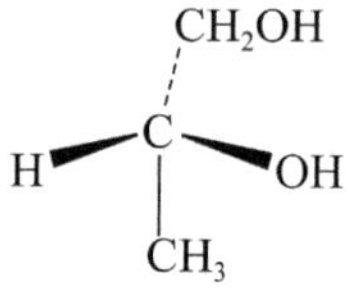

（二）对映异构体构型的命名

对映异构体同顺反异构体一样，为了准确表示一个对映异构体，我们在该化合物的系统名称前，标示出该化合物的构型。对映异构体构型的表示方法常用的是 *D*/*L* 构型和 *R*/*S* 构型命名法。

1. *D*/*L* 构型命名法 在早期还没有实验方法确定对映异构体的构型，为了研究和区分的需要，人们选择甘油醛对映异构体作为参照标准，规定甘油醛的标准费歇尔投影式中，羟基投影在费歇尔投影式右面的定为 *D* 构型，即 *D*-(+)-甘油醛；反之羟基投影在费歇尔投影式左面的定为 *L* 构型，即 *L*-(–)-甘油醛。

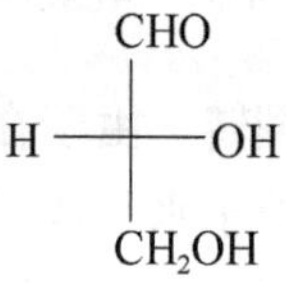
D-(+)-甘油醛

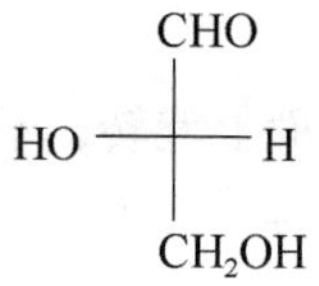
L-(–)-甘油醛

其他旋光性物质的构型可认为是由甘油醛通过化学转变衍生而来，在转变过程中与手性碳原子直接相连的化学键不能发生断裂。凡由 *L*-甘油醛衍生而来的化合物的构型为 *L* 构型；凡由 *D*-甘油醛衍生而来的化合物的构型为 *D* 构型。例如：

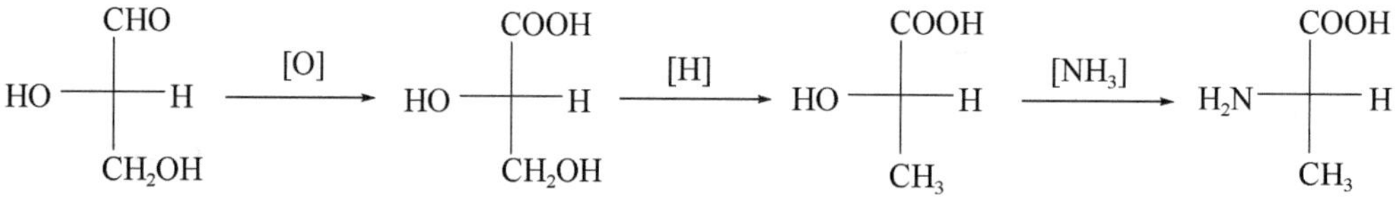

L-甘油醛　*L*-甘油酸　*L*-乳酸　*L*-丙氨酸

D/*L* 构型是借助参照物比对确定的构型，是一种相对构型。由于 *D*/*L* 构型是依靠化合物之间的衍生关系来确定旋光性物质的构型，特别是对含多个手性碳的分子，更不容易界定，因此 *D*/*L* 构型命名法具有一定的局限性。目前主要用于标记糖类化合物和氨基酸。

2. *R*/*S* 构型命名法 *R*/*S* 构型是根据手性碳原子上连接的 4 个原子或基团在空间真实排列进行命名或标记，是一种真实构型，也称为绝对构型。命名原则为：依据大小次序规则，将手性碳原子上连接的四个不同原子或基团按从大到小的顺序排列（如 a→b→c→d），将排在最后的原子或最小的基团（即 d）放在离观察者最远的位置，其余三个原子或基团放在离观察者最近的平面上；按大→中→小（即 a→b→c）的顺序观察其排列的走向。若是顺时针方向，则其构型为 *R*（*R* 是拉丁文 Rectus 的字头，是右的意思），若是逆时针方向，则构型为 *S*（*S* 是拉丁文 Sinister，左的意思）。此种观察方法宛如转动汽车的方向盘，因此也被称为方向盘规则（图 4-12）。

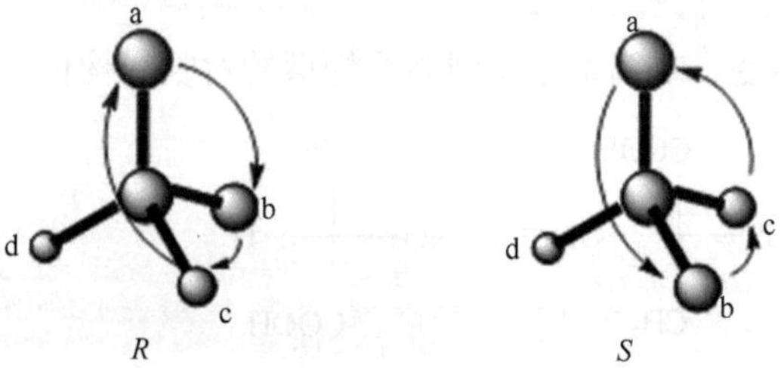

图 4-12　*R*/*S* 构型的方向盘规则

案例 4-2

2-溴丁烷和乳酸分子的楔形式 *R*/*S* 构型的命名。

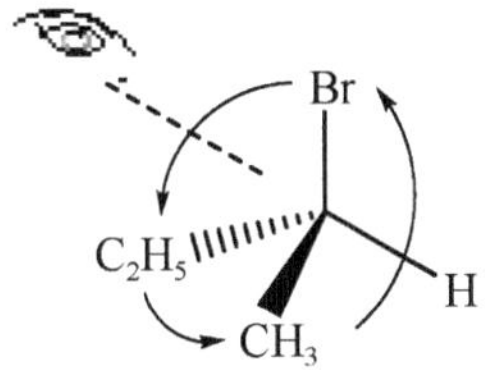

S-2-溴丁烷

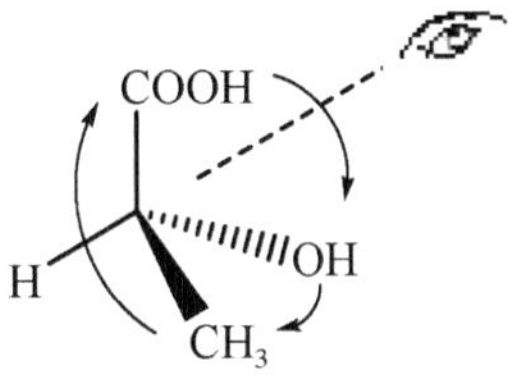

R-乳酸

对于对映异构体的费歇尔投影式，可按下列方法判断其构型：①当最小基团位于费歇尔投影式的竖线上，若其余三个基团由大→中→小为反时针方向，则此投影式的构型为 *R*，反之为 *S*；②当最小基团位于费歇尔投影式的横线上，若其余三个基团由大→中→小为顺时针方向，则此投影式的构型为 *S*，反之为 *R*。

案例 4-3

1-氯-1-溴乙烷和 2-氨基丙酸的费歇尔投影式的构型的判定。

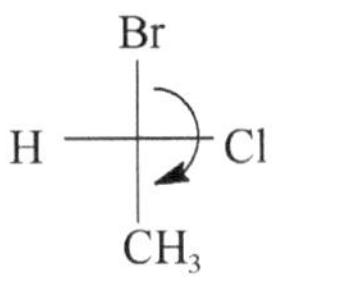

S-1-氯-1-溴乙烷

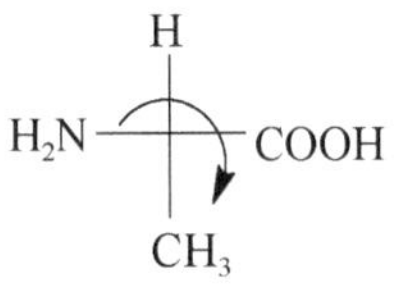

R-2-氨基丙酸

综合所述，*D*/*L* 构型是借助参照物比对确定的构型，是一种相对构型。由于 *D*/*L* 构型是依靠化合物之间的衍生关系来确定旋光性物质的构型，特别是对含多个手性碳的分子，不容易界定，因此 *D*/*L* 构型命名法具有一定的局限性。目前主要用于标记糖类化合物和氨基酸。*R*/*S* 构型虽然是绝对构型，标记构型没有任何限制，但其和 *D*/*L* 构型一样，与旋光性物质的旋光方向之间没有必然的对应关系。

考点：①偏振光和旋光性；②分子的手性与分子对称性因素的关系；③对映异构体的费歇尔投影式；④对映异构体的 *D*/*L* 和 *R*/*S* 构型的命名

第 2 节 光学异构体

随着有机化合物分子中不对称性因素的增多，如多手性碳中心、平面旋转的限制等，光学异构体不只局限于对映异构体，还有非对映异构体、内消旋体。通常情况下，一般依据是否含有手性碳原子分类进行研究。

一、含有手性碳原子化合物的光学异构体

（一）含有一个手性碳原子的化合物

含有一个手性碳原子的化合物一定具有旋光性，有一对对映异构体，其中一个是 *R* 构型，另一个是 *S* 构型；一个是右旋体，另一个是左旋体。例如，前面提到乳酸分子和 α-丙氨酸。

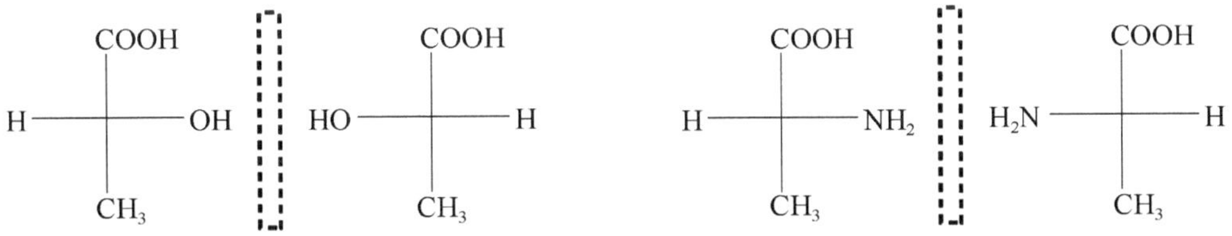

R-乳酸　镜面　*S*-乳酸　*R*-丙氨酸　镜面　*S*-丙氨酸

由于左旋体和右旋体旋光度相同，而旋光方向相反，所以，等量左旋体和右旋体的混合物没有旋光性。这种由等量的左旋体和右旋体（或一对对映异构体）组成的混合物称之为外消旋体，常用符号（±）或 dl 表示。外消旋体不仅没有旋光性，而且其他的物理性质或药理药效方面与对映异构体也有差异。如何拆分外消旋体或制备单一的对映异构体是药物合成的发展方向和热点。

（二）含有两个手性碳原子的化合物

1. 含有两个不相同手性碳原子的化合物 通常情况下，分子中含有的手性碳原子的数目越多，其光学异构体的数目也越多。如果分子中含有两个不相同手性碳原子，与其相连的原子或基团可有四种不同的空间排列，存在四个光学异构体，即两对对映异构体。例如，2, 3, 4-三羟基丁醛分子中含有两个不相同的手性碳原子，一个手性碳原子连接有—H、—CHO、—OH 和—CH（OH）CH_2OH 四个不相同原子或基团，而另一个手性碳原子则与—H、—CH_2OH、—OH 和—CH（OH）CHO 四个不同原子或基团相连，其四个光学异构体的费歇尔投影式如下。

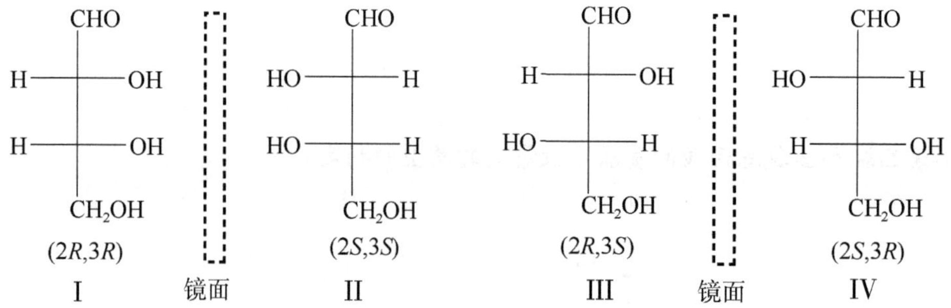

其中Ⅰ和Ⅱ、Ⅲ和Ⅳ均存在实物与镜像关系，各构成一对对映异构体；（Ⅰ）和（Ⅲ）或（Ⅳ），（Ⅱ）和（Ⅲ）或（Ⅳ）都不是实物与镜像的关系，互称为非对映异构体，简称非对映异构体。

通过上述含一个手性碳原子和两个不相同手性碳原子的化合物的光学异构体数目的例证类推，含有 n 个不相同手性碳原子的化合物的光学异构体数目应为 2^n 个；而对映异构体则有 2^{n-1} 对。

2. 含有两个相同手性碳原子的化合物 分子中含有两个相同手性碳原子（即两个手性碳原子连接有同样的四个不同原子或基团）的化合物，如 2, 3-二羟基丁二酸（酒石酸），分子中两个手性碳原子都是与—COOH、—H、—OH 和—CH（OH）COOH 相连，其费歇尔投影式如下。

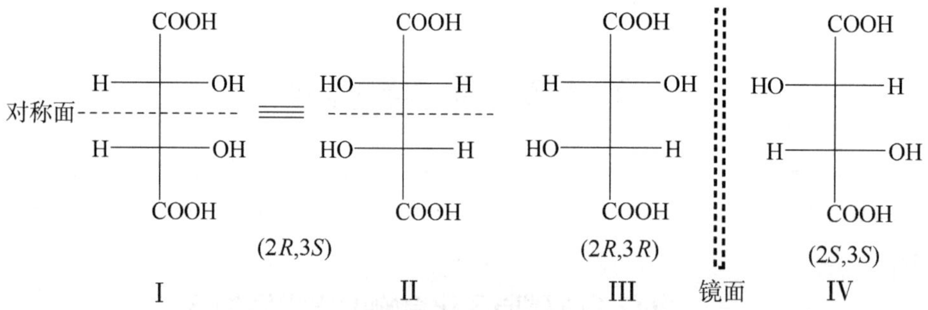

在上述构型中，Ⅰ不离开纸平面旋转 180°就是Ⅱ，且都含有一个对称面，两者不能互为实物与镜像，所以Ⅰ和Ⅱ是代表同一构型。Ⅰ或Ⅱ中的两个手性碳原子一个是 R 构型，另一个是 S 构型，两者所引起的旋光度相同而方向相反，恰好在分子内相互抵消，故不显旋光性。像这种分子内有多个手性碳原子且旋光性相互抵消的化合物称为内消旋体，因此为同一个化合物，用“*i*”或“*meso*”表示。Ⅲ和Ⅳ是一对对映异构体。内消旋体Ⅰ和Ⅲ或Ⅳ互为非对映异构体，故它们的物理性质和化学性质都不相同。依理类推，若分子中含有相同的手性碳原子，则其光学异构体数目少于 2^n 个。

综上所述，内消旋体和外消旋体都没有旋光性，但前者是一个纯净物，不能拆分成左旋体和右旋体；后者是一种混合物，可以用特殊的方法拆分成两个旋光异构体。含有多个手性碳原子的分子也不一定就具有手性或具有旋光性。

（三）含两个手性碳原子的脂环化合物

当环上连有两个或两个以上取代基时，其光学异构变得较为复杂，存在取代基是否相同、顺反关系、位置关系等因素的影响，判断脂环化合物是否有对映异构，必须从分子中是否存在对称因素进行考虑。

三元环是平面结构的环，环上有两个不相同的手性碳原子时，应有四个光学异构体，其中顺式有一对对映异构体，反式也有一对对映异构体。例如，2-甲基环丙醇的四个光学异构体。

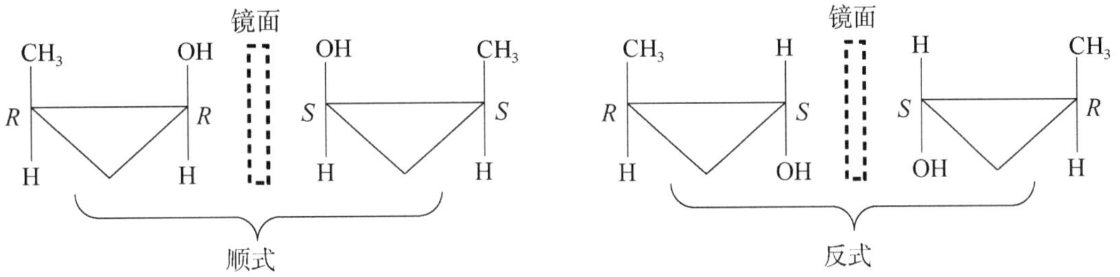

如果三元环上有两个相同的手性碳原子，则有三个光学异构体：反式的一对对映异构体和顺式的一个内消旋体。

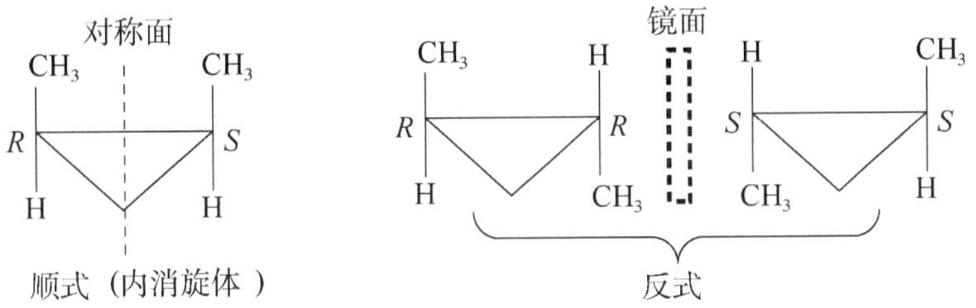

四元、五元、六元环虽然是非平面结构的环，但可以参照三元环的平面结构的方式进行分析判断。例如，四元环的 1, 2-二取代物及五元环的 1, 2-二取代物或 1, 3-二取代物的光学异构现象和上述三元环的 1, 2-二取代物相同；而四元环的 1, 3-多取代物，因分子中有对称面，无论多个取代基是否相同，其构型异构中只有几何异构体而没有光学异构体（图 4-13）。

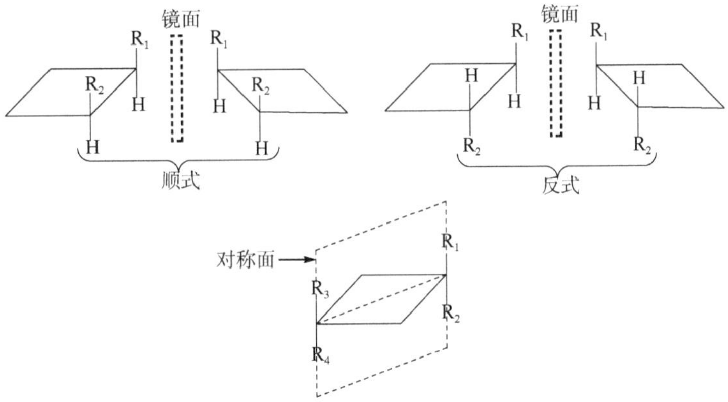

图 4-13　四元环的 1, 3-多取代物的对称面

二、含手性轴化合物的光学异构体

分子内含有手性碳原子是造成光学异构的最普遍因素，但是手性碳原子并不是分子具备手性的充要条件。有些化合物分子中虽然没有手性碳原子，但因其分子中没有任何对称性因素存在而具有旋光性，且具有了对映异构体。此种现象在丙二烯型和联苯型化合物中最为常见。

（一）丙二烯型化合物

丙二烯型化合物属于累积二烯类，分子结构的特征是两个 sp^2 杂化的碳原子夹着一个 sp 杂化的碳原子，三个碳原子以连续双键相连，且形成的两个 π 键相互垂直，两个 sp^2 杂化的碳原子与其所连接的原子或基团所在的平面相互垂直（图 4-14）。

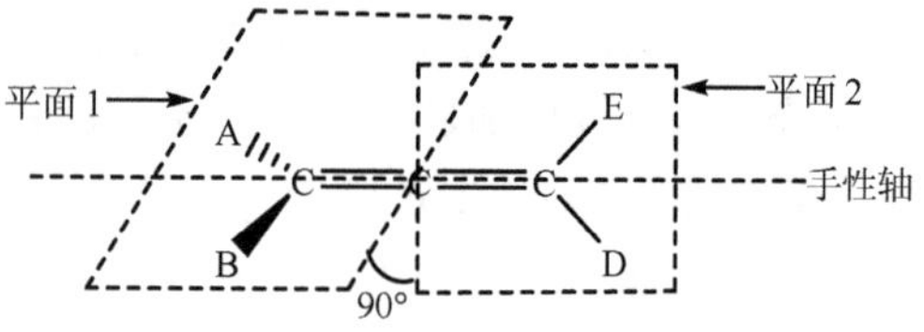

图 4-14 丙二烯型分子的结构特征

当 A≠B、D≠E 时，分子中没有任何对称性因素，而有一条对整个分子不对称的轴线，此轴线称为手性轴。这样的分子测定时有旋光性，因此具有手性，存在对映异构体。例如，2, 3-戊二烯分子存在手性轴，有一对对映异构体。

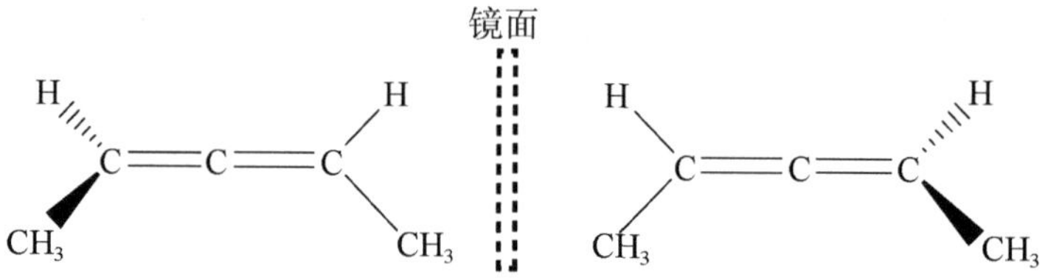

2,3-戊二烯的两个对映体

（二）联苯型化合物

联苯是两个苯环通过一个单键相连，两个苯环围绕这个单键可以自由旋转。当两个苯环的邻位分别连接两个体积较大的基团时，由于空间的阻碍作用，两个苯环平面不能处于同一平面。如果同一个苯环上的两个基团不同，分子中没有了对称因素，那么分子中就存在手性轴，分子就具有手性，有一对对映异构体。例如，6, 6′-二硝基联苯-2, 2′-二甲酸存在一对对映异构体。

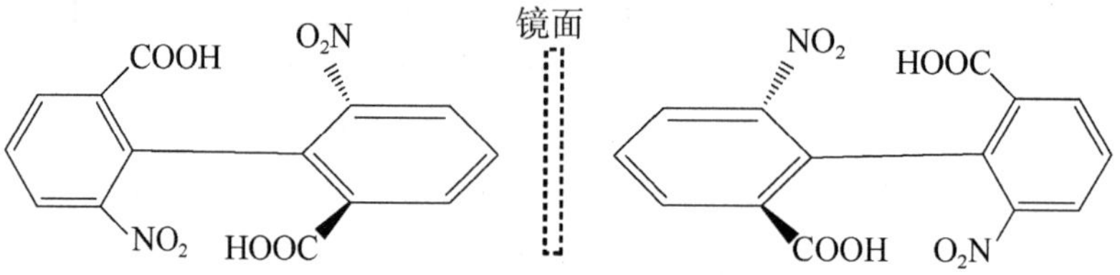

6,6′-二硝基联苯-2,2′-二甲酸对映体

三、光学异构体的性质

同一构造式的所有光学异构体的化学性质几乎是完全相同的。非对映异构体之间物理性质差异较大；而对映异构体之间熔点、沸点以及溶解度等物理性质均相同，除旋光方向相反外，比旋光度也相同或接近。外消旋体有其特定的物理性质。例如，酒石酸的相关常数见表 4-1。

表 4-1 酒石酸的部分相关常数

酒石酸	熔点/℃	$[\alpha]_D^{25}$（水）/（°）	溶解度/（g/100g）	pK_{a1}	pK_{a2}
右旋体	170	+12	139	2.96	4.16
左旋体	170	−12	139	2.96	4.16
外消旋体	204	0	20.6	2.96	4.16
内消旋体	140	0	125	3.11	4.16

对映异构体的生物活性一般有较大差异。例如，微生物在生长过程中，只能利用右旋的丙氨酸；只有 *L*-*α*-氨基酸对人有营养价值，而其对映异构体则没有；氯霉素有四个光学异构体，其中抗菌药效最强的是左旋氯霉素，而右旋氯霉素几乎无效；左旋抗坏血酸有抗坏血病的作用，而右旋抗坏血酸则没有；左旋肾上腺素的收缩血管的作用比其对映异构体强 14 倍左右，等等。

在药物合成时，往往得到的是外消旋体；为了得到疗效更高更好的药物，国家药品相关监督管理部门要求对映异构体都要拆分为单体，才能进行药理、药效或活性等方面研究，以确保疗效和安全性。药物的手性合成或对映异构体的拆分是药物研究的热点和发展方向。

考点：①外消旋体、消旋体和非对映异构体；②光学异构体的性质

自测题

一、不定项选择题

1. 下列化合物中没有手性碳原子的是（　　）

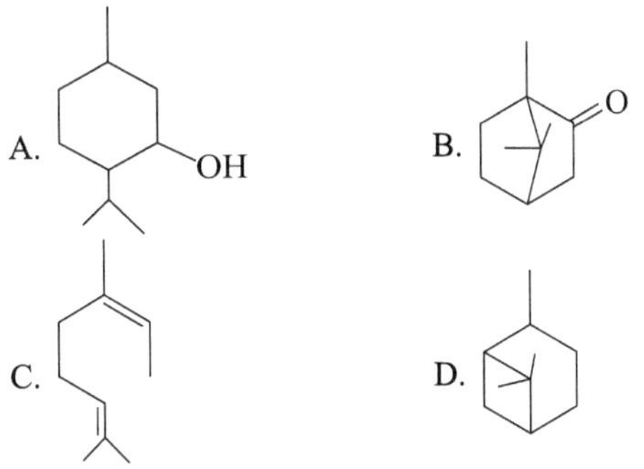

2. 下列化合物为手性分子的是（　　）

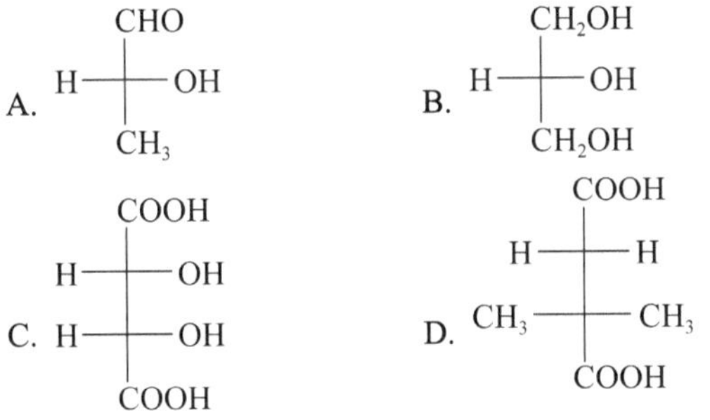

3. 下列哪个化合物是 *R*-1-氯-1-溴乙烷（　　）

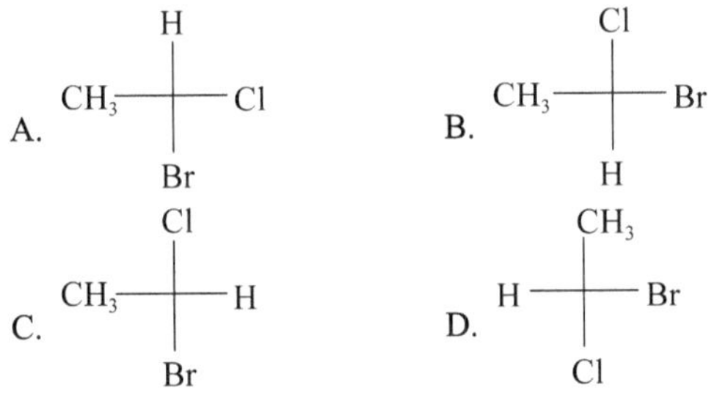

4. 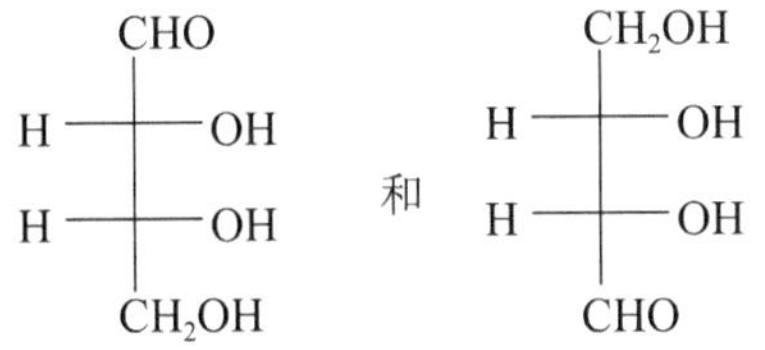 相互间关系是（　　）

A. 对映异构体　　B. 非对映异构体

C. 同一化合物　　D. 构象异构体

5. 下列说法正确的是（　　）

A. 外消旋体是混合物

B. 内消旋体是纯净物

C. 凡分子中含有两个相同手性碳原子的化合物一定有内消旋体的光学异构体

D. 同一构造式只有一对对映异构体

6. 下列说法不正确的是（　　）

A. 旋光度是手性化合物的特征常数

B. 比旋光度是旋光性物质的物理常数

C. 旋光度的大小和盛液管的长度有关

D. 比旋光度和旋光性物质的浓度无关

7. 下列说法正确的是（　　）

A. 偏振光是平面光

B. 右旋体是指使偏振光方向顺时针旋转的物质

C. 手性碳原子一定是不对称中心

D. 具有对称轴的分子一定没有光学异构体

8. 下列说法不正确的是（　　）

A. 有对称面或对称中心的分子一定没有手性

B. 所有的丙二烯型化合物都有手性轴

C. 联苯型化合物的手性来自苯环面自由旋转受限

D. 非手性分子是没有旋光性的

9. 下列说法正确的是（　　）

A. *D* 构型的化合物是右旋体

B. *S* 构型的化合物是左旋体

C. *D*/*L* 构型和 *R*/*S* 构型是相互对映关系

D. *R*/*S* 构型是绝对构型

10. 分子中含有 4 个不相同的手性碳原子，其有多少对对映异构体（　　）

A. 4　　B. 8　　C. 16　　D. 7

二、简答题

1. 下列化合物有无对映异构体？如有，用费歇尔投影式表示各对映异构体并标明 *R*/*S* 构型。

（1）2-丁醇　　（2）3-氯-3-甲基戊烷

（3）2-氯-3-戊醇　　（4）2, 3-二溴丁烷

2. 指出下列每组化合物间的相互关系。

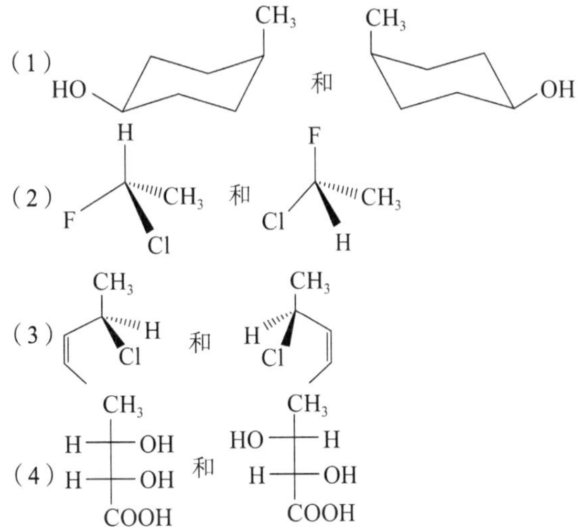

3. 什么是左旋体、右旋体、对映异构体、内消旋体和外消旋体？并比较相互间的性质差异。

三、计算题

将 200mg 维生素 C 溶解在 100ml 水中，在 2dm 的比旋管中测得的旋光度是+0.839°，试计算维生素 C 的比旋光度。

（王广珠）

第5章

卤　代　烃

卤代烃是烃分子中一个或几个氢原子被卤原子取代后生成的化合物，简称卤烃。卤烃是一类重要的有机化合物，主要作为有机溶剂和合成农药、防腐剂等的中间体或原料而广泛应用。天然卤代烃的种类很少，主要分布在海洋中；绝大多数卤代烃为人工合成产物。

第1节　卤代烃的分类和命名

一、卤代烃的分类

卤代烃分类通常按烃基和卤原子的不同进行分类。根据卤代烃分子中烃基的不同，可将卤代烃分为脂肪族卤代烃和芳香族卤代烃。脂肪族卤代烃又分为饱和卤代烃和不饱和卤代烃。不饱和卤代烃又分为卤代烯烃和卤代炔烃。卤代烯烃又分为乙烯型卤代烃、孤立型卤代烃和烯丙型卤代烃。例如：

CH_3CH_2X	$CH_2{=\!=}CHX$	$CH_2{=\!=}CHCH_2CH_2X$
饱和卤代烃	乙烯型卤代烃	孤立型卤代烃

$CH_2{=\!=}CHCH_2X$

烯丙型卤代烃

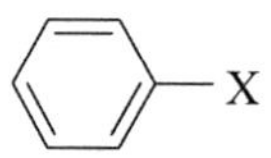

芳香族卤代烃（卤苯）

根据与卤素相连接的碳原子类型的不同，可将卤代烃分为伯卤代烃、仲卤代烃和叔卤代烃。例如：

$CH_3CH_2CH_2CH_2Cl$

伯卤代烃（氯丁烷）

$$\begin{array}{c}CH_3CH_2\underset{\displaystyle \overset{|}{Cl}}{C}HCH_3\end{array}$$

仲卤代烃（2-氯丁烷）

$$\begin{array}{ccc} & CH_3 & \\ & | & \\ CH_3 - & C & - Cl \\ & | & \\ & CH_3 & \end{array}$$

叔卤代烃（2-甲基-2-氯丙烷）

根据卤素原子的不同，可将卤代烃分为氟代烃、氯代烃、溴代烃和碘代烃。例如：

CH_3CH_2F	CH_3CH_2Cl	CH_3CH_2Br	CH_3CH_2I
氟乙烷	氯乙烷	溴乙烷	碘乙烷

根据卤素原子的数目不同，可将卤代烃分为一卤代烃、二卤代烃以及多卤代烃。例如：

CH_3Cl	CH_2Cl_2	$CHCl_3$	CCl_4
一氯甲烷	二氯甲烷	三氯甲烷（氯仿）	四氯甲烷（四氯化碳）

因氟代烃的制法和性质都比较特殊，一般卤代烃多指氯代烃、溴代烃和碘代烃。

二、卤代烃的命名

（一）普通命名法

结构简单的卤代烃通常以与卤原子相连的烃基为母体，称为卤某烃；也可以用烃基加卤原子的名称命名为某基卤。例如：

CH_3CH_2Cl 氯乙烷（乙基氯）

$CH_2{=}CHCH_2Cl$ 氯丙烯（烯丙基氯）

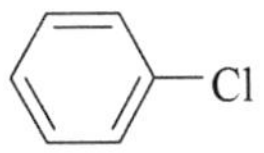

氯苯（苯基氯）

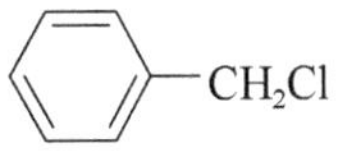

氯苄（苄基氯）

有些多卤代烷常用俗名，如三氯甲烷（$CHCl_3$）称氯仿，三溴甲烷（$CHBr_3$）称溴仿、三碘甲烷（CHI_3）称碘仿。

（二）系统命名法

复杂的卤代烃则采用系统法命名。以相应的烃为母体，卤原子为取代基。

1. 饱和卤代烃的命名 选择连有卤原子的最长碳链为主链，从离取代基近的一端开始编号，当卤素与烷基具有相同编号时，优先考虑卤素原子（官能团），使卤素原子位号最小。名称书写按次序规则，较优基团后列出，写出取代基名称、个数、位次以及母体名称。例如：

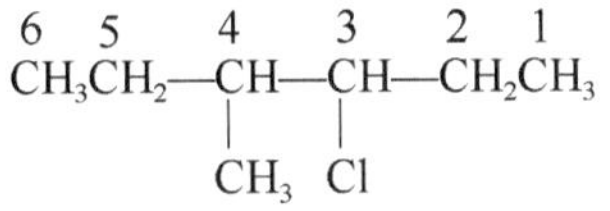

5-甲基-3-氯己烷

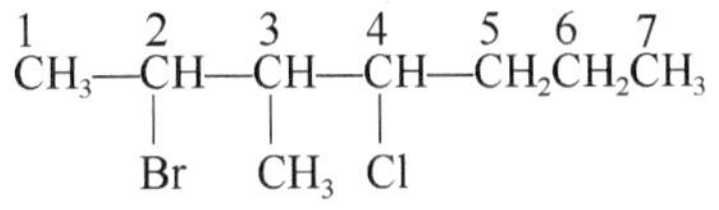

3-甲基-4-氯-2-溴庚烷

2. 不饱和卤代烃的命名 选择含不饱和键及连有卤素原子的最长碳链为主链，使不饱和键的位次最小。例如：

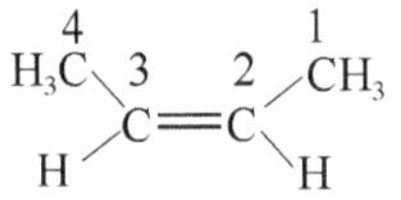

顺-2-氯-2-丁烯

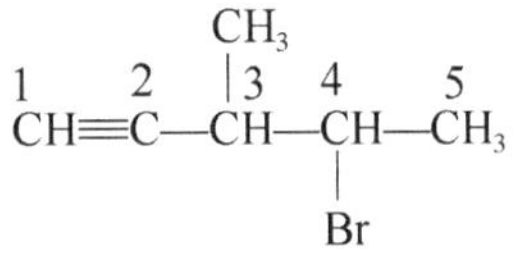

3-甲基-4-溴-1-丁炔

3. 卤代环烃的命名 环状卤代烃的命名以环为母体。如卤原子连接在芳环的侧链时，以烃为母体，芳基和卤原子为取代基。例如：

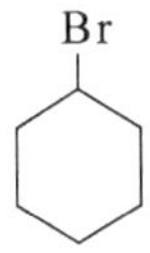

1-溴环己烷

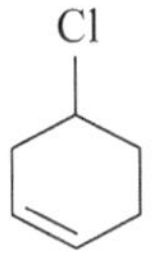

4-氯环己烯

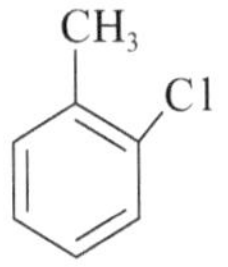

邻氯甲苯

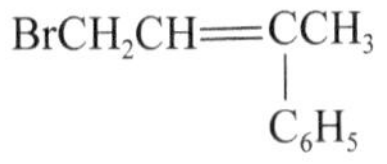

3-苯基-1-溴-2-丁烯

课堂互动 5-1

1. 用系统命名法命名下列化合物。

（1）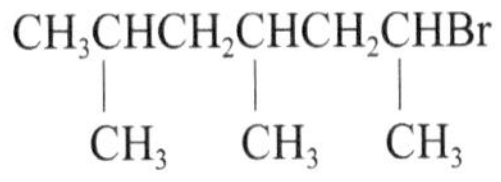

（2）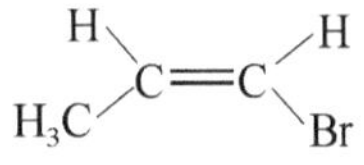

（3）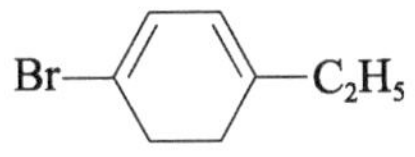

（4）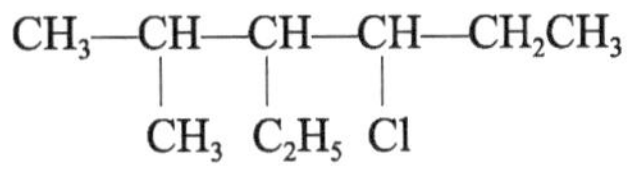

2. 写出分子式为 $C_5H_{11}Br$ 的同分异构体的构造式，用系统命名法命名，并按照与卤素连接碳原子的种类指出卤代烃的类型。

考点：①卤代烃的分类；②卤代烃的命名

第2节 卤代烃的性质

一、物理性质

卤代烃的物理性质因烃基及卤原子的种类和数目的不同而有所差异。在常温常压下，除一氯甲烷、一氯乙烷和一溴甲烷为气体外，其他常见的一卤代烷为液体，十五个碳原子以上的卤代烷为固体。低级多卤代烃为液体，高级多卤代烃为固体。

一卤代烃的熔点、沸点的变化规律与烷烃相似，即随着分子中碳原子数的增多，熔点、沸点升高。含有相同碳原子数的氯代烷、溴烷、碘烷的沸点依次升高。在卤代烷异构体中，支链越多，沸点越低。

卤代烃不溶于水，易溶于有机溶剂。当烃基相同时，卤代烃的密度随着氟、氯、溴、碘逐渐升高，而当卤原子相同时，随着碳原子的增加，密度降低。除少数一氟代烃和一氯代烃外，溴代烃、碘代烃及多卤代烃的相对密度都大于 1。一些常见卤代烃的物理常数见表 5-1。

表 5-1 常见卤代烃的物理常数

名称	构造式	熔点/℃	沸点/℃	相对密度（20℃，液态时）
氯甲烷	CH_3Cl	−97	−24	0.92
溴甲烷	CH_3Br	−93	4	1.676
碘甲烷	CH_3I	−66	42	2.279
二氯甲烷	CH_2Cl_2	−96	40	1.326
三氯甲烷	$CHCl_3$	−64	62	1.489
四氯甲烷	CCl_4	−23	77	1.594
1-氯丙烷	$CH_3CH_2CH_2Cl$	−123	47	0.89
2-氯丙烷	$CH_3CHClCH_3$	−127	36	0.86
氯乙烯	$CH_2{=}CHCl$	−154	−14	0.911
溴乙烯	$CH_2{=}CHBr$	−138	16	1.517
氯苯	C_6H_5Cl	−45	132	1.107
氯化苄	$C_6H_5CH_2Cl$	−39	179	1.1

不同卤代烷的稳定性不同。单氟代烷不是很稳定，蒸馏时会生成烯烃并放出氟化氢。氯代烷比较稳定，一般可用蒸馏方法来纯化。较高分子量的叔烷基氯化物，加热时也会放出氯化氢，处理时需小心。叔丁基碘常压蒸馏会完全分解。溴代烷和碘代烷见光会慢慢分解放出溴和碘而变成棕色或紫色，因而常存放于不透明或棕色瓶中保存，在使用前重新蒸馏。大多数卤代烷的蒸气有毒，一般分子中卤原子越多毒性越大，特别是碘烷，应尽量避免吸入体内。

二、化学性质

由于卤原子的电负性较强，碳卤键之间的共用电子对偏向卤原子，卤原子带部分负电荷，α-C 原子带部分正电荷，C—X 键成为强极性共价键，在化学反应中容易异裂。受 C—X 键的强极性的影响，β-H 也变得较活泼。因此卤代烃的化学反应主要发生在 C—X 键和 β-H 上。

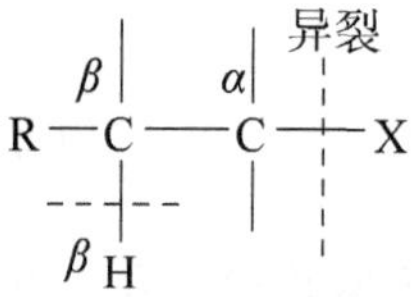

（一）亲核取代反应

由于碳卤键具有较强的极性，卤代烷中的 α-C 原子易受到带负电荷或含有未共用电子对的试剂（都是 Lewis 碱）进攻，发生取代反应。反应可用如下通式表示：

$$:Nu^- + R-CH_2-X \longrightarrow R-CH_2-Nu + :X^-$$

其中，$:Nu^-$是指负电荷或含有未共用电子对的试剂，也称之为亲核试剂（nucleophilic reagent）；$:X^-$为反应中被取代的基团，又称为离去基团。这种由亲核试剂进攻引起的取代反应称为亲核取代反应

(nucleophilic substitution reaction)，简写为 S_N。碳卤键断裂的容易程度依次为 C—I>C—Br>C—Cl，一般氟代烷难发生取代反应。依据亲核试剂的不同，亲核取代反应又可分为水解、醇解、氰解和氨解等反应。

1. 水解反应　卤代烷与氢氧化钠（钾）的水溶液共热，卤原子被—OH 取代生成相应的醇，碱能加快卤代烃的水解反应。反应通式为

$$\mathrm{R{-}X + H{-}OH \xrightarrow[\triangle]{OH^-} \underset{\text{醇}}{R{-}OH} + HX}$$

案例 5-1

氯乙烷和溴代环己烷在 NaOH 水溶液中的水解反应。

$$\mathrm{CH_3CH_2Cl + H_2O \xrightarrow[\triangle]{NaOH} \underset{\text{乙醇}}{CH_3CH_2{-}OH} + HCl}$$

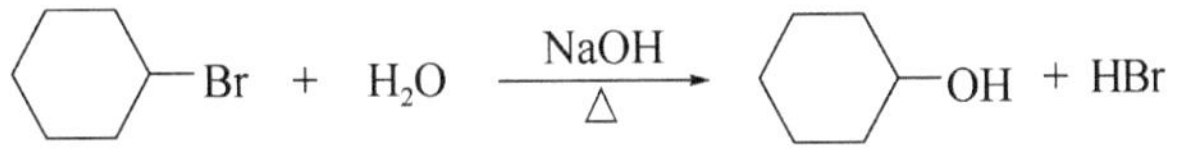

环己醇

此反应是制备醇的方法，但自然界少有卤代物，卤代烷大多用醇制备，因而少有应用。

2. 醇解反应　卤代烷与醇钠作用，卤原子被—OR 取代生成醚。该反应是制备混醚的重要方法，又称为威廉姆森（Williamson）醚合成法。反应通式为

$$\mathrm{R{-}X + NaOR' \xrightarrow{C_2H_5OH} \underset{\text{醚}}{R{-}OR'} + NaX}$$

案例 5-2

氯乙烷和异丙醇钠的乙醇溶液反应。

$$\mathrm{CH_3CH_2{-}Cl + \underset{\text{异丙醇钠}}{NaOCH(CH_3)_2} \xrightarrow{C_2H_5OH} \underset{\text{乙异丙醚}}{CH_3CH_2{-}OCH(CH_3)_2} + NaCl}$$

利用威廉姆森合成法制备混醚时，通常采用简单的卤代烃和复杂的醇钠作原料。

3. 氨解反应　卤代烷与氨作用，卤原子被氨基（$-NH_2$）取代生成相应的胺。反应通式为

$$\mathrm{R{-}X + H{-}NH_2 \longrightarrow \underset{\text{胺}}{R{-}NH_2} + HX}$$

案例 5-3

溴乙烷的氨解反应。

$$\mathrm{CH_3CH_2{-}Br + H{-}NH_2 \longrightarrow \underset{\text{乙胺}}{CH_3CH_2{-}NH_2} + HBr}$$

反应要用过量的氨，否则卤代烷会与生成的胺继续反应下去，直至生成季铵盐。

4. 氰解反应　卤代烷与氰化钠或氰化钾的醇溶液共热，卤原子被—CN（氰基）取代生成腈。产物腈比原料卤代烃增加一个碳原子，这是增长碳链的一个重要方法。反应通式为

$$\mathrm{R{-}X + NaCN \xrightarrow[\triangle]{} \underset{\text{腈}}{R{-}CN} + NaX}$$

案例 5-4

氯乙烷和氰化钠的乙醇溶液共热。

$$CH_3CH_2—Cl + NaCH \xrightarrow[\triangle]{C_2H_5OH} CH_3CH_2—CN + NaCl$$

丙腈

5. 与硝酸银反应 卤代烷与硝酸银的醇溶液反应，生成卤化银沉淀和硝酸酯。反应通式为

$$R—X + AgONO_2 \xrightarrow[\triangle]{C_2H_5OH} R—ONO_2 + AgX\downarrow \quad （X代表卤素）$$

硝酸酯

案例 5-5

碘甲烷和硝酸银的乙醇溶液反应。

$$CH_3—I + AgONO_2 \xrightarrow[\triangle]{C_2H_5OH} CH_3—ONO_2 + AgI\downarrow$$

硝酸甲酯 （黄色沉淀）

根据双键与卤原子相对位置的不同，不饱和卤代烃可分为乙烯基型、烯丙基型和烷基型（或孤立不饱和型）三类：乙烯基型是指卤原子直接在双键或苯环碳原子上的卤代烃；烯丙基型是指卤原子与双键或苯环相隔一个饱和碳原子的卤代烃；烷基型是指卤原子直接与烷基相连或与双键（或苯环）相隔两个或多个碳原子的卤代烃。实验事实表明，乙烯基型、烯丙基型和烷基型三类卤代烃与硝酸银的醇溶液反应的活性有较大差别，利用此性质可区分这三种类型的卤代烃。不同类型的卤代烃与硝酸银反应的活性见表 5-2。

表 5-2 不同类型卤代烃与硝酸银反应的活性

卤代烃类型	典型化合物	反应现象	活性
乙烯基型	$CH_2═CH—X$ 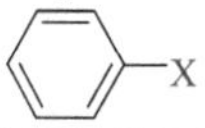	加热后也不反应	最不活泼
烷基型	CH_3CH_2X $RCH═CH—(CH_2)_n—X$ $n \geq 2$	室温不反应，加热产生 AgX 沉淀	活性居中
烯丙基型	$RCH═CHCH_2—X$ 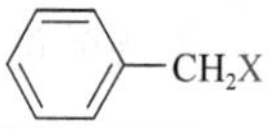	立即反应，生成 AgX 沉淀	最活泼

（二）消除反应

卤代烷与氢氧化钾（或氢氧化钠）的醇溶液共热，脱去 1 分子卤化氢而生成烯烃，这样的反应称为消除反应。例如：

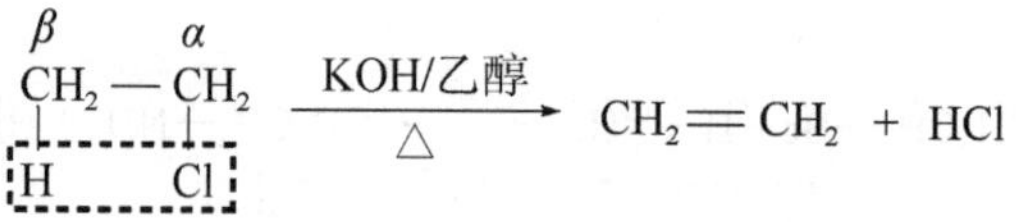

上述反应中消除的是 α-C 上的卤原子和 β-C 上的氢原子，因此此类反应又称为 β-消除反应。

当卤代烷结构中存在两种以上的 β-C 原子时，消除生成烯烃时就会产生双键位置不同的产物的混合物。例如：

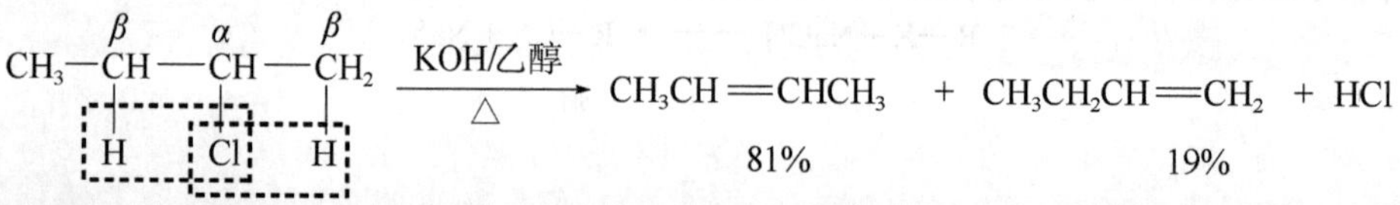

大量的实验证明，卤代烷脱卤化氢时，被消除的 β-H 主要来自含氢较少的碳原子，生成双键碳原

子上连有烃基最多的烯烃。这个经验规则称为札依采夫（Saytzeff）规则，也称为区域选择性规则。不同类型卤代烷消除反应活性的顺序为：叔卤代烃＞仲卤代烃＞伯卤代烃。

但是，不饱和卤代烃发生消除反应时，若能生成共轭体系则共轭产物是主要产物。例如：

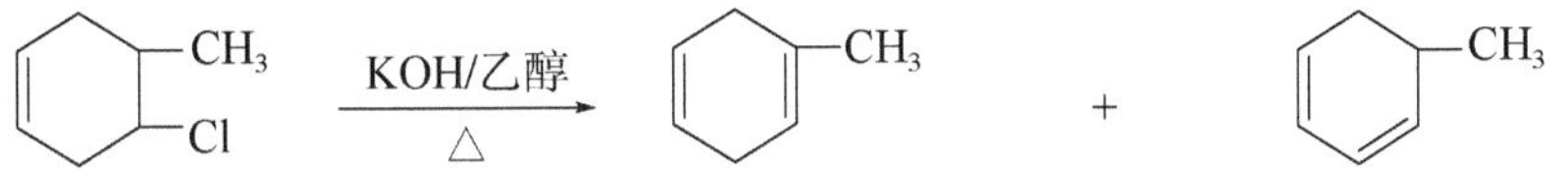

次要产物（札依采夫规则）　　主要产物（共轭产物）

课堂互动 5-2

写出下列反应的主要产物。

（1）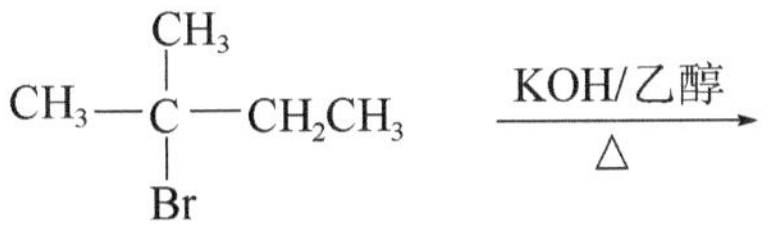　（2）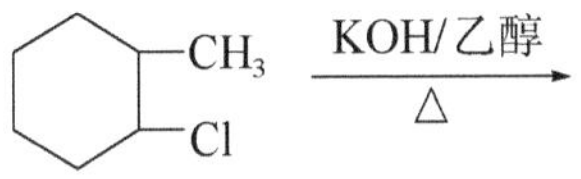

（三）还原反应

卤代烷在催化剂作用下，与氢气作用，将卤素原子还原成氢原子，生成烷烃的反应称为卤代烃的还原反应，也称为卤代烃的氢解反应。

$$R{-}X + H_2 \xrightarrow{\text{催化剂}} R{-}H + HX$$

某些较活泼金属（如锌）在乙酸等酸性条件下，也能还原卤代烷；在无水环境中卤代烷与复合金属还原剂（如 $LiAlH_4$）作用，也可还原成烷烃。例如：

$$CH_3CH_2CH_2CH_2CH_2{-}Cl \xrightarrow{Zn/CH_3COOH} CH_3CH_2CH_2CH_2CH_3$$

$$CH_3CH_2CH_2Br + LiAlH_4 \xrightarrow[\text{回流1h}]{\text{四氢呋喃}} CH_3CH_2CH_3$$

（四）生成有机金属卤化物

卤代烃能与某些金属作用生成有机金属卤化物。

1. 与金属钠的反应　卤代烷能与金属钠反应生成烃基钠，烃基钠再与卤代烷作用生成烷烃。此反应称为武兹（Wurtz）反应，是制备增长碳链烷烃的常用方法。

$$2R{-}X + 2Na \longrightarrow R{-}R + 2NaX$$

2. 与金属镁的反应　在卤代烃的无水乙醚溶液中，加入金属镁会生成烃基卤化镁。此类有机镁卤化物称为格氏（Grignard）试剂，常用 RMgX 表示。

$$R{-}X + Mg \xrightarrow{\text{无水乙醚}} R{-}MgX$$

由于分子中的 C—Mg 键的极性非常大，镁带部分正电荷，而其碳原子带部分负电荷，具有碱性（Lewis 碱），也是一个强的亲核试剂，也易与含活泼的氢的化合物（如水、醇、氨等）作用生成相应的烃。

$$RMgX \longrightarrow \begin{cases} \xrightarrow{ROH} RH + Mg(OR)X \\ \xrightarrow{H_2O} RH + Mg(OH)X \\ \xrightarrow{HX} RH + MgX_2 \\ \xrightarrow{NH_3} RH + Mg(NH_2)X \\ \xrightarrow{CO_2} \xrightarrow{H_3O^+} RCOOH \end{cases}$$

制备格氏试剂以伯溴代烷最佳，仲卤代烷也可以，但叔卤代烷在碱性条件主要发生消除反应，难以制成格氏试剂。卤代烯烃和卤代芳烃也可以制成格氏试剂，但需提高反应温度，四氢呋喃（THF）代替无水乙醚作为反应溶剂。制备时，除需要干燥仪器和试剂外，还应尽量避免与空气接触，选用无质子性溶剂。例如：

$$CH_3CH_2Br + Mg \xrightarrow[\triangle]{\text{无水乙醚}} CH_3CH_2MgBr \quad \text{乙基溴化镁}$$

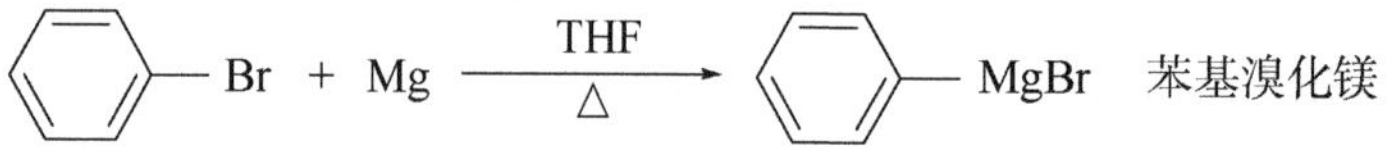

格氏试剂是一种很重要的试剂，可用来制备烷烃、醇、醛、酮、羧酸等许多有机化合物，在有机合成中有着广泛的应用。

第 3 节　重要的卤代烃

1. 三氯甲烷　又称氯仿，是一种无色有甜味的透明液体，沸点 61.7℃，相对密度 1.433，不溶于水，是一种不燃性的有机溶剂。它可溶解许多高分子化合物，如有机玻璃、橡胶和油脂等。纯净的氯仿曾在医学上作为麻醉剂使用，因其对心脏、肝脏毒性较大，目前临床已很少使用。氯仿在光照下，会逐渐被氧化为剧毒的光气（$COCl_2$），所以应用棕色瓶避光保存。

2. 四氯化碳　四氯化碳是一种无色液体，沸点 76.8℃，相对密度为 1.595。四氯化碳本身不燃烧，其蒸气比空气重，能将燃烧物与空气隔离而灭火。它是常用的灭火剂，用于油类和电器设备灭火。四氯化碳也是良好的有机溶剂。四氯化碳对肝脏有较强的损害作用。

3. 氯乙烯和聚氯乙烯　氯乙烯是无色气体，沸点−13.8℃，不溶于水，易溶于多种有机溶剂，易燃，长期高浓度接触可引起许多疾病，并可致癌。主要用途是制备聚氯乙烯。

聚氯乙烯是目前中国产量最多的一种塑料，简称 PVC，广泛用于农业、工业及日常生活中。但聚氯乙烯制品不耐热，不耐有机溶剂，而且在使用过程中由于其缓慢释放有毒物质，因而不可盛放食品。

4. 聚四氟乙烯　四氟乙烯是无色气体，沸点−76℃，聚合得到聚四氟乙烯。聚四氟乙烯（Teflon 或 PTFE）具有优良的化学稳定性、耐腐蚀性、密封性、高润滑不粘性、电绝缘性和良好抗老化耐力，有“塑料王”之称。膨体的 PTFE 材料具有多微孔结构和非常强的生物适应性，不会引起机体的排斥，对人体无生理副作用，可用任何方法消毒，因此在医疗器材上有广泛的应用。

链 接　持久性有机污染物

持久性有机污染物（persistent organic pollutants，POPs）是指具有长期残留性、生物蓄积性、半挥发性和高毒性，并通过各种环境介质（大气、水、生物体等）能够长距离迁移并长期存在于环境中，对人类健康和环境具有严重危害的天然或合成的有机污染物。

根据 2001 年《斯德哥尔摩公约》规定，需采取国际行动的首批 12 种（类）POPs 包括三大类：一是有机氯农药：如艾氏剂、氯丹、滴滴涕、狄氏剂、异狄氏剂、七氯、灭蚁灵、毒杀酚和六氯苯；二是工业化学品：如六氯苯（既是农药，又是化工产品）、多氯联苯；三是非故意生产的副产物：如多氯代二苯并-对-二噁英（简称为“二噁英”）、多氯代二苯并呋喃。

首批 12 种（类）POPs 均为多氯代物。这与多氯代物本身特性有关，它们是人工合成的化合物，并非天然物质，毒性较高；多氯代物化学稳定性较高，又非天然物质，难以降解。其中前两类 POPs 是应用工业、农业生产需求而有意人工生产合成的，目前大多数国家已经采用控制行动，禁止或严格限制使用。第三类 POPs 无技术上的用途，也没有生产。环境中的污染源主要来自含有这些有毒杂质的工业和农业方面的化学物质。例如：城市生活垃圾焚烧，含铅汽油、煤炭、塑料、木材和泥炭的燃烧，造纸过程中的氯气漂白，森林火灾等。

垃圾分类回收是减少垃圾焚烧产生污染的有效手段之一，需要全社会共同参与才能行之有效。

考点：①卤代烃的物理性质；②卤代烃的亲核取代反应；③卤代烃的消除反应；④卤代烃的还原反应；⑤格氏试剂的制备；⑥重要的卤代烃

第4节 亲核取代反应和消除反应机理

一、亲核取代反应机理

（一）S_N1 和 S_N2 历程

在研究卤代烷亲核取代反应速率与反应物浓度的关系时，发现有些卤代烷的取代反应速率只与卤代烷的浓度有关，而有些卤代烷的取代反应速率不仅与卤代烷的浓度有关，还与亲核试剂的浓度有关，这表明卤代烷的亲核取代反应有两种反应历程。我们将反应速率仅取决于卤代烷的浓度的反应称为单分子亲核取代反应，用 S_N1（1 代表单分子）表示；而取代反应速率与卤代烷的浓度和亲核试剂的浓度都有关系的反应称为双分子亲核取代反应，用 S_N2（2 代表双分子）表示。下面以卤代烷的水解反应来说明 S_N1 和 S_N2 历程。

1. S_N1 历程 叔丁基溴在碱性溶液中的水解反应速率只与叔丁基溴的浓度有关，而与进攻试剂 OH^-的浓度无关，它属于单分子亲核取代反应，动力学上为一级反应。

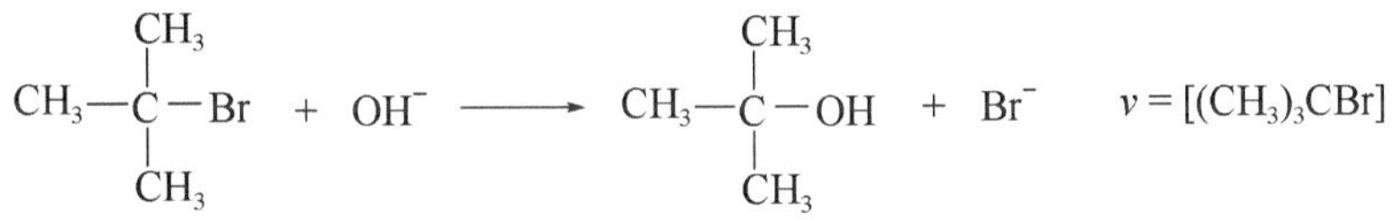

S_N1 分两步进行：第一步，叔丁基溴（A）在解离过程中 C—Br 键逐渐消弱，电子云向溴偏移，形成过渡态（B），进一步发生 C—Br 键断裂，生成叔碳正离子（C）和 Br^-。此步反应很慢，决定整个反应速率。

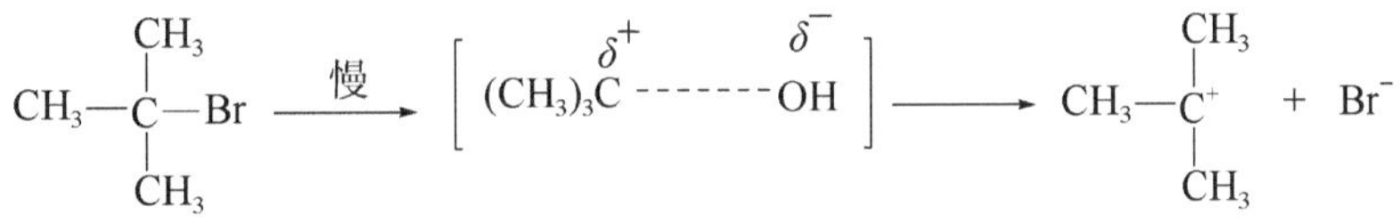

A B C

第二步，叔丁基碳正离子（C）很快与进攻试剂 OH^-结合形成过渡态 D，瞬时转变成叔丁醇。

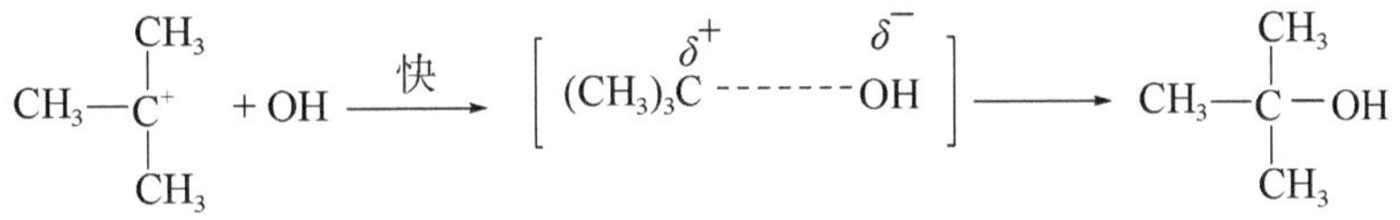

C D

在 S_N1 中，如果与卤素相连的碳原子是手性碳，第一步反应时手性碳构型不再保持，活性中间体——碳正离子转为平面结构（中心碳原子为 sp^2 杂化），在第二步反应中，亲核试剂从平面的正反两面进攻中心碳正离子的概率是相等的，最终得到一半构型翻转和一半构型保持的外消化产物。

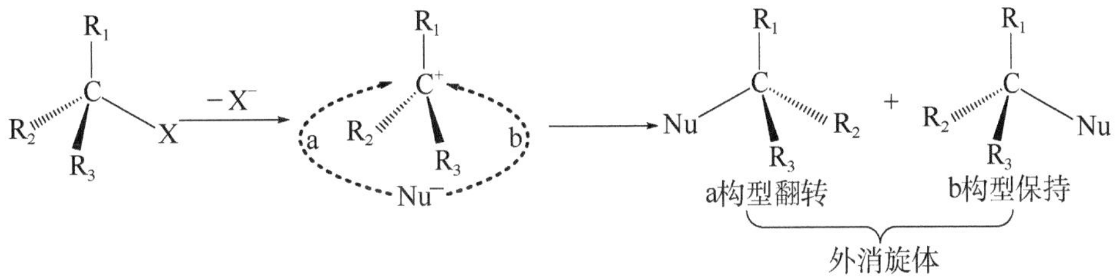

S_N1 机理的特点是：①单分子反应，反应速率仅与卤代烷的浓度有关；②反应分两步进行；③有活泼中间体碳正离子生成；④如果与卤素相连的碳是手性碳，则反应生成外消旋的产物。

2. S_N2 历程 溴甲烷在碱性溶液中的水解速率与溴甲烷的浓度和 OH^-的浓度都成正比，动力学上称为二级反应。

$$CH_3—Br + OH^- \longrightarrow CH_3—OH + Br^- \quad v = k[CH_3Br][OH^-]$$

溴甲烷的水解反应一步完成。

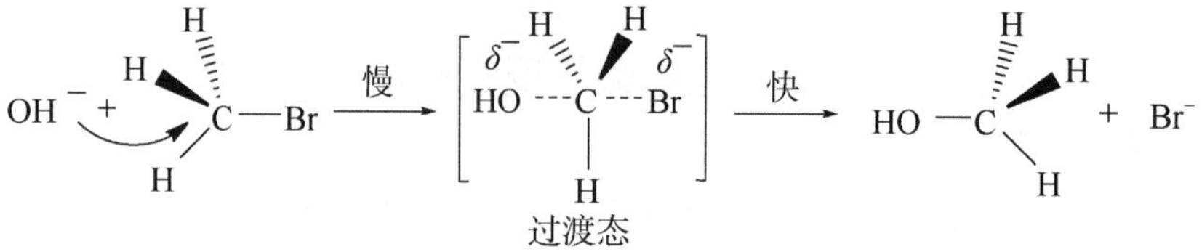

反应过程中，亲核试剂 OH^-从溴的背面进攻带部分正电荷的中心碳原子，并与之逐渐结合成键，同时，C—Br 键逐渐伸长和变形，三个氢逐渐向溴一方靠近，并与碳处于同一平面，此时氧、碳、溴 3 个原子在同一直线上，并垂直三个氢原子和一个碳原子所在平面，形成一个过渡态。随着 OH^-继续接近碳原子，溴原子继续远离碳原子，最后 OH^-和碳原子形成 C—O 键而生成甲醇，溴则带着一对电子以负离子形式离去。

从以上 S_N2 历程可知，亲核试剂从离去基团背面进攻中心碳原子，中心碳原子上三个基团完全偏到离去基团的一边，好像雨伞被大风吹得翻转一样，产物的构型与反应物的构型完全相反。这种构型发生的转化称为瓦尔登翻转或伞型翻转，是双分子亲核取代反应的标志。

S_N2 机理的特点：①双分子反应，速率与卤代烷和亲核试剂浓度有关；②反应一步完成，旧键的断裂和新键的形成同时进行；③反应过程伴有“构型转化”。

（二）影响亲核取代反应的因素

一个卤代烷的亲核取代反应历程究竟是 S_N1 历程还是 S_N2 历程，是由烃基的结构、亲核试剂的亲核能力、离去基团的离去能力和溶剂的极性等因素决定。

1. 烷基结构 对于 S_N1 来说，生成的碳正离子越稳定，越有利于提高 S_N1 反应的速率，碳正离子的稳定性：$3°C^+ > 2°C^+ > 1°C^+ > CH_3^+$；从空间效应看，叔卤代烷的叔碳原子上有三个较大的基团，彼此排斥，卤原子离去后转变为平面结构的碳正离子，降低了拥挤程度；从电子效应看，碳正离子上的烷基越多，越有利于分散碳正离子的正电性，使碳离子变得更稳定。综上所述，不同卤代烷发生 S_N1 的反应速率顺序是：$R_3C—X > R_2CH—X > RCH_2—X > CH_3—X$。

在 S_N2 中，亲核试剂从离去基团的背面进攻中心碳原子，如中心碳原子连接的基团越多且体积大，亲核试剂接近中心原子时受到的空间位阻就越大，反应速率越小；反之，则越大。由此看来，不同卤代烷发生 S_N2 的反应速率顺序是：$CH_3—X > RCH_2—X > R_2CH—X > R_3C—X$。

综合来看，伯卤代烷容易发生 S_N2，而叔卤代烷一般按 S_N1 历程进行，仲卤代烷则两种历程兼而有之，取决于反应条件。

2. 离去基团（卤素） 无论 S_N1 还是 S_N2 中，都要发生 C—X 键的异裂，卤素的离去倾向越大，亲核取代反应越易进行。在卤代烷中，卤素的离去倾向是：$I^- > Br^- > Cl^- > F^-$。当烃基相同时，不同卤代烷的反应活性是：R—I > R—Br > R—Cl > R—F。

3. 亲核试剂 由于 S_N1 历程的反应速率只与卤代烃的浓度有关，而与亲核试剂的浓度无关，所以亲核试剂对 S_N1 历程反应速率影响不大。

对于 S_N2 历程，由于反应中的过渡态与亲核试剂有关，所以，亲核试剂的浓度、亲核能力和体积大小都会影响反应速率。

一般来说，亲核试剂的浓度越大，亲核能力越强，S_N2 的反应速率就越快；相反，亲核试剂的浓度越小，亲核能力越弱，S_N2 的反应速率就越慢。

亲核试剂体积的大小，对 S_N2 历程也有一定的影响。亲核试剂的体积越大，从背面进攻中心碳原子就越困难，从而使得 S_N2 的反应速率降低。

4. 溶剂 溶剂极性的大小对亲核取代反应速率的影响很大，甚至可以改变反应的历程。一般来说，溶剂的极性较大时，能加速碳卤键的断裂，有利于反应按 S_N1 历程进行；而溶剂的极性较小时，有利于反应按 S_N2 历程进行。溶剂对卤代烃亲核取代反应历程的影响可以归纳如下：①在强极性溶剂中，伯、仲、叔卤代烃易按 S_N1 历程进行，反应速率为：叔卤代烃＞仲卤代烃＞伯卤代烃；②在极性很弱的非质子溶剂中，伯、仲、叔卤代烃易按 S_N2 历程进行，反应速率为伯卤代烃＞仲卤代烃＞叔卤代烃；③在极性较小的溶剂中，伯卤代烃按 S_N2 历程，叔卤代烃按 S_N1 历程，而仲卤代烃按 S_N1 和 S_N2 两种历程同时进行。

二、消除反应的机理

消除反应，常用符号 E（elimination）表示。如同亲核取代反应一样，消除反应也表现出两种动力学过程。一是消除反应速率仅与卤代烃的浓度成正比，这种消除反应称为单分子消除反应（unimolecular elimination，用 E1 表示）；消除反应速率不仅与卤代烃的浓度成正比，还会随着亲核试剂的浓度增加而增大，此种消除反应称之为双分子消除反应（bimolecular elimination，用 E2 表示）。

（一）E1 和 E2 历程

1. E1 历程 E1 历程与 S_N1 历程相似，反应也是分为两步进行。第一步，卤代烃解离生成碳正离子中间体；第二步，亲核试剂进攻 *β*-C 上的 H，并夺取质子，生成烯烃。

案例 5-6

在乙醇溶液中，叔丁基溴和 NaOH 生成异丁烯的反应历程：

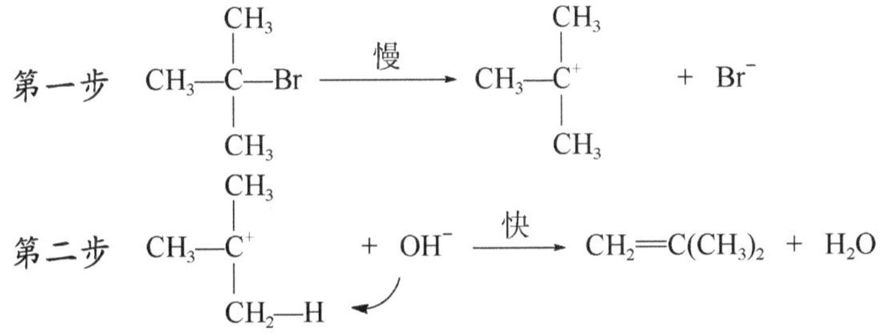

整个消除反应的速率取决于反应过程中的第一步，故反应速率只与卤代烷的浓度有关，而与进攻试剂浓度无关。

2. E2 历程 E2 历程与 S_N2 历程相似，反应也是一步完成。但在 E2 中亲核试剂不是进攻 *α*-C，而是进攻 *β*-C 上的 H，并逐渐形成过渡态。在过渡态中，碳卤键和碳氢键部分断裂，碳碳双键逐渐生成。随着反应的继续进行，*β*-C 上的 H 和 OH^-结合生成水而脱去，同时卤素带着一对电子离去，*α*-C 与 *β*-C 之间形成双键。

案例 5-7

在乙醇溶液中，1-氯丙烷和 NaOH 反应生成丙烯的反应历程。

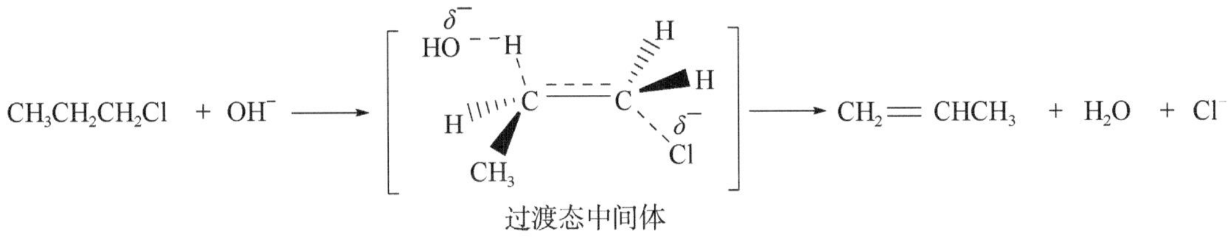

在这个过程中，新键的形成和旧键的断裂是同时进行的，反应的过渡态涉及两种分子，所以 E2 的反应速率与卤代烃的浓度和碱性试剂的浓度都有关系。

（二）影响消除反应的因素

对于指定结构的卤代烷在消除反应中以 E1 还是 E2 历程进行，与反应的条件密切相关，尤其是碱的强度和浓度。在稀碱或弱碱条件下，仲卤代烷和叔代烷易发生 E1 消除；但在浓的强碱及低极性溶剂中，它们可从 E1 转成 E2。伯卤代烷由于不易产生碳正离子，E1 十分困难，在浓的强碱条件下，发生 E2 消除，但反应速率较慢。

三、亲核取代反应与消除反应的竞争性

卤代烷和一个指定的试剂反应，既可发生亲核取代反应，也可发生消除反应，二者相互并存且相互竞争。一般情况下，可通过控制反应条件来影响反应方向获得所需要的主要产物，这在有机合成上有着极其重要的意义。影响反应方向的因素主要有以下几个方面。

（一）反应物

1. 卤代烷　在其他条件相同时，不同卤代烃的反应方向为

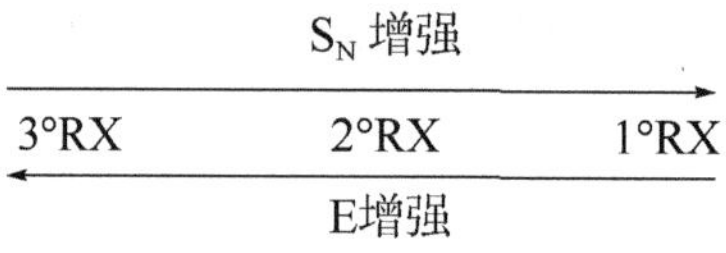

叔卤代烃在碱性条件下，易发生消除反应，所以制备烯烃时，常用叔卤代烃作为原料。而伯卤代烃与强的亲核试剂作用时，主要发生取代反应，因此常用伯卤代烃作为制备醇、醚、腈等化合物的原料。

2. 亲核试剂　亲核试剂的碱性越强，浓度越大，越有利于消除反应；反之则有利于取代反应。例如：

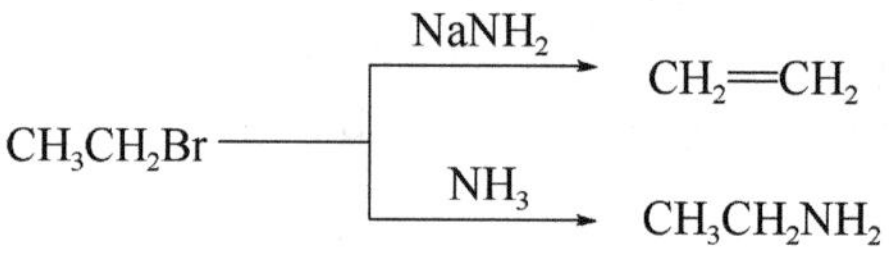

（二）溶剂与反应温度

1. 溶剂　一般来说，弱极性的溶剂有利于消除反应，而强极性的溶剂有利于取代反应。例如：

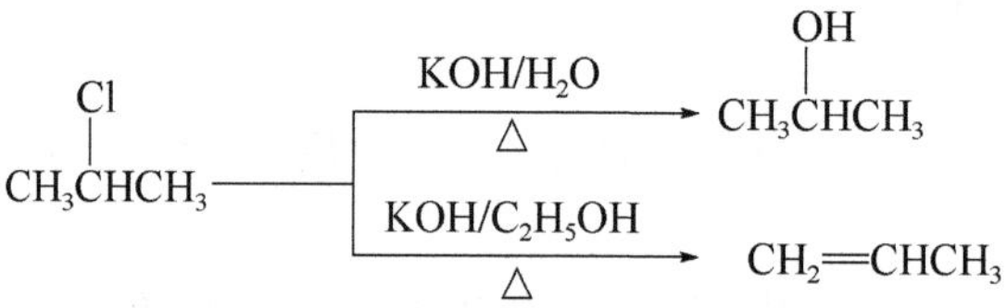

2. 温度　虽然升高温度对取代反应和消除反应都是有利的，但由于消除反应中涉及碳氢键的断裂，所需要的能量较高，故升高温度对消除反应更加有利。

考点：①亲核取代反应机理；②消除反应机理；③亲核取代与消除反应的竞争性

自测题

一、不定项选择题

1. 下列化合物密度最大的为（　　）
   A. CH_3CH_2Cl　　B. CH_3CH_2Br
   C. $CH_3CH_2CH_2Cl$　　D. CH_3CH_2I
2. 下列关于卤代烃的叙述中正确的是（　　）
   A. 所有卤代烃都是难溶于水、密度比水小的液体
   B. 所有卤代烃在适当条件下都能发生消除反应
   C. 所有卤代烃都含有卤原子
   D. 所有卤代烃都是通过取代反应制得的
3. 鉴别下列三种物质采用的试剂是（　　）

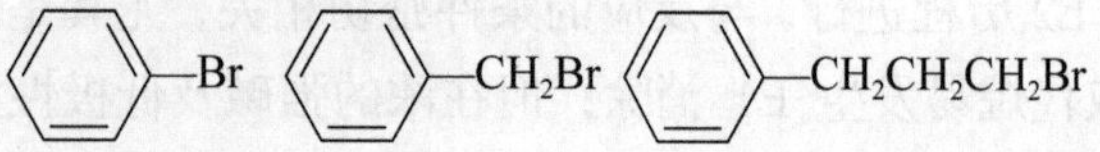

   A. $AgNO_3$　B. Br_2　C. $KMnO_4$　D. O_3
4. 卤代烷与氢氧化钠的乙醇溶液共热，反应生成（　　）
   A. 烯烃　B. 醇　C. 醚　D. 醛
5. 仲卤烷和叔卤烷在消除脱 HX 生成烯烃时，遵循(　　)
   A. 马氏规则　　B. 休克尔规则
   C. 次序规则　　D. 札依采夫规则
6. 为了保护臭氧层，可采取的有效措施是（　　）
   A. 减少二氧化硫的排放量
   B. 减少含铅废气的排放量
   C. 减少氟氯烃的排放量
   D. 减少二氧化碳的排放量
7. 下列卤代烃与强碱共热时最容易发生消除反应的是

（　　）

A. 伯卤代烃　　B. 仲卤代烃

C. 叔卤代烃　　D. 乙烯型卤代烃

8. 下列物质在反应中，不能作为亲核试剂的是（　　）

A. Cl_2　　B. CH_3CH_2ONa

C. $AgNO_3$　　D. H_2O

9. 卤代烃与醇钠作用生成醚的反应属于（　　）

A. 消除反应　　B. 酯化反应

C. 水解反应　　D. 取代反应

10. 下列碳正离子最稳定的是（　　）

A. $CH_3\overset{+}{C}=CHCH_2CH_3$　　B. $CH_3H=CH\overset{+}{C}HCH_3$

C. $CH_3CH=\overset{+}{C}CH_2CH_3$　　D. $CH_3CH=CHCH_2\overset{+}{C}H_2$

11. 下列卤代烷最易发生 S_N2 的是（　　）

A. CH_3I　　B. $(CH_3)_2CHCl$

C. $(C_2H_5)_3CBr$　　D. $CH_2=CHCl$

12. 叔卤代烷在乙醇钠的乙醇溶液中最易发生的反应是（　　）

A. S_N2　　B. S_N1　　C. E1　　D. E2

13. 下列说法正确的是（　　）

A. 亲核取代反应和消除反应同时发生又相互竞争

B. 卤代烷都可发生消除反应

C. 弱极性溶剂有利于消除反应

D. 反应温度升高不利于亲核取代反应

14. 下列说法不正确的是（　　）

A. 亲核试剂的浓度对 E1 和 S_N1 的反应速率都无影响

B. 溶剂的极性对 S_N2 和 E2 没有影响

C. 所有卤代烷消除反应都遵守札依采夫规则

D. S_N1 和 E1 都是两步反应

15. 下列说法正确的是（　　）

A. S_N1 的产物都是外消旋体

B. S_N2 的产物与原卤代烷构型相反

C. S_N1 和 E1 都会生成活性中间体碳正离子

D. S_N2 和 E2 都是一步完成反应

二、命名或写出下列化合物的结构式

1. 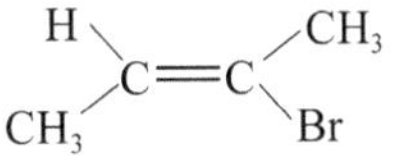

2. 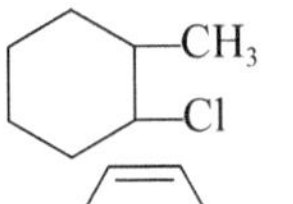

3. 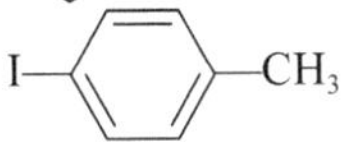

4. 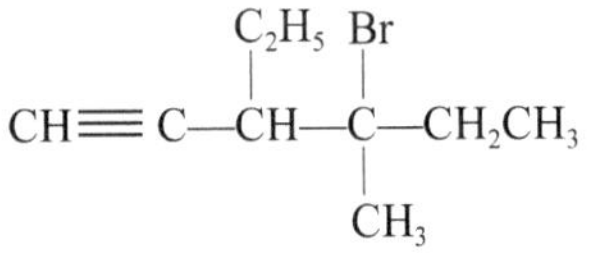

5. 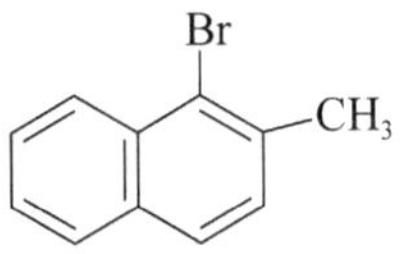

6. 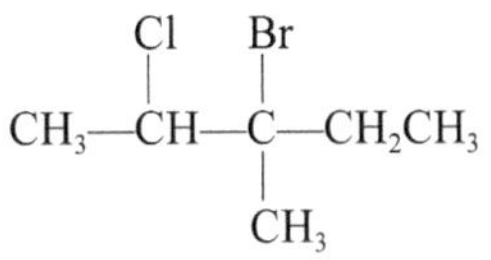

7. 3-甲基-2-氯-2-戊烯　　8. 顺-1-甲基-4-氯环己烷

9. 3-甲基-5-氯庚烷　　10. 间氯甲苯

三、完成下列反应方程式

1. 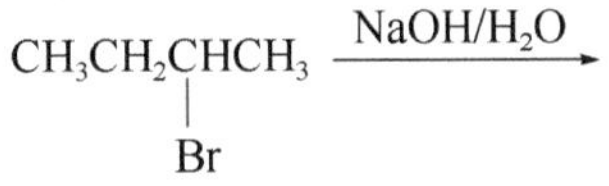

2. 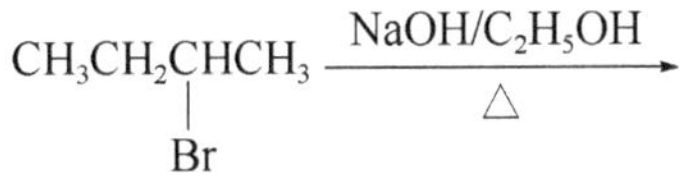

3. 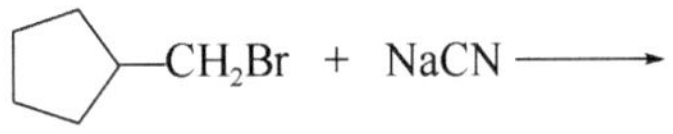

4. 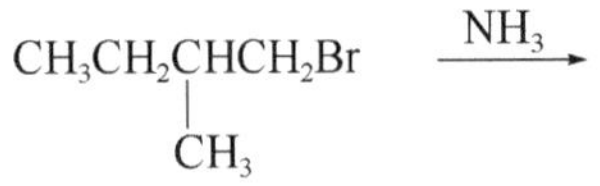

5. 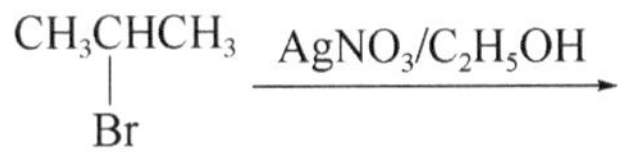

6. 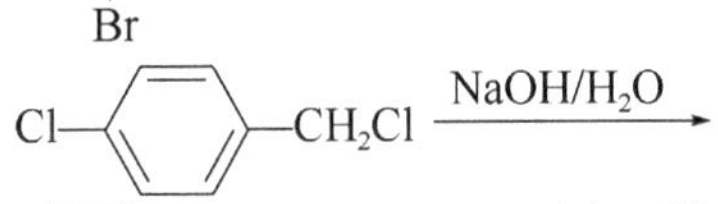

7. 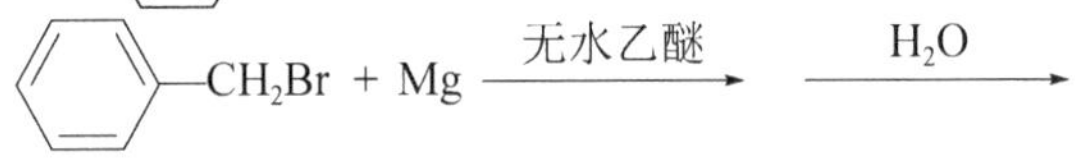

四、简答题

1. 用化学方法区分下列各组化合物

（1）$CH_3CH_2CH_2Cl$、$CH_2=CH-CH_2Cl$ 和 $CH_3-CH=CHCl$

（2）苯乙烯、氯苄和丙烯基氯

2. 下列各步反应中有无错误？简要说明理由。

（1）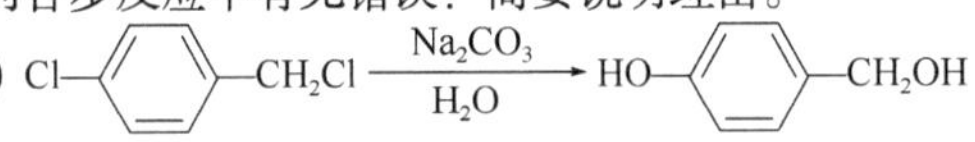

（2）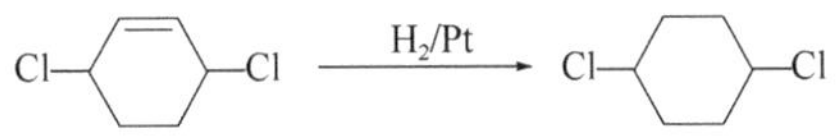

（3）

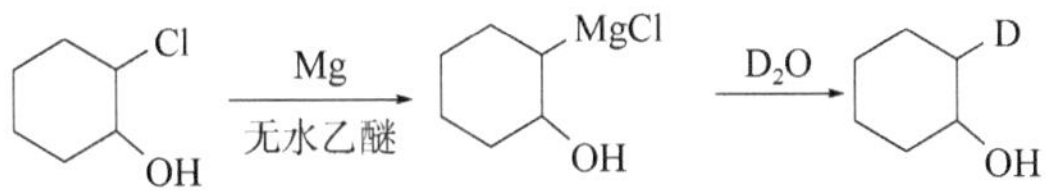

五、推断题

1. 某溴代烃 A 与 KOH 的醇溶液作用，脱去一分子 HBr 生成 B，B 经臭氧氧化、锌粉还原水解得到丙酮和甲醛，B 与 HBr 作用得到 C，C 是 A 的异构体。试推测 A、B、C 的结构，并说明理由。

2. 某化合物 A 的分子式为 C_4H_8，加溴后的产物经 KOH 的醇溶液加热后生成分子式为 C_4H_6 的化合物 B，B 能和硝酸银含氨溶液发生沉淀反应。试推测 A 和 B 的结构式，并说明理由。

六、合成题（无机试剂任选）

1. $CH_2=CH_2CH_3 \longrightarrow CH_2=CH_2CH_2OCH(CH_3)_2$

2. 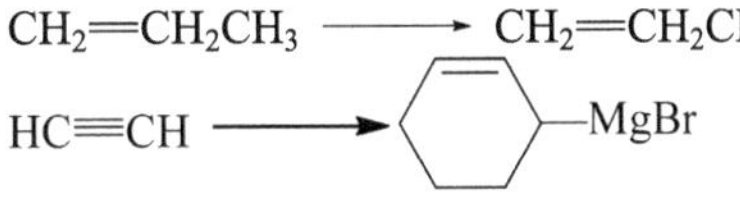

（王广珠）

第6章

醇 酚 醚

醇（alcohol）、酚（phenol）、醚（ether）都是烃的含氧衍生物。醇是脂肪烃、脂环烃或芳香烃侧链的氢被羟基（—OH，也称为醇羟基）取代而成的化合物；酚是芳香环上的氢被羟基（—OH，也称为酚羟基）取代而成的化合物；醚是指醇或酚分子中羟基上的氢原子被烃基取代的化合物。一元醇、一元酚、一元醚可分别用下列通式来表示。

醇：R—OH

$CH_3—CH_2—OH$

乙醇

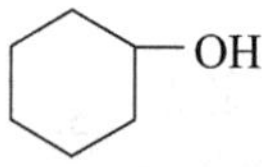

环己醇

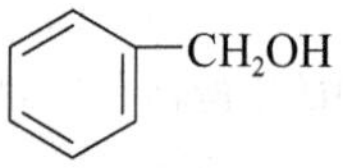

苯甲醇（苄醇）

酚：Ar—OH

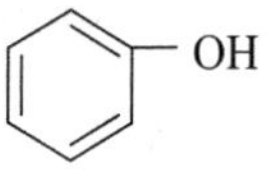

苯酚

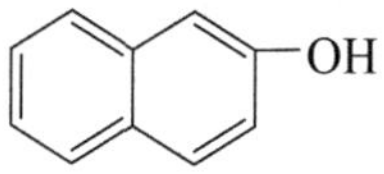

β-萘酚

醚：（Ar）R—O—R′（Ar′）

$CH_3—O—CH_3$

甲醚

$CH_3CH_2—O—CH_2CH_3$

乙醚

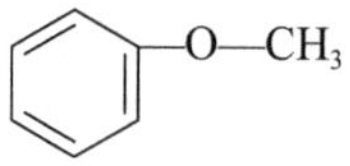

苯甲醚

第1节 醇

一、醇的结构、分类和命名

（一）醇的结构

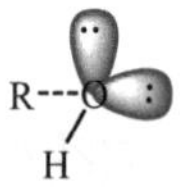

图6-1 醇分子中氧的价键及未共用电子对示意图

醇也可以看作是水分子中的一个氢被烃基取代的衍生物。在醇分子中，羟基氧原子采取 sp^3 杂化，两对孤电子对分别占据两个 sp^3 杂化轨道，剩下的两个 sp^3 杂化轨道各含一个未成对电子，分别与碳、氢成键（图6-1）。

由于氧的电负性较大，羟基氧原子上的电子云密度较高，使得 C—O 键、O—H 键都具有较大的极性，这决定了醇具有活泼的性质。

（二）醇的分类

1. 依据碳原子的类型分类 根据羟基所连碳原子的类型不同，将醇分为伯醇（1°醇）、仲醇（2°醇）和叔醇（3°醇）。羟基与伯碳原子相连的醇称为伯醇，羟基与仲碳原子相连的醇称为仲醇，羟基与叔碳原子相连的醇称为叔醇。例如：

$CH_3CH_2CH_2CH_2OH$

丁醇（伯醇）

$CH_3CH(CH_3)CH_2OH$

异丁醇（伯醇）

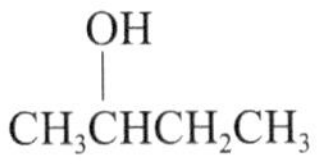

仲丁醇（仲醇）

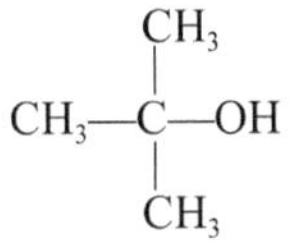

叔丁醇（叔醇）

2. 依据烃基的类型分类 根据羟基所连的烃基不同，醇可分为脂肪醇、脂环醇和芳香醇。脂肪醇进一步可分为饱和醇和不饱和醇。例如：

$CH_3CH_2CH_2OH$
丙醇
（饱和脂肪醇）

$CH_2{=}CHCH_2OH$
烯丙醇
（不饱和脂肪醇）

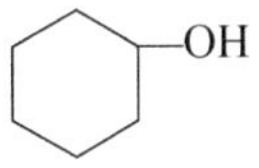

环己醇
（脂环醇）

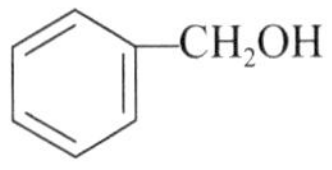

苯甲醇
（芳香醇）

3. 依据羟基数目分类 根据分子中所含羟基的数目的多少，醇可分为一元醇、二元醇及多元醇。例如：

CH_3CH_2OH
乙醇

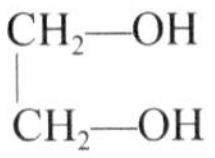

乙二醇

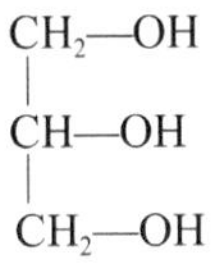

丙三醇

（三）醇的命名

1. 普通命名法 主要适用于结构比较简单的醇，通常在“醇”前面加上烃基的名称，称为“某醇”。烃基用仲、叔、正、异、新等来区别它们的异构。例如：

$CH_3CH_2CH_2CH_2OH$
正丁醇

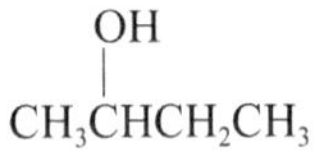

仲丁醇

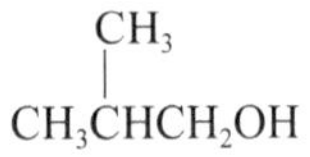

异丁醇

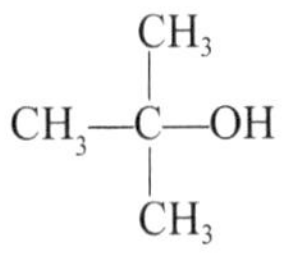

叔丁醇

2. 系统命名法 醇的系统命名法应遵循以下原则，进行分类命名。

（1）脂肪醇的命名：选择连有羟基的碳原子在内的最长碳链为主链，按主链的碳原子数目称为“某醇”；主链上从靠近羟基的一端依次编号，用阿拉伯数字标出羟基的位置，写在“某醇”前面；再将取代基的位次、数目、名称写在母体名称的前面。例如：

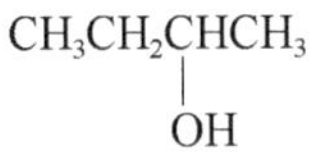

2-丁醇

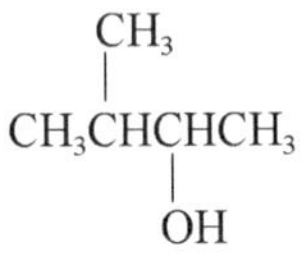

3-甲基-2-丁醇

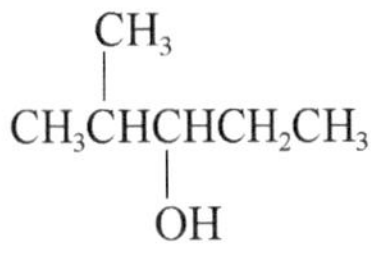

2-甲基-3-戊醇

（2）不饱和一元醇命名：应选择连有羟基碳原子和不饱和键（双键或叁键）碳原子在内的最长碳链作为主链，根据主链所含碳原子的数目称为某烯（或某炔）醇。从靠近羟基的一端开始编号，并标明不饱和键、羟基的位次。例如：

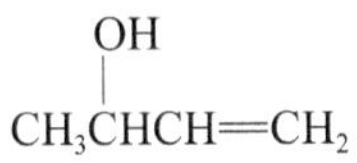

3-丁烯-2-醇

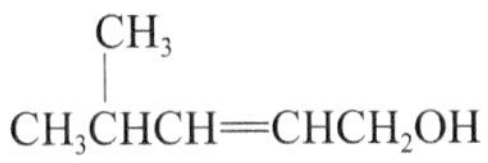

4-甲基-2-戊烯-1-醇

$CH{\equiv}CCH_2CH_2OH$
3-丁炔-1-醇

（3）脂环醇命名：根据与羟基相连的脂环烃基命名为“环某醇”，编号时从羟基所连的碳原子开始编号，尽量使环上其他取代基处于较小位次。例如：

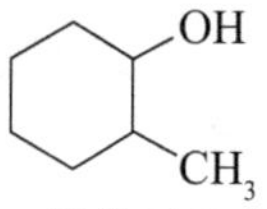

2-甲基环己醇

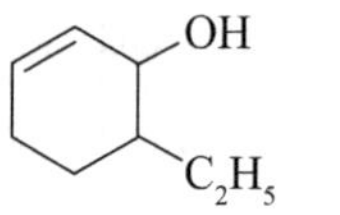

6-乙基-2-环己烯醇

（4）芳香醇命名：常把芳基作为取代基，按照脂肪醇来命名。例如：

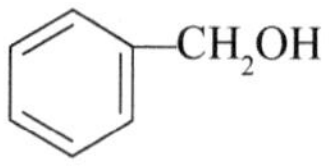

苯甲醇

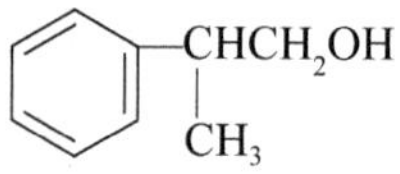

2-苯基-1-丙醇

（5）多元醇命名：多元醇命名时选择连有尽可能多的羟基的最长碳链作为主链，依羟基的数目称某二醇、某三醇等，并将羟基的位次与数目写在母体名称的前面。例如：

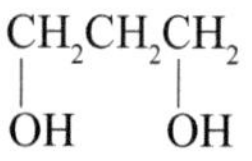

1,3-丙二醇

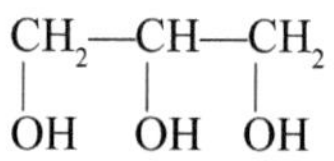

1,2,3-丙三醇

课堂互动 6-1

命名下列化合物。

（1）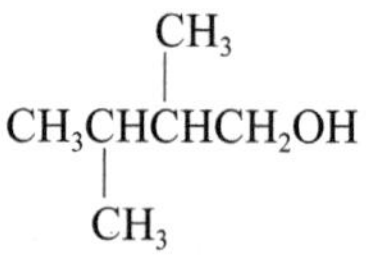

（2）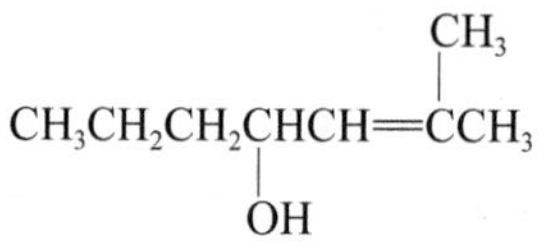

（3）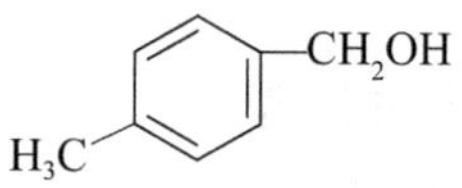

二、醇的理化性质

（一）醇的物理性质

C_1～C_4 的低级饱和一元醇为无色液体，C_5～C_{11} 的醇为黏稠液体，11 个碳原子以上的高级醇则为无色蜡状固体。

与烷烃类似，直链饱和一元醇的沸点也是随着碳原子数目的增加而升高，但低级醇的沸点比分子量相近的烷烃高得多；碳原子数目相同的醇，所含支链越多，沸点越低。

醇具有较高的沸点，是因为醇分子之间能形成氢键。醇分子间的氢键表示如下：

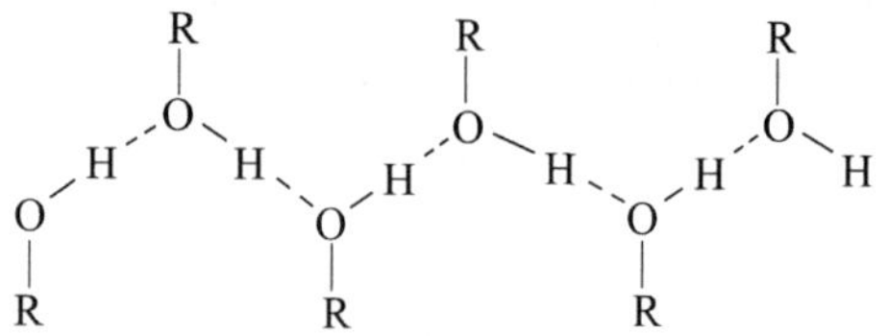

由于液态醇分子间通过氢键相互缔合，气化时，不仅要破坏醇分子间的范德瓦耳斯力，还需额外的能量破坏分子间氢键。因此，醇的沸点比相应烷烃要高。

低级醇（如甲醇、乙醇、丙醇）可与水形成氢键，能与水任意比例互溶，随着醇分子中烃基增大，醇在水中的溶解度明显下降。醇与水分子间形成的氢键表示如下：

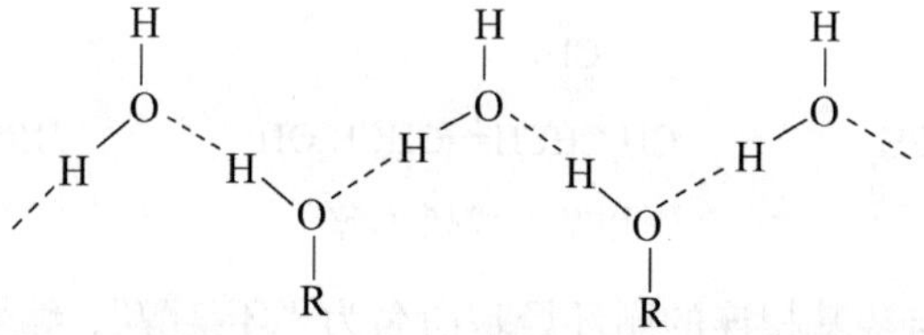

$CaCl_2$、$MgCl_2$ 等一些无机化合物可与低级醇形成结晶醇化合物。因此，醇类不能用无水氯化钙等作干燥剂除去其中的水分。

(二)醇的化学性质

醇羟基是醇的官能团，醇的化学反应主要发生在羟基及与羟基相连的碳原子上，其反应一般涉及下式中一种或几种键的断裂。

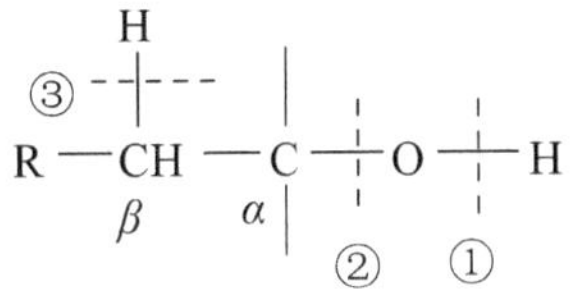

①O—H 键断裂，羟基氢被取代；②C—O 键断裂，羟基被取代；③C—O 键和 β 位 C—H 键同时断裂，发生消除反应。

1. 与活泼金属的反应 醇可与活泼的金属钾、钠等作用，生成醇钾或醇钠，并放出氢气。

$$ROH + Na \longrightarrow RONa + \frac{1}{2}H_2\uparrow$$

$$CH_3CH_2OH + Na \longrightarrow CH_3CH_2ONa + \frac{1}{2}H_2\uparrow$$

醇与金属钠作用时，比水与钠反应要缓和得多。这个现象说明醇羟基中的氢原子没有水分子中的氢活泼，因此醇可看作是比水更弱的酸。不同类型的醇的酸性强弱次序为：甲醇＞伯醇＞仲醇＞叔醇。

醇钠遇水则强烈水解生成醇。

$$RONa + H_2O \longrightarrow ROH + NaOH$$

醇钠和醇钾是非常重要的碱性试剂，其碱性比 NaOH、KOH 还要强。

2. 与氢卤酸的反应 醇与氢卤酸作用生成卤代烷和水。

$$ROH + HX \rightleftharpoons RX + H_2O$$

该反应的反应速率与氢卤酸的性质及醇的种类有关。它们的反应活性分别为

HI＞HBr＞HCl

烯丙醇、苄醇＞叔醇＞仲醇＞伯醇

浓盐酸和无水氯化锌配制成的溶液，称为卢卡斯（Lucas）试剂。将几滴醇加到卢卡斯试剂中混合均匀，由于反应产生不溶于卢卡斯试剂的氯代烃，溶液变浑浊（6 个碳以下的一元醇能溶于卢卡斯试剂）。卢卡斯试剂与烯丙型醇或叔醇反应最快，立即浑浊；仲醇反应较慢，放置片刻才浑浊；伯醇在室温下难反应，加热后才出现浑浊。因此可利用醇与卢卡斯试剂反应的速率快慢来鉴别 6 个碳原子以下的伯、仲、叔醇。例如：

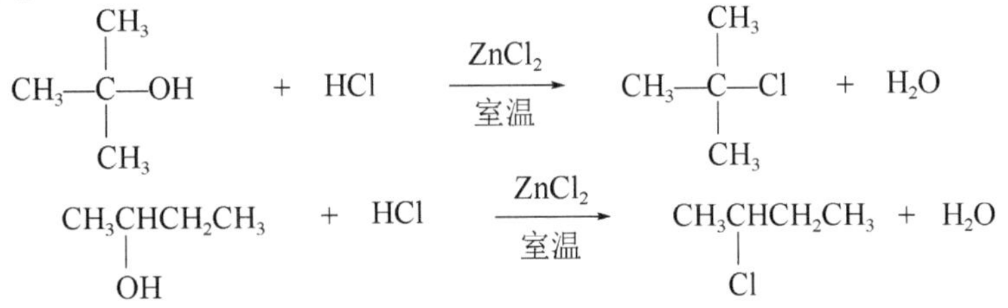

$$CH_3CH_2CH_2CH_2OH + HCl \xrightarrow[\text{加热}]{ZnCl_2} CH_3CH_2CH_2CH_2Cl + H_2O$$

3. 脱水反应 在脱水剂（H_2SO_4 或 H_3PO_4）作用下，醇可以发生脱水反应。反应有两种方式，即分子内脱水和分子间脱水。醇的脱水方式取决于醇的结构及反应条件等因素。

（1）分子内脱水成烯：在硫酸的作用下，醇加热脱水生成烯烃；且脱水的难易程度与醇的结构有关。例如：

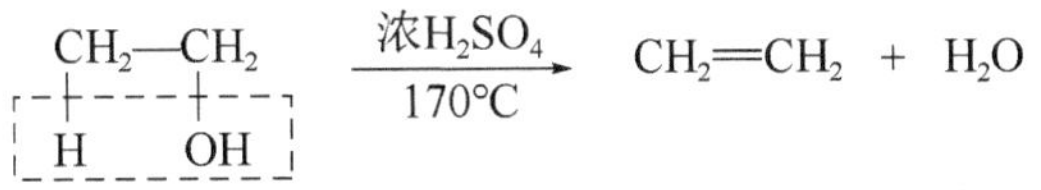

$$CH_3CH_2CH_2OH \xrightarrow[140℃]{75\%\ H_2SO_4} CH_3CH{=}CH_2 + H_2O$$

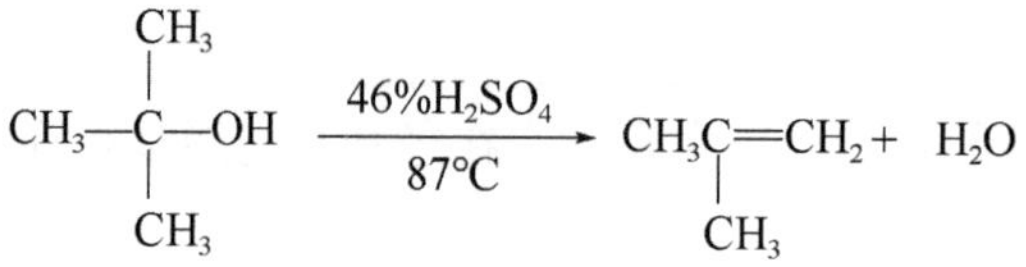

从上面反应式可以看出，叔醇最容易分子内脱水，仲醇次之，伯醇最难。这和卤代烃脱卤化氢的 E_1 历程类似。事实上，在酸催化下，醇按 E_1 机理进行反应：

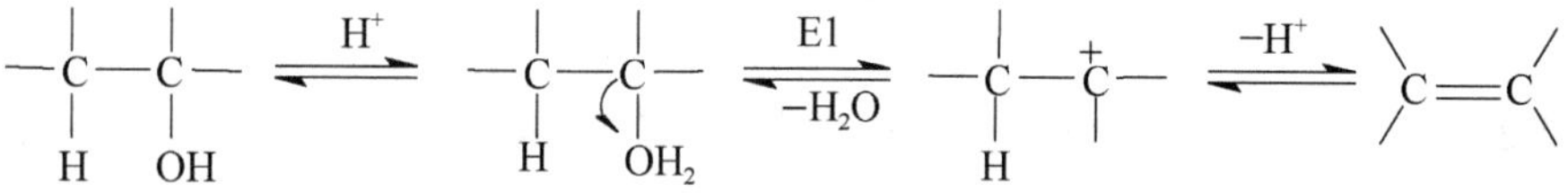

故各种醇脱水的相对反应活性主要取决于中间体碳正离子的稳定性。醇的脱水活性顺序为

苄醇、烯丙型醇＞叔醇＞仲醇＞伯醇

对于仲醇和叔醇，分子内脱水的方向与卤代烃脱卤化氢一样遵循札依采夫（Saytzeff）规则，主要生成双键碳原子上连有最多烃基的烯烃。

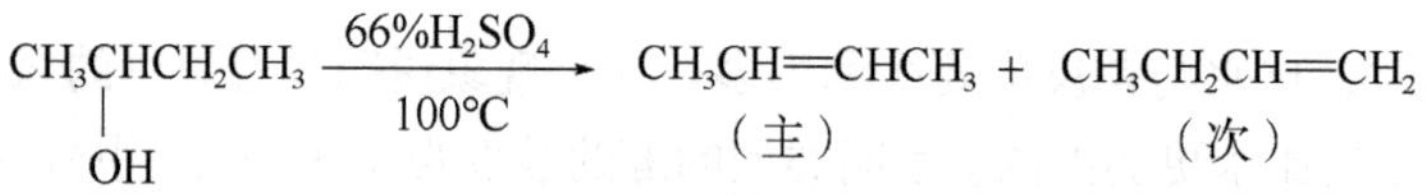

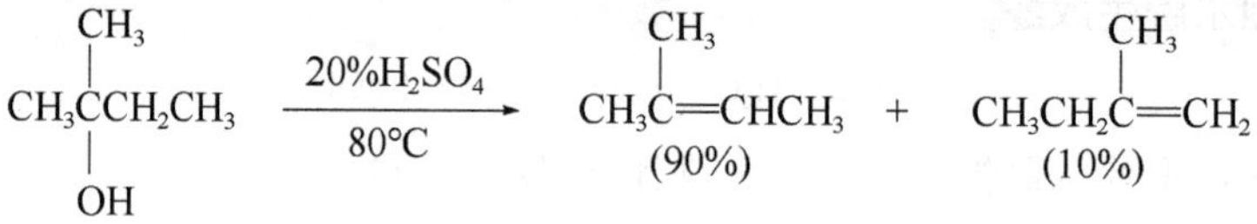

（2）分子间脱水成醚

$$CH_3CH_2-OH + H-O-CH_2CH_3 \xrightarrow[140℃]{浓H_2SO_4} CH_3CH_2-O-CH_2CH_3 + H_2O$$

从上述反应可以看出，对于相同的醇，较高温度有利于分子内脱水生成烯烃；较低温度有利于分子间脱水生成醚。注意：叔醇脱水时，消除倾向较大，主要产物为烯烃，得不到醚。

4. 与无机含氧酸的反应 醇与硫酸、硝酸、磷酸等含氧无机酸作用，分子间脱水生成相应的无机酸酯。

（1）与硫酸的反应：当伯醇与浓硫酸作用，产物为硫酸氢酯（酸性酯）。例如，乙醇与浓硫酸作用，生成硫酸氢乙酯。

$$C_2H_5OH + HOSO_2OH \longrightarrow \underset{硫酸氢乙酯}{C_2H_5OSO_2OH} + H_2O$$

反应温度不宜过高（＜100℃），否则将得到烯或醚。若将硫酸氢乙酯进行减压蒸馏，在 140℃可得到硫酸二乙酯（中性酯）。

$$2C_2H_5OSO_2OH \xrightarrow{\triangle} \underset{硫酸二乙酯}{C_2H_5OSO_2OC_2H_5} + H_2SO_4$$

同样的方法可以得到硫酸氢甲酯和硫酸二甲酯。硫酸二乙酯和硫酸二甲酯均可与羟基、氨基上的氢发生甲（乙）基取代，向有机化合物分子中导入甲（乙）基，都是很好的烷基化试剂。但它们有剧毒，使用时要非常小心。

$$ROH + (CH_3)_2SO_4 \longrightarrow ROCH_3 + CH_3SO_4H$$

叔醇有强烈的消除倾向，与浓硫酸作用得不到硫酸酯，主要产物为烯烃。

（2）与硝酸的反应：硝酸能很好地与伯醇作用成硝酸酯。

$$ROH + HONO_2 \longrightarrow RONO_2 + H_2O$$

又如，甘油与硝酸反应生成三硝酸甘油酯，是一种炸药，临床上又称为硝酸甘油，硝酸甘油具有扩张血管的功能，能缓解心绞痛发作。

（3）与磷酸的反应：醇也可和磷酸作用，生成磷酸酯，在体内有很多种磷酸酯。

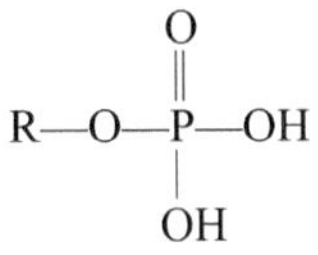

一烃基磷酸酯

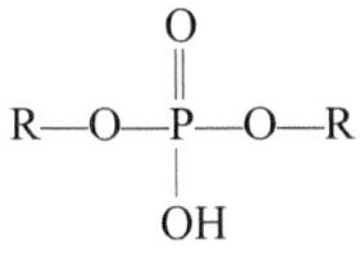

二烃基磷酸酯

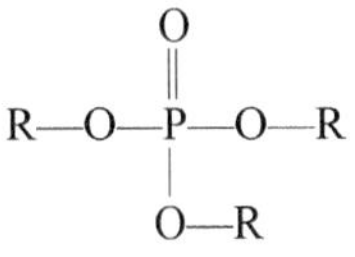

三烃基磷酸酯

许多重要的生物分子都含有磷酸酯的结构。例如，控制生物遗传和蛋白质合成的核酸，其基本骨架就是通过磷酸酯键结合而成的生物大分子；重要的供能物质三磷酸腺苷（简称 ATP）是一种具有三磷酸酯结构的化合物。

课堂互动 6-2

写出下列反应的主要产物。

（1）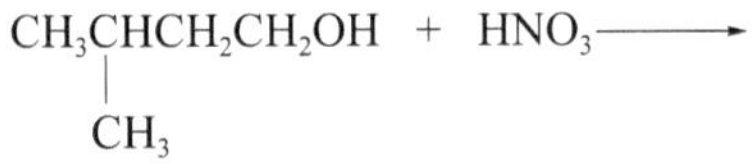

（2）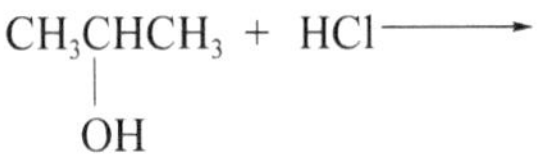

5. 氧化反应 在有机化学中，通常把物质得到氧或失去氢的反应称为氧化反应。醇的结构不同，氧化剂不同，氧化产物也各不相同。

（1）强氧化剂氧化：用重铬酸钾、高锰酸钾作为氧化剂，伯醇首先被氧化成相应的醛，醛继续被氧化生成羧酸。

$$RCH_2OH \xrightarrow{[O]} \underset{\text{醛}}{RCHO} \xrightarrow{[O]} \underset{\text{羧酸}}{RCOOH}$$

用此法制备醛很困难，因为醛比醇更易被氧化。若要得到醛，则必须把生成的醛立即从反应混合物中蒸出，以防止继续氧化。但此方法只限于产物醛的沸点比原料醇的沸点低的情况。例如，用 1-丁醇氧化生成丁醛，产率可达 50%。

$$CH_3CH_2CH_2CH_2OH \xrightarrow[\triangle]{K_4Cr_2O_7/H_2SO_4} CH_3CH_2CH_2CHO \quad \text{丁醛}$$

仲醇被氧化成酮。因酮比较稳定，不易继续被氧化，故可用于酮的合成。

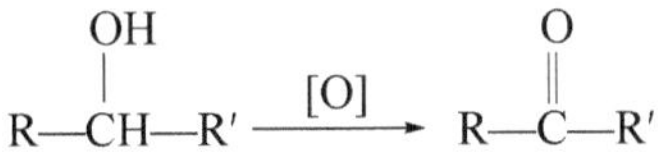

酮

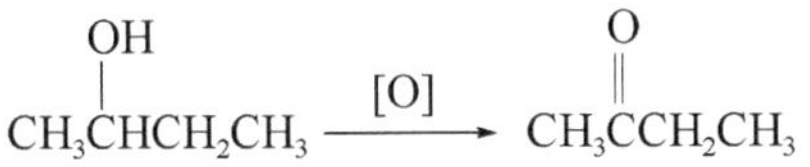

丁酮

叔醇没有 α-H，很难被氧化，但在强氧化剂的条件下，叔醇先脱水生成烯烃，接着烯键氧化断裂，生成小分子的羧酸及酮的混合物。直接氧化伯醇或仲醇是制备醛酮及羧酸的一种重要方法。

（2）选择性氧化剂氧化：常用的选择性氧化剂有沙瑞特（Sarrett）试剂（$CrO_3 \cdot 2C_5H_5N$）、琼斯（Jones）试剂（CrO_3·稀 H_2SO_4）、活性二氧化锰（MnO_2）。这些氧化剂相应活性较低，能选择性氧化伯醇或仲醇的羟基，但碳碳重键不受影响。例如：

$$CH_3(CH_2)_6CH_2OH \xrightarrow[CH_2Cl_2]{CrO_3 \cdot 2C_5H_5N} CH_3(CH_2)_6CHO$$

$$CH_2{=}CHCH_2OH \xrightarrow[25℃]{\text{活性}MnO_2} CH_2{=}CHCHO$$

用上述氧化剂氧化仲醇，可得到高产率的酮。例如：

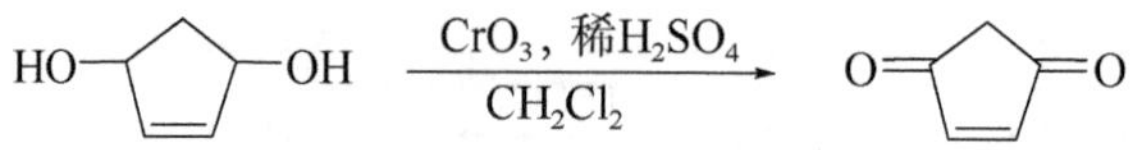

（3）脱氢氧化：伯醇或仲醇的蒸气在高温下通过活性铜或银时发生脱氢反应，分别生成醛和酮。叔醇没有 α-H，不发生脱氢反应。

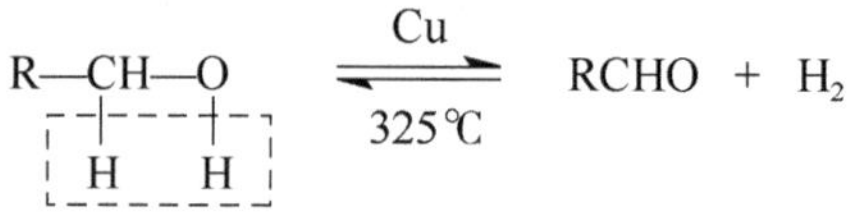

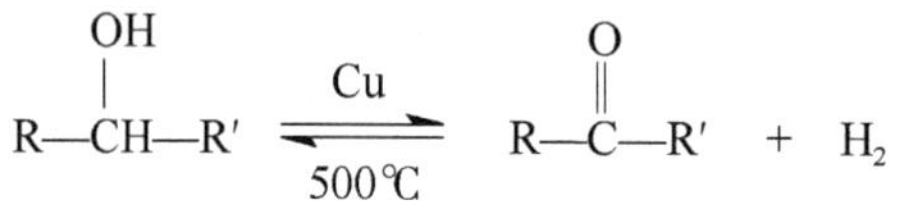

脱氢反应是可逆的，往往通入一些空气，将脱下的氢转化为水，使反应向生成物方向进行，提高醛或酮的收率。因需要专门设备和反应条件苛刻，主要适用于工业化生产。

（三）邻二醇的特性

多元醇具有与一元醇相似的化学性质，但由于分子中羟基数目的增多，产生了一些特殊的性质，特别是具有邻二醇结构的多元醇。

1. 与高碘酸反应 分子中的两个羟基分别连在相邻两个碳上的醇称为邻二醇。可被高碘酸（HIO_4）氧化，C—C 键断裂，生成两分子羰基化合物；反应后混合物中加入 $AgNO_3$ 溶液，产生白色沉淀。例如：

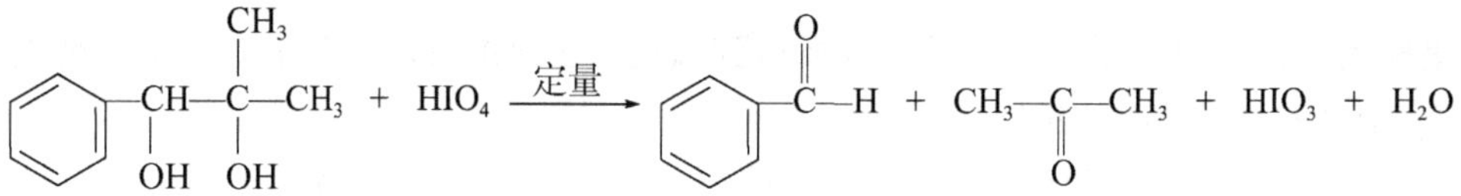

$$HIO_3 + AgNO_3 \longrightarrow AgIO_3\downarrow \text{（白色）} + HNO_3$$

由于反应是定量进行的，每断裂一组邻二醇结构就消耗一分子 HIO_4。因此可根据消耗的 HIO_4 量来推测分子中有几组邻二醇结构。

2. 与氢氧化铜反应 邻二醇与氢氧化铜反应，使氢氧化铜溶解，生成深蓝色物质。一元醇和非邻二醇无此反应，因此可以用于鉴别具有邻二羟基结构的化合物。例如：

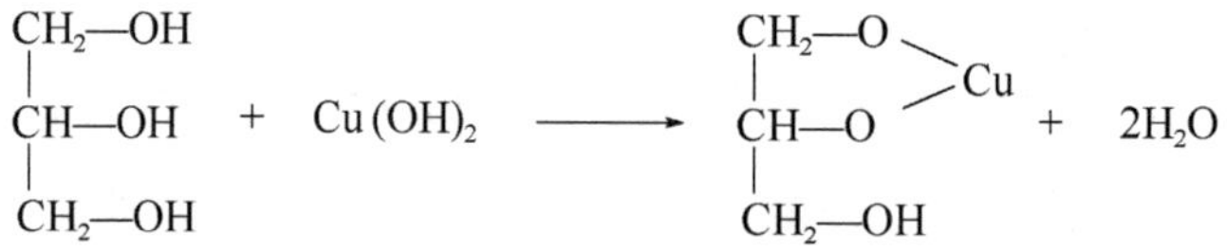

甘油铜

三、重 要 的 醇

1. 甲醇 最初是由木材干馏得到，因此又称木醇或木精。甲醇是无色挥发性液体，沸点 64.5℃，具有乙醇气味，能与水和多数有机溶剂混溶。甲醇有毒，误饮少量（10 ml）可致人失明，多量（30 ml）可致死。甲醇是一种优良的有机溶剂。

2. 乙醇 俗称酒精，是无色的挥发性液体，比水轻，能与水和多数有机溶剂混溶，沸点 78.5℃。乙醇的用途很广，临床上常用体积分数为 75%的乙醇作外用消毒剂；用体积分数为 30%～50%的乙醇对高热患者进行擦浴，以降低体温；体积分数为 95%的乙醇则为药用酒精，用于制备酊剂及提取中草药中的有效成分。

3. 丙三醇 俗称甘油，是无色黏稠状具有甜味的液体，沸点 290℃，比水重，能与水以任意比例混溶。有很强的吸湿性，稀释后的甘油刺激性缓和，能润泽皮肤，制剂上常用作溶剂、赋形剂和润滑剂，如酚甘油、碘甘油等。临床上常用甘油栓或 50%的甘油溶液灌肠治疗便秘。

4. 苯甲醇 又称苄醇，是具有芳香气味的无色液体，沸点 205℃，难溶于水，易溶于乙醇、乙醚等有机溶剂。另外，苯甲醇具有微弱的麻醉作用和防腐功能，曾用于注射剂中的止痛剂，但其容易引起儿童的肌肉萎缩。

考点：①醇的分类和命名；②醇的理化性质；③重要的醇

第2节 酚

一、酚的结构、分类和命名

（一）酚的结构

在酚分子中，羟基直接与苯环碳原子相连，羟基中氧原子为 sp^2 杂化，其中未杂化的 p 轨道上的孤对电子与苯环的大 π 键电子云重叠形成 p-π 共轭体系（图 6-2）。p-π 共轭的结果是氧原子的电子云向苯环扩散，使苯环的电子云密度增加，C—O 键极性减弱，因此酚易发生苯环上的亲电取代反应，不易发生羟基被取代的反应；另外，氧原子上电子云密度降低，导致 O—H 键极性增大，使酚具有弱酸性。

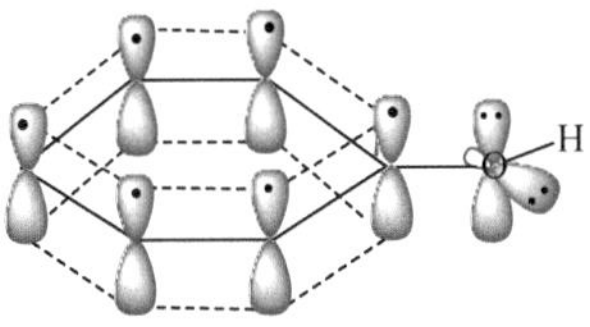

图 6-2 苯酚分子结构示意图

（二）酚的分类和命名

根据芳烃基的不同，分为苯酚、萘酚等；根据分子中羟基的数目不同，酚可分为一元酚、二元酚、三元酚等。酚的命名是在酚字前面加上芳环名称，以此作为母体再加上其他取代基的位次、数目和名称。

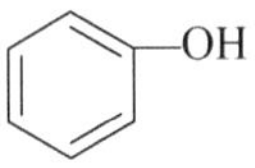
苯酚

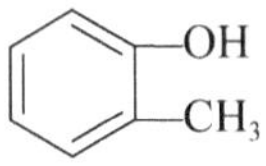
邻甲苯酚（2-甲苯酚）

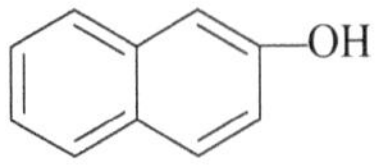
β-萘酚

多元酚的命名是依据芳环名称和酚羟基数目称为芳几酚，并标明酚羟基相对位置。例如：

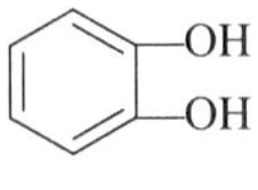
邻苯二酚
o-苯二酚
1,2-苯二酚

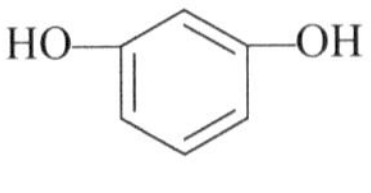
间苯二酚
m-苯二酚
1,3-苯二酚

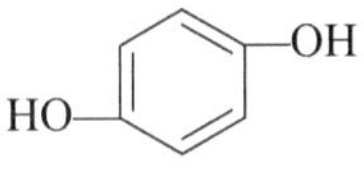
对苯二酚
p-苯二酚
1,4-苯二酚

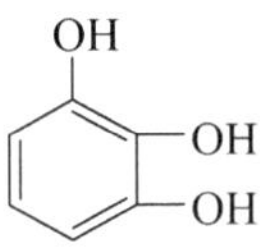
连苯三酚
1,2,3-苯三酚

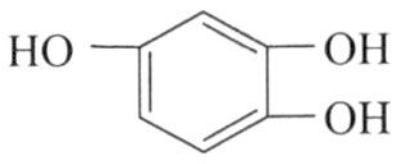
偏苯三酚
1,2,4-苯三酚

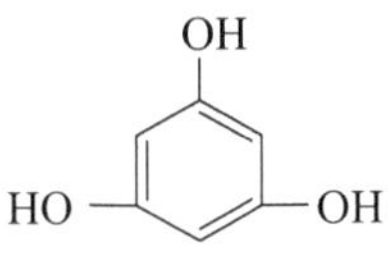
均苯三酚
1,3,5-苯三酚

对于结构复杂的酚类，酚羟基则作为取代基来命名。例如：

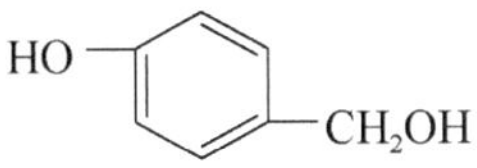
对羟基苯甲醇

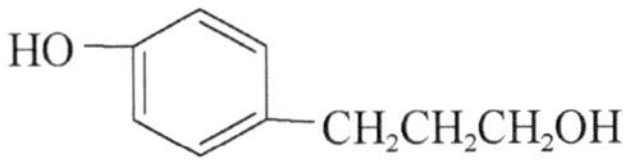
3-(4-羟基苯基)-1-丙醇

课堂互动 6-3

命名下列化合物。

（1）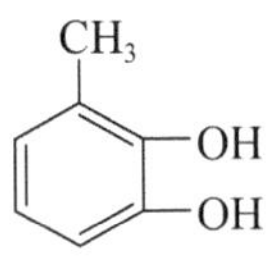

（2）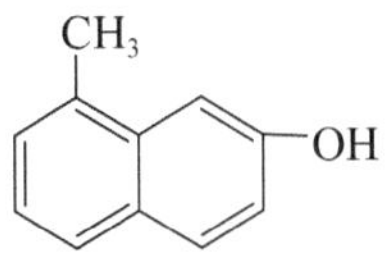

二、酚的理化性质

（一）酚的物理性质

大多数酚为结晶性固体。纯净的酚为无色、低熔点固体。酚的沸点高于分子量相近的芳烃。例如，苯酚的分子量为94，沸点182℃，而甲苯的分子量为92，沸点111℃。

与醇类似，由于酚羟基与水分子通过氢键发生缔合，故苯酚及其同系物在水中有一定的溶解度。羟基越多，酚在水中的溶解度越大。

（二）酚的化学性质

1. 弱酸性 酚具有弱酸性。除了能和活泼金属反应外，还能与氢氧化钠反应生成易溶于水的酚钠。例如：

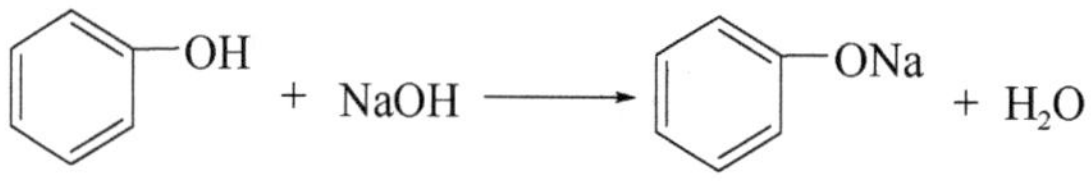

而醇不与氢氧化钠水溶液成盐，因为醇的酸性比水弱（水的 pK_a 为15.7，醇的 pK_a 约为16，苯酚的 pK_a 为10.0）。因此，酚的酸性比醇强。但苯酚的酸性比碳酸弱（H_2CO_3 的 pK_{a1}=6.38，pK_{a2}=10.33），向酚钠水溶液中通入 CO_2 可以使苯酚游离出来，达到分离提纯的目的。

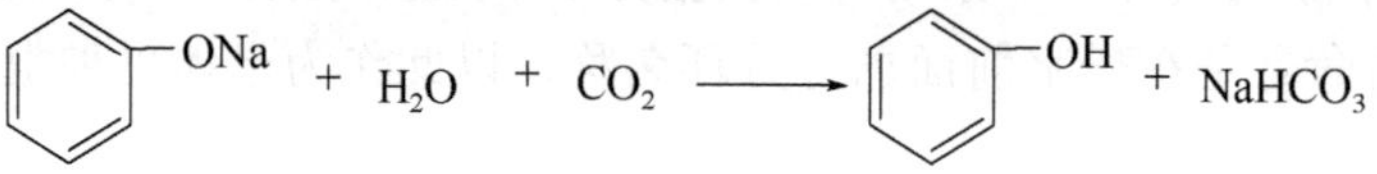

酚类化合物酸性的强弱，还与芳环上所连的取代基种类有关。一般来讲，吸电子基（如卤素、硝基、酰基等）的存在可使酚的酸性增强。若这类取代基处于羟基的邻、对位，效果尤为明显。例如，2,4,6-三硝基苯酚由于有3个强的吸电子基（硝基）处于羟基的邻、对位，因此酸性非常强，pK_a 为0.8，已接近无机强酸的水平。若是有供电子基（如烷基）的存在，则酚的酸性可减弱。例如，对甲苯酚的 pK_a 为10.9，酸性比苯酚弱。

2. 与三氯化铁的显色反应 大多数酚类化合物都能与三氯化铁（$FeCl_3$）溶液作用发生显色反应，不同的酚呈现不同的颜色。例如，苯酚遇三氯化铁作用呈紫色，甲苯酚呈蓝色，邻苯二酚、对苯二酚呈绿色，1, 2, 3-苯三酚呈棕红色。因此，三氯化铁可以用于酚的鉴别。但酚与三氯化铁的显色作用机理尚不十分清楚，一般认为是酚与三氯化铁生成了有颜色的配合物。例如：

$$6C_6H_5OH + FeCl_3 \longrightarrow H_3[Fe(OC_6H_5)_6] + 3HCl$$

值得注意的是：能与 $FeCl_3$ 发生显色作用的不仅限于酚类，凡具有烯醇结构（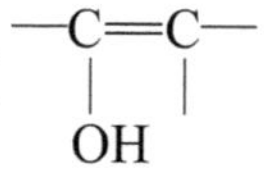）或通过互变后能产生烯醇结构的化合物都可发生这种反应。

3. 芳环上的取代反应 由于酚羟基中氧上的未共用电子对与苯环发生 p-π 共轭效应，苯环上的电子云密度增加，酚很容易发生卤代、硝化、磺化等亲电取代反应。

（1）卤代反应：苯酚与溴水作用立即生成不溶于水的2, 4, 6-三溴苯酚白色沉淀。反应非常灵敏，且定量进行，故可作为酚类化合物的定性和定量鉴别。

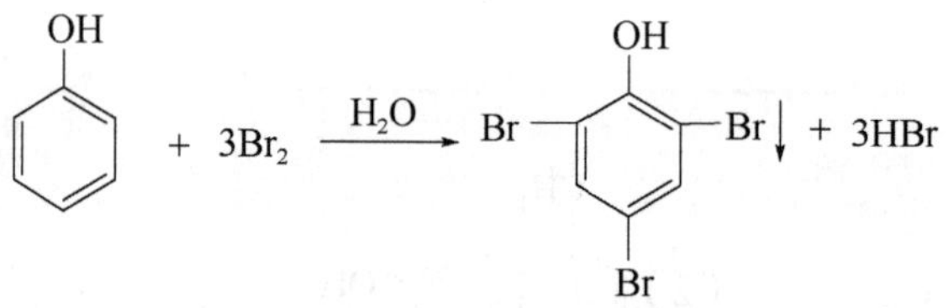

2,4,6-三溴苯酚

若反应在低温下，且在弱极性溶剂（如 CCl_4、CS_2）中发生，可得到一溴取代物。

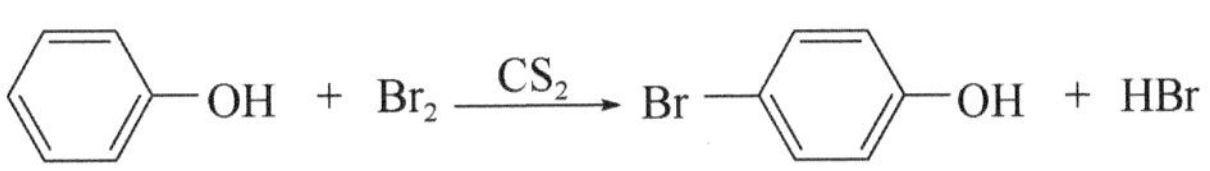

（2）硝化反应：常温下，用冷的稀硝酸处理苯酚，生成邻硝基苯酚和对硝基苯酚的混合物。

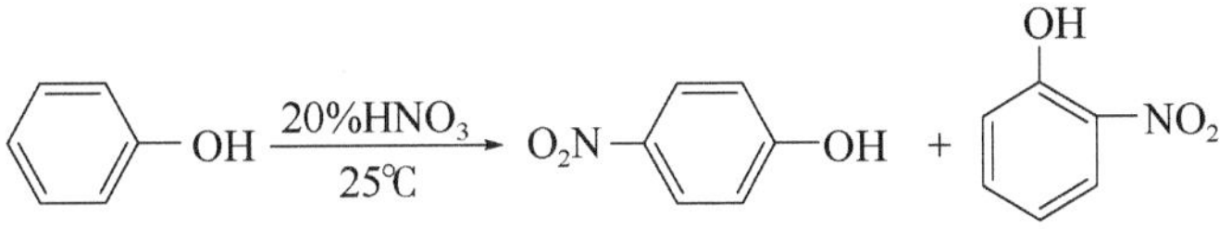

两个异构体产物可以通过水蒸气蒸馏的方法分离。因为邻硝基苯酚可形成分子内氢键，阻碍了它与水分子缔合，因而水溶性小、挥发性大，可随水蒸气挥发。而对硝基苯酚形成分子间氢键相互缔合，挥发性小，不能随水蒸气挥发。

（3）磺化反应：酚类化合物的磺化反应较容易进行。例如，浓硫酸在室温下就可使苯酚磺化，产物主要是邻羟基苯磺酸。

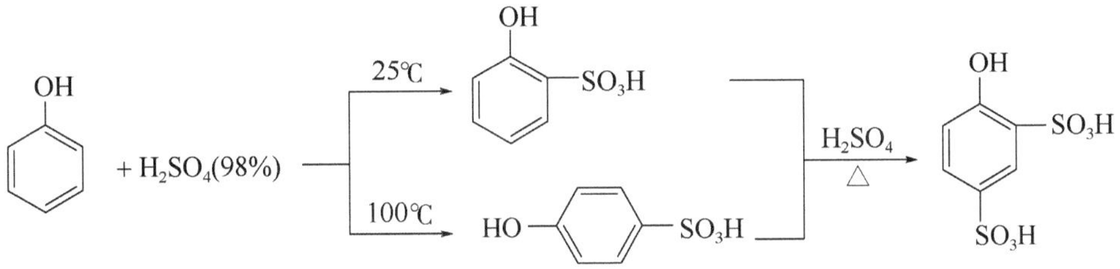

磺化产物与反应时的温度有密切关系。若在100℃下进行反应，磺酸基主要进入酚羟基的对位，得到对羟基苯磺酸。若再提高反应温度，则得到4-羟基-l, 3-苯二磺酸。

课堂互动 6-4

完成下列反应式。

（1）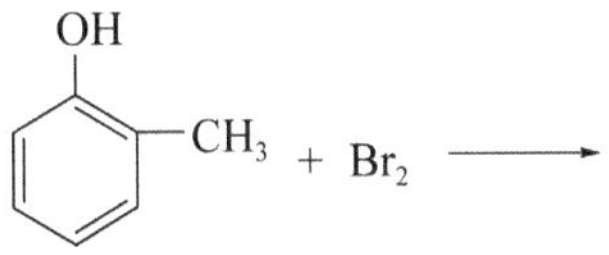

（2）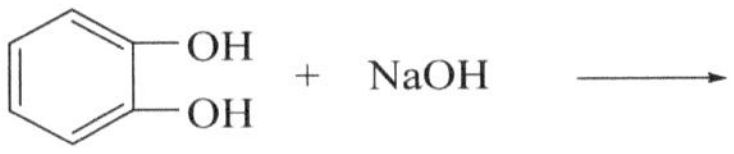

4. 氧化反应 酚类化合物很容易被氧化，使颜色加深。苯酚被氧化时，不仅羟基被氧化，羟基对位的碳氢键也被氧化，产物为对苯醌。

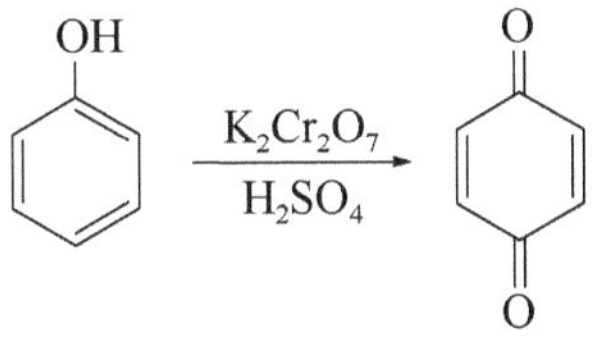

由于酚类易被氧化，因此可用作抗氧剂被添加到化学试剂中，防止化学试剂被氧化而变质。例如，常用的抗氧剂——“抗氧246”，它的结构是2, 6-二叔丁基-4-甲基苯酚。

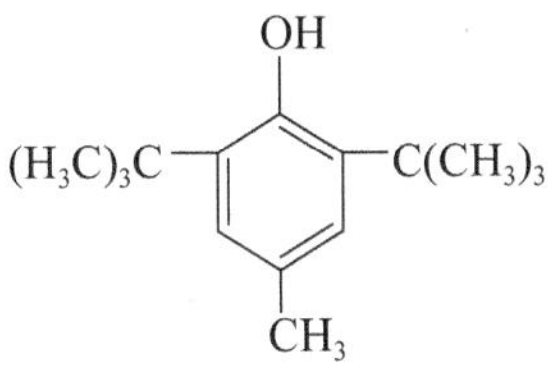

多元酚更易被氧化，产物较复杂。

三、重要的酚

1. 苯酚 俗称石炭酸，是无色针状结晶，熔点43℃，沸点181℃。具有特殊气味，常温下微溶于水，温度高于70℃时，能与水任意比混溶。苯酚可溶于乙醇、乙醚、苯等有机溶剂。苯酚能使蛋白质凝固，具有杀菌作用，30～50g/L 苯酚溶液可用作外科手术器械的消毒剂。苯酚有毒，对皮肤有腐蚀性，使用时应多加小心。

2. 甲苯酚 简称甲酚，因来源于煤焦油，所以又称煤酚。煤酚有邻、间、对 3 种异构体，由于沸点接近（191℃、202℃、202℃），不易分离，实际上常使用其混合物。煤酚的杀菌能力比苯酚强。因为它难溶于水，可溶于肥皂溶液，故常配制成 50%的肥皂溶液，称为煤酚皂溶液（俗称“来苏儿”），供消毒之用。

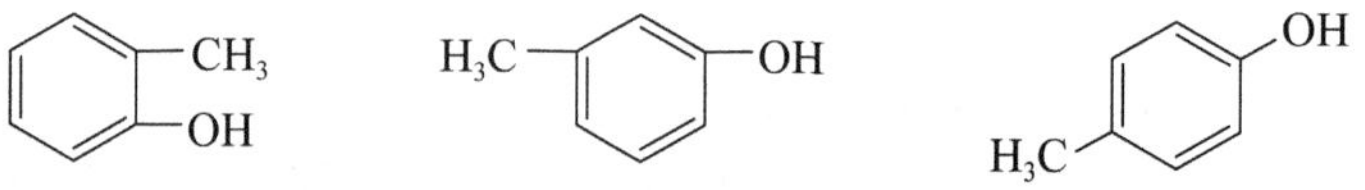

3. 苯二酚 有邻、间、对 3 种异构体，为无色晶体。邻苯二酚俗称儿茶酚，肾上腺素是儿茶酚的衍生物，具有升高血压和止喘的作用。间苯二酚又称雷琐辛，具有杀灭细菌和真菌的作用，刺激性较小，其 2%～10%的油膏或洗剂在医药上用于治疗皮肤病，如湿疹等。对苯二酚又称氢醌，常以苷的形式存在于植物体内，常用作还原剂，还可用作抗氧剂。

4. 维生素 E 又称生育酚，是一种天然存在的酚。它广泛存在于植物油中，在麦胚油中含量最多。维生素 E 有多种，其中 *α*-生育酚活性最高，其结构为

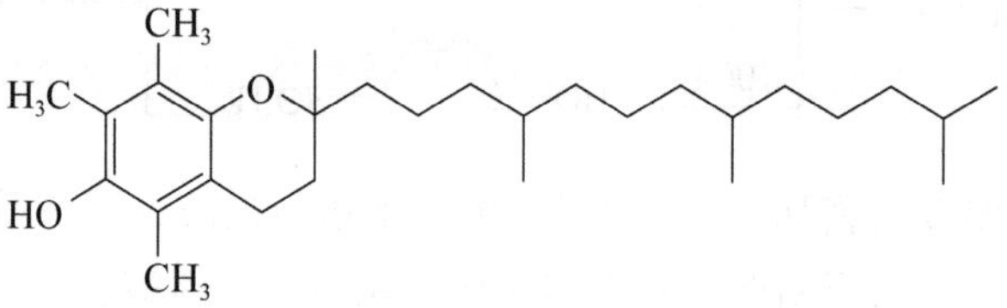

维生素 E 能维持生殖器官正常功能，对机体的代谢有良好的影响，促进卵泡的成熟，使黄体增大，并可抑制孕酮在体内的氧化，从而增加孕酮的作用。也可作为一种自由基的清除剂或抗氧化剂，以减少自由基对机体的损伤。目前，临床上常用于延缓衰老和预防记忆减退。

考点：①酚的分类和命名；②酚的弱酸性，与三氯化铁的显色反应，卤代、硝化、磺化反应，氧化反应；③重要的酚

链 接 多酚类物质

多酚类物质是指一组植物中化学物质的统称，因具有多个酚基团而得名。多酚类物质的共同特点是具有良好的抗氧化活性，能与维生素 C、维生素 E 和胡萝卜素等其他抗氧化物在体内一起发挥抗氧化功效，清除有害人体健康的坏分子——自由基。

葡萄酒中含有许多有益健康的非酒精成分，包括白藜芦醇和多种类黄酮成分，这些强力抗氧化物都属于多酚类化合物，对冠心病有良好的防治作用。多吃蔬菜、水果有益健康，而蔬菜、水果的抗氧化作用主要来自其中所含的多酚类物质。含有多酚物质的豆类食品则有防治乳腺癌和骨质疏松的作用。茶多酚是茶叶中多酚类物质的总称。茶多酚等活性物质具解毒和抗辐射作用，能有效地阻止放射性物质侵入骨髓。

第 3 节 醚

一、醚的结构、分类和命名

（一）醚的结构

从结构上看，醚可以看成是醇或酚羟基的氢原子被烃基取代的衍生物，也可以看作是水分子中的两个氢原子被烃基取代后生成的化合物。醚的官能团为醚键（—C—O—C—）。醚的通式为

（Ar）R—O—R′（Ar′）或（Ar）ROR′（Ar′）

醚的氧原子为 sp^3 杂化，C—O—C 键角为 110°，所以醚具有极性。

（二）醚的分类和命名

1. 分类 根据与氧原子相连的烃基是否对称，可将醚分为单醚和混醚（如 $CH_3OC_2H_5$）。分子中两个烃基相同的醚称为单醚，通式为 R—O—R（或 ROR）、Ar—O—Ar（或 ArOAr），如 $C_2H_5OC_2H_5$、$C_6H_5OC_6H_5$ 等；两个烃基不同的醚称为混醚，通式为 ROR′、ArOAr′、ROAr，如 $CH_3OC_2H_5$、$CH_3OC_6H_5$ 等。

根据烃基的种类，可将醚分为饱和醚（如 $C_2H_5OC_2H_5$）、不饱和醚（如 $CH_2{=}CHOC_2H_5$）和芳香醚（如 $C_6H_5OC_2H_5$）；氧原子与烃基连成环称为环醚（如 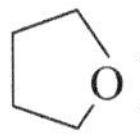）。

2. 命名

（1）单醚：单醚命名时是在烃基名称后面加上“醚”字。当烃基为烷基的简单醚，名称中的“二”字可省去；不饱和烃基或芳烃基，则“二”字不可省略。例如：

$CH_3—O—CH_3$ （二）甲醚

$CH_3CH_2—O—CH_2CH_3$ （二）乙醚

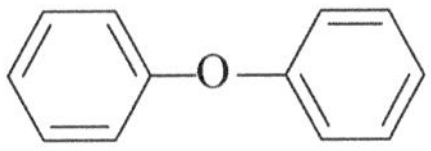

二苯醚

（2）混醚：混醚命名时，写出两个烃基的名称，较小的烃基的名称放在前面，较大的烃基的名称放在后面；但芳香醚的芳香烃基的名称放在脂肪烃基的前面，然后再加上“醚”字。例如：

$CH_3—O—CH_2CH_3$ 甲乙醚

$CH_3—O—CH(CH_3)_2$ 甲基异丙醚

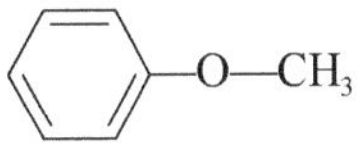

苯甲醚

（3）环醚：环醚命名时，可称为环氧“某”烷，也可按杂环来命名。例如：

环氧乙烷

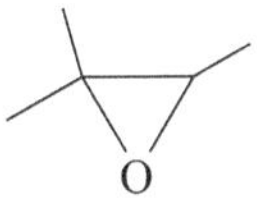

2-甲基-2,3-环氧丁烷

四氢呋喃

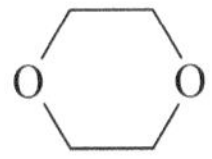

1,4-二氧六环

（4）结构复杂的醚：采用系统命名法，将烃氧基当作取代基来命名，即把醚分子中较小的烃基和醚键组合为烃氧基（RO—）。例如：

$CH_3CH(OCH_3)CH_2CH_2CH_3$（$CH_3\underset{|}{C}HCH_2CH_2CH_3$，2位连 OCH_3）

2-甲氧基戊烷

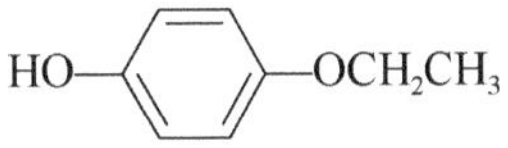

对乙氧基苯酚

二、醚的理化性质

（一）醚的物理性质

大多数醚在室温下为液体，有特殊气味，沸点比同碳原子的醇低得多。例如，正丁醇的沸点为 117.8℃，而乙醚的沸点为 34.6℃。这是由于醚分子间不能以氢键相互缔合。但醚仍能与水分子中的氢形成氢键，因而醚在水中的溶解度比烷烃大，与同碳数的醇相近。例如，正丁醇与乙醚在水中的溶解度均为 8g/100ml。环醚（如四氢呋喃、1, 4-二氧六环）的水溶性较大，均可与水混溶。醚常作为有机反应的溶剂和萃取剂。

（二）醚的化学性质

由于醚分子中的氧原子与两个烃基相连，故分子的极性很小，所以醚键相当稳定（环氧乙烷除外），对氧化剂、还原剂和碱都十分稳定。例如，常温下醚与金属钠不发生反应，因此常用金属钠来干燥醚。但这种稳定性是相对的，在一定条件下，醚可发生特有的反应。

1. 生成镁盐 醚结构中的氧原子具有未共用电子对，它能接受强酸（浓盐酸和浓硫酸）中的质子，以配位键的方式生成镁盐。

$$R—\ddot{\underset{..}{O}}—R' + H_2SO_4 \longrightarrow R—\overset{+}{\underset{\substack{|\\H}}{O}}—R' + HSO_4^-$$

锌盐是强酸弱碱盐，仅能在强酸中存在。用水稀释时，锌盐发生分解而使醚层析出。

$$R-\overset{+}{\underset{H}{O}}-R' \xrightarrow{H_2O} R-O-R' + H_3O^+$$

锌盐能溶于强酸，利用这个性质可以区别醚与烷烃、卤代烃。

2. 醚键的断裂 醚与氢卤酸共热，醚键断裂，生成醇和卤烃。在过量氢卤酸作用下，醇也可转变为卤代烃。

$$R-O-R' + HX \xrightarrow{\triangle} R-OH + R'-X$$
$$R-OH \xrightarrow{过量HX} R-X$$

使醚键断裂的氢卤酸的活性顺序为：HI>HBr>HCl；因此，氢碘酸作为醚键断裂反应的常用试剂。例如：

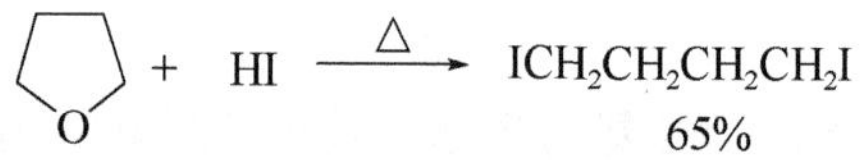

对于不同烃基的混醚，醚键优先在较小烃基的一端断裂。当混醚中含有甲基时，醚键在甲基一端断裂，生成卤甲烷。例如：

$$CH_3-O-CH(CH_3)_2 + HI \xrightarrow{\triangle} CH_3I + (CH_3)_2CHOH$$

芳基烷基醚与 HI 反应，醚键总是优先在脂肪烃基一端断裂，生成卤代烃和酚。例如：

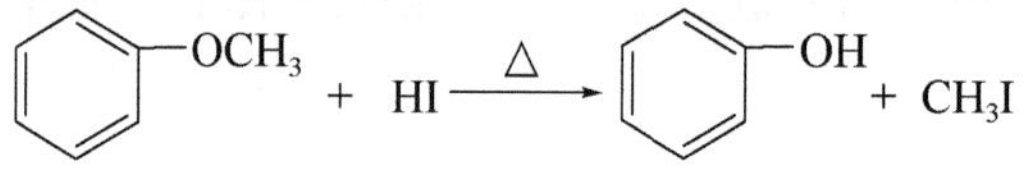

3. 生成过氧化物 当醚长期与空气接触时，生成有机过氧化物。反应发生在 α-C 上，生成过氧键 —O—O—。

$$CH_3CH_2-O-CH_2CH_3 + O_2 \longrightarrow CH_3CH_2-O-\underset{O-OH}{CH}CH_3$$

过氧化物不稳定，受热时易分解而爆炸，且沸点比醚高，所以蒸馏乙醚时不能蒸干，以防意外。因此醚类化合物应避光保存在密闭的棕色瓶中，并加一些抗氧剂（如对苯二酚），以防止过氧化物的生成。

4. 环醚的开环反应 环氧乙烷是有着较大张力的三元环，化学性质极为活泼。它在酸或碱催化下可与含活泼氢的化合物发生开环反应，生成许多重要的有机化合物。例如：

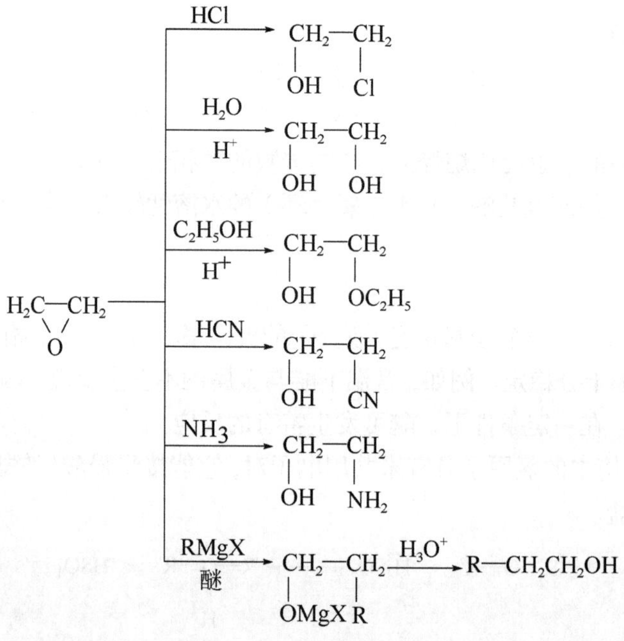

取代环氧乙烷的开环方向与反应的酸碱性密切相关。酸催化下，反应主要发生在取代基较多的碳氧间；碱性条件下，反应主要发生在取代基较少的碳氧间。例如：

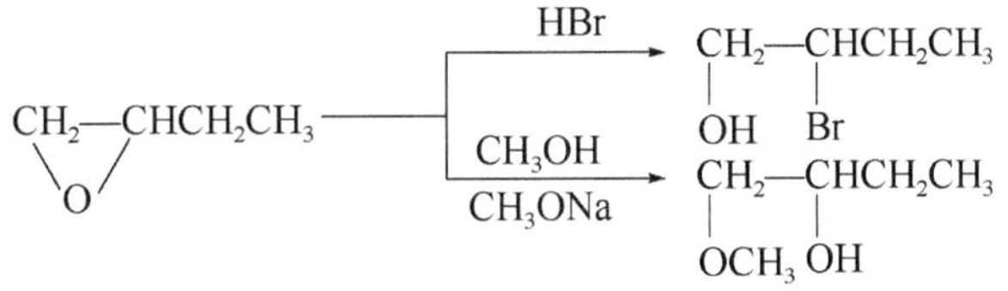

三、重要的醚

1. 乙醚 最常见和最重要的醚。乙醚是无色透明的液体，沸点是34.5℃，有特殊气味，极易挥发和燃烧，故使用时要特别小心，避免接近明火。乙醚在水中溶解度小，又比水轻，会浮在水面上，因此乙醚着火时不能用水灭火。乙醚化学性质稳定，又能溶解许多有机化合物，因而是常用的有机溶剂。例如，在提取草药中某些脂溶性有效成分时，常使用乙醚作为溶剂。乙醚还具有麻醉作用，1842年，纯净乙醚首次被用于外科手术上作吸入全身麻醉剂。但由于乙醚可引起恶心、呕吐等，现已被其他更好的药物所代替，例如，氟烷和甲氧氟烷等作为新型全身麻醉剂已被广泛用于临床。

为保证安全，使用乙醚前，必须检验是否含有过氧化物。检验方法：取适量待检验乙醚，若其能使湿润的碘化钾-淀粉试纸变蓝色，或使 $FeSO_4$-KSCN 混合液显红色，则表明其中含有过氧化物。用还原剂如硫酸亚铁、亚硫酸钠或碘化钠等处理可破坏过氧化物。储存乙醚时，应放在棕色瓶中，并加入铁丝等以防止过氧化乙醚生成。

2. 环氧乙烷 最简单的环醚。它是一种无色有毒气体，能溶于乙醚，一般用钢瓶或安瓿瓶保存。乙烯在金属银催化下与氧作用可得环氧乙烷。

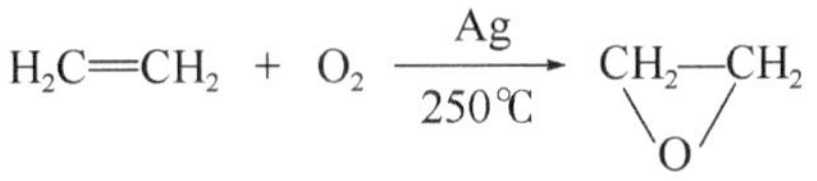

环氧乙烷在医药上主要作为气体杀菌剂，穿透力强，可杀灭各种微生物，属于高效灭菌剂，一般用于医疗器械及一次性使用的医疗用品的消毒。

3. 冠醚 是一种分子中具有（OCH_2CH_2）重复单位的环状醚，因形状类似皇冠，故称冠醚，也称大环多醚。冠醚可命名为X-冠-Y，其中X表示成环原子总数，Y代表氧原子数。例如：

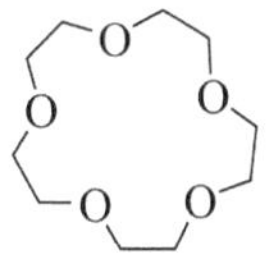

15-冠-5

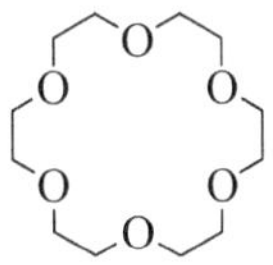

18-冠-6

冠醚空穴具有高度选择性，只有大小适合的正离子（特别是碱金属离子）才能进入空穴，通过氧原子上的未共用电子对与金属离子形成络合物，使原不溶于有机相的离子能溶于有机相中，而与它相对应的负离子也能随着进入有机相中，但不能与冠醚结合，游离或裸露的负离子反应活性更高，更容易发生反应。因此冠醚也称为相转移试剂或相转移催化剂。加入相转移催化剂，会使反应速率更快、条件更简单、操作更方便和产率更高。

考点：①醚的分类和命名；②醚的物理性质；③锌盐的生成，醚键的断裂，过氧化物的生成，环氧乙烷的开环反应；④重要的醚

第4节　硫醇和硫醚

一、硫　　醇

（一）硫醇的结构与命名

1. 结构　硫醇（thiol）可以看作是醇分子中羟基的氧原子被硫原子取代所形成的化合物。其通式为 R—SH，—SH 称为巯基（mercapto-），是硫醇的官能团。

2. 命名　与醇相似，在相应醇名称中的“醇”字前加“硫”字即可。例如：

CH_3SH	CH_3CH_2SH	$HSCH_2CH_2SH$
甲硫醇	乙硫醇	乙二硫醇

对较复杂的硫醇，可将巯基作为取代基命名。例如：

$HSCH_2CH_2OH$

2-巯基乙醇

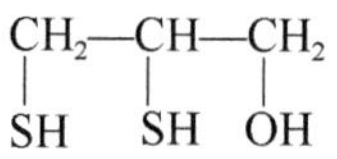

二巯基丙醇

（二）硫醇的物理性质

低级硫醇易挥发并具有非常难闻的气味，即使量很小时，气味也很明显。因此在燃气中常加入少量低级硫醇（如叔丁硫醇），一旦泄漏，可起到自动报警作用。硫醇的沸点比同碳原子数的醇低。例如，乙硫醇的沸点只有 37℃，而乙醇的沸点为 78.5℃。硫醇的水溶性也比相应的醇低。这是由于硫的电负性比氧小，硫醇分子之间以及与水分子间难以形成氢键。

（三）硫醇的化学性质

硫醇的化学性质与醇相似，但也有差别。

1. 弱酸性　硫醇具有弱酸性，其酸性比醇强，能和氢氧化钠作用生成较稳定的盐。

$$R—SH + NaOH \longrightarrow R—SNa + H_2O$$

因为硫醇具有弱酸性，所以能和汞、银、铅、铜等重金属盐或氧化物生成不溶于水的硫醇盐。

$$2RSH + HgO \longrightarrow (RS)_2Hg\downarrow + H_2O$$

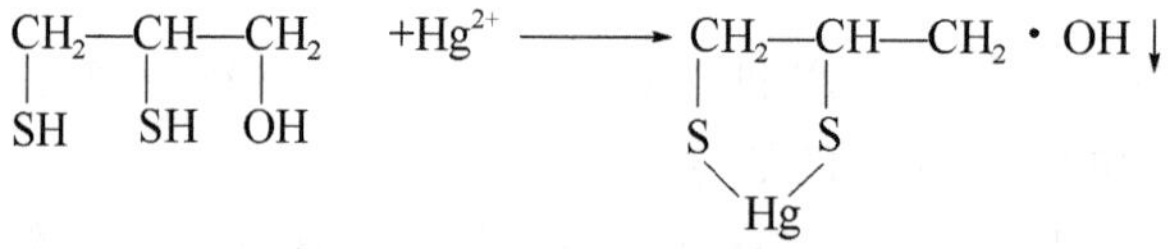

许多重金属盐能导致人、畜中毒，原因就是这些重金属能与体内某些酶的巯基结合，使酶失去活性。根据硫醇能与重金属形成稳定的硫醇盐这一性质，临床上常用作重金属盐中毒的解毒剂。这些解毒剂能与体内的重金属离子结合形成无毒稳定的化合物随尿排出体外，而且它们与金属离子的结合力大于酶与金属离子的结合力，不仅能阻止金属离子与酶巯基的结合，还能夺取已与酶结合的重金属离子，使酶复活，从而解除中毒症状。但若酶的巯基与重金属离子结合过久，酶活性则难以恢复，故重金属盐中毒需及早用药救治。常用的解毒剂有以下几种。

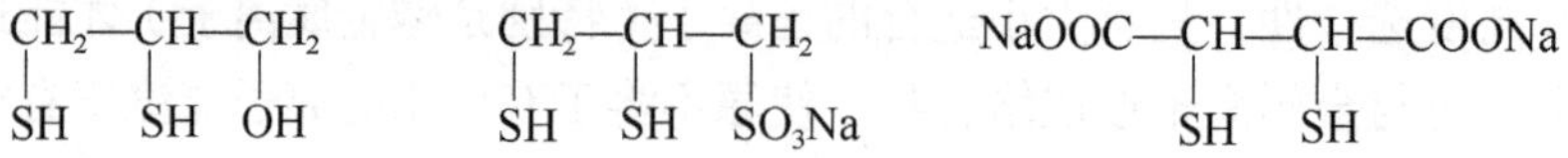

二巯基丙醇　　　　二巯基丙磺酸钠　　　　二巯基丁二酸钠

二巯基丙醇（BAL）由于毒性大，目前已被其他的解毒剂所代替。二巯基丁二酸钠是我国研制成功的一种毒性低、效力强的解毒剂。

2. 氧化反应　硫醇较醇易氧化。空气中的氧就可以将硫醇氧化成二硫化合物。

$$2RSH \xrightarrow{O_2} R—S—S—R$$

二硫化合物分子中的“—S—S—”称为二硫键（disulfide bond），在生物体中二硫键对于保持蛋白质的立体结构具有重要的作用。二硫化合物在一定条件下又可被还原为原来的硫醇。这是一个可逆反应，在生物体内，巯基与二硫键之间的氧化还原作用是一个非常重要的生理生化过程。由于硫醇中巯基对氧化反应非常敏感，因此含巯基的药物在储存期间应避免与空气接触。

二、硫　　醚

（一）硫醚的结构与命名

硫醚（thioether）可以看成醚中的氧原子被硫原子取代所形成的化合物，通式为 R—S—R′。硫醚的命名与醚相似。例如：

$CH_3—S—CH_3$　　二甲硫醚

$CH_3—S—CH(CH_3)_2$　　甲异丙硫醚

（二）硫醚的理化性质

低级的硫醚为无色液体，有特殊臭味；硫醚不溶于水，可溶于醇和醚；有毒；易被氧化为亚砜，亚砜又进一步氧化为砜。

$$R—S—R' \xrightarrow{[O]} R—\underset{\underset{O}{\|}}{S}—R' \xrightarrow{[O]} R—\overset{\overset{O}{\|}}{\underset{\underset{O}{\|}}{S}}—R'$$

例如，在室温下，二甲硫醚能被过氧化氢氧化生成二甲亚砜。

$$CH_3—S—CH_3 \xrightarrow{H_2O_2} CH_3—\overset{\overset{O}{\|}}{S}—CH_3$$

二甲亚砜（dimethyl sulfoxide，DMSO）为无色液体，沸点为 189℃，溶于水，是水溶性物质和脂溶性物质的良好溶剂，也可以作为某些药物的透入载体以加强组织的吸收。

芥子气（$ClCH_2CH_2SCH_2CH_2Cl$）是硫醚的衍生物，为无色油状液体，不溶于水，能溶于醇、苯等有机溶剂。芥子气是一种糜烂性化学毒剂，对皮肤有腐蚀作用。根据硫醚易被氧化的特点，可利用漂白粉将其氧化为毒性较小的砜类。

考点：①硫醇和硫醚的结构、命名；②硫醇的弱酸性；③硫醇和硫醚的氧化反应

自测题

一、单项选择题

1. 下列属于仲醇的是（　　）
   A. 1-丙醇　　B. 2-甲基-1-丙醇
   C. 2-丙醇　　D. 2-甲基-2-丙醇
2. 下列化合物中，酸性最强的是（　　）
   A. 碳酸　　B. 醇
   C. 苯酚　　D. 水
3. 下列各组物质，能用新制 $Cu(OH)_2$ 溶液区分的是（　　）
   A. 甲醇和乙醚　　B. 乙醇和乙二醇
   C. 乙二醇和甘油　　D. 甲醇和乙醇
4. 2-丁醇发生分子内脱水反应时，主要产物是（　　）
   A. 1-丁烯　　B. 2-丁烯
   C. 1-丁炔　　D. 丁烷
5. 下列物质中，可用于鉴别苯酚和苯甲醇的是（　　）
   A. 硝酸银溶液　　B. 溴水
   C. 高锰酸钾溶液　　D. 盐酸
6. 下列化合物中，在水中溶解度最大的是（　　）
   A. 乙醇　　B. 乙醚　　C. 乙烷　　D. 乙烯
7. 下列化合物中，能与 $FeCl_3$ 显紫色的是（　　）
   A. 甘油　　B. 苯酚
   C. 苄醇　　D. 对苯二酚
8. 下列化合物中，不能使高锰酸钾（酸性）溶液褪色的是（　　）
   A. 乙醇　　B. 乙醚
   C. 苯酚　　D. 乙烯
9. 下列试剂中，不能与苯酚反应的是（　　）
   A. 三氯化铁溶液　　B. 氢氧化钠
   C. 高锰酸钾溶液　　D. 碳酸氢钠
10. 下列关于苯酚的叙述错误的是（　　）
    A. 苯酚俗称石炭酸
    B. 苯酚易发生取代反应
    C. 苯酚与三氯化铁溶液作用显紫色
    D. 苯酚的酸性比碳酸强
11. 能检验出乙醚中混有过氧化乙醚的试剂是（　　）
    A. 酸性高锰酸钾溶液　　B. 三氯化铁溶液
    C. 硫酸亚铁的硫氰酸钾溶液　　D. 碘溶液

12. 加入氢碘酸能生成苯酚的是（　　）
 A. 氯苄　　B. 苯甲醇
 C. 苯甲醚　　D. 甲苯
13. 外科消毒用酒精的浓度约是（　　）
 A. 75%　　B. 95%
 C. 50%　　D. 无水乙醇
14. 下列有机化合物命名正确的是（　　）
 A. 2-甲基-3-丙醇　　B. 4-甲基-2-戊烯
 C. 2, 4-二甲基丁烷　　D. 1-甲基-2-丁烯
15. 禁用工业酒精配制饮料酒，是因为工业酒精中含有少量有毒的（　　）
 A. 甲醇　　B. 乙二醇
 C. 丙三醇　　D. 丁醇

二、写出下列化合物名称或根据名称写结构式

1. 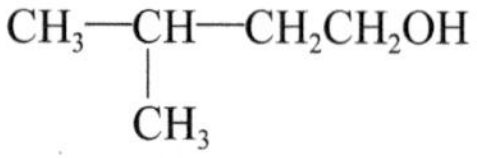

2. 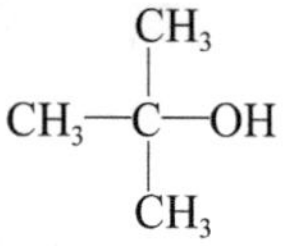

3. 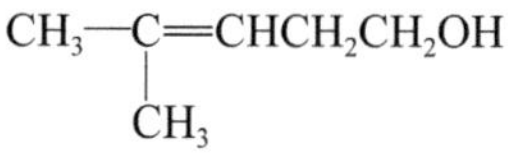

4. 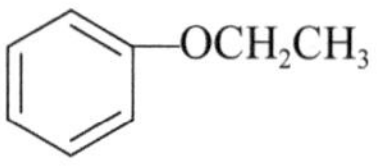

5. 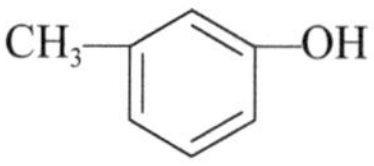

6. 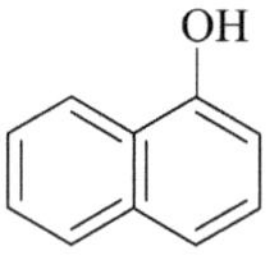

7. 甘油　　8. 2-甲氧基丁烷
9. 1, 3-丁二硫醇　　10. 甲丙醚
11. 2-甲基-1, 3-戊二醇　　12. 甲基异丙硫醚

三、完成下列反应式

1. $CH_3CH_2COOH + CH_3CH_2OH \xrightarrow[\triangle]{H^+}$

2. $2CH_3CH_2OH \underset{140℃}{\overset{浓H_2SO_4}{\rightleftharpoons}}$

3. 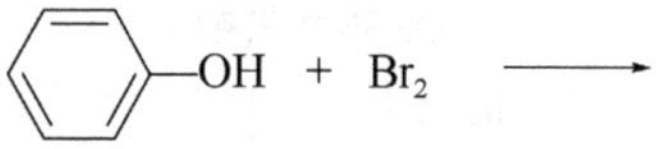

4. 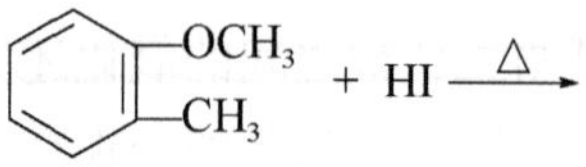

5. 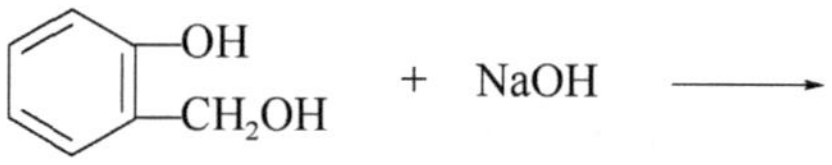

6. 

四、填空题

1. 在醇分子中，直接与羟基相连的碳原子称________碳原子，该碳原子上的氢称为________，有此种氢原子的醇________氧化，无此种氢原子的醇________氧化。
2. 乙醇与浓硫酸共热，140℃生成________，170℃生成________。
3. 伯醇、仲醇、叔醇与金属钠反应的速率顺序为________。
4. 苯酚遇三氯化铁溶液发生________，具有________结构的化合物都有此反应。
5. 醇可有两种方式脱水，分子内脱水和分子间脱水。脱水方式取决于醇的结构和反应条件。高温有利于________脱水，低温有利于________脱水。
6. 醇与氢卤酸的反应，不同氢卤酸的反应活性次序是________>________>________。
7. 苯酚俗称________，酸性较碳酸________。
8. 使醚键断裂的最有效试剂是________，苯甲醚与该试剂作用，生成的产物是________和________。

五、用化学方法鉴别下列各组化合物

1. 苯甲醇和苯酚
2. 正丁醇、仲丁醇和叔丁醇
3. 1, 3–丁二醇和 2, 3-丁二醇
4. 苯甲醚和甲苯

六、推断题

1. 某化合物 $C_4H_{10}O$（A），能与金属钠反应放出氢气，与浓硫酸共热生成 C_4H_8（B），B 与 HBr 作用生成 C_4H_9Br（C），C 与 NaOH 醇溶液共热生成 C_4H_8（D），D 与 B 为同分异构体，D 经 $KMnO_4$ 酸性溶液氧化只有一种产物。试写出 A、B、C、D 的结构式和有关反应式。
2. 某化合物 $C_9H_{12}O$（A），不与 NaOH 反应，也不被酸性 $KMnO_4$ 氧化，但与浓氢碘酸作用，生成 B 和 C，B 遇溴水立即有白色浑浊，C 在碱性条件下水解的产物与酸性重铬酸钾溶液反应得到酮 D。试写出 A、B、C、D 的结构式和相应的化学反应式。

（赵桂欣）

第7章

醛 酮 醌

醛（aldehyde）、酮（ketone）和醌（quinone）的分子中都含有羰基（$>C{=}O$）官能团，统称为羰基化合物。羰基化合物不仅是有机合成或药物合成的重要原料和中间体，也是动植物代谢过程中的具有重要生理活性的中间体。

第1节 醛 和 酮

羰基的两端分别与烃基及氢相连的化合物为醛（甲醛例外，羰基连接两个氢），其中 $\overset{\displaystyle O}{\overset{\|}{—C—H}}$ 称为醛基，简写为—CHO。醛的通式为

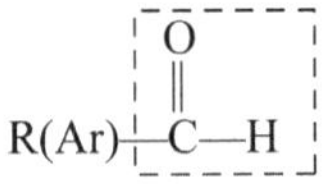
酮基

简写为(Ar)RCHO

羰基的两端分别与两个烃基相连的化合物为酮，酮分子中的羰基又称为酮基，是酮的官能团。酮的通式为

酮基

简写为(Ar)RCOR′(Ar′)

一、醛和酮的分类和命名

（一）醛和酮的分类

依据分子中烃基结构的不同，醛（酮）分可为脂肪醛（酮）、芳香醛（酮）和脂环醛（酮）。例如：

CH_3CH_2CHO
脂肪醛

CH_3COCH_3
脂肪酮

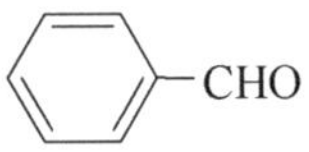
芳香醛

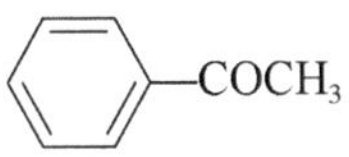
芳香酮

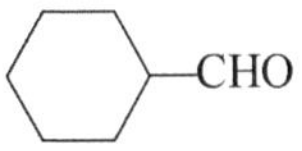
脂环醛

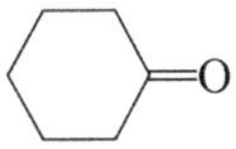
脂环酮

根据分子中烃基的饱和程度，可分为饱和醛（酮）和不饱和醛（酮）。例如：

CH_3CH_2CHO
饱和醛

$CH_3CH{=}CHCHO$
不饱和醛

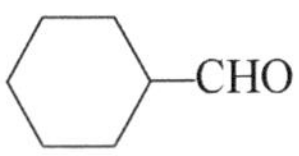
不饱和醛

CH_3COCH_3
饱和酮

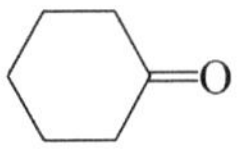
不饱和酮

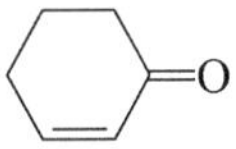
不饱和酮

根据分子中羰基的数目，醛（酮）可分为一元醛（酮）和多元醛（酮），上述所列的醛（酮）例子

均为一元醛（酮）。多元醛（酮）如：

$$\begin{array}{c}\quad\quad CHO\\ \quad\quad |\\ OHCCH_2CHCHO\end{array}$$

三元醛

$CH_3COCH_2COCH_3$

二元酮

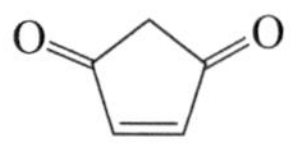

二元酮

（二）醛和酮的命名

1. 普通命名法 对于简单的脂肪醛，可按分子中所含碳原子数称为某醛；简单的脂肪酮则根据酮基的两个烃基命名，简单的烃基在前，复杂的烃基在后，称为某（基）某（基）甲酮，但“甲”和“基”经常省略。例如：

CH_3CHO 乙醛

CH_3CH_2CHO 丙醛

CH_3COCH_3 二甲酮（或二甲基甲酮）

$CH_3CH_2COCH_3$ 甲乙酮（或甲基乙基甲酮）

对于芳香醛或芳香酮，芳环则作为取代基，以脂肪醛或脂肪酮为母体进行命名。例如：

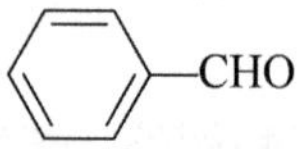

苯甲醛

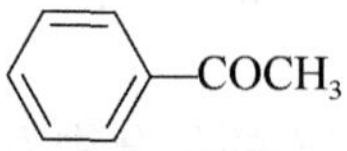

苯乙酮

2. 系统命名法 结构复杂的醛、酮采用系统命名法，其命名方法与醇类似。命名时首先选择含有羰基的最长碳链作为主链，然后从靠近羰基的一端开始给主链碳原子编号，最后将取代基、不饱和键、酮基的位置、数目、名称写在母体名称之前，省略醛基的位置。除以阿拉伯数字编号外，还可用希腊字母 *α*、*β*、*γ* 等来编号。例如：

$$\begin{array}{c}CH_3\\ |\\ CH_3CHCH_2CHO\end{array}$$

3-甲基丁醛
（*β*-甲基丁醛）

$$\begin{array}{c}\quad\quad\quad CH_3\\ \quad\quad\quad |\\ CH_3COCH_2CHCH_2CH_3\end{array}$$

4-甲基-2-己酮

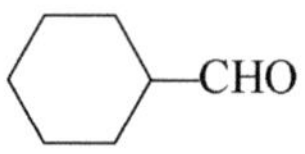

环己基甲醛

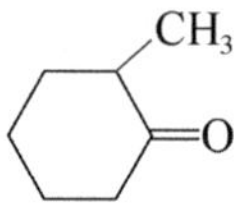

2-甲基环己酮

$CH_2{=}CHCOCH_3$

3-丁烯-2-酮

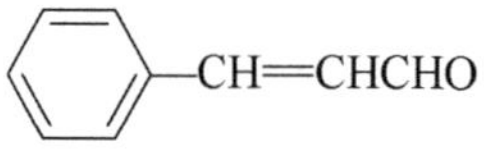

3-苯基丙烯醛（肉桂醛）

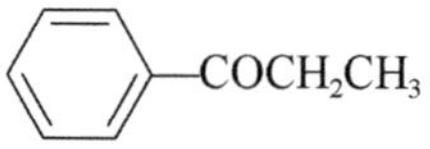

1-苯基-1-丙酮

多元醛、酮命名时，应选取含羰基尽可能多的碳链为主链，注明羰基的位置和数目。如果同一分子中，既有醛基又有酮基时，酮基氧作为取代基，命名为“氧代某醛”。例如：

$OHCCH_2CH_2CHO$ 丁二醛

$CH_3COCH_2COCH_3$ 2, 4-戊二酮（*β*-戊二酮）

$CH_3CH_2COCH_2CHO$ 3-氧代戊醛（*β*-氧代戊醛）

二、醛和酮的理化性质

（一）醛和酮的物理性质

常温下，除甲醛为气体外，12 个碳原子以下的脂肪醛、酮都是液体，高级的脂肪醛、酮和芳香酮是固体。低级醛具有强烈的刺激性气味，中级醛具有果香味，含 9 个或者 10 个碳的醛常用于工业香料。低级酮具有令人愉快的气味。醛、酮的沸点高于分子量相近的烷烃和醚，但醛、酮的沸点比相应的一元醇低，因为醛、酮分子间不能像醇分子间形成氢键。低级的醛、酮能与水分子形成分子间氢键，易溶于水，如甲醛、乙醛、丙酮等。其他的醛、酮在水中的溶解度则随着烃基的增大而降低，而易溶于苯、乙醚等有机溶剂。

（二）醛和酮的化学性质

羰基是醛、酮的官能团，因此醛、酮的性质主要取决于羰基，且两者的化学性质有许多相似之处。醛、酮的性质大致可以分为三类：第一类是基于羰基的极性，氧原子的电负性较强，使羰基碳原子带部分正电荷，容易受到亲核试剂的进攻而发生亲核加成（nucleophilic addition）反应；第二类是受羰基极性的影响，α-碳原子上的氢原子（α-H）变得活泼，发生 α-H 的反应；第三类反应是氧化和还原反应。

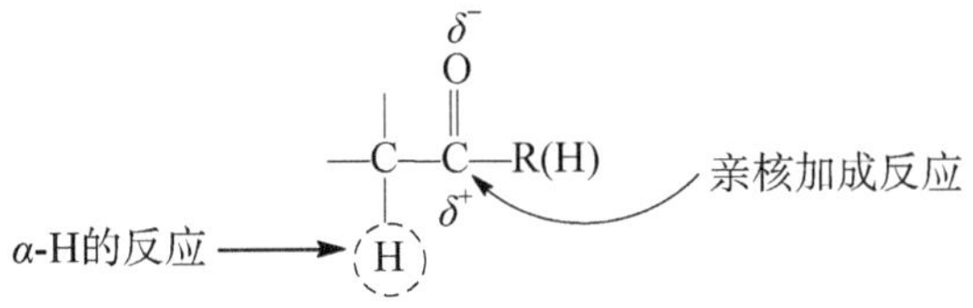

链 接 醛、酮亲核加成反应机理

羰基有两个反应中心——带正电荷的碳原子和部分带负电荷氧原子。由于氧原子容纳负电荷的能力比碳原子容纳正电荷的能力强，反应后生成的氧负离子具有比较稳定的八隅体结构，故发生加成反应时，亲核试剂（Nu^-）首先进攻羰基的碳原子，Nu^-提供一对电子与羰基的碳形成新的σ键，同时碳氧双键的一对π电子转移到氧原子上，形成氧负离子。很快，该氧负离子与试剂中带部分正电荷的 A^+ 结合，得到最终产物。反应是由亲核试剂先进攻羰基的带部分正电荷的碳原子所引起，最终试剂都加到羰基上，所以称为亲核加成反应。亲核加成反应机理的通式可表示为

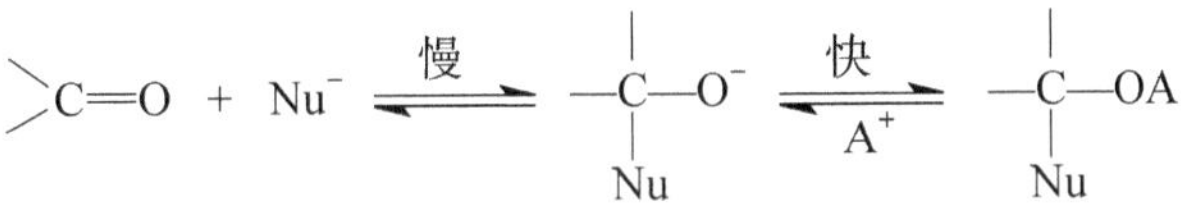

不同结构的醛、酮进行亲核加成反应的难易程度是不同的，其反应从易到难的顺序如下：

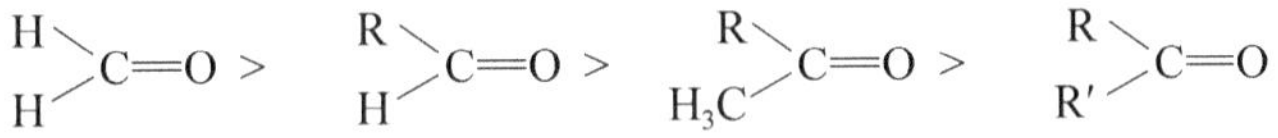

影响醛、酮亲核加成反应速率的因素主要有两个方面：①烃基是给电子基，与羰基碳原子相连后，降低了羰基碳原子所带的正电荷，因而不利于亲核加成反应；②烃基与羰基碳原子相连后，增大了空间位阻，不利于亲核试剂与羰基碳原子的加成，从而降低了其亲核加成反应的速率。

1. 亲核加成反应

（1）与氢氰酸加成：醛、脂肪族甲基酮以及 8 个碳以下的环酮能与氢氰酸发生加成反应生成 α-羟基腈，也称为 α-氰醇，其通式为

案例 7-1

丙酮与 HCN 反应生成 α-甲基-α-羟基丙腈。

环己酮与 HCN 反应生成 1-氰基环己醇。

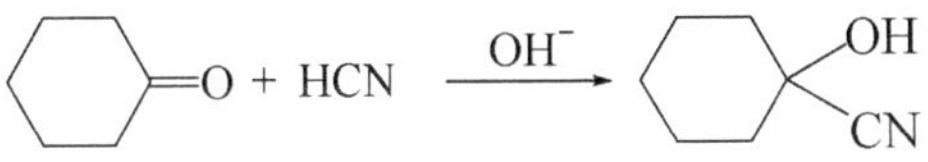

醛、酮与氢氰酸的加成反应，在碱性条件下反应速率会加快，酸性条件下反而变慢，这是由于碱性条件下有利于生成亲核离子 CN^-，酸性条件下抑制 CN^-的生成，不利于反应进行。这也恰好证明了其反应是属于亲核加成反应。此反应也可以用来在有机合成中增长碳链。例如：

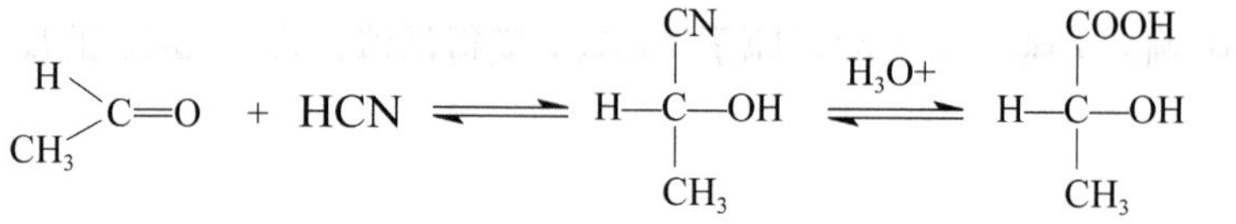

α-羟基丙酸

（2）与亚硫酸氢钠加成：醛、脂肪族甲基酮以及 8 个碳原子以下的环酮能与亚硫酸氢钠的饱和溶液发生加成反应，生成 α-羟基磺酸钠，由于它难溶于饱和的亚硫酸氢钠溶液而析出白色晶体。

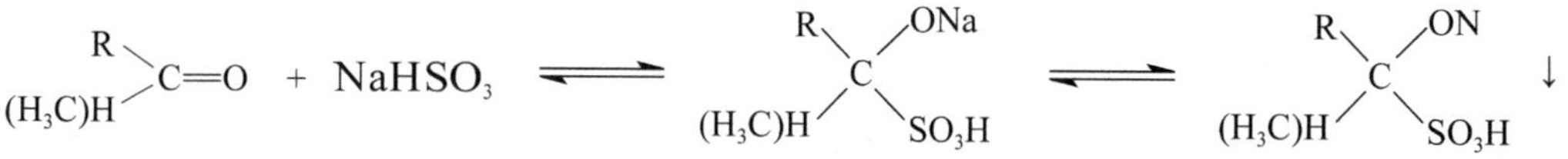

该反应是一个可逆反应，加入酸或碱，加成产物又会分解为原来的醛或酮。常可作为分离和提纯醛、酮。

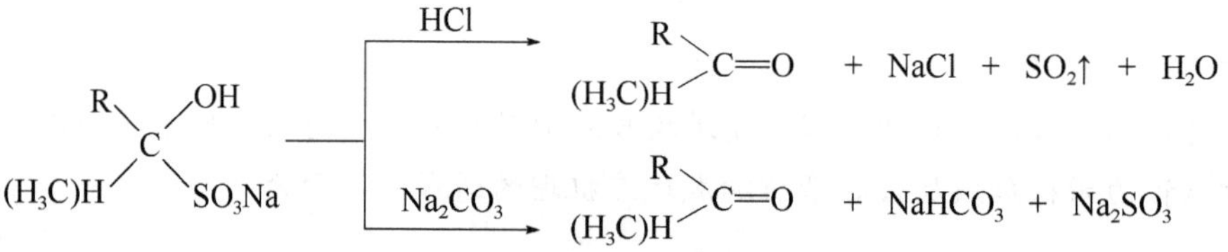

（3）与格氏试剂加成：格式试剂中的碳镁键是极性键，其中的碳原子带部分负电荷，镁带部分正电荷，故格氏试剂可作为亲核试剂与醛、酮发生亲核加成，加成产物可直接水解生成醇。

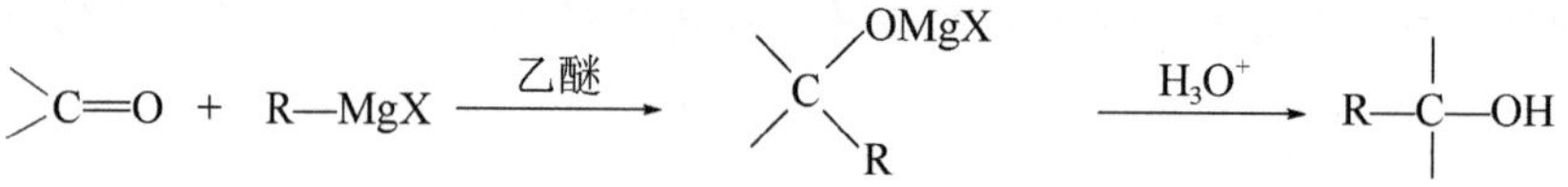

格氏试剂与甲醛作用生成伯醇，与其他的醛作用生成仲醇，与酮作用生成叔醇。例如：

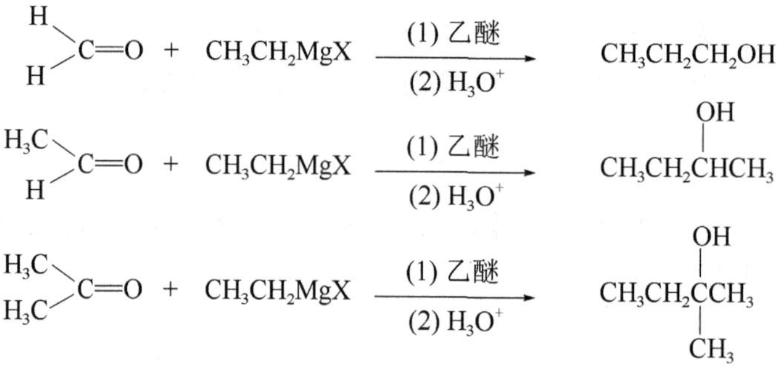

（4）与醇加成：在干燥的氯化氢作用下，一分子醛能与一分子醇发生加成反应，生成半缩醛。半缩醛中的羟基称为半缩醛羟基。半缩醛一般不稳定，可以继续与另一分子醇反应，脱去一分子水生成稳定的缩醛（acetal）。

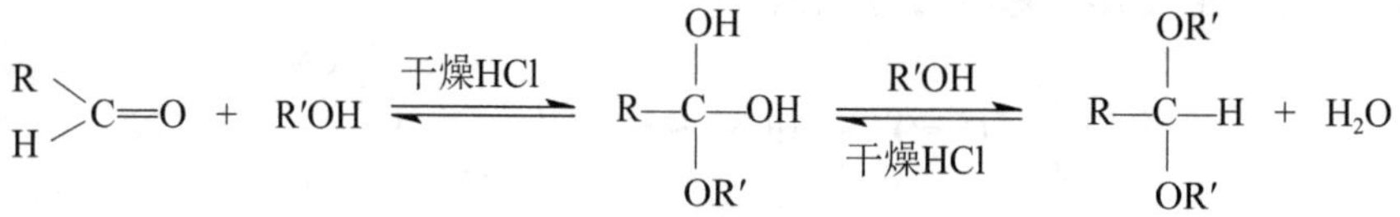

半缩醛　　缩醛

与醛相比，酮与醇生成缩酮的反应较困难，但酮容易与乙二醇作用生成具有五元环状结构的缩酮。

缩酮

缩醛和缩酮具有偕二醚结构，在碱性及氧化剂溶液中比较稳定，但在酸性溶液中易水解成原来的醛（或酮）和醇。利用此性质，在有机合成中可用来保护活泼的醛基。

案例 7-2

2-丁烯醛的双键氧化过程中醛基的保护。

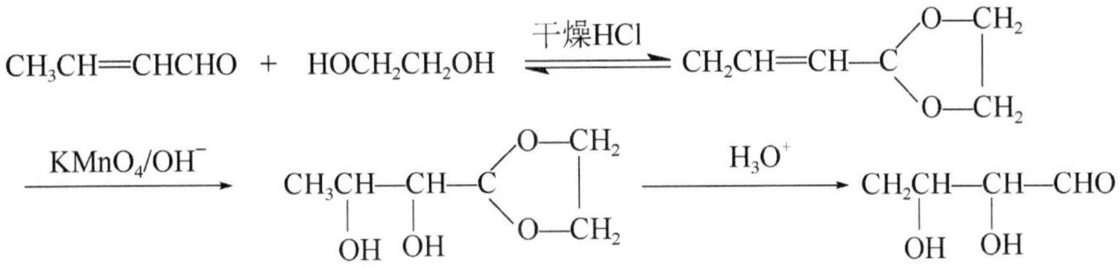

（5）与氨的衍生物加成：醛、酮能与氨的衍生物发生亲核加成反应，但反应并不停留在加成这一步，加成的产物易脱水生成含有碳氮双键的化合物。氨的衍生物（用 H_2N—Y 表示）与醛或酮反应的通式为

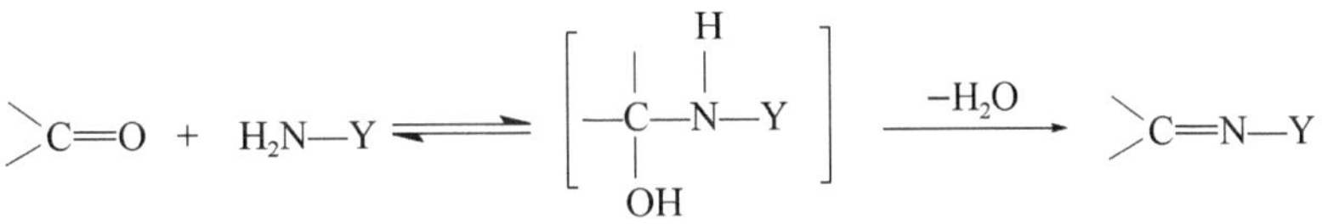

氨的衍生物及其与醛、酮反应产物的名称和结构式见表 7-1。

表 7-1　氨的衍生物及其与醛、酮反应产物

氨的衍生物	结构式	产物结构式	产物名称
羟胺	H_2N—OH	R(R′)H>C═N—OH	肟
肼	H_2N—NH_2	R(R′)H>C═N—NH_2	腙
苯肼	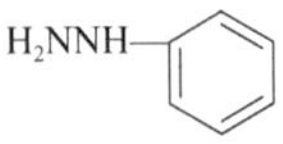	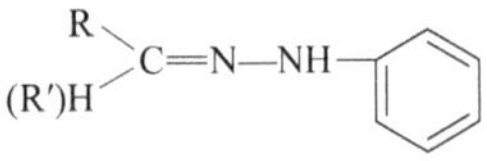	苯腙
2, 4-二硝基苯肼	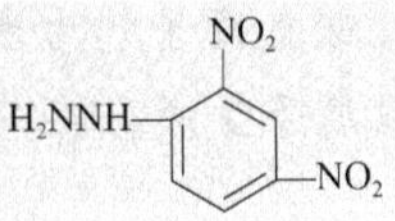	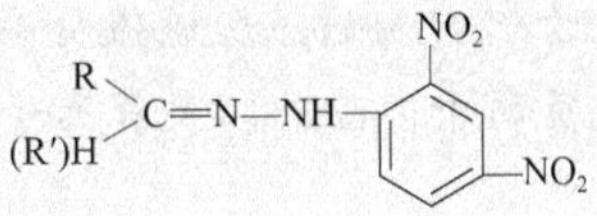	2, 4-二硝基苯腙
氨基脲	H_2NNH—C(═O)—NH_2	R(R′)H>C═N—NH—C(═O)—NH_2	缩氨脲

2. *α*-活泼氢的反应　在醛、酮分子中，与羰基相连的碳原子称为 *α*-C 原子，*α*-C 原子上的氢原子（*α*-H）受到羰基的影响而显得比较活泼，易以氢质子形式离去而发生一系列的反应。

（1）卤代和卤仿反应：在酸或碱的催化下，醛、酮中的 *α*-H 可以与卤素发生卤代反应，生成 *α*-卤代醛、酮。在酸性条件下，卤代反应可以停留在一卤代物的阶段。例如：

$$CH_3CH_2CHO + Cl_2 \xrightarrow{H_2O} CH_3CH(Cl)CHO + HCl$$

$$H_3C-\overset{\overset{\large O}{\|}}{C}-CH_3 + Br_2 \xrightarrow{CH_3COOH} H_3C-\overset{\overset{\large O}{\|}}{C}-CH_2Br + HBr$$

在碱性条件下，乙醛、丙酮中 *α*-H 全部被取代生成三卤代物，该物质在碱性溶液中不稳定，会立即分解生成三卤甲烷（卤仿）和羧酸盐，这类反应就是卤仿反应。例如：

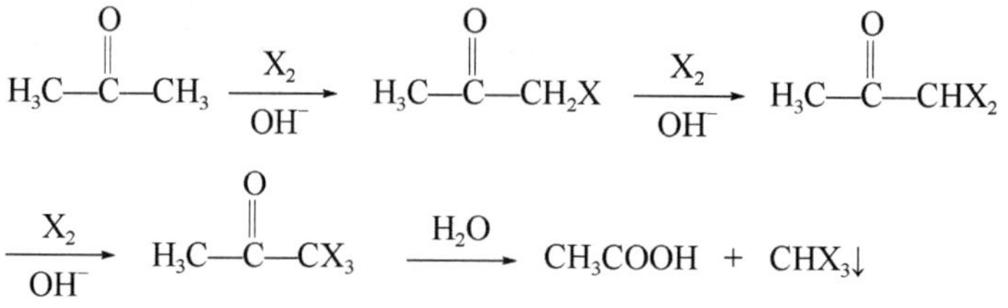

如果反应中的卤素是碘，在反应中生成碘仿，又称为碘仿反应。碘仿是一种不溶于水的黄色晶体，有特殊的气味，容易识别，所以碘仿反应常用来鉴别乙醛和甲基酮。另外，由于碘的氢氧化钠溶液中存在的次碘酸钠具有氧化性，可以把乙醇及具有$CH_3\overset{\overset{OH}{|}}{C}H$—结构的仲醇分别氧化成相应的乙醛或甲基酮，所以这类醇也能发生碘仿反应。反应通式如下：

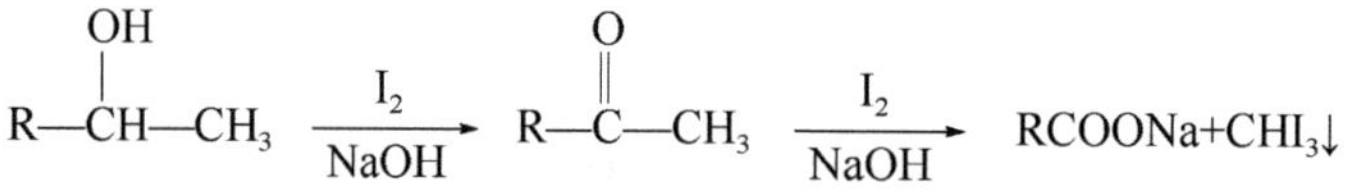

（2）羟醛缩合反应：在稀酸或稀碱（最常用的是稀碱）作用下，两分子的醛发生自身加成反应，一分子醛的 α-H 加到另一分子醛的羰基氧上，其余的部分加到羰基碳上，生成 β-羟基醛，这个反应就称为羟醛缩合反应。例如：

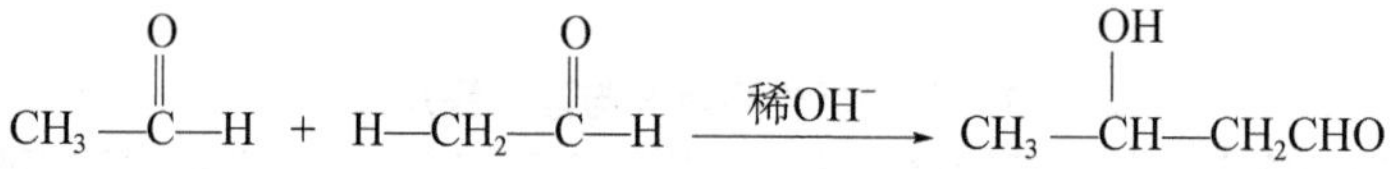

若生成的 β-羟基醛仍有 α-H，则受热或在酸的作用下可发生分子内脱水，生成 α，β-不饱和醛。例如：

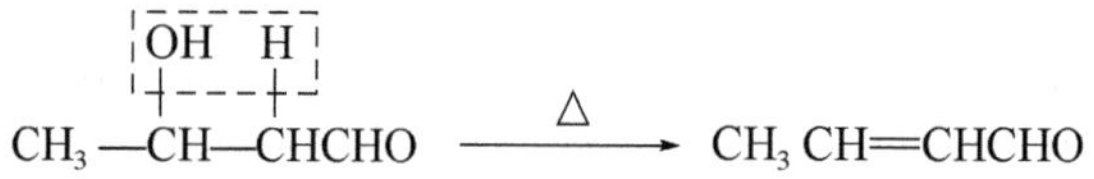

链 接 羟醛缩合反应历程

首先，稀碱夺取醛分子中的 α-H，形成碳负离子，然后，碳负离子作为亲核试剂，进攻另一分子醛的羰基碳原子，生成氧负离子，最后，氧负离子从水中夺取质子生成 β-羟基醛。例如，乙醛自身的羟醛缩合反应历程：

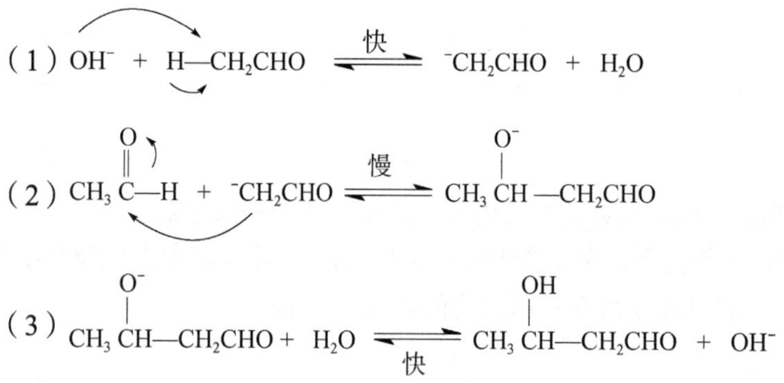

当含 α-H 的两种醛在稀碱作用下发生羟醛缩合反应时，除了同一种醛的自身羟醛缩合以外，还有两种醛之间的交叉缩合，故会得到 4 种不同的产物，难以分离，无实际意义。但若选用一种不含 α-H 的醛与一种含 α-H 的醛进行羟醛缩合，控制反应条件可得单一产物，这在有机合成中较有价值。例如：

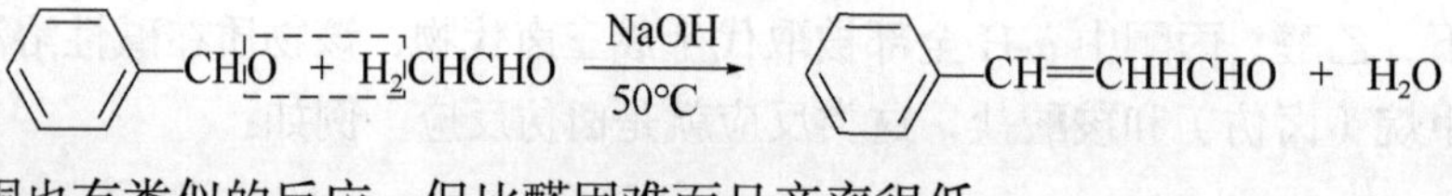

具有 α-H 的酮也有类似的反应，但比醛困难而且产率很低。

3. 氧化还原反应

（1）氧化反应：醛基上的氢原子比较活泼，容易被氧化，不仅会被强氧化剂高锰酸钾、重铬酸钾等氧化，也可被一些弱氧化剂如土伦（Tollens）试剂、费林（Fehling）试剂所氧化，酮基碳原子上没有氢原子，不易被弱氧化剂氧化。

1）银镜反应：土伦试剂是硝酸银与氨水混合制得的银氨溶液，与醛共热，可将醛氧化成羧酸，而自身被还原为金属银，析出的银沉积在洁净的试管壁上，宛如镜子，所以该反应称为银镜反应。

$$(Ar)RCHO + 2Ag(NH_3)_2OH \xrightarrow{\triangle} (Ar)RCOONH_4 + 2Ag\downarrow + H_2O + 3NH_3$$

2）费林反应：费林试剂由两个部分组成——硫酸铜溶液和酒石酸钾的氢氧化钠溶液，用时等体积混合，得到深蓝色溶液，与脂肪醛共热，可将脂肪醛氧化成羧酸，而自身被还原生成砖红色的氧化亚铜沉淀。

$$RCHO + Cu^{2+} + OH^- \xrightarrow{\triangle} RCOO^- + Cu_2O\downarrow + H_2O$$

费林试剂是比土伦试剂更弱的氧化剂，只能氧化脂肪醛，不能氧化芳香醛，因此可用费林试剂来区别脂肪醛和芳香醛。

（2）还原反应：采用不同的还原剂，可将醛、酮分子中的羰基还原成醇羟基或亚甲基。

1）羰基还原成醇羟基 ①催化氢化：在催化剂 Pt、Pd、Ni 等作用下，醛、酮与氢气加成时，分子中的羰基被还原成羟基的同时，若分子中有碳碳重键也会被一起还原。例如：

$$CH_3CH{=\!=}CHCHO + H_2 \xrightarrow{Pt} CH_3CH_2CH_2CH_2OH$$

②金属氢化物还原：用金属氢化物如 $NaBH_4$、$LiAlH_4$ 等作还原剂，也比较容易将醛、酮还原成相应的伯醇和仲醇，但不能还原分子中的碳碳重键。例如：

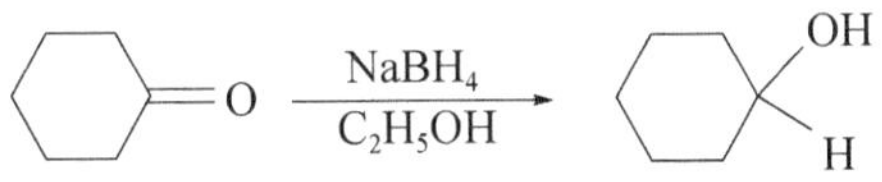

$$CH_3CH{=\!=}CHCHO \xrightarrow[(2)H_3O^+]{(1)LiAlH_4/(C_2H_5)_2O} CH_3CH{=\!=}CHCH_2OH$$

2）羰基还原成亚甲基 ①克莱门森（Clemmensen）还原：醛、酮与锌汞齐及浓盐酸回流反应，分子中的羰基被还原为亚甲基，这个反应称为克莱门森还原反应。

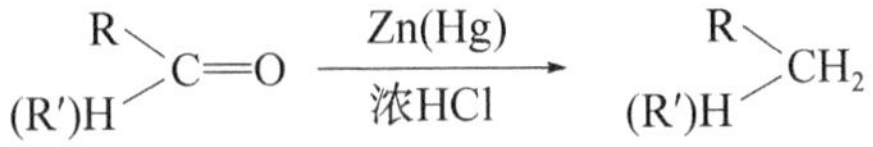

②沃尔夫-基希纳（Wolff- Kishner）还原：最初该方法是将醛、酮与无水肼作用生成腙，然后将腙、醇钠及无水乙醇在封管或高压釜中进行加热反应。

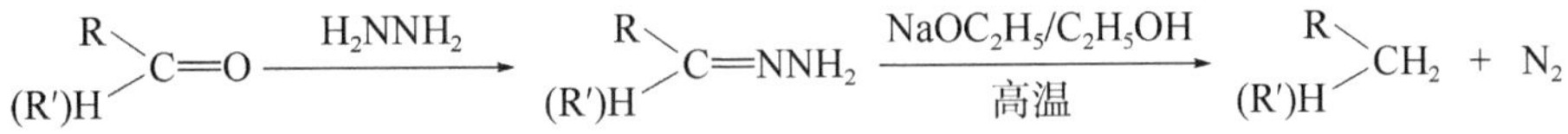

但该方法反应温度高，操作不方便。后来我国著名化学家黄鸣龙对该法进行了改良，用氢氧化钠、85%水合肼代替醇钠、无水肼，在聚乙二醇中反应。改良后的反应在常压下就能进行。例如：

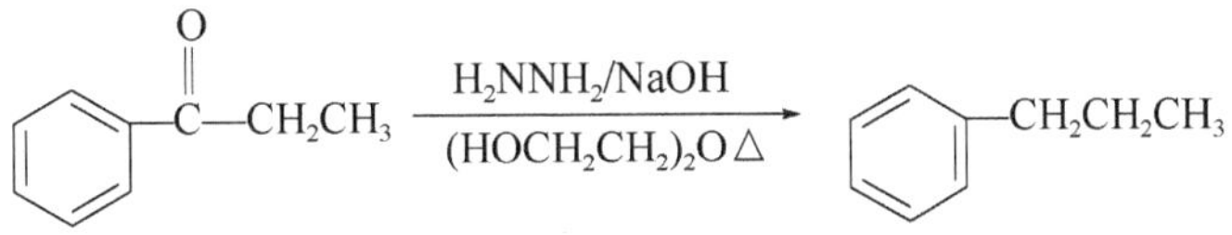

（3）坎尼札罗反应：在浓碱中无 α-H 的醛可发生自身的氧化还原反应，即一分子醛被氧化生成羧酸，另一分子醛被还原生成醇，这一反应就称为坎尼札罗（Cannizzaro）反应。例如：

$$2HCHO \xrightarrow{\text{浓}NaOH} HCOONa + CH_3OH$$

$$2C_6H_5CHO \xrightarrow{\text{浓}NaOH} C_6H_5COONa + C_6H_5CH_2OH$$

两种无 α-H 的醛在浓碱的作用下，则会发生交叉坎尼札罗反应，得到混合物，在合成上没有太大的意义。但若两种 α-H 的醛中有一种是甲醛，由于甲醛还原性较强，所以总是甲醛被氧化成甲酸（盐），而另一种醛被还原成醇。此在有机合成上有重要应用价值。

案例 7-3

工业上用甲醛和乙醛制备季戊四醇。

交叉羟醛缩合反应

$$3HCHO + CH_3CHO \xrightarrow[15\sim16^{\circ}C]{25\%Ca(OH)_2} HOCH_2-\underset{CH_2OH}{\overset{CH_2OH}{\underset{|}{\overset{|}{C}}}}-CHO$$

交叉坎尼扎罗反应

$$HOCH_2-\underset{CH_2OH}{\overset{CH_2OH}{\underset{|}{\overset{|}{C}}}}-CHO + HCHO \xrightarrow[55\sim60^{\circ}C]{Ca(OH)_2} HOCH_2-\underset{CH_2OH}{\overset{CH_2OH}{\underset{|}{\overset{|}{C}}}}-CH_2OH + (HCOO)_2Ca$$

季戊四醇

季戊四醇的硝酸酯是一种扩张心血管药物。

三、重要的醛和酮

1. 甲醛 俗称蚁醛，是最简单的醛类，通常情况下是一种可燃、无色及有刺激性的气体。易溶于水、醇和醚。35%～40%的甲醛水溶液称为福尔马林，是常用的防腐剂和消毒剂，可用于外科手术器械、手套、污染物等的消毒，也可用于解剖标本的防腐。甲醛对人体健康有负面影响，也是室内装饰材料造成室内环境污染的因素之一。当室内甲醛含量达 $0.1mg/m^3$ 时有异味和不适感；达 $0.5mg/m^3$ 时可刺激眼睛引起流泪；$0.6mg/m^3$ 时引起咽喉不适或疼痛；浓度再高可引起恶心、呕吐、咳嗽、胸闷、气喘甚至引发肺气肿；达到 $230mg/m^3$ 时可立即致人死亡。甲醛已被世界卫生组织确定为致癌和致畸物质。甲醛是一种非常重要的化工原料，大量用于生产酚醛树脂、季四戊醇、乌洛托品以及其他医药及染料。

2. 乙醛 无色、有刺激性气味的液体。熔沸点低，相对密度小于 1。易溶于水、乙醇和乙醚。乙醛是重要的有机合成原料，可以用来合成乙酸、乙醇、季戊四醇等。乙醛与氯气反应的产物三氯乙醛，其与水加成的产物水合三氯乙醛[$CCl_3CH(OH)_2$]，是一种比较安全的催眠药。

3. 苯甲醛 无色，有杏仁气味的液体，微溶于水，易溶于乙醇和乙醚。是最简单的芳香醛。苯甲醛广泛存在于植物中，可从杏、樱桃、月桂树叶、桃核中提取得到，如苦杏仁中的苦杏仁苷。苯甲醛是一种重要的有机合成原料，可以用来合成香料和染料。

4. 丙酮 最简单的酮，是一种无色透明、具有特殊气味的液体，易燃、易挥发，能与水、乙醇、乙醚等混溶，是常用的有机溶剂之一。丙酮是生产环氧树脂、聚碳酸酯、有机玻璃等物质的重要原料。在人体中，脂肪酸氧化分解的中间产物为 *β*-丁酮酸、*β*-羟基丁酸和丙酮，三者统称为酮体，饥饿期间酮体能够为人体提供能量，因此具有重要的生理意义。

考点：①醛酮的命名；②醛酮的物理性质；③亲核加成反应、卤仿反应、羟醛缩合反应、氧化还原反应；④重要的醛酮

第 2 节 醌

一、醌的结构和命名

醌是具有共轭体系的环己二烯二酮类化合物的总称。通常将含有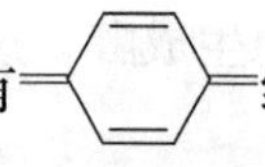结构的醌称为对位醌；含有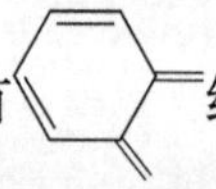结构的醌称为邻位醌。按醌分子中所含芳环的不同，又可分为苯醌、萘醌、蒽醌、菲醌等。

常见的醌类化合物的命名是以苯醌、萘醌等作为母体，按照芳烃衍生物进行命名。两个羰基的位置可用阿拉伯数字标明，也可用邻、对或 *α*、*β* 标明并写在醌的名称前面。例如：

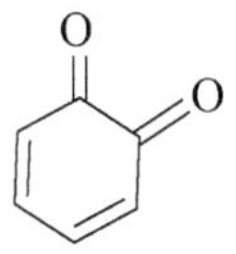

1,2-苯醌(邻苯醌)

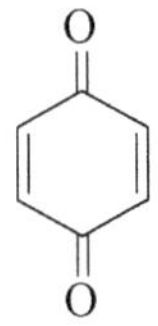

1,4-苯醌(对苯醌)

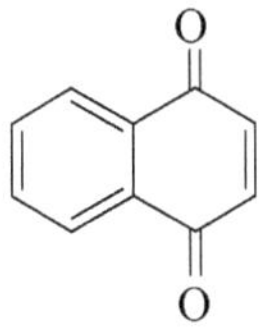

1,4-萘醌

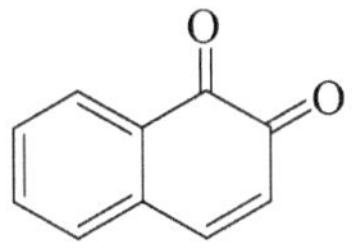

1,2-萘醌

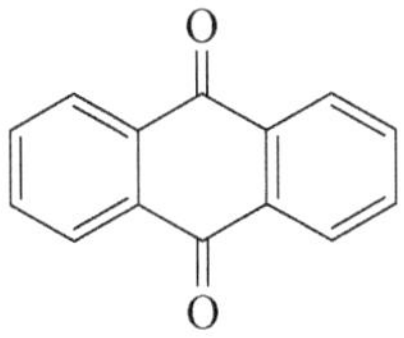

9,10-蒽醌

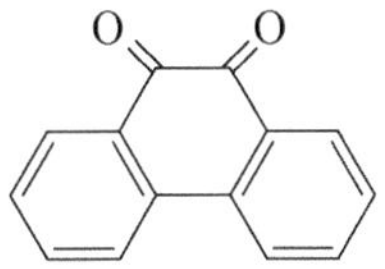

9,10-菲醌

二、醌的理化性质

(一)醌的物理性质

醌类化合物都是有颜色的固体，对位醌大多为黄色，邻位醌大多为红色或橘色。常压下加热可升华，且小分子的醌具有挥发性。对位醌具有与氯相似的刺激气味，并可用水蒸气蒸馏法提纯，邻位醌没有气味，也不能用水蒸气蒸馏法提纯。因醌类化合物具有颜色，所以是许多染料和指示剂的母体。

(二)醌的化学性质

从醌的结构来看，分子中既有碳碳双键又有羰基，因此醌应具有双键和羰基的性质。同时，醌又是 α,β-不饱和醛酮，应具有 α,β-不饱和醛酮的性质。

1. 烯键的加成 醌分子中的碳碳双键与溴加成，生成二溴化物或四溴化物。例如：

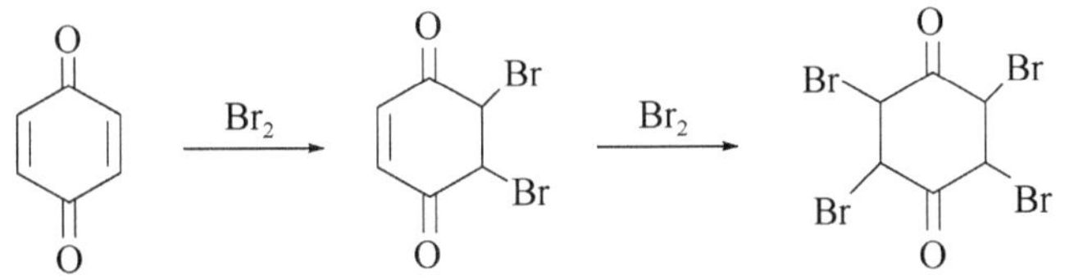

2. 羰基的加成 醌分子中的羰基与多种亲核试剂发生加成反应，例如，与羟氨作用生成单肟或双肟。

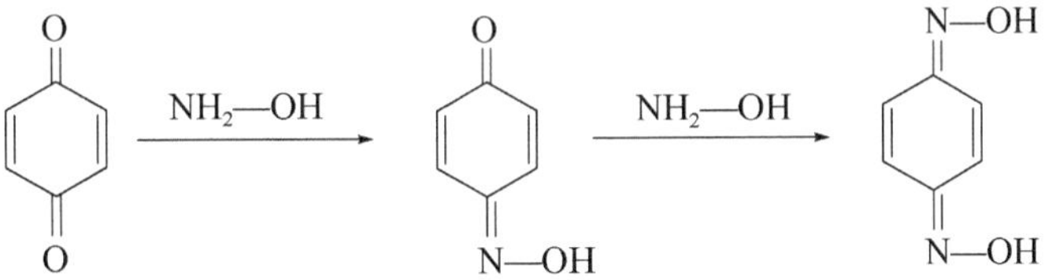

3. 1, 4-加成 醌具有碳氧双键和碳碳双键构成的类似于共轭二烯的π-π共轭体系，可以与氢卤酸、氢氰酸等发生 1, 4-加成反应。例如：

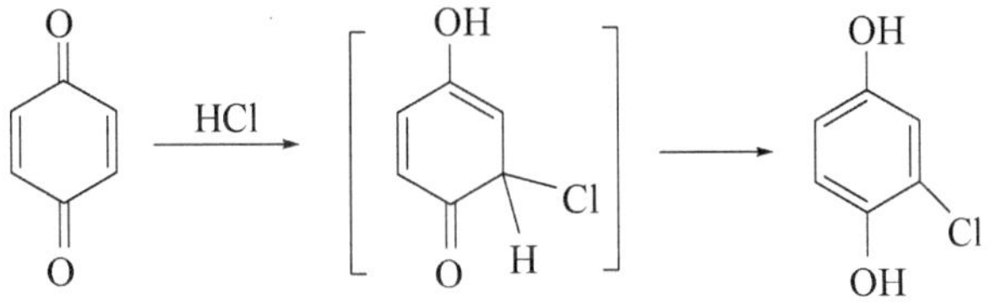

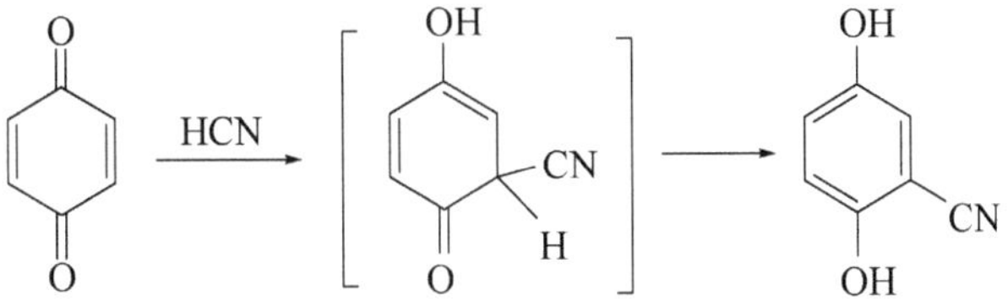

4. 还原反应 对苯醌在亚硫酸水溶液中很容易被还原为对苯二酚，即氢醌，该反应是氢醌氧化成对苯醌的逆反应。

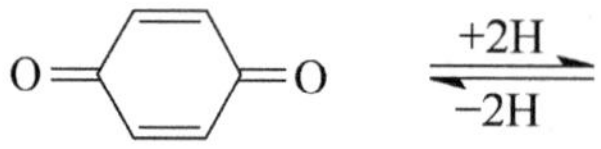

三、重要的醌

1. 苯醌 苯醌有邻苯醌和对苯醌两种结构。对苯醌为金黄色棱晶；熔点 115～117℃，能升华并能随水蒸气蒸馏；溶于热水、乙醇和乙醚中。邻苯醌为红色片状或棱晶；在 60～70℃分解；溶于乙醚、丙酮和苯。

将对苯醌的乙醇溶液和无色的对苯二酚的乙醇溶液混合，溶液颜色可变为棕色，并有深绿色的晶体析出，这是一分子对苯醌和一分子对苯二酚结合而成的化合物，称为醌氢醌。在醌氢醌溶液中插入铂片，即组成醌氢醌电极，可用于测定溶液的氢离子浓度。

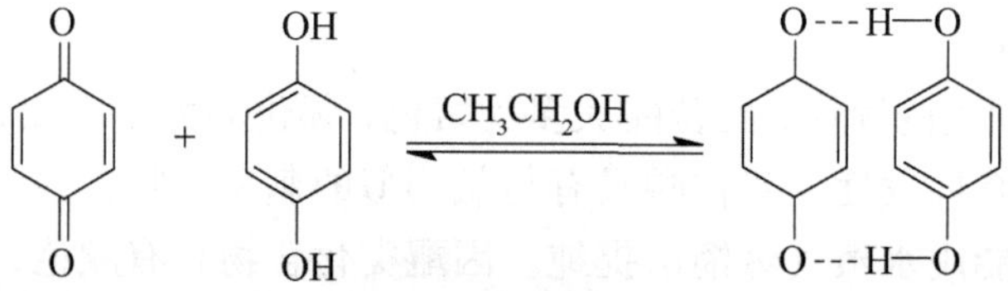

2. 萘醌 萘醌有 1, 4-萘醌（α-萘醌）、1, 2-萘醌（β-萘醌）和 2, 6-萘醌（远萘醌）。萘醌通常指 1, 4-萘醌，亮黄色针状晶体；在 100℃以下即可升华并能随水蒸气蒸馏；溶于乙醇、乙醚、苯中。萘醌对皮肤、黏膜有刺激作用，并能引起过敏性皮炎。动植物体内含有 1, 4-萘醌结构的多种化合物，这些化合物起着重要的生理作用。

考点：①醌的命名；②醌的化学性质；③重要的醌

链 接 维生素K

维生素 K 是一组具有萘醌或氢萘醌结构的化合物，包含维生素 K_1、维生素 K_2、维生素 K_3、维生素 K_4 等。维生素 K_1 和 K_2 广泛存在于自然界中，其中维生素 K_1 为黄色油状液体，维生素 K_2 为黄色晶体。在绿色植物（如苜蓿、菠菜等）、蛋黄、肝脏中含量较多。维生素 K_1 和 K_2 都能促进血液的凝固，可用作止血剂。维生素 K_3，化学名为 2-甲基-1, 4-萘醌，是人工方法合成的抗凝血剂，为黄色晶体，难溶于水，是油溶性维生素。维生素 K_4 是白色或微黄色结晶，不溶于水，其药理作用类似于维生素 K_3。

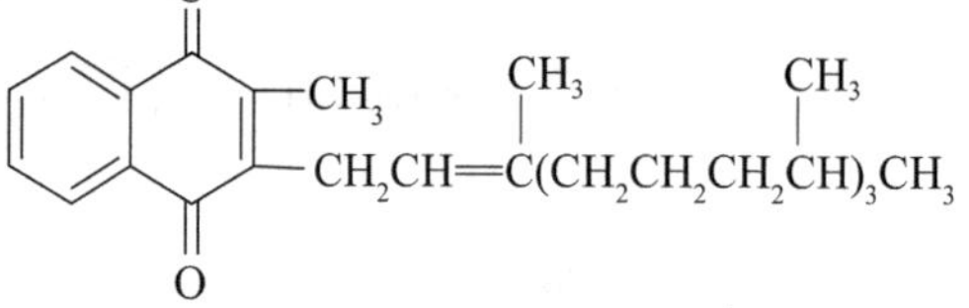
维生素K_1

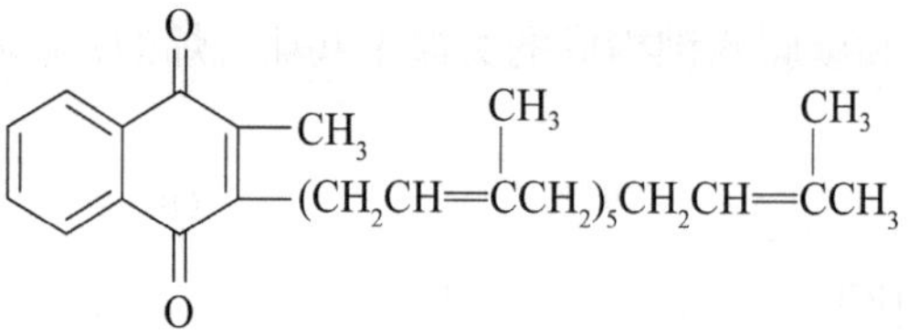
维生素K_2

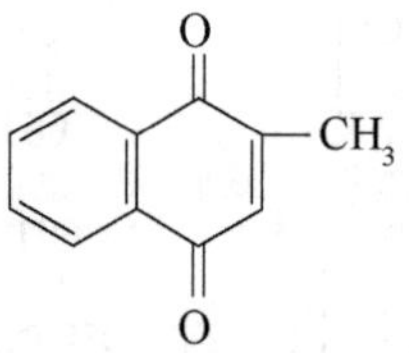
维生素K_3（2-甲基-1,4-萘醌）

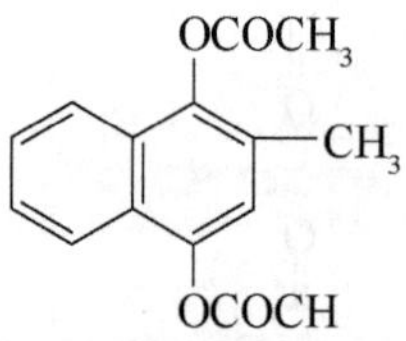
维生素K_4

自测题

一、单项选择题

1. 下列物质中属于醛的是（　　）
   A. $CH_3CH(OH)CH_3$　　B. HCHO
   C. CH_3COCH_3　　D. CH_3COOH
2. 能与氢氰酸加成生成 α-氰醇的是（　　）
   A. 苯乙酮　　B. 环壬酮
   C. 丙酮　　D. 3-己酮
3. 下列化合物能够分离和提纯醛酮的是（　　）
   A. 氢氰酸　　B. 格式试剂
   C. 饱和亚硫酸氢钠溶液　　D. 丙醇
4. 下列化合物中不能与碘的 NaOH 溶液反应生成碘仿的是（　　）
   A. 乙醛　　B. 苯甲醛
   C. 丙酮　　D. 乙醇
5. 下列试剂与乙醛反应水解后生成醇的是（　　）
   A. 丙基溴化镁　　B. 羟胺
   C. 硼氢化钠　　D. 溴水
6. 醛与苯肼作用生成（　　）
   A. 肟　　B. 腙　　C. 缩氨脲　　D. 苯腙
7. 在稀酸或稀碱作用下，两分子的醛发生加成反应是（　　）
   A. 缩醛反应　　B. 羟醛缩合反应
   C. 碘仿反应　　D. 银镜反应
8. 下列化合物中能发生银镜反应的是（　　）
   A. 苯甲醛　　B. 丙酮
   C. 苯酚　　D. 苯甲醇
9. 能鉴别丙醛和苯乙醛的试剂是（　　）
   A. 银镜反应　　B. 费林试剂
   C. 席夫试剂　　D. 高锰酸钾
10. 检查糖尿病患者尿中是否含有丙酮，可采用的方法是（　　）
   A. 与 NaCN 和硫酸反应
   B. 银镜反应
   C. 与格氏试剂反应
   D. 与碘的 NaOH 溶液反应

二、写出下列化合物的名称或结构式

1. $CH_3CH(CH_3)CHO$

2. $CH_3CH{=}CHCHO$

3. 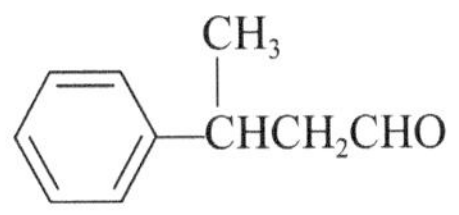

4. $CH_2{=}CHCOCH_2CH_3$

5. 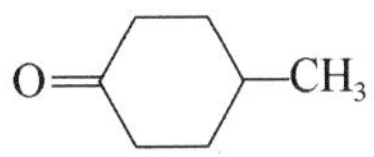

6. 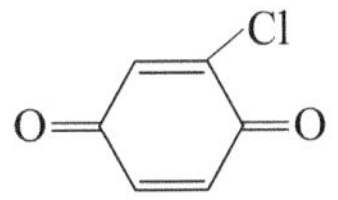

7. 3, 4-二甲基己醛
8. 3-戊烯-2-酮
9. 4-苯基-2-丁酮
10. 5-溴萘醌

三、完成下列化学反应式

1. 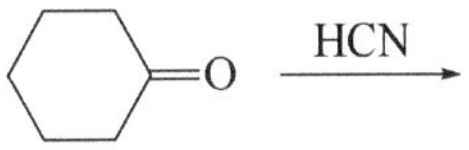

2. $CH_3COCH_3 + NaHSO_3 \rightleftharpoons$

3. $CH_3CH(CH_3)CHO \xrightarrow[NaOH]{I_2}$

4. $CH_3CH{=}CHCH_2CHO \xrightarrow[C_2H_5OH]{NaBH_4}$

5. $CH_3COCH_2CH_3 + CH_3CH_2MgBr \xrightarrow[(2)H_3O^+]{(1)无水乙醚}$

6. $CH_3CHO + H_2NOH \longrightarrow$

7. $CH_3COCH_3 + HOCH_2CH_2OH \xrightarrow{干HCl}$

8. $C_6H_5COCH_3 \xrightarrow[浓HCl]{Zn(Hg)}$

四、用化学方法鉴别下列各组化合物

1. 丙醛、丙酮、正丙醇
2. 戊醛、2-戊酮、3-戊酮
3. 苯甲醛、戊醛、苯乙酮

五、推断题

1. 分子式为 C_7H_6O 的化合物 A，可与苯肼反应生成橙红色化合物，能发生银镜反应，也可被高锰酸钾氧化成 B。试写出 A、B 的构造式。
2. 分子式为 $C_8H_{14}O$ 的化合物 A，可使溴很快褪色，也可与苯肼反应。A 氧化后得到丙酮与化合物 B，B 与次碘酸钠作用生成碘仿与丁二酸，试写出 A、B 的构造式。

（盛文文）

第 8 章

羧酸及其衍生物

羧酸及其衍生物广泛存在于自然界中，特别是动植物体内，许多还具有显著的生物活性。有些羧酸（如苹果酸、柠檬酸等）常用作食品的调味剂或防腐剂。临床上，用于防病、治病的药物中也有许多是羧酸及其衍生物。它们也是药物合成、化工工业重要的原料。因此，羧酸及其衍生物和人们的生活密切相关。

第 1 节 羧　　酸

一、羧酸的分类和命名

（一）羧酸的分类

根据羧酸分子中与羧基相连的烃基种类不同，可分为脂肪酸和芳香酸；根据烃基是否饱和，可分为饱和酸和不饱和酸；根据羧酸分子中含有羧基的数目，可分为一元酸、二元酸和多元酸（表 8-1）。

表 8-1　羧酸的分类

类别	饱和脂肪酸	不饱和脂肪酸	芳香酸
一元酸	CH_3COOH 乙酸	$CH_2{=}CHCOOH$ 丙烯酸	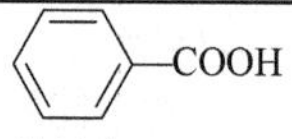 苯甲酸
二元酸	HOOC—COOH 乙二酸	HOOCCH═CHCOOH 丁烯二酸	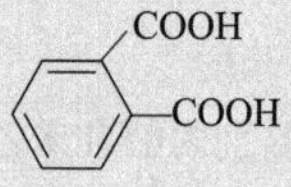 邻苯二甲酸

（二）羧酸的命名

很多羧酸最初是从天然产物中得到的，因此常根据它们的来源而得俗名，如蚁酸、醋酸、草酸、油酸等。羧酸的系统命名原则与醛相似，命名时将醛字改成酸字即可。

1. 饱和脂肪酸命名　首先选择含有羧基的最长碳链作为主链，并从羧基碳原子开始给主链上的碳原子用阿拉伯数字标明位次，根据主链所含的碳原子数目，定母体名为某酸。有时也用希腊字母来表示取代基的位次，从与羧基相邻的碳原子开始，依次为 α、β、γ…。例如：

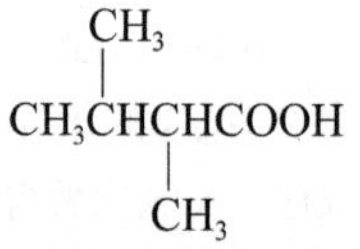
2,3-二甲基丁酸
（α, β-二甲基丁酸）

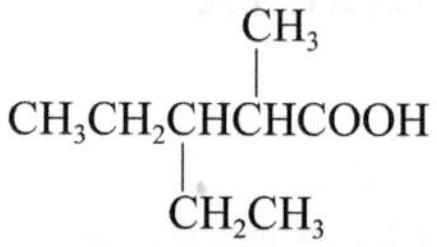
2-甲基-3-乙基戊酸
（α-甲基-β-乙基戊酸）

2. 不饱和羧酸命名　选择包含羧基和不饱和键的最长的碳链为主链，称为“某烯（炔）酸”，同时标明不饱和键的位次。当主链的碳原子数大于 10 时，需在中文数字之后加上“碳”字。例如：

$CH_3CH{=}CHCOOH$
2（或 α）-丁烯酸

$CH_3(CH_2)_7CH{=}CH(CH_2)_7COOH$
9-十八碳烯酸

3. 二元羧酸命名　选择两个羧基在内的最长碳链作为主链，根据主链碳原子的数目称为“某二酸”。例如：

$HOOC—COOH$　　　　$HOOCCH_2CH_2COOH$

乙二酸　　　　丁二酸

4. 芳香酸和脂环酸命名　将芳环或脂环看作取代基，以脂肪酸作为母体命名。例如：

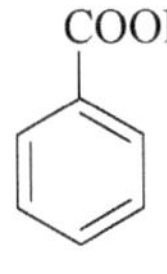

苯甲酸

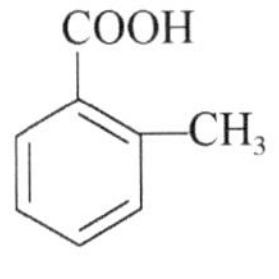

邻甲基苯甲酸

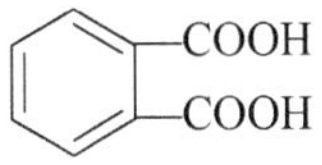

邻苯二甲酸

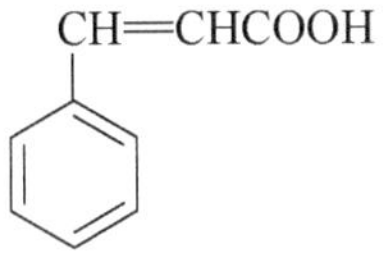

3-苯基丙烯酸

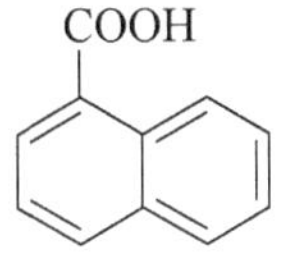

1（或α）-萘甲酸

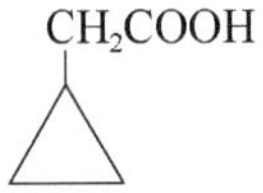

环丙基乙酸

课堂互动 8-1

命名下列化合物。

（1）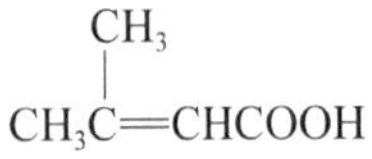

（2）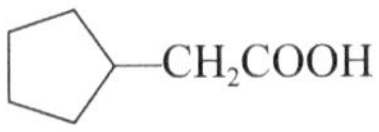

二、羧酸的理化性质

（一）物理性质

低级脂肪羧酸，如甲酸、乙酸、丙酸是具有刺激性气味的液体，含4～9个碳原子的羧酸是具有腐败恶臭气味的油状液体，高级脂肪羧酸为无味蜡状固体，脂肪族二元酸和芳香酸都是结晶状固体。

羧酸分子中羧基是亲水基团，可与水形成氢键，所以低级羧酸能与水混溶。随着分子量的增大，非极性的烃基越来越大，使羧酸在水中的溶解度逐渐减小，含6个碳原子以上的羧酸难溶于水而易溶于有机溶剂。

羧酸的熔点与沸点比分子量相近的醇高，例如，分子量均为46的甲酸和乙醇沸点相差22℃，这是由于羧酸分子间可以形成两个氢键而缔合成较稳定的二聚体。

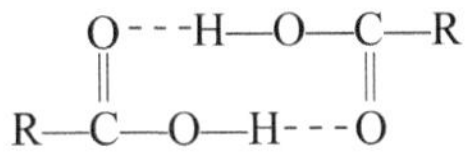

（二）化学性质

羧基是由羰基和羟基组成的，羧基中的碳原子为sp^2杂化，未杂化的p轨道与羰基氧原子的p轨道重叠形成π键，羟基氧原子的一对孤对p电子与π键形成p-π共轭体系，使羰基碳原子上的电子云密度增加，导致羰基的亲电性能减弱。羧酸与醛、酮相比，不易与亲核试剂发生加成反应。在p-π共轭体系中，电子云的离域使羟基氧原子上的电子云向羰基转移，导致羟基氧原子上的电子云密度减小，氧氢键电子云更偏向氧原子，增强了H—O键的极性，有利于羟基中氢原子的解离，故羧酸表现出明显的酸性（图8-1）。

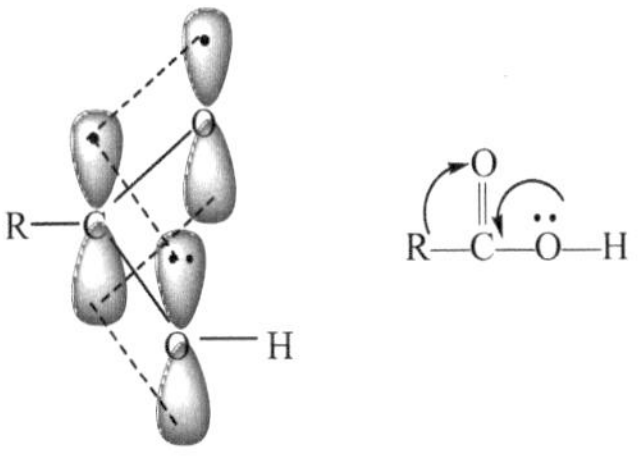

图8-1　羧酸分子结构示意图

1. 酸性　羧酸都具有酸性，在水溶液中电离出氢离子，建立平衡如下：

$$RCOOH \rightleftharpoons RCOO^- + H^+$$

羧酸是弱酸，但比苯酚和碳酸的酸性强。因此羧酸能与 NaOH、Na_2CO_3、$NaHCO_3$ 等发生反应，生成羧酸盐。但羧酸的酸性比无机的强酸弱，所以在羧酸盐中加入无机酸时，羧酸又游离出来。利用这一特点，不仅可以区别羧酸和苯酚，还可用来分离提纯有关化合物。

$$RCOOH + NaOH \longrightarrow RCOONa + H_2O$$
$$RCOOH + NaHCO_3 \longrightarrow RCOONa + H_2O + CO_2\uparrow$$
$$2RCOOH + Na_2CO_3 \longrightarrow 2RCOONa + H_2O + CO_2\uparrow$$

当羧酸的烃基上（特别是 α-C 原子上）连接电负性大的基团时，由于它们的吸电子诱导效应，氢氧间电子云偏向氧原子，氢氧键的极性增强，促进氢的解离，或者说凡是能稳定羧酸根负离子的基团，均使羧酸酸性增强。表 8-2 列出了一部分一元羧酸的 pK_a 值。

表 8-2 一元羧酸的 pK_a 值

结构简式	pK_a 值	结构简式	pK_a 值
HCOOH	3.77	FCH_2COOH	2.67
CH_3COOH	4.75	$ClCH_2COOH$	2.87
$CH_3(CH_2)_2COOH$	4.81	$BrCH_2COOH$	2.90
$(CH_3)_2CHCOOH$	4.86	$Cl_2CHCOOH$	1.36
$(CH_3)_3CCOOH$	5.05		

由表 8-2 中的数据可推得结论：烃基空间位阻越小，取代基的电负性越大，取代基的数目越多，距羧基的位置越近，吸电子诱导效应越强，则羧酸的酸性越强。

由于两个羧基的相互影响，饱和的二元羧酸的酸性比一元酸强，特别是乙二酸，两个电负性大的羧基直接相连，使酸性显著增强。乙二酸的 pK_{a_1}=1.46，其酸性比磷酸（pK_{a_1}=1.59）还强。

取代基对芳香酸酸性的影响也有相类似的规律。当羧基的对位连有硝基、卤素原子等吸收电子基时，酸性增强；而对位连有甲基、甲氧基等斥电子基时，则酸性减弱。

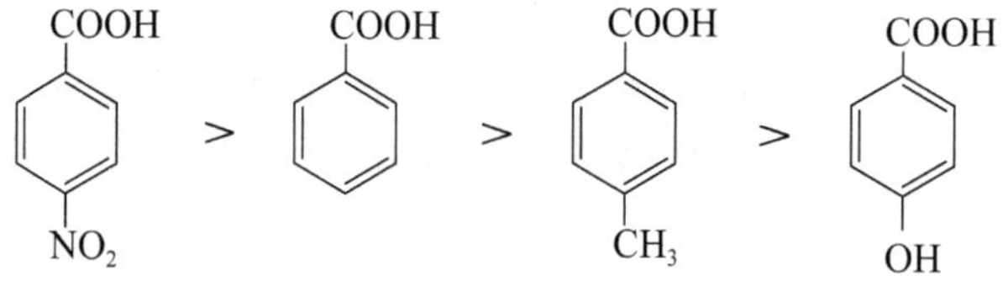

pK_a 3.42 4.20 4.38 4.57

2. 羧酸衍生物的生成 羧酸分子的羧基中的羟基被其他的原子或原子团取代后的生成物常被称为羧酸衍生物。这些原子或原子团包括卤原子（—X）、酰氧基（—OOCR）、烷氧基（—OR）及氨基（$—NH_2$），相应的羧酸衍生物分别称为酰卤、酸酐、酯和酰胺。羧酸分子中去掉羟基后剩余的部分称为酰基。

羧酸 酰基

（1）酰卤的生成：羧酸与 PCl_3、PCl_5、$SOCl_2$ 等作用，生成酰氯。

$$3RCOOH + PCl_3 \longrightarrow 3RCOCl + H_3PO_3$$
$$RCOOH + PCl_5 \longrightarrow RCOCl + POCl_3 + HCl\uparrow$$
$$RCOOH + SOCl_2 \longrightarrow RCOCl + SO_2\uparrow + HCl\uparrow$$

酰氯很活泼，很容易水解，所以反应需在无水条件下进行。实验室制备酰氯，常用羧酸与亚硫酰氯，因为该反应的副产物都是气体，产物纯度高。

（2）酸酐的生成：在乙酸酐、P_2O_5 等脱水剂的作用下，羧酸加热脱水，生成酸酐。

$$R-\overset{O}{\overset{\|}{C}}-OH + HO-\overset{O}{\overset{\|}{C}}-R \xrightarrow[\triangle]{\text{脱水剂}} R-\overset{O}{\overset{\|}{C}}-O-\overset{O}{\overset{\|}{C}}-R + H_2O$$

具有五元环或六元环的酸酐，可由二元羧酸加热、分子内失水而得。例如，邻苯二甲酸酐可由邻苯二甲酸脱水得到。

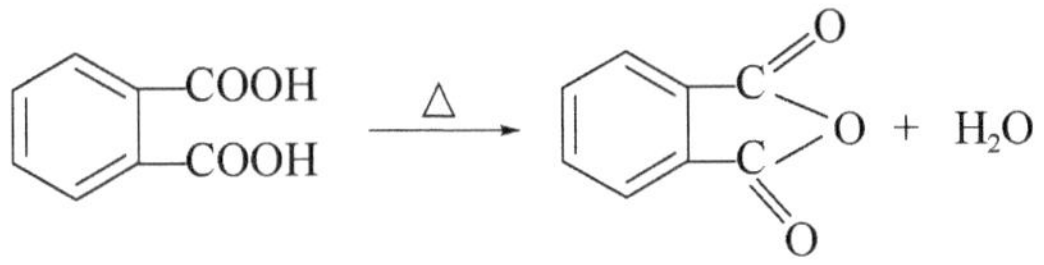

（3）酯的生成：羧酸与醇在强酸的催化作用下，生成酯和水的反应称为酯化反应。

$$RCOOH + R'OH \underset{\triangle}{\overset{\text{浓}H_2SO_4}{\rightleftharpoons}} R-\overset{O}{\overset{\|}{C}}-OR' + H_2O$$

$$CH_3COOH + HOCH_2CH_3 \underset{\triangle}{\overset{\text{浓}H_2SO_4}{\rightleftharpoons}} CH_3\overset{O}{\overset{\|}{C}}-OCH_2CH_3 + H_2O$$

酯化反应是可逆反应，因此可通过增加某种反应物的浓度，或者用蒸馏的方法除去反应生成的酯或水，使平衡向生成物方向移动，以提高酯的产率。

（4）酰胺的生成：在羧酸中通入氨气生成羧酸的铵盐，加热分子内脱水生成酰胺。

$$RCOOH + NH_3 \longrightarrow RCOONH_4 \xrightarrow{\triangle} R-\overset{O}{\overset{\|}{C}}-NH_2 + H_2O$$

3. α-H 被取代　在羧基的影响下，α-H 活性增强，能被卤原子取代。但由于羧基的致活作用比羰基小，所以羧酸的 α-H 卤代反应需要在红磷或三卤化磷等催化剂存在下才能顺利进行。

$$RCH_2COOH + X_2 \xrightarrow[\text{或}PX_3]{P} \underset{\underset{X}{|}}{RCH}COOH + HX$$

4. 还原反应　羧酸与大多数还原剂不反应，但能被强还原剂如氢化铝锂还原成醇。

$$RCOOH \xrightarrow{LiAlH_4} RCH_2OH$$

氢化铝锂为选择性还原剂，还原不饱和羧酸时，生成不饱和醇。氢化铝锂只还原羧基，分子中的碳碳双键、叁键不受影响，例如：

$$CH_2{=}CHCH_2COOH \xrightarrow{LiAlH_4} CH_2{=}CHCH_2CH_2OH$$

5. 脱羧反应　羧酸分子脱去羧基放出 CO_2 的反应称为脱羧反应。低级羧酸的钠盐及芳香族羧酸的钠盐在碱石灰存在下加热，可脱羧生成烃。例如：

$$CH_3COONa + NaOH \xrightarrow[\triangle]{CaO} CH_4\uparrow + Na_2CO_3$$

一元羧酸的脱羧比较困难，当一元羧酸 α-C 上连有吸电子基时，脱羧比较容易进行。例如：

$$Cl_3CCOOH \xrightarrow{\triangle} CHCl_3 + CO_2\uparrow$$

6. 二元羧酸的热稳定性　二元羧酸受热时，由于两个羧基相对位置的不同，发生的反应不同，生成的产物也不相同。

（1）乙二酸和丙二酸受热发生脱羧反应，生成一元羧酸。

$$HOOC-COOH \xrightarrow{\triangle} HCOOH + CO_2\uparrow$$

$$HOOCCH_2COOH \xrightarrow{\triangle} CH_3COOH + CO_2\uparrow$$

（2）丁二酸和戊二酸受热时发生脱水反应，生成五元和六元的环酐。

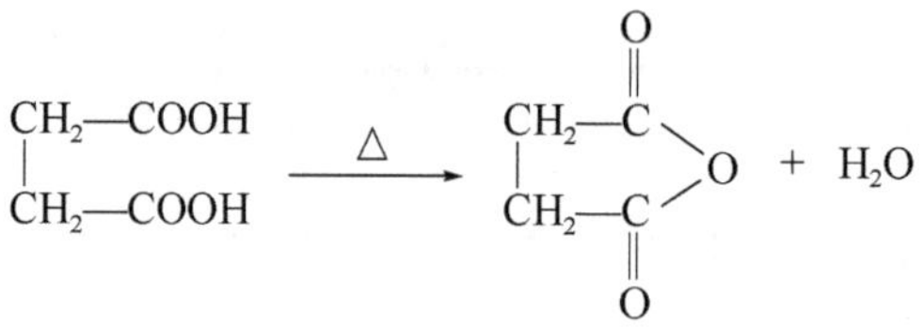

（3）己二酸和庚二酸受热后既脱羧又失水，生成较稳定的五元和六元环酮。

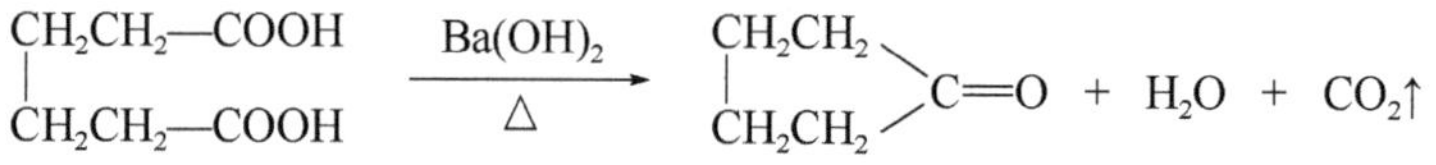

课堂互动 8-2

写出下列反应的主要产物。

（1）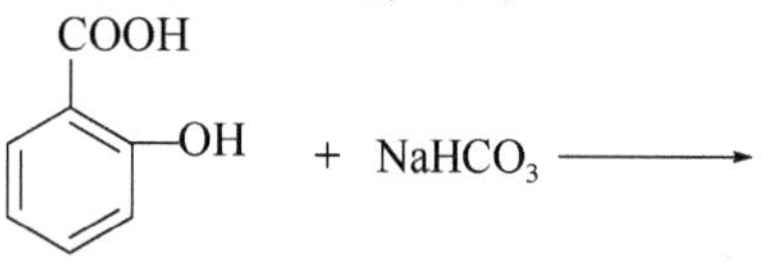

（2）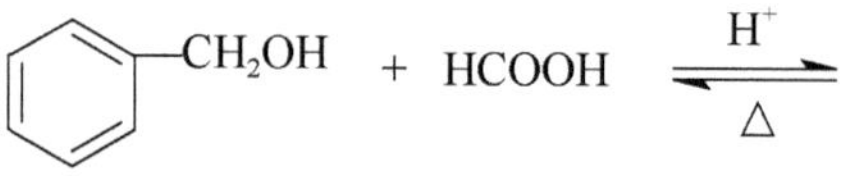

（3）$CH_3COOH + HOOCCH_3 \xrightarrow[\triangle]{脱水剂}$

（4）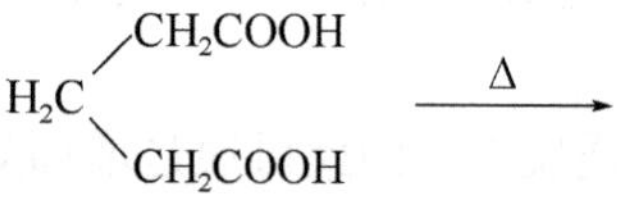

三、重要的羧酸

1. 甲酸 俗称蚁酸，最初是在蚂蚁体内发现的，它是具有刺激性臭味的无色液体，可溶于水、乙醇等。由于甲酸的腐蚀性很强，使用时要避免与皮肤接触。

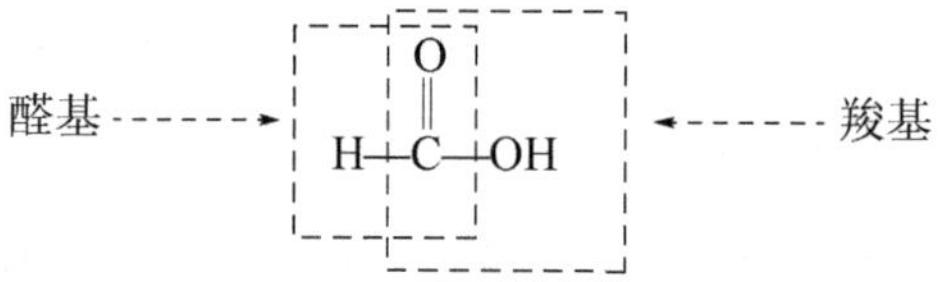

甲酸的结构比较特殊，分子中羧基和氢原子直接相连，它既具有羧基结构，又具有醛基结构。因此，它既有羧酸的性质，又具有醛类的性质。在饱和一元羧酸中酸性最强（pK_a=3.77）。还能与托伦试剂发生银镜反应，也能被高锰酸钾等氧化剂氧化，生成二氧化碳和水，是一种良好的酸性还原剂。甲酸可用作还原剂、橡胶凝结剂、防腐剂和消毒剂等。

2. 乙酸 俗称醋酸，是食醋的主要成分。乙酸为具有刺激性气味的无色液体。当室温低于16.6℃时，无水乙酸凝结成冰状固体，故常把无水乙酸称为冰醋酸。乙酸能与水按任何比例混溶，也可溶于乙醇、乙醚等有机溶剂。

乙酸是人类最早使用的食品调料，同时也是重要的工业原料，它可以用来合成乙酸酐、乙酸酯、醋酸纤维、维尼纶纤维、胶卷、喷漆溶剂、香料等。乙酸的稀溶液在医药上用作消毒防腐剂。

3. 苯甲酸 俗名安息香酸，是无味的白色晶体，微溶于水，易升华。苯甲酸具有抑菌防腐能力，而且毒性低，故被广泛用作食品、医药和日常化妆品的防腐剂，也作为治疗癣的药物。但由于苯甲酸的水溶性差，通常使用它的钠盐。苯甲酸还是重要的有机合成原料，可用于制备染料、香料、药物、媒染剂、增塑剂等。

4. 乙二酸 俗名草酸，是最简单的二元酸，广泛存在于多种植物体内。草酸是无色晶体，通常含有两分子结晶水。乙二酸可溶于水和乙醇，不溶于乙醚。其酸性比一元酸和其他二元酸都强。草酸具有还原性，容易被氧化。在分析化学中常用草酸作基准试剂，标定高锰酸钾溶液的浓度。

5. 油酸 系统名称为9-十八碳烯酸，是含有一个双键的高级不饱和一元羧酸，以甘油酯状态存在于油脂中。菜籽油、橄榄油、椰子油等都含有油酸的甘油酯。油酸的结构式如下：

$$CH_3(CH_2)_7CH{=}CH(CH_2)_7COOH$$

6. 亚油酸 系统名称9, 12-十八碳二烯酸，是含有两个双键的高级不饱和一元羧酸。亚麻油、大豆油、棉子油等都是含有亚油酸的甘油酯。亚油酸的结构式如下：

$$CH_3(CH_2)_4CH{=}CHCH_2CH{=}CH(CH_2)_7COOH$$

考点：①羧酸的分类和命名；②羧酸的理化性质；③重要的羧酸

第 2 节　取 代 羧 酸

羧酸分子中烃基上的氢原子被其他原子或原子团取代后生成的化合物称为取代羧酸，简称取代酸。许多取代羧酸在有机合成及生物代谢中是十分重要的。根据取代基的不同可将取代酸分为卤代酸、羟基酸和羰基酸（氧代酸）等。

一、卤 代 酸

（一）卤代酸的分类和命名

根据卤原子的不同，卤代酸可分为氟代酸、氯代酸、溴代酸和碘代酸。也可以根据卤素取代的位置的不同分为 α-卤代酸、β-卤代酸……。根据卤原子的数目不同分为一卤代酸、二卤代酸、多卤代酸。

卤代酸的命名是以羧酸为母体，卤素作为取代基，选择含羧基和与卤原子相连的碳原子在内的最长的碳链为主链，编号从羰基碳原子开始用阿拉伯数字或希腊字母依次编号，称为“某酸”，写名称时必须将卤素原子的名称、位次（1，2，3，…或 α，β，γ，…）以及数目写在“某酸”名称之前。例如：

$CH_3CHCOOH$（2 位连 Cl）

2-氯丙酸

（α-氯丙酸）

$CH_3CHCHCOOH$（2 位、3 位各连 Br）

2,3-二溴丁酸

（α,β-二溴丁酸）

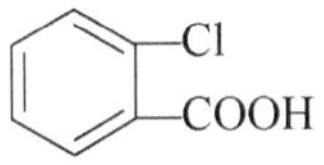

2-氯苯甲酸

（α-氯苯甲酸）

（二）卤代酸的性质

低级卤代酸是液体，随着分子量的增加逐渐变为固体。卤代酸除具有羧基和卤烃的一般反应外，还表现出羧基和卤素相互影响而产生的一些特殊性质。

1. 酸性　卤代酸分子中卤素原子是吸电子基团，通过吸电子的诱导效应（–I），使羧酸分子中羧基的酸性增强。卤素的电负性越大，数目越多，与羧基的距离越近，则吸电子诱导效应（–I）越强，酸性也越强。由于卤素原子的电负性顺序是：F＞Cl＞Br＞I，所以一卤代乙酸的酸性是：

$$FCH_2COOH > ClCH_2COOH > BrCH_2COOH > ICH_2COOH$$

pK_a	2.67	2.87	2.90	3.16

氯代乙酸的酸性是：

$$Cl_3CCOOH > Cl_2CHCOOH > ClCH_2COOH > CH_3COOH$$

pK_a	0.63	1.36	2.87	4.76

三种一氯丁酸的酸性是：

$$CH_3CH_2\underset{\displaystyle Cl}{\underset{|}{C}}HCOOH > CH_3\underset{\displaystyle Cl}{\underset{|}{C}}HCH_2COOH > \underset{\displaystyle Cl}{\underset{|}{C}}H_2CH_2CH_2COOH > CH_3CH_2CH_2COOH$$

pK_a	2.80	4.06	4.52	4.81

吸电子诱导效应在碳链上的传递，随距离增大而迅速减弱，经过三个碳原子后其影响就极其微弱。因此，γ-氯丁酸和丁酸的酸性相差无几。

在卤代苯甲酸中，卤素的位置对羧基酸性的影响因素比较复杂，苯甲酸的 pK_a=4.17，而三种氯代苯甲酸和三种溴代苯甲酸的酸性分别如下：

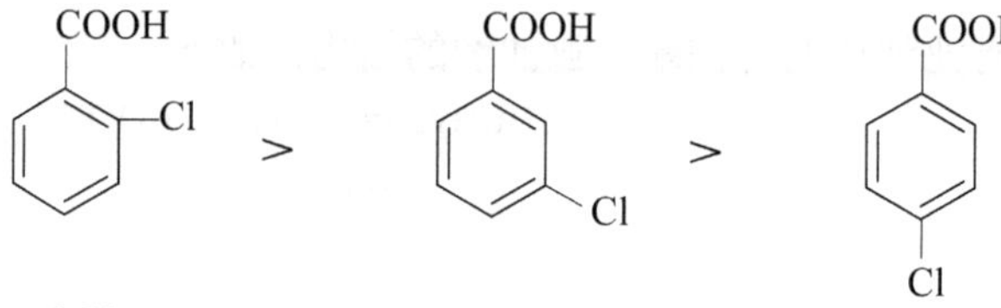

pK_a 2.89 3.82 4.03

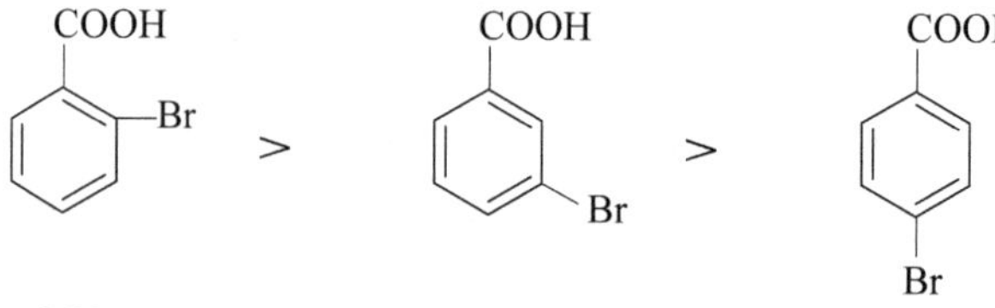

pK_a 2.82 3.85 4.18

从上述 pK_a 值可看出，邻位卤代苯甲酸的酸性比苯甲酸强得多；对位卤代苯甲酸的酸性与苯甲酸的酸性非常地接近；间位卤代苯甲酸的酸性比苯甲酸略强。

卤素对苯环的作用比较复杂，从电子效应的角度看，它们是一类使苯环钝化的邻对位定位基，也就是说，间位相比于邻、对位呈现出带部分正电荷，诱导羧基的羟基更易解离出 H^+，因此间位的卤代苯甲酸的酸性比苯甲酸略强，这与实验事实相吻合；邻、对位的卤代苯甲酸的酸性均应该比间位的卤代苯甲酸弱，这又与实验事实不符合。为什么呢？因为羧基与苯环之间存在吸电子的诱导效应和吸电子的共轭效应，而且以共轭效应为主，苯环的电子云向羧基发生了转移，在邻位卤代苯甲酸分子中，由于邻位的卤素原子的空间效应，一定程度上破坏了羧基与苯环的共平面性，阻碍了苯环通过共轭效应向羧基供电子的能力，使得羧基的酸性增强。这种现象称为邻位效应。而对位卤代苯甲酸却没有这种现象，因此对酸性的影响不大。

2. 水解反应 α-卤代酸分子中的卤原子由于受羧基的影响，碳卤键极性增加，活性增加，极易发生水解反应，与稀碱溶液作用而生成 α-羟基酸。例如：

$$\underset{\displaystyle\mathrm{X}}{\mathrm{CH_3\underset{|}{C}HCOOH}} + H_2O \xrightarrow[\triangle]{\text{稀碱}} \underset{\displaystyle\mathrm{OH}}{\mathrm{CH_3\underset{|}{C}HCOOH}} + HX$$

β-卤代酸中的 α-H 受卤原子与羧基两个吸电子基的影响而比较活泼，容易发生消除，生成 α,β-不饱和羧酸。例如：

$$\mathrm{CH_3\underset{\underset{\displaystyle X}{|}}{C}HCH_2COOH} \xrightarrow[\triangle]{\text{稀碱}} CH_3CH{=}CHCOOH + HX$$

γ-卤代酸与稀碱溶液作用，易生成稳定的五元环的内酯。

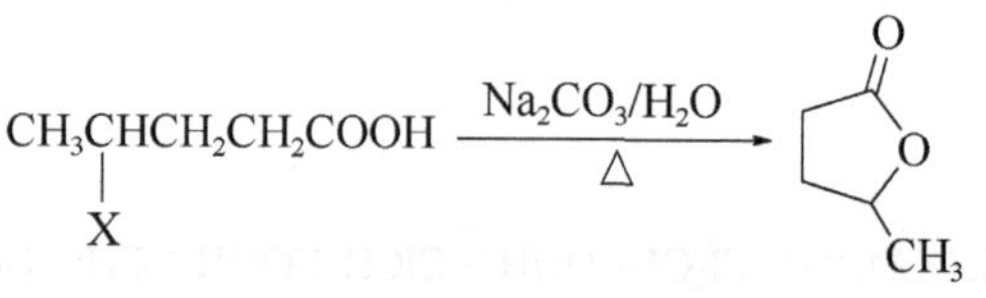

γ-丁内酯

二、羟 基 酸

（一）羟基酸的分类和命名

1. 分类 羟基酸是羧酸分子中烃基上的氢原子被羟基取代后生成的化合物，或分子中既有羟基又有羧基的化合物。根据分子中羟基所连接的烃基不同，可将羟基酸分为醇酸和酚酸。羟基与脂肪烃基相连接的称为醇酸；而羟基与芳基相连接的称为酚酸。其他的分类方法与卤代酸相同，不再赘述。

2. 命名 羟基酸的系统命名是以羧酸作为母体，羟基作为取代基来命名的，取代基的位置用阿拉伯数字或希腊字母表示。许多羟基酸是天然产物，常根据其来源而采用俗名。例如：

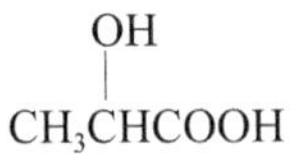

2-羟基丙酸或α-羟基丙酸（乳酸）

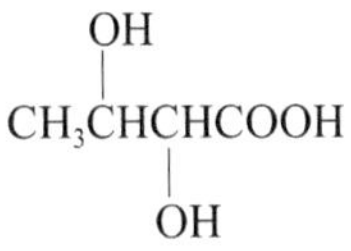

2,3-二羟基丁酸（酒石酸）

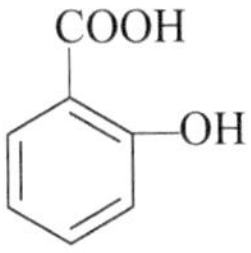

邻羟基苯甲酸（水杨酸）

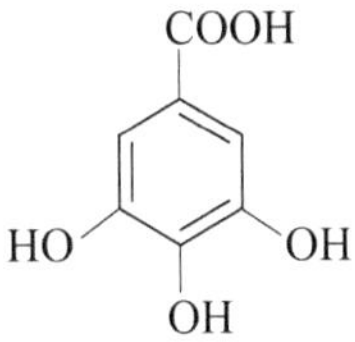

3,4,5-三羟基苯甲酸（没食子酸）

课堂互动 8-3

给下列化合物命名。

（1）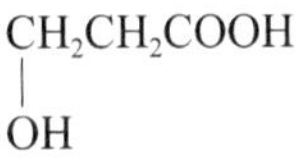　（2）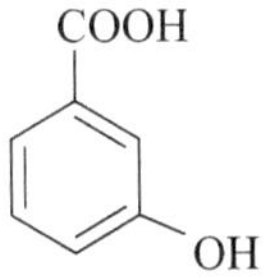　（3）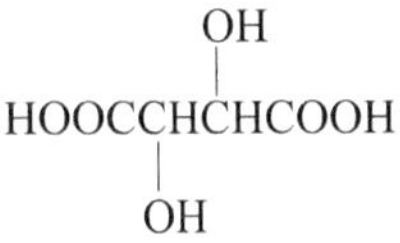

（二）醇酸

醇酸多为结晶的固体或黏稠的液体，在水中的溶解度比相应的醇和羧酸大，熔点比相应的羧酸高。许多醇酸都有对映异构体。醇酸除了具有醇和羧酸的一般性质外，还受羟基和羧基的相互影响，而具有一些特殊的性质。

1. 酸性 羟基的吸电子诱导效应对羧基的影响，使得醇酸的酸性比相应的羧酸强。但羟基对羧基的影响比卤素的弱；且随着羟基与羧基距离的增加，这种影响逐渐减弱。

pK_a　3.87　4.51　4.88

2. 脱水反应 醇酸受热易发生脱水反应。脱水产物因羟基与羧基的相对位置不同而有所区别。

（1）α-醇酸：α-醇酸受热时，两分子间交叉脱水，生成六元环的交酯。

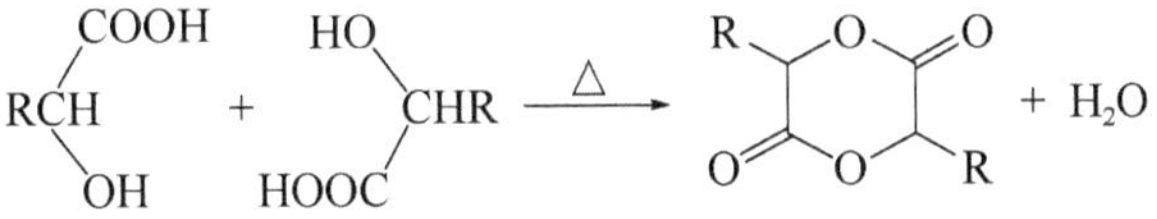

（2）β-醇酸：β 羟基与具有活性的 α-H 结合脱去一分子水，发生消除反应，生成 α,β-不饱和羧酸。

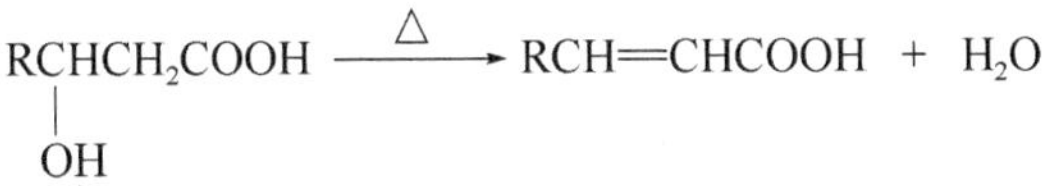

（3）γ-醇酸和 δ-醇酸：γ-醇酸不稳定，在室温下自动脱去一分子水，生成稳定的 γ-内酯。

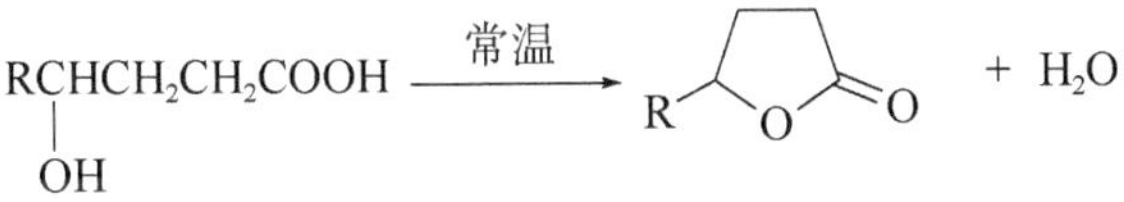

因此，不易得到游离的 γ-醇酸，γ-内酯是稳定的中性化合物，在碱性条件下开环形成 γ-醇酸盐后才稳定；δ-内酯比 γ-内酯难生成，通过加热或抽真空也能使之生成内酯，且生成的 δ-内酯遇水易开环。

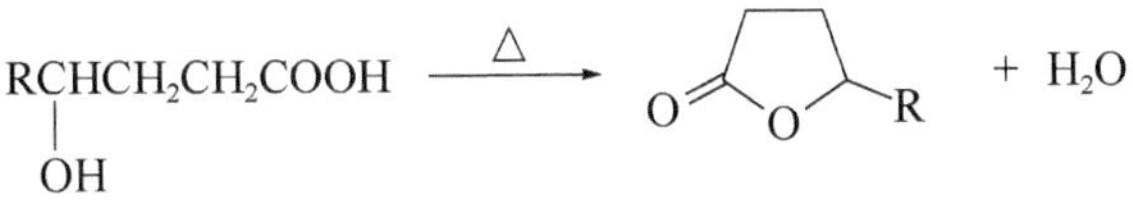

内酯也具有酯的性质，难溶于水，在酸或碱存在下可发生水解反应。若在碱存在下水解，则生成稳定的醇酸盐。

（三）酚酸

酚酸大多为结晶性固体，是一类芳环上连有羟基的芳香酸，因此既能表现芳酸的性质，又能表现酚的性质。但由于两个基团共同存在与同一个芳环上，能通过芳环相互影响，并表现出一些特性。

1. 酸性 在酚酸中，由于羟基与芳香环之间既有吸电子诱导效应又有共轭效应，所以几种酚酸异构体的酸性强弱有所不同。

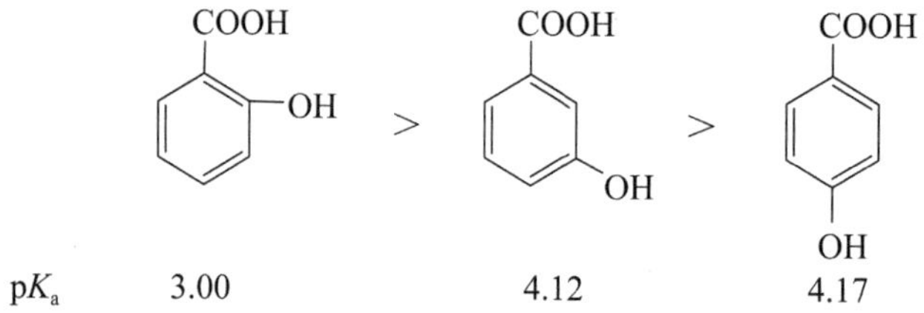

从上述数据可以看出邻羟基苯甲酸的酸性最强，这是因为羟基处于羧基的邻位时，一方面在羧基的空间阻碍下，羟基不能和苯环处于同一平面，使得羟基对苯环共轭效应减弱，而主要表现为吸电子的诱导效应，增强了羧基的酸性；另一方面羟基能与羧基氧原子形成分子内氢键，起到稳定羧酸负离子的作用。而羟基处于羧基的对位时，主要是羟基的供电子共轭效应不利于羧基氢原子的解离，因而酸性降低。

2. 脱羧反应 羟基处于邻位或对位的酚酸，对热不稳定，当加热至熔点以上时，则脱去羧基生成相应的酚。

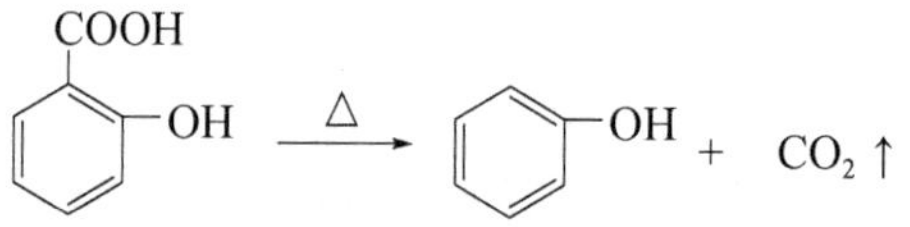

（四）重要的羟基酸

1. 乳酸 存在于牛奶和动物肌肉中，最初从酸牛奶中分离出来，肌肉剧烈运动后，乳酸含量也会增加，会感到酸胀。乳酸为无色黏稠液体，有很强的吸湿性和酸味，溶于水、乙醇、甘油和乙醚，不溶于氯仿和油脂。乳酸分子中含有一个手性碳原子，存在对应异构现象。从肌肉中得到的是右旋体（熔点 26℃），以葡萄糖发酵得到的是左旋体（熔点 26℃），从酸牛奶中分离得到的是外消旋体（熔点 18℃）。

乳酸具有消毒防腐作用。临床上乳酸钙用来治疗佝偻病等一般缺钙症；乳酸钠用作酸中毒的解毒剂。乳酸也是医药化工、食品及饮料工业的原料。

2. 苹果酸 苹果酸[HOOCCH（OH）CH_2COOH]最初来自苹果。在未成熟的果实内，如山楂、杨梅、葡萄、番茄等都含有苹果酸。自然界存在的苹果酸为左旋体，针状结晶，熔点 100℃，易溶于水和乙醇，微溶于乙醚。

丁烯二酸加水后，可得苹果酸，这是工业上制备苹果酸常用的方法。合成的苹果酸熔点为 133℃，无旋光性。苹果酸在食品工业中用作酸味剂。

3. 酒石酸 酒石酸[HOOCCH（OH）CH（OH）COOH]常以游离态或盐的形式广泛存在于各种果汁中，葡萄中含量最多。由于在葡萄酿酒过程酒石酸氢钾形成结晶（酒石）而析出，故而得名。酒石在水中加热溶解后，以碳酸钙与之反应，得酒石酸钙的沉淀，再酸化，得到酒石酸。

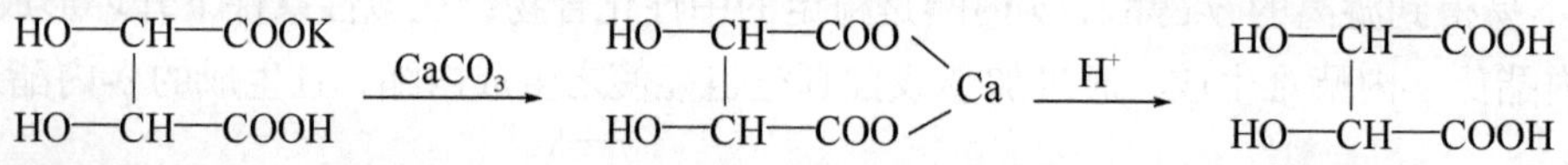

自然界存在的酒石酸为右旋体，是透明棱形晶体，熔点 170℃，有很强的酸味，易溶于水。酒石

酸常用于配制饮料，酒石酸锑钾曾用于治疗血吸虫病，酒石酸钾钠用于配制费林试剂。

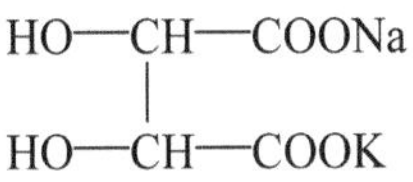
酒石酸钾钠

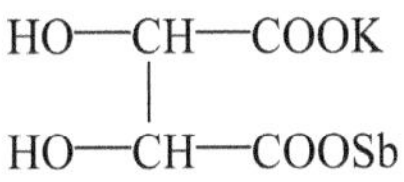
酒石酸锑钾

4. 柠檬酸　又称枸橼酸，结构式为

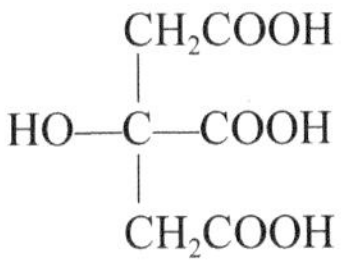

存在于许多水果中，尤以柠檬中含量最多，达 6%。柠檬酸也是动物体内糖、脂肪和蛋白质代谢的中间产物。柠檬酸为无色结晶，含一分子结晶水，熔点为 100℃（无水柠檬酸的熔点为 153℃），易溶于水、乙醇和乙醚，有强酸味，是食品和医药领域重要原料。柠檬酸钠有防止血液凝固和利尿的作用，其镁盐是温和的泻药，柠檬酸铁铵用作补血剂。

5. 水杨酸　又称柳酸，从水杨柳皮中提取可得，为无色针状结晶，熔点 159℃，易升华，微溶于冷水，易溶于乙醇、乙醚、氯仿和沸水。它具有酚和羧酸的一般性质，如易被氧化、遇三氯化铁显紫红色、酸性比苯甲酸强等。

水杨酸具有抗菌防腐、解热镇痛和抗风湿作用，因对肠胃刺激性大，不宜口服，而常用作外用药。其钠盐可作食品防腐剂和口腔清洁剂。

6. 乙酰水杨酸　俗称阿司匹林（aspirin），结构式为

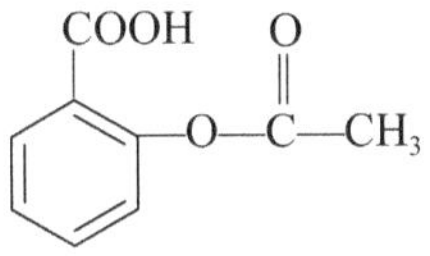

为白色针状结晶，熔点 135℃，微溶于水，易溶于乙醇、乙醚和氯仿。它可用乙酐酰化水杨酸而得。

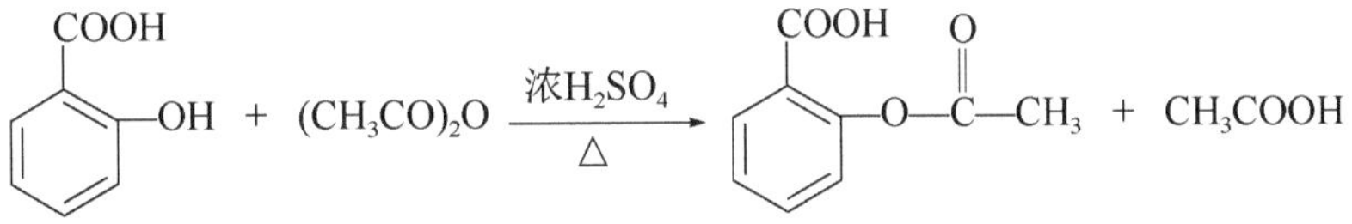

通过酰化反应，修饰了水杨酸的结构，降低了其对肠胃刺激性，是常用的解热镇痛内服药。

7. 没食子酸　又称五倍子酸，它是植物中分布最广的一种有机酸。它以游离状态或结合成鞣质而存在茶叶和其他植物的叶子中，特别是大量存在于没食子（五倍子）中，将五倍子用稀酸加热或用酶水解即可得到。

没食子酸为白色结晶性粉末，熔点 253℃（分解），能溶于水、乙醇和乙醚。没食子酸有强还原性，可用作抗氧剂。加热至 210℃以上时，它会失去二氧化碳，生成焦性没食子酸（1, 2, 3-苯三酚）。

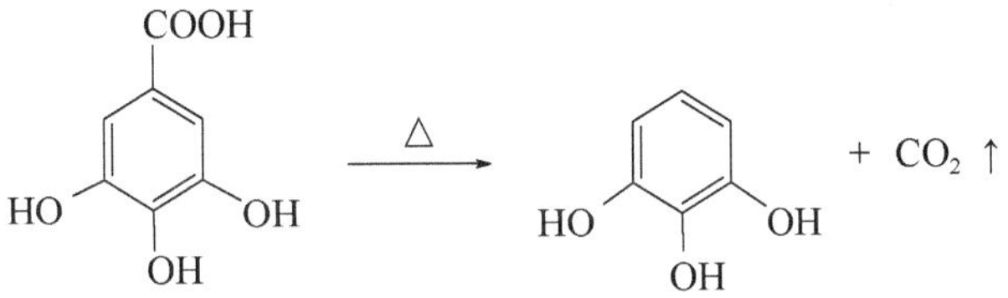

三、酮　　酸

（一）酮酸的分类和命名

分子中既含有酮基又含有羧基的化合物称为酮酸。根据分子中酮基和羧基的相对位置，酮酸可分

为 α-、β-、γ-…酮酸等。其中 α-酮酸和 β-酮酸是人体内糖、脂肪和蛋白质等的代谢产物，具有重要的生理意义，同时在有机合成上也有广泛的用途。

酮酸的命名与醇酸相似，也是以羧酸为母体，酮基的位次用阿拉伯数字或希腊字母表示。例如：

丙酮酸　　3（或β）-丁酮酸　乙酰乙酸　　2（或α）-丁酮二酸　草酰乙酸

（二）酮酸的化学性质

酮酸分子中含有酮基和羧基，具有酮和羧酸的一般性质，如与氰化氢（HCN）或亚硫酸氢钠加成、与羟胺生成肟、成盐和酰化等。由于两种官能团的相互影响，α-酮酸和 β-酮酸又有一些特殊的性质。

1. α-酮酸的性质　α-酮酸很容易被氧化，甚至弱氧化剂也能将其氧化成少一个碳原子的羧酸。例如：

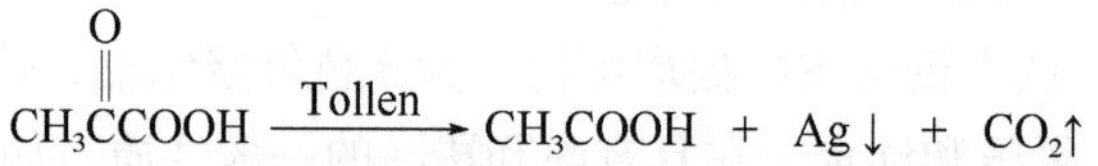

α-酮酸与稀硫酸或浓硫酸共热，分别发生脱羧和脱羰反应生成醛或羧酸。

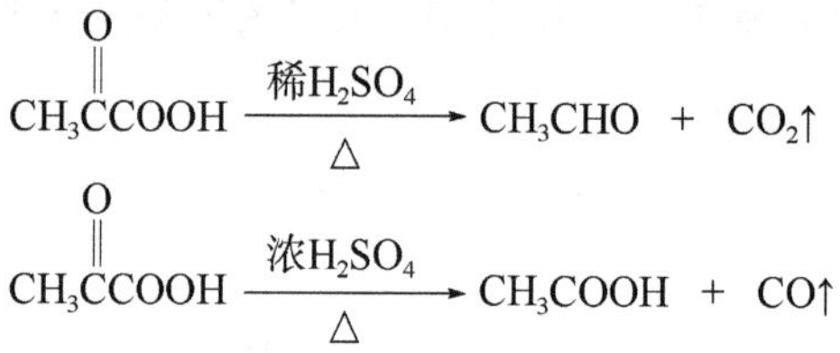

2. β-酮酸的性质　在 β-酮酸分子中，由于羰基和羧基的距离仍然比较近，这两个基团与共同连接的碳原子之间的共价键较为薄弱，容易断裂。但在不同条件下，发生断裂的位置不同。这就形成两种不同的分解反应——酮式分解和酸式分解。

（1）酮式分解：β-酮酸在加热条件下，脱去羧基生成酮，称为酮式分解。

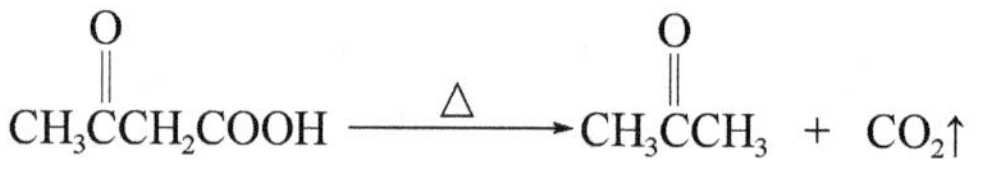

（2）酸式分解：β-酮酸与浓碱共热时，α, β-C 原子间的键断裂，生成两分子羧酸盐，称为酸式分解。

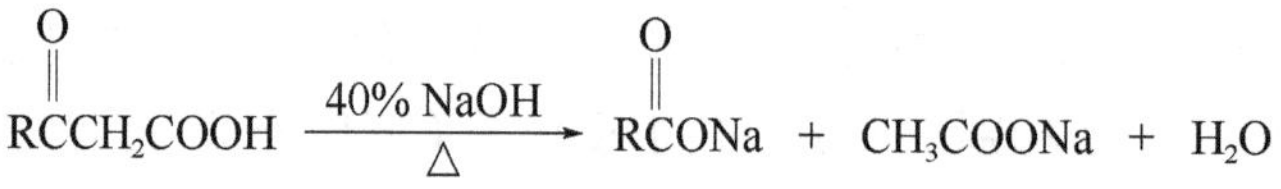

（三）重要的酮酸

1. 丙酮酸　最简单的酮酸，是人体内糖、脂肪、蛋白质代谢的中间产物，为无色有刺激性气味的液体，可与水混溶，酸性比乳酸强。丙酮酸也是乳酸在人体内氧化产物，丙酮酸和乳酸在体内酶的作用下，可以相互转化。

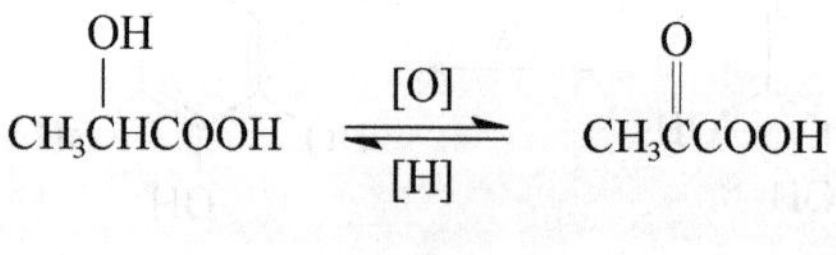

丙酮酸具有酮和羧酸的典型反应，还具有 α-酮酸特有的性质，如易被氧化、易发生脱羧反应等。

2. β-丁酮酸　又称乙酰乙酸，是无色黏稠液体，可与水或乙醇混溶。酸性比 β-羟基丁酸强。β-丁酮酸是人体内脂肪代谢的中间产物，在体内由于酶的作用能与 β-羟基丁酸互变。受热易发生酮式分解，和浓碱作用发生酸式分解。

临床上把 β-丁酮酸、β-羟基丁酸和丙酮统称为酮体。酮体是脂肪酸在人体内不能完全氧化成二氧化碳和水的中间产物，大量存在于糖尿病患者的血液和尿中，使血液的酸度增加，易发生酸中毒。

考点：①卤代酸、羟基酸和酮酸的分类和命名；②卤代酸、羟基酸和酮酸的理化性质；③重要卤代酸、羟基酸和酮酸的性质及其应用

第 3 节　羧酸衍生物

一、羧酸衍生物的分类和命名

羧酸衍生物是指羧酸分子中羧基上的羟基被其他原子或原子团取代后生成的化合物。重要的羧酸衍生物有酰卤、酸酐、酯和酰胺。羧酸分子中去掉羟基后剩余的基团称为酰基。例如：

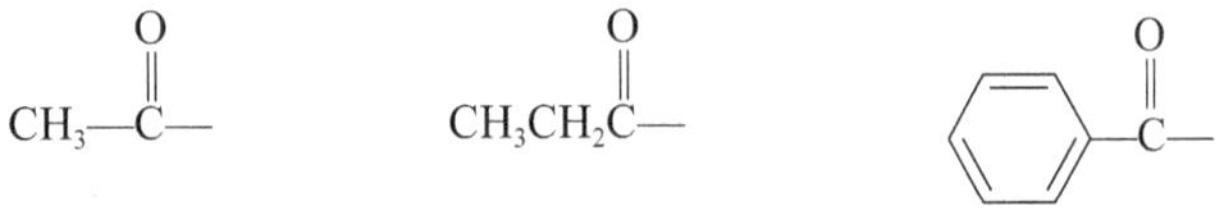

乙酰基　　丙酰基　　苯甲酰基

（一）酰卤

酰卤由酰基和卤原子组成，其通式为$\mathrm{R-\overset{\overset{O}{\|}}{C}-X}$或 RCOX（X=F、Cl、Br、I）。酰卤的命名是将酰基的名称加上卤素的名称，称为某酰卤。例如：

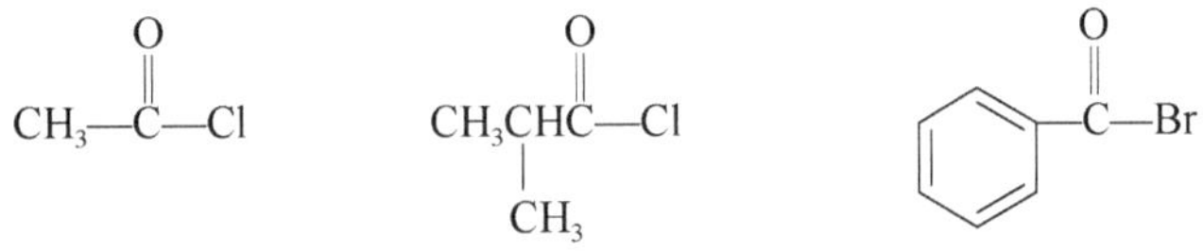

乙酰氯　　2-甲基丙酰氯　　苯甲酰溴

（二）酸酐

酸酐由酰基和酰氧基组成，其通式为$\mathrm{R-\overset{\overset{O}{\|}}{C}-O-\overset{\overset{O}{\|}}{C}-R'}$。酸酐的名称由相应的羧酸加“酐”组成。若 R 和 R′相同称为单酐；若 R 和 R′不相同称为混酐；二元羧酸分子内失水形成环状酐称为环酐或内酐。例如：

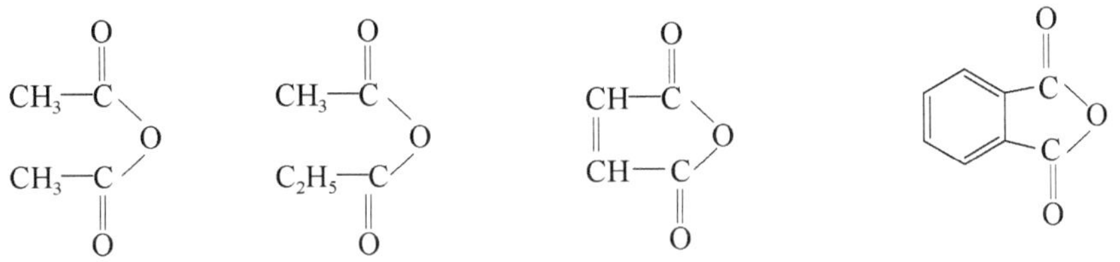

乙酸酐　　甲乙酸酐　　顺丁烯二酸酐（内酐）　　邻苯二甲酸酐（内酐）

（三）酯

酯由酰基和烃氧基（RO—）组成，其通式为 $\mathrm{R-\overset{\overset{O}{\|}}{C}-O-R'}$ 或 RCOOR′。酯的命名由相应的羧酸和烃基的名称组合，称为“某酸某酯”，若是分子内形成的酯则以“内酯”命名。例如：

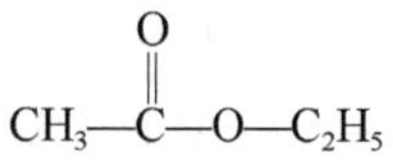

乙酸乙酯

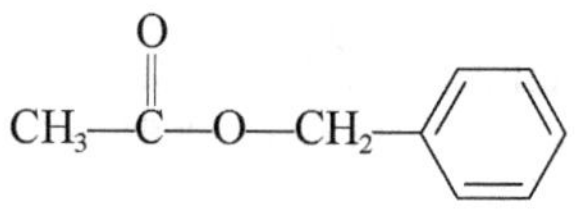

乙酸苯甲酯

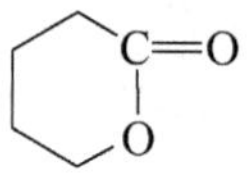

δ-戊内酯

由多元醇和羧酸形成的酯，命名时则醇的名称在前，羧酸的名称在后，称为“某醇某酸酯”。例如：

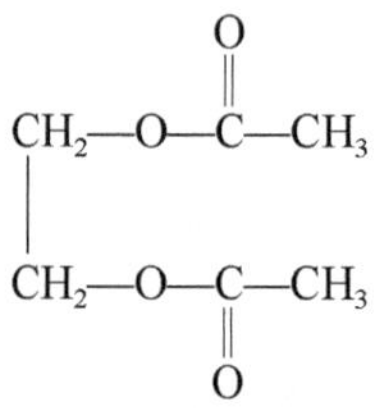

乙二醇二乙酸酯

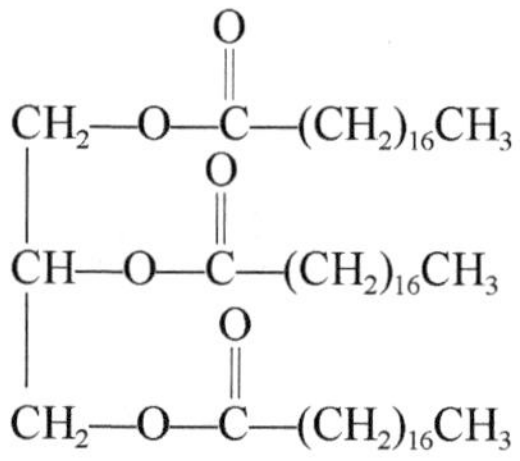

丙三醇三硬脂酸酯

（四）酰胺

酰胺是由酰基和氨基（包括取代氨基—NHR、$—NR_2$）组成，其通式为$R—\overset{\overset{\displaystyle O}{\|}}{C}—NH_2$。酰胺的名称由酰基和胺组成，称为“某酰胺”，如有取代氨基，则在取代基名称前加“*N*”标明。例如：

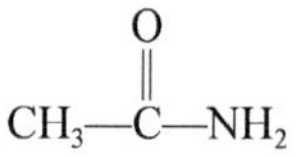

乙酰胺

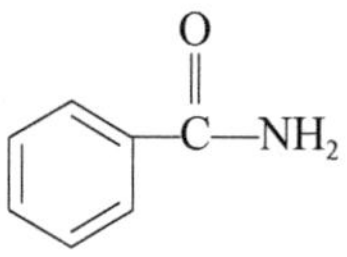

苯甲酰胺

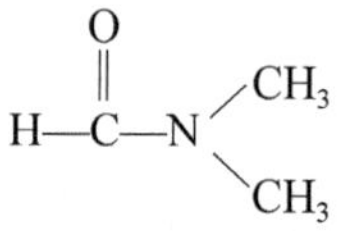

N, *N*-二甲基甲酰胺

氮原子上连有两个酰基的酰胺称为酰亚胺；环状酰胺称为内酰胺。例如：

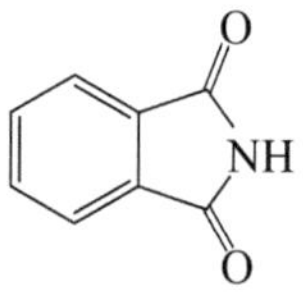

邻苯二甲酰亚胺

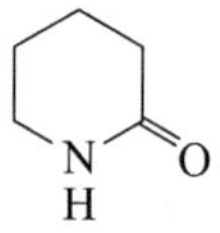

δ-戊内酰胺

链接　蜡

高级脂肪酸与高级一元醇生成的酯称为蜡，蜡都是固体，存在于动植物中。蜡不溶于水，但溶于有机溶剂，不易水解，在体内也不易被脂肪酶所水解。白蜡又称虫蜡，是寄生于女贞树木上白蜡虫的分泌物，主要成分是二十六碳酸和二十六醇的酯（$C_{25}H_{51}COOC_{26}H_{53}$），熔点高，硬度大。蜂蜡是工蜂腹部的蜡腺分泌的建造蜂窝的主要物质，它的主要成分是十六碳酸和三十醇的酯（$C_{15}H_{31}COOC_{30}H_{61}$）。棕榈蜡是植物蜡，存在于棕榈树的叶中，主要成分是二十六碳酸和三十醇的酯（$C_{25}H_{51}COOC_{30}H_{61}$）。羊毛脂也属于蜡，它是附着在羊毛上的油状分泌物，化学成分为硬脂酸、软脂酸或油酸等与胆甾醇所生成的酯。

二、羧酸衍生物的理化性质

（一）物理性质

酰氯是无色的液体或低熔点的固体，具有强烈刺激性气味。因其分子中没有羟基，分子间不能产生氢键缔合，所以酰氯的沸点比相应的羧酸低。

低级酯是具有芳香气味的无色液体，存在于植物的花、果中；高级酯为蜡状固体。酯的相对密度比水小，难溶于水而易溶于乙醇等有机溶剂，酯本身也是一种有机溶剂。酯的沸点比相应的羧酸和醇都低。

低级酸酐是具有刺激性气味的无色液体，高级酸酐为无色无味的固体，酸酐的沸点比分子量相近的羧酸低。酸酐溶于有机溶剂。

酰胺除甲酰胺为液体外，所有的酰胺均为固体。因酰胺能形成分子间氢键，其熔点和沸点较相应的羧酸高。低级酰胺可溶于水，*N*, *N*-二甲基甲酰胺、*N*, *N*-二甲基乙酰胺等可与水混溶，它们是非常好的非质子极性溶剂。

（二）化学性质

由于羧酸衍生物分子中酰基所连的基团都是极性基团，因此它们有相似的化学性质。但因羧酸衍生物的酰基所连接的原子或基团不同，所以它们的反应活性也存在差异。其强弱顺序如下：酰卤＞酸酐＞酯＞酰胺。

1. 水解反应　酰卤、酸酐、酯和酰胺发生水解反应，生成相应的羧酸。

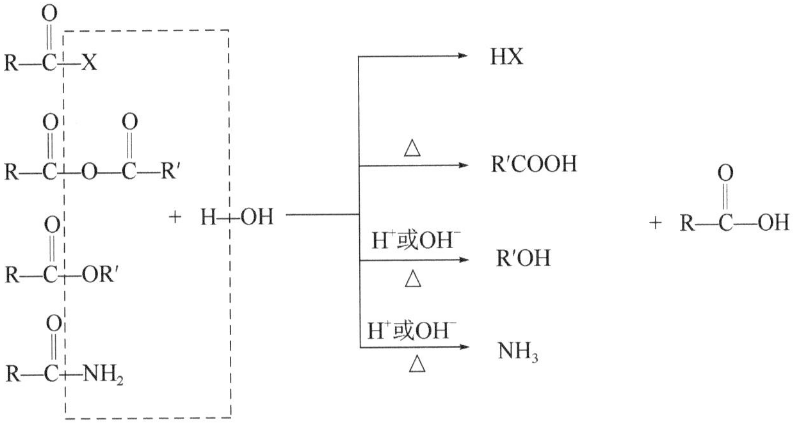

2. 醇解反应　酰卤、酸酐和酯都能与醇作用生成酯。

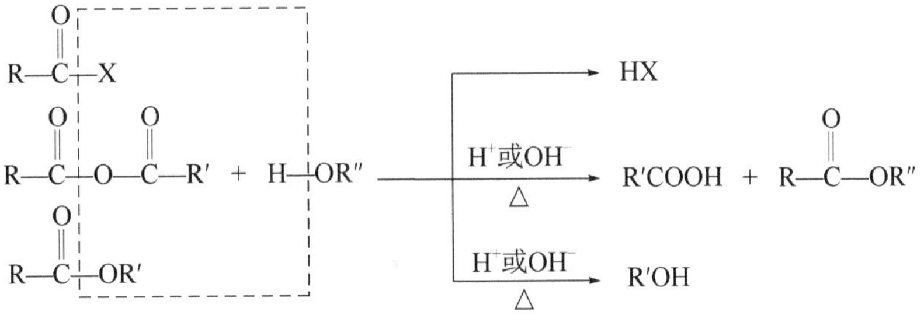

酰卤很容易与醇反应生成酯，是合成难以直接通过酯化反应得到酯的常用方法之一。酸酐易与醇或酚反应成酯且较酰卤温和，也是制备酯的常用方法。酰胺不易发生醇解反应。在酸或碱性催化剂作用下，酯与醇作用可生成另一种醇和另一种酯，这个反应称为酯交换反应。工业上常运用酯交换反应来制备不易得到的酯（如酚酯或烯醇酯）或从低沸点醇酯合成高沸点醇酯。

案例 8-1

涤纶树脂的单体对苯二甲酸乙二醇酯的合成。

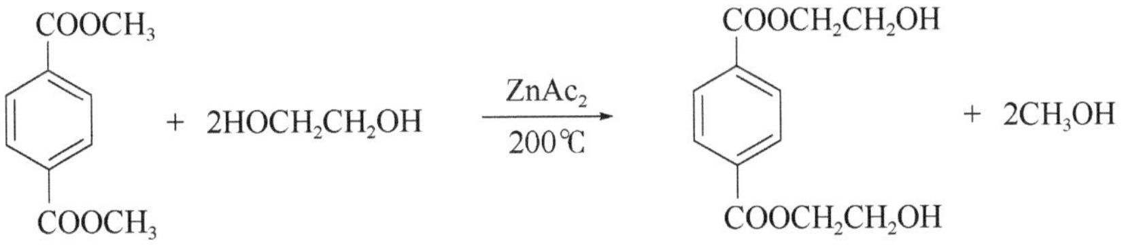

3. 氨解反应　酰卤、酸酐和酯都能与氨或胺（氮原子上至少有一个氢原子）作用，生成酰胺。因

氨或胺的亲核性比水、醇强，所以羧酸衍生物的氨解比水解、醇解更容易。

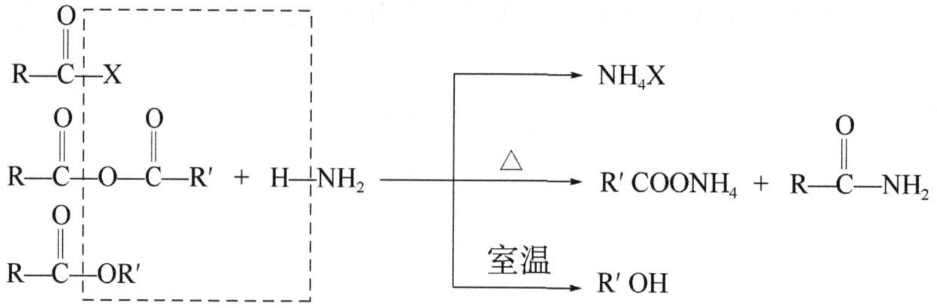

羧酸衍生物的氨解反应是制备酰胺的常用方法。

案例 8-2

解热镇痛药对乙酰氨基酚（扑热息痛）的制备。

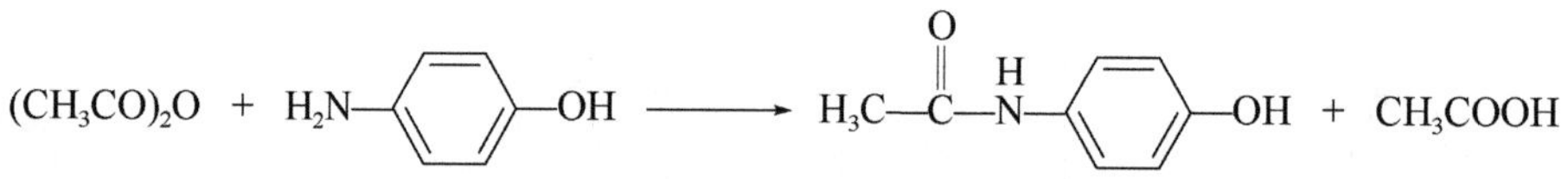

4. 还原反应 羧酸衍生物与羧酸类似，分子中的羰基可以被还原；不同的衍生物因还原方法的不同而得到不同的还原产物。

（1）氢化锂铝还原：酰氯、酸酐和酯能被氢化锂铝还原成伯醇；酰胺则还原生成胺。

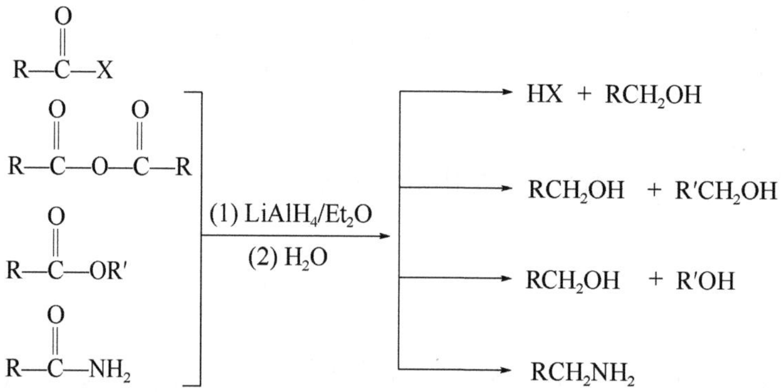

其中酯的还原反应较为重要，酯能被氢化铝锂或金属钠的醇溶液还原而不影响分子中的碳碳双键，因而在有机合成中常被采用。

案例 8-3

月桂酸甲酯还原成月桂醇。

$$CH_3(CH_2)_{10}COOCH_3 \xrightarrow[C_2H_5OH]{Na} CH_3(CH_2)_{10}CH_2OH + CH_3OH$$

（2）罗森蒙德（Rosenmund）反应：酰氯通过钯催化剂（Pd-BaSO$_4$），在少量硫脲存在下，可选择性地氢化还原成醛，称为 Rosenmund 反应。加入硫脲是使钯的活性减弱，只能把酰氯还原到醛，否则能继续还原成醇。该反应对于硝基、酯基及卤素不受影响。例如：

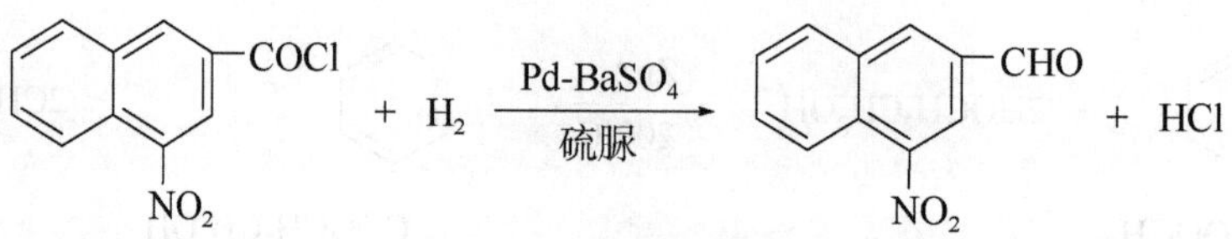

5. 克莱森酯缩合反应 在强碱（如醇钠）作用下，具有 α-H 的酯与另一分子酯发生类似于羟醛缩合的反应，生成 β-羰基酸酯的反应，称为克莱森（Claisen）酯缩合反应。例如，乙酸乙酯在乙醇钠作

用下发生 Claisen 酯缩合反应，生成乙酰乙酸乙酯（β-丁酮酸乙酯）。

$$CH_3\overset{O}{\overset{\|}{C}}OC_2H_5 + CH_3\overset{O}{\overset{\|}{C}}OC_2H_5 \xrightarrow[(2)\ H_3O^+]{(1)\ C_2H_5ONa} CH_3\overset{O}{\overset{\|}{C}}CH_2\overset{O}{\overset{\|}{C}}OC_2H_5 + C_2H_5OH$$

两个都含有 α 活泼氢的不同酯在强碱作用下可进行交叉酯缩合反应，将得到四种不同的产物，难以分离。因此一般进行交叉酯缩合反应时，只用一个含有活泼氢的酯和一个不含活泼氢的酯进行缩合，就可得到较单纯的产物。

案例 8-4

甲酸乙酯和乙酸乙酯的交叉酯缩合反应。

$$H\overset{O}{\overset{\|}{C}}OC_2H_5 + CH_3\overset{O}{\overset{\|}{C}}OC_2H_5 \xrightarrow[(2)\ H_3O^+]{(1)\ C_2H_5ONa} H\overset{O}{\overset{\|}{C}}CH_2\overset{O}{\overset{\|}{C}}OC_2H_5 + C_2H_5OH$$

在类似条件下，两个酯基相隔 4～6 个碳原子的二元酸酯，可以发生分子内酯缩合反应，生成五元、六元环酮酯。此反应称为 Dieckmann 缩合。

案例 8-5

己二酸二乙酯的 Dieckmann 缩合。

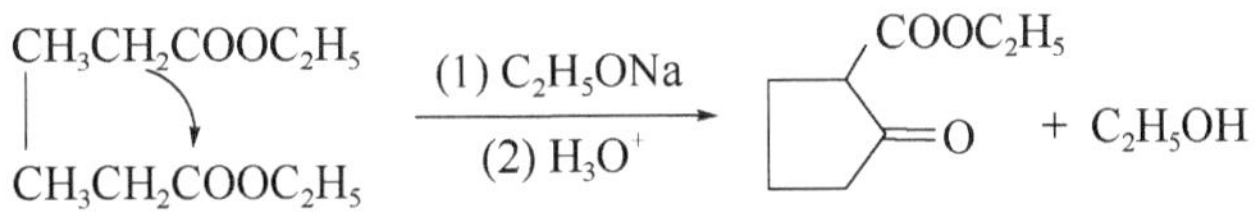

生成的环酮酯在酸性条件下水解生成 β-羰基酸，β-羰基酸受热易脱羧，最后产物是环酮。

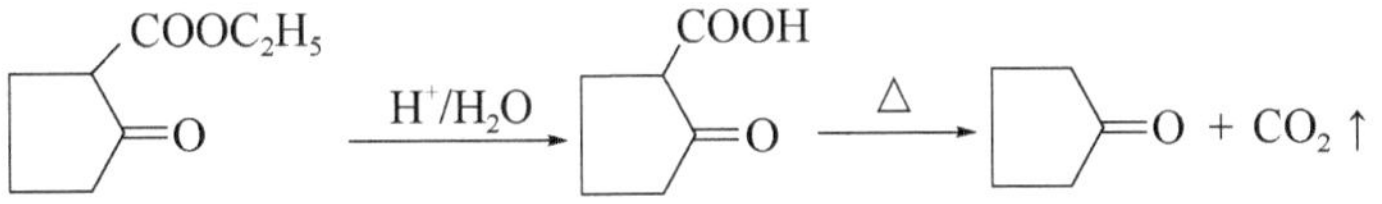

6. 酰胺的特性

（1）酸碱性：酰胺一般为中性物质，由于酰胺分子中的氮原子与酰基形成 p-π共轭体系，氮上的孤电子对离域，电子云向羰基偏移，使其电子云密度降低，因而碱性减弱，酰胺呈中性。当氮原子与两个酰基相连，形成酰亚胺时，表现为弱酸性，能与氢氧化钠等强碱作用生成相应的酰亚胺盐。例如：

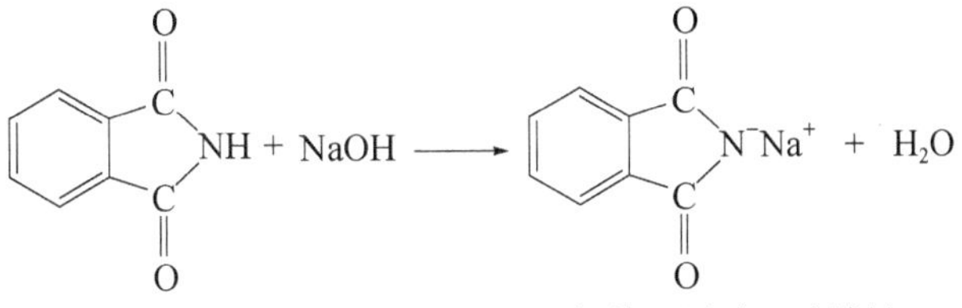

邻苯二甲酰亚胺钠盐

（2）脱水反应：伯酰胺与强脱水剂共热或高温加热，分子内脱水生成腈。这是制备腈的方法之一。常用脱水剂有五氧化二磷（P_2O_5）和亚硫酰氯（$SOCl_2$）等。

$$RCONH_2 \xrightarrow[\triangle]{P_2O_5} RC{\equiv}N + H_2O$$

（3）亚硝酸的反应：伯酰胺与亚硝酸反应，氨基被羟基取代，生成羧酸，并放出氮气。

$$RCONH_2 + HNO_2 \longrightarrow RCOOH + N_2\uparrow + H_2O$$

（4）霍夫曼（Hofmann）降解反应：伯酰胺与卤素的碱性溶液作用，脱去羰基，生成少 1 个碳原子的伯胺，此反应称为霍夫曼降解反应。

$$RCONH_2 + Br_2 + 4NaOH \longrightarrow RNH_2 + 2NaBr + Na_2CO_3 + 2H_2O$$

三、重要的羧酸衍生物

1. 乙酰氯 一种有刺激臭味的无色液体，沸点 52℃，相对密度 1.1051。乙酰氯（CH_3COCl）能与乙醚、氯仿、冰醋酸、苯和汽油混溶。乙酰氯极易水解，并放出大量的热。暴露在空气中，立即吸湿水解，放出的氯化氢气体立即形成白雾，所以乙酰氯必须密封储存。常用作乙酰化试剂。

2. 乙酐 又称醋（酸）酐[$(CH_3CO)_2O$]，是有刺激性气味的无色液体，熔点–73℃，沸点 139℃，易溶于乙醚、苯和氯仿，微溶于水。乙酐是重要的乙酰化剂。乙酐也是重要的医药化工原料，可用于制造香料、纤维、药物等。

3. 乙酸乙酯 可燃性的无色液体，有水果香味，熔点–83.6℃，沸点 71℃，微溶于水，溶于乙醇、乙醚和氯仿等有机溶剂。蒸气能形成爆炸性混合物，爆炸极限为 2.2%～11.2%（体积）。可用作清漆、人造革、硝酸纤维素塑料等的溶剂，也用于制造染料、药物、香料。

4. *N, N*-二甲基甲酰胺 别名甲酰二甲胺[$HCON(CH_3)_2$]，为无色液体，沸点–153℃。与水和大部分有机溶剂混溶，是典型的非质子型、强极性的有机溶剂，具有很强的溶解能力，被称为“万能溶剂”。

5. 顺丁烯二酸酐 又称马来酸酐或失水苹果酸酐，无色结晶性粉末，有强烈的刺激性气味，易升华，溶于乙醇、乙醚和丙酮，难溶于石油醚和四氯化碳。塑料工业用于制造增塑剂。造纸工业用于制造纸张处理剂。合成树脂工业用于制造不饱和聚酯树脂、醇酸树脂等。涂料工业用于制造绝缘漆、白磁漆、烘漆、清漆等。农药工业用于制造农药马拉松和高效低毒农药 4049 等。医药工业用于制造长效磺胺药。油脂工业用作脂肪、油的防腐剂。

考点：①羧酸衍生物的分类和命名；②酰卤、酸酐、酯和酰胺的理化性质；③重要羧酸衍生物

第 4 节 油脂和磷脂

一、油 脂

油脂是油和脂肪的总称，广泛存在动植物体中。室温下为液态的油脂称为油，如菜籽油、花生油、芝麻油等，而在室温下为固态或半固态的油脂称为脂肪，如猪油、牛油、羊油等。油脂是动植物体的重要成分，也是人体的主要营养物质之一。

（一）油脂的组成和结构

油脂是由 1 分子甘油与 3 分子高级脂肪酸发生酯化作用形成的酯，医学上称为甘油三酯。其结构通式为

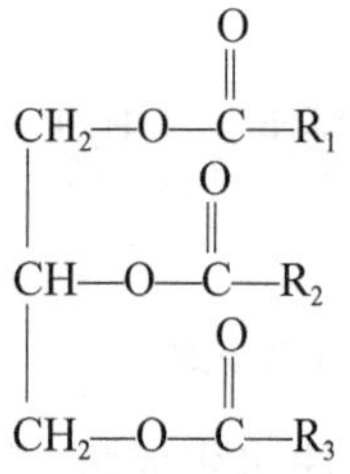

甘油三酯

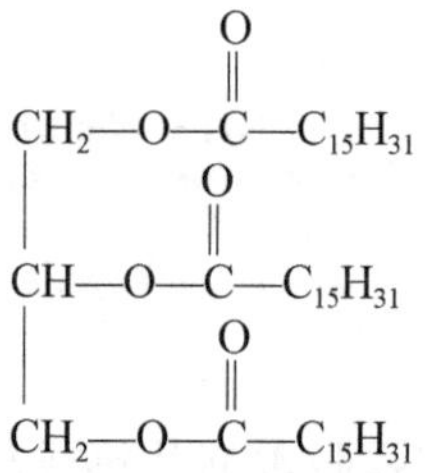

三软脂酸甘油（甘油三软脂酸酯）

式中：R_1、R_2、R_3 分别是脂肪酸的烃基，它们都相同者，称为单甘油酯（如甘油三软脂酸酯）；不完全相同者称为混甘油酯。天然的油脂多为混甘油酯。甘油三酯的命名可按多元醇的命名法称为甘油某酸酯。如果是混甘油酯，则命名时用 α、β 和 α'标明脂肪酸的位次。

组成油脂的脂肪酸种类很多，绝大多数是直链的含偶数碳原子的高级脂肪酸（表 8-3），包括饱和脂肪酸和不饱和脂肪酸。多数脂肪酸能在人体内合成，但是亚油酸、亚麻酸不能合成，必须由食物提

供，而花生四烯酸人体只能合成少量，多数需从食物中获取，故这三者又称为必需脂肪酸。

表 8-3 油脂中常见的脂肪酸

类型	名称	结构式
饱和脂肪酸	软脂酸（十六碳酸）	$CH_3(CH_2)_{14}COOH$
	硬脂酸（十八碳酸）	$CH_3(CH_2)_{16}COOH$
	花生酸（二十碳酸）	$CH_3(CH_2)_{18}COOH$
不饱和脂肪酸	油酸（9-十八碳烯酸）	$CH_3(CH_2)_7CH{=}CH(CH_2)_7COOH$
	亚油酸（9, 12-十八碳二烯酸）	$CH_3(CH_2)_4CH{=}CHCH_2CH{=}CH(CH_2)_7COOH$
	亚麻酸（9, 12, 15-十八碳三烯酸）	$CH_3CH_2(CH{=}CHCH_2)_2CH{=}CH(CH_2)_7COOH$
	花生四烯酸（5, 8, 11, 14-二十碳四烯酸）	$CH_3(CH_2)_4(CH{=}CHCH_2)_4CH_2CH_2COOH$
	EPA（5, 8, 11, 14, 17-二十碳五烯酸）	$CH_3CH_2(CH{=}CHCH_2)_5(CH_2)_2COOH$
	DHA（4, 7, 10, 13, 16, 19-二十六碳六烯酸）	$CH_3(CH_2)_4(CH_2CH{=}CH)_6(CH_2)_2COOH$

（二）油脂的性质

纯净的油脂是无色、无味、无臭的。天然油脂常因含有色素和维生素等而有不同的气味和颜色。油脂比水轻，难溶于水，易溶于有机溶剂。天然油脂是混合物，无固定的熔点和沸点。

1. 皂化 油脂在酸、碱或酶的作用下可发生水解反应，如在碱性溶液下水解，生成 1 分子甘油和 3 分子高级脂肪酸盐。

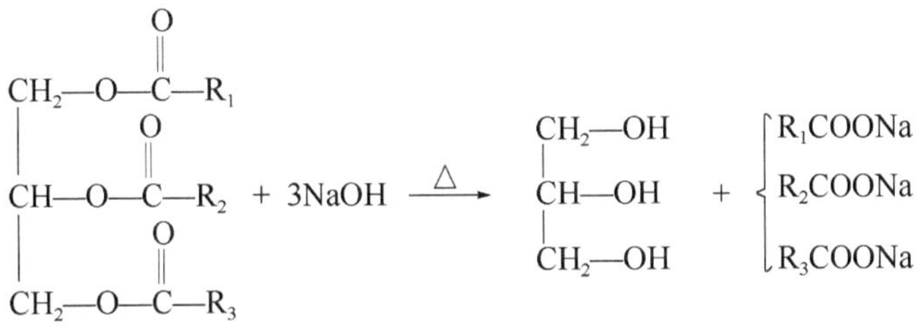

高级脂肪酸盐是肥皂的基本成分，故油脂在碱性溶液中的水解反应又称为皂化反应。使 1g 油脂完全皂化所需要的氢氧化钾的毫克数称为皂化值。根据皂化值的大小可以判断油脂分子量的高低，还可以检验油脂是否掺有其他物质，并指示使一定质量油脂完全皂化时所需的碱量。

2. 加成

（1）加氢：含不饱和脂肪酸较多的油脂通过催化加氢，可以转化为含饱和脂肪酸较高的油脂。经氢化后，液态的油变为半固态或固态的脂肪。因此，油脂的催化氢化也称为油脂的硬化。硬化后的油脂便于储存和运输。

（2）加碘：油脂中所含不饱和脂肪酸的碳碳双键可与碘发生加成反应，100g 油脂与碘加成时，所需碘的克数称为碘值。根据碘值，可以判断油脂的不饱和程度。

3. 酸败 油脂在空气中放置过久，就会变质，产生难闻的气味，这种现象称为油脂的酸败。油脂酸败的主要原因是空气中的氧气、水分或微生物的作用，使油脂中的不饱和键被氧化、水解而产生有刺激性臭味的低分子醛、酮和游离脂肪酸等。中和 1g 油脂中的游离脂肪酸所需氢氧化钾的毫克数，称为油脂的酸值。酸值越大，说明油脂酸败程度较严重，通常酸值大于 6.0 的油脂不宜食用。

皂化值、碘值和酸值是油脂品质分析中的 3 个重要理化指标，国家对不同油脂的皂化值、碘值和酸值有严格的规定。

二、磷　脂

磷脂是一类含磷的类脂化合物。它们广泛分布在动植物组织中，存在于动物的脑、神经组织、骨髓、心、肝、肾等器官中；蛋黄、种子、大豆中也含有丰富的磷脂。最常见的磷脂是卵磷脂和脑磷脂。

（一）卵磷脂

卵磷脂又称磷脂酰胆碱，是分布最广的一种磷脂。卵磷脂的结构与油脂相似，甘油的 3 个羟基中有 2 个与高级脂肪酸结合，另 1 个与磷酸结合，而磷酸又与胆碱结合。其结构如下：

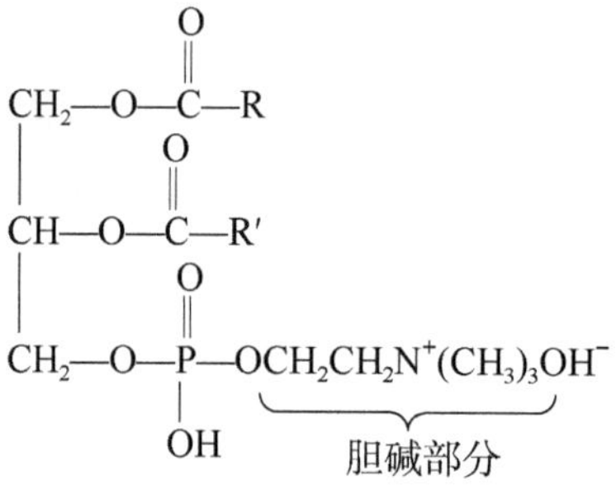

（二）脑磷脂

脑磷脂与卵磷脂同时共存于动植物各组织及器官中，因在脑组织中含量较多而得名。脑磷脂是由 1 分子磷脂酸与 1 分子胆胺形成的，又称磷脂酰胆胺。其结构如下：

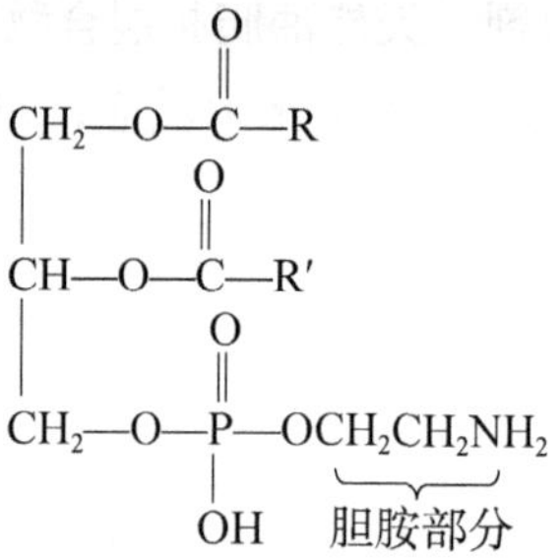

纯净的卵磷脂、脑磷脂都是白色蜡状固体，吸水性极强，在空气中易氧化成黄色。卵磷脂不溶于水和丙酮，易溶于乙醚、乙醇和氯仿。脑磷脂难溶于乙醇，利用乙醇可以分离脑磷脂和卵磷脂。卵磷脂与脂肪的吸收和代谢有密切关系，在肝内能促进脂肪的转运，可作为抗脂肪肝药物。脑磷脂与血液的凝固有关，血小板内能促进血液凝固的凝血激活酶就是由脑磷脂与蛋白质组成的。

考点：①油脂、磷脂的结构和命名；②油脂、磷脂的理化性质；③油脂、磷脂的应用

第 5 节　碳酸衍生物

碳酸衍生物是指碳酸分子中的羟基被其他原子或原子团（—X、—OR、$—NH_2$ 等）取代后的产物。碳酸不稳定，碳酸的一个羟基被取代的衍生物也不稳定，而两个羟基均被取代的衍生物一般都较稳定。下面四个化合物是最常见的碳酸衍生物。

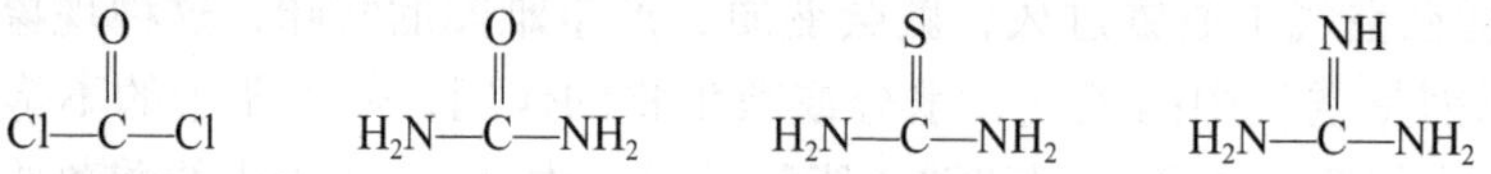

光气（碳酰氯）　　脲（碳酰胺）　　硫脲（硫代碳酰胺）　　胍（亚氨基脲）

许多碳酸衍生物都是有机合成、药物制备的重要试剂和原料，本节仅对部分常见的、较为重要的碳酸衍生物作简要介绍。

一、碳　酰　氯

碳酰氯（$COCl_2$）可以看作碳酸分子中两个羟基被氯原子取代的产物，俗称光气。它是一种极毒带甜味的气体，有腐草臭味，熔点−118℃，沸点 8.2℃，相对密度 1.432（0℃）。光气具有酰氯的一般

特性，能发生水解、醇解和氨解反应。是制备多种化合物的原料。

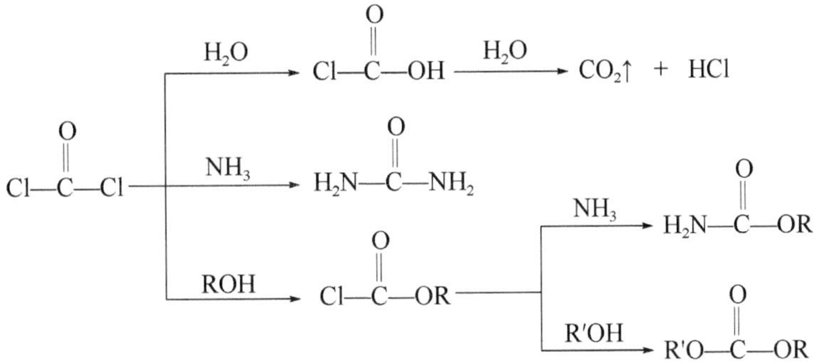

二、碳 酰 胺

碳酰胺[$CO(NH_2)_2$]俗称尿素或脲，是白色结晶，熔点 133℃。易溶于水和乙醇中。尿素是蛋白质在人或辅乳动物体内分解代谢的最终产物，成人每日从尿中排泄 25～30g 尿素。尿素具有酰胺的一般性质，但由于两个氨基同时连在同一羰基碳上，因此也具有特殊的性质。

（一）弱碱性

尿素分子中由于两个氨基与羰基相连接，因此两个氨基均能与羰基发生共轭效应，使其氮原子上的电子云密度比酰胺分子中氮原子上的电子云密度高，具有接受质子的能力，表现为弱碱性，与强酸作用生成盐。例如，在尿素的水溶液中加入浓硝酸，则析出硝酸脲的白色沉淀。

$$H_2N-\overset{O}{\overset{\|}{C}}-NH_2 + HNO_3 \longrightarrow H_2N-\overset{O}{\overset{\|}{C}}-NH_2 \cdot HNO_3\downarrow$$

（二）水解

尿素在酸、碱或尿素酶的催化下，可水解生成氨或铵。

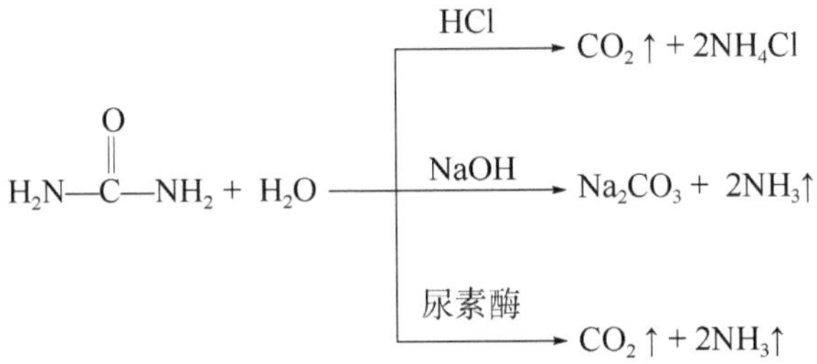

（三）与亚硝酸反应

尿素与亚硝酸反应时，生成二氧化碳和水，定量放出氮气，通过测定氮气的量可以推断脲的含量。

$$H_2N-\overset{O}{\overset{\|}{C}}-NH_2 + 2HNO_2 \longrightarrow CO_2\uparrow + 2N_2\uparrow + 3H_2O$$

由于生成产物为气体和水，不会对反应的后处理带来影响，因此在重氮化反应中为了除去过量的亚硝酸常常加入脲。

（四）缩二脲的生成及缩二脲反应

将固体尿素缓慢加热至超过其熔点时，两分子尿素间脱去一分子氨，生成缩二脲。

$$H_2N-\overset{O}{\overset{\|}{C}}-NH_2 + H_2N-\overset{O}{\overset{\|}{C}}-NH_2 \xrightarrow{150\sim160℃} H_2N-\overset{O}{\overset{\|}{C}}-HN-\overset{O}{\overset{\|}{C}}-NH_2 + NH_3\uparrow$$

缩二脲为无色结晶，熔点 190℃，难溶于水，易溶于碱溶液。在缩二脲的碱性溶液中加入少量硫酸铜溶液，即呈现紫色或紫红色，这个颜色反应称为缩二脲反应。不仅缩二脲能发生此反应，凡分子中含有两个或两个以上肽键（—CO—NH—）结构的化合物，如多肽和蛋白质等都能发生缩二脲反应。

（五）酰脲的生成

脲与酰氯、酸酐或酯作用，可生成酰脲。例如：尿素与丙二酸二乙酯在乙醇钠的催化下进行缩合反应，生成丙二酰脲。丙二酰脲为无色晶体，熔点 245℃，微溶于水。

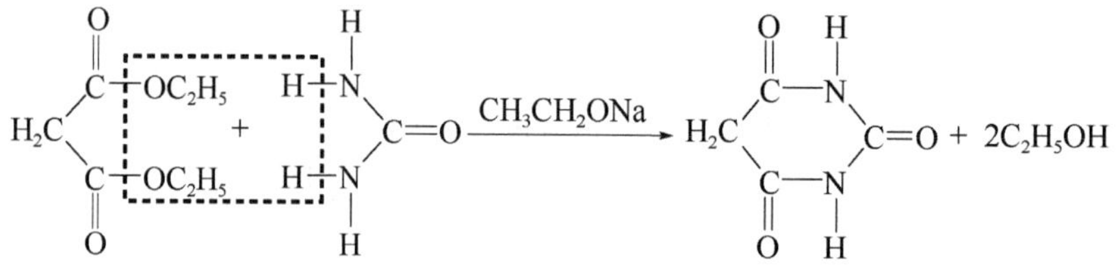

丙二酰脲分子中亚甲基的氢原子和氮原子上的氢都受两个羰基的影响，因而很活泼，在水溶液中存在酮式和烯醇式的互变异构平衡。

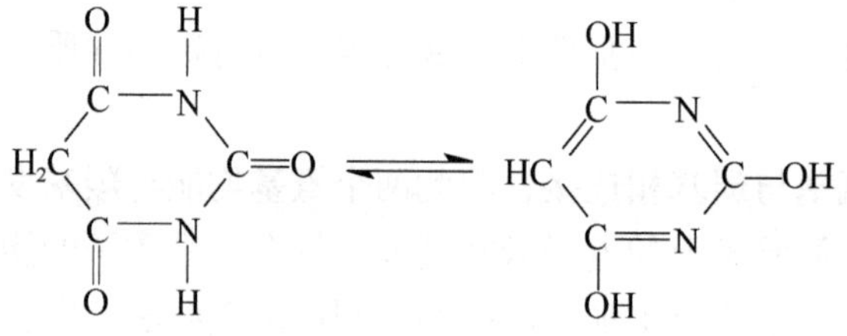

烯醇式具有弱酸性（pK_a=3.98），酮式中亚甲基上的两个氢原子被烃基取代后所生成的衍生物，是一类对中枢神经系统起抑制作用的化合物，具有镇静、催眠和麻醉作用，总称为巴比妥类药物。通式为

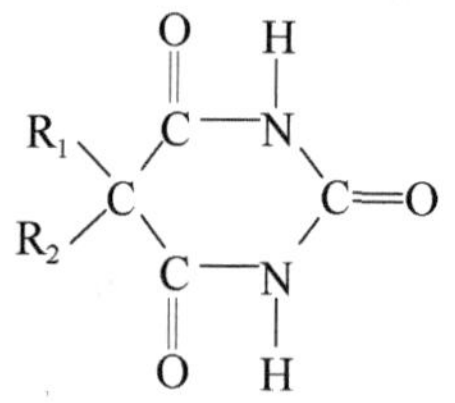

R_1=R_2=C_2H_5 巴比妥

R_1= C_2H_5 R_2=C_6H_5 苯巴比妥

巴比妥类药物有成瘾作用，用量过大会危及生命。

三、胍

胍可以看作是尿素分子中的氧原子被亚氨基(—NH—)取代后所形成的化合物，又称为亚氨基脲。胍分子中去掉氨基上的一个氢原子后剩余部分称为胍基，去掉一个氨基后剩余的基团称为脒基。

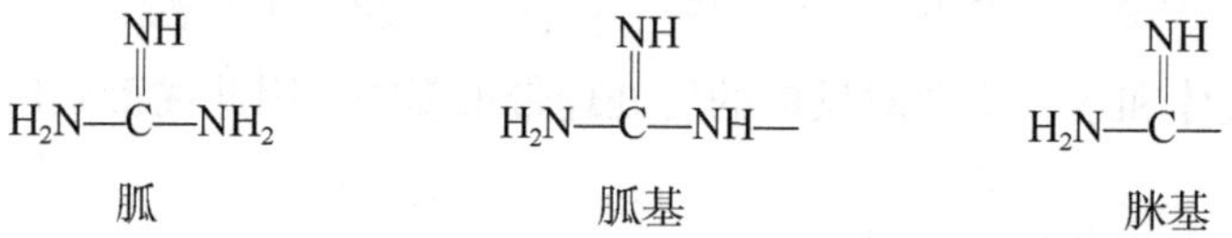

胍为无色结晶状物质，熔点 50℃，易溶于水和乙醇。它是一个有机强碱，pK_b=0.52，与 NaOH 碱性相当，能吸收空气中的 CO_2 生成稳定的碳酸盐。胍容易水解，在氢氧化钡溶液中加热，生成脲和氨。因此，胍通常以盐的形式保存。

考点：①碳酸衍生物的分类、结构和命名；②碳酰氯、碳酰胺和胍的理化性质

自测题

一、单项选择题

1. 可以用来区分甲酸和乙酸的试剂是（　　）
   A. 石蕊试剂　　B. 金属钠
   C. 托伦试剂　　D. Na_2CO_3
2. 乙酰基（$CH_3CO—$）是哪种物质去掉—OH 后余下的基团（　　）
   A. 甲酸　　B. 乙酸
   C. 丙酸　　D. 丁酸
3. 下列酸中，加热能脱羧生成 HCOOH 的是（　　）
   A. 丙酸　　B. 乙酸
   C. 乙二酸　　D. 己二酸
4. 人在剧烈运动后，感到全身酸痛，是因为肌肉中（　　）
   A. 乳酸含量增高　　B. 柠檬酸含量增高
   C. 碳酸含量增高　　D. 苹果酸含量增高
5. 下列化合物酸性最大的是（　　）
   A. CH_3COOH　　B. $ClCH_2COOH$
   C. $Cl_2CHCOOH$　　D. Cl_3CCOOH
6. 下列化合物中碱性最强的是（　　）
   A. $H_3C—C(=O)—NH_2$　　B. $H_2N—C(=O)—NH_2$
   C. $H_2N—C(=NH)—NH_2$　　D. NH_3
7. 下列物质中，酸性最强的是（　　）
   A. H_2CO_3　　B. CH_3COOH
   C. C_6H_5OH　　D. HCOOH
8. 受热可发生脱羧反应的是（　　）
   A. 乙酸　　B. 草酸　　C. 蚁酸　　D. 苯甲酸
9. 下列哪种试剂不能用来鉴别甲酸、乙酸（　　）
   A. $KMnO_4$　　B. 托伦试剂
   C. Br_2/H_2O　　D. 费林试剂
10. 加热下列哪种二元酸，可同时发生脱羧和脱水反应生成环酮（　　）
    A. 丙二酸　　B. 丁二酸
    C. 己二酸　　D. 戊二酸
11. 既能使高锰酸钾褪色，又能发生银镜反应的是（　　）
    A. 甲酸　　B. 乙酸　　C. 乙二酸　　D. 丙酸
12. 既能与 NaOH 反应，又能与 $NaHCO_3$ 溶液反应放出 CO_2 的物质是（　　）
    A. 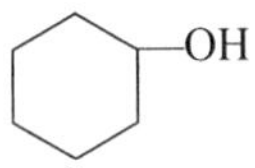　　B. 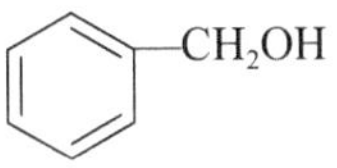
    C. 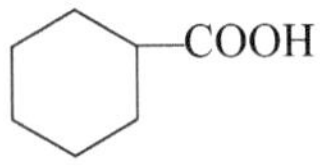　　D. 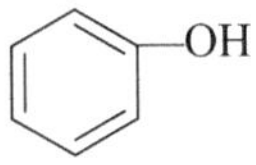
13. 下列酸属于二元羧酸的是（　　）
    A. 草酸　　B. 乙酸
    C. 石炭酸　　D. 安息香酸
14. 乙酰水杨酸的通用名是（　　）
    A. 水杨酸　　B. 阿司匹林
    C. 乳酸　　D. 酒石酸
15. 羧酸衍生物水解的共同产物是（　　）
    A. 醇　　B. 氨　　C. 羧酸　　D. 酸酐
16. 测定油脂的不饱和程度，采用的方法是（　　）
    A. 加氢　　B. 加溴
    C. 加碘　　D. 加氯化氢
17. 下列试剂中，能使油脂彻底水解的是（　　）
    A. 氢氧化钠　　B. 盐酸
    C. 氯化钠　　D. 乙醇
18. 不能作酰化试剂的是（　　）
    A. 乙酰氯　　B. 乙酐
    C. 乙酸　　D. 乙醛

二、写出下列反应的主要产物

1. $HOCH_2CH_2COOH \xrightarrow[(2)\,H_2O]{(1)\,LiAlH_4/Et_2O}$

2. 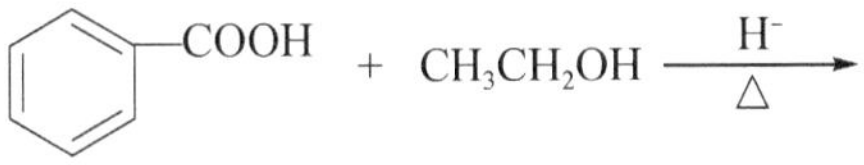

3. 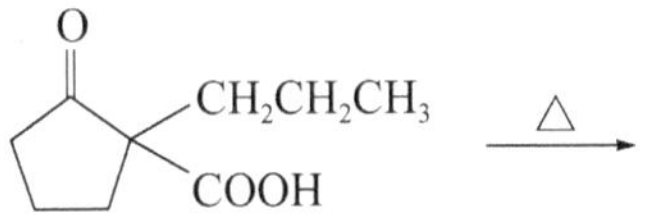

4. $CH_3CH(OH)CH_2COOH \xrightarrow{\triangle}$

5. $CH_3CH_2C(CH_3)(OH)COOH \xrightarrow{稀H_2SO_4}$

6. $CH_3CH_2COOH \xrightarrow[P]{Br_2}$

7. 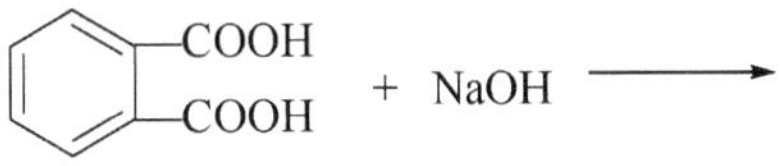

8. $CH_3CH(CH_2COOH)_2 \xrightarrow{\triangle}$

9. 

10. 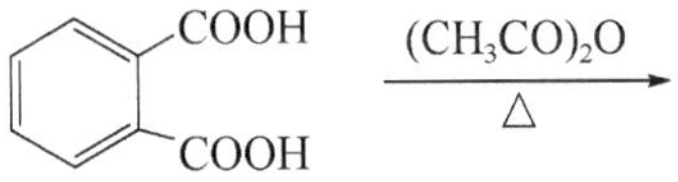

11. 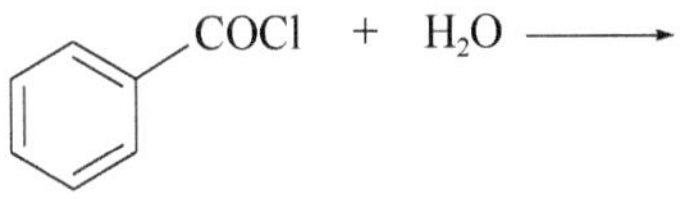

12. $HCOOH + CH_3CH_2CH_2OH \underset{\triangle}{\overset{H_2SO_4}{\rightleftharpoons}}$

13. $H_2NCONH_2 + NaOH \longrightarrow$

14. 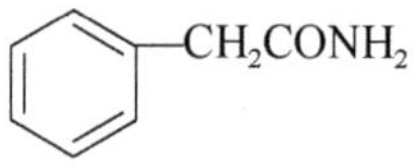 $+ Br_2 + NaOH \longrightarrow$

15. $CH_3COOC_2H_5 + HCOOC_2H_5 \xrightarrow[(2)\ H_3O^+]{(1)\ C_2H_5ONa/C_2H_5OH}$

三、简答题

1. 写出下列化合物的名称或结构式

（1）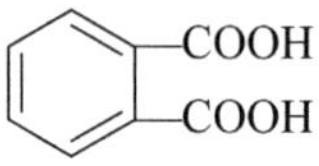

（2）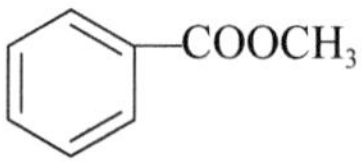

（3）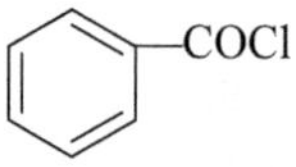

（4）$CH_3\overset{O}{\overset{\|}{C}}CH_2CH{=}CHCOOH$

（5）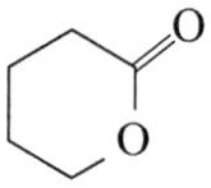

（6）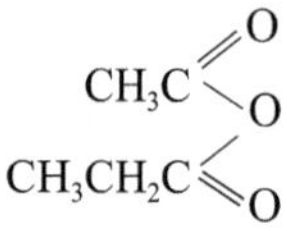

（7）2-氯丁二酸　　（8）邻苯二甲酸酐

（9）2, 3-二羟基丁二酸　　（10）*N*-乙基乙酰胺

（11）丙二酸二乙酯　　（12）碳酰胺

2. 用化学方法区分下列各组化合物

（1）甲酸、乙酸和乙二酸

（2）水杨酸、苯甲酸和石炭酸

（3）4-甲基-2-戊烯酸和环戊基甲酸

（4）乙酸、乙醇和乙醛

（5）尿素和乙酰胺

四、推断题

1. 分子式为 $C_6H_{12}O$ 的化合物 A，氧化后得 B（$C_6H_{10}O_4$）。B 能溶于碱，若与乙酐（脱水剂）一起蒸馏则得化合物 C。C 能与苯肼作用，用锌汞齐及盐酸处理得化合物 D。后者分子式为 C_5H_{10}，写出 A、B、C、D 的构造式及相关反应方程式。

2. 化合物 A，分子式为 $C_4H_6O_4$，加热后得分子式为 $C_4H_6O_3$ 的 B。将 A 与过量甲醇及少量硫酸一起加热得分子式为 $C_6H_{10}O_4$ 的 C。B 与过量甲醇作用也得到 C。A 与 $LiAlH_4$ 作用后得分子式为 $C_4H_{10}O_2$ 的 D。写出的结构式 A、B、C、D 以及它们相互转化的反应式。

（叶群丽）

第9章

有机含氮化合物

有机含氮化合物是指有机分子中含有氮元素的化合物。在自然界分布广泛，种类繁多，包括硝基化合物、腈、肟、胺类、氨基酸、酰胺、重氮及偶氮化合物、含氮杂环化合物等。许多有机含氮化合物与生物体的活动和人们的日常生活都密切相关，不少药物、染料等也都是有机含氮化合物。本章主要介绍胺类、腈类、重氮化合物和偶氮化合物。

第1节　胺

一、胺的结构、分类和命名

（一）结构

胺（amine）可以看作氨分子中氢原子被烃基取代后的化合物，是氨的烃基衍生物。氮原子以 sp^3 方式进行杂化，形成四个 sp^3 杂化轨道（三个轨道中为单电子，一个轨道中为电子对），氮原子以三个单电子 sp^3 杂化轨道与氢原子或碳原子形成三个 σ 键，留下一对电子对占据一个 sp^3 杂化轨道，分子呈棱锥形结构（图 9-1）。

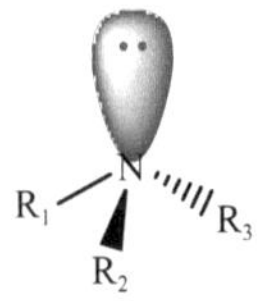

图 9-1　胺分子形成示意图

（二）分类

根据胺分子中氮原子上所连烃基的种类不同，胺可分为脂肪胺和芳香胺。例如：

$CH_3CH_2CH_2NH_2$

丙胺(脂肪胺)

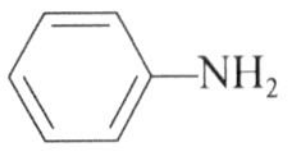

苯胺(芳香胺)

根据氮原子上所连接的烃基数目的不同，胺可分为伯胺、仲胺、叔胺和季铵盐（碱）。请注意与卤代烃和醇的伯、仲、叔分类含义的不同。

NH_3	RNH_2	R_2NH	R_3N	R_4N^+
氨	伯胺	仲胺	叔胺	季铵盐（碱）

根据胺分子中的氨基数目的多少，胺可分为一元胺、二元胺和多元胺。例如：

$CH_3CH_2NH_2$	$NH_2CH_2CH_2CH_2NH_2$
乙胺（一元胺）	丙二胺（二元胺）

（三）命名

1. 脂肪胺的命名　简单的胺以胺为母体，烃基作为取代基，按照分子中烃基名称及数目称为“某胺”。若氮原子上连有 2 个或 3 个相同的烃基时，则需要表示出烃基的数目；若连有不同的烃基，则小基团名称在前，大基团名称在后。例如：

CH_3CH_2NH	$(CH_3CH_2)_2NH$	$(CH_3CH_2)_3N$	$CH_3CH_2CH_2N(CH_3)CH_2CH_3$
乙胺	二乙胺	三乙胺	甲乙丙胺

对于结构比较复杂的脂肪胺，以烃为母体，氨基作取代基来命名。例如：

2-氨基戊烷

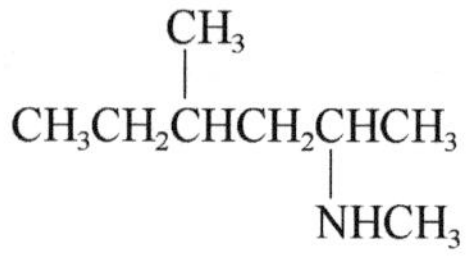

4-甲基-2-甲氨基己烷

2. 芳香胺的命名 以芳香胺为母体，若氮原子上连有脂肪烃基，则在其名称前标上“*N*”，以区分芳环上的取代基。例如：

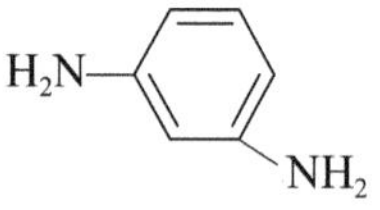

邻苯二胺

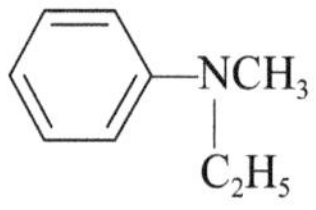

N-甲基-*N*-乙基苯胺

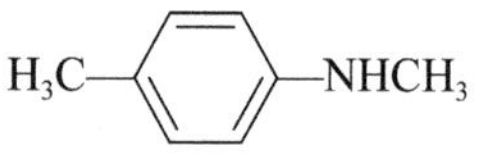

N-甲基对甲苯胺

3. 季铵盐和季铵碱的命名 若四个烃基相同，其命名与卤化铵和氢氧化铵的命名相似，称为卤化四“某”铵和氢氧化四“某”铵，若烃基不同，则按基团顺序由小到大依次排列。例如：

$(CH_3)_4N^+OH^-$

氢氧化四甲铵

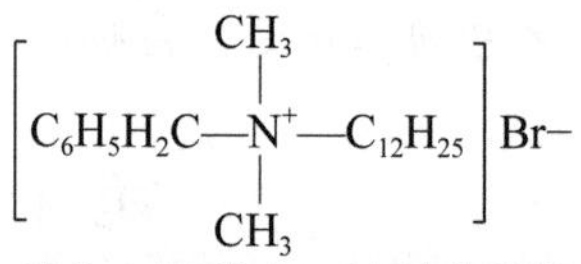

溴化二甲基十二烷基苄基铵

胺与盐酸或是硫酸生成的盐，通常称为“氯化某铵、硫酸某铵”或“某胺盐酸盐、某胺硫酸盐”。例如：

$(CH_3)_3NH^+Cl^-$

氯化三甲铵（或三甲胺盐酸盐）

$(CH_3CH_2NH_3)_2SO_4$

硫酸乙铵（或乙胺硫酸盐）

命名胺类化合物时应注意“氨”“胺”“铵”字用法。表示基团时用“氨”，如氨基、亚氨基、甲氨基（CH_3NH—）等；表示氨的烃类衍生物时用“胺”；表示季铵类化合物或胺的盐时用“铵”。

课堂互动 9-1

命名下列化合物。

（1）$CH_3NHC_2H_5$

（2）

（3）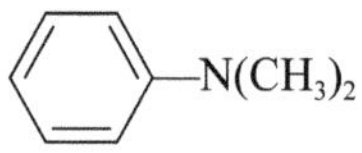

（4）$(CH_3)_2NH_2Br$

二、胺的理化性质

（一）物理性质

胺与氨一样，是极性的化合物。除叔胺外，胺都能形成分子间氢键，因此胺的沸点比分子量相近的烃类高，但比分子量相近的醇或羧酸低。叔胺的氮原子上无氢原子，分子间不能形成氢键，因此沸点比其异构体的伯胺、仲胺低。胺都能与水形成氢键，因此低级的胺易溶于水。胺的溶解度随着分子量的增加而迅速降低，含 6 个碳原子以上的胺难溶于水。一般胺能溶于醚、醇、苯等有机溶剂。

常温下，低级脂肪胺是气体或易挥发的液体，具有与氨相似的难闻的臭味。例如，1, 4-丁二胺和 1, 5-戊二胺有动物尸体腐败后的特殊气味，所以又称腐胺或尸胺。高级脂肪胺为固体，不易挥发，一般没有气味。芳香胺为高沸点的液体或低熔点的固体，具有特殊气味，难溶于水，易溶于有机溶剂。芳香胺具有一定的毒性，例如，苯胺可以通过消化道、呼吸道或经皮肤吸收而引起中毒；联苯胺等有致癌作用；因此处理这类化合物时应采取相应的防护措施。

（二）化学性质

胺分子中氮原子上具有未共用电子对使胺具有碱性和亲核性，胺的化学性质主要表现在这两个方面。

1. 碱性　与氨相似，胺在水中存在下列平衡：

$$RNH_2 + H_2O \rightleftharpoons RNH_3^+ + OH^-$$

胺的碱性的强弱主要与氮原子上电子云密度有关。氮原子上电子云密度越大，接受质子的能力越强，碱性就越强。对于脂肪胺来讲，因脂肪烃基是供电子基团，氮原子上的电子云密度增大而碱性增强，故脂肪胺的碱性大于氨。芳香胺由于氮原子上的未共用电子对与苯环形成 p-π 共轭体系，使氮原子的电子云密度降低，因此芳香胺的碱性比氨弱。

胺的碱性还和氮原子上连接的烃基数目有关。烃基数越多，空间位阻越大，越不利于氮原子与氢质子的结合，碱性就越弱。此外，胺在水中的碱性还与水的溶剂化效应即形成铵正离子的稳定性有关。铵正离子的稳定性大小取决于其和水形成氢键的多少。伯胺氮上的氢最多，其铵正离子最稳定。

综合上述三个方面共同作用的结果，不同类型胺的碱性强弱大致有如下顺序：

脂肪仲胺＞脂肪伯胺＞脂肪叔胺＞氨＞芳香胺

当苯环上存在取代基时，苯胺的碱性也受到影响，若苯环上对位与间位连有供电子基团则使碱性增强，而连有吸电子基团则使碱性减弱；邻位取代的苯胺由于受到较大的空间阻碍作用，碱性更弱。例如：

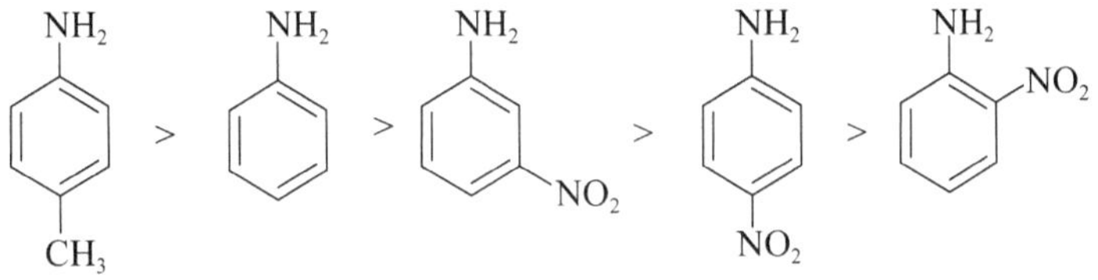

胺类一般为弱碱，能与许多酸作用生成盐，盐易溶于水，但遇强碱又重新游离析出生成原来的胺。实验室中常利用此性质分离和提纯胺。例如：

$$CH_3NH_2 \underset{OH^-}{\overset{HCl}{\rightleftharpoons}} CH_3NH_3^+ + Cl^-（或 CH_3NH_2 \cdot HCl）$$

胺（特别是芳香胺）易被氧化，而胺的盐则很稳定。医药上常将难溶于水的胺类药物制成盐，以增加其水溶性和稳定性。

2. 酰化反应　伯胺和仲胺与酰化试剂（如酰卤、酸酐及酯等）作用，氮原子上的氢被酰基取代生成酰胺的反应称为酰化反应。而叔胺氮原子上没有氢，则不能生成酰胺化合物。最常用的酰化试剂是酰卤和酸酐。

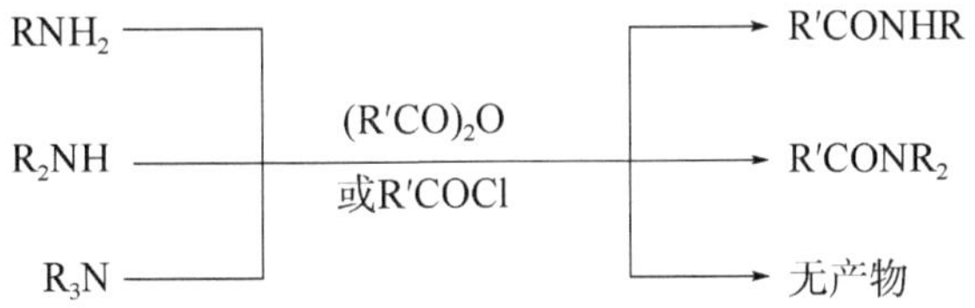

酰胺为具有一定熔点的结晶性固体，利用酰化反应即可将伯胺或仲胺与叔胺区分开，还可通过测定酰胺的熔点来鉴别伯胺和仲胺。

此外，酰胺在酸或碱的催化下，可水解游离出原来的胺。由于芳氨基活泼且易被氧化，因此在有机合成中可以用酰化的方法来保护芳氨基。在药物分子中引入酰基后，常增加药物的脂溶性，有利于体内的吸收，提高或延长其疗效，并可降低药物毒性。

案例 9-1

对甲基苯胺氧化反应生成对氨基苯甲酸过程中的氨基保护。

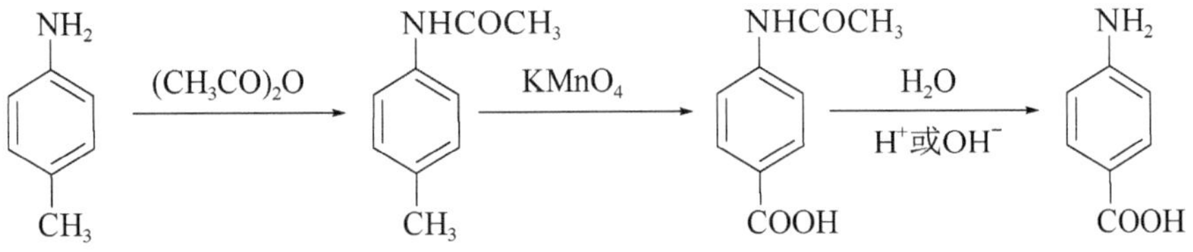

解热镇痛药对氨基苯酚乙酰化成对羟基乙酰苯胺后则降低了毒副作用且疗效增强。

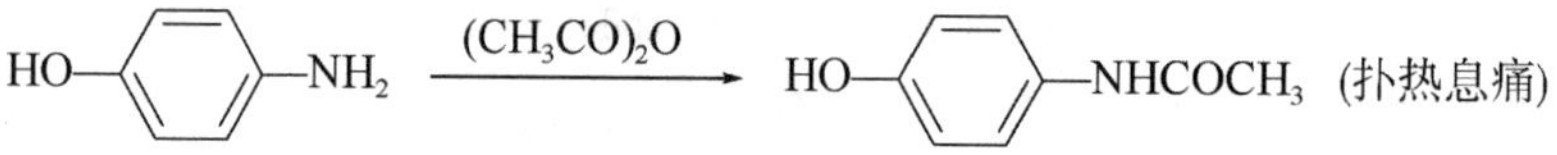

3. 磺酰化反应 伯胺、仲胺可以和芳香族磺酰氯（如苯磺酰氯和对甲基苯磺酰氯）发生磺酰化反应，生成磺酰胺。叔胺氮原子上没有氢原子，不发生此反应。

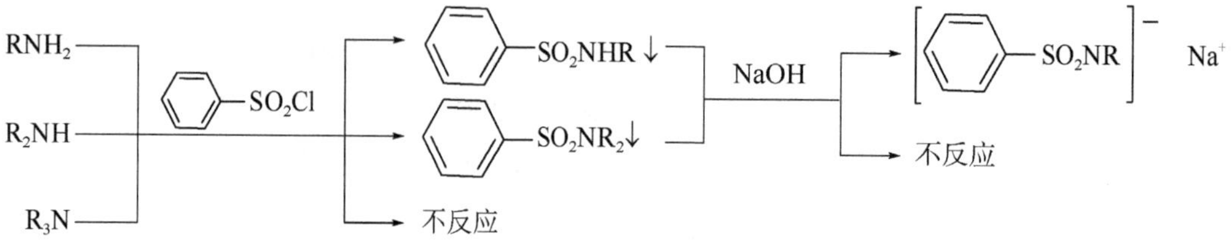

伯胺的磺酰化产物的氮原子上还有一个氢原子，受磺酰基的强吸电子的影响，氢原子呈弱酸性，因此能与碱成盐而溶于氢氧化钠溶液中。仲胺的磺酰化产物的氮原子上没有氢原子，故不呈酸性，不溶于氢氧化钠溶液中。此反应也称兴斯堡（Hinsberg）反应。利用这个性质可以鉴别或分离提纯伯胺、仲胺、叔胺。

4. 与亚硝酸反应 亚硝酸不稳定，在实际反应中常用亚硝酸钠与盐酸或硫酸代替亚硝酸。不同类型的胺与亚硝酸反应，反应现象和产物不同。

（1）伯胺与亚硝酸反应：脂肪族伯胺与亚硝酸反应，低温条件下生成极不稳定的脂肪族重氮盐，此重氮盐即使在较低的温度下也立即分解成一个碳正离子和氮气，而碳正离子可发生取代、重排、消除等各种反应，生成醇、卤代烃和烯烃等的混合物。其反应式可简单表示为

$$RNH_2 \xrightarrow{NaNO_2+HCl} RN_2^+Cl^- \longrightarrow R^+ + Cl^- + N_2\uparrow$$

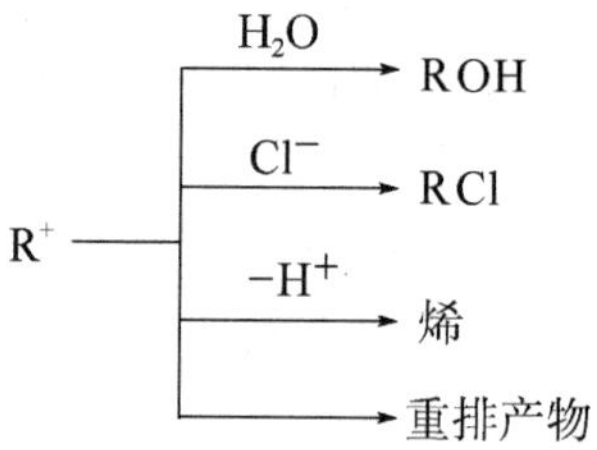

由于产物复杂，在合成上实用价值不大，但能定量放出的氮气，因此常用于伯胺及氨基化合物（如氨基酸）的定量分析。

芳香族伯胺与亚硝酸在低温下（0～5℃）反应，生成芳香族重氮盐。例如：

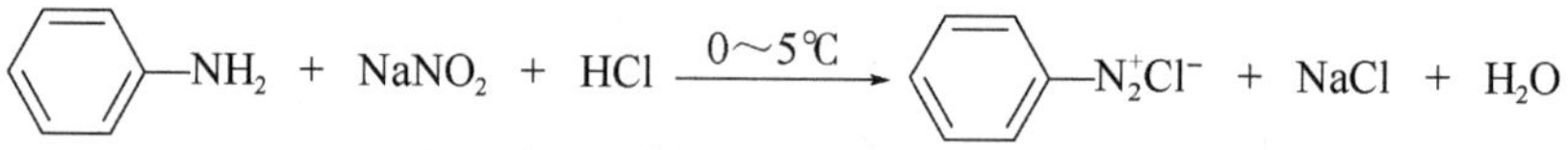

低温下，芳香族重氮盐比脂肪族重氮盐稳定。但温度升高时立即分解放出氮气，同时生成酚类化合物。例如：

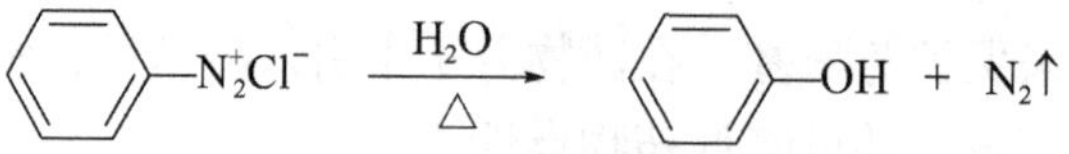

（2）仲胺与亚硝酸的反应：脂肪仲胺、芳香仲胺与亚硝酸作用，都是在氮上进行亚硝化反应，生成 *N*-亚硝基胺。

$$R_2NH + HNO_2 \longrightarrow R_2N{-}NO + H_2O$$

N-亚硝基胺

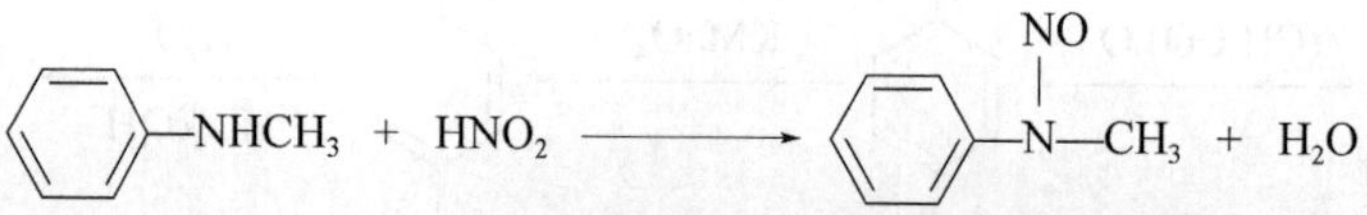

N-甲基-*N*-亚硝基苯胺

N-亚硝基胺为中性的黄色油状物或固体，绝大多数不溶于水，而溶于有机溶剂。它是化学致癌物，主要来源于实验室、橡胶和化工生产中。

链 接 强致癌物质 *N*-亚硝基胺类化合物

世界卫生组织（WHO）将 *N*-亚硝基胺类化合物列为强致癌物。自然界存在的 *N*-亚硝基胺类化合物不多，人体内的 *N*-亚硝基胺类化合物通常是体内的胺类化合物与亚硝酸或亚硝酸盐反应生成，还有一些是通过食物摄取的。流行病学研究发现，凡饮水中硝酸盐、亚硝酸盐含量高的地区，如日本、爱尔兰、智利、哥伦比亚及我国的华北太行山地区，食管癌、胃癌的发病率均高。因此，建议少吃或不吃硝酸盐、亚硝酸盐处理过的食品如香肠、火腿、烤肉、熏肉、泡菜、腌菜等。因食品中的亚硝酸盐在胃酸的作用下生成亚硝酸，与体内代谢产物仲胺形成 *N*-亚硝基胺类化合物。另外，发霉的食品中有亚硝胺存在，如霉变的玉米面和红薯渣，有些霉菌可以使食品中的硝酸盐和仲胺含量提高很多倍。维生素 C 能将亚硝酸还原，抑制体内 *N*-亚硝基胺类化合物的合成。因此多食富含维生素 C 的新鲜蔬菜、水果，可以减少体内 *N*-亚硝基胺的合成。

（3）叔胺与亚硝酸反应：脂肪族叔胺由于氮原子上没有氢原子，因此无上述反应。只能与亚硝酸作用，生成不稳定的亚硝酸盐，亚硝酸盐溶于水，观察不到反应现象。若加入强碱，则重新游离出叔胺。

$$R_3N + HNO_2 \longrightarrow [R_3NH]^+NO_2^- \xrightarrow{OH^-} R_3N + NaNO_2 + H_2O$$

芳香族叔胺与亚硝酸作用，进行芳环上的亲电取代反应，生成对亚硝基芳叔胺。如对位被其他基团占据，则亚硝基将进入邻位。例如：

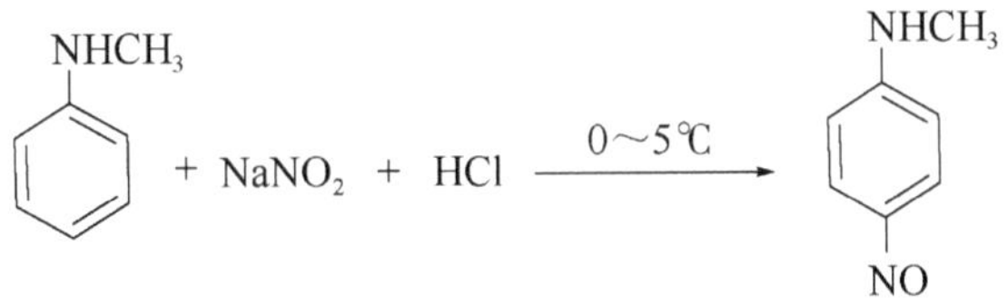

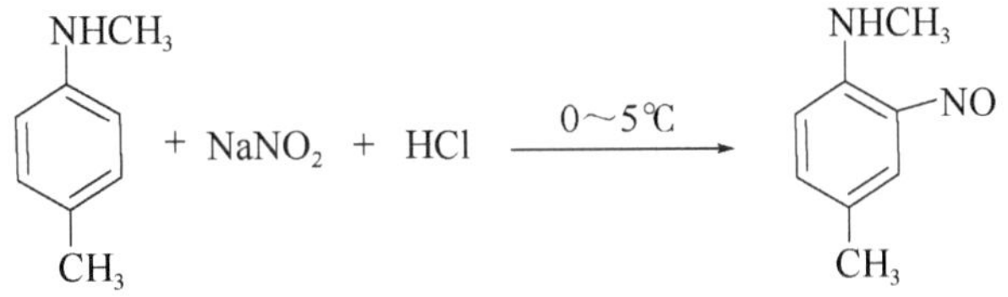

亚硝基芳香族叔胺在碱性条件下呈翠绿色，在酸性条件下呈橘红色。这是由亚硝基化合物在酸性和碱性条件下的结构不同引起的。

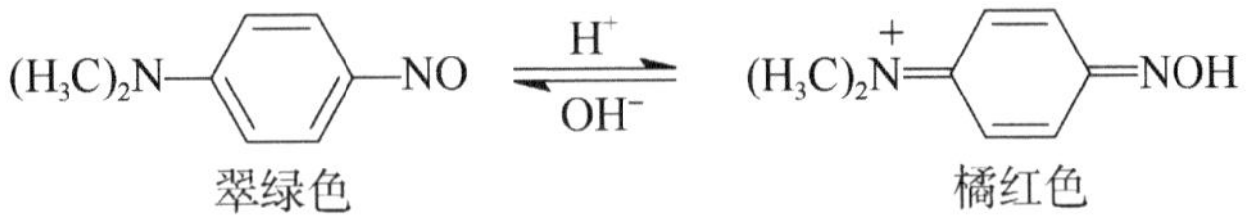

由于不同类型胺与亚硝酸反应，出现不同现象和不同产物，因此可用来鉴别伯胺、仲胺、叔胺。

5. 氧化反应 室温条件下脂肪胺不易被空气氧化。芳香胺与脂肪胺相比更易被氧化。芳香胺放置在空气中，颜色会逐渐变深，是因为被氧化生成带有颜色的产物。在使用其他氧化剂与之作用时，氧化剂和反应条件不同，产物也不同。例如，用酸性的二氧化锰氧化苯胺，可得到对苯醌。在有机合成中，常需将氨基进行保护，以免被氧化。

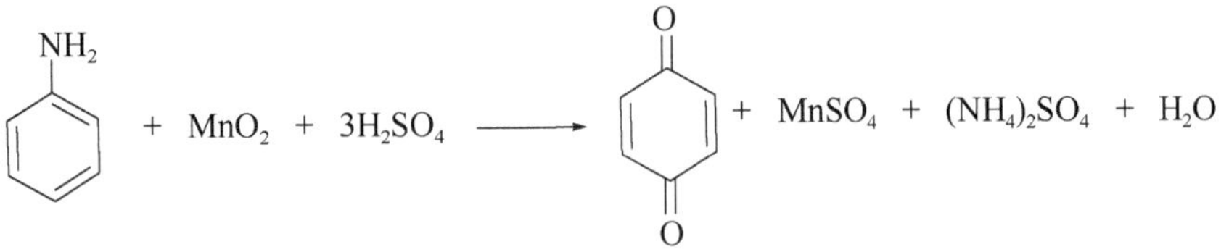

6. 芳环上的亲电取代反应 芳香胺中最常见的是苯胺，主要讨论苯胺的亲电取代反应。氨基与苯环相连，通过 p-π 共轭效应，使苯环上的电子云密度增加，使苯环的亲电取代反应更容易发生。因此，氨基是一个使苯环活化的邻、对位定位基。

（1）卤代反应：苯胺与卤素（Cl_2、Br_2）很容易发生亲电取代反应，无需催化剂的存在。例如，室温下苯胺与过量溴水作用，立即生成 2, 4, 6-三溴苯胺的白色沉淀。

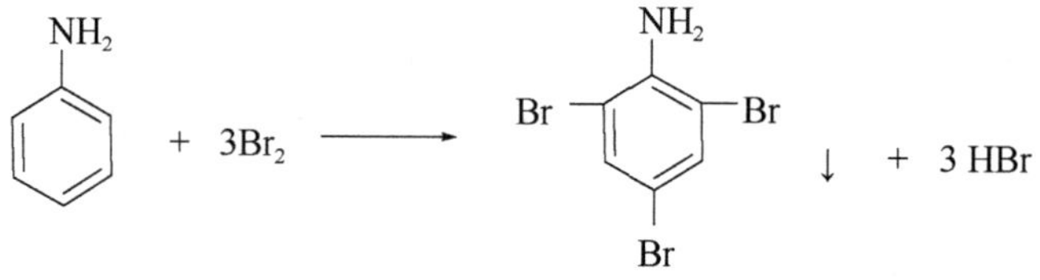

此反应能定量完成，故可用于苯胺的定性和定量分析。氨基酰化后，降低了氨基活化苯环的能力，使反应可以停留在一取代阶段，得到一卤产物。

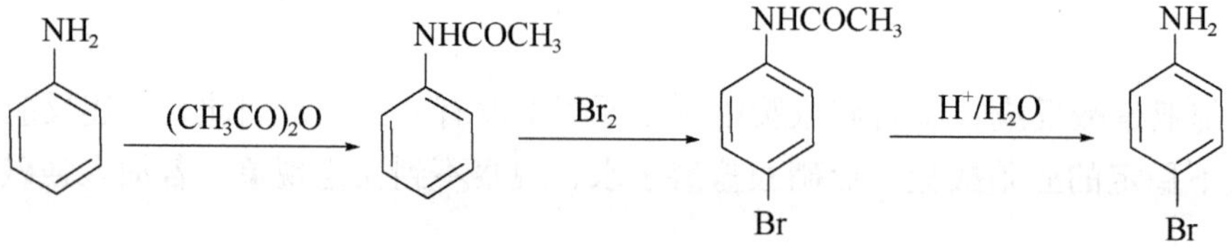

（2）硝化反应：硝化反应常用的试剂是混酸（浓硫酸与浓硝酸的混合物），浓硝酸具有氧化能力，能够氧化氨基，为了避免氨基被氧化需将氨基进行酰化保护。

邻硝基苯胺的合成路径：

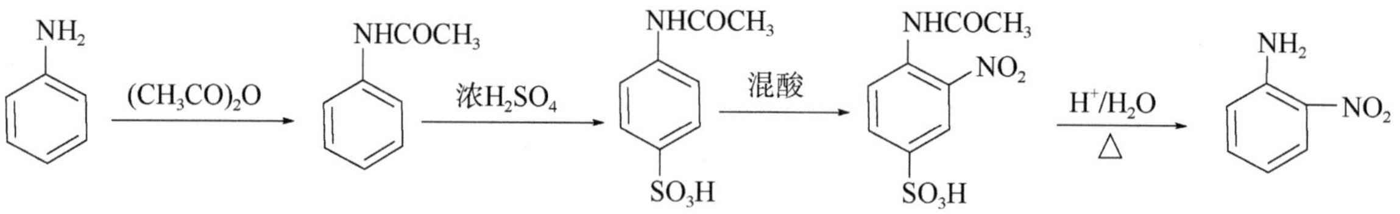

对硝基苯胺的合成路径：

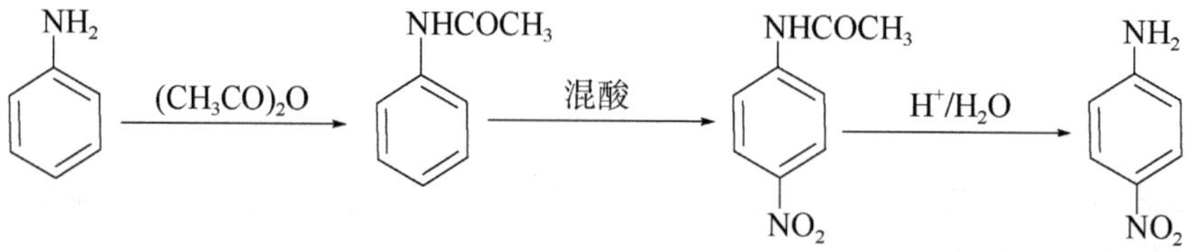

间硝基苯胺的合成，可先将苯胺溶于浓硫酸中，使之形成苯胺硫酸盐保护氨基，而铵根正离子基是吸电子基团，使苯环钝化，硝基进入氨基的间位。

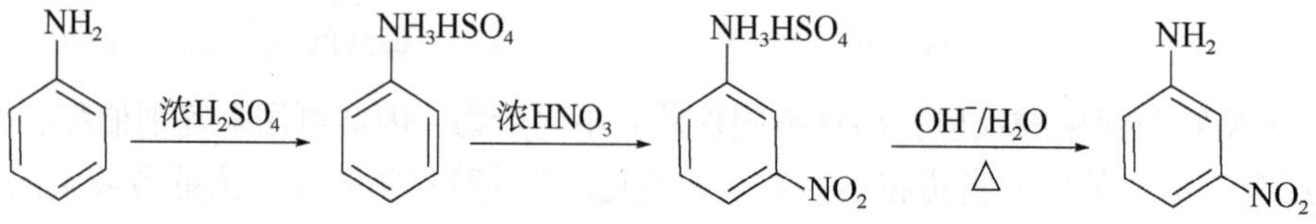

（3）磺化反应：苯胺的磺化是将苯胺溶于浓硫酸中，首先生成苯胺硫酸盐，然后高温（200℃）加热脱去一分子水，并重排生成对氨基苯磺酸。

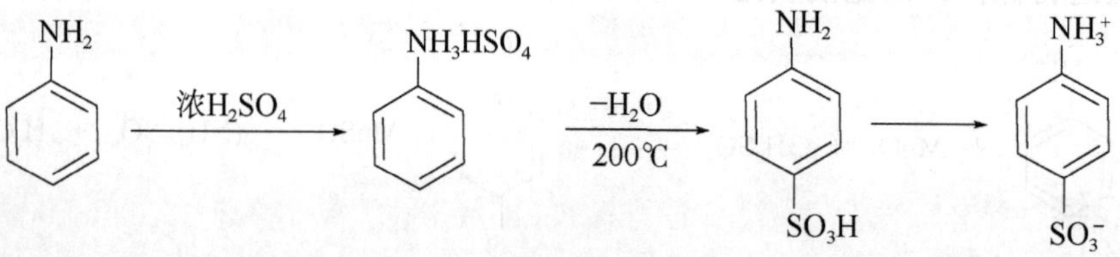

对氨基苯磺酸是白色固体，分子内的氨基和磺酸基可形成盐，称为内盐。其熔点较高，易溶于热水，不溶于有机溶剂。是合成药物与染料的中间体。

对氨基苯磺酰胺是最简单的磺胺类药物，也是其他磺胺类药物的母体，其合成过程为先将苯胺进行乙酰化，转变成乙酰苯胺，然后与氯磺酸进行磺化反应，生成对乙酰氨基苯磺酰氯，再进行氨解得到对乙酰氨基苯磺酰胺，最后水解即可得到对氨基苯磺酰胺。

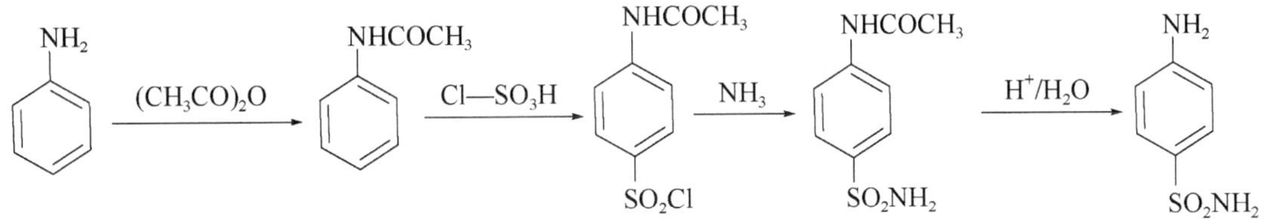

三、季铵盐和季铵碱

叔胺进一步和卤代烷反应，可以生成季铵盐。

$$R_3N + RX \longrightarrow [R_4N]^+X^-$$

季铵盐具有盐类化合物的性质，为白色结晶性固体，熔点较高，能溶于水，不溶于有机溶剂。季铵盐不稳定，加热熔融时易分解成叔胺和卤代烃。

$$[R_4N]^+X^- \xrightarrow{\triangle} R_3N + RX$$

季铵盐和强碱作用，生成季铵碱。

$$[R_4N]^+X^- + KOH \rightleftharpoons [R_4N]^+OH^- + KX$$

季铵碱的碱性与氢氧化钠相当，是强碱。季铵碱对热也不稳定，加热（>125℃）时，易发生分解，生成叔胺和小分子醇。

$$(CH_3)_4N^+OH^- \xrightarrow{\triangle} (CH_3)_3N + CH_3OH$$

四、重要的胺及其衍生物

1. 乙二胺 最简单的二元胺，无色或微黄色油状或水样液体，有类似氨的气味。呈强碱性，沸点117℃，溶于水、乙醇等溶剂，不溶于苯，微溶于乙醚、庚烷。乙二胺是有机合成原料，主要用于合成药物、农药和乳化剂等。乙二胺可由1, 2-二氯乙烷与氨反应制得。

$$ClCH_2CH_2Cl + 4NH_3 \xrightarrow[1MPa]{100\sim150℃} H_2NCH_2CH_2NH_2 + 2NH_4Cl$$

乙二胺与氯乙酸在碱性溶液中反应生成乙二胺四乙酸盐，其经酸化后得乙二胺四乙酸，简称EDTA。

$$H_2NCH_2CH_2NH_2 + 4ClCH_2COOH \xrightarrow[(2)\ H^+]{(1)\ NaOH} (HOOCCH_2)_2NCH_2CH_2N(CH_2COOH)_2$$

EDTA及其盐是分析中常用的金属螯合剂；EDTA二钠盐是重金属中毒的解毒药。

2. 苯胺 最简单的芳伯胺，常温下是无色油状液体，微溶于水，易溶于乙醇、乙醚等有机溶剂。长期存放后因苯胺易被氧化成醌类、偶氮化合物等而变黄、红或棕色，一般使用新蒸馏过的苯胺。苯胺有毒，能引起血色素变质，应避免接触皮肤或吸入其蒸气。苯胺主要用于制造药物、染料、树脂等，也是染料工业中重要的中间体之一。

3. 三乙醇胺 $[N(CH_2CH_2OH)_3]$简称TEA，带氨的气味，无色透明黏稠的液体，能与水及醇互溶，微溶于乙醚，有吸湿性。主要用于日用化学工业，是生产表面活性剂、医药、农药、化妆品、空气净化剂及各种助剂等的重要基础原料。

4. 新洁尔灭 季铵盐类化合物。结构式为

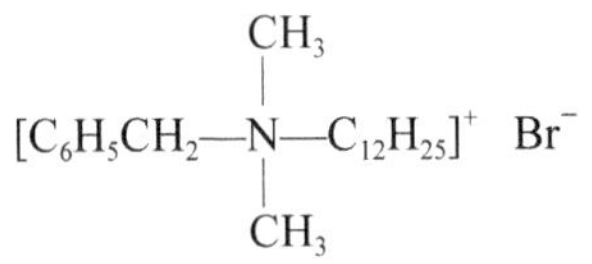

化学名为溴化二甲基十二烷基苄基铵，新洁尔灭常温下为淡黄色蜡状固体，有芳香味而味极苦，

易溶于水或乙醇，结构中含有长链烷基的季铵盐，是一个重要的阳离子表面活性剂；而且还具有较强的穿透细胞的能力，广泛应用于杀菌、消毒、防腐、去垢、增溶等方面。

5. 胆碱 季铵碱类化合物，其结构式为

$$[HOCH_2CH_2N(CH_3)_3]^+OH^-$$

化学名称为氢氧化三甲基*β*-羟乙铵，无色结晶，吸湿性很强，易溶于水和乙醇，不溶于氯仿、乙醚等非极性溶剂。具有碱性，因其最初是在胆汁中发现的，故名胆碱。胆碱容易与酸反应生成更稳定的结晶盐（如盐酸盐）。胆碱与脂肪代谢有关，有抗脂肪肝的作用，临床上用盐酸胆碱治疗肝炎、肝中毒等疾病。

考点：①胺的结构、分类和命名；②胺的理化性质；③季铵盐和季铵碱；④重要的胺

第2节 重氮化合物和偶氮化合物

一、重氮化合物和偶氮化合物的结构和命名

重氮化合物和偶氮化合物都是含有氮氮重键（$—N_2—$）官能团的有机化合物。$—N_2—$官能团的一端与烃基相连，另一端与非碳原子的基团相连或不与其他基团相连的化合物称为重氮化合物。又可分为重氮化合物和重氮盐。

重氮化合物命名为“某重氮某”或“重氮某”。例如：

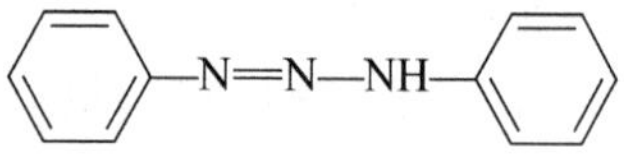

苯重氮氨基苯

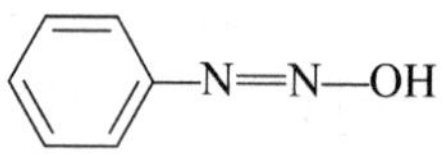

氢氧化重氮苯

$CH_2=N=N$

重氮甲烷

重氮盐命名为“重氮某酸盐”或“某化重氮某”“某酸重氮某”。例如：

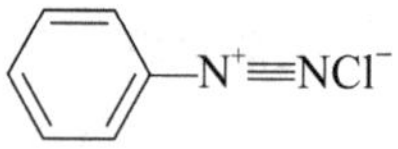

氯化重氮苯（重氮苯盐酸盐）

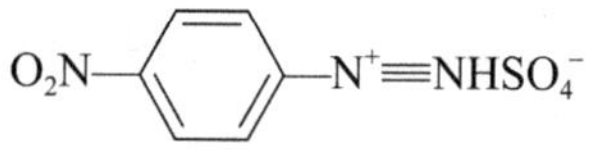

硫酸对硝基重氮苯（对硝基重氮苯硫酸盐）

$—N_2—$官能团以$—N=N—$的形式两端与两个烃基相连的化合物称为偶氮化合物，通式$R—N=N—R'$。命名为“某偶氮某”；若为

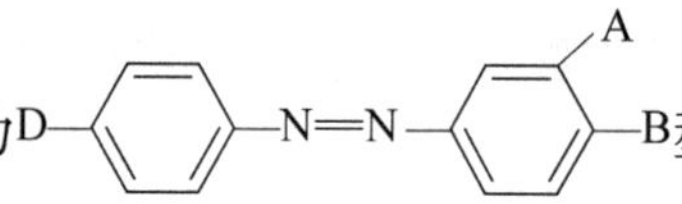

型的化合物，一般以偶氮苯为母体，苯环上连有的基团作为取代基，命名为“某偶氮苯”。例如：

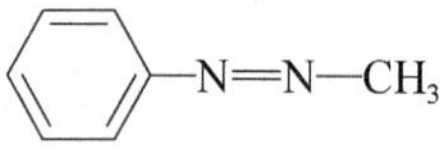

甲基偶氮苯

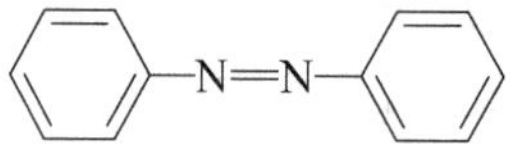

偶氮苯

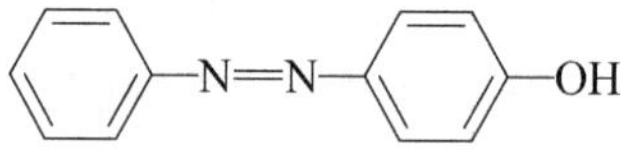

对羟基偶氮苯（对苯偶氮苯酚）

课堂互动 9-2

写出下列化合物的结构式。

（1）氯化对甲基重氮苯 （2）对氨基偶氮苯 （3）间硝基重氮苯硫酸盐

二、芳香族重氮化合物

（一）芳香族重氮盐的制备

在低温、强酸溶液中，芳伯胺与亚硝酸作用生成重氮盐的反应，称为重氮化反应。例如：

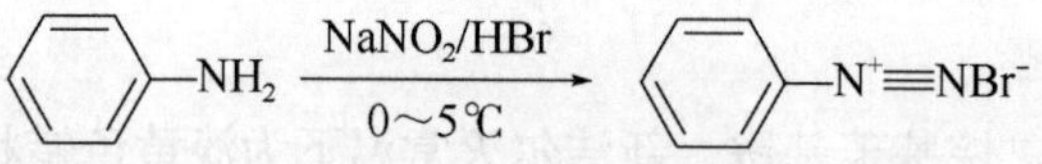

因芳香族重氮盐在低温下较稳定，温度稍高就会分解，所以重氮化反应一般在低温下进行。当芳环上连有吸电子基团时，生成的重氮盐稳定性增强，反应温度可适当提高。通常所用的酸是氢卤酸或硫酸。重氮化时，酸必须过量，以免生成的重氮盐与未反应的芳伯胺发生偶联反应；亚硝酸不能过量，因为过量的亚硝酸会加速重氮盐的分解；当反应的混合物用淀粉碘化钾试纸测试变蓝紫色时即为反应终点；若亚硝酸过量可加入尿素除去。干燥的重氮盐受热或震动后易发生爆炸，因此反应混合物不需分离可直接进行下一步反应。

（二）芳香族重氮盐的性质

芳香族重氮盐是离子型化合物，具有盐的通性，不溶于有机溶剂，易溶于水。重氮盐的化学性质活泼，可以与许多物质发生反应，是有机合成的重要中间体。这些反应可分为两大类：一类是放氮反应（取代反应），一类是留氮反应（还原反应、偶联反应）。

1. 取代反应　芳香族重氮盐中的重氮基可以被卤原子（—X）、氰基（—CN）、羟基（—OH）和氢（—H）等基团取代，同时放出氮气。故也称之为放氮反应。

（1）被羟基取代：在酸性条件下，将重氮苯硫酸盐加热煮沸，重氮基即被羟基取代，生成苯酚并放出氮气。

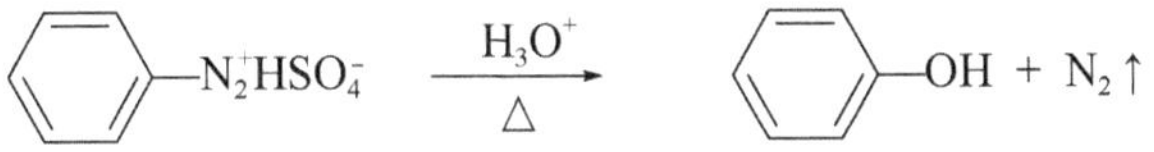

（2）被氟原子取代：若要在芳环上引入氟原子，先将氟硼酸与芳香族重氮盐作用，生成重氮氟硼酸盐，其稳定性较高，可以从溶液分离出来，然后小心加热分解后，可得氟代芳香族化合物。通过此法，向苯环上引入氟原子的反应，称为席曼（Schiemann）反应。

（3）被碘原子取代：将碘化钾与重氮苯硫酸盐共热，即可直接得到碘苯，此法操作简单，产率高。

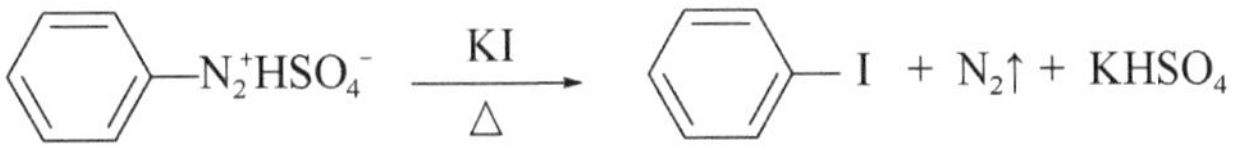

（4）被氯原子、溴原子和氰基取代：芳香族重氮盐酸盐、氢溴酸盐溶液在相应的卤化亚铜盐的存在下加热，重氮基被氯原子、溴原子取代，分别生成相应的卤代芳烃；用氰化亚铜代替卤化亚铜则可在芳环上引入氰基，生成芳腈类化合物；此类反应称桑德迈尔（Sandmeyer）反应。

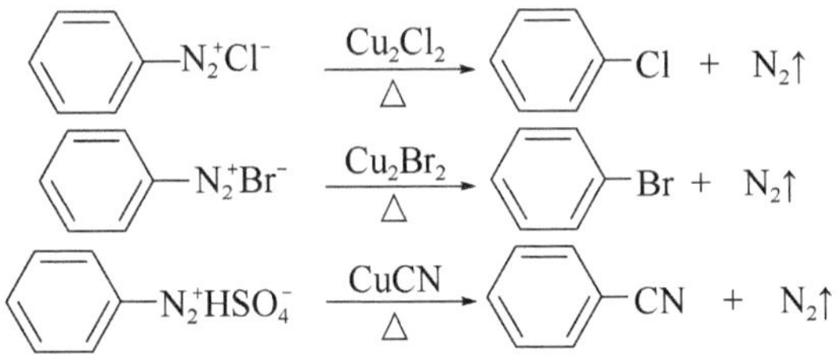

此外，可以用细铜粉代替卤化亚铜，这是桑德迈尔的改良反应，称为桑德迈尔-盖特曼（Sandmeyer-Gattermann）反应。

（5）被氢原子取代：芳香族重氮硫酸盐和次磷酸或碱性甲醛水溶液作用，重氮基被氢原子取代并放出氮气。例如：

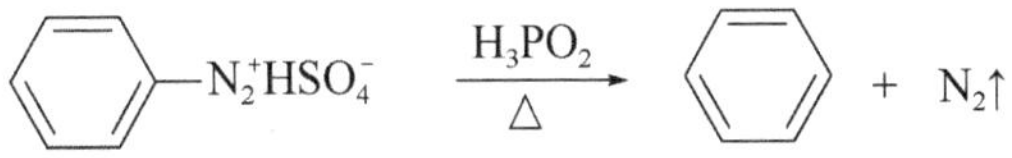

这个反应提供了一个从芳环上去氨基或硝基（硝基可还原成氨基）的方法。在药物和有机合成中利用氨基或硝基的定位作用，将所需的基团引入特定的位置，然后再将硝基或氨基除去或转化为所需

的基团，来合成不能由芳环直接取代制备的化合物。

案例 9-2

设计以苯为原料合成均三溴苯的合成路径。

解析：由苯直接溴代不能得到均三溴苯，但可先硝化生成硝基苯，再还原成苯胺；因氨基是强活性邻对位定位基，溴水就可三溴代生成2，4，6-三溴苯胺，再采用芳环去氨基法就可得到均三溴苯。设计合成路径如下：

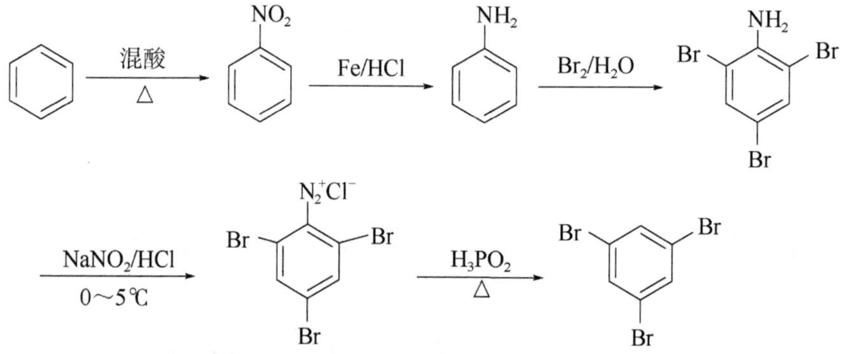

2. 还原反应 用氯化亚锡或亚硫酸钠等还原剂与芳香族重氮盐反应，得到芳肼。例如，用此法合成苯肼。

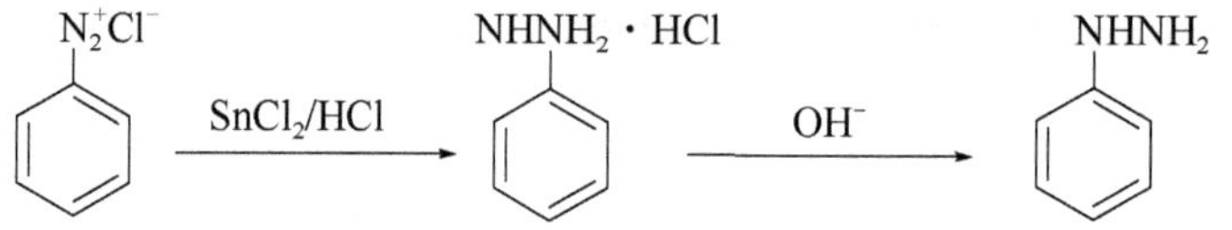

若以较强的还原剂（如Zn/HCl）还原芳香族重氮盐则生成苯胺。例如：

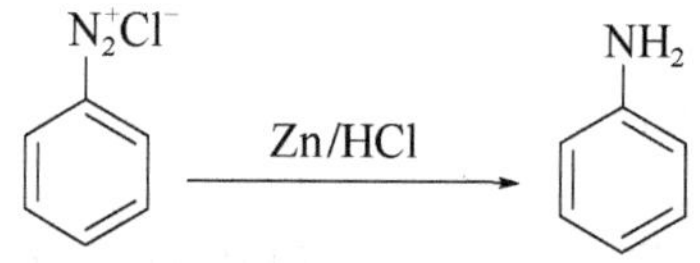

3. 偶联反应 在一定条件下，芳香族重氮盐与酚或芳胺（一般为芳叔胺）作用生成偶氮化合物的反应，称为偶联反应。芳香族重氮盐与酚类的偶联反应在低温、弱碱性介质（pH为8～10）中进行；与芳胺的偶联反应通常在低温、弱酸或中性介质（pH为5～7）中进行。例如：

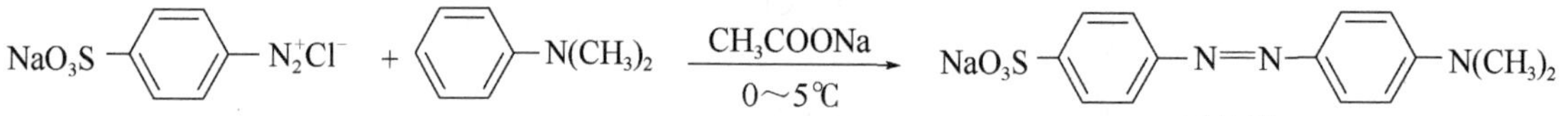

甲基橙

偶联反应的实质是亲电取代反应。芳香族重氮盐中的重氮基是较弱的亲电试剂，只能与有高度致活基团（如羟基或氨基）的芳烃发生偶联反应，其产物符合芳环上亲电取代反应的定位规律，主要发生在致活基团的对位，若对位被占，则发生在邻位。例如：

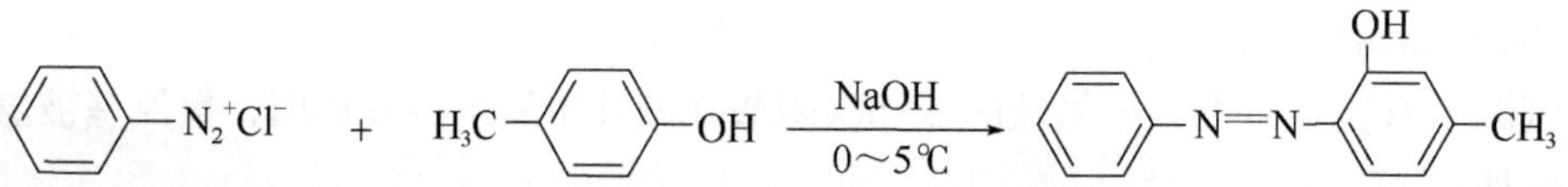

进行偶联反应时，介质的酸碱性是很重要的。一般在弱碱性介质中，重氮盐与酚类的偶联反应速率快，产率高。这是因为在弱碱性介质中，酚形成苯氧负离子，使芳环电子云密度增加，有利于偶联反应的进行。而在中性或弱酸性介质中，对重氮盐与芳胺的偶联反应有利，一方面酸性介质可以增加芳胺的水溶性，有利于反应的进行；但另一方面，酸性过强会使大量的芳胺变成铵盐，使芳

环上电子云密度降低，不利于偶联反应。综合起来，重氮盐与芳胺的偶联反应在中性或弱酸性介质中进行。

三、偶氮化合物

芳香族偶氮化合物一般都是有颜色的固体物质，性质稳定，常作为染料、着色剂、指示剂、杀菌消毒的药品等使用。

1. 苏丹红　又称苏丹，共分为苏丹红Ⅰ、苏丹红Ⅱ、苏丹红Ⅲ和苏丹红Ⅳ，黄色或红色粉末，溶于水，微溶于乙醇，易溶于油脂、矿物油、丙酮等。是亲脂性工业偶氮染料，主要用于油彩、机油、蜡和鞋油等产品的染色。由于用苏丹红染色后的食品颜色非常鲜艳且不易褪色，能引起人们强烈的食欲，一些不法食品企业把苏丹红添加到食品中。常见的添加苏丹红的食品有辣椒粉、辣椒油、红豆腐、红心禽蛋等。苏丹红在人体内被还原酶代谢成相应的苯胺、萘胺类物质，在多项体外致变试验和动物致癌试验中发现其有致突变性和致癌性。

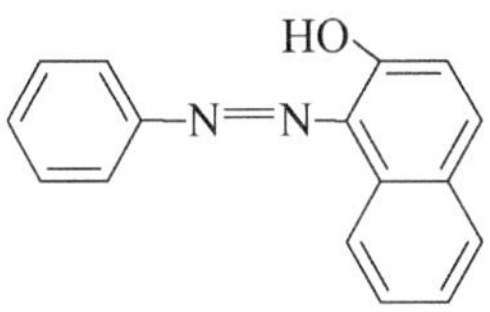

苏丹红Ⅰ

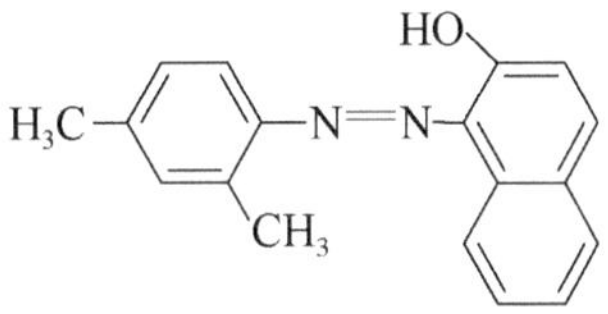

苏丹红Ⅱ

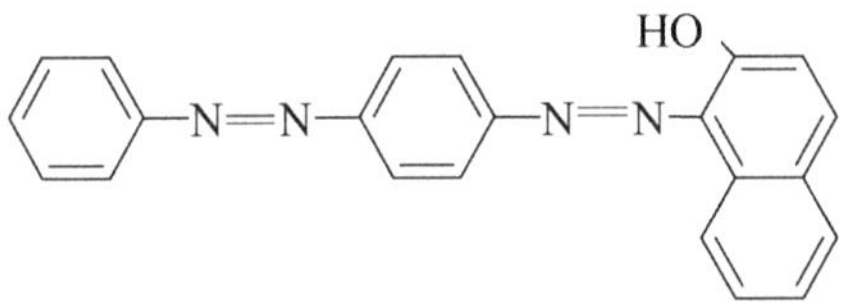

苏丹红Ⅲ

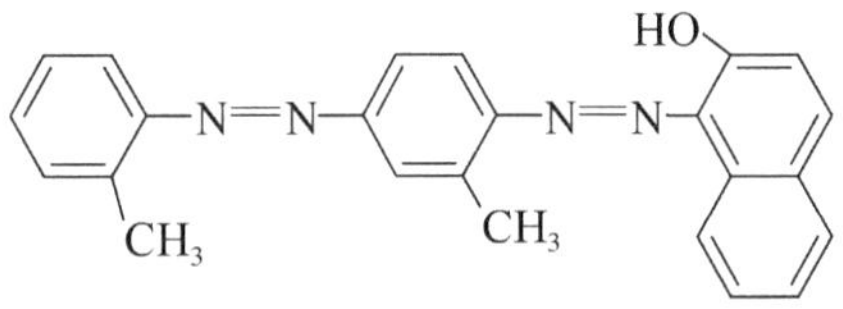

苏丹红Ⅳ

2. 刚果红　棕红色晶体，溶于水和醇，不溶于醚。因其分子中共轭体系较大，故颜色较深。刚果红是一种可以直接使棉纤维着色的红色染料，但容易因洗或晒而褪色，而且遇酸极易转变为蓝色，所以不是一种好的染料，在染色中的使用量逐减减少，但在造纸工业中用量颇大。由于它在酸性和中性溶液中有颜色的变化，故也是常用的酸碱指示剂，其变色范围 pH 为 3～5（此时呈紫色）。

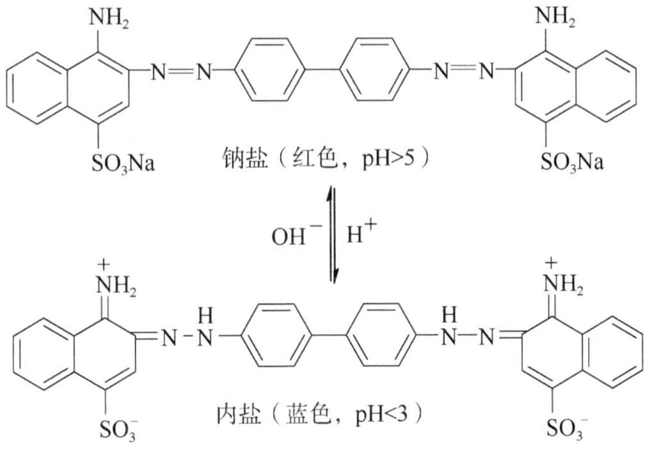

近些年来，受环保和安全要求，一些经还原释放出有害芳香胺类的染料受到禁用。从植物体中提取的天然染料因无毒无害、对皮肤无过敏性和无致癌性、较好的生物降解性和环境相容性，得到了人们的喜爱和青睐，但也因种类和来源限制使得其不能完全替代合成染料。开发环境友好型合成染料是今后染料工业发展的方向。

考点：①重氮化合物和偶氮化合物的结构与命名；②芳香族重氮盐的性质；③重要的偶氮化合物

第3节 腈

一、腈的结构和命名

腈是指分子中含有氰基（—CN）官能团的一类有机化合物，可看作氢氰酸分子中的氢原子被烃基取代后生成的一类化合物，也可以看作是烃分子中的氢原子被氰基取代的化合物，常用通式是 RCN 或 ArCN。氰基中的碳原子与氮原子均为 sp 杂化，以碳氮叁键相连，结构式为—C≡N 简写为—CN。

腈的命名习惯上按分子中碳原子数目称为某腈。例如：

CH_3CH_2CN 丙腈　　$NCCH_2CN$ 丙二腈　　C_6H_5CN 苯甲腈

较复杂的腈常以烃为母体，氰基为取代基，称为氰基某烃。例如：

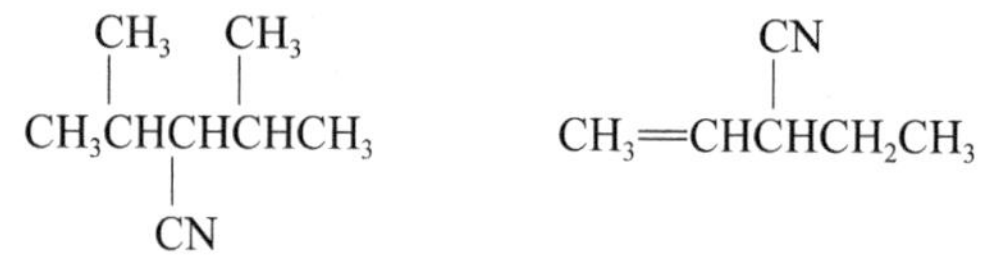

2,4-二甲基-3-氰基戊烷　　3-氰基-1-戊烯

二、腈的理化性质

（一）腈的物理性质

腈是较强的极性化合物，其沸点比分子量相近的烃、醚、醛、酮、胺都高，而与醇相近，但比羧酸低。常温下，低级腈为无色液体，高级腈为固体，低级腈易溶于水，随着碳原子数的增加，在水中溶解度逐渐降低，C_4 以上的腈难溶于水。

（二）腈的化学性质

氰基中含有碳氮叁键，具有不饱和性，可发生还原与水解等反应，在有机合成上有广泛用途。

1. 水解反应　腈在酸催化下，加热水解生成羧酸。这是使分子碳链增长一个碳原子的良好方法之一。

$$RCN + H_2O \xrightarrow[\triangle]{H^+} RCOOH + NH_4^+$$

2. 醇解反应　在浓硫酸催化下，腈和醇共热，发生反应生成酯。

$$RCN + R'OH + H_2O \xrightarrow[\triangle]{浓H_2SO_4} RCOOR' + NH_3$$

3. 还原反应　腈经催化加氢或氢化锂铝还原，则生成伯胺。

$$RCN \xrightarrow[(2)H_3O^+]{(1)LiAlH_4/(C_2H_5)_2O} RCH_2NH_2 \qquad RCN \xrightarrow[Ni]{H_2} RCH_2NH_2$$

在酸性条件下，以氯化亚锡作还原剂，腈首先被还原成亚胺，再进一步被还原成伯胺。水会使亚胺水解生成醛。

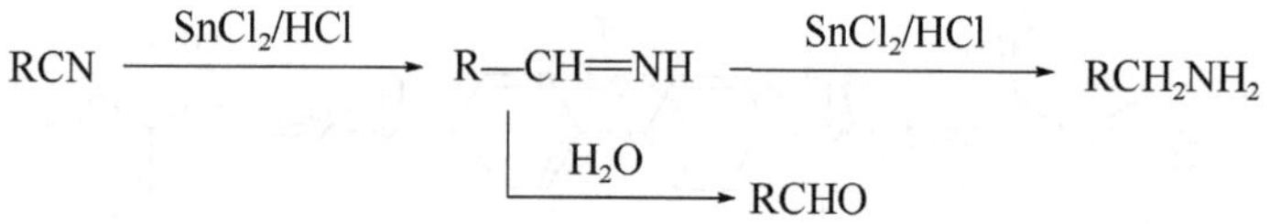

课堂互动 9-3

完成下列反应式。

（1）$CH_3CH_2CN \xrightarrow[\triangle]{H_2O/H^+}$　　（2）$CH_2{=}CHCN \xrightarrow[(2)H_3O^+]{(1)LiAlH_4/(C_2H_5)_2O}$

（3）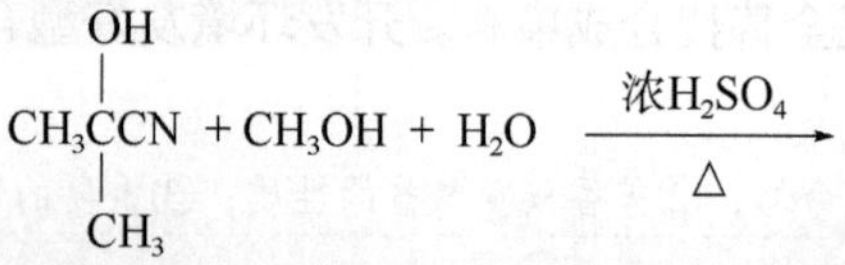

三、重要的腈

1. 乙腈　又名甲基氰（CH_3CN），无色液体，极易挥发，有类似于醚的特殊气味，有一定毒性。与水和醇可无限互溶，能溶解多种有机、无机和气体物质，是一种良好的溶剂且是常用的极性非质子溶剂。乙腈还可作色谱的流动相。乙腈能发生典型的腈类反应，并被用于制备许多典型含氮化合物，是一个重要的有机中间体。

2. 丙烯腈　又称氰基乙烯（$CH_2{=\!=}CHCN$），无色的有刺激性气味液体，熔点–82℃，沸点 77℃，相对密度 0.806。微溶于水，易溶于一般有机溶剂。有剧毒，易燃，其蒸气与空气可形成爆炸性混合物。遇明火、高热易引起燃烧，并放出有毒气体。与氧化剂、强酸、强碱、胺类、溴反应剧烈。丙烯腈易自聚，特别是在缺氧或暴露在可见光下，更易聚合，在浓碱存在下能强烈聚合。丙烯腈是合成纤维、合成橡胶和合成树脂的重要单体。

考点：①腈的结构和命名；②腈的化学性质；③乙腈和丙烯腈

自测题

一、单项选择题

1. 下列含氮化合物碱性最强的是（　　）
　A. 苯胺　　B. 苄胺
　C. *N*-甲基环己胺　　D. 氨

2. 不能与氯化重氮苯发生偶联反应的是（　　）
　A. 硝基苯　　B. 苯胺
　C. 邻甲酚　　D. *N*, *N*-二甲基苯胺

3. 兴斯堡反应可以鉴别（　　）
　A. 伯、仲、叔醇　　B. 伯、仲、叔卤代烃
　C. 伯、仲、叔胺　　D. 以上都可以

4. 下列化合物属于叔胺的是（　　）
　A. $(CH_3)_3CNH_2$　　B. CH_3CONH_2
　C. $(C_2H_5)_2NCH_3$　　D. CH_3CN

5. 在有机反应中常用于保护氨基的反应是（　　）
　A. 氧化反应　　B. 还原反应
　C. 酰化反应　　D. 缩醛的生成反应

6. 分离苯胺和甲苯的混合物常采用的方法是（　　）
　A. 混合物与盐酸一起振荡，再用分液漏斗分离
　B. 混合物与苯一起振荡，再用分液漏斗分离
　C. 混合物与水一起振荡，再用分液漏斗分离
　D. 混合物与碳酸钠溶液一起振荡，再用分液漏斗分离

7. 下列说法正确的是（　　）
　A. 伯胺与亚硝酸在低温下生成重氮盐的反应称为重氮化反应
　B. 芳香重氮盐与氟硼酸加热生成氟代芳烃的反应称为席曼反应
　C. 染料都是偶氮化合物
　D. 季铵盐加热会分解成叔胺和卤代烷

8. 与亚硝酸反应，无氮气放出的化合物是（　　）
　A. 乙胺　　B. 二乙胺
　C. 乙二胺　　D. 氨基乙酸

9. 鉴别苯酚溶液和苯胺溶液，可采取（　　）
　A. 溴水　　B. 高锰酸钾溶液
　C. 硝酸银溶液　　D. 三氯化铁溶液

10. 下列说法正确的是（　　）
　A. 新洁尔灭是属于季铵碱类化合物
　B. 三乙醇胺是属于伯胺类化合物
　C. 季铵碱是属于强碱，与脂肪仲胺碱性相当
　D. 偶合反应实质是亲电取代反应

二、完成下列化学反应式

1. $CH_3CH_2NH_2 + CH_3COCl \longrightarrow$

2. $C_6H_5CN + H_2O \xrightarrow[\triangle]{H^+}$

3. $C_2H_5NHCH_3 + C_6H_5SO_2Cl \longrightarrow$

4. $(C_2H_5)_2NH + HNO_2 \longrightarrow$

5. 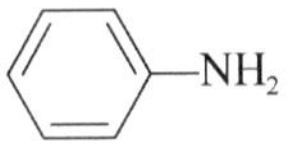 $+ Br_2 \xrightarrow[\text{室温}]{\text{水}}$

6. $(CH_3)_4N^+Br^- \xrightarrow{\triangle}$

7.  $+ NaNO_2 + HCl \xrightarrow{0\sim5℃}$

8. 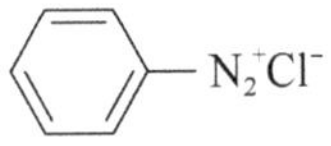 $+$ 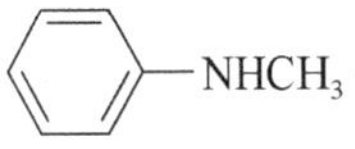 $\xrightarrow{HAc}$

9. $CH_3CN + CH_3OH + H_2O \xrightarrow[\triangle]{\text{浓}H_2SO_4}$

三、简答题

1. 写出下列化合物名称或结构式
（1）$(CH_3CH_2)_2NCH_3$
（2）$C_6H_5N(CH_3)_2$
（3）$H_2NCH_2CH_2CH_2CH_2NH_2$
（4）$CH_3CH_2CH_2N^+(CH_3)_3Br^-$
（5）CH_3CN
（6）$C_6H_5{-}N^+{\equiv}NBr^-$

（7）

（8）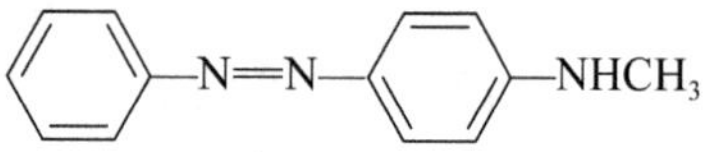

（9）叔丁胺

（10）四丙基氯化铵

（11）*N*-甲基-*N*-乙基苯胺

（12）氢氧化四甲铵

（13）苄胺

2. 给下列化合物按碱性强弱排序

（1）氨

（2）氢氧化四乙铵

（3）甲乙胺

（4）苯甲酰胺

（5）邻苯二甲酰亚胺

（6）苯胺

（7）对硝基苯胺

3. 用化学方法区分 *N*-甲基苯胺、乙胺和 *N*, *N*-二甲基苯胺。

四、合成题

1. 由苯胺合成苯甲酸。
2. 由苯胺合成对羟基偶氮苯。

五、推断题

1. 某化合物分子式为 C_7H_9N，有碱性。将其盐酸盐与 HNO_2 作用，加热后能放出 N_2，生成对甲苯酚。试推出其结构简式。
2. 分子式为 $C_6H_{13}N$ 的化合物 A，能溶于盐酸，并与亚硝酸反应放出 N_2，生成化合物 B（$C_6H_{12}O$），B 与浓硫酸共热生成 C（C_6H_{10}），C 被 $KMnO_4$ 氧化生成 D（$C_6H_{10}O_3$），D 能与碘的氢氧化钠溶液作用生成碘仿和戊二酸，试推写出 A、B、C、D 的结构式并用反应式表示推断过程。

（李光跃）

第10章

杂环化合物与生物碱

第1节　杂环化合物

杂环化合物是分子中含有杂环结构的有机化合物，构成环的原子除碳原子外，还至少含有一个非碳原子（称为杂原子），常见的杂原子有氮、氧、硫等原子。一般情况下，杂环化合物指具有一定芳香性的、环系比较稳定芳杂环。而对于那些我们曾学过的环醚、内酯、内酸酐及内酰胺等环状化合物，也和杂环化合物的定义相吻合，但由于它们分别具有酯、醚、酸酐、酰胺的性质，大多容易开环，缺乏芳香性，因此，一般不放在杂环化合物中讨论，而是放在其他章节中讨论。

杂环化合物在自然界的分布非常广泛，种类繁多，数量很大，且大多数都具有生理活性。例如，维生素 B_6、青霉素、血红素、叶绿素、核酸碱基等都含有杂环的结构。杂环化合物与药物的关系十分密切，许多重要的药物如磺胺类、β-内酰胺类、喹诺酮类及吡啶类药物等都是杂环化合物的衍生物。目前，杂环化合物的研究和应用发展迅速，不仅是有机化学的重要组成部分，而且已形成了一个重要的有机化学分支——杂环化学。

一、杂环化合物的分类和命名

（一）杂环化合物的分类

杂环化合物的分类方法主要有以下几种：根据环的大小进行分类，可分为五元杂环及六元杂环等；根据环数的多少进行分类，可分为单杂环和稠杂环；根据杂原子数目的多少进行分类，可分为含一个杂原子和含两个杂原子的杂环化合物等。常见杂环化合物分类及环上位置编号如下所示。

1. 五元杂环化合物　母体碳环：

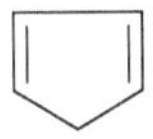

环戊二烯
cyclepentadiene

杂环：

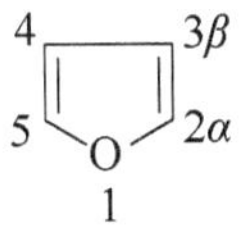

呋喃
furan

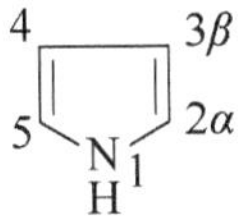

吡咯
pyrrole

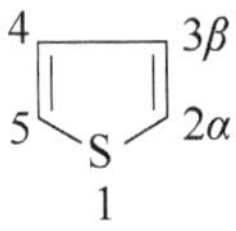

噻吩
thiophene

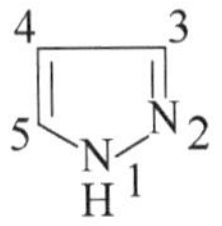

吡唑
pyrazole

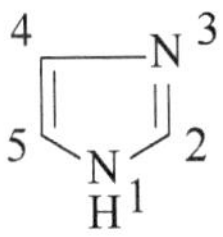

咪唑
imidazole

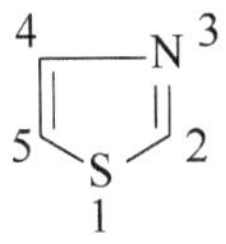

噻唑
hiazole

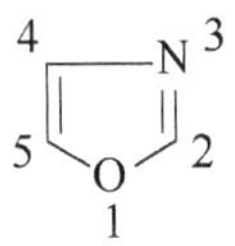

噁唑
oxazole

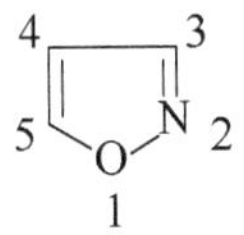

异噁唑
isoxazole

2. 六元杂环化合物　母体碳环：

苯
benzene

杂环：

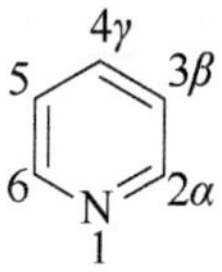

吡啶
pydine

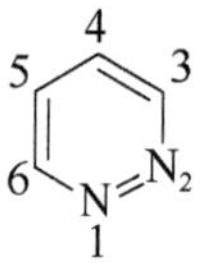

哒嗪
pyridazine

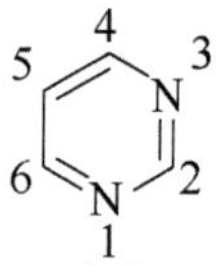

嘧啶
pyrimidine

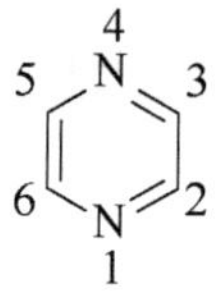

吡嗪
pyrazine

母体碳环：

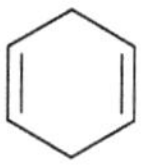

1, 4-环己二烯
1, 4-cyclohexadiene

杂环：

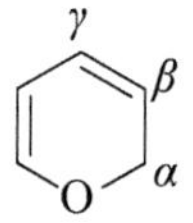

α-吡喃
α-pyran

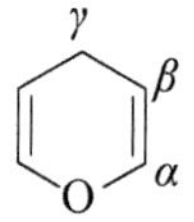

γ-吡喃
γ- pyran

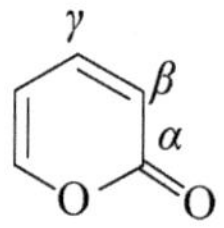

α-吡喃酮
α-pyrone

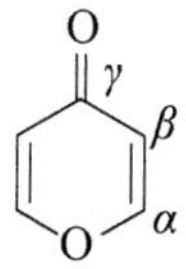

γ-吡喃酮
γ-pyrone

3. 稠杂环化合物 母体碳环：

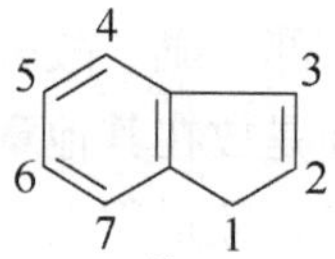

茚
indene

杂环：

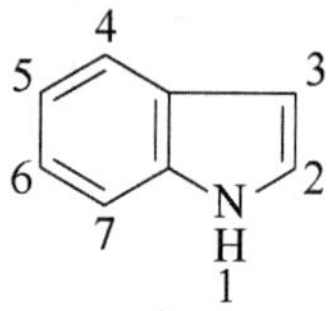

吲哚
indole

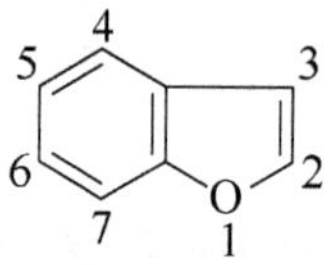

苯并呋喃
benzofuran

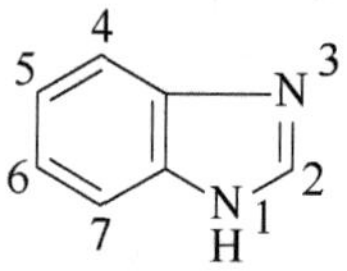

苯并咪唑
benzimidazole

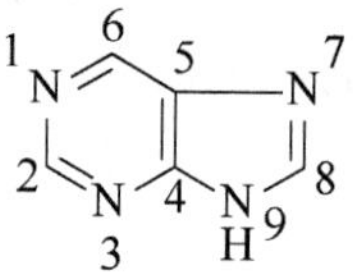

嘌呤
purine

母体碳环：

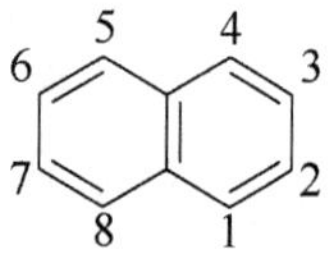

萘
napthalene

杂环：

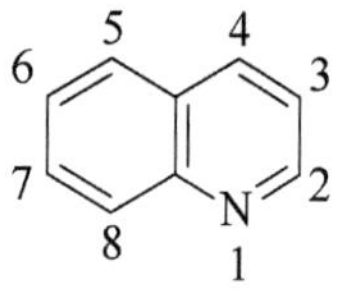

喹啉
quinoline

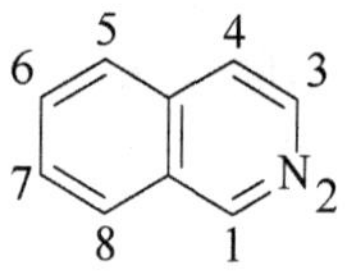

异喹啉
isoquinoline

母体碳环：

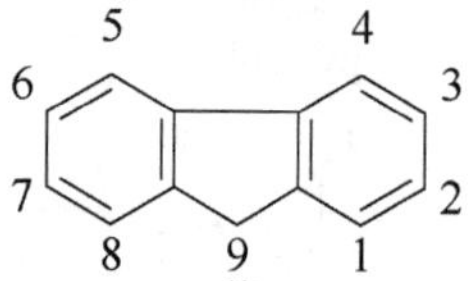

芴
flurene

杂环：

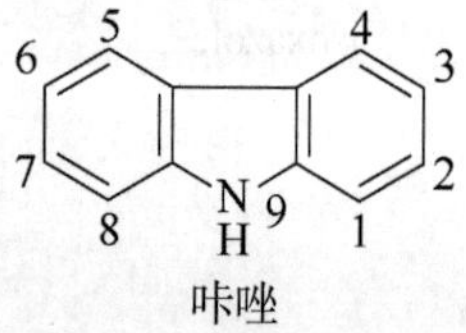

咔唑
carbazole

母体碳环：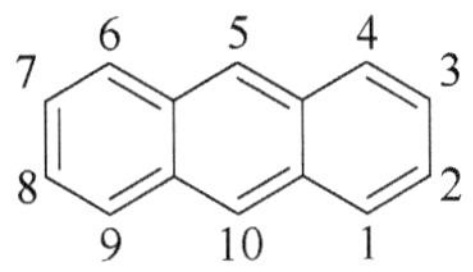

蒽
anthracene

杂环：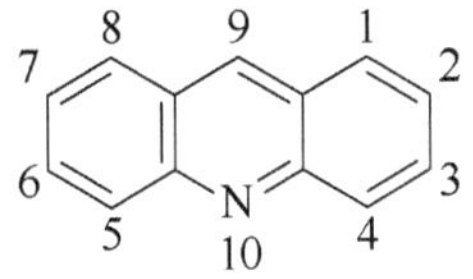

吖啶
acridine

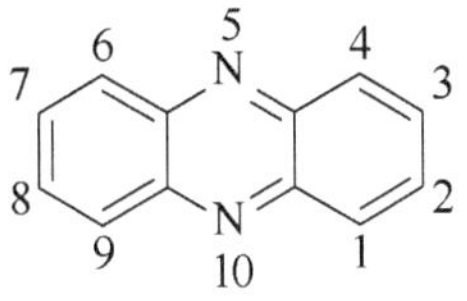

吩嗪
phenazine

此外，对于杂环化合物的衍生物是以杂环母环结构为基础进行分类的。

（二）杂环化合物的命名

杂环化合物的名称由杂环母环及环上取代基两部分组成。

1. 杂环母环的命名 杂环母环的命名多采用音译命名法，即根据外文名称的音译，选用同音汉字，再加上“口”字旁命名，例如，呋喃、吡啶、吲哚、嘌呤，就是根据 furan、pyridine、indole、purine 等英文名称音译的。音译法命名较为简单，便于将来开展研究及查阅相关外文文献使用，缺点是不能直观地表示名称与结构之间的关系。也可以用系统命名法对杂环母环进行命名，虽能反映出杂环的结构，但由于比较复杂，不常采用。

2. 杂环母环的编号规则 当环上连有取代基时，需对母环进行编号，以标明各取代基的位置。编号规则如下：

（1）环上只含一个杂原子时，杂原子的编号为 1，旁边的碳原子按数字依次排序。有时也以希腊字母 α、β 及 γ 编号，表明与杂原子相对位置，邻近杂原子的碳原子为 α 位，其次为 β 位，再次为 γ 位。

（2）环上有不同杂原子时，按照价数先小后大，相同价数的杂原子，按照原子序数小的优先，即按 O、S、N 为序编号。

（3）环上有两个或两个以上相同杂原子时，应从连接有氢或取代基的杂原子开始编号，并使这些杂原子所在位次的数字之和为最小，再按最低系列原则考虑取代基的编号。

（4）有些稠杂环母环有特定编号规则（如吲哚、喹啉、咔唑等）。

3. 取代杂环化合物的命名

（1）当取代基（如—R、—X、—OH、$—NO_2$、$—NH_2$ 等）较为简单时，取代杂环化合物的命名是以杂环为母体，将取代基的位次、数目及名称依次写在杂环母环名称前。例如：

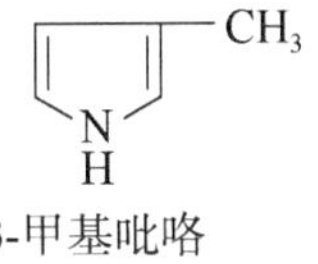

3-甲基吡咯

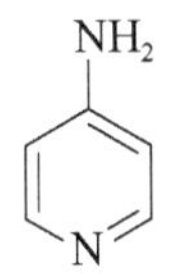

4-氨基吡啶

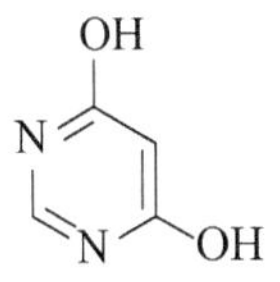

4, 6-二羟基嘧啶

（2）当杂环的侧链含有主要官能团（—CHO、—COOH、$—SO_3H$、$—CONH_2$ 等）时，则以侧链作为母体，杂环作为取代基。例如：

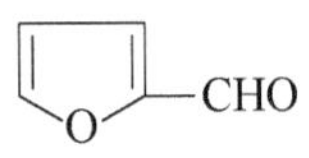

2-呋喃甲醛

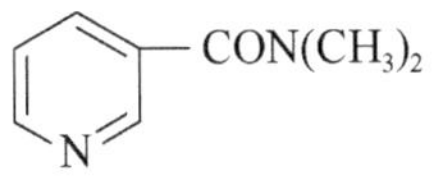

N, *N*-二乙基-3-吡啶甲酰胺

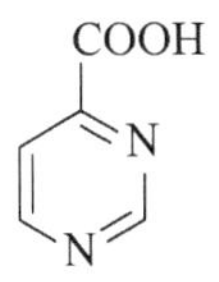

4-嘧啶甲酸

（3）某些杂环体系可能有互变异构现象，为了区别各异构体，需在其名称前标明一个或多个氢原

子所在的位置。

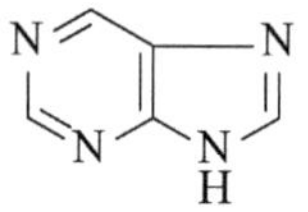

9*H*-嘌呤

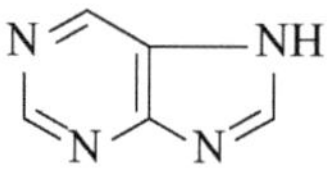

7*H*-嘌呤

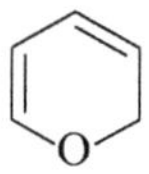

2*H*-吡喃

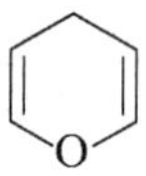

4*H*-吡喃

4. 无特定名称的稠杂环母环的命名 无特定名称的稠杂环母环命名，这里只作简单的介绍。

首先确定基本环。在稠杂环母环中，确定一个为基本环，其余为附加环。它的名称由附加环名+并+[稠边位置]+基本环名组成。基本环根据下列几种情况分别确定。

（1）由芳环与杂环组成的稠杂环，杂环为基本环。

（2）由两个杂环组成的稠杂环，又分下列情况：①环的大小不同时，大环为基本环；②杂环大小相同时，则按所含杂原子 N、O、S 的顺序优先确定基本环；③环大小相同杂原子数目不同时，杂原子多的为基本环；杂原子数目相同时，杂原子种类多的为基本环；④杂原子数目及种类都相同时，则以稠合前杂原子编号较低的杂环为基本环。

其次要进行稠边位置的标示。基本环各边标以英文 a、b、c、…，附加环各原子标以阿拉伯数字 1、2、3、…，并且均按各环原来的编号顺序进行。在命名中把它们标示在一方括号内，阿拉伯数字写在前，英文字母在后，中间加一短横线，但数字的先后与基本环边的标示走向一致。名称的写法：附加环+并+[稠边位置]+基本环。例如

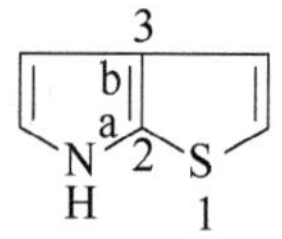

噻吩并[2, 3-*b*] 吡咯

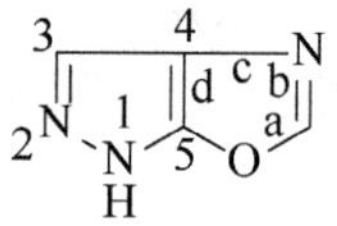

6*H*-吡唑并[4, 5-*d*]噁唑

5. 取代的稠杂环化合物的命名 对取代的稠杂环化合物的命名时，首先对环进行编号，以确定环上各取代基的位置，其编号原则与单杂环基本相似，按 O、S、—NH—、—N═的顺序，尽可能使杂原子的编号最低，其中。所有的杂原子（包括共用杂原子）都要予以编号。共用碳原子一般不编号，如需要编号时，则根据前面相邻碳原子的号以 1a，2a 等标示之。例如

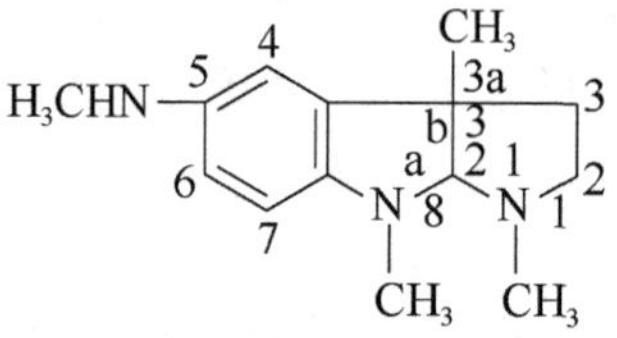

1, 2, 3, 3a, 8, 8a-六氢-1, 3a, 8-三甲基-5-甲氨基吡咯并[2, 3-*b*]吲哚

9–甲基苯并[*h*]异喹啉

课堂互动 10-1

写出下列化合物的结构式。

（1）*N*-甲基-2-乙基吡咯 （2）2-甲基-5-乙烯基吡啶

二、五元杂环化合物

五元杂环化合物是含有杂原子的五元环状化合物，根据所含的杂原子的数目的多少可分为含一个杂原子的五元环状化合物，如吡咯、呋喃和噻吩等；以及含有二个杂原子的五元环状化合物，如咪唑、

吡唑、噻唑、噁唑、异噁唑等。

（一）呋喃、吡咯和噻吩

1. 结构与芳香性 呋喃、吡咯和噻吩作为重要的五元杂环化合物，是只含一个杂原子的五元环状化合物。

这三个化合物的结构中碳原子和杂原子均以 sp^2 的方式进行杂化，相互之间以 sp^2 杂化轨道进行正面重叠，形成 σ 键，从而构成环状结构，并处于同一平面；每个原子均有一个未杂化的 p 轨道，呈平行状态，通过侧面重叠形成一个闭合环状的大 π 键；由于每个碳原子的 p 轨道中含有一个单电子，杂原子的 p 轨道中含有一个电子对，这样使得这个大 π 键中电子数达到六个（$4n+2$，$n=1$），符合休克尔规则，因此具有芳香性（图 10-1）。

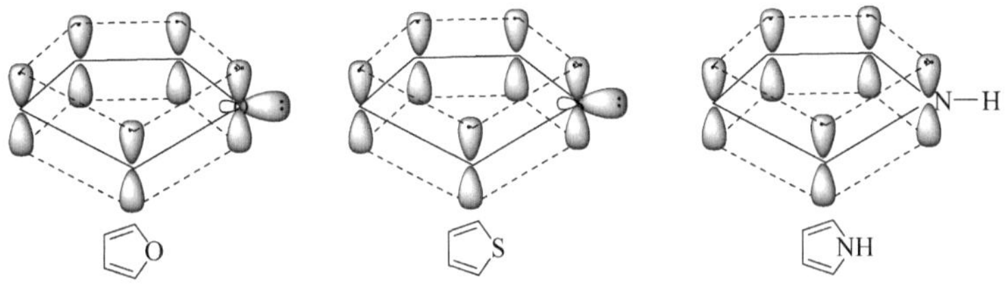

图 10-1 呋喃、噻吩和吡咯的分子结构示意图

由于三个杂原子均是以电子对参与共轭体系，因此五个原子共用六个 π 电子，是多电子的共轭体系，致使碳原子上的电子云密度高，比电子云高度平均化的苯更容易进行亲电取代反应。

2. 物理性质 吡咯存在于煤焦油中，为无色液体，沸点 131℃，有苯胺气味，难溶于水，易溶于乙醇和乙醚等有机溶剂。在空气中易氧化，颜色变深；遇酸易聚合成树脂状，其蒸气遇盐酸浸过的松木片呈红色，可以此鉴定吡咯及其低级同系物。

呋喃存在于松木焦油中，是具有类似氯仿气味的无色液体，易挥发，沸点 31℃，难溶于水，易溶于乙醇、乙醚等有机溶剂。其蒸气遇盐酸浸过的松木片呈绿色。

噻吩天然存在于石油中，沸点 84℃，无色、有恶臭、能催泪的液体，几乎不溶于水，溶于乙醇、乙醚、苯等有机溶剂。在浓硫酸存在下，与靛红一同加热显蓝色。

吡咯、呋喃、噻吩在水中的溶解度均不大，分别为：吡咯（1∶17）、呋喃（1∶35）和噻吩（1∶700）。吡咯的溶解性比呋喃和噻吩都大，是因为吡咯能够和水之间形成微弱的氢键，导致其溶解度增加。

3. 化学性质

（1）酸碱性：由于杂原子以电子对参与了共轭体系，其电子云密度降低，接受质子的能力减弱，因此，一方面吡咯具有弱碱性，$pK_b=13.6$，不能与酸形成稳定的盐。但吡咯经催化氢化生成吡咯烷（$pK_b=3.7$）后，由于共轭体系的消失，其电子云密度升高，碱性明显增强。

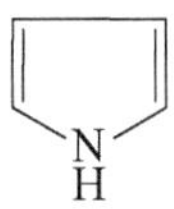

$pK_b=13.6$

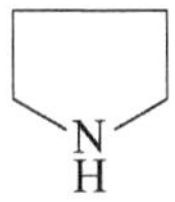

$pK_b=3.7$

另一方面吡咯又表现出弱酸性的原因是，由于氮原子电负性较大，N—H 键有较强的极性，氮原子上连接的氢原子有解离成质子的倾向，所以吡咯具有弱酸性，可以和干燥的氢氧化钾共热生成盐。

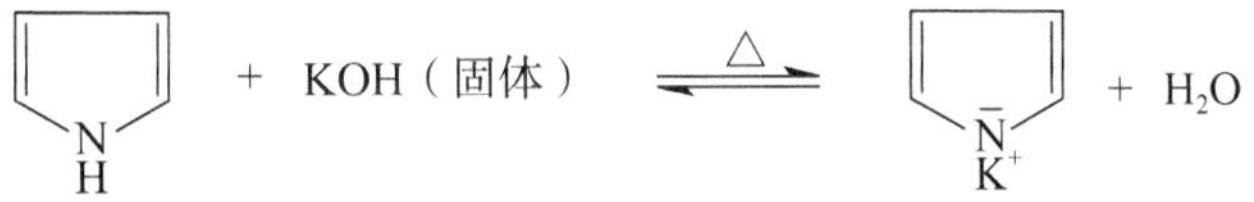

（2）亲电取代反应：亲电取代反应活性：吡咯＞呋喃＞噻吩＞苯，它们比苯更容易进行亲电取代反应，并由于 α 位上电子云密度比 β 位上的高，亲电取代反应主要发生在 α 位上。

由于强酸性的条件易破坏吡咯与呋喃的闭合环状的共轭体系，引起聚合等反应，因此，在吡咯与呋喃进行亲电取代反应时，应避免强酸性的条件；而噻吩则不然。

1）卤代反应：吡咯在室温下与氯或溴反应，得到四卤化物；呋喃和噻吩在室温下与氯或溴反应，得到多卤代产物。若要得到一氯代和一溴代产物，应使反应在更温和的条件下进行，一般需用溶剂对反应物进行稀释并在低温下进行反应。而与碘的反应需有催化剂的作用。

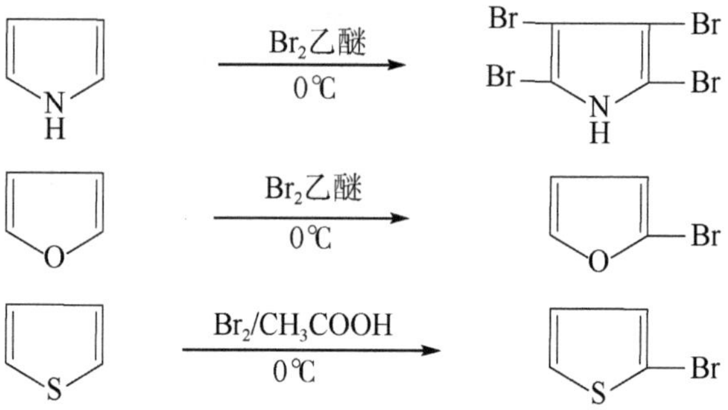

四溴吡咯

α-溴呋喃

α-溴噻吩

2）硝化反应：由于吡咯和呋喃在强酸性条件下不稳定，而且吡咯、呋喃和噻吩容易被硝酸氧化。因此它们的硝化反应需用较缓和的非质子化试剂硝酸乙酰酯作硝化剂在低温下进行。

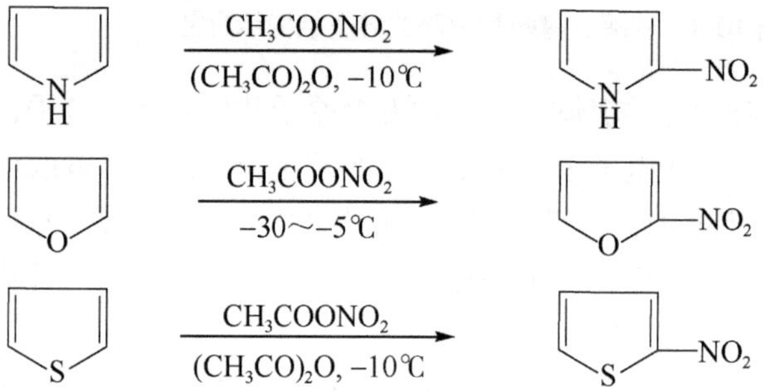

α-硝基吡咯

α-硝基呋喃

α-硝基噻吩

3）磺化反应：吡咯和呋喃不能直接与浓硫酸作用，需要用非质子化的试剂对其进行磺化反应。常用吡啶与三氧化硫的加合物作磺化剂。

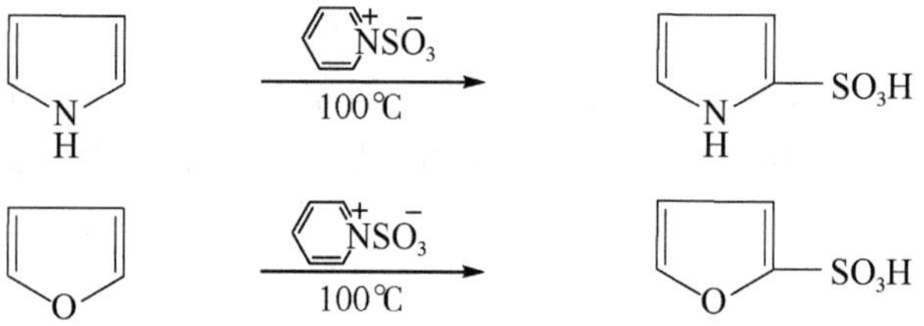

α-吡咯磺酸

α-呋喃磺酸

噻吩比较稳定，可直接用硫酸进行磺化反应。由于噻吩进行亲电取代反应的能力比苯强，因此与浓硫酸反应的速率比苯快得多。噻吩在室温下即能与浓硫酸作用，生成可溶于水的 α-噻吩磺酸。苯在同样条件下不反应。以此可从煤焦油中提取噻吩，或除去粗苯中少量的噻吩。

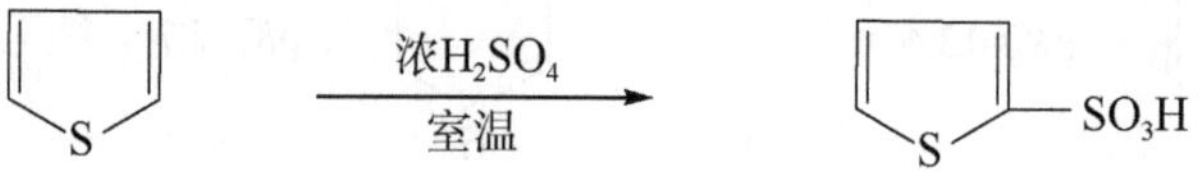

α-噻吩磺酸

4）F-C 反应：吡咯、呋喃和噻吩在比较温和的催化剂（如 $SnCl_2$、BF_3）的存在下也可发生 F-C 酰基化反应。有时吡咯的酰化反应甚至不需要催化剂。当然，它们也可以进行 F-C 烷基化反应，由于常常得到的是多烷基化的混合物，在合成上用途不大。

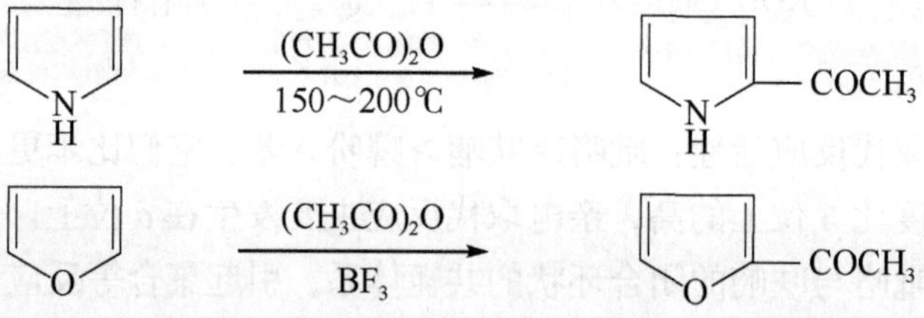

α-乙酰基吡咯

α-乙酰基呋喃

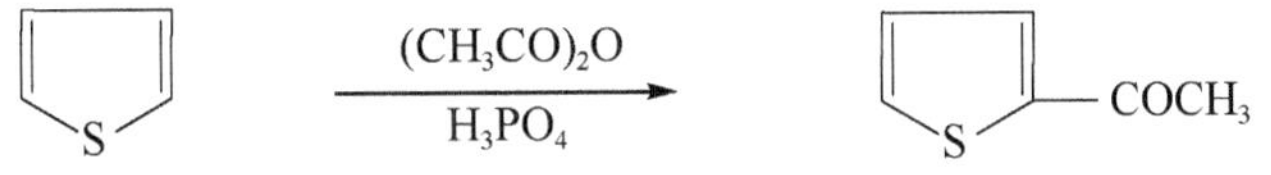

α-乙酰基噻吩

5）催化氢化：吡咯、呋喃和噻吩和苯一样均可进行催化加氢反应，被还原为饱和的脂杂环化合物，并失去芳香性。

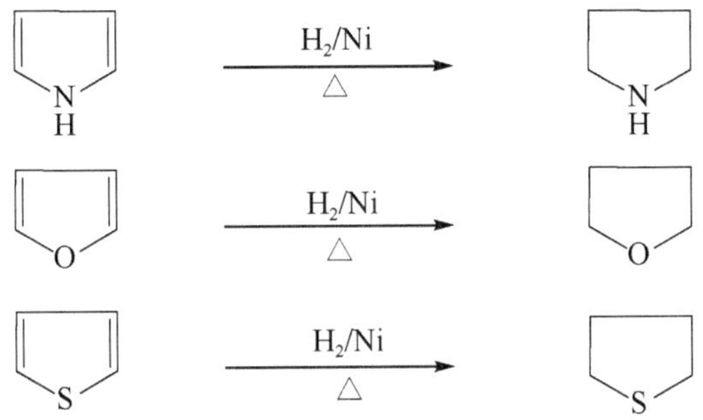

四氢吡咯
四氢呋喃
四氢噻吩

4. 吡咯的重要衍生物 叶绿素和血红素的基本结构是卟吩环，它由四个吡咯环的 2, 5-位通过 4 个次甲基（—CH═）交替连接构成的。卟吩本身在自然界中不存在，它的取代物卟啉类化合物却广泛存在。卟吩环中的氮原子可以和多种金属离子通过配位键结合，在卟吩的四个吡咯环中间的空隙里，以共价键及配位键的形式与金属离子结合成配合物。

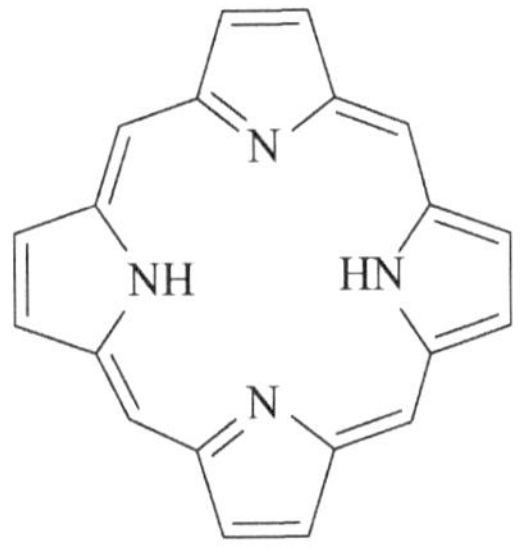

卟吩

例如，叶绿素是卟吩环和镁的配合物，是植物中最重要的色素，存在于植物的叶和绿色的茎中，是植物进行光合作用所必需的催化剂；血红素中结合的是亚铁离子，存在于哺乳动物的红细胞中，血红素与蛋白质结合成为血红蛋白，是运输氧气的物质；维生素 B_{12} 是卟吩环与钴的配合物，广泛存在于动物食品中，具有参与制造骨髓红细胞，防止恶性贫血等功能。

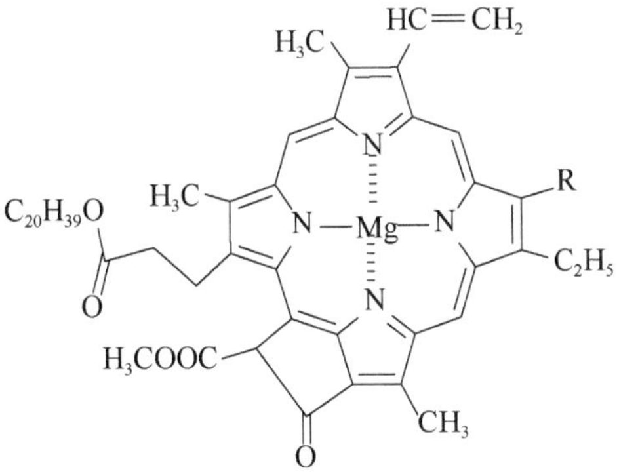

叶绿素a R=—CH_3
叶绿素b R=—CHO

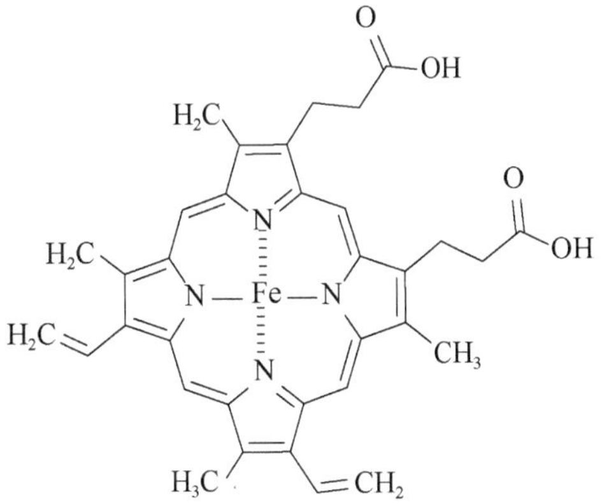

血红素

5. 呋喃的重要衍生物 呋喃的一种重要衍生物是 2-呋喃甲醛，俗称糠醛。用酸处理玉米芯、稻糠、高粱秆和花生壳等农副产品，使其中所含的戊多糖水解为戊糖，戊糖失水生成呋喃甲醛，也称为糠醛，糠醛常作为医药、农生产的重要原料。

糠醛为无色液体，沸点 162℃，易溶于水和乙醇等溶剂，在空气中易氧化而变黑。其化学性质与苯甲醛类似，可发生无 α-H 的芳香醛的一系列反应

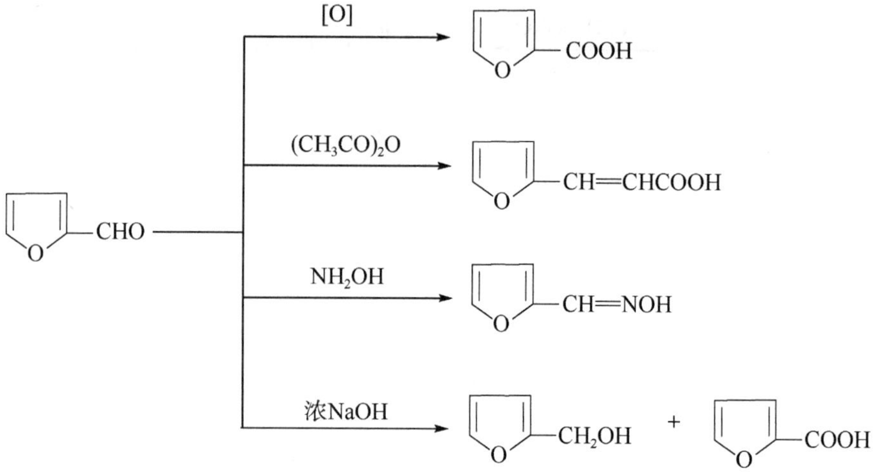

呋喃催化氢化的产物四氢呋喃（THF），为无色液体，沸点 65℃，有乙醚的气味，溶于水及一般的有机溶剂，是一种优良的溶剂。

作为药物的呋喃衍生物有呋喃西林（临床仅用作消毒防腐药，外用于治疗创伤、烧伤、化脓性皮炎等）、呋喃唑酮或称痢特灵（用于治疗细菌和原虫引起的痢疾、肠炎等疾病）、呋喃妥因（主要用于敏感菌所致的泌尿系统感染）等。

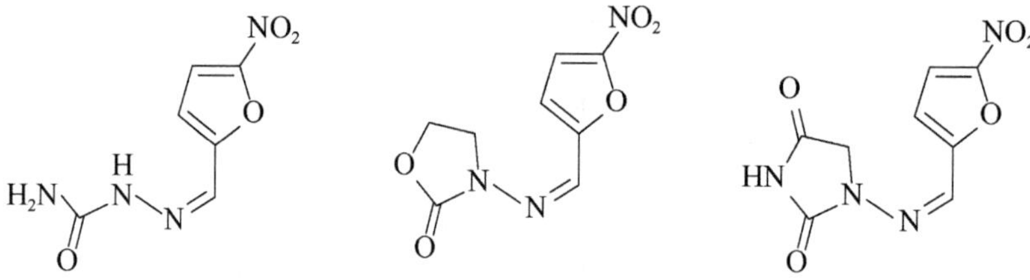

呋喃西林　　呋喃唑酮　　呋喃妥因

（二）咪唑、噻唑和噁唑及其异构体

1. 结构与芳香性 五元杂环中含有两个杂原子，其中有一个杂原子是氮原子的体系称为唑，根据两个杂原子在环中位置的不同，又可分为 1, 2-唑和 1, 3-唑。含有两个杂原子的五元单杂环化合物主要有以下几种。

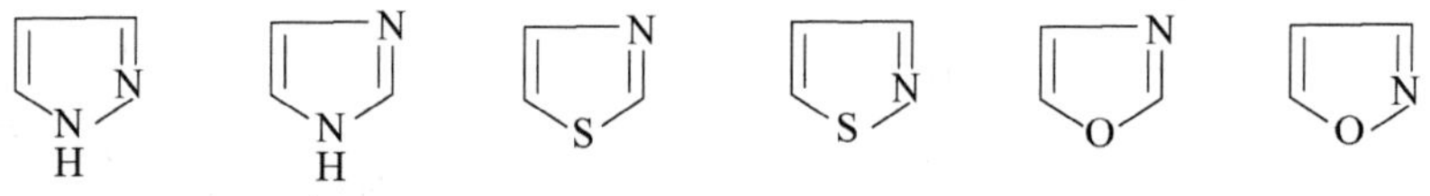

吡唑　　咪唑　　噻唑　　异噻唑　　噁唑　　异噁唑

上面这些化合物可以看是吡咯、噻吩和呋喃环上的 2 位或 3 位上 CH 换为氮原子。环上的每一个原子均以 sp^2 的方式进行杂化，并通过未杂化的 p 轨道的侧面重叠形成了闭合环状的共轭体系，其中 1 位上的杂原子以孤电子对参与共轭体系，而 2 位或 3 位上的杂原子以单电子参与共轭体系，π 电子数为六个（$4n+2$，$n=1$），符合休克尔规则，因此具有芳香性（图 10-2）。

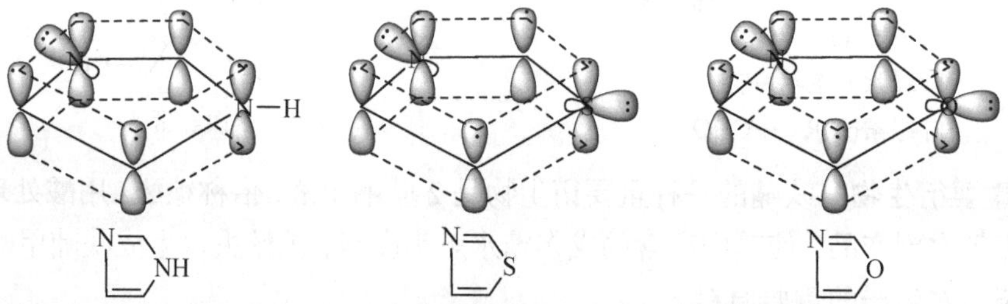

图 10-2　咪唑、噻唑和噁唑的分子结构示意图

2. 物理性质 这些唑类化合物的重要物理性质见表 10-1。

表 10-1 唑类化合物的重要物理性质

名称	吡唑	咪唑	噻唑	异噻唑	噁唑	异噁唑
色态	白色针状或棱形结晶	无色或微黄色结晶	淡黄色液体	无色液体	透明至淡黄色液体	无色液体
气味	恶臭味苦	味苦	腐臭	恶臭	—	臭
沸点/℃	186～188	257	116.8	114	69～70	95～95.5
熔点/℃	69～70	88～91	—	—	—	—
毒性	有	有	有	有	有	有
水溶性	能溶	易溶	微溶	微溶	能溶	能溶

从表 10-1 中可以看出，六个唑类化合物的沸点差别较大，吡唑和咪唑更为显著，这与两者分子间形成的氢键有关，线型多聚体的咪唑比二聚体的吡唑的沸点高。

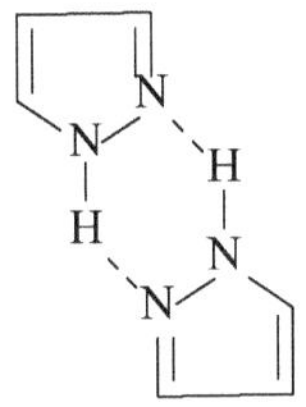

吡唑二聚体

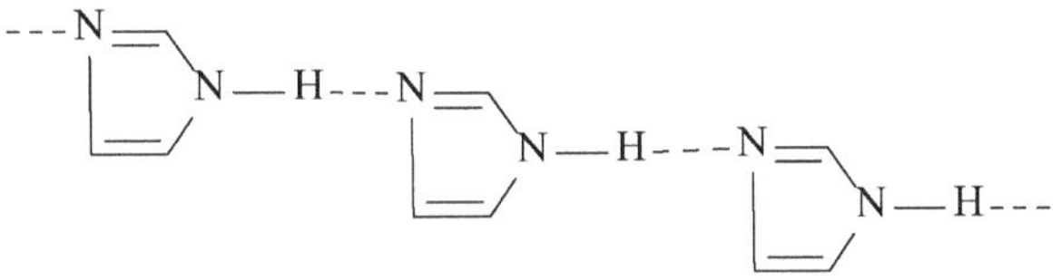

咪唑线型多聚体

唑类化合物结构中含未共用电子对的氮原子与水分子间可通过氢键缔合，所以，与吡咯、呋喃、噻吩相比，水溶性增大。

3. 化学性质

（1）碱性：唑类化合物环上 2-位或 3-位氮原子的一个 sp^2 杂化轨道中保留着一对未共用电子且伸向环外，可以接受质子，从而表现出碱性。其碱性比吡咯强，但比相应脂肪胺的碱性弱。1, 3-唑类碱性大于相应的 1, 2-唑类；含氧的唑类碱性较弱，含氮的唑类碱性较强。

（2）亲电取代反应：唑类化合物环上比吡咯、呋喃、噻吩环上增加一个电负性较大的氮原子，类似于一个吸电子基团所起的作用，使环上的电子云密度降低，造成其亲电取代反应活性明显降低，也比苯的亲电取代活性低，且发生亲电取代反应的条件要求更高。1, 2-唑类的亲电取代主要发生在 4-位，1, 3-唑类的亲电取代反应主要发生在 5-位。

案例 10-1

吡唑和咪唑的硝化反应。

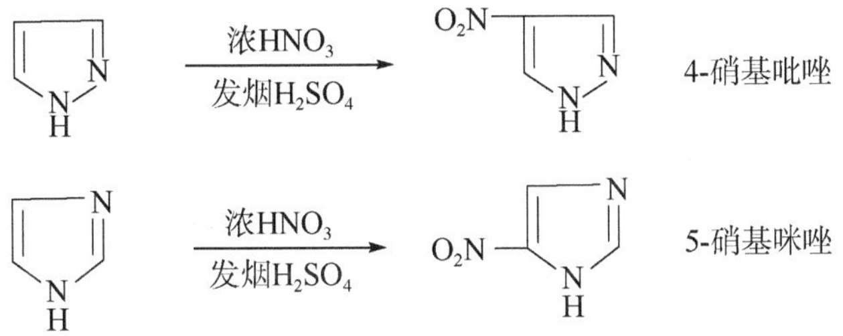

（3）互变异构：吡唑与咪唑的衍生物有互变异构现象。以甲基衍生物为例，氮上的氢原子可以在 2 个氮原子间互变。因此吡唑中的 3-位与 5-位相同，咪唑中的 4-位与 5-位相同。常表示为 3(5)-甲基吡唑和 4(5)-甲基咪唑。

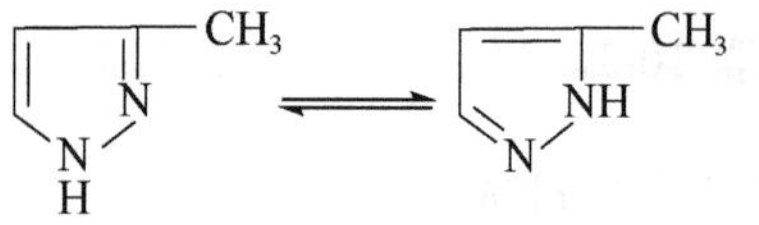
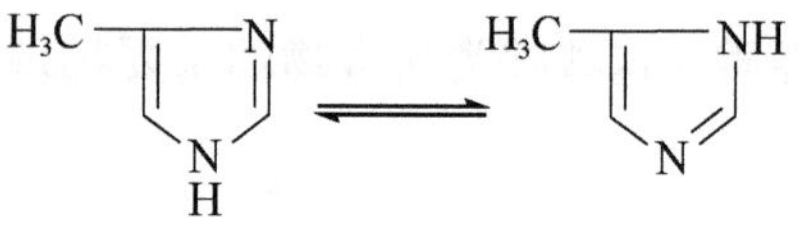

3-甲基吡唑　　5-甲基吡唑　　4-甲基咪唑　　5-甲基咪唑

4. 唑类重要衍生物　许多的唑类衍生物都有好的生物活性或药理作用，可以作为药物或药物合成的中间体。常用的药物有

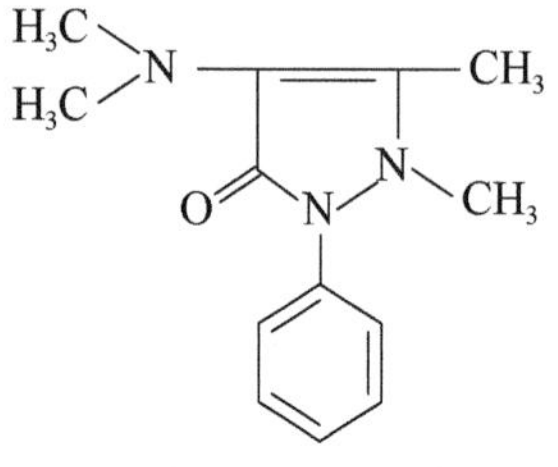

氨基比林（解热镇痛药）
4-二甲基氨基-2, 3-二甲基-1-苯基吡唑-5-酮

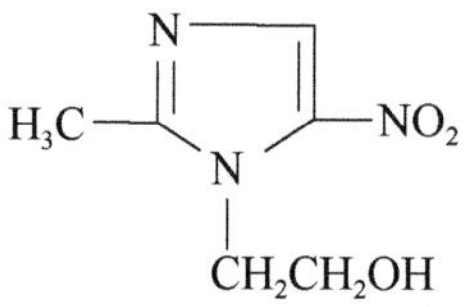

甲硝唑（抗滴虫药）
2-甲基-1-（β-羟乙基）-5-硝基咪唑

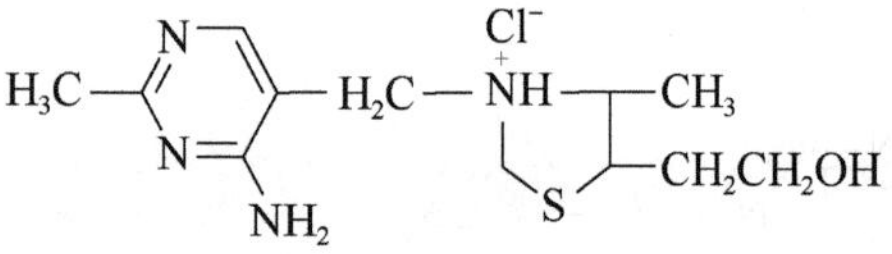

维生素B_1（治脚气病）

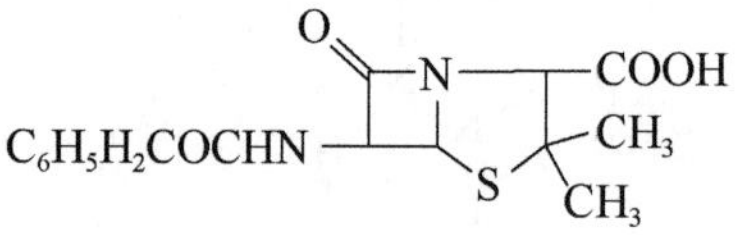

青霉素G（抗生素）

三、六元杂环化合物

六元杂环化合物是含有杂原子的六元环状化合物，根据所含的杂原子的数目可分为含一个杂原子的六元环状化合物（其中以吡啶最重要），以及含有两个杂原子的六元环状化合物（如嘧啶、吡嗪、达嗪，它们互为同分异构体，其中以嘧啶最重要。）

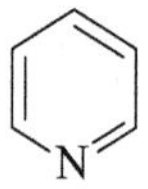
吡啶

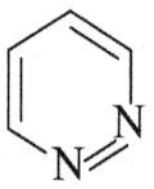
哒嗪

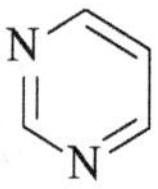
嘧啶

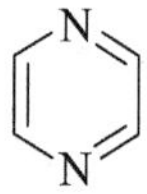
吡嗪

（一）吡啶

1. 结构与芳香性　吡啶与苯相似，环上的六个原子（五个碳原子和一个氮原子）也都以 sp^2 的方式进行杂化，处于同一平面上，相互以 σ 键连接成环状结构。每个原子各有 1 个电子在 p 轨道上，p 轨道与环平面垂直，彼此“肩并肩”重叠形成 6 个 π 电子的闭合共轭体系（图 10-3），符合休克尔规则，因此具有芳香性。

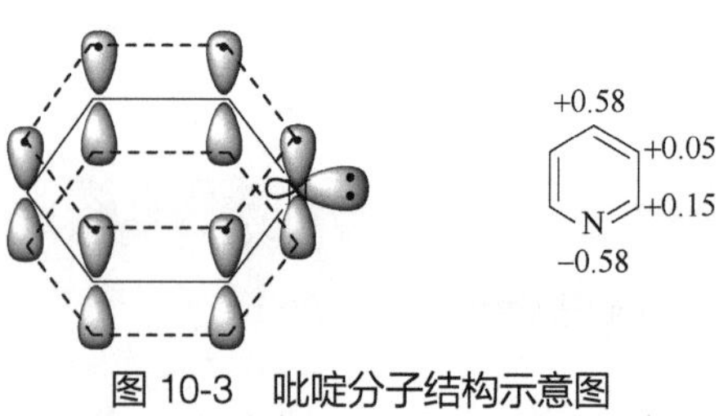

图 10-3　吡啶分子结构示意图

由于环中氮原子的电负性比碳原子大，所以环上碳原子电子云密度降低，形成缺 π 芳杂环，它的亲电取代反应比苯难进行。同时，氮原子上还保留着一个未成键的含有一对电子的 sp^2 杂化轨道，并且氮原子上具有较高的电子云密度（图 10-3）。

2. 物理性质　吡啶存在于煤焦油和骨焦油中，是具有特臭的无色液体，沸点 115.5℃，密度 0.982。由于吡啶环上的氮原子能与水分子之间形成氢键，所以能以任何比例与水互溶。同时又能溶解大多数极性和非极性有机化合物，甚至可溶解某些无机盐类，是具有广泛应用价值的溶剂。

3. 化学性质

（1）碱性：氮原子余下的 sp^2 杂化轨道上被一对未共用的电子占据，它与环共平面，因而不参与环的共轭体系，不是 6 电子大 π 键体系的组成部分，而是以未共用电子对形式存在（图 10-3），可以和质子相结合，所以吡啶具有弱碱性，pK_b=8.8。但碱性比脂肪胺和氨弱，而稍强于苯胺，能与盐酸、硫酸成盐。

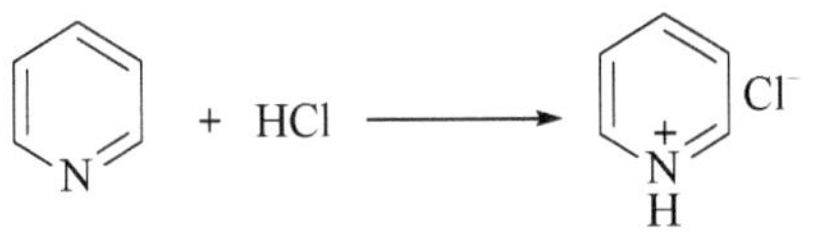

（2）亲电取代反应：吡啶比苯难以发生亲电取代反应，反应发生在 β-位（氮原子起到了第二类定位基的作用），反应极不顺利，磺化和硝化反应需要在极强的条件下进行。原因是环上氮原子的吸电子诱导效应和共轭效应，使六元环上电子云密度降低，减弱其亲核性。

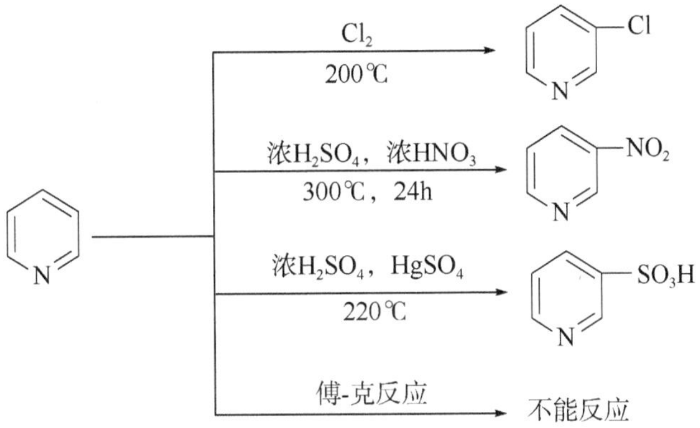

若吡啶环上有第一类定位基，能使吡啶环活化，能使亲电取代反应较容易进行，并且取代位置由第一类定位基决定。

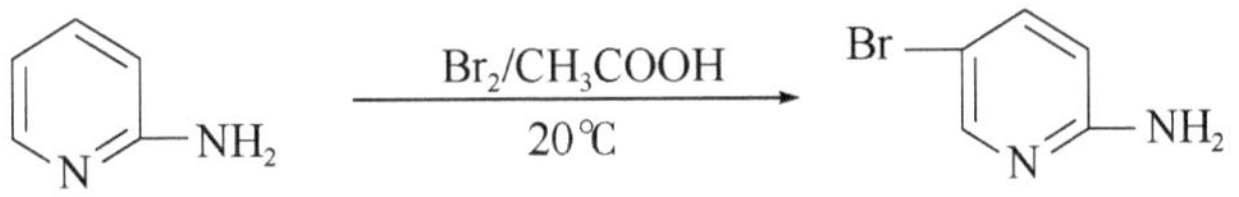

（3）亲核取代反应：与亲电取代反应正好相反，亲核取代反应却较容易，反应主要发生在 α-位和 γ-位上。

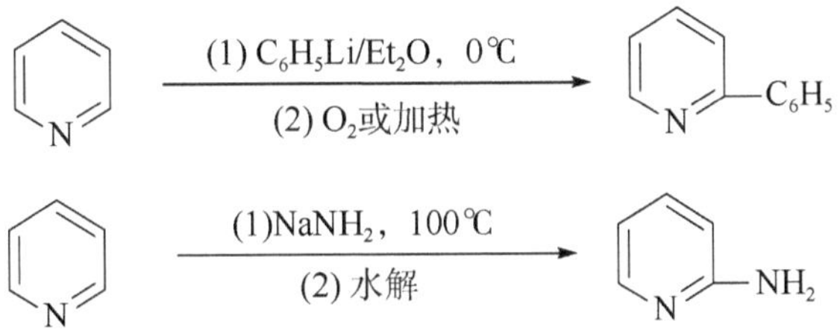

吡啶环在 α-位和 γ-位的碳原子缺少电子，若在 α-位和 γ-位有好的离去基团（如 NO_2、Br、Cl 等），可以与氨（或胺）、烷氧化物等亲核试剂发生亲核取代。

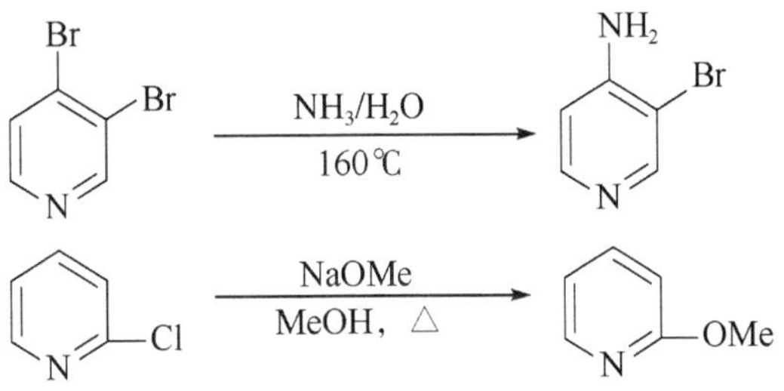

（4）氧化反应：吡啶对氧化剂稳定，不易被氧化。当环上有烃基时，烃基容易被氧化，生成吡啶羧酸或相应的醛。

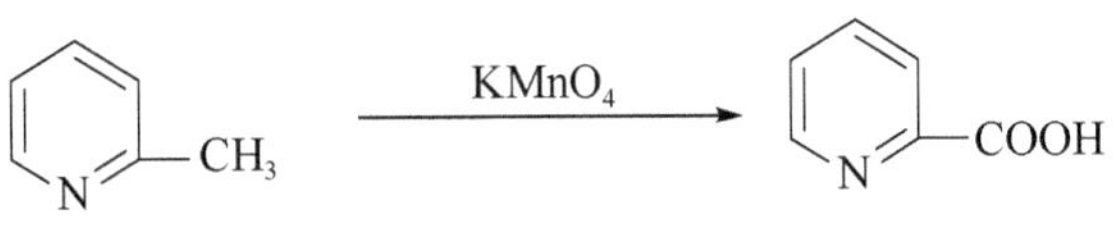

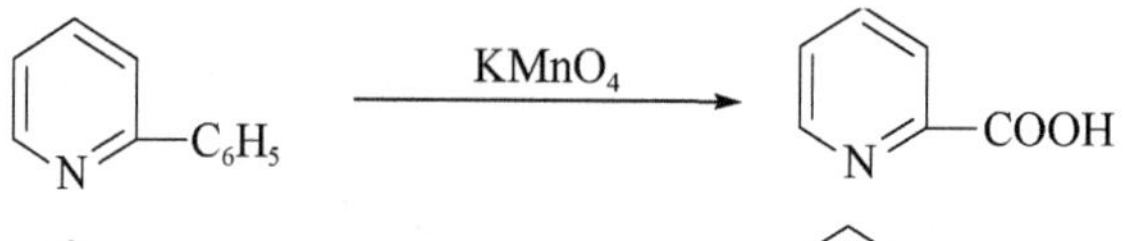

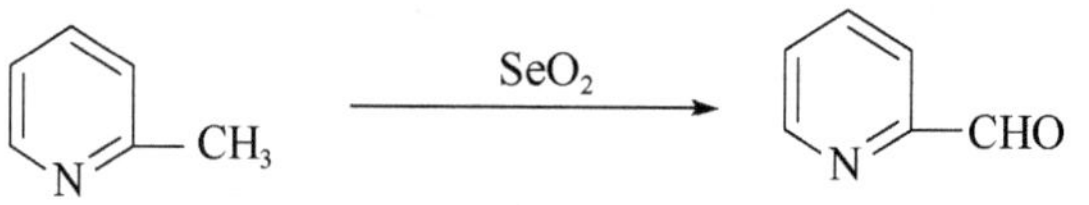

（5）还原反应：吡啶比苯容易还原，在常压下就可被还原为六氢吡啶。六氢吡啶又名哌啶，为无色液体，能与水混溶，具有二级胺的特性，它的碱性（pK_b=2.8）比吡啶强，沸点 106℃，在有机反应中用作碱性试剂。

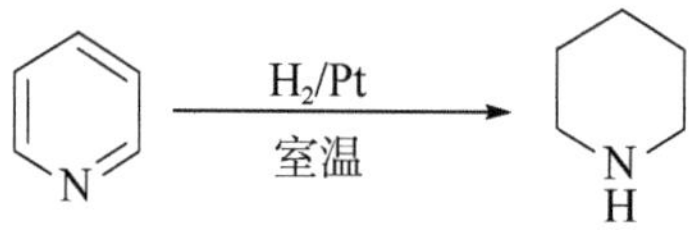

六氢吡啶（哌啶）

4. 重要的吡啶衍生物

（1）维生素 pp：包括烟酸和烟酰胺。烟酸是人体必需的 13 种维生素之一，是一种水溶性维生素，属于维生素 B 族。烟酸在人体内转化为烟酰胺，烟酰胺是辅酶Ⅰ和辅酶Ⅱ的组成部分，参与体内脂质代谢、组织呼吸的氧化过程和糖类无氧分解的过程。

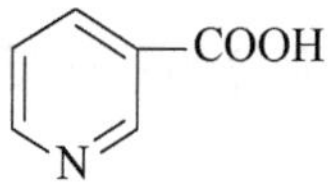

β-吡啶甲酸（烟酸）

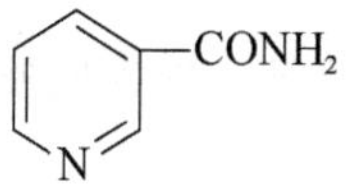

β-吡啶甲酰胺（烟酰胺）

（2）维生素 B_6：包括吡哆醇、吡哆醛和吡哆胺三种化合物。一般以吡哆醇作为维生素 B_6 的代表。维生素 B_6 用于治疗妊娠呕吐、放射病、脂溢性皮炎等。

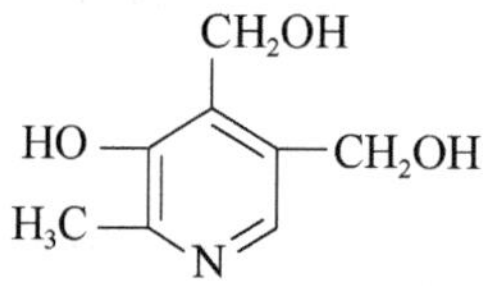

甲基-5-羟基-3,4-吡啶二甲醇（吡哆醇）

（3）异烟肼：又名雷米封，为合成抗结核病药物。

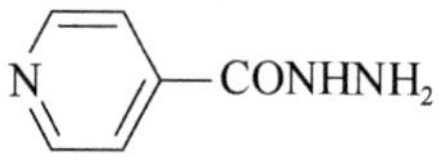

吡啶甲酰肼

（二）嘧啶

1. 结构与性质 嘧啶为无色结晶，熔点 22℃，能与水形成氢键，因此易溶于水。嘧啶的结构与吡啶相似，但由于嘧啶环上含有两个均以未杂化的单电子的 p 轨道参与闭合环状的共轭体系，因此两个氮原子均通过诱导效应和共轭效应从环上吸引电子，使环上的电子云密度降低，并且由于两个氮原子之间的相互作用，氮原子上的电子云密度比吡啶环上的低，环更稳定。所以嘧啶的碱性（pK_b=12.7）比吡啶弱得多，亲电取代反应比吡啶困难，而亲核取代反应则比吡啶容易，主要发生在 2-位、4-位、6-位。例如：

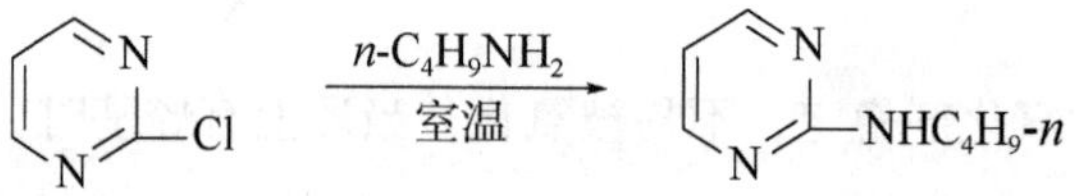

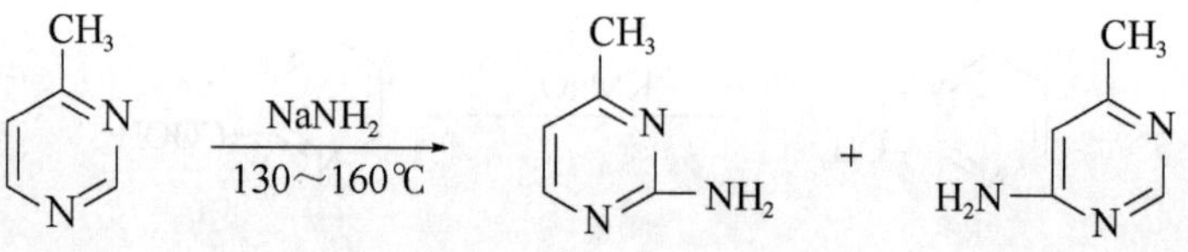

而亲电取代反应一般是在环被第一类基团活化后，才能顺利进行。例如：

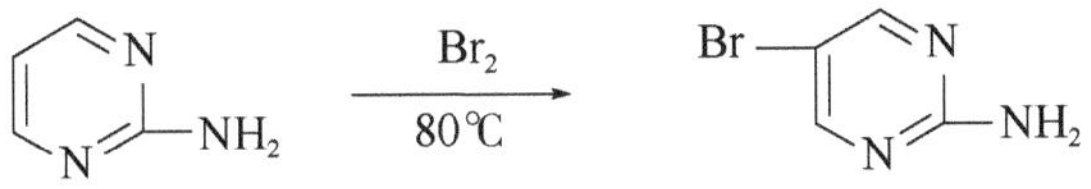

2. 重要的嘧啶衍生物　嘧啶本身并不存在于自然界中，但它的衍生物广泛分布于生物体中，具有重要的生理和药理作用。

（1）胞嘧啶、尿嘧啶和胸腺嘧啶：三者都是核酸的组成部分，且都有酮式和烯醇式结构的互变异构。

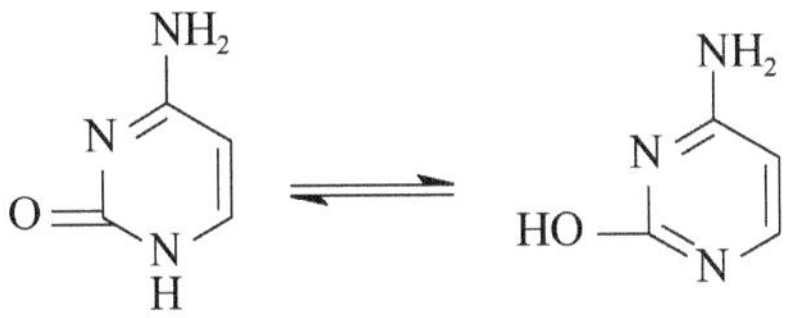

胞嘧啶（2-氧-4-氨基嘧啶）

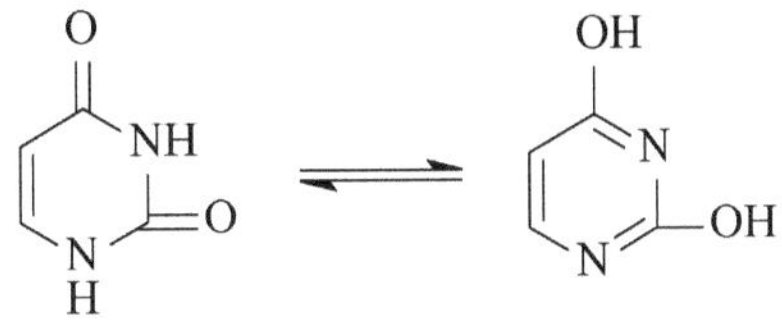

尿嘧啶（2, 4-二氧嘧啶）

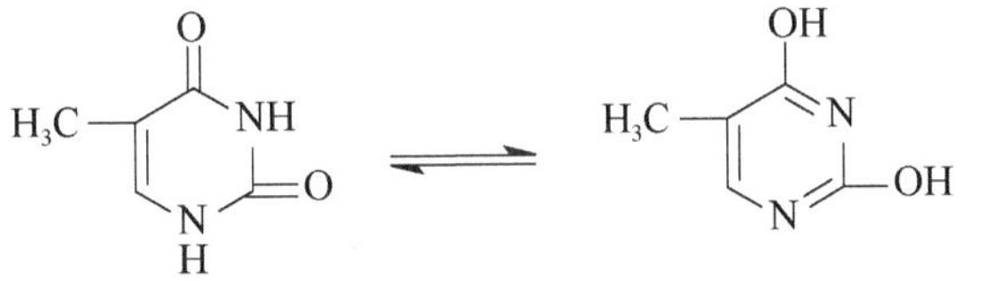

胸腺嘧啶（5-甲基-2, 4-二氧嘧啶）

（2）磺胺嘧啶：一种具有对氨基苯磺酰胺结构的合成抗菌药物，通过抑制细菌繁殖而抑菌。

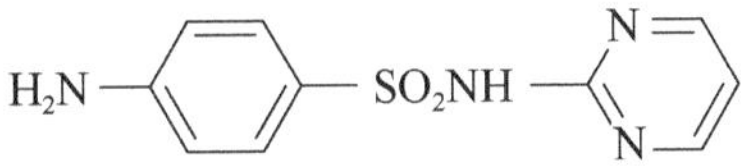

2-（对氨基苯磺酰氨基）嘧啶

四、稠杂环化合物

（一）吲哚

五元稠杂环化合物中，最常见的是吲哚和咔唑，均是由苯环和吡咯环稠合而成的。吲哚是较为重要的五元稠杂环化合物。

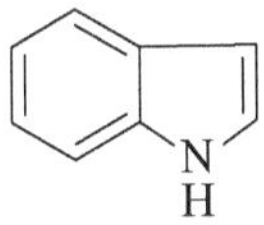

吲哚

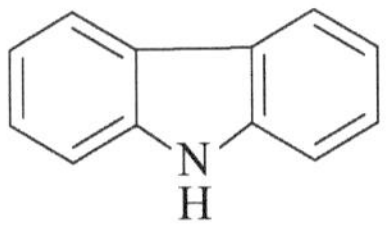

咔唑

1. 理化性质　吲哚为白色结晶，具有极臭的气味，浓度较低时，则有香味，熔点 52℃，沸点 235℃。加热至沸点时，有分解现象。吲哚可溶于热水、乙醇及乙醚。在空气中颜色会逐渐变深。

吡咯与苯稠合后，它们的共轭体系并未受到破坏，所以吲哚具有芳香性，性质与吡咯相似，能使浸有盐酸的松木片显红色。酸性（pK_a=17.0）与吡咯相当。其亲电取代反应在杂环上进行，取代基主要进入 β-位（形成的中间体的正电荷可向苯环上离域而较稳定）。

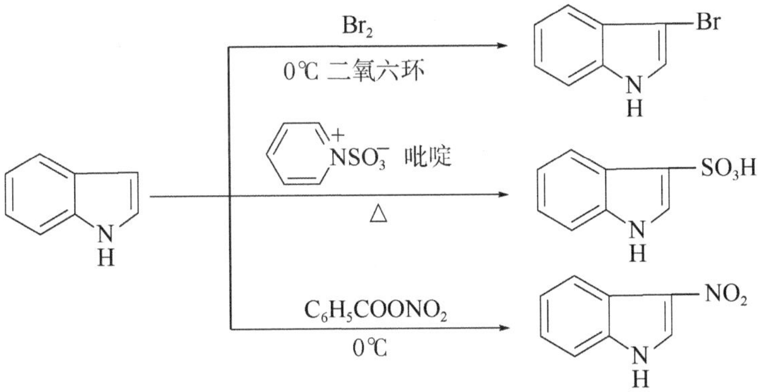

2. 重要的衍生物 吲哚类化合物在自然界中广泛存在，在生物体内显现出了丰富多彩的生物活性作用。医药方面可以合成解热镇痛剂、兴奋药、降压药、血管扩张药、抗组胺药等；许多天然药物中均有吲哚结构。例如：

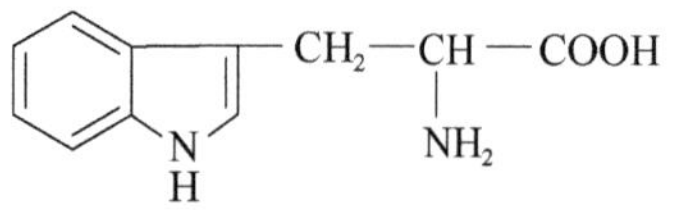

色氨酸（重要的α-氨基酸）
2-氨基-3-（3-吲哚基）丙酸

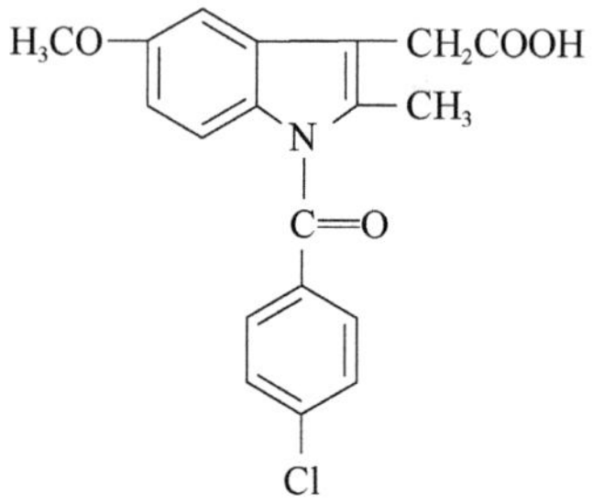

吲哚美辛（消炎药）
2-甲基-1-（4-氯苯甲酰基）-5-甲氧基-1*H*-吲哚-3-乙酸

（二）喹啉及异喹啉

重要的含一个杂原子的六元稠杂环化合物是喹啉和异喹啉。喹啉和异喹啉是由苯环和吡啶环稠合而成，但稠合的位置不同。

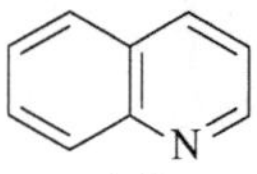

喹啉

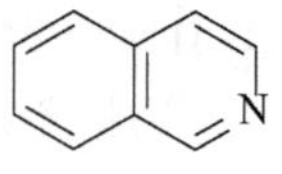

异喹啉

1. 物理性质 喹啉是一种无色有恶臭的液体，沸点238℃，熔点−15.6℃。异喹啉也是无色液体，沸点243℃，熔点26.5℃。它们的水溶性都比吡啶小，均微溶于水，易溶于有机溶剂。

2. 化学性质

（1）碱性：喹啉与异喹啉的碱性都与吡啶（pK_b=8.8）接近，喹啉的 pK_b=9.1，碱性比吡啶还弱；异喹啉的 pK_b=8.6，碱性比吡啶稍强。可以与无机强酸作用，生成铵盐，或与卤代烷作用生成季铵盐。

（2）亲电取代反应：在喹啉分子中，由于吡啶环上的电子云密度比苯环低，所以喹啉的亲电取代反应发生在苯环上，取代基主要进入5-位和8-位。

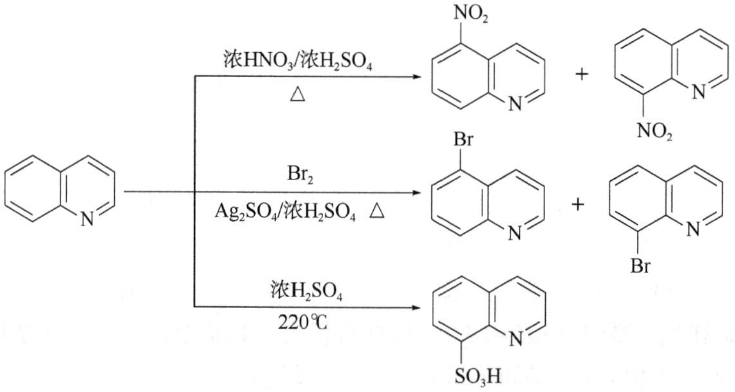

异喹啉与喹啉相似，亲电取代反应也发生在5-位或8-位上，主要在5-位。例如硝化反应。

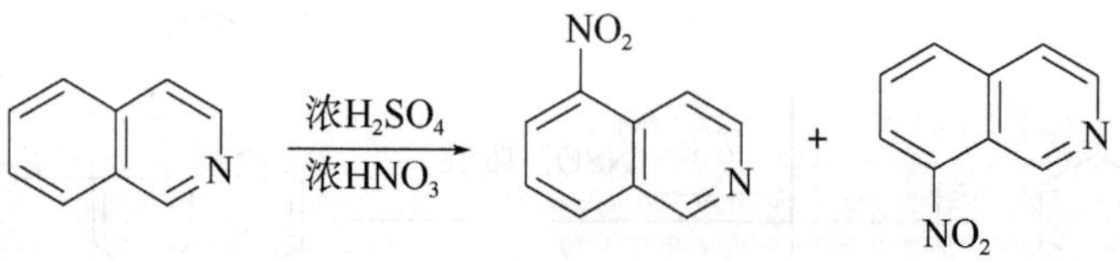

（3）亲核取代反应：喹啉和异喹啉的亲核取代反应主要在吡啶环上进行，喹啉的取代主要发生 C_2 和 C_4 位上，异喹啉主要发生在 C_1 上。

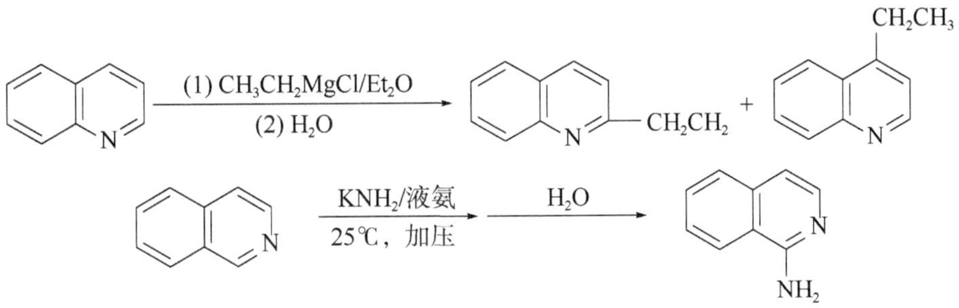

（4）氧化反应：喹啉和异喹啉与大多数氧化剂不能反应，但是与高锰酸钾能够反应。喹啉氧化时，被破坏的是苯环。

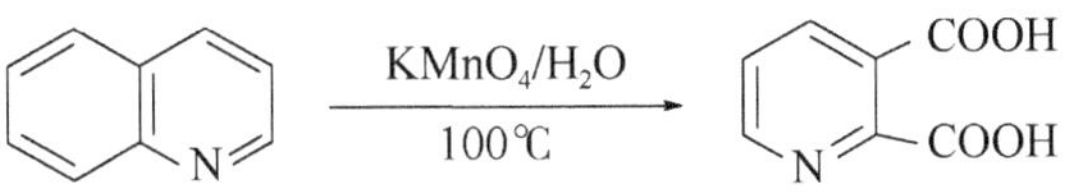

异喹啉的氧化反应如下：

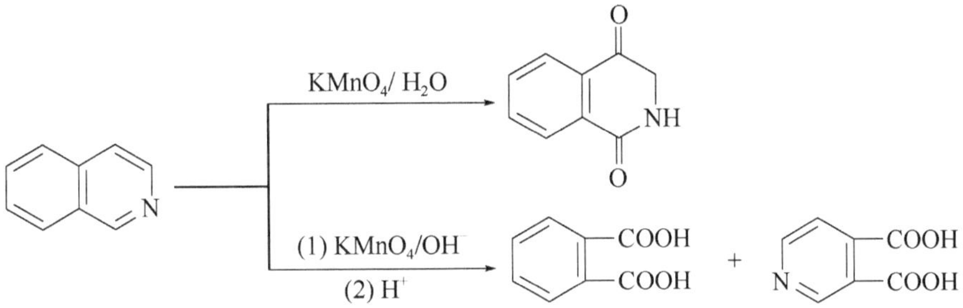

（5）还原反应：喹啉和异喹啉均可被还原，反应条件不同，则产物不同。喹啉加氢还原时吡啶环首先被还原。

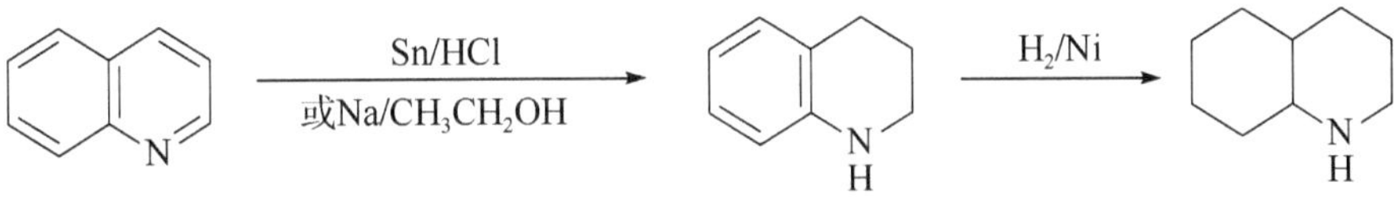

四氢喹啉　　十氢喹啉

3. 重要的喹啉及异喹啉衍生物　喹啉及异喹啉都是医药、农药、染料等行业重要原料或中间体。

（三）嘌呤

1. 结构　嘌呤是由嘧啶环与咪唑环稠合而成。嘌呤环有特定的编号且有2个互变异构体，常用标氢法加以区别。

9*H*-嘌呤　　7*H*-嘌呤

药物分子中多为7*H*-嘌呤，生物体内则9*H*-嘌呤最为常见。

2. 性质　嘌呤为无色结晶，熔点217℃，易溶于水，难溶于有机溶剂。由于嘌呤分子中含有不同类型的氮原子，它既具有弱碱性（pK_b=11.7），又有弱酸性（pK_a=8.90），因此分别能与强酸或强碱生成相应的盐。

3. 重要的嘌呤衍生物　嘌呤的衍生物广泛存在于生物体内，并具有较强的生物活性。例如，蛋白质和核酸等都含有嘌呤的结构，其代谢产物尿酸也是最常见的嘌呤衍生物。

（1）尿酸：化学名2, 6, 8-三羟基嘌呤，是核蛋白在体内代谢的最终产物，白色结晶，难溶于水，有弱酸性。人体内以钠盐的形式通过尿液排出。若代谢异常，尿中尿酸增多可形成尿结石。尿酸有酮式和烯醇式两种互变异构体，在平衡混合物中酮式占优势。

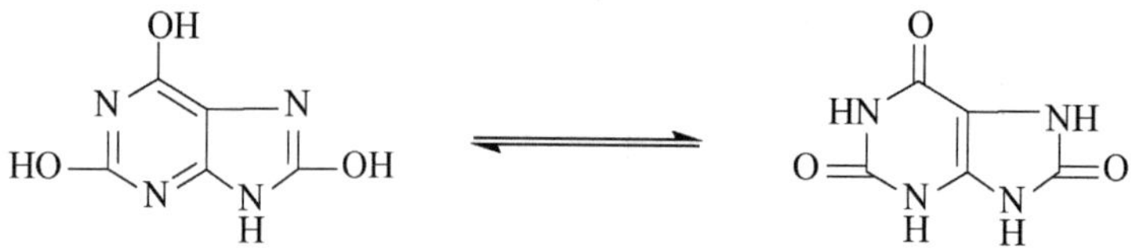

2, 6, 8-三羟基嘌呤（烯醇式）　　2, 6, 8-三氧嘌呤（酮式）

（2）腺嘌呤和鸟嘌呤：腺嘌呤和鸟嘌呤是核酸的重要成分，其结构式如下：

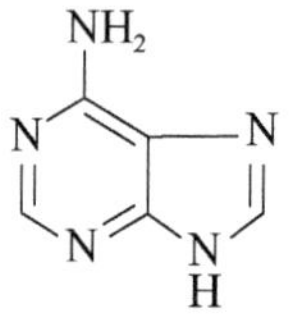

腺嘌呤
6-氨基嘌呤

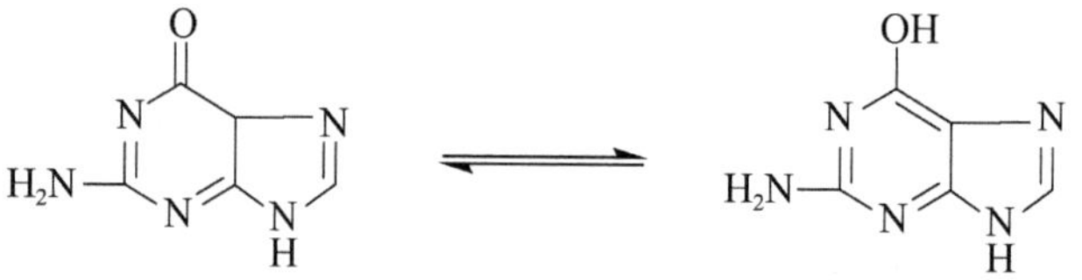

鸟嘌呤
2-氨基-6-氧嘌呤　　2-氨基-6-羟基嘌呤

（3）可可豆碱、茶碱和咖啡因：三者都是黄嘌呤（2, 6-二氧嘌呤）的甲基衍生物，存在于可可豆、茶叶和咖啡中。

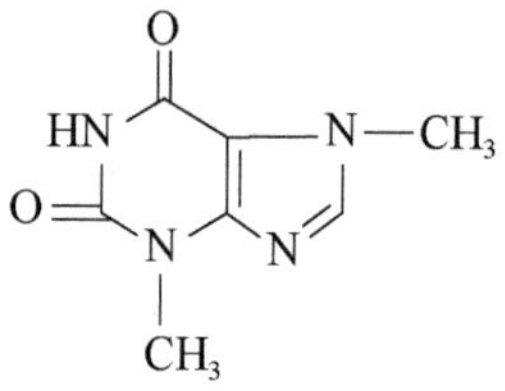

可可豆碱
3, 7-二甲基黄嘌呤

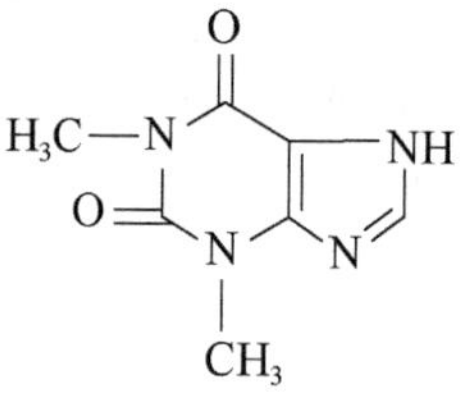

茶碱
1, 3-二甲基黄嘌呤

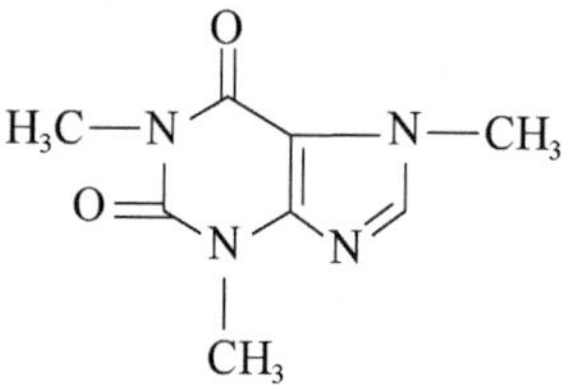

咖啡因
1, 3, 7-三甲基黄嘌呤

可可豆碱为单斜形晶体或结晶性粉末，无臭，略带苦味，主要用作利尿和冠状动脉扩张药。茶碱为白色无臭的结晶性粉末，具有强心、利尿、扩张冠状动脉、松弛支气管平滑肌和兴奋中枢神经系统等作用。咖啡因为白色针状结晶，无臭，味苦；中枢神经兴奋药，用于中枢性呼吸衰竭、循环衰竭和神经衰弱等。常与解热镇痛药合用，是常用感冒药复方氨酚烷胺片的成分之一。

考点：①杂环化合物分类与命名；②吡咯、呋喃和噻吩的结构与性质；③吡唑、噻唑和噁唑的结构与性质；④吡啶与嘧啶的结构与性质；⑤吲哚、喹啉和嘌呤的结构与性质；⑥重要的杂环化合物衍生物的生理与药用意义

第2节　生　物　碱

一、概　　述

生物碱是存在于生物体内，具有碱性和明显生理活性的含氮有机化合物（氨基酸、蛋白质、肽类、维生素 B 等除外），主要由碳、氢、氧、氮等元素组成。由于它们主要存在与植物体内，又称为植物碱。生物碱分子大多数含有较复杂的环状结构，其中的氮原子大多数嵌合在环内，以仲胺、叔胺的形式存在，只有少数几种以伯胺形式存在。

生物碱分子一般结构比较复杂，含有一个或多个手性碳原子，使分子具有旋光性。从植物中提取的大多为左旋体，化学合成得到的主要是外消旋体。左旋体和右旋体的生理活性差异较大，左旋体常常比右旋体具有更高的生理活性。

生物碱多根据其来源的植物命名。例如，麻黄碱是由麻黄中提取得到而得名，烟碱是由烟草中提取得到而得名。生物碱的名称又可采用国际通用名称的音译，如烟碱又称为尼古丁（nicotine）。

二、生物碱的理化性质

（一）物理性质

生物碱大多为无色结晶，少数为无定形粉末，个别为液体，味苦，甚至辛辣。游离的生物碱一般不溶或难溶于水，能溶于乙醇、乙醚、丙酮、氯仿及苯等有机溶剂。

（二）化学性质

1. 碱性 生物碱为含氮有机化合物，氮原子上的未共用电子对可以接受质子而表现出碱性。各种生物碱的分子结构不同，特别是氮原子在分子中存在的状态不同，所以碱性强弱也不一样。分子中的氮原子大多数结合在环状结构中，以仲胺、叔胺及季铵碱三种形式存在，均具有碱性，以季铵碱的碱性最强。生物碱一般都能与酸形成盐，成盐后可溶于水。但这些盐在碱的作用下，生物碱还可以重新游离出来。

在很多时候临床上使用的是可溶性的生物碱的盐，如硫酸阿托品、磷酸可待因、盐酸吗啡等。利用其盐与游离体的溶解性不同，还可提取分离和精制生物碱。

2. 显色反应 生物碱还可与一些试剂发生反应显现颜色，且因其结构不同而显示不同的颜色，这些试剂称为生物碱的显色剂，能用于检识和鉴别个别生物碱。常用的生物碱显色剂有：①Mandelin 试剂：1%钒酸铵的浓硫酸溶液，遇莨菪碱或阿托品显红色；遇奎宁显淡橙色，遇吗啡显蓝紫色；遇可待因显蓝色。②Forhde 试剂：1%钼酸钠的浓硫酸溶液，遇乌头碱显黄棕色；遇黄连素显棕绿色；遇利血平先显黄色继而转为蓝色。③Marquis 试剂：0.2ml 30%甲醛溶液与 10ml 硫酸的混合溶液，遇吗啡显橙色至紫色；遇可待因显洋红色至黄棕色。

3. 沉淀反应 生物碱在酸性的水溶液或稀醇溶液中，与一些试剂生成难溶于水的复盐或配合物的反应称为生物碱的沉淀反应。常把与生物碱发生沉淀反应的试剂称为生物碱沉淀试剂。生成的生物碱沉淀往往具有不同的颜色与晶体形状。利用此类现象可检查某些植物中是否含有生物碱、鉴别生物碱或分离与精制生物碱。常用的生物碱沉淀剂与生物碱反应现象见表 10-2。

表 10-2 沉淀试剂及与生物碱反应现象

试剂名称	成分	类别	沉淀形态与颜色
碘化铋钾	$KBiI_4$	生物碱	黄色至橘红色无定形沉淀
碘化汞钾	K_2HgI_4	生物碱	白色沉淀
碘-碘化钾	I_2-KI	生物碱	红棕色无定形沉淀
硅钨酸	$SiO_2 \cdot 12WO_3 \cdot nH_2O$	生物碱	白色至淡黄色沉淀
雷氏铵盐	$NH_4[Cr(NH_3)_2(SCN)_4]$	季铵碱	红色沉淀或结晶
苦味酸	2, 4, 6-三硝基苯酚	生物碱	红色沉淀

定性鉴别生物碱时，应用三种以上沉淀试剂进行试验，均呈阳性或阴性才有可信性。

三、重要的生物碱

1. 麻黄碱 又名麻黄素，其结构式和光学异构体如下：

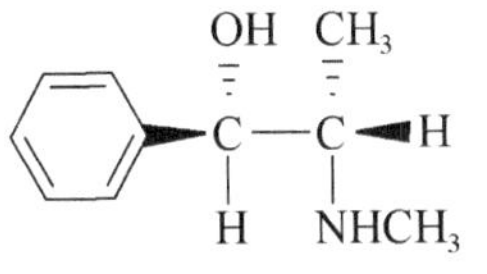

麻黄碱
(1*R*, 2*S*)-1-苯基-2-甲氨基-1-丙醇

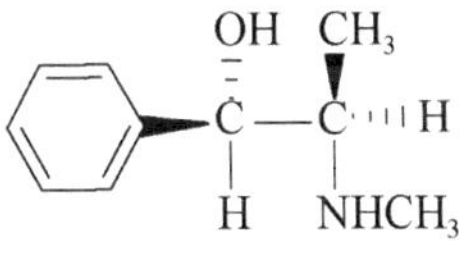

伪麻黄碱
(1*R*,2*R*)-1-苯基-2-甲氨基-1-丙醇

游离的麻黄碱为无色结晶形固体，无臭。常见的多含有半分子结晶水，熔点为 34℃，沸点 255℃。

易溶于水或乙醇，可溶于氯仿、乙醚及苯。其水溶液具有碱性，能与无机酸或强有机酸结合成盐。临床上用它的盐酸盐治疗支气管哮喘，过敏性反应、鼻黏膜肿胀和低血压等。

多种麻黄科的植物都含有麻黄碱，麻黄中的含量最高。从麻黄中提取得到最多的是(–)-麻黄碱和(+)-伪麻黄碱两种；也可以通过化学合成制取。

2. 莨菪碱和阿托品 莨菪碱和阿托品等生物碱分布于颠茄、莨菪、曼陀罗、洋金花等茄科植物中，总称为颠茄生物碱。莨菪碱是莨菪醇和莨菪酸所形成的酯。莨菪碱为左旋体，在其结构中莨菪酸的 α-C 原子是手性碳原子，由于受到羰基的影响，α-H 具有一定的活性，在碱性条件下或受热时易发生外消旋化，外消旋化的莨菪碱即为阿托品。

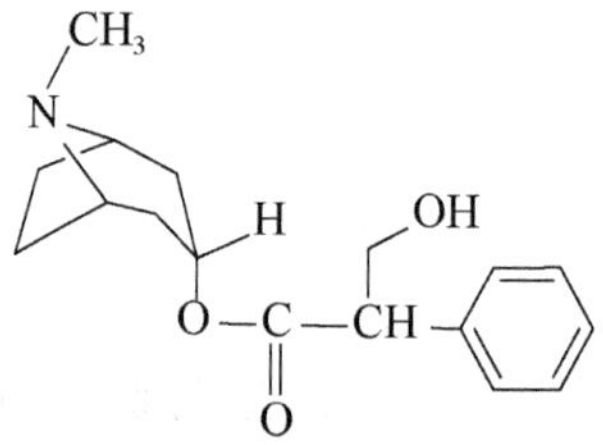

阿托品

阿托品为长柱状晶体，熔点 118℃。其难溶于水，易溶于乙醇、氯仿中。阿托品具有解除平滑肌痉挛、抑制腺体分泌及扩大瞳孔的作用，临床上作为平滑肌痉挛、胃及十二指肠溃疡、散瞳、盗汗和胃酸过多等，还可以作为有机磷、锑中毒的解毒剂。

3. 小檗碱 又名黄连素，存在于黄连、黄柏、三棵针等中草药中，是异喹啉类的衍生物。在植物中常以盐酸盐的形式存在，而游离的小檗碱主要以季铵碱的形式存在。

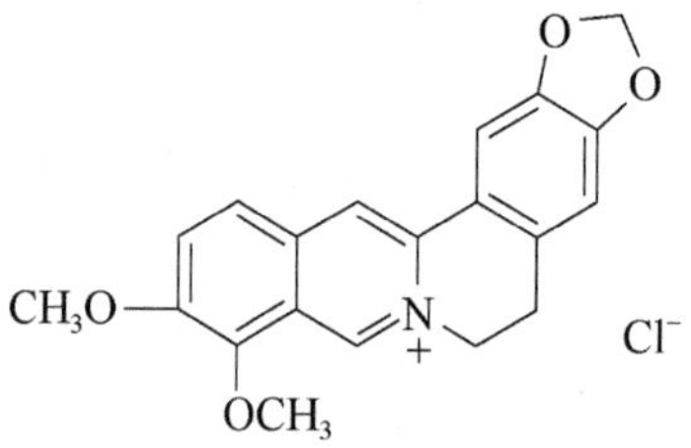

盐酸小檗碱

小檗碱为黄色针状结晶，味极苦，较易溶于热水和热乙醇，几乎不溶于乙醚。其与无机酸形成的盐在水中的溶解度也不大。其盐酸盐也只微溶于水。小檗碱有显著的抗菌作用，对多种革兰氏阳性菌和革兰氏阴性菌有抑制作用。临床上常用其盐酸盐来治疗细菌性痢疾和肠炎等。

4. 烟碱 又称尼古丁，是存在于烟草中的一种生物碱，是吡啶衍生物。在烟草中含 10 余种生物碱，主要是烟碱，含量为 2%～8%，纸烟中约含 1.5%。烟碱有剧毒，量少对中枢神经有兴奋作用，能升高血压，量多则抑制中枢神经系统，使心脏停搏以至死亡。几毫克的烟碱就能引起头痛、呕吐、意识模糊等中毒症状，抽烟过多的人逐渐会引起慢性中毒。内服或吸入 40mg 即可致死，解毒药为颠茄碱。

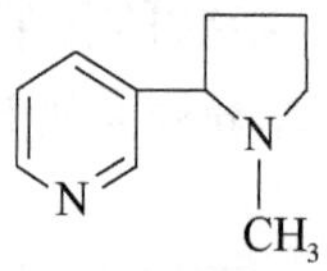

烟碱

5. 秋水仙碱 灰黄色针状结晶，易溶于氯仿，可溶于水，不溶于石油醚等。在体内可通过减低白细胞活动和吞噬作用及减少乳酸形成，从而减少尿酸结晶的沉积，主要用于急性痛风；同时具有一定的抗肿瘤作用，毒性较大，慎重使用。

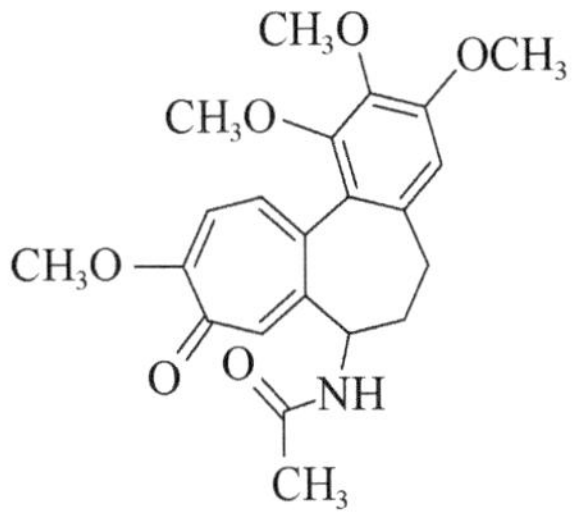

秋水仙碱

链接 珍爱生命、远离毒品

毒品是指鸦片、海洛因、甲基苯丙胺（冰毒）、吗啡、大麻、可卡因、摇头丸以及国家规定管制的其他能够使人形成瘾癖的麻醉药品和精神药品。《麻醉药品及精神药品品种目录》中列明了121种麻醉药品和130种精神药品。吸毒容易，戒毒难。这是因为人一旦吸食了毒品，很容易形成毒瘾。以阿片类为例说明什么是毒瘾，阿片类药包括阿片、吗啡（阿片中的生物碱）、海洛因（吗啡的衍生物）以及具有吗啡作用的化合物，如杜冷丁等。这些药物滥用后均易产生依赖性，即形成强制性追求重复用药的趋向，不能解脱。这就是毒瘾。

毒品犯罪已成为严重危害社会的一大恶瘤，青少年又是毒品传播的高危人群。深刻认识毒品的危害并自觉拒绝和远离毒品刻不容缓。

考点：①生物碱概念；②生物碱的通性；③常见的药用生物碱

自测题

一、不定项选择题

1. 关于呋喃的结构叙述错误的是（　　）
   A. 杂原子为氧原子　B. 杂原子为氮原子
   C. 具有6个π电子　D. 具有芳香性
   E. 所有原子共平面
2. 下列化合物亲电取代活性顺序正确的是（　　）
   A. 吡咯＞呋喃＞噻吩＞苯
   B. 噻吩＞吡咯＞呋喃＞苯
   C. 吡咯＞呋喃＞苯＞噻吩
   D. 呋喃＞苯＞噻吩＞吡咯
   E. 无法比较
3. 关于芳香族杂环化合物的化学性质说法错误的是（　　）
   A. 具有芳香性　B. 能发生取代反应
   C. 能发生加成反应　D. 能发生氧化反应
   E. 不能发生加成反应
4. 吡啶属于杂环化合物，有关它的结构说法错误的是（　　）
   A. 具有芳香性　B. 杂原子为氮原子
   C. 具有6个π电子　D. 碳原子为sp^3杂化
   E. 所有原子共平面
5. 吡咯和亲电试剂作用时发生什么反应（　　）
   A. β-取代　B. α-取代　C. 加成反应
   D. 环破裂　E. 氧化反应
6. 下列生物碱碱性最强的是（　　）
   A. 酰胺生物碱　B. 季铵生物碱
   C. 仲胺生物碱　D. 伯胺生物碱
   E. 叔胺生物碱
7. 下列说法正确的是（　　）
   A. 尿酸是嘌呤的氨基衍生物
   B. 茶碱和咖啡因都是嘌呤的衍生物
   C. 糠醛又称呋喃甲醛
   D. 尿嘧啶和胞嘧啶是同分异构体
   E. 嘌呤有互变异构体
8. 下列化合物中具有芳香性的是（　　）
   A. 四氢呋喃　B. 六氢吡啶　C. 7*H*-嘌呤
   D. 嘧啶　E. 异喹啉
9. 下列哪种试剂可用于区分吡啶和3-甲基吡啶（　　）
   A. $KMnO_4$溶液　B. NaOH溶液
   C. 硫酸溶液　D. 亚硫酸钠溶液
   E. 盐酸
10. 下列说法不正确的是（　　）
    A. 硅钨酸是生物碱的显色试剂
    B. 钒酸铵的浓硫酸溶液是生物碱的沉淀试剂
    C. 生物碱都含氮的化合物
    D. 麻黄碱和伪麻黄碱是对映异构体
    E. 生物碱有生理活性

二、写出下列化合物名称或结构式

1. 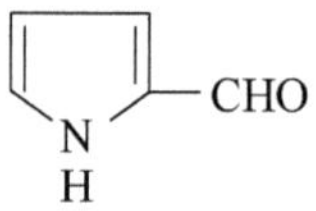

2. 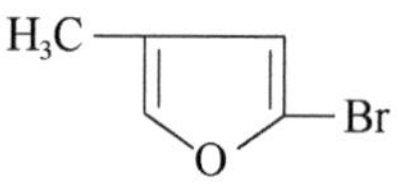

3. 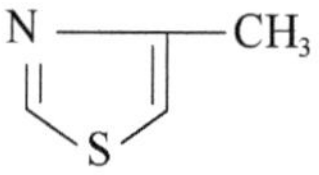

4. 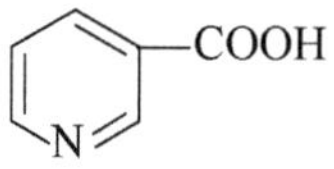

5. 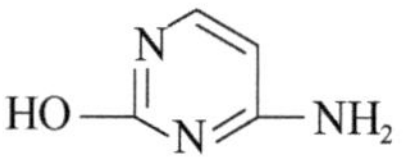

6. 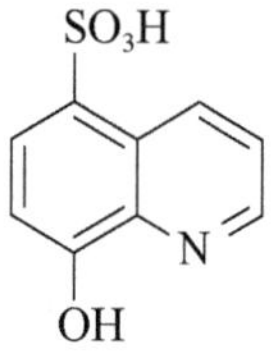

7. 6-羟基异喹啉
8. 5-乙基糠醛
9. 4-甲基-2-氨基噻唑
10. 2-呋喃甲醛
11. 2, 3-二甲基噻吩
12. 2, 4, 6-三羟基嘧啶

三、完成下列反应式

1. 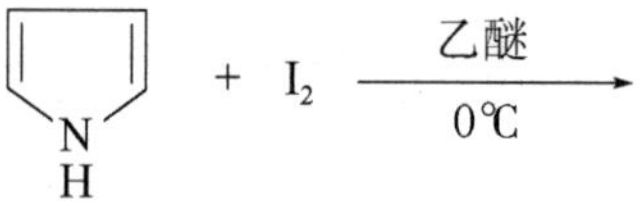

2. 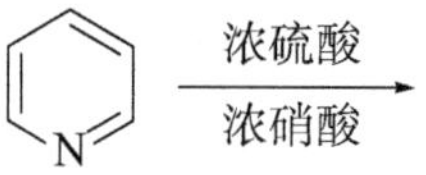

3. 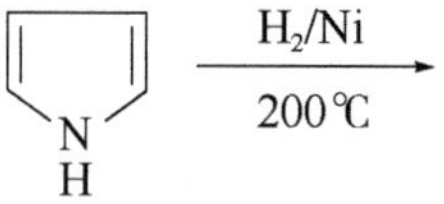

4. 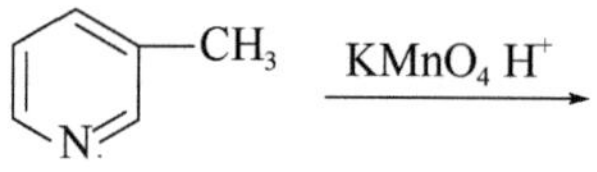

5. 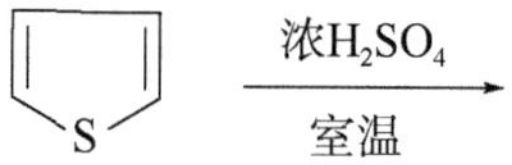

6. 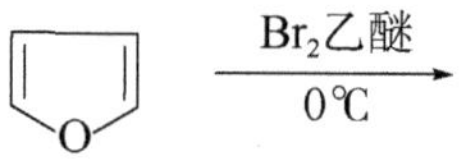

7. 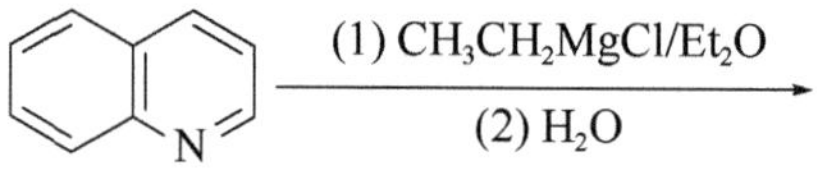

8. 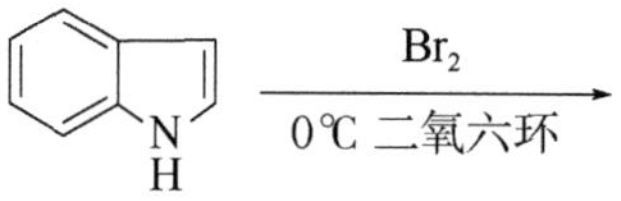

9. 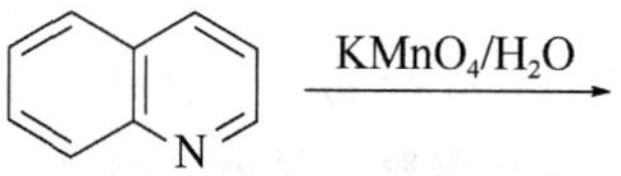

10. 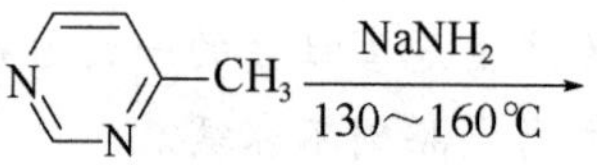

四、简答题

1. 试从结构上分析咪唑的水溶性强于吡咯的原因。
2. 请按苯胺、吡咯、吡啶、六氢吡啶的碱性强弱排序并说明理由。
3. 生物碱具有哪些通性?

五、推断题

某杂环化合物分子式为 C_6H_7ON，能与羟胺作用生成肟，但不能发生银镜反应，与碘的氢氧化钠溶液反应生成2-吡咯甲酸钠，试写出其结构式和所涉及反应式。

（杨　俊）

第11章

糖　蛋白质　核酸

糖类是人类食物的主要成分，是维持生命活动所需能量的主要来源，是组织细胞的重要成分，也是人体内合成脂肪、蛋白质和核酸的重要原料；蛋白质是构成生物体组织器官的基本成分，通过其不断的合成和分解，调节机体正常生理功能，保证机体的生长、发育、繁殖、遗传及损伤组织的修补；核酸是生命的遗传物质，对生物体的生长、发育、繁殖、遗传及变异等重大生命现象起主宰作用。三者是人类生命、健康和繁衍活动的物质基础，是当今生命科学领域研究的重点和热点，许多抗菌、抗病毒、抗肿瘤等方面药物也和三者有关密切的关系。本章着重介绍糖、蛋白质和核酸的分子结构、组成和一般理化性质。

第1节　糖

从化学结构上看，糖类是多羟基醛、多羟基酮以及它们的缩合产物。根据其能否水解及水解产物的情况进行分类。凡是不能水解的多羟基醛或多羟基酮称为单糖，如葡萄糖、果糖、核糖等；水解后能产生 2～10 个单糖分子的糖称为寡糖或低聚糖，其中以二糖最为常见，如蔗糖、麦芽糖、乳糖等；水解后产生 10 个以上单糖分子的糖称为多糖，如淀粉、糖原等。糖类通常根据其来源而采用俗名，如来自甘蔗汁的蔗糖、来自葡萄汁的葡萄糖以及来自乳汁的乳糖等。

一、单　糖

依据分子中所含碳原子数目的不同，单糖可分为丙糖、丁糖、戊糖和己糖。在生物体内最为常见的是戊糖和己糖。依据分子所含醛基和酮基的不同，单糖又可分为醛糖和酮糖。最简单的醛糖是甘油醛（丙醛糖），最简单的酮糖是 1, 3-二羟基丙酮。有些单糖的羟基可被氢原子或氨基取代，它们分别称为脱氧糖和氨基糖，如 2-脱氧核糖、2-氨基葡萄糖等。

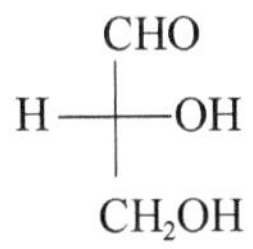

甘油醛

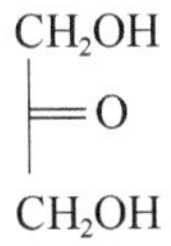

1, 3-二羟基丙酮

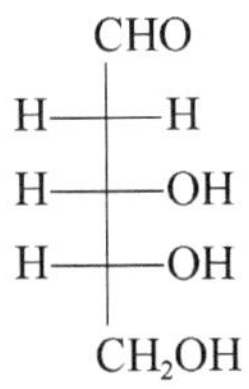

2-脱氧核糖

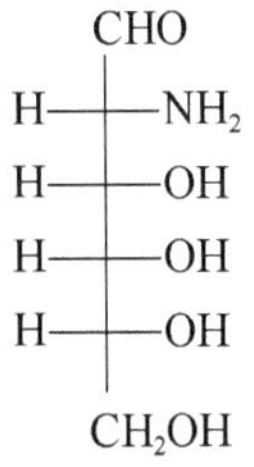

2-氨基葡萄糖

在单糖中，与生命活动关系最为密切的是葡萄糖、果糖、核糖和脱氧核糖等。本节以葡萄糖和果糖为例，讨论单糖的结构和性质。

（一）单糖的结构

1. 葡萄糖的开链结构和构型　葡萄糖的分子式为 $C_6H_{12}O_6$，又称己醛糖，是一个直链五羟基己醛。在己醛糖的分子结构中含有 4 个手性碳原子（C_2、C_3、C_4、C_5），应有 2^4=16 个旋光异构体，葡萄糖是己醛糖的旋光异构体之一，其结构可用费歇尔投影式表示如下：

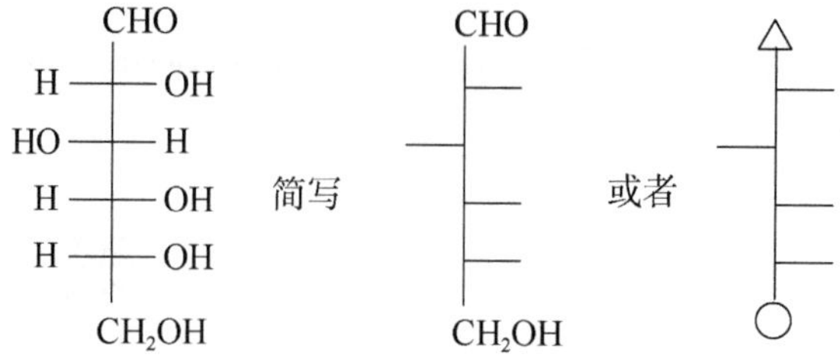

D-(+)-葡萄糖

此结构称为葡萄糖的开链结构。单糖的构型通常采用 *D*/*L* 构型标记法，以甘油醛为参照确定。人为规定单糖分子中距离羰基最远（或编号最大）的手性碳原子的构型与甘油醛的手性碳原子构型一致，则两者构型相同。例如，葡萄糖分子中编号最大的手性碳原子 C_5 上的羟基在右侧，与 *D*-甘油醛的构型相同，则称为 *D* 型；若葡萄糖 C_5 上的羟基在左侧，与 *L*-甘油醛的构型相同，则称为 *L* 型。自然界存在的单糖几乎都属于 *D* 型。

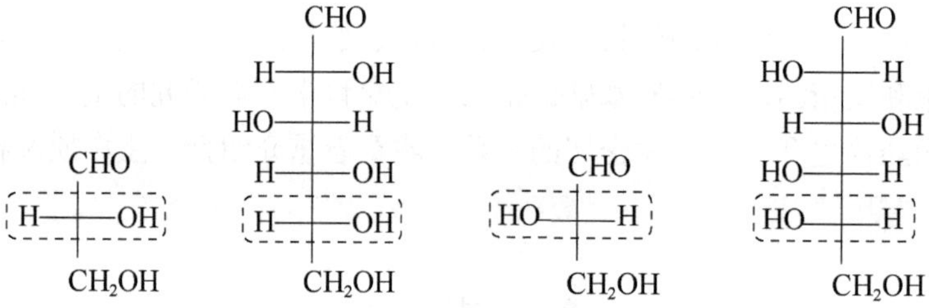

D-甘油醛　　*D*-葡萄糖　　*L*-甘油醛　　*L*-葡萄糖

2. 葡萄糖的变旋光现象和环状结构　*D*-葡萄糖从冷乙醇中可析出熔点为 146℃、比旋光度为+112°的晶体；而从热吡啶中析出熔点为 150℃、比旋光度为+18.7°的晶体。这两种葡萄糖晶体溶于水后，比旋光度都会自行发生变化，并都在+52.5°时不再改变。像这种在溶液中比旋光度自行发生变化的现象称为变旋光现象。这是因为葡萄糖分子中 C_5 上的羟基与醛基发生半缩醛反应，形成稳定的六元环状半缩醛结构，使得原醛基的 C_1 变为手性碳，增加了两个旋光异构体。在此环状半缩醛中，C_1 上生成的羟基称为半缩醛羟基，它与 *D*-葡萄糖 C_5 上的羟基在同侧者称为 *α*-型，在异侧者称为 *β*-型。

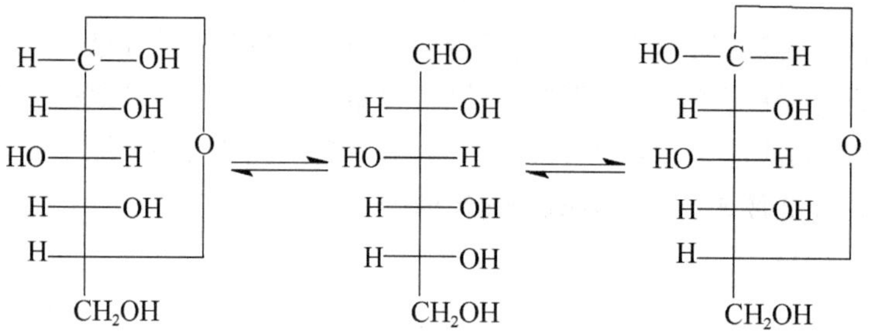

氧环式　　开链醛式　　氧环式

α-*D*-(+)-吡喃葡萄糖$[\alpha]_D^{20}=+112°$　　*D*-葡萄糖　　*β*-*D*-(+)-吡喃葡萄糖$[\alpha]_D^{20}=+18.7°$

36.4%　　0.02%　　63.6%

葡萄糖的氧环式结构是由 1 个氧原子和 5 个碳原子形成的六元环，类似于含氧的六元杂环化合物吡喃（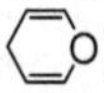）的结构，所以氧环状结构的葡萄糖也称为吡喃葡萄糖。*α*-*D*-(+)-吡喃葡萄糖和 *β*-*D*-(+)-吡喃葡萄糖就是上述比旋光度和熔点均不相同的两种结晶葡萄糖。将吡喃葡萄糖中的任意一种异构体溶于水时，都会先产生微量的开链醛式结构。当开链结构转变为环状结构时，同时生成 *α*-型、*β*-型两种异构体。在 *α*-型、*β*-型和开链醛式三种异构体达到平衡之前，比旋光度的数值随着 *α*-型和 *β*-型的含量的改变而变化；达到平衡时，比旋光度会达到恒定值，*α*-*D*-(+)-吡喃葡萄糖占 36.4%，*β*-*D*-(+)-吡喃葡萄糖占 63.6%，开链 *D*-葡萄糖只占 0.02%。凡具有环状半缩醛（酮）结构的单糖均有变旋光现象。

3. 葡萄糖的哈沃斯式和构象式 葡萄糖的环状半缩醛结构用费歇尔投影式表示，过长的碳氧键不能合理体现环的稳定性。为了更真实地表示单糖分子的空间构型，单糖分子的环状结构一般用哈沃斯（Haworth）投影式（简称哈沃斯式）来表示。哈沃斯式是把成环的原子置于同一个平面，连在各碳原子上的原子或基团分别置于环平面的上方和下方，以表示它们的空间位置。哈沃斯式在糖化学中广泛使用。

葡萄糖哈沃斯式的具体表示方法：先画一个含一个氧原子的六元环，将环平面横切纸平面，离我们视线近的（即纸平面的前方）用粗线和楔形线，远的（即纸平面的后方）用细线。习惯将氧原子写在六元环平面的后右上方，氧原子右下侧的碳原子为决定环状构型的碳原子（如葡萄糖为 C_1），从这个碳原子开始顺时针依次对环中碳原子编号。将在氧环式中位于左侧的原子或基团写在环平面的上方，位于右侧的原子或基团写在环平面的下方；C_5 上的羟甲基写在环平面上方的环式结构，则规定为 *D* 型，C_5 上的羟甲基写在环平面下方的环式结构式，则规定为 *L* 型。如果 C_1 上的半缩醛羟基与羟甲基在环平面的异侧，则规定为 *α*-型，若两者在环平面的同侧，则规定为 *β*-型。

案例 11-1

D-葡萄糖的哈沃斯式结构。

D-葡萄糖的哈沃斯式 C_5 上的羟甲基写在环平面上方，C_1 上的半缩醛羟基在环平面下方的是 *α*-型，在环平面上方的是 *β*-型。

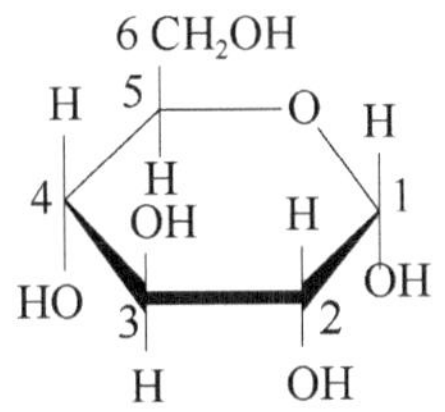

α-*D*-(+)-吡喃葡萄糖

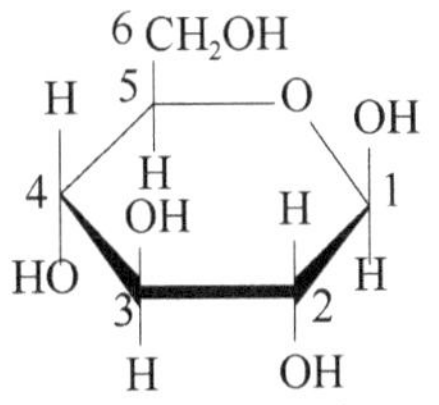

β-*D*-(+)-吡喃葡萄糖

哈沃斯式将环视为平面，它不能真实地反映出吡喃葡萄糖的立体结构，也就不能说明为什么在水溶液中 *β*-*D*-吡喃葡萄糖含量比 *α*-*D*-吡喃葡萄糖高。吡喃葡萄糖分子的真实空间结构类似于环己烷，稳定的六元环是椅式构象。*α*-*D*-吡喃葡萄糖和 *β*-*D*-吡喃葡萄糖的构象式如下所示：

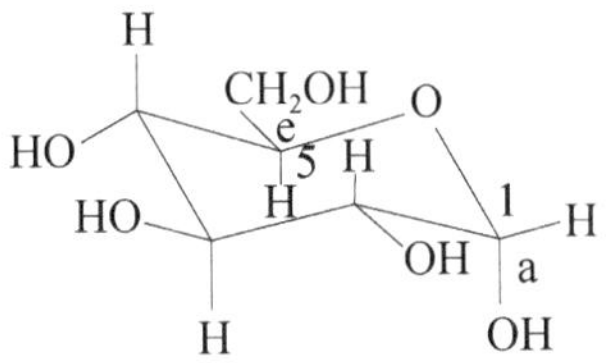

α-*D*-吡喃葡萄糖

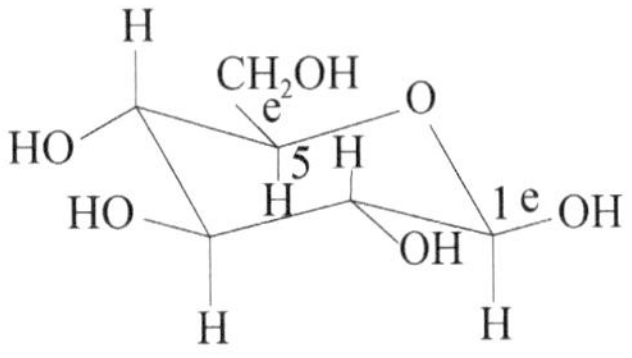

β-*D*-吡喃葡萄糖

从构象式中看出，*α*-*D*-吡喃葡萄糖 C_1 上的半缩醛羟基在直立键（a 键）上，而 *β*-*D*-吡喃葡萄糖 C_1 上的半缩醛羟基在平伏键（e 键）上，由于大基团处在平伏键上比处在直立键上的能量低，故 *β*-*D*-吡喃葡萄糖的构象为优势构象，稳定性更强。所以，在葡萄糖的互变平衡体系中，*β*-*D*-吡喃葡萄糖所占的比例大于 *α*-*D*-吡喃葡萄糖。

4. 果糖的哈沃斯式 果糖与葡萄糖互为同分异构体，但果糖属于己酮糖，两者结构除 C_1 和 C_2 外，从 C_3 到 C_6 完全相同。与葡萄糖相似，果糖也主要以环状结构存在。果糖开链结构 C_5 或 C_6 上的羟基能与 C_2 上的酮基发生亲核加成反应生成环状半缩酮结构，形成五元环呋喃型或六元环吡喃型两种环状结构的果糖，它们也有 *α*-型和 *β*-型两种异构体。自然界中游离态的果糖主要以吡喃型存在，结合态的果糖主要以呋喃型存在。果糖的开链式以及吡喃果糖、呋喃果糖的哈沃斯式互变平衡体系如下所示。

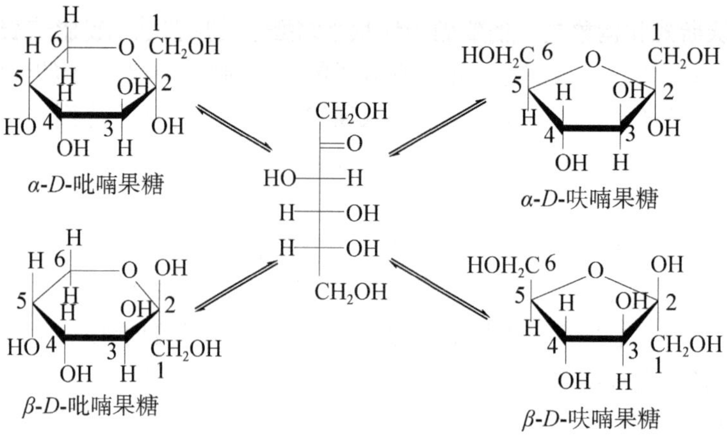

与葡萄糖相同，在果糖的水溶液中，同样存在环状半缩酮和开链结构的互变平衡，果糖也具有变旋光现象，达到平衡时的比旋光度为–92°。

（二）单糖的化学性质

在水溶液中，单糖主要以环状结构形式存在，但其环状结构与开链结构处于动态平衡状态。这种动态平衡使得单糖表现出一些特殊的性质，如差向异构化、成脎反应等。

1. 差向异构化 在碱性溶液中，同碳数的醛糖与酮糖可通过烯二醇中间体实现相互间转化的现象，称之为差向异构化。在此过程中，只有一个手性碳的构型不同而其他手性碳构型相同的互变异构体互称为差向异构体。

案例 11-2

D-葡萄糖、*D*-果糖和 *D*-甘露糖的差向异构化。

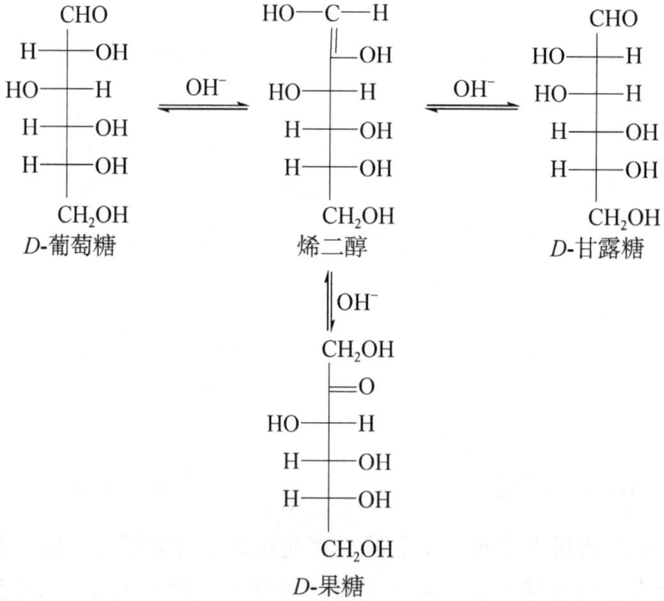

D-葡萄糖、*D*-甘露糖和 *D*-果糖是互变异构体；*D*-葡萄糖和 *D*-甘露糖仅是 C_2 构型不同，因此，*D*-葡萄糖和 *D*-甘露糖互称为 C_2 差向异构体。

2. 氧化反应 单糖的还原能力与其所处的酸碱性环境有关，且与不同氧化能力的氧化剂反应，生成的产物也不相同。

（1）与弱氧化剂反应：托伦试剂、费林试剂和班氏试剂都属于碱性弱氧化剂，都能把醛糖氧化，同时，Ag^+（配离子）和 Cu^{2+}（配离子）分别被还原为单质 Ag（银镜）和 Cu_2O 砖红色沉淀。酮糖（如 *D*-果糖）在碱性条件下能够发生差向异构化，转化成醛糖，因此，酮糖也能被托伦、费林和班氏试剂氧化。

凡是能被碱性弱氧化剂（托伦试剂、费林试剂及班氏试剂）氧化的糖，称为还原糖，反之称为非还原糖。单糖都是还原糖。临床上常将班氏试剂作为尿糖定性检出试剂，就是利用了葡萄糖的还原性。

（2）与溴水的反应：溴水可与醛糖发生反应，选择性地将醛基氧化成羧基，同时溴水的红棕色褪去。例如，*D*-葡萄糖经溴水氧化生成 *D*-葡萄糖酸。但溴水的氧化性较弱且呈酸性，酸性条件下，酮糖不会发生差向异构化，所以溴水不能氧化酮糖。因而可利用溴水来区分醛糖和酮糖。

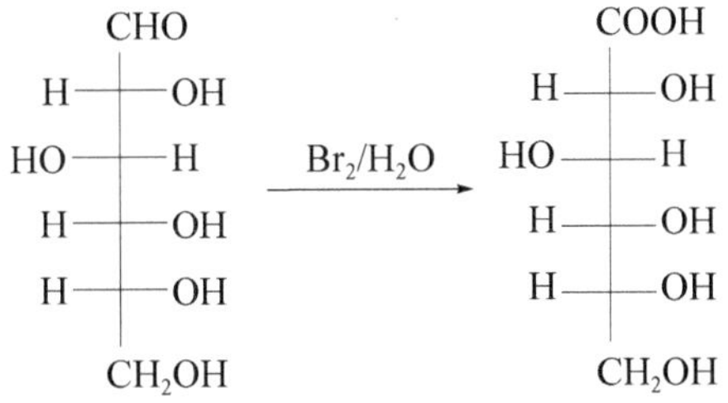

D-葡萄糖　　*D*-葡萄糖酸

（3）与稀硝酸的反应：稀硝酸的氧化性比溴水强，它能将醛糖中的醛基和伯醇羟基氧化而生成糖二酸。例如，*D*-葡萄糖经稀硝酸氧化，生成 *D*-葡萄糖二酸。

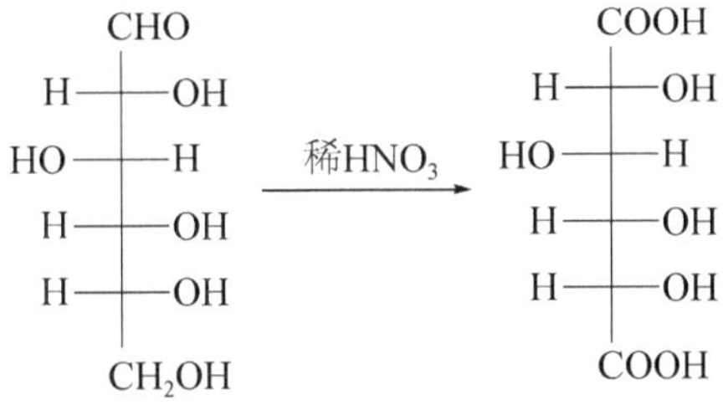

D-葡萄糖　　*D*-葡萄糖二酸

酮酸也可被稀硝酸氧化，发生 C_2—C_3 键的断裂，生成小分子的醇酸。例如，*D*-果糖经硝酸氧化可生成乙醇酸和三羟基丁酸。

在体内酶的作用下，葡萄糖分子中的 C_6 位的羟甲基被氧化成羧基，生成葡萄糖醛酸。葡萄糖醛酸在肝脏中能与一些含羟基、氨基等的有毒物质结合，转变为无毒的化合物，经肾脏排出体外，起到解毒和保护肝脏的作用。

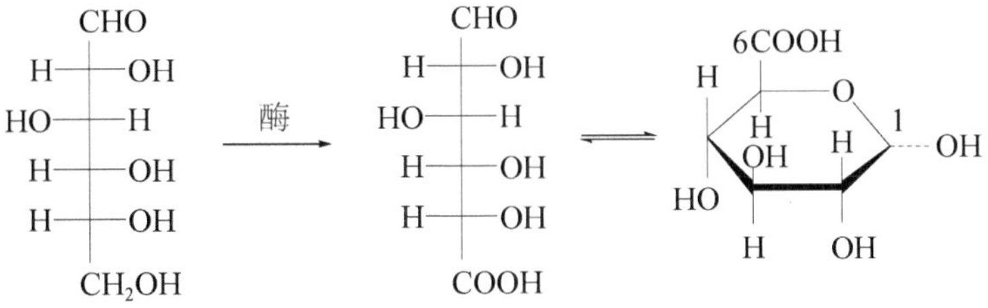

D-葡萄糖　　*D*-葡萄糖醛酸

3. 成酯反应　单糖分子中的多个羟基都可以与酸脱水成酯。单糖的磷酸酯是体内许多代谢过程的中间产物。例如，人体内的葡萄糖在酶的作用下可与磷酸作用生成葡萄糖-1-磷酸酯（俗称 1-磷酸葡萄糖）、葡萄糖-6-磷酸酯（俗称 6-磷酸葡萄糖）或葡萄糖-1, 6-二磷酸酯。糖的磷酸酯是体内糖原储存和分解的中间产物。

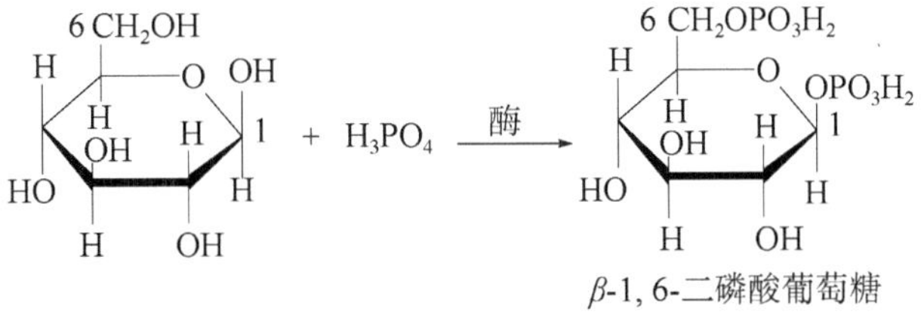

β-1, 6-二磷酸葡萄糖

4. 成苷反应　单糖环状结构中的半缩醛（酮）羟基较为活泼，在合适的条件下与含羟基或氨基或巯基的化合物作用，分子间脱水生成具有缩醛（酮）结构的化合物，称为糖苷，此类反应称为成苷反应。例如，*D*-葡萄糖与甲醇在干燥氯化氢催化下，脱水生成 *α*-*D*-甲基吡喃葡萄糖苷和 *β*-*D*-甲基吡喃葡萄糖苷的混合物。

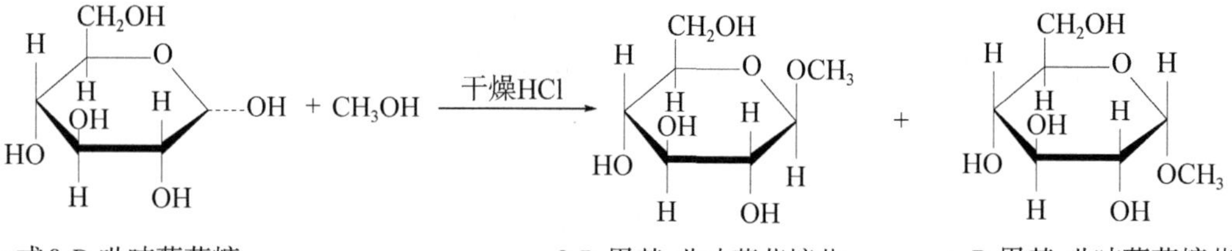

α-或*β*-*D*-吡喃葡萄糖　　*β*-*D*-甲基-吡喃葡萄糖苷　　*α*-*D*-甲基-吡喃葡萄糖苷

成苷反应发生在糖的半缩醛（酮）羟基上，所以糖的半缩醛（酮）羟基又称为苷羟基。糖苷是由糖和非糖两部分组成，糖的部分称为糖苷基或糖基，非糖部分称为配糖基或苷元。在糖苷中，连接糖苷基和配糖基的键常称为苷键。一般所说的苷键为氧苷键，即糖苷基和配糖基通过氧原子相连的苷键。此外，还有氮苷键、硫苷键等。半缩醛（酮）羟基有 *α*-型和 *β*-型之分，因而成苷反应生成的苷键也有 *α*-苷键和 *β*-苷键两种。

糖苷分子中没有半缩醛（酮）羟基，不能通过互变异构转化成开链结构，故无变旋光现象。与其他缩醛相同，糖苷在碱性条件下稳定，在酸性条件下易发生水解，生成原来的糖和非糖部分。

糖苷广泛存在于自然界，大多数具有生物活性，是许多中草药的有效成分之一，如水杨苷、苦杏仁苷、洋地黄苷等。

5. 成脎反应　单糖开链式结构中的羰基，可与苯肼反应首先生成苯腙，然后继续与过量的苯肼反应生成糖脎。例如，D-葡萄糖成脎的反应过程为

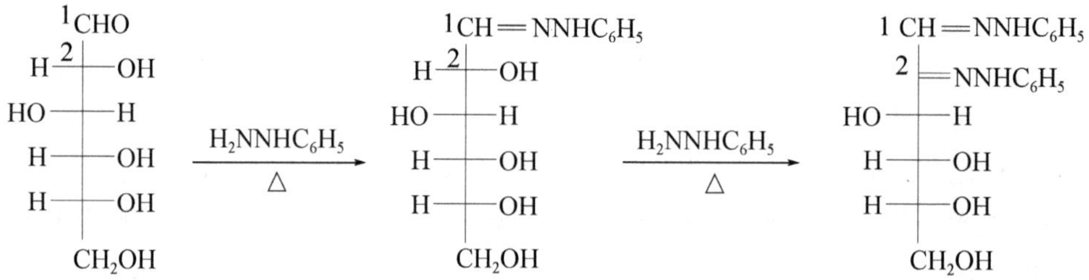

D-葡萄糖　　*D*-葡萄糖苯腙　　*D*-葡萄糖脎

糖脎是难溶于水的黄色晶体。由于不同的糖脎晶形不同，而且熔点也不同，成脎速率也不同，如 *D*-果糖成脎比 *D*-葡萄糖快。因此，实验室可通过显微镜观察脎的晶形及结晶速率来定性鉴别各种单糖。

无论醛糖或酮糖，成脎反应都发生在 C_1 和 C_2 上，其他碳原子不参与反应，如果只是 C_1 和 C_2 两个碳原子的构型不同，而其他碳原子的构型相同，都可生成相同的糖脎。例如，*D*-葡萄糖、*D*-果糖和 *D*-甘露糖形成相同的脎，说明这三个糖 C_3 以下的构型相同。因此对于生成同一种脎的几种糖来说，确定糖的构型有较大意义。

6. 显色反应

（1）莫立许（Molish）反应：在糖的水溶液中加入 *α*-萘酚的乙醇溶液，然后沿试管壁慢慢加入浓硫酸，不得振摇，使密度大的浓硫酸沉到试管底部，在浓硫酸和糖溶液的界面之间能够形成紫色环，此颜色反应称为莫立许反应。反应中，糖在浓硫酸的作用下，先发生分子内脱水，生成糠醛或糠醛衍生物。例如：

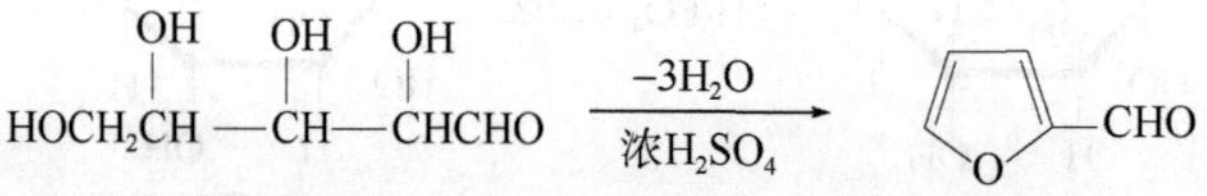

戊醛糖　　*α*-呋喃甲醛

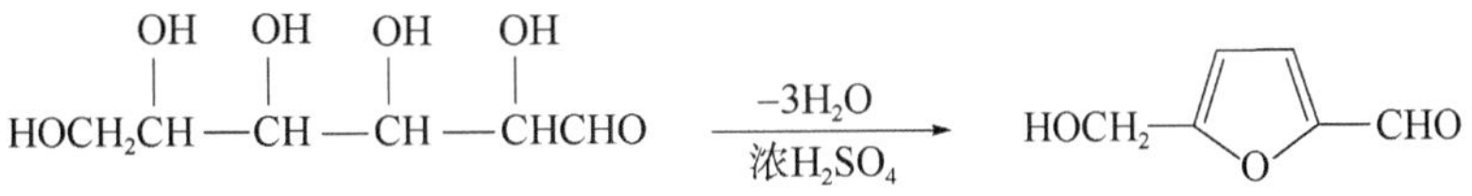

脱水生成的糠醛及其糠醛衍生物再与 α-萘酚缩合生成有色的化合物，这就是莫立许反应显色的原因。所有的糖都能发生莫立许反应，而且反应灵敏，常用于糖类物质与非糖类物质的区分。

（2）塞利凡诺夫（Seliwanoff）反应：在酮糖的溶液中，加入塞利凡诺夫试剂（间苯二酚的浓盐酸溶液），加热，很快显红色，此反应称为塞利凡诺夫反应。在同样的时间内，醛糖通常显色较慢，所以，通过与塞利凡诺夫试剂发生显色反应的时间差可鉴别醛糖和酮糖。

（三）重要的单糖

1. 葡萄糖 白色结晶性粉末，自然界中的葡萄糖为右旋糖，比旋光度 $[\alpha]_D^{20}$ 为+52.5°。葡萄糖是一种重要的营养物质，是人体所需能量的主要来源，尤其是中枢神经系统活动所需的能量完全由葡萄糖氧化提供。存在于人体血液中的葡萄糖称为血糖。维持血糖浓度的相对稳定，有着重要的生理意义。在临床上，葡萄糖溶液是输液常用的液体，葡萄糖注射液用于治疗水肿，并有强心、利尿和解毒的作用。同时，葡萄糖还是合成维生素 C 和葡萄糖酸钙等药物的主要原料。

2. 果糖 果糖是白色晶体，熔点 103℃，是天然糖类中最甜的糖，自然界中的果糖为左旋体，比旋光度 $[\alpha]_D^{20} = -92.4°$，常以游离状态大量存在于水果的浆汁和蜂蜜中。果糖在体内可形成磷酸酯，果糖磷酸酯是体内糖代谢过程中重要的中间产物。

3. *D*-核糖和 *D*-2-脱氧核糖 两者都是戊醛糖，均具有左旋性。在自然界不以游离态存在，常与磷酸和某些含氮杂环化合物（如嘌呤、嘧啶）结合而存在于核蛋白中，是组成核酸的重要组分之一。在核酸中核糖和脱氧核糖都是以 β-型呋喃糖存在，称为 β-*D*-呋喃核糖和 β-*D*-脱氧呋喃核糖。

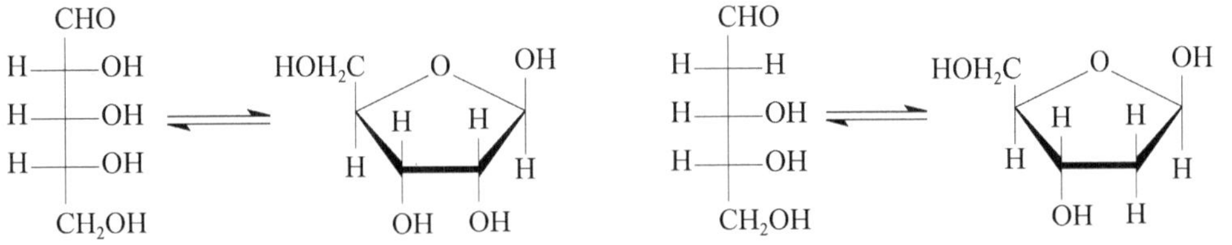

D-核糖　β-*D*-呋喃核糖　*D*-2-脱氧核糖　β-*D*-2-呋喃脱氧核糖

二、二　糖

二糖也称为双糖，是最简单的低聚糖。从结构式来看，二糖是由一分子单糖的半缩醛（酮）羟基（又称苷羟基）与另一分子单糖的羟基脱水后的缩合产物，也是糖苷，只不过配糖基是另一分子的单糖而已。常见的双糖有蔗糖、麦芽糖和乳糖，分子式为 $C_{12}H_{22}O_{11}$，且互为同分异构体。

（一）蔗糖

蔗糖是白色晶体，熔点 186℃，甜度仅次于果糖，易溶于水。其结构式为

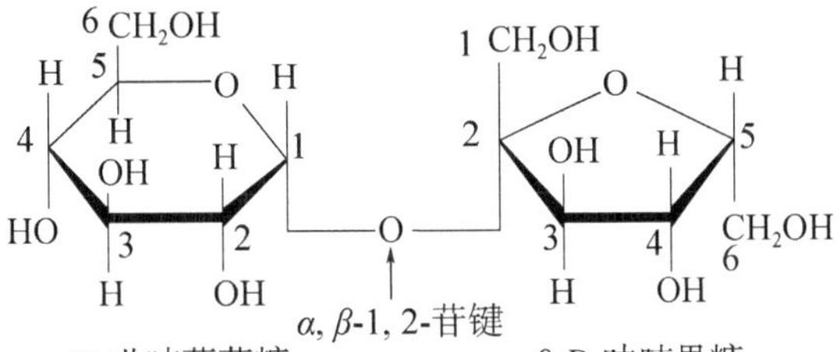

α-*D*-吡喃葡萄糖　β-*D*-呋喃果糖

从分子结构上看，蔗糖由一分子 α-*D*-吡喃葡萄糖 C_1 上的苷羟基与一分子 β-*D*-呋喃果糖 C_2 上的苷羟基脱水，以 α, β-1, 2-苷键结合而成。分子中无苷羟基，在水溶液中不能转换为开链式结构，因此，蔗糖是非还原性二糖，没有变旋光现象，不能生成糖脎。

蔗糖的水溶液是右旋的，$[\alpha]_D^{20}=+66.7°$；在稀酸或酶的作用下水解成等物质的量的葡萄糖与果糖的混合物，变为左旋，$[\alpha]_D^{20}=-19.8°$。这是水解生成的果糖的左旋强度大于葡萄糖的右旋强度所导致的结果。蔗糖的水解过程称为蔗糖的转化，水解后的混合物称为转化糖。蜂蜜中大部分是转化糖。蔗糖是主要的食用糖，营养丰富。在医药上，蔗糖主要用作矫味剂和配制糖浆。

（二）麦芽糖

麦芽糖是白色晶体，含一分子结晶水，熔点 103℃（分解），易溶于水，$[\alpha]_D^{20}=+136°$。其结构式为

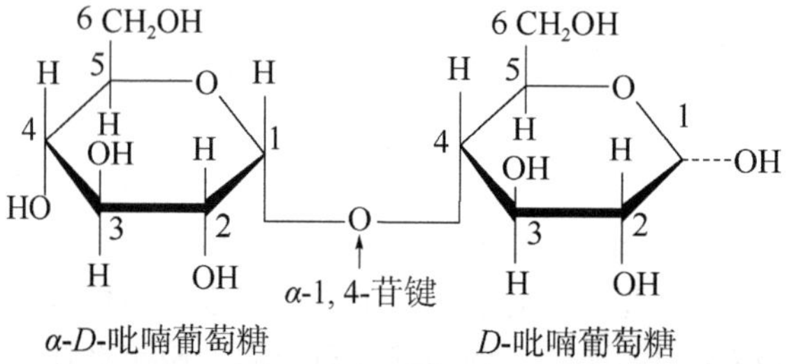

从分子结构上看，麦芽糖由一分子 *α-D*-吡喃葡萄糖 C_1 上的苷羟基与另一分子 *D*-吡喃葡萄糖 C_4 上的醇羟基脱水，通过 *α*-1, 4-苷键结合而成。麦芽糖分子中还保留有一个苷羟基，在水溶液中可通过互变形成 *α*-型和 *β*-型两种环状结构和开链结构的动态平衡，所以，麦芽糖有成脎反应和变旋光现象，是还原性二糖。在稀酸或酶的作用下，麦芽糖可水解成两分子葡萄糖。

麦芽糖存在于麦芽中。人体在消化食物的过程中，淀粉先经淀粉酶作用水解成麦芽糖，然后在经过麦芽糖酶的作用水解成 *D*-葡萄糖，所以麦芽糖是淀粉水解过程的中间产物。麦芽糖有甜味，是饴糖的主要成分，具有营养价值，也可用作细菌的培养基。

（三）乳糖

乳糖是含一分子结晶水的白色晶体，熔点 202℃，微甜，吸湿性小，溶于水但较小，$[\alpha]_D^{20}=+53.5°$。其结构式为

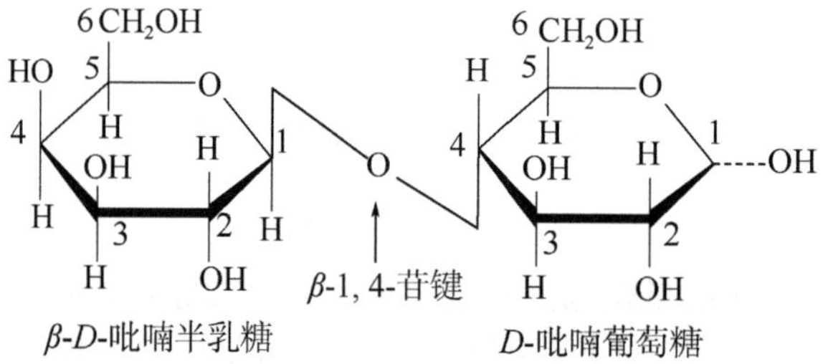

从分子结构上看，乳糖由一分子 *β-D*-吡喃半乳糖 C_1 上的苷羟基与一分子 *D*-吡喃葡萄糖 C_4 上的醇羟基脱水，通过 *β*-1, 4-苷键结合而成。分子中葡萄糖部分仍保留着一个苷羟基，所以，乳糖是还原糖，有成脎反应和变旋光现象。在稀酸或酶的作用下，乳糖可水解成半乳糖和葡萄糖。乳糖存在于哺乳动物的乳汁中，人乳中含量为 60～70g/L，牛乳中含量为 40～50g/L，是婴儿发育所必需的营养物质。在医药上，利用乳糖吸湿性小的特点，常用作为药物散剂和片剂的稀释剂。

三、多　糖

多糖是由许多个单糖分子通过苷键连接而成的天然高分子化合物，其分子量达到几万到几百万。多糖一般是无定形粉末，没有甜味，大多数不溶于水，少数能与水形成胶体溶液。虽然多糖末端含有未结合的苷羟基，但极其微小，很难显现出苷羟基的性质；所以，多糖不能生成糖脎，没有变旋光现象，也没有还原性。

多糖在自然界中分布极广，例如，淀粉、糖原是生物体储存的养分；纤维素、甲壳素是动植物体的骨架，等等。多糖是与生命活动密切相关的一类化合物，其中淀粉、纤维素和糖原尤为重要。

（一）淀粉

淀粉是绿色植物光合作用的产物，广泛分布于植物当中，是人类获取糖类的主要来源之一。淀粉为白色粉末，由直链淀粉和支链淀粉两部分组成，两者在分子大小、苷键类型和分子形状上都存在差异。淀粉用热水处理后，可溶解部分为直链淀粉，不溶而膨胀的部分为支链淀粉。一般淀粉中含直链淀粉 10%～30%，支链淀粉 70%～90%。

1. 直链淀粉 直链淀粉存在于淀粉的内层，一般是由 250～300 个 *α-D*-吡喃葡萄糖分子以 *α*-1, 4-苷键连接而成的直链多糖。其结构可部分表示为

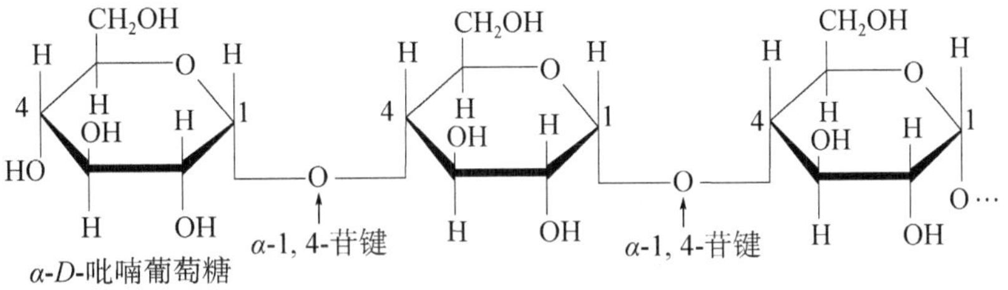

直链淀粉不易溶于冷水，可溶于热水形成胶体溶液。直链淀粉溶液遇碘显深蓝色，加热至沸后褪色，冷却后颜色复现。这是因为直链淀粉的链并不是伸展的一条直线，而是螺旋状盘旋，每一圈约含 6 个 *α-D*-吡喃葡萄糖基本单元，螺旋形成的中间空穴恰好可容纳碘分子，依靠分子间氢键，两者松弛地结合成蓝色复合物。当直链淀粉受热时，维系其螺旋状立体结构的氢键会伸直，淀粉-碘复合物被破坏，蓝色消失；冷却时，淀粉再形成螺旋状立体结构，继而与碘形成复合物，蓝色会自动恢复。此结合非常灵敏，可用于淀粉和碘的相互鉴别。

2. 支链淀粉 支链淀粉存在于淀粉外层，一般是由 6000～40000 个 *α-D*-吡喃葡萄糖分子连接而成。在支链淀粉中，主链由 *α*-1, 4-苷键连接，而分支处为 *α*-1, 6-苷键。在支链淀粉的直链上，每隔 20～25 个 *D*-吡喃葡萄糖单位就有一个以 *α*-1, 6-苷键连接的分支，因此其结构较直链淀粉复杂得多。其结构可部分表示为

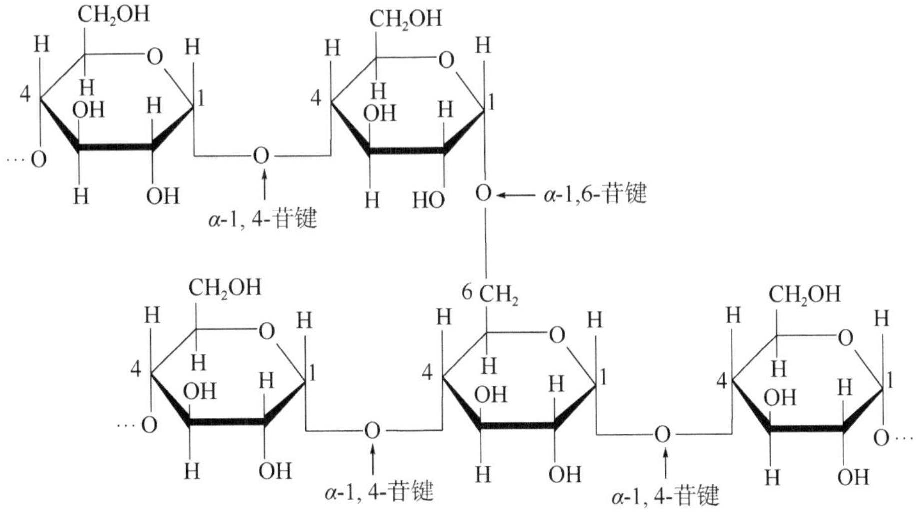

支链淀粉不溶于水，在热水中溶胀成糊状。支链淀粉与碘生成紫红色的配合物。淀粉在酸或酶作用下水解，逐步生成分子量较小的多糖、二糖等一系列中间产物，最终生成 *D*-葡萄糖。糊精的分子量比淀粉小，能溶于水，具有较强的黏性；分子量较大的糊精遇碘显红色，称为红糊精。在淀粉的水解过程可借水解产物遇碘所显颜色的差别，判断淀粉的水解程度。

$$\underset{\substack{\text{淀粉}\\(\text{蓝色})}}{(C_6H_{10}O_5)_n} \xrightarrow{\text{水解}} \underset{\substack{\text{糊精}\\(\text{蓝紫-红色})}}{(C_6H_{10}O_5)_{n-x}} \xrightarrow{\text{水解}} \underset{\substack{\text{麦芽糖}\\(\text{无色})}}{C_{12}H_{22}O_{11}} \xrightarrow{\text{水解}} \underset{\substack{D\text{-葡萄糖}\\(\text{无色})}}{C_6H_{12}O_6}$$

（二）糖原

糖原是白色无定形粉末，可溶于热水。糖原的结构单位是 *D*-葡萄糖，其结构与支链淀粉类似，结构单位间以 α-1, 4-苷键相结合，链与链间的连接点以 α-1, 6-苷键相结合，但分支更多更密，分子中每隔 8～10 个葡萄糖单元就出现一个以 α-1, 6-苷键连接的分支。糖原结构如图 11-1 所示。

图 11-1　糖原结构示意图

糖原水溶液遇碘显红棕色。糖原是人与动物体内储存的一种多糖，又称为动物淀粉，主要存在于肝脏和肌肉中。糖原对维持人体血糖浓度起着重要作用。当血液中的葡萄糖含量较高时，葡萄糖就结合生成糖原储存肝脏或肌肉中；当血液中的葡萄糖含量低于正常水平时，糖原就分解为葡萄糖进入血液，供给机体能量。

（三）纤维素

纤维素是一种白色无晶形固体，无臭无味，不溶于水、稀酸、稀碱和有机溶剂。从结构上看，纤维素是由成千上万个 β-*D*-吡喃葡萄糖分子通过 β-1, 4-苷键结合成的长链分子，一般无分支链。

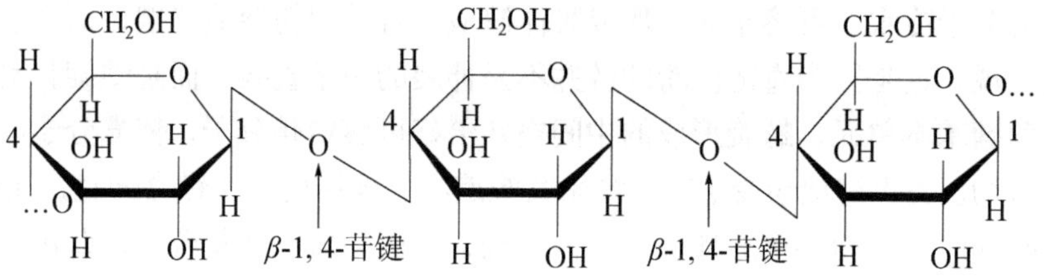

纤维素分子链与链相互间通过氢键作用而扭成绳索状，不与碘发生显色反应。纤维素在高温高压下与无机酸共热，水解得到 β-*D*-吡喃葡萄糖。纤维素虽然与淀粉一样由 *D*-吡喃葡萄糖组成，但由于是以 β-1, 4-苷键连接，不能被淀粉酶水解。因此，人不能消化纤维素，但是纤维素可以促进肠的蠕动，所以食物中保持一定量的纤维素对人体健康是十分有利的。食草动物的消化道中有一些微生物能够分泌出水解 β-1, 4-苷键的酶，可以消化纤维素。

纤维素是自然界分布最广、存在量最多的多糖，是植物细胞壁的结构成分。例如，木材中含纤维素约 50%，棉花中纤维素的含量在 90%以上。纤维素的用途广泛，临床上可用于制造脱脂棉、纱布，在药物制剂中，纤维素经处理后可用作片剂的螯合剂、填充剂、崩解剂和赋形剂。

考点：①单糖的结构式三种表示方法；②单糖的理化性质；③蔗糖、乳糖和麦芽糖的结构式和性质；④淀粉、糖原和纤维素的苷键类型和性质

第 2 节　蛋　白　质

蛋白质与人体的各种生命现象和生理功能有着密切关系，生物多肽是蛋白质的亚单位，氨基酸是构成多肽和蛋白质的基本单位。本节着重简述三者结构关系和各自的主要性质。

一、氨　基　酸

氨基酸是分子中既含有氨基和羧基的一类有机化合物的通称。在自然界中，氨基酸主要以多肽或蛋白质的形式存在于动植物体内，游离态的氨基酸很少。蛋白质在酸、碱和酶的作用下水解，生成各种 α-氨基酸。

（一）氨基酸的分类、命名和构型

1. 氨基酸的分类　氨基酸最常用的分类方法有两种。①根据分子中氨基与羧基的相对位置，可将氨基酸分为 α-氨基酸、β-氨基酸和 γ-氨基酸等。其中 α-氨基酸在自然界广泛存在，最为重要。②根据分子中所含氨基与羧基的数目，可将氨基酸分为酸性氨基酸，分子中羧基的数目比氨基多；中性氨基

酸，分子中羧基和氨基的数目相等；碱性氨基酸，分子中氨基的数目比羧基多。一般来说，酸性氨基酸显酸性，碱性氨基酸显碱性，但中性氨基酸不呈中性而呈弱酸性，这是由羧基的电离常数比氨基大一些所致。

2. 氨基酸的命名 氨基酸的命名是以羧酸为母体，氨基作为取代基。但氨基酸常根据其来源和性质而采用俗名。例如，甘氨酸因具有甜味而得名；胱氨酸最先来自于尿结石，等等。

案例 11-3

半胱氨酸和天门冬氨酸的结构式与命名。

半胱氨酸	天门冬氨酸
NH_2 在 α-碳上：$HSCH_2CHCOOH$	NH_2 在 α-碳上：$HOOCCH_2CHCOOH$
2-氨基-3-巯基丙酸 （α-氨基-β-巯基丙酸）	2-氨基丁二酸 （α-氨基丁二酸）

3. 氨基酸的构型 自然界中存在的氨基酸，除甘氨酸外，都具有旋光性。天然蛋白质水解得到的氨基酸都是均属于 *L*-α-氨基酸（脯氨酸为 *L*-α-亚氨基酸），因此 *L* 常省略不写。常见的 20 种 α-氨基酸见表 11-1。

表 11-1 常见的 20 种 α-氨基酸

名称	结构式	简写符号		等电点
		中文	字母代号	
甘氨酸 （α-氨基乙酸）	H_2NCH_2COOH	甘	Cly	5.97
丙氨酸 （α-氨基丙酸）	$CH_2CH(NH_2)COOH$	丙	Ala	6.00
丝氨酸 （β-羟基-α-氨基丙酸）	$HOCH_2CH(NH_2)COOH$	丝	Ser	5.98
半胱氨酸 （α-氨基-β-巯基丙酸）	$HSCH_2CH(NH_2)COOH$	半胱	Cys	5.74
胱氨酸 （β-硫代-α-氨基丙酸）	$SCH_2CH(NH_2)COOH$ | $SCH_2CH(NH_2)COOH$	胱	Cys-Cys	4.08
天冬酰胺 （α-氨基-γ-氨基甲酰丙酸）	$H_2NCOCH_2CH(NH_2)COOH$	天胺	Asn	5.41
*缬氨酸 （β-甲基-α-氨基丁酸）	$(CH_3)_2CHCH(NH_2)COOH$	缬	Val	5.96
*苏氨酸 （β-羟基-α-氨基丁酸）	$CH_3CH(OH)CH(NH_2)COOH$	苏	Thr	5.68
*蛋氨酸 （γ-甲硫基-α-氨基丁酸）	$CH_3SCH_2CH_2CH(NH_2)COOH$	蛋	Met	5.7
天冬氨酸 （α-氨基丁二酸）	$HOOCCH_2CH(NH_2)COOH$	天门冬	Asp	2.77
*亮氨酸 （γ-甲基-α-氨基戊酸）	$(CH_3)_2CHCH_2CH(NH_2)COOH$	亮	Leu	5.96
*异亮氨酸 （β-甲基-α-氨基戊酸）	$CH_3CH_2CH(CH_3)CH(NH_2)COOH$	异亮	Ile	6.02

续表

名称	结构式	简写符号		等电点
		中文	字母代号	
谷氨酰胺（α-氨基-δ-羧基戊酰胺）	$H_2NCOCH_2CH_2CH(NH_2)COOH$	谷胺	Gln	5.63
谷氨酸（α-氨基戊二酸）	$HOOCCH_2CHCCH(NH_2)COOH$	谷	Glu	3.22
*赖氨酸（α，ω-二氨基己酸）	$H_2N(CH_2)_4CH(NH_2)COOH$	赖	Lys	9.74
精氨酸（δ-胍基-α-氨基戊酸）	$H_2NC(=NH)NH(CH_2)_3CH(NH_2)COOH$	精	Arg	10.76
*苯丙氨酸（β-苯基-α-氨基丙酸）	$C_6H_5CH_2CH(NH_2)COOH$	苯	Phe	5.48
酪氨酸（β-对羟苯基-α-氨基丙酸）	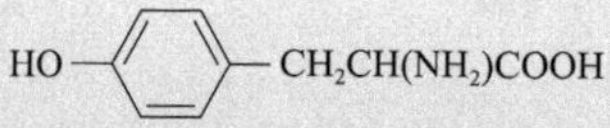	酪	Tyr	5.66
脯氨酸（α-羧基四氢吡咯）	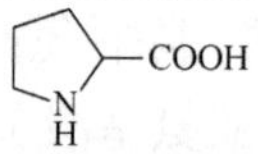	脯	Pro	6.30
*色氨酸[β-(3-吲哚)-α-氨基丙酸]	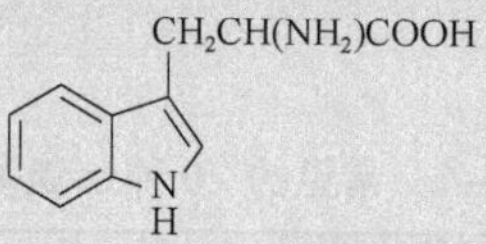	色	Trp	5.98

注：表中带有*号者是人体不能合成的，必须依靠食物供给，所以也称必需氨基酸。

（二）氨基酸的性质

α-氨基酸都是无色晶体，熔点一般在200～300℃，且多数在熔化前受热分解放出CO_2，多数易溶于水，难溶于乙醇、乙醚等有机溶剂。氨基酸分子既含有氨基又含有羧基，除具有氨基和羧基的典型性质外，还兼有氨基和羧基相互影响所产生一些特殊性质。

1. 两性和等电点 氨基酸分子中含有酸性的羧基和碱性的氨基，与强酸或强碱反应都能生成盐，所以氨基酸是两性化合物。反应式如下：

$$RCH(NH_3^+)COOH \xleftarrow{H^+} RCH(NH_2)COOH \xrightarrow{OH^-} RCH(NH_2)COO^- + H_2O$$

氨基酸分子中的氨基和羧基可以相互作用生成内盐。内盐分子中同时存在带正电荷的部分和负电荷的部分，因此内盐又被称为两性离子或偶极离子。在晶体中，氨基酸主要以偶极离子（即内盐）形式存在，这也是氨基酸具有挥发性小、熔点高、易溶于水、难溶于非极性溶剂的原因。

在水溶液中，氨基酸存在形式受到溶液的pH影响。通常情况下，氨基酸在酸性溶液中主要以阳离子存在，在碱性溶液中主要以阴离子存在；当溶液pH等于某一特定值时，氨基酸主要以两性离子存在，氨基酸所带的正负电荷相等，净电荷等于零，在电场中不移动，这时溶液的pH称为该氨基酸的等电点，常用pI表示。氨基酸在水溶液中形成下列平衡体系：

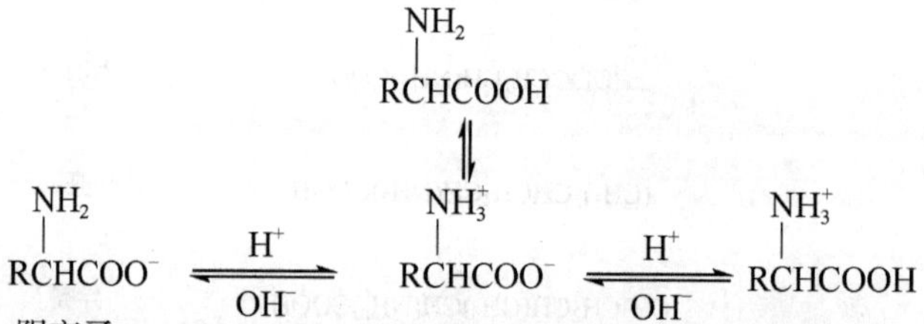

因为各种氨基酸的组成和结构不同，羧基解离出质子的能力也大于氨基接受质子的能力，所以，氨基酸的等电点并不是溶液的中性点，各有其特定的 pI。酸性氨基酸的等电点一般在 2.8～3.2；碱性氨基酸的等电点一般在 7.6～10.8；中性氨基酸的等电点一般在 5.0～6.5。在等电点时，氨基酸的酸式电离和碱式电离的程度相等，但 pH 不等于 7。在等电点时，氨基酸的溶解度最小，容易析出。利用此性质，通过调节溶液的 pH，使不同的氨基酸在各自的等电点分别结晶析出，达到分离和提纯氨基酸的目的。

2. 成肽反应 一分子 *α*-氨基酸的羧基和另一分子 *α*-氨基酸的氨基进行缩合脱去一个水分子所生成的化合物称为二肽。两者间缩合形成的酰胺键（$-\overset{\overset{\displaystyle O}{\|}}{C}-\overset{\overset{\displaystyle H}{|}}{N}-$）也称为肽键。反应式可表示为

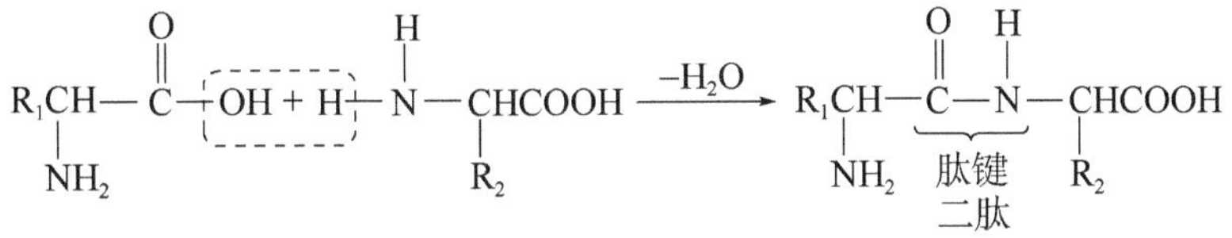

由于二肽分子中仍含有自由的氨基和羧基，因此还可以继续与氨基酸脱水成为三肽、四肽…，以至多肽。一般由 10 个以下氨基酸脱水缩合的肽称为寡肽；由 10 个以上氨基酸形成的称为多肽。

3. 脱羧反应 氨基酸和氢氧化钡共热，可发生脱羧反应，生成胺类化合物。例如：

$$\underset{\text{赖氨酸}}{H_2N(CH_2)_4CH(NH_2)COOH} \xrightarrow[\triangle]{Ba(OH)_2} \underset{\text{尸胺}}{H_2N(CH_2)_5NH_2} + CO_2\uparrow$$

4. 与亚硝酸反应 除亚氨基酸外，*α*-氨基酸中的氨基具有伯胺的性质，能与亚硝酸反应放出 N_2，并生成 *α*-羟基酸。

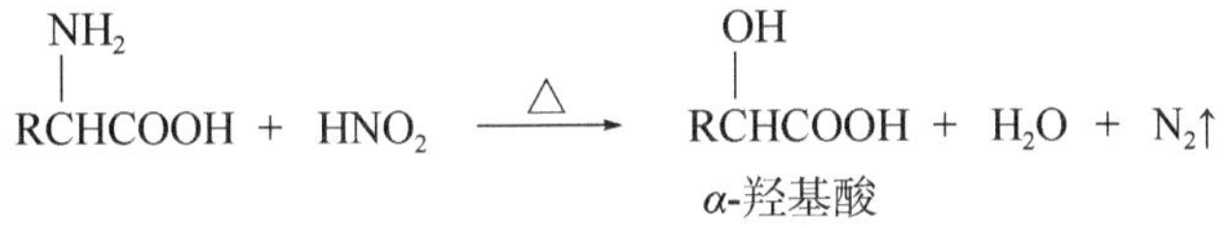

5. 显色反应 *α*-氨基酸与水合茚三酮的水溶液共热时，生成蓝紫色化合物；而 *N*-取代的 *α*-氨基酸、*β*-氨基酸或 *γ*-氨基酸都不发生此颜色反应；因此，该反应是鉴定 *α*-氨基酸最迅速、最简单的方法，也可用 *α*-氨基酸进行色谱层析和比色分析。

反应过程中，*α*-氨基酸首先被水合茚三酮氧化成相应的醛，并放出 CO_2 和 NH_3；然后，被还原的水合茚三酮、NH_3 和另一分子的水合茚三酮缩合形成蓝紫色化合物。反应式如下：

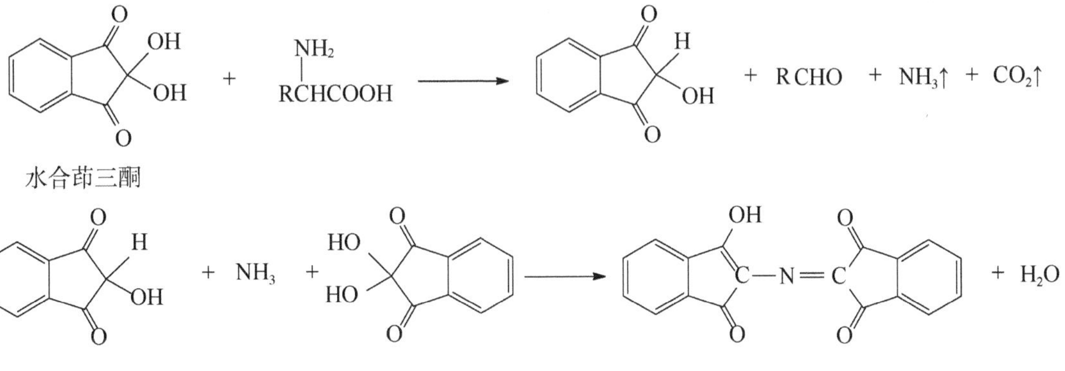

链 接 生物活性肽

生物活性肽是蛋白质中 20 个天然氨基酸以不同组成和排列方式构成的从二肽到复杂的线形、环形结构的不同肽类的总称，是源于蛋白质的多功能化合物。研究表明，人类所有疾病的发生、发展、治疗、康复都与肽有密切关系。现在已被广泛应用的多肽有治疗糖尿病的胰岛素（五十一肽）、促进钙吸收的环瓜氨酸肽（CCP，十九肽）、人生长激素（HGH，一百九十一肽）、被称长寿因子和抗衰老因子的谷胱甘肽（GSH，三肽）等。生物活性肽具有多种人体代谢和生理调节功能，易消化吸收，有促进免疫、激素调节、抗菌、抗病毒、降血压、降血脂、抗肿瘤等作用，食用安全性极高，是当

今国际食品医药界最热门的研究课题和极具发展前景的功能因子。

二、蛋白质的分类和结构

蛋白质是生命物质的基础，生命活动的基本特征就是蛋白质的不断的自我更新。蛋白质和多肽都是由 α-氨基酸脱水缩合而成的，因此，在蛋白质和多肽之间没有严格的界限。通常将分子量低于 10000 的称为多肽，在 10000 以上的称为蛋白质。

（一）蛋白质的分类

蛋白质种类繁多，可根据不同特征进行分类。

1. 根据蛋白质的形状分类 根据蛋白质的形状可分为纤维蛋白质和球状蛋白质。纤维蛋白质分子呈细长形，排列成纤维状，不溶于水，如胶原蛋白、弹性蛋白、丝蛋白等。球状蛋白质分子折叠卷曲成球形或椭球形，一般能溶于水，如免疫球蛋白、肌红球蛋白、蛋清蛋白等。

2. 根据蛋白质的组成分类 根据蛋白质的化学组成特点，可将蛋白质分为单纯蛋白质和结合蛋白质。单纯蛋白质最终水解产物都氨基酸，如清蛋白、球蛋白、组蛋白等。结合蛋白质由单纯蛋白质和非蛋白质两部分结合而成。非蛋白质部分称为辅基。按照辅基不同，结合蛋白质又可分为：糖蛋白、脂蛋白、金属蛋白、色蛋白、磷蛋白等。

3. 根据蛋白质的功能分类 根据蛋白质在机体生命活动中所起的作用不同，可将其分为功能蛋白质和结构蛋白质。功能蛋白质是指在生命活动中发挥调节、控制作用，参与机体具体生理活动并随生命活动的变化而被激活或抑制的蛋白质，如酶、激素等。结构蛋白质是指参与细胞或组织器官的构成，起支持或保护作用的一类蛋白质，如角蛋白、弹性蛋白等。

（二）蛋白质的结构

蛋白质是多肽链构成的具有特定结构的高分子化合物，其种类极其繁多，结构相当复杂。蛋白质的分子结构决定了蛋白质的理化性质和生物学功能。根据蛋白质分子结构的水平，可将其分为一级结构、二级结构、三级结构和四级结构。

1. 蛋白质的一级结构 蛋白质的一级结构也称为基本结构，是指蛋白质分子中氨基酸通过肽键连接的顺序。其中包含有氨基酸的种类、数量、排列顺序和连接方式等信息。若蛋白质多肽链中氨基酸的排列顺序有所改变，蛋白质的性质、生理功能就会发生相应变化。

2. 蛋白质的二级结构 由于肽链不是直线型的，价键之间有一定角度，而且分子中又含有许多酰胺键，因此一条肽链可以通过酰胺键中羰基氧原子与另一酰胺键中氨基的氢原子形成氢键而绕成螺旋形的空间构象，此种空间构象被称为 α 螺旋，这是蛋白质的一种二级结构（图 11-2）。在二级结构中，以氢键维持它的稳定性。

另一种二级结构是 β 折叠形。这种空间结构中，由链间的氢键将肽链拉在一起形成“片”状。蛋白质的肽链排列在折叠形的各个平面上，两条肽链可以是平行的，也可以是反平行的（图 11-3）。

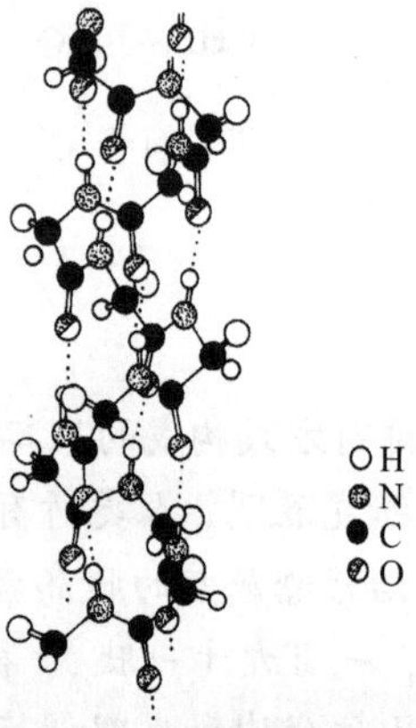

图 11-2 α 螺旋示意图

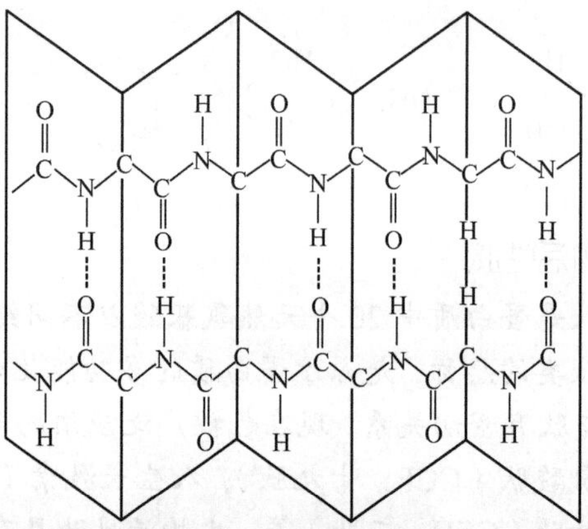

图 11-3 β 折叠示意图

3. 蛋白质的三级结构 由蛋白质的二级结构在空间盘绕、折叠、卷曲而形成的更为复杂的空间构象称为蛋白质的三级结构。维持三级结构的作用力主要是副键，如氢键、二硫键、疏水作用力、盐键等。

4. 蛋白质的四级结构 有些蛋白质分子含有二条或多条多肽链，每一条多肽链都有独立的三级结构，三级结构之间再以氢键和疏水键等非共价键结合形成的复杂结构称为蛋白质的四级结构（图 11-4）。其中疏水键起到主导主用。

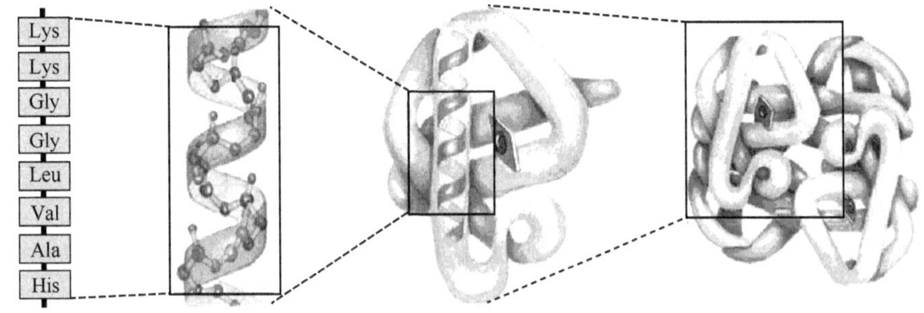

图 11-4 蛋白四级结构关系图

大多数蛋白质分子只有一条多肽链，具有三级结构就具有生物学活性，质量更大或具有调节功能的蛋白质需具有四级结构才具有生物学活性。

三、蛋白质的性质

蛋白质分子中，存在着游离的氨基和羧基，因此具有类似氨基酸的性质。但同时蛋白质又具有高分子化合物的特性。

1. 两性电离和等电点 与氨基酸一样，蛋白质也是两性物质（在肽链的 C 端有—COOH，N 端有—NH_2）。调节蛋白质溶液的 pH，使其酸式电离和碱式电离的电离程度相等，则蛋白质完全以两性离子形式存在，此时溶液的 pH 称为该蛋白质的等电点。大多数蛋白质等电点小于 7。等电点时，蛋白质的溶解度、黏度、渗透压、膨胀性都最小。此类特性常应用于分离、纯化和分析鉴定蛋白质。

2. 盐析 蛋白质在水溶液中形成的颗粒直径在 1～100nm 之间，具有胶体性质，因此蛋白质不能通过半透膜。在蛋白质的水溶液中加入某些中性盐（如氯化钠、硫酸铵等）使蛋白质沉淀析出的作用称为盐析。盐析是一个可逆过程，在一定条件下，盐析出来的蛋白质仍可溶解于水，并恢复原来的生理活性。蛋白质盐析所需盐的最小浓度，称为盐析浓度。不同的蛋白质盐析时所需盐析剂的浓度是不同的，利用此性质可分离不同的蛋白质。

3. 蛋白质的变性 蛋白质受到某些物理或化学因素作用时，其空间结构遭到破坏，导致其理化的性质改变、生物活性的丧失，这种现象称为蛋白质的变性。引起蛋白质变性的物理因素有高温、高压、振荡或搅拌、紫外线、X 射线、电离辐射、超声等；化学因素有强酸强碱、重金属盐、生物碱试剂、有机溶剂等。蛋白质变性的实质是蛋白质分子中的一些副键，如氢键、盐键、疏水键等被破坏，使蛋白质的空间结构发生了改变，并不涉及一级结构的改变。蛋白质的变性又可分为可逆变性和不可逆变性。若蛋白质变性程度较轻，去除变性因素后，蛋白质仍可恢复或部分恢复其原有的构象和功能，称为可逆变性（复性）。反之，称不可逆变性。变性后的蛋白质，由于空间结构遭到破坏，蛋白质的天然结构变得松弛，本来隐藏在其分子内部的疏水部分暴露，溶解度降低，黏度增大，容易析出。

蛋白质的变性原理在医学上已得到广泛运用。在临床工作中经常应用加热、紫外线、乙醇等手段来灭菌及消毒，使细菌和病毒的蛋白质变性，从而失去其致病性和繁殖能力。此外，防止蛋白质变性也是有效保存蛋白质制剂（如疫苗等）的必要条件。

4. 蛋白质的颜色反应

（1）水合茚三酮反应：在蛋白质溶液中加入稀的水合茚三酮共热，呈蓝紫色。利用这个现象，通过纸上色层分析，可对蛋白质进行定性和定量分析。

（2）缩二脲反应：蛋白质与硫酸铜的强碱溶液反应呈紫色，这与缩二脲（$H_2NCONHCONH_2$）与硫酸铜的强碱溶液反应呈红紫色相类似，因此蛋白质的这种显色反应，称为缩二脲反应。实验证明，凡分子中含有 2 个或 2 个以上肽键或具有类似缩二脲结构的化合物，都能发生缩二脲反应。

（3）蛋白黄反应：在蛋白质溶液中加入浓硝酸，有沉淀析出，再加热，沉淀变为黄色。这是因为分子中含有带苯环的氨基酸，苯环与浓硝酸发生硝化反应，生成黄色的硝基化合物。例如，苯丙氨酸、酪氨酸、色氨酸等存在于蛋白质中时就有此反应。皮肤上沾有浓硝酸会变黄，就是这个道理。

（4）米隆反应：在蛋白质溶液中加入米隆（Millon）试剂（汞和亚汞的硝酸及亚硝酸盐混合物），先析出沉淀，再加热，沉淀变成砖红色。这一反应是酪氨酸中酚基所特有的，因大多数蛋白质含有酪氨酸，所以这个反应具有普遍性，用来检验蛋白质中有无酪氨酸存在。

考点：①氨基酸的分类与命名；②蛋白质的分类；③氨基酸的性质；④蛋白质的四级结构；⑤蛋白质的性质

第3节　核　　酸

1868 年瑞士外科医生 Fridrich Miescher 从脓细胞的细胞核中分离出一种含磷的酸性有机化合物，后来被称为核酸。核酸是除蛋白质及多糖以外的又一类有重要生理作用的天然高分子化合物，它们存在于所有细胞的细胞核中。核酸与生物的生长、繁殖、遗传变异有着极为密切的关系。

一、核酸的组成单位

（一）核酸的水解产物

核酸经水解可得到核苷酸，而核苷酸水解后可得到磷酸、戊糖和碱基。核酸分为核糖核酸（RNA）和脱氧核糖核酸（DNA）。DNA 存在于细胞核和线粒体内，携带遗传信息，并通过复制的方式将遗传信息进行传代。RNA 是 DNA 的转录产物，参与遗传信息的复制和表达。在某些情况下，RNA 也可作为遗传信息的载体。核酸水解的最终产物见表 11-2。

表 11-2　核酸的最终水解产物

水解产物	DNA		RNA	
磷酸	磷酸		磷酸	
戊糖	脱氧核糖		核糖	
碱基	腺嘌呤（A）	鸟嘌呤（G）	腺嘌呤（A）	鸟嘌呤（G）
	胞嘧啶（C）	胸腺嘧啶（T）	胞嘧啶（C）	尿嘧啶（U）

1. 碱基　碱基是构成核苷酸的基本组成之一。碱基是含氮的杂环化合物，有嘌呤衍生物和嘧啶衍生物两类。

嘌呤类

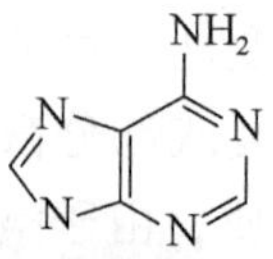

腺嘌呤（A）

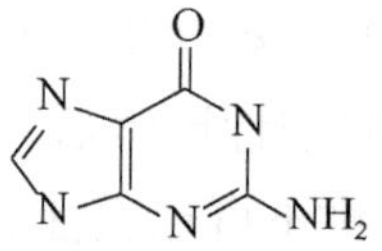

鸟嘌呤（G）

嘧啶类

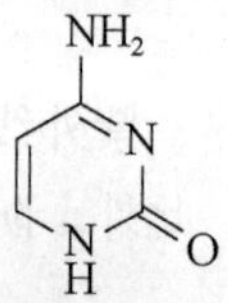

胞嘧啶（C）

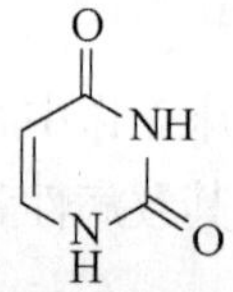

尿嘧啶（U）

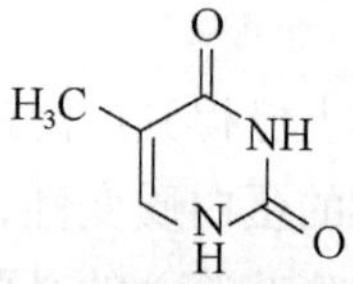

胸腺嘧啶（T）

构成 DNA 的碱基有 A、G、C 和 T；而构成 RNA 的碱基有 A、G、C 和 U。尿嘧啶是 RNA 中特有的碱基。胸腺嘧啶是 DNA 中特有的碱基。

2. 磷酸 核酸呈酸性是因为分子中含有磷酸（H_3PO_4）。核酸中的磷元素的含量是恒定的。在 DNA 中的平均含量约为 9.9%，RNA 中的平均含量为 9.4%。

3. 戊糖 戊糖是核酸分类的依据，也是核酸重要的组成部分。戊糖分为核糖和脱氧核糖。DNA 在水解后得到的是 *D*-2-脱氧核糖，RNA 在水解后得到的是 *D*-核糖。

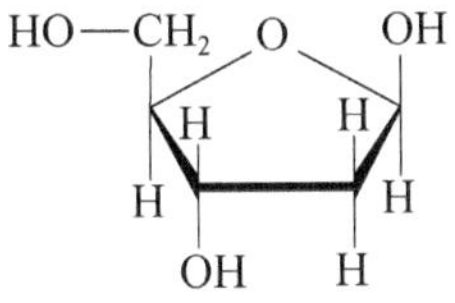

D-2-脱氧核糖

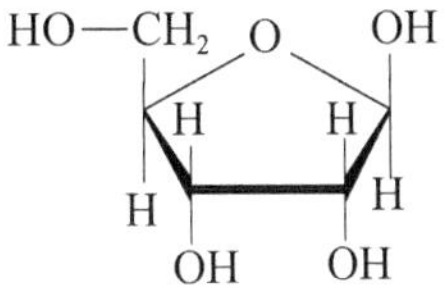

D-核糖

（二）核酸的基本单位

1. 核苷 核苷是戊糖（核糖或脱氧核糖）与碱基缩合而成的糖苷。两种戊糖在和碱基形成核苷时，均以 1′-位碳上 *β*-苷羟基与嘧啶碱的第 1 位氮上的氢或者嘌呤碱的第 9 位氮上的氢脱水生成含氮糖苷。例如：

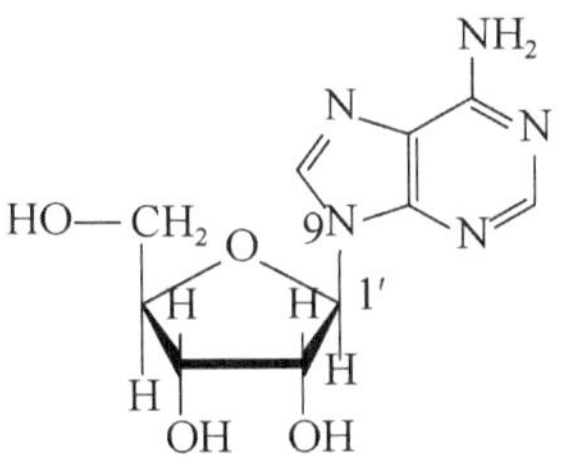

腺嘌呤核苷（腺苷）

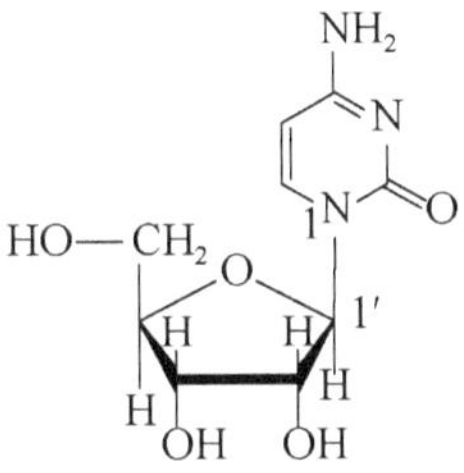

胞嘧啶核苷（胞苷）

2. 核苷酸 核苷酸是核苷分子中戊糖的 3′-位或 5′-位碳上的羟基与磷酸脱水生成的酯。例如：

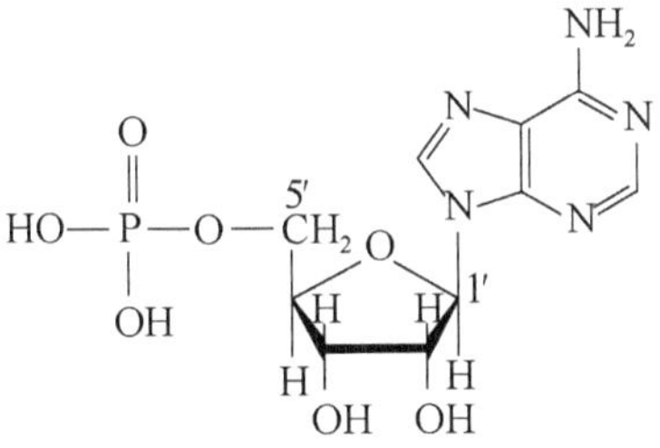

5′-腺嘌呤核苷酸

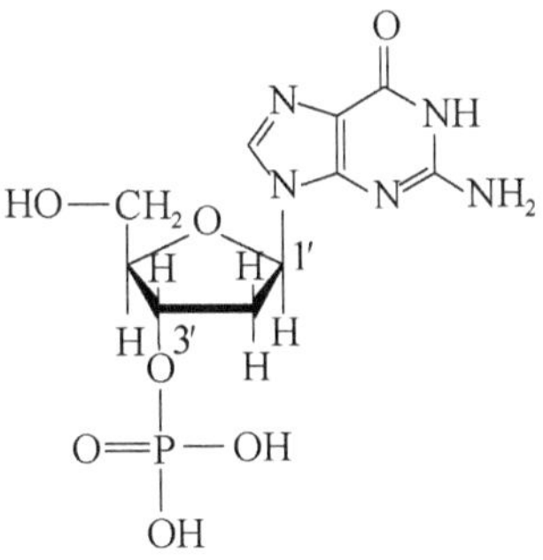

3′-鸟嘌呤脱氧核苷酸

二、核酸的结构和性质

核酸是以各种核苷酸为单体，通过磷酸二酯键缩合而成的多核苷酸。在形成磷酸二酯键时，磷酸分别和戊糖 5′-位和 3′-位碳上的羟基脱水成酯。

（一）核酸的一级结构

核酸的一级结构是指构成核酸的核苷酸或脱氧核苷酸的排列顺序（图 11-5）。由于核苷酸之间的差异在于碱基的不同，因此核酸的一级结构也就是碱基序列。核酸的一级结构决定了核酸的基本性质。

（二）核酸的空间结构

1. DNA 的空间结构 1953 年，Watson 和 Crick 在前人研究工作的基础上提出了 DNA 分子的双螺旋结构模型。从此为遗传学进入分子水平奠定了基础，两人也因此于 1962 年获得诺贝尔医学奖。DNA 分子是由两条反向平行的互补的脱氧多核苷酸链，围绕一个共同的中心轴以右手方向盘旋，形成双螺旋结构（图 11-6）。脱氧核糖基和磷酸基位于双螺旋外侧，碱基位于双螺旋内侧。两条链上的碱基即 A 和 T、C 和 G 之间形成氢键配对。这一规律称为碱基配对规律。相邻的两个碱基对平面在旋进过程中会彼此重叠，产生疏水性的碱基堆积力。这种碱基堆积力与碱基之间形成的氢键共同维系着 DNA 双螺旋结构的稳定。DNA 双螺旋结构的直径为 2.37nm，每旋转 1 周约含 10 个碱基对，其螺距为 3.54nm。从外观上看，DNA 双螺旋结构表面上有大沟和小沟相间隔。DNA 的三级结构是在其二级结构的基础上进行进一步的盘曲折叠形成的更加复杂的超螺旋结构。

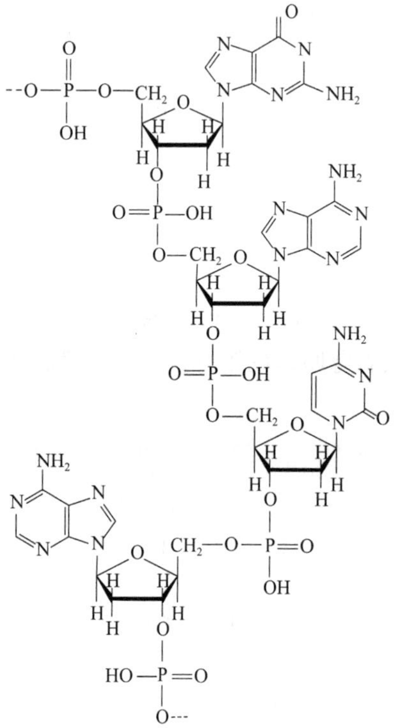

图 11-5　核酸的一级结构

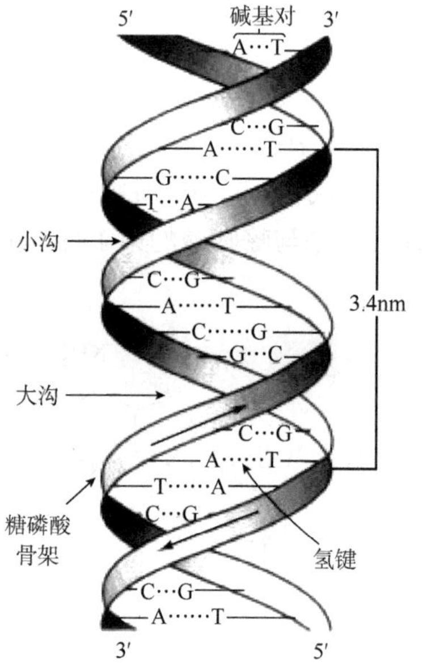

图 11-6　DNA 的双螺旋结构模型

2. RNA 的空间结构　大多数 RNA 分子是一条单链。链的许多区域自身发生回折，形成许多短的双螺旋区，不配对的碱基形成突环。在 RNA 分子中，碱基 A 和 U 形成氢键配对，C 和 G 之间形成氢键配对。

（三）核酸的性质

DNA 为白色纤维状固体，RNA 为白色粉末状固体，都微溶于水，其钠盐在水中的溶解度较大。但不溶于乙醇、乙醚和氯仿等一般有机溶剂。DNA 溶液的黏度很大，而 RNA 溶液的黏度小得多。核酸受到强大离心力的作用时，可从溶液中沉降下来，其沉降速度与核酸的大小和密度有关。核酸可以发生酸解、碱解和酶解。

考点：①核酸的水解产物；②核苷和核苷酸的结构式；③核酸的结构和理化性质

自测题

一、单项选择题

1. 下列说法正确的是（　　）
   A. 糖类都符合通式 $C_m(H_2O)_n$
   B. 糖类都有甜味
   C. 糖类一般含有碳、氢、氧三种元素
   D. 糖类都能发生水解
2. 可用于区分葡萄糖和果糖的试剂是（　　）
   A. 托伦试剂　　B. 费林试剂
   C. 塞利凡诺夫试剂　　D. 莫立许试剂
3. 下列糖中属于非还原糖的是（　　）
   A. 蔗糖　　B. 葡萄糖
   C. 麦芽糖　　D. 果糖
4. 临床上检验糖尿病患者尿液中的葡萄糖的常用试剂是（　　）
   A. 班氏试剂　　B. 托伦试剂
   C. 溴水　　D. 苯肼

5. 人体消化酶不能消化的糖是（ ）
A. 蔗糖 B. 淀粉
C. 麦芽糖 D. 纤维素

6. 蔗糖的水解产物是（ ）
A. 葡萄糖 B. 葡萄糖和果糖
C. 葡萄糖和半乳糖 D. 果糖

7.血糖通常指的是血液中的（ ）
A. 葡萄糖 B. 果糖
C. 半乳糖 D. 糖原

8. 下列糖遇碘变蓝的是（ ）
A. 蔗糖 B. 淀粉
C. 麦芽糖 D. 纤维素

9. 不能与托伦试剂反应产生银镜的是（ ）
A. 蔗糖 B. 葡萄糖
C. 麦芽糖 D. 甘露糖

10. 能使溴水褪色的化合物是（ ）
A. 蔗糖 B. 淀粉
C. 果糖 D. 葡萄糖

11. 蛋白质分子中的主键是（ ）
A. 肽键 B. 氢键
C. 二硫键 D. 酯键

12. 谷氨酸（pI=3.22）在 pH 为 5.30 的溶液中存在的主要形式是（ ）
A. 两性离子 B. 阳离子
C. 阴离子 D. 中性分子

13. 在 DNA 中，不存在的碱基为（ ）
A. T B. G C. U D. C

14. 鸡蛋煮熟了，蛋白质发生了（ ）
A. 盐析 B. 水解
C. 显色 D. 变性

15. 重金属盐能使人畜中毒，这是由于它在体内（ ）
A. 发生了盐析作用 B. 使蛋白质变性
C. 与蛋白质生成配合物 D. 发生了氧化反应

16. 核酸的基本组成单位是（ ）
A. 磷酸和核糖 B. 核苷和碱基
C. 单核苷酸 D. 含氮碱基

17. DNA 的一级结构是（ ）
A. 各核苷酸中核苷与磷酸的连接
B. 多核苷酸中脱氧核苷酸的排列顺序
C. DNA 的双螺旋结构
D. 核糖与含氮碱基的连接

18. DNA 与 RNA 彻底水解后的产物是（ ）
A. 戊糖不同，碱基不同
B. 戊糖相同，碱基不同
C. 戊糖不同，碱基相同
D. 戊糖不同，部分碱基不同

二、完成下列反应

1. 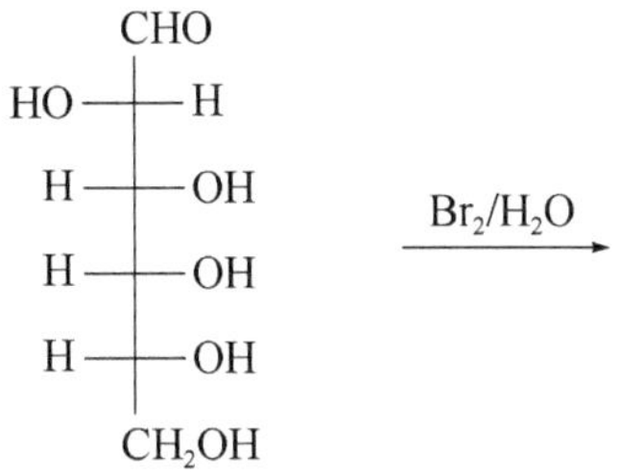

2. 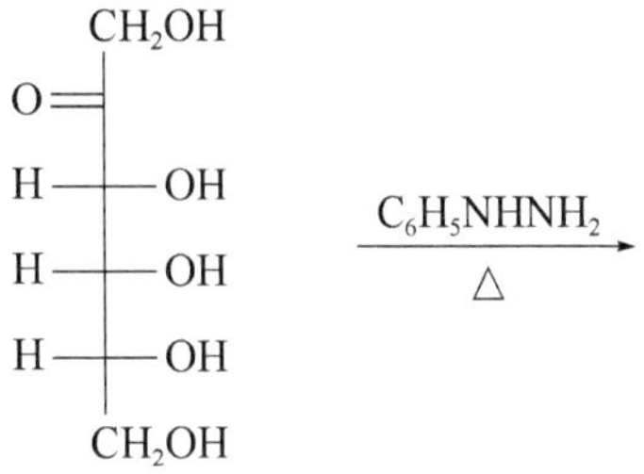

3.
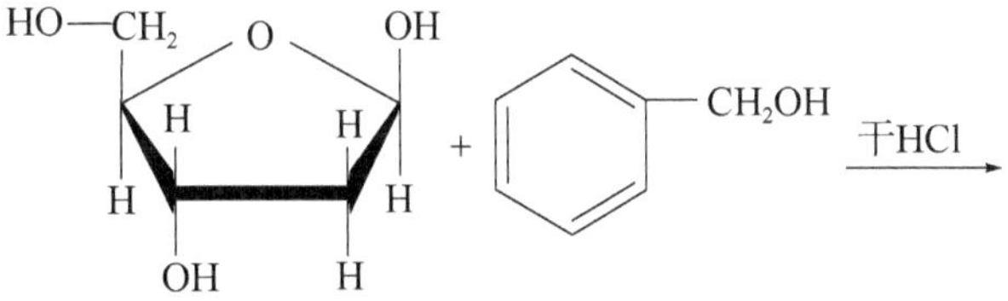

4. $CH_3CH(NH_2)COOH + HNO_2 \longrightarrow$

三、用化学方法区分下列各组化合物

1. 麦芽糖和蔗糖
2. 淀粉和纤维素
3. *D*-葡萄糖和 *D*-果糖
4. *α*-*D*-甲基吡喃葡萄糖苷和 *D*-葡萄糖

四、简答题

1. 写出下列单糖的哈沃斯式
（1）*α*-*D*-吡喃葡萄糖
（2）*β*-*D*-呋喃果糖喃
（3）*β*-*D*-脱氧核糖
（4）*β*-*D*-甘露糖
2. 请以葡萄糖为例，说明为什么单糖有变旋光现象？
3. 用稀碱处理 *D*-甘露糖可得到哪几种单糖？
4. 试从组成单位、苷键类型两方面比较直链淀粉、支链淀粉、纤维素、糖原结构上的异同点。
5. 核酸由哪些基本单元构成？

（黄继红）

第 12 章

萜类和甾族化合物

萜类（terpenoids）和甾族（steroids）化合物是相当重要的两类天然产物，广泛存在于自然界。许多萜类和甾族化合物是中药的有效成分，有的可直接用来治疗疾病，有的可以作为合成药物的原料，因此这两类化合物与人类生活、药物的开发研究有着极为密切的关系。

第 1 节　萜类化合物

萜类化合物广泛分布于植物、昆虫和微生物中，是许多植物香精油的主要成分，也是许多植物色素、树脂、动植物药等的有效成分，有着很高的应用价值。

一、萜类化合物的结构和分类

（一）结构

萜类化合物可以看作是由两个或多个异戊二烯结构单元首尾相连（或相互聚合）而成的低聚合体[$(C_5H_8)_n$，$n\geqslant 2$]及其氢化物和含氧衍生物。分子中含有双键的萜类化合物称为萜烯类化合物或简称萜烯，如月桂油中月桂烯（又称桂叶烯）和柠檬油中的柠檬烯（又称苧烯）。

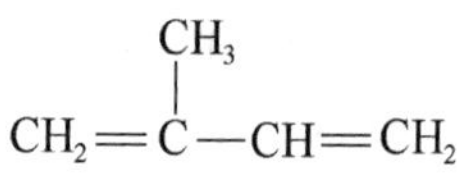

异戊二烯

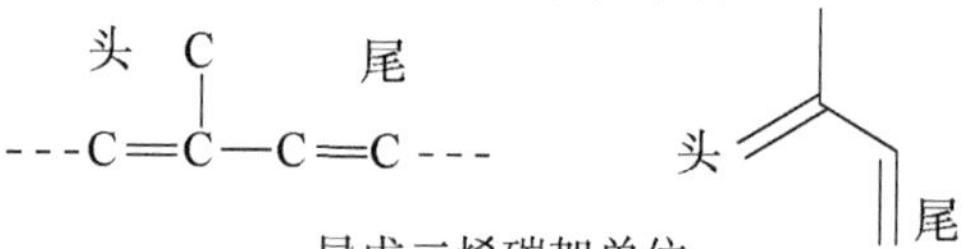

异戊二烯碳架单位

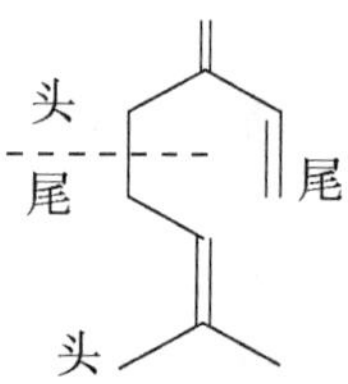

月桂烯

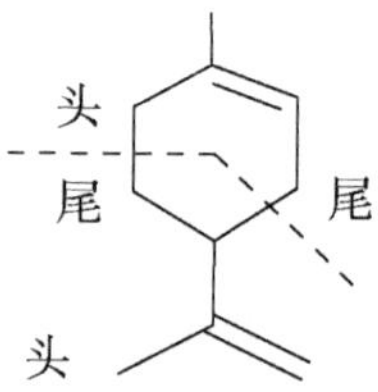

柠檬烯

月桂烯可看作是两个异戊二烯单位结合而成的开链化合物；柠檬烯可看作是两个异成二烯单位结合而成的环状化合物。绝大多数萜类分子中的碳原子数目都是异戊二烯五个碳原子的整数倍（仅个别例外），这个结构规律被称为“异戊二烯规则”。此规则有助于确定未知萜类化合物。

（二）萜类化合物的分类和命名

根据分子中所含异戊二烯单位的数目，萜类化合物可按表 12-1 进行分类。

表 12-1　萜类化合物的分类

类别	异戊二烯单位数（n）	碳原子数	举例
单萜类	2	10	蒎烯、柠檬烯、樟脑
倍半萜类	3	15	麝子油烯、金合欢醇
二萜类	4	20	叶绿醇、维生素 A
三萜类	6	30	甘草次酸、角鲨烯
四萜类	8	40	胡萝卜素、番茄烯
多萜类	>8	>40	

萜类化合物也可根据碳架的不同分为链状萜、单环萜、双环萜、三环萜等类型。

不同的萜类化合物种类繁多，结构千差万别，用系统命名法命名比较烦琐，一般根据来源和类别名称（如烷、烯、醇、醛、酮、酸等）用俗名称之，如柠檬烯、薄荷醇、月桂烯、角鲨烯、胡萝卜素等。

二、理化性质与生理活性

萜类化合物的数目众多，其性质也不尽相同，有的是液体，有的是固体；有的具有挥发性，有的没有挥发性；有的香，有的不香；有的有旋光性，有的无旋光性等。化学结构互有异同，没有共同的官能团，因此不存在整类化合物的通性，化学性质主要表现出分子内所含官能团的性质。例如，在双键上可以发生加成反应和氧化反应，羰基上能发生羰基反应（如与羰基试剂反应），内酯结构容易水解开环等。

萜类化合物具有一定的生理活性，可以供药用，具有祛痰、平喘、止咳、祛风、解热、镇痛、抗菌、利尿、降压、抗病毒、驱虫、活血化瘀等作用，所以萜类化合物在医药领域占有重要的地位。

三、重要的萜类化合物

（一）单萜类

单萜类化合物是含有两个异戊二烯单位的萜烯及其衍生物。广泛存在于高等植物的分泌组织中，多数是挥发油中沸点较低（140～180℃）的成分；含氧单萜类化合物沸点较高（200～230℃），多数具有浓郁的香气和生理活性，广泛应用于医药、化妆品和食品行业。根据两个异戊二烯单位连接的方式不同又分为链状单萜、单环单萜和双环单萜三类。

1. 链状单萜类　是由两个异戊二烯单位头尾相连接而成的链状化合物。许多链状单萜类化合物都是香精油的主要成分，有些也可作为珍贵的香料。例如，玫瑰油中的香叶醇（又称牻牛儿醇）有玫瑰香味，橙花油的橙花醇（又称香橙醇）有玫瑰及苹果香气，柠檬草中的 α-柠檬醛（又称香叶醛）和 β-柠檬醛（又称香橙醛）有柠檬香味等，它们很多是含多个双键和含氧原子的链状单萜类化合物。

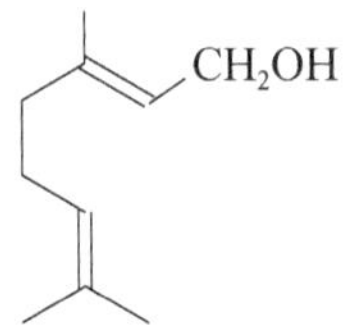

香叶醇

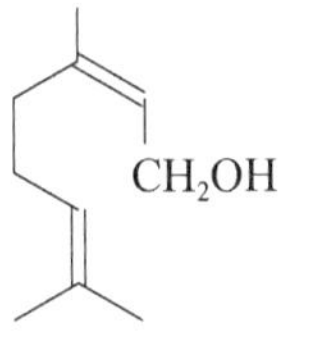

橙花醇

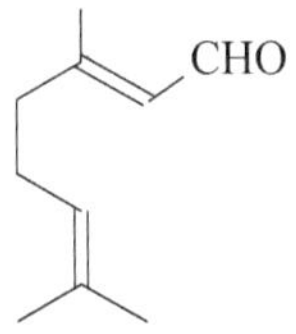

香叶醛

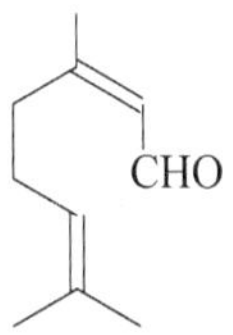

香橙醛

2. 单环单萜类　是由两个异戊二烯单位头尾相连接而成的一个六元环状化合物。其中比较重要的有柠檬烯、松油烯、薄荷醇、薄荷酮及辣薄荷酮等。

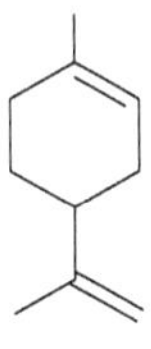
柠檬烯

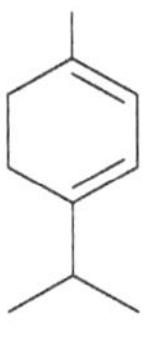
松油烯

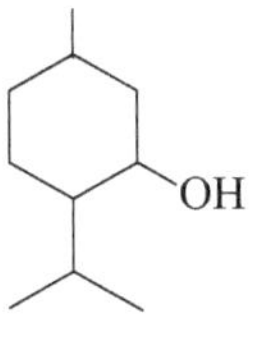

薄荷醇

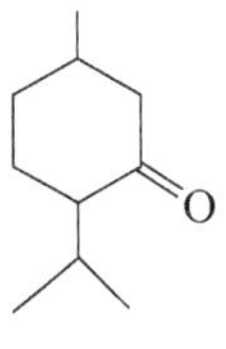

薄荷酮

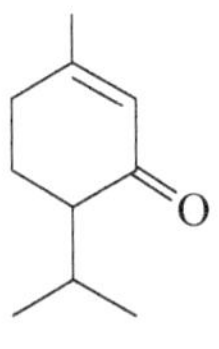

辣薄荷酮

柠檬烯和松油烯属于同分异构体，柠檬烯主要存在于柠檬油中，松油烯存在于松针油中。它们都有柠檬香气，用作香料、溶剂及合成橡胶的原料。

薄荷醇和薄荷酮都是薄荷油中的重要成分，其中薄荷醇（又名3-萜醇，俗称薄荷脑）的含量最高可达90%，二者都有浓郁的薄荷香气，有杀菌、防腐、止痛和止痒等功效，是清凉油、人丹等药物的主要成分之一；也是牙膏、糖果、烟酒等常用的添加剂。天然的薄荷醇是左旋的薄荷醇。辣薄荷酮（也称胡椒酮）是从胡椒油中分离的一种具有平喘、止咳等功效的挥发油。

3. 双环单萜类　二环单萜的碳架结构可看作由 1-甲基-4-异丙基环己烷（对薄荷烷）分子中不同

的位置碳原子环合而成的。常见的二环单萜主要有以下四种。

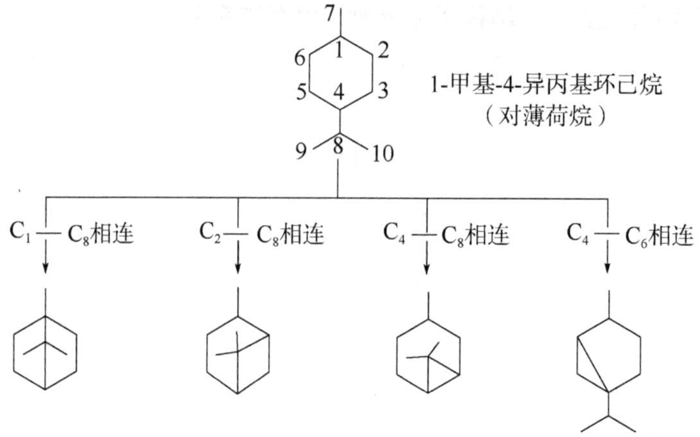

莰烷（樟烷） 蒎烷（松节烷） 蒈烷 侧柏烷

这四种双环单萜的桥环烷是医药学上重要化合物的母体。在自然界存在较多的是蒎烷和莰烷的不饱和衍生物或含氧衍生物。

（1）蒎烯：蒎烯是含一个双键的蒎烷衍生物。有 *α*、*β* 两种异构体，构造式如下。

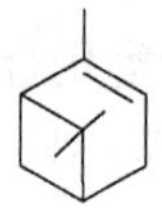
α-蒎烯

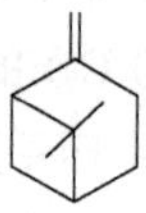
β-蒎烯

α-蒎烯和 *β*-蒎烯都是无色油状液体，不溶于水，有清新的香气。松节油的主要成分 *α*-蒎烯，含量高达 80%～90%，也有少量的 *β*-蒎烯。减压蒸馏松节油可分离得到 *α*-蒎烯和 *β*-蒎烯。二者是重要的药物合成中间体，也可作漆、蜡等的溶剂。*α*-蒎烯还是制备冰片、樟脑及其他萜类化合物的重要原料。

（2）樟脑和龙脑：樟脑又称 2-莰酮或 *α*-崁酮；龙脑又称 2-莰醇或樟醇或冰片；二者都是莰烷的含氧衍生物。其构造式如下。

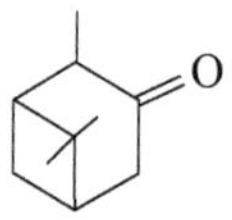

樟脑（2-崁酮）

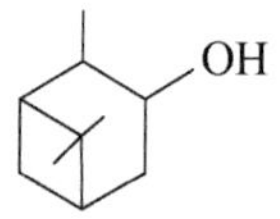

龙脑（2-莰醇）

樟脑可从樟树的香精油中分离得到且是右旋体，是白色闪光晶体，能在常温下升华，有强烈的樟木气味和辛辣的味道。它的气味有驱虫的作用，可用作衣物的防蛀剂。樟脑在医药上用于制备强心剂、十滴水、清凉油等。我国台湾地区是樟树的主要产地之一，台湾产樟脑约占世界总量的 70%。

龙脑主要存在于热带植物龙脑香树的香精油中，是透明六角片状结晶，极易升华，有似胡椒又似薄荷的清凉气味，微溶于水。龙脑具有发汗、镇痉、止痛、防腐、驱虫等作用，是人丹、六神丸、冰硼散等药的主要成分之一。

（二）倍半萜类

倍半萜是由三个异戊二烯单位组成的化合物，广泛存在于香精油中。其含氧衍生物也具有较强的香气和生物活性，尤其倍半萜内酯具有抗炎、解痉、强心、降血脂和抗肿瘤等药理作用。常见的倍半萜有金合欢醇、*α*-香附酮、山道年的构造式如下。

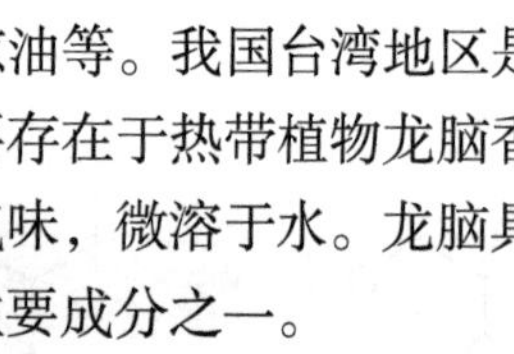

金合欢醇

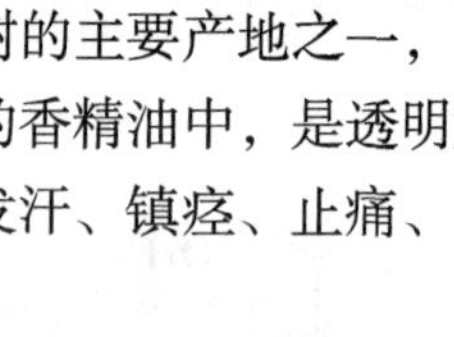

α-香附酮

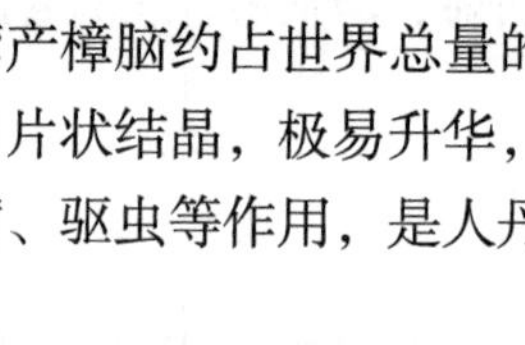

山道年

1. 金合欢醇 金合欢醇又称法尼醇，是无色黏稠液体，有铃兰香气，不溶于水，存在于香茅草、橙花、玫瑰、茉莉花等多种芳香植物的香精油中。因含量较低，金合欢醇是一种珍贵的香料，用于配制高级香精。它还具有保幼激素活性，其十万分之一浓度的水溶液即可阻止蚊的成虫出现，对虱子也有致死作用。

2. *α*-香附酮 来自于中药香附子的挥发油成分，易溶于醇、水。有理气止痛的作用。*α*-香附酮分子中的双键在酸的作用下能发生转位，异构化而形成*β*-香附酮。

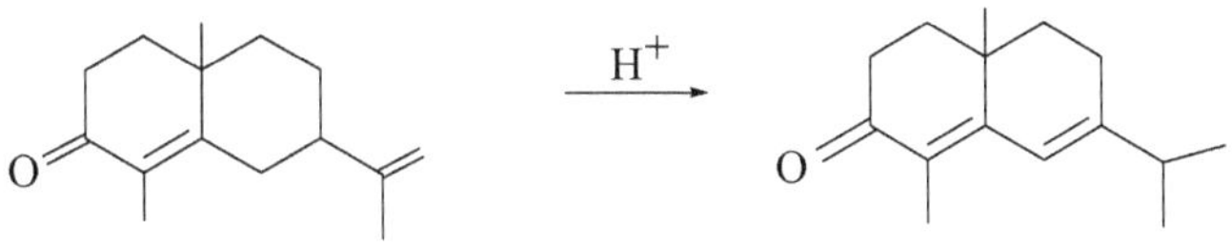

α-香附酮 *β*-香附酮

3. 山道年 存在于菊科植物茼蒿的未开放的花蕾中，可以通过提取的方法获得。山道年过去可作为人和其他动物的驱蛔虫药物使用，其作用是使蛔虫麻痹而被排出体外。但因山道年对人体毒性太大，现已被其他效力更强、毒性更低的药物所取代。

（三）二萜类

二萜是由四个异戊二烯单位连接而成的。链状和单环二萜比较少，主要是二环和三环二萜，尤其是含氧衍生物较多，广泛分布于动植物体内。常见的二萜化合物有叶绿醇、松香酸、维生素A等。

1. 叶绿醇 简称叶醇，链状二萜的一个代表，是叶绿素的组成部分，广泛分布于植物中，是叶绿素的水解产物之一，也是合成维生素E和维生素K_1的原料。其构造式为

叶绿醇 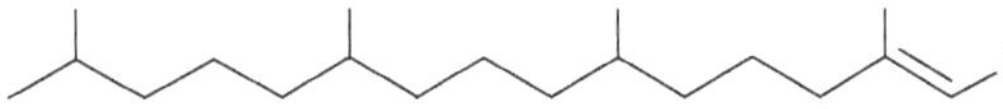

2. 松香酸 是一个三环二萜类含氧衍生物，存在于松脂中，是松香的主要成分。松香酸为黄色透明、硬脆的玻璃状固体，其钠盐或钾盐加在肥皂中作为起泡剂。松香酸还广泛用于造纸、制清漆和制药等。

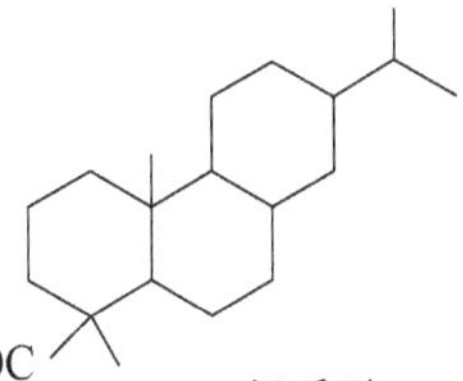

松香酸

3. 维生素A 又称视黄醇、视网膜醇、抗干眼醇，为单环二萜醇，有多个碳碳双键构成的共轭体系。它可以分为维生素A_1和维生素A_2。构造式如下。

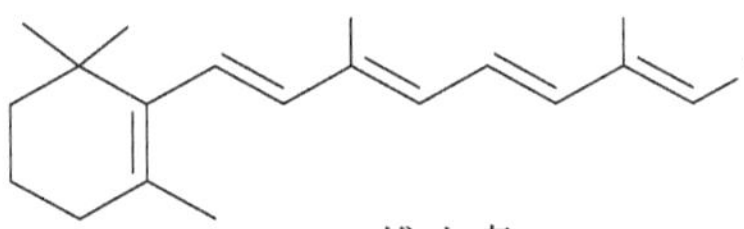

维生素A_1

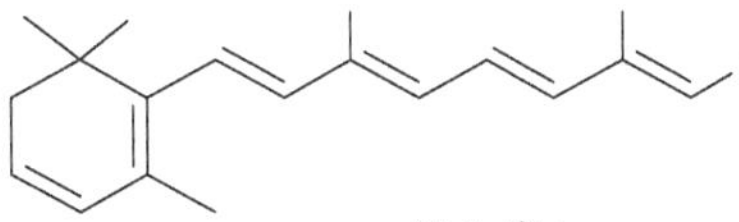

维生素A_2

维生素A为淡黄色晶体，熔点63～64℃。不溶于水而易溶于有机溶剂。易被空气氧化，遇紫外线或高温也易失去活性。通常将其溶于精制植物油中并添加抗氧剂，于低温、避光处储存。维生素A为脂溶性维生素，是哺乳动物正常发育所必需的营养成分之一，能维持黏膜及上皮组织的正常机能，缺乏则引起发育不全、干眼病，其初期症状就是夜盲，因为它与暗视觉直接有关。通常主要存在于奶油、蛋黄、动物肝脏中，特别是鱼肝中的含量丰富。

（四）三萜类和四萜类

1. 三萜类 三萜类化合物含有六个异戊二烯单位，广泛存在于动植物中。最重要的有角鲨烯和甘草次酸等。

（1）角鲨烯：又称鲨烯，是一种开链的三萜多烯，大量存在于鲨鱼的鱼肝油中，少量存在于酵母、麦芽、橄榄油中，是带有微弱气味、略显黄色透明的油状液体，不溶于水。具有增强机体免疫能力、

抗衰老、抗疲劳、抗肿瘤等多种生理功能，是一种无毒性的具有防病治病作用的海洋生物活性物质。

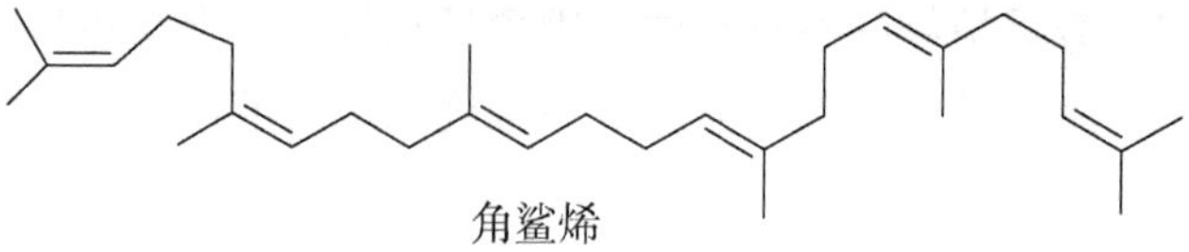

角鲨烯

（2）甘草次酸：五环三萜类化合物，是甘草皂苷的水解产物，具有比甘草皂苷更高的甜度。甘草次酸具有抗肿瘤、抗炎抗菌、抗病毒、抗心血管疾病等药理作用。

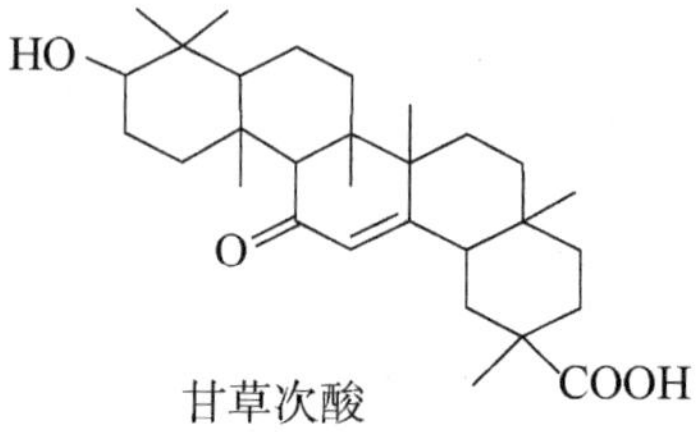

甘草次酸

2. 四萜类 四萜含有八个异戊二烯单位，这类化合物分子中都要含有一个较长的碳碳双键的共轭体系，一般都带有由黄至红的颜色，因此通常称之为多烯色素。最常见的四萜多烯色素有以下几种。

（1）胡萝卜素：胡萝卜素不仅存在于胡萝卜中，也广泛存在于植物的叶、茎和果实及动物的脂肪中。它有 α、β、γ 三种异构体，其中 β-胡萝卜素含量最高（达 85%）、生理活性最强。其构造成式如下。

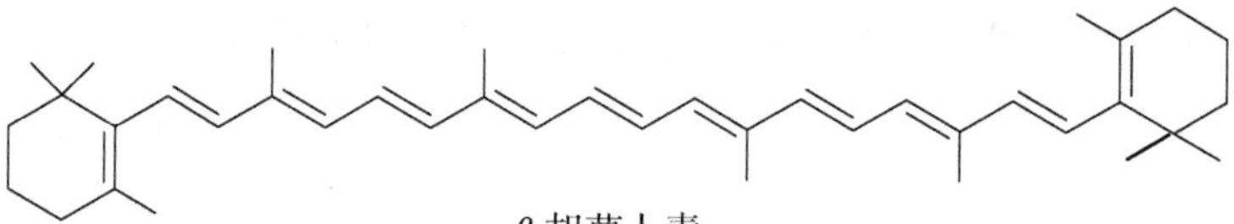

β-胡萝卜素

在动物体内可转化成维生素 A，所以 β-胡萝卜素又称为维生素 A 原，生理作用与维生素 A 相同。易被氧化而失去活性。

（2）番茄红素：胡萝卜素的异构体，是开链萜，也是一种红色素，存在于番茄、西瓜、柿子等水果中，为红色结晶，易溶于油脂中而不溶于水。可作食品色素用。

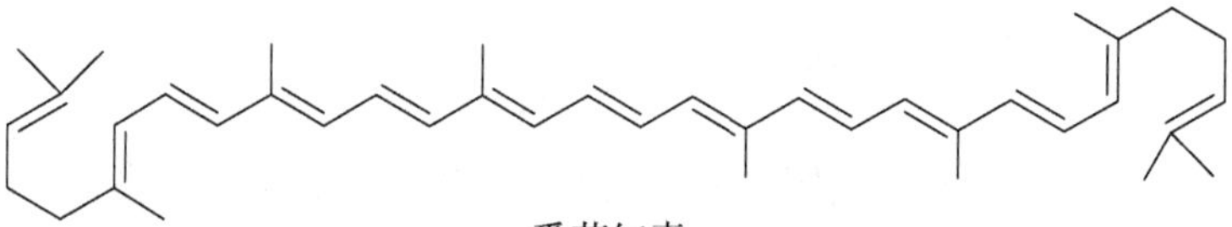

番茄红素

（3）虾青素：虾青素是广泛存在于甲壳类动物和空肠动物体内的一种类胡萝卜素，是一种脂溶性及水溶性的色素。虾青素的抗氧化能力强，为维生素 E 的 550 倍、β-胡萝卜素的 10 倍，常作为保健食品。虾青素能被空气氧化成虾红素，这也是煮熟的虾壳变红的原因。

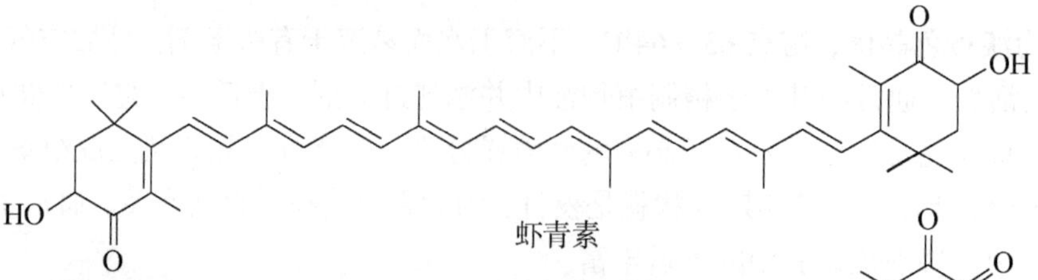

虾青素

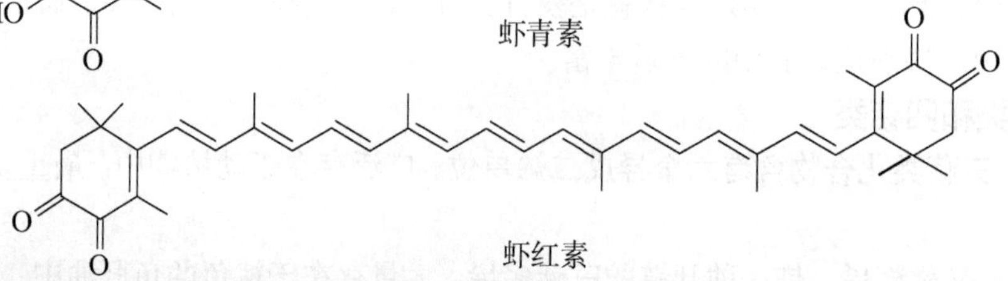

虾红素

考点：①萜类化合物的结构与分类；②萜类化合物的生理活性；③重要的萜类化合物

第 2 节 甾族化合物

甾族化合物是一类广泛存在于动植物体内的天然有机化合物，如胆甾醇、胆汁酸、维生素 D、肾上腺皮质激素及性激素等。许多甾族化合物具有重要的生理活性，在医疗行业和制药工业中有着广泛的应用。

一、甾族化合物的结构

（一）基本结构

甾族化合物都含有一个由四个环组成的基本骨架，即由三个六元环和一个五元环稠合而成的含 17 个碳原子的环戊烷并多氢菲，这个基本骨架是甾族化合物的母核。四个环分别用字母 A、B、C 和 D 表示，其母核结构及环碳按特定顺序编号如下。

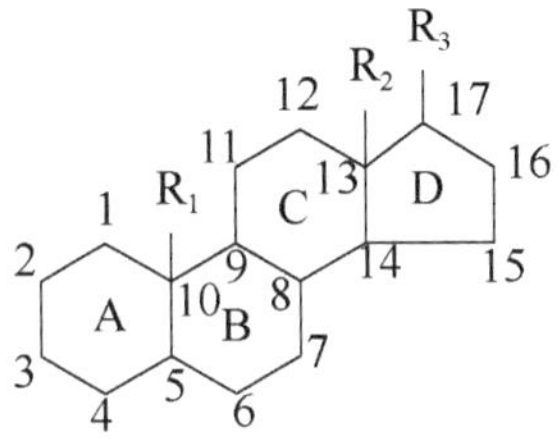

大多数甾族化合物在环戊烷并多氢菲的母核上还有 3 个侧链 R_1、R_2 和 R_3，它们分别连在 C_{10}、C_{13} 和 C_{17} 的碳原子上。其中 R_1 和 R_2 通常为甲基（有时是—CHO 或—CH_2OH），也被称为角甲基；R_3 常为两个碳原子以上的侧链或含氧基团。

因这类化合物一般都含有 4 个环和 3 个侧链，所以用象形字“甾”表示其结构特征（“田”字代表 4 个环，“巛”字代表环上的 3 个侧链），也形象地称之甾族化合物。通常情况下，甾族化合物是指环戊烷并多氢菲及其衍生物。

（二）立体结构

自然界存在的大多数甾族化合物中，B 环与 C 环及 C 环与 D 环之间一般是以反式稠合的，而 A 与 B 两环之间有顺式和反式两种稠合方式，对应产生两种构型表示如下。

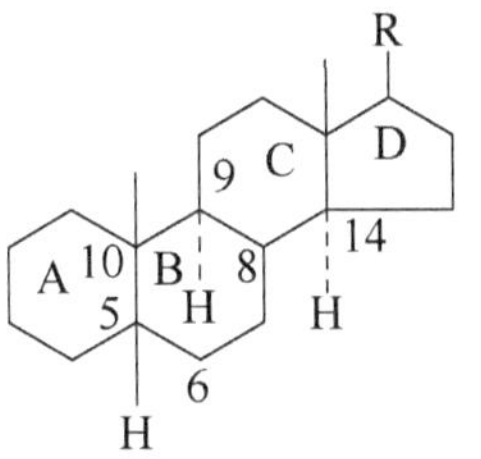

（Ⅰ）A/B环顺式稠合

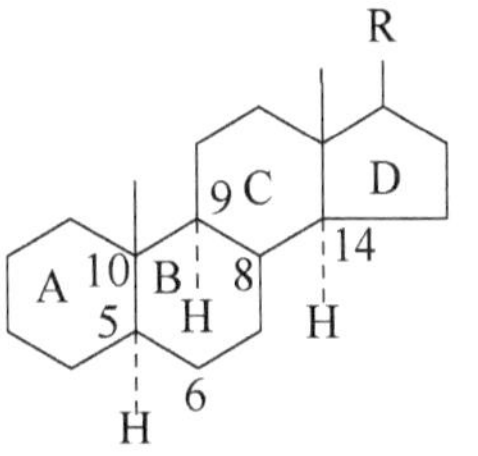

（Ⅱ）所有环反式稠合

其中，实线表示基团或原子位于环平面的上方；虚线表示基团或原子位于环平面的下方。

在构型（Ⅰ）中，C_5 上的氢原子与 C_{10} 上的角甲基在环的同侧，称为 5β-系，又称正系，属于 β-型；在构型（Ⅱ）中，C_5 上的氢原子与 C_{10} 上的角甲基在环的两侧，称为 5α-系，又称别系，属于 α-型。若甾环 C_5 处有双键存在，则就没有 5β-系和 5α-系之分。同理，当甾环上所连的取代基与角甲基在环平面同侧时，用实线表示，属于 β-型；当甾环上所连的取代基与角甲基不在环平面同侧时，用虚线表示，属于 α-型。例如：

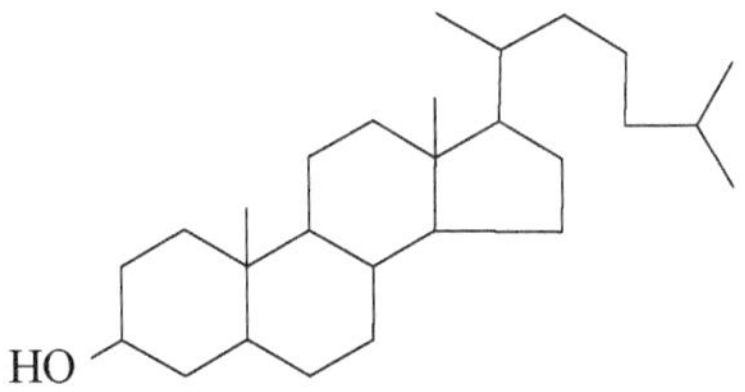

二氢胆甾醇(3β-羟基)

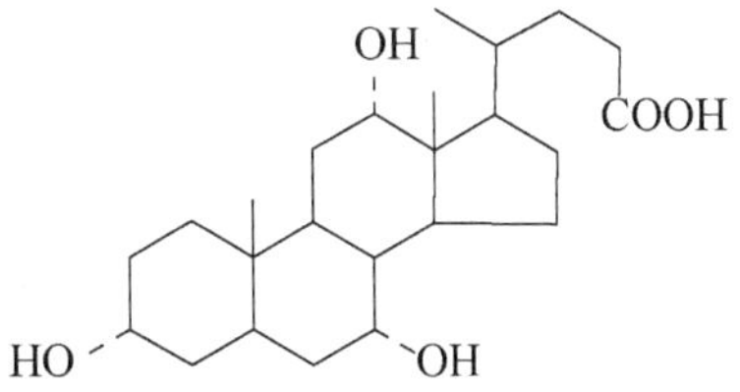

胆酸(3α, 7α, 12α-三羟基)

若取代基构型待定时则用波纹线连接。

5*α*-系和 5*β*-系甾族化合物的构象式表示如下。

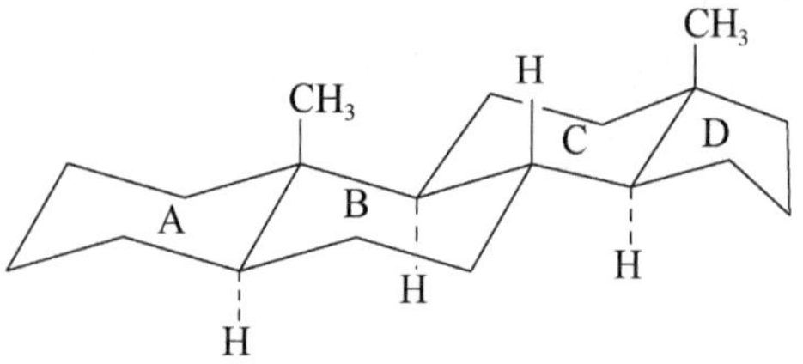

5*α*-系

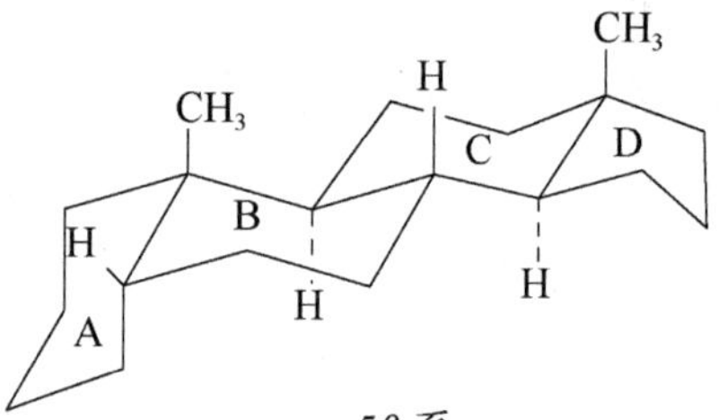

5*β*-系

从两个构型的构象式可以看出，5*α*-系甾族化合物的 A/B、B/C、C/D 环都是以 ee 键稠合；5*β*-系甾族化合物的 A/B 环为 ae 键稠合，B/C、C/D 环是以 ee 键稠合。正如环己烷的衍生物构象式一样，取代基在 e 键比 a 键上的稳定；所以，5*α*-系甾族化合物的构象式是优势构象。

二、甾族化合物的分类和命名

甾族化合物的种类繁多，最常见的是根据其来源、结构和生理作用的不同，可分为甾醇类、胆甾酸类、甾族激素、强心苷类和蟾母等。

从自然界获得的甾族化合物大多有其俗名。若采用系统命名法命名，首先确定甾族母核的名称，然后在甾族母核名称的前后分别标明取代基或官能团的名称、数量、位置与构型。

（一）甾族母核

根据 C_{10}、C_{13} 与 C_{17} 上所连的侧链的不同，常见的甾族母核有六种，其结构和名称分别如下。

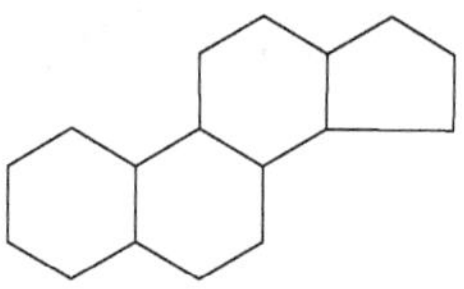
甾烷
C_{10}、C_{13}上无甲基
C_{17}上无侧链

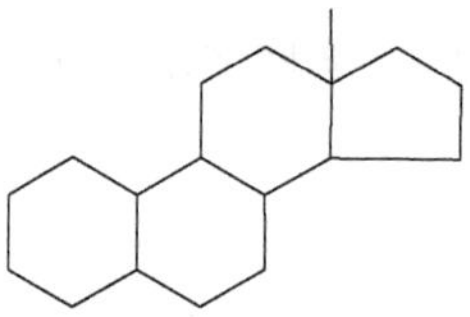
雌甾烷
C_{13}上有角甲基
C_{17}上无侧链

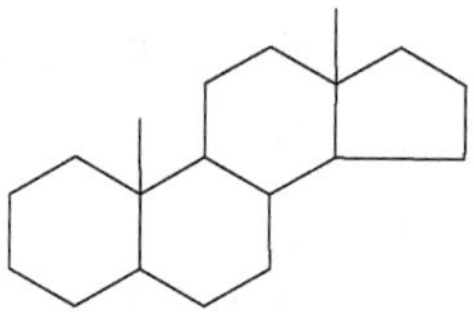
雄甾烷
C_{10}、C_{13}上有角甲基
C_{17}上无侧链

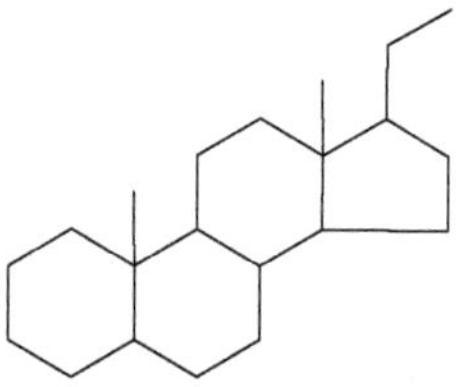
孕甾烷
C_{10}、C_{13}上有角甲基
C_{17}上有乙基

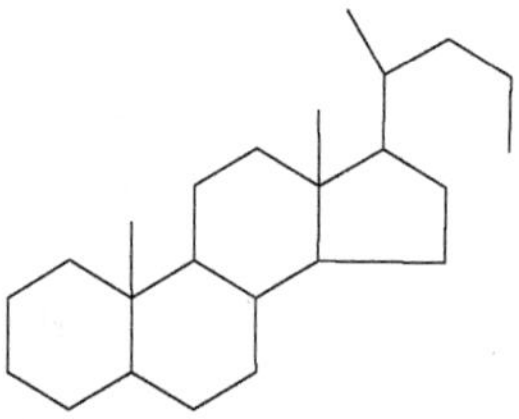
胆烷
C_{10}、C_{13}上有角甲基
C_{17}上有5个碳的侧链

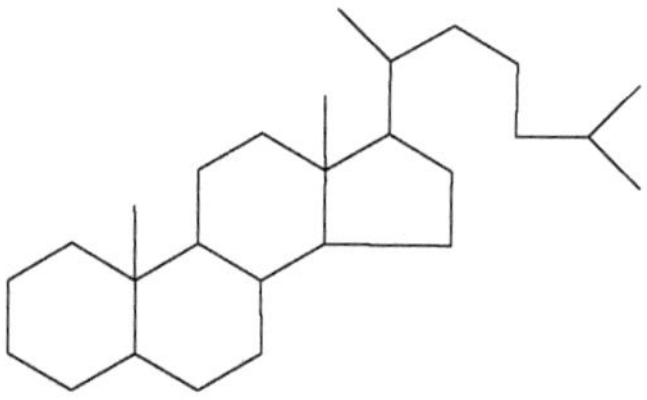
胆甾烷
C_{13}、C_{13}上有角甲基
C_{17}上有8个碳的侧链

甾族母核及侧链编号顺序如下：

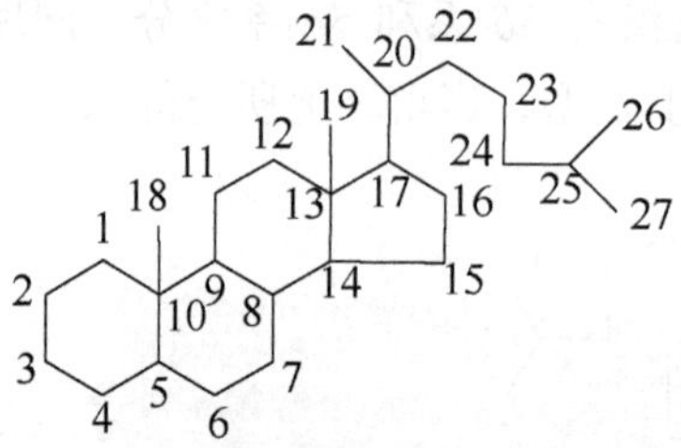

（二）甾族化合物的命名

甾族化合物命名时，首先选择相应的甾族母核的名称，再在母核名称前标明各取代基和官能团的位次、构型、数量及名称。母核中含有碳碳烯键时，将“烷”改成“烯”、“二烯”、“三烯”等，并将

其位置表示出来。有时也用“△”表示双键，并在“△”右上角标明双键的位次。例如：

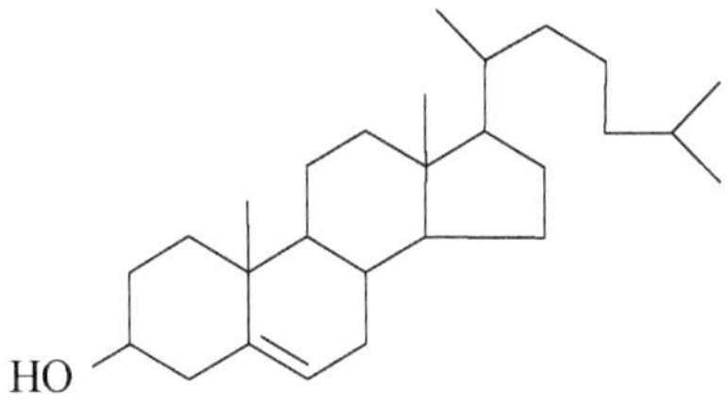

$\triangle^5$-3β-羟基胆甾烯（胆甾醇）

若有羧基或酮基，则应称为“某酸”或“某酮”。例如：

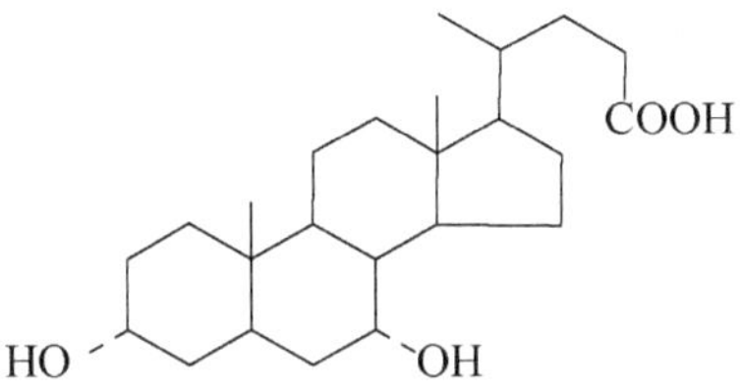

3α, 7α-二羟基-5β-胆烷-24-酸
（鹅去氧胆酸）

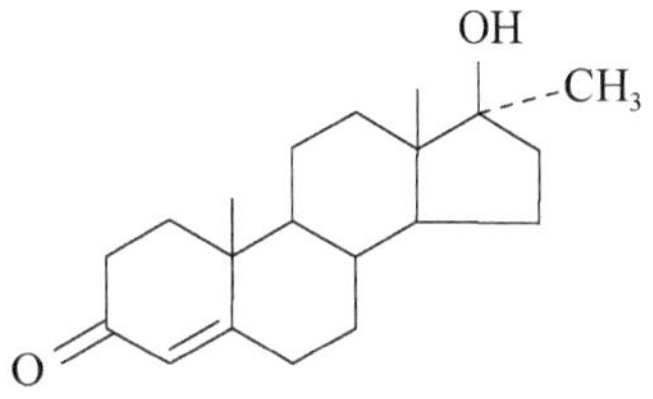

17α-甲基-17β-羟基雄甾-4-烯-3-酮
（甲睾酮）

甾族化合物结构复杂，用系统命名法命名一般都比较麻烦，因此通常用与其来源或生理作用有关的俗名，如胆固醇、胆酸、麦角固醇等。

三、重要的甾族化合物

（一）甾醇

甾醇多为固体，所以又称固醇，属于胆甾烷的含氧衍生物，根据其来源可分为动物甾醇和植物甾醇两类，动物甾醇多数以酯的形式存在，植物甾醇多数以苷的形式存在。

1. 胆甾醇　又称胆固醇，重要的动物甾醇，几乎存在于所有的动物的组织中，尤其脑髓和神经组织中含量较高。由于最初从胆结石中分离出而得名。其结构特点是：C_3上有一个羟基，C_5～C_6之间有一个双键，C_{17}上是一个 8 个碳原子的烷基侧链。其结构式如下。

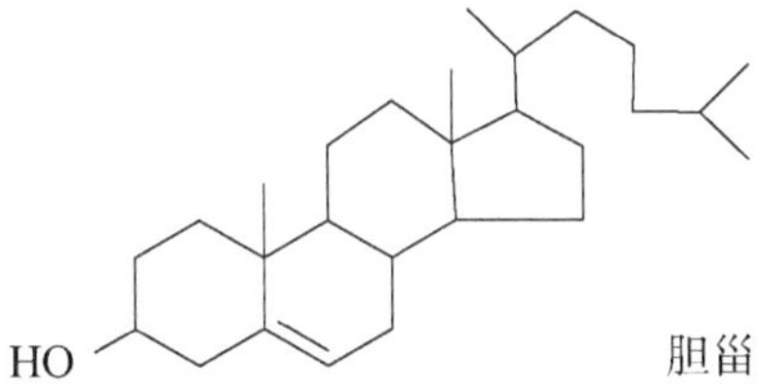

胆甾醇
（3β-羟基-5-胆甾烯）

胆甾醇是一种无色或微黄色结晶，微溶于水而溶于热乙醇、乙醚和氯仿等有机溶剂。胆甾醇分子中的碳碳双键可与一分子溴或溴化氢加成，也能够催化加氢生成二氢胆甾醇，其羟基易与高级脂肪酸成酯。将胆甾醇溶解到氯仿中，加入乙酸酐和浓硫酸后，溶液逐渐由浅红变为蓝色，最后变为绿色，临床和中药化学中常用此反应定性检验甾体化合物。

正常人血清中含总胆甾醇（游离胆甾醇和胆甾醇酯）约 200mg/100ml，当摄取量太多或代谢异常时，胆甾醇便沉积于血管壁而发生动脉粥状硬化或心脏病，也可引起胆结石。在人体中，胆甾醇是合成类固醇激素和性激素的前体，是工业上制造激素的重要原料。

2. 7-脱氢胆甾醇　一种动物甾醇，与胆甾醇在结构上的差异仅在于 C_7～C_8 之间的单键换成了双键。实际上，胆甾醇正是 7-脱氢胆甾醇生物合成的前体。在肠黏膜内，胆甾醇经酶催化氧化就成为 7-脱氢胆甾醇，经血液循环送到皮肤组织中，再经日光中的紫外线照射，7-脱氢胆甾醇的 B 环从 C_9～C_{10} 之间开环转变成维生素 D_3。

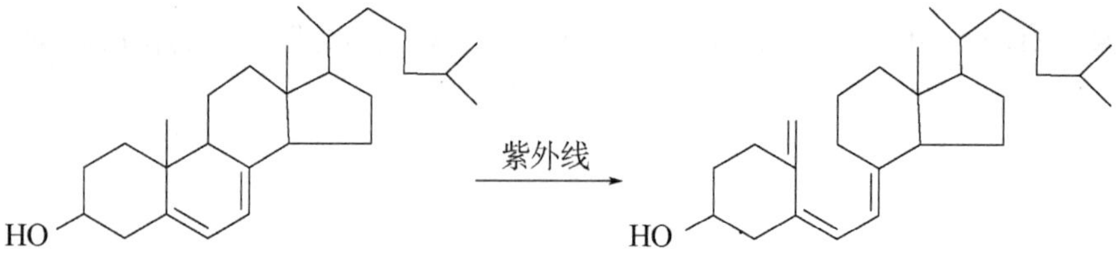

7-脱氢胆甾醇　　　　维生素D_3

3. 麦角固醇　又称麦角甾醇，是一种植物甾醇，最初是从麦角中得到的，但在酵母中更易获得。麦角甾醇日光照射后，其 B 环开环而成前钙化醇，加热后成钙化醇即维生素 D_2，是重要的脂溶性维生素 D_2 源，同时也是重要的医药化工原料。

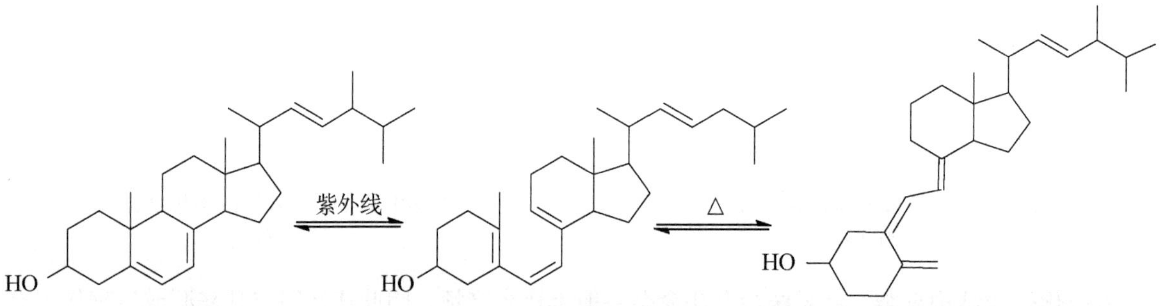

麦角甾醇　　　　前钙化醇　　　　维生素D_2

（二）胆甾酸

胆甾酸是人和动物的胆汁中含有的几种结构与胆甾醇相似的酸，如胆酸、脱氧胆酸、鹅脱氧胆酸和石胆酸等，是一类饱和的胆烷羟基酸。至今发现的胆甾酸已有 100 多种，其中最重要的是胆酸和脱氧胆酸，它们都属于 5*β*-系甾族化合物，分子中的—OH 均为 *α*-型，其结构式如下。

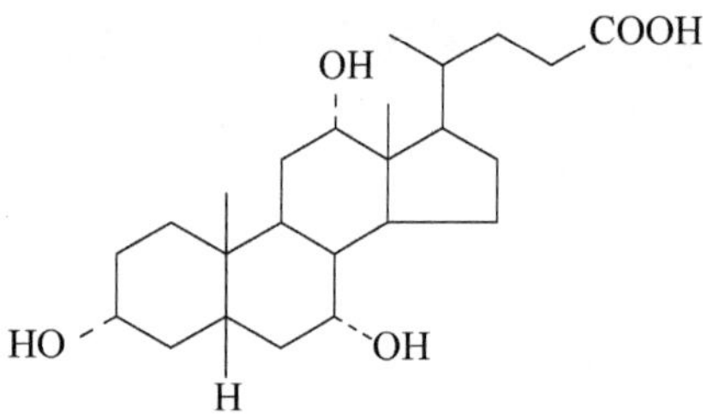

胆酸

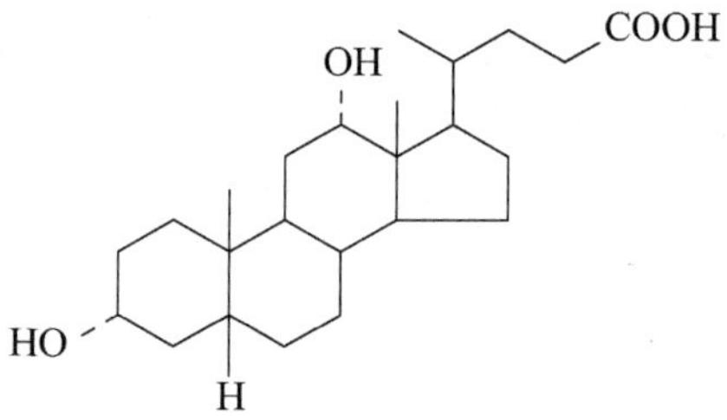

脱氧胆酸

在胆汁中，胆甾酸多与甘氨酸（H_2NCH_2COOH）或牛磺酸（$H_2NCH_2CH_2SO_3H$）通过酰胺键结合成各种结合胆甾酸（如甘氨胆酸、牛磺胆酸等），这些结合胆甾酸总称为胆汁酸。甘氨胆酸和牛磺胆酸的结构式如下。

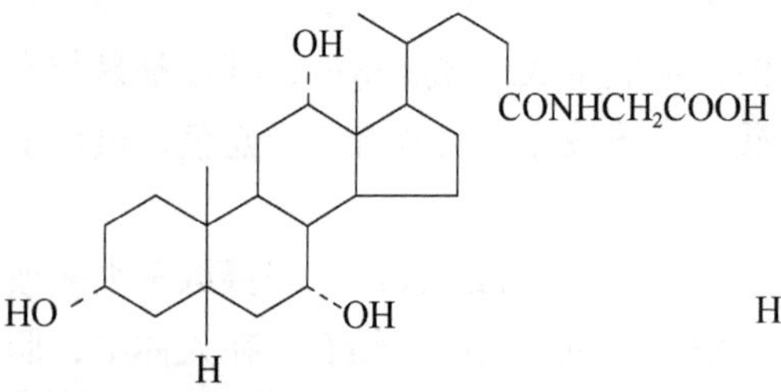

甘氨胆酸

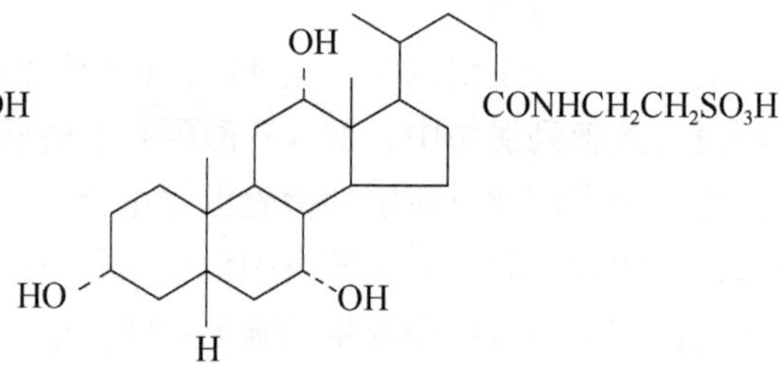

牛磺胆酸

在小肠碱性条件下，大部分胆汁酸均以钠盐或钾盐形式存在，称为胆汁酸盐，是胆苦的主要原因。这些盐分子中既有亲水性的羟基和羧基（或磺酸基），又有疏水性的甾环，因此它们是表面活性剂。其生理作用是降低小肠液的表面张力，使油脂乳化，促进小肠的消化与吸收。临床上常用甘氨胆酸钠与牛磺胆酸钠的混合物治疗胆汁分泌不足所引起的疾病。

（三）甾族激素

激素是人和动物体内各种内分泌腺分泌的一类具有生理活性的物质，对机体的生长、代谢、发育和生殖等发挥重要的调节作用，种类繁多，含量甚微，生理功能很强。根据分子组成不同，激素可分为含氮激素和甾族激素两类。甾族激素按其来源又分为性激素和肾上腺皮质激素。

1. 性激素　包括雄性激素和雌性激素，它们主要是性腺（睾丸或卵巢）的分泌物，具有促进动物发育和维持第二性征的生理功能。其中睾丸酮是典型的雄性激素；黄体酮和雌二醇是典型的雌性激素；其结构式分别如下：

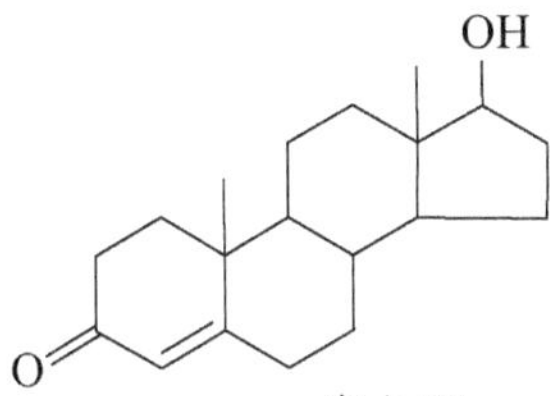

睾丸酮

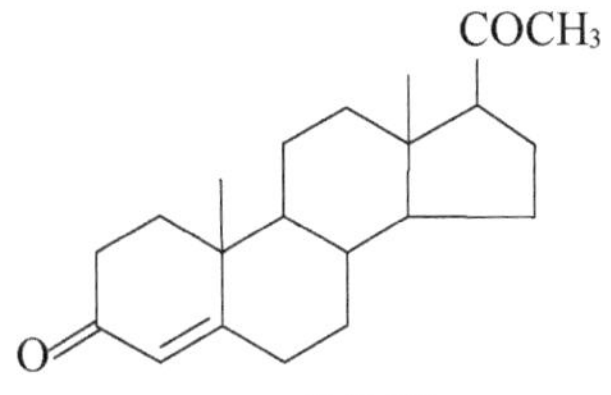

黄体酮

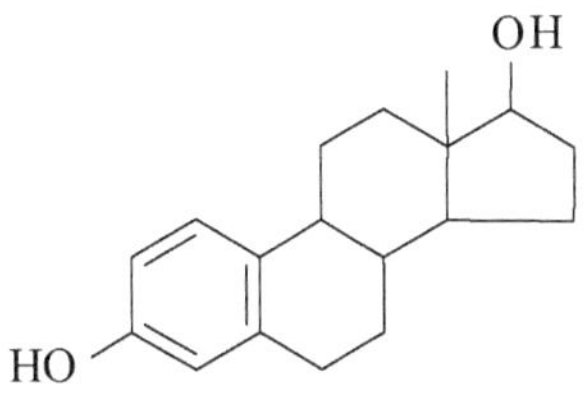

雌二醇

睾丸酮是无色晶体，是活性最高的雄性激素，除此外，还能促进蛋白质的合成和抑制蛋白质的异化，促进机体组织与肌肉的增长。它在睾丸中由胆固醇转变而成的。缺乏雄性激素，会引起很多健康问题。

黄体酮是无色或淡黄色晶体，是由卵胞排卵后形成的黄体所分泌的激素，也称为黄体激素或孕激素。它的生理作用是抑制排卵并使受精卵在子宫发育，医学上用于保胎防止流产。

雌二醇是白色或乳白色晶体，由卵巢成熟滤泡分泌的一种自然雌激素，能增进和调节妇性器官及副性征的正常发育。经皮肤给药吸收，用于治疗雌激素缺少症、前列腺癌等。

2. 肾上腺皮质激素　又称皮质类固醇，是肾上腺皮质分泌的全部激素的总称。肾上腺皮质激素都是含 21 个碳原子的类固醇，结构相似，一般甾核 C_3 为酮基，C_4 与 C_5 间为双键，C_{17} 上连有—$COCH_2OH$，有时 C_{11} 会连有 β-羟基或酮基。其中皮质酮、氢化可的松（皮质醇）和醛固酮是典型的代表物，结构式分别如下：

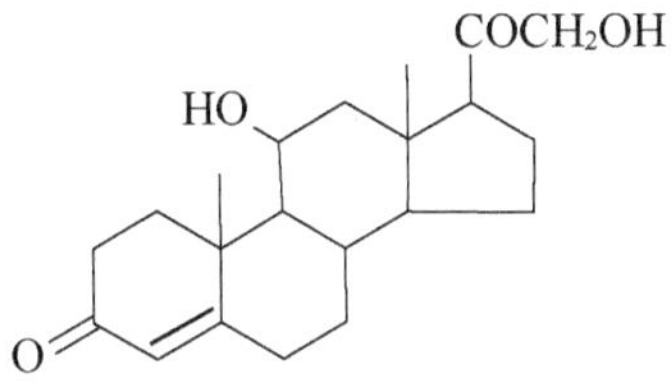

皮质酮

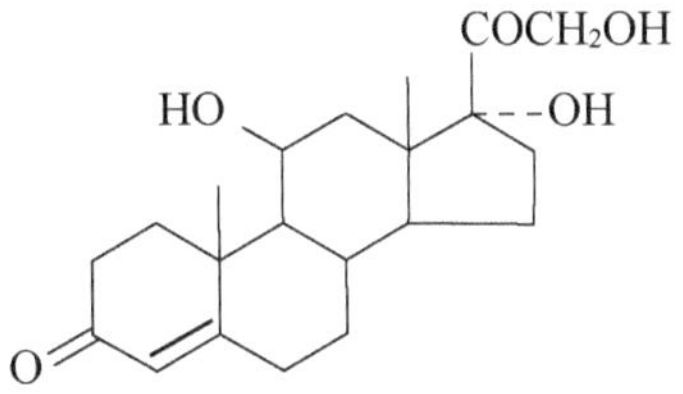

氢化可的松

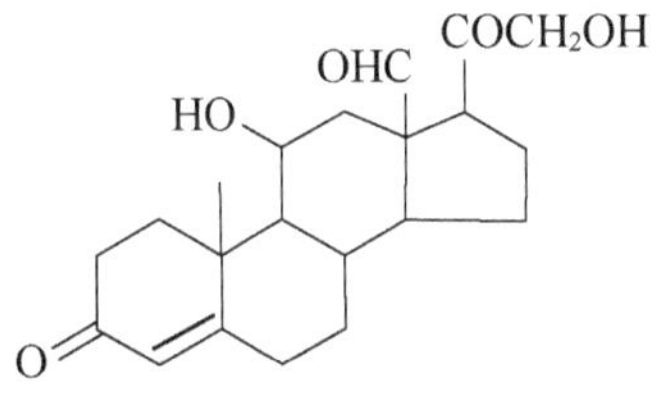

醛固酮

肾上腺皮质激素的主要生理功能是调节体内糖、蛋白质和脂肪代谢以及电解质和水的平衡，并能对抗炎症反应，是治疗风湿性关节炎、过敏性疾病、皮肤病和休克等疾病的有效药物。目前在天然皮质激素结构的基础上，人工合成了一些抗炎作用更强、毒副作用更小的甾族抗炎药，如醋酸可的松、泼尼松、地塞米松等。

（四）强心苷与皂苷

强心苷和皂苷都是存在于动植体中的糖苷类化合物，经水解后可以得到糖和配糖基——甾族化合物。

1. 强心苷　主要存在于玄参科、夹竹桃科等植物的花或叶中。其具有增强心肌的收缩的生理功能而称为强心苷。临床上用于治疗慢性心功能不全和心律失常等，但有剧毒，若超过安全剂量，能使心脏中毒甚至停止跳动。强心苷的强心作用起源于强心苷的甾族配糖基（或苷元），最为常见的三种强心苷的甾族配糖基结构式如下。

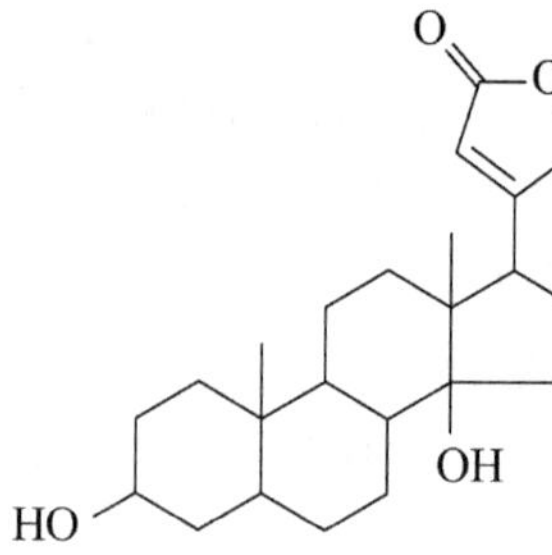

毛地黄毒苷配糖基
（毛地黄叶中）

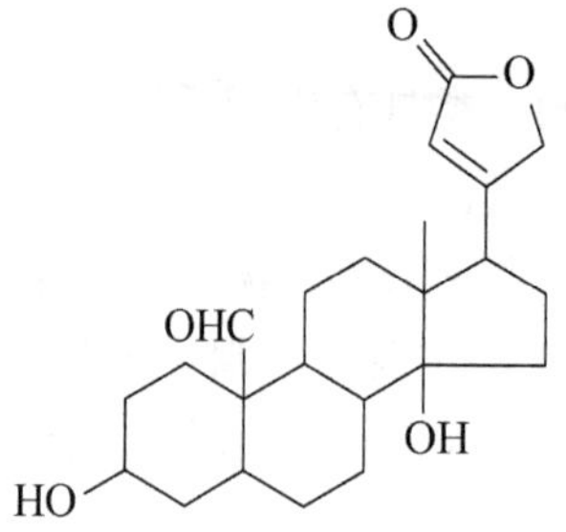

黄夹桃A毒苷配糖基
（黄夹桃花中）

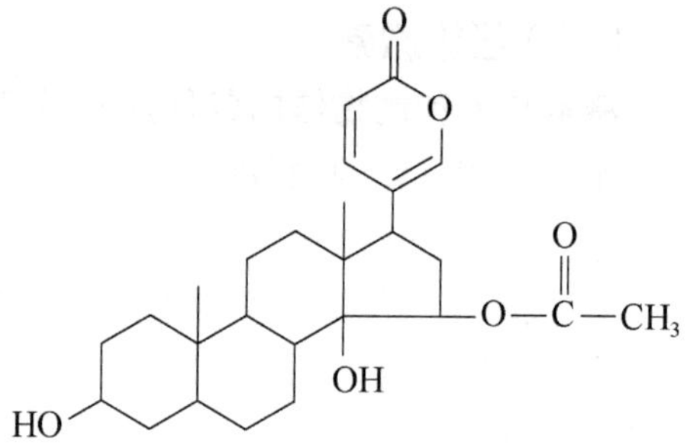

蟾毒苷配糖基
（蟾蜍腮腺分泌物中）

2. 皂苷 皂苷存在于百合科、薯蓣科、龙舌兰科等植物中，因其水溶液在振摇时能产生似肥皂样的持久泡沫而得名，又名皂素。皂苷也是糖苷类化合物，配糖基为三萜类衍生物或甾族化合物，据此皂苷分为三萜系皂苷和甾族皂苷两大类。

目前我国从植物中提取的甾族皂苷主要有薯蓣皂苷、剑麻皂苷和番麻皂苷，其配糖基（或苷元）的结构式分别是

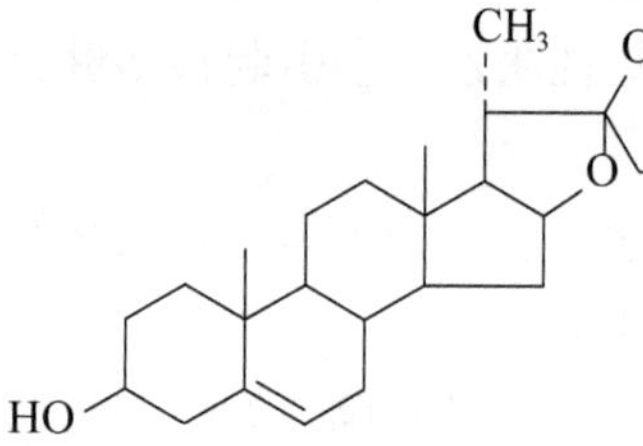

薯蓣皂苷配糖基

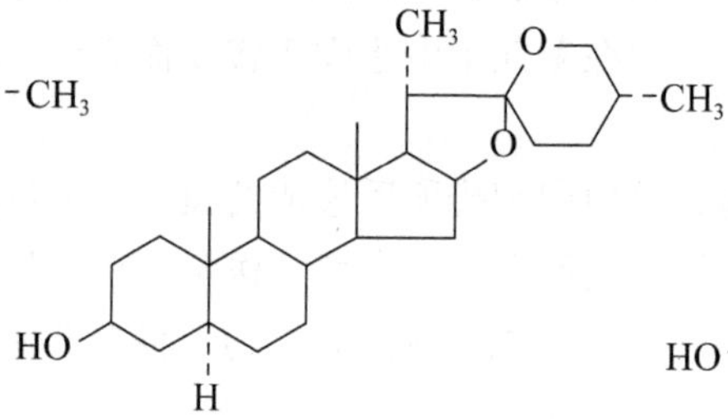

剑麻皂苷配糖基

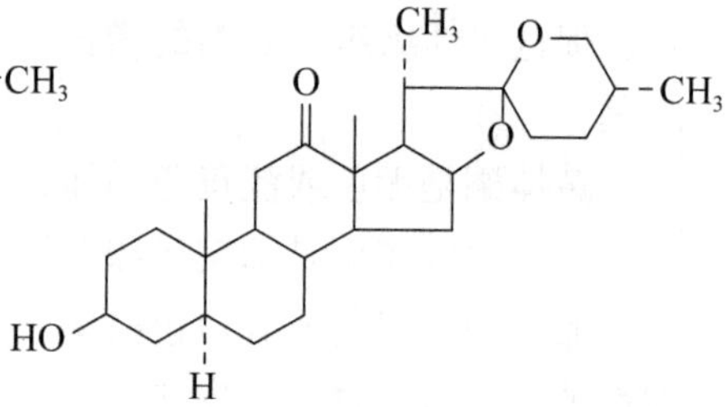

番麻皂苷配糖基

薯蓣皂苷主要来源于植物黄姜，是一种白色结晶状粉末，是激素类药物的重要原料。目前以其为原料深加工制备的激素类药物有40多种。

考点：①甾族化合物的结构；②甾族化合物的分类和命名；③重要的甾族化合物

自测题

一、单项选择题

1. 下列化合物中属于萜类化合物的是（　　）
   A. 异戊二烯　　B. 樟脑
   C. 胆固醇　　D. 茶碱

2. 下列结构式属于开链单萜的基本碳骨架是（　　）

A. 

B. 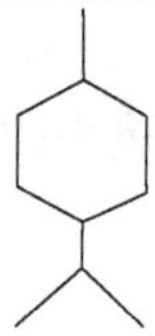

C. 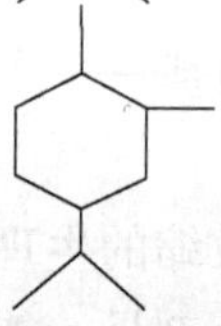

D. 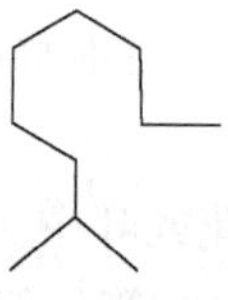

3. 下列化合物属于二萜类化合物的是（　　）
   A. 金合欢醇　　B. 维生素 A
   C. 维生素 D　　D. 虾青素

4. 下列油状物质不是挥发油的是（　　）
   A. 柠檬油　　B. 玫瑰花油
   C. 松节油　　D. 花生油

5. 下列说法不正确的是（　　）
   A. 龙脑又称冰片属于醇类化合物
   B. 樟脑是酮类化合物
   C. 香叶醇和橙花醇是对映异构体
   D. 天然的薄荷醇是左旋体

6. 甾族化合物的基本骨架是（　　）

A. 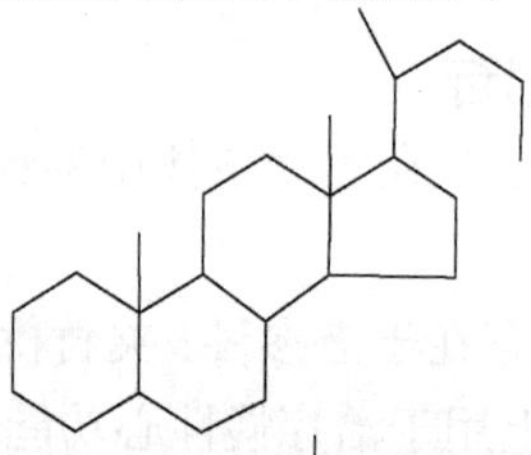

B. 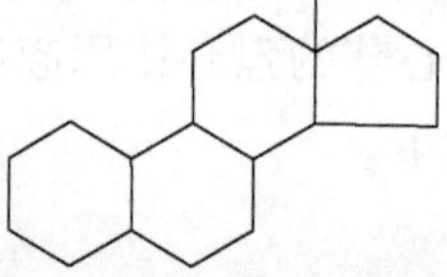

C. 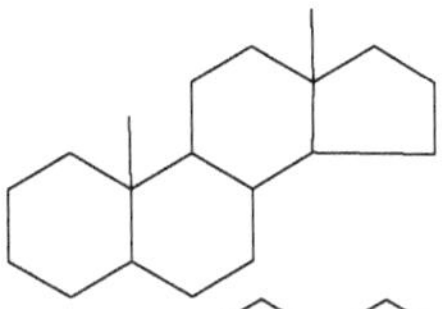

D. 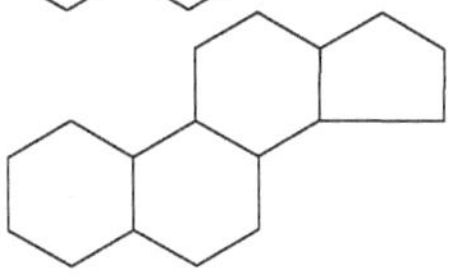

7. 胆酸的母核是（　　）

A. 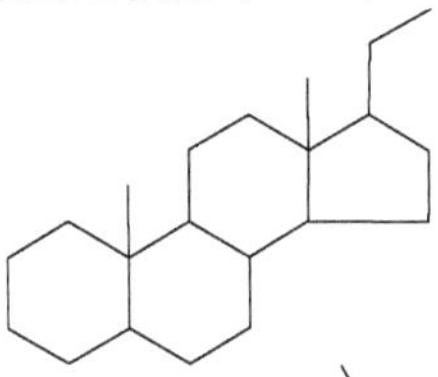

B. 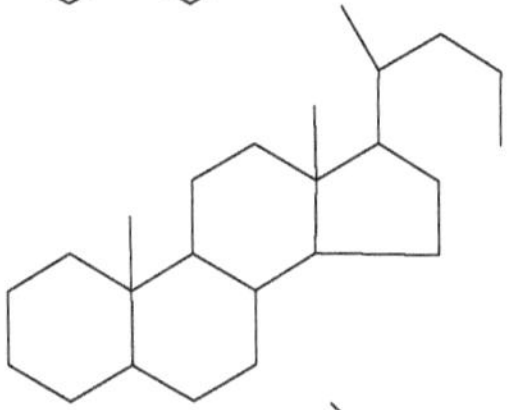

C. 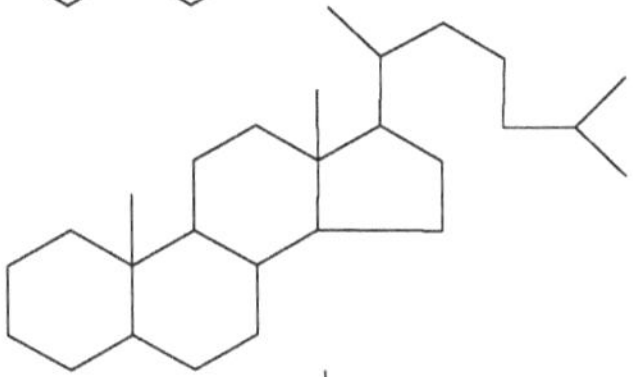

D. 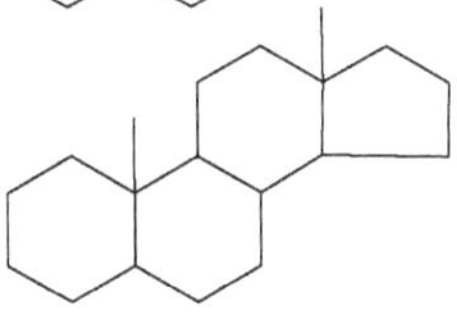

8. 肾上腺皮质激素的结构特征是（　　）
   A. C_3、C_{11}、C_{17}都有羟基，C_4～C_5都有双键
   B. C_3、C_{11}都有酮基，C_5～C_6都有双键
   C. C_{17}都有羟基、C_{17}都有—$COCH_2OH$
   D. C_3都有酮基、C_{17}都有—$COCH_2OH$，C_4～C_5都有双键
9. 松节油中含量最高的是（　　）
   A. α-蒎烯　　B. β-蒎烯
   C. 樟脑　　D. 龙脑
10. 下列化合物中不属于甾体化合物的是（　　）
   A. 胆酸　　B. 叶绿醇
   C. 胆固醇　　D. 黄体酮

二、填空题

1. 萜类化合物一般是指具有________通式及其含氧和不同饱和程度的衍生物，二萜分子含碳原子为________，倍半萜分子含碳原子数为________。
2. 甾族化合物碳架结构中当 A/B 环顺式稠合时称为_____型（正系），当 A/B 环反式稠合时称为________型（别系）。
3. 萜类化合物从结构上可看作是若干个异戊二烯分子（C_5H_8），以________相连接而成，可用通式________表示，这种结构特点称为萜类化合物的________规则。
4. 甾族化合物的基本结构特征是指分子中具有一个由________的母核和三个侧链。其中 C_{10} 和 C_{13} 侧链通常连有甲基，称为________；另一个 C_{17} 侧链常连有一个不同碳原子数的碳链。
5. 甾族化合物根据其天然来源和生理作用并结合结构可分为________、________、________、________和甾族皂苷。
6. 甾族激素可分为________和________两大类，________能调节人体内电解质和水的平衡，________能调节人体内糖和蛋白质的代谢，并具有________作用；活性最高的雄性激素是________，________具有抑制排卵和保胎作用。

三、简答题

1. 胆甾酸与胆汁酸有何不同？胆汁酸盐的生理作用是什么？
2. 维生素 A 与胡萝卜素有具有何种关系？各属于几萜类化合物？
3. 写出下列化合物的结构式并说明分子式中 α、β 的含义。
   （1）α-羟基丙酸
   （2）β-D-呋喃果糖
   （3）5α-甾烷
   （4）3α, 7α, 12α-三羟基-5β-胆烷-24-酸

四、完成下列反应方程式

1.  + 2HBr ⟶

2. 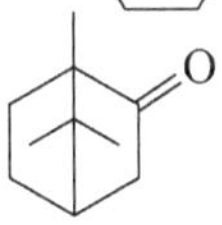 $\xrightarrow{H_2/Pt}$

3. 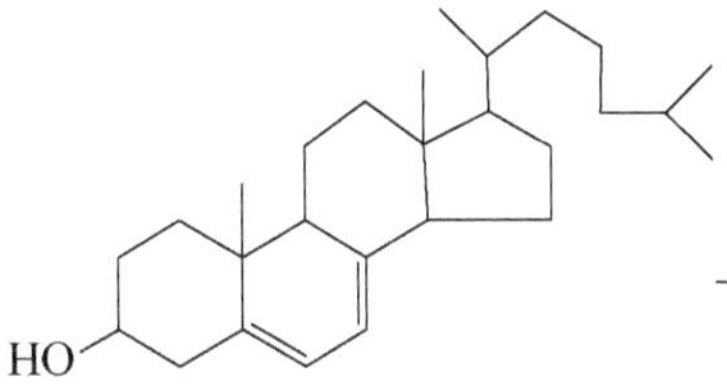

$\xrightarrow{紫外线}$

4. 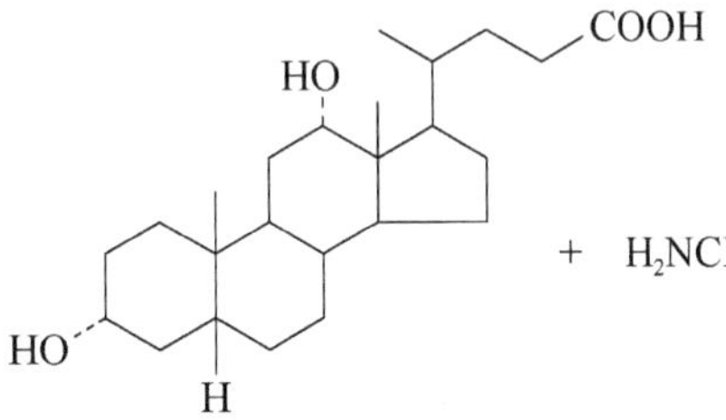

+ $H_2NCH_2CH_2SO_3H$ $\xrightarrow{酶}$

五、推断题

1. 某单萜 A（$C_{10}H_{18}$），经催化加氢后得到化合物 B（$C_{10}H_{22}$），用高锰酸钾氧化 A，生成 4-戊酮酸、乙酸和丙酮，试写出 A、B 的结构式。
2. 用作香料的香茅醛分子式为 $C_{10}H_{18}O$，与托伦试剂反应生成香茅酸，分子式为 $C_{10}H_{18}O_2$。香茅醛被酸性高锰酸钾氧化后得到丙酮和 3-甲基己二酸，试写出香茅醛和香茅酸的结构式。

（李光跃）

第 13 章

有机化学实验基本技能

有机化学实验是基于有机化学基础理论和实验方法的一门实践性学科。本章所列实验训练项目涵盖有机化合物的合成、分离提纯、纯度检查的基本操作方法和相关实验设备的使用，是学生学习有机化学需要掌握的必备技能和常识。

实践项目一　有机化学实验常识

一、有机化学实验室规则

有机化学实验室是有机化学实验者从事实验活动的专门场所。为了保证实验安全顺利地进行，培养良好的实验习惯与工作作风，进入实验室的人员必须遵守以下规则。

（1）进入实验室前，认真预习有关实验的内容及相关参考资料，写好实验预习报告，穿戴好实验服和防护设备，方可进入有机实验室进行实验。进入实验室后，应先熟悉灭火器、砂箱、灭火毯、喷淋洗装置以及急救药箱的放置地点及其使用方法。

（2）每次实验开始前，应先熟悉所需实验器材摆放位置，并检查仪器是否完好无损，及时调换破损和出现故障的仪器。

（3）实验进行时，严格遵守操作规程或实验步骤，思想集中，认真仔细操作，如实记录实验数据及现象。如要改变操作规程，需经指导教师同意。

（4）保持实验室环境卫生，做到桌面、地面、水槽、仪器四净。公用试剂、仪器取用完成后立即恢复待用状态，并放回原处；使用易挥发及有毒有害的试剂应在通风橱中进行操作；注意节约水、电、气和消耗性器材；废物或废液（易燃液体除外）应分类倒入指定垃圾桶或废液桶，决不允许倒入水槽或下水道，以免堵塞和造成环境污染。

（5）实验中应保持安静，遵守秩序，注意安全。如发生意外事故应及时采取相应措施，并立即报告指导教师。

（6）实验完毕后，立即清洗仪器，放回实验柜原处，整理实验台面。值日生清理公用仪器和台面，打扫实验室，清倒生活性垃圾，并协助实验室管理人员检查和关好水、电、气、门窗。

二、有机化学实验室安全常识

在有机化学实验中，实验者要经常接触和使用各种易燃、易爆或有毒、有腐蚀性的试剂以及玻璃仪器、电器设备；了解和掌握这类试剂和仪器设备的安全取用方法与注意事项，有利于预防安全事故的发生；若操作不当引起事故，应及时采取相应处置措施，避免更大安全事故或尽可能降低损失，确保人身安全。

（一）实验室常用安全操作方法

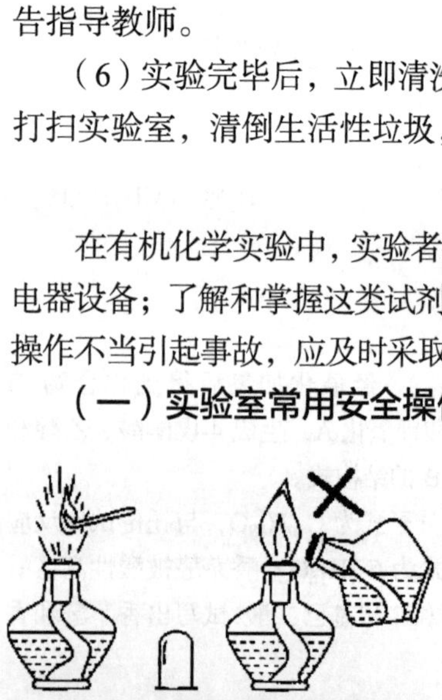

图 13-1　酒精灯的点燃方法

1. 酒精灯的使用方法　使用前酒精的加入量不能超过灯壶容量的 2/3。正确的点燃方法如图 13-1 左图所示，切不可灯对灯点燃。熄灭时应用盖盖灭，切勿用嘴吹。

2. 试剂的取用方法　用前首先要看清试剂瓶上的标签。使用过程中注意切勿腐蚀、污染瓶签。固体试剂存放于广口瓶中，需用清洁、干燥的药勺取用，称量固体试剂时尽量不要多取，多取的试剂不能放回原瓶。液体试剂用滴瓶取液加入试管时，应左手垂直拿持试管，右手轻持滴管胶头，将滴管垂直持于试管口上方，并使滴管尖高出试管口 0.5～1.0cm 再轻挤滴入，切勿伸入试管口。直接从细口瓶取用液体试剂时，先揭开瓶塞，将瓶塞倒过来放在实验台上，将瓶签贴于右手心持拿稳试剂瓶，左手垂直持拿量筒（杯），并将拇指指向所需体积的刻度处，举起量筒使视线与所指刻度水平，将试剂瓶口紧靠量筒边，缓缓倾斜试剂瓶，让液体沿量筒壁慢慢流入至液体弯月面的最低点与所指刻度相切。

3. 易燃、易爆、有毒或腐蚀性试剂取用注意事项 使用易燃物质，应尽可能远离热源。对易爆炸固体的残渣，必须小心销毁（如用盐酸或硝酸分解重金属炔化物）。使用腐蚀性药品（如苯酚）切勿接触皮肤。实验药品均不得入口，有毒药品如重铬酸钾、四氯化碳等，使用时不得接触伤口，也不能随便倒入下水道，以免污染环境。有毒、易挥发试剂应在通风橱中取用；腐蚀性试剂应戴橡胶手套方可取用。实验完毕，必须认真洗手。

4. 装配仪器的操作方法 装配仪器时，遵循“先左后右、从下往上”装配原则，尽可能选用标准接口的成套玻璃仪器。若需胶管或胶塞连接时，选用合适孔径的胶管或胶塞，玻璃管插入塞孔或胶管时，要抹少量水（或甘油），操作时两手要靠近，应旋转插入而不要压入，否则也可能将手戳伤。

5. 加样的操作方法 加料前，应检查实验装置是否正确、稳妥与严密。常压操作时，切勿造成密闭系统；减压操作时，应选用耐压容器；否则可能会发生爆炸事故。液体样品可用长颈漏斗添加；固体粉末状样品放入纸槽水平送入玻璃容器后竖起倒入；块状样品镊夹平放入玻璃容器口部，缓慢竖起容器使样品滑至容器底部。

6. 加热操作方法 不能用敞口容器加热或放置易挥发、易燃试剂。回流或蒸馏时应先于加热前加入沸石，防止暴沸；沸点低于 80℃的液体应采用水浴等间接加热方式加热，切勿蒸干。加热后拆卸仪器、从烘箱或其他加热仪器内取出物品时，应先冷却至室温或用戴石棉手套再拿取，防止烫伤。

7. 用电安全 使用电器设备时，应先检查电器内外是否保持干燥，电器设备的金属外壳是否接地线，插头接线是否完好，电线是否磨损。使用时，先插上插头，再开启仪器开关。不能用湿手或手拿湿物接触带电体。调压器的输入与输出端一定不能接反，否则会烧坏设备甚至造成火灾！实验完毕，必须先切断电源后，再拔插头。万一触电，应立即拉下电闸切断电源，或者用不导电物品使触电者与电源隔离，然后对触电者进行人工呼吸并急送医疗单位抢救。

（二）实验室事故的处理

1. 火灾的处理 一旦发生着火事故，要保持镇静。先拉下电闸并迅速移开附近的易燃物，熄灭附近的火源。少量有机溶剂着火，可用湿布、石棉布盖熄；玻璃仪器内的溶剂着火时，最好用大块石棉布盖熄，切记不可用水灭火；若火势较大，则使用泡沫灭火器灭火。电器设备着火，应先拉下电闸，再用四氯化碳灭火器（一定要注意通风，防止中毒！）或二氧化碳灭火器灭火，灭火时，提起灭火器，拔出保险销钉，用力压下手柄，将出口对准火源根部扫射扑灭（图 13-2）。衣服着火时，应立即脱下着火衣服，将火闷熄，切勿惊慌乱跑，以防火势扩大。情况危急时，也可就地打滚，盖上灭火毯，或用水冲淋，使火熄灭。

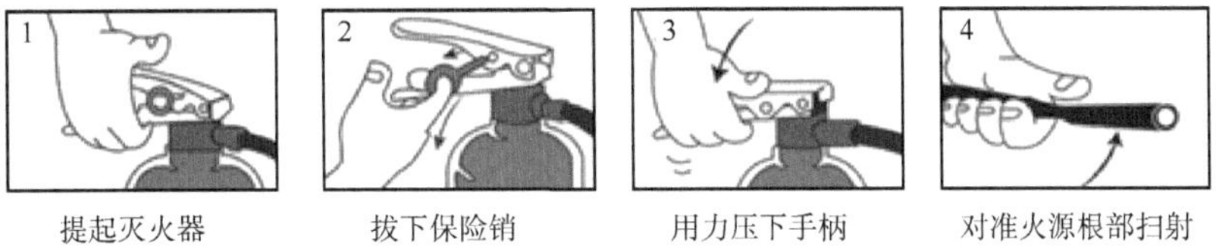

图 13-2 灭火器使用方法

2. 玻璃割伤 当伤口内有玻璃碎片时，应先取出，再用水洗净伤口，然后抹上碘伏消毒并包扎。如伤口较深，流血不止时，可在伤口上部 10cm 处用纱布扎紧，以减慢流血，并立即去医院就诊。

3. 酸或碱灼伤 当酸液或碱液灼伤皮肤时，应立即用大量水冲洗。如酸液灼伤则再用 1%碳酸氢钠溶液洗，如碱液灼伤则再用 1%硼酸溶液洗，然后都再用水洗，最后，在灼伤处涂上药用凡士林。酸液或碱液溅入眼内，处理方法同上，并及时去医院就诊。

4. 烫伤 一般涂以烫伤油膏等，严重时及时去医院就诊。

三、玻璃仪器清洗与干燥

（一）常用玻璃仪器

有机化学实验装置绝大多数采用标准磨口接头的玻璃仪器，接头是由套管（简称口）和锥形插头（简称塞）组成，其互换性好，接缝严密，拆装容易。最常用的是锥形磨口标准接头且标有两个数字，分别代表套管大端的内径和磨口部分的长度，如 24/29 即指套管大端内径 24mm，磨口长度为 29mm。标准磨口仪器有多种规格，编号有 $10^{\#}$、$14^{\#}$、$19^{\#}$、$24^{\#}$、$29^{\#}$、$34^{\#}$等，数字是指磨口最大外径（mm）。仪器进行组合时，相同编号的标准磨口可以相互连接；对于编号不同的磨口仪器可借助于不同编号的磨口接头使其相互连接。图 13-3 是最常用的玻璃仪器。玻璃仪器的用途及范围见表 13-1。

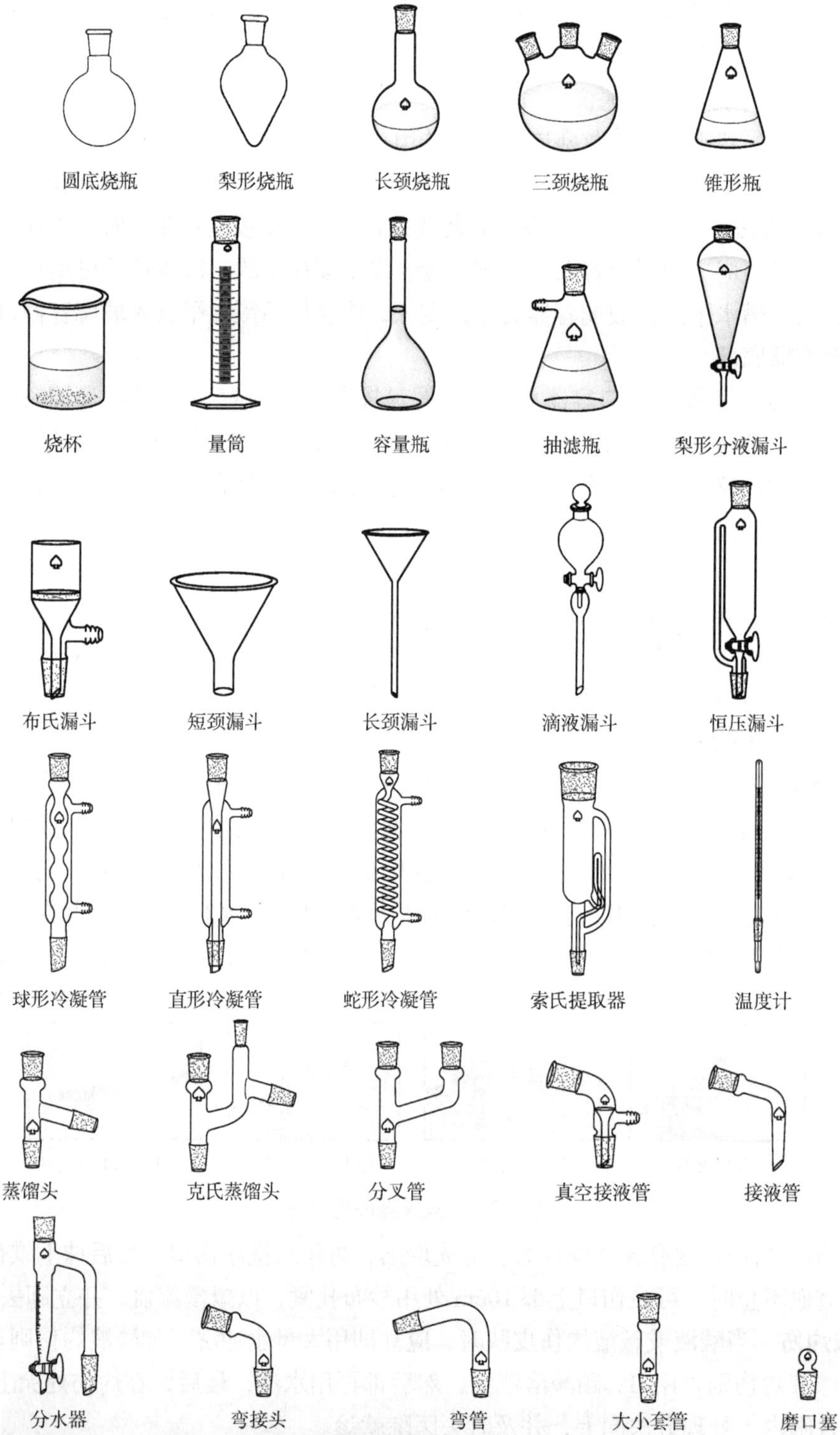

图 13-3　常用玻璃仪器和标准磨口仪器

表 13-1 玻璃仪器的用途及适用范围

序号	仪器名称	用途及适用范围
1	圆底烧瓶	耐热耐压，用于回流、蒸馏和合成反应
2	梨形烧瓶	用于少量反应物合成，反应液面可维持较高或蒸馏后残液较少
3	长颈烧瓶	用途类似圆底烧瓶，适合深度加热
4	三颈烧瓶	适用于合成反应中安装搅拌器、回流冷凝管和温度计
5	锥形瓶	储存液体或作为蒸馏接收器
6	烧杯	用于加热、浓缩、混合和转移液体
7	量筒	定量量取液体，不能明火直接加热或烘箱中干燥
8	容量瓶	配制标准浓度溶液，有多种容量规格供选用
9	抽滤瓶	用于减压过滤，不能明火加热
10	梨形分液漏斗	用于溶液的萃取、洗涤和分离或滴加反应液
11	布氏漏斗	玻璃或瓷质多孔漏斗，用于减压过滤
12	短颈漏斗	里面垫滤纸用于普通过滤或常压添加液体
13	长颈漏斗	里面垫滤纸用于普通过滤或常压添加液体
14	滴液漏斗	用于滴加反应物至反应瓶中，可观察滴加速度
15	恒压漏斗	用于有内压的反应体系的物料滴加
16	球形冷凝管	用于回流操作，其内管的冷却面积较大，对蒸气的冷凝效果好
17	直形冷凝管	适用于沸点低于 140℃的蒸馏物质的冷凝
18	蛇形冷凝管	适用于低沸点物质的长时间回流操作，其内管的冷却面积更大
19	索氏提取器	利用溶剂回流及虹吸原理，连续提取固体物质，节约溶剂且效率高
20	温度计	测温仪器，煤油温度计测温范围-30～150℃，水银温度计测温范围-39～350℃，酒精温度计测温范围-114～78℃
21	蒸馏头	用于常压蒸馏中蒸馏烧瓶、温度计和冷凝管的连接
22	克氏蒸馏头	用于减压蒸馏中烧瓶、温度计、毛细管气化中心和冷凝管的连接
23	分叉管	用于两个管口连接
24	真空接液管	用于减压蒸馏中冷凝管与接液器的连接
25	接液管	用于常压蒸馏中冷凝管与接液器的连接
26	分水器	用于分离反应过程中生成的水，以提高可逆反应的产率
27	弯接头	用于不同口径的两容器间弯接连通
28	弯管	用于等口径的两容器间弯接连通
29	大小套管	用于不同口径的两容器间直线连通
30	磨口塞	用于磨口玻璃容器的密封，防气体逸出

（二）玻璃仪器的洗涤

玻璃仪器的洁净与否，直接关系到实验结果的可靠性和准确性。最好在每次实验结束后立即清洗使用过的仪器，这样不但容易洗净，而且由于了解污物的性质，便于找到适当的方法处理残渣。例如，酸性残渣可用稀的氢氧化钠溶液溶解；碱性残渣可用稀的盐酸或硫酸溶解；胶状物可用回收有机溶剂（乙醚、乙醇等）溶解。不洁玻璃仪器放置越久，清洗越困难。玻璃仪器的洗涤方法主要有下列几种。

1. 刷洗 用专用长柄毛刷（如烧瓶刷、冷凝管刷、试管刷等）蘸取去污粉或洗衣粉刷洗器壁，将玻璃表面污物除去后，再用自来水冲洗干净。切勿用力过猛，以免戳破玻璃仪器。

2. 铬酸洗液洗 对于有焦油状或炭化残渣的玻璃仪器，往其内加入少量铬酸洗液，使仪器倾斜并缓缓转动，让内壁各处均被润洗到，转几圈后，将洗液倒回原瓶中回收，再用自来水冲洗仪器中残留的洗液。若玻璃仪器用铬酸洗液浸泡数小时，洗涤效果更好。铬酸洗液的配制：在一个 250ml 烧杯中，将 5g 重铬酸钾溶于 5ml 水中，然后在搅拌下缓慢加入 100ml 浓硫酸即可。铬酸洗液呈红棕色可反复使用，溶液变绿失效。铬酸洗液腐蚀性强，取用时应带橡胶手套，以确保安全。

3. 超声清洗 往超声清洗机的水槽内注入清水，加入少量洗涤剂，放入待清仪器；开启超声清洗机，利用超声波震动除去污物。可根据仪器的污秽程度确定清洗时间，取出后再用自来水冲洗干净。此法适用于不能用铬酸洗液洗的仪器和带有刻度的玻璃的清洗。

4. 润洗 用于特殊实验或供有机分析用的仪器，除用上述方法处理外，还需用蒸馏水润洗，以除去自来水冲洗带入的杂质。润洗时采用“少量多次”法，挤压洗瓶使蒸馏水成细流射出到仪器内壁，转动仪器使洗液润洗到仪器内壁各处，倒出水；重复至少三次即可。

以上任何方法洗涤仪器后，倒转仪器让水全部流出，若无水珠挂于容器内壁则说明已洗净，否则需再次清洗。

（三）仪器的干燥

有机化学实验要求洗净的仪器必须干燥后才能使用，如格氏试剂的制备、量取无水乙醚等。常用的玻璃仪器干燥方法有以下几种。

1. 晾干 将洗净的玻璃仪器倒放在仪器木柜中合适位置，让水滴自然蒸发掉。适用精密量器的干燥。

2. 烘干 将洗净晾干的仪器管口朝下放入烘箱或电热恒温干燥箱，温度控制在105℃左右，经0.5～1.0h后停止加热，冷却至室温再取出。必须注意，凡带有旋塞或磨口塞的仪器必须取下分离干燥；精密容量玻璃仪器绝不能烘烤；刚用乙醇、丙酮等挥发性强的有机溶剂淋洗过的仪器切勿放入烘箱，以防爆炸。

图 13-4 气流干燥器

3. 吹干 用热的或冷的空气流将仪器吹干，常采用电吹风或气流干燥器（图 13-4）。对于不能加热干燥的仪器，可用易挥发的有机溶剂如乙醇、乙醚和丙酮先润洗后用冷风吹干。若仪器可以加热则用有机溶剂润洗后采取冷风-热风-冷风的顺序吹。

4. 烤干 烧杯、表面皿等可放在石棉网上用小火烤；试管可用试管夹夹住距管口1/4～1/3处，将管口倾斜向下，煤气灯或酒精灯火焰先对准管底，慢慢移向管口，水珠消失后再将管口朝上烤一会儿底部赶走水汽。要注意，仪器外壁的水必须先擦干再烤干。

四、实验报告书写格式

（一）实验预习报告

实验预习是实验成败的关键性因素之一。实验前须对整个实验内容进行全面预习，做到心中有数；对实验中可能遇到的问题、实验的要求、试剂及产物的理化性质、安全性等进行查阅，以便对实验有充分了解。应查阅有关资料，确定正确的实验方案，确保实验时能够流畅顺利。实验预习内容与结果应简要写在记录本上。预习报告应包含以下内容：①三条以上实验目的；②实验原理，主副反应方程式和反应条件控制；③画出实验装置图，标注仪器名称与性能及注意事项；④原料、产物的物理常数及主要试剂规格、用量；⑤写出简明操作规程和示意性流程图；⑥实验中可能出现问题及解决方案。

（二）实验记录

实验记录是研究实验内容与书写实验报告的依据。可参考以下条目书写实验记录：①实验名称与主反应式；②试剂的规格、物理参数及实际用量；③所用仪器种类和型号；④实验过程现象（如温度、颜色、沉淀等变化）与出现时间；⑤产物的状态、色泽、熔沸点和质量或体积。预先做好记录表格，供实验时用。实验者必须养成边实验边观察边记录的习惯，切不可事后仅凭记忆补记。

（三）实验报告

实验报告是实验原始记录的整理总结，特别是实验中出现问题的分析讨论和思考，提出改进意见的过程，是理论与实践相结合，综合提升能力的手段。有机化学实验报告可参考以下案例来书写。

案例 13-1

实验× 溴乙烷的制备

×年×月×日

一、实验目的或要求

（1）掌握醇与氢卤酸反应制备卤烷的反应。

（2）掌握洗涤、分馏纯化液态有机化合物的方法。

（3）了解恒压漏斗滴加与控制反应的关系。

二、实验原理

主反应：$NaBr + H_2SO_4 \Longrightarrow NaHSO_4 + HBr$

$$CH_3CH_2OH + HBr \xrightarrow[\triangle]{} CH_3CH_2Br + H_2O$$

$$CH_3CH_2OH \xrightarrow[\triangle]{浓H_2SO_4} H_2C{=\!=}CH_2 + H_2O$$

副反应：

$$2CH_3CH_2OH \xrightarrow[\triangle]{浓H_2SO_4} (C_2H_5)_2O + H_2O$$

$$2HBr + H_2SO_4 \overset{}{\underset{\triangle}{\Longrightarrow}} Br_2 + SO_2\uparrow + 2H_2O$$

三、试剂规格及用量

试剂	规格	用量
95%乙醇	CP	10ml
浓硫酸	CP	19ml
溴化钠	CP	15g

四、主要装置图

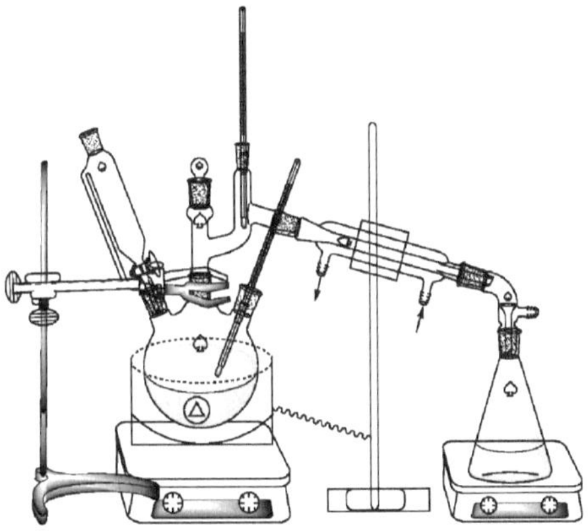

五、操作规程或步骤

1. 主要步骤

（1）装反应物：在三颈烧瓶和恒压漏斗中分别加入反应物和沸石。

（2）组装反应装置：按照反应装置图组装。

（3）加热：控制并使反应平稳进行。

（4）记录反应现象。

（5）停止加热：冷却后拆卸反应装置。

（6）粗产物分离：馏出液分液和酸洗。

（7）蒸馏：收集 37～40℃的馏分。

2. 实验流程图

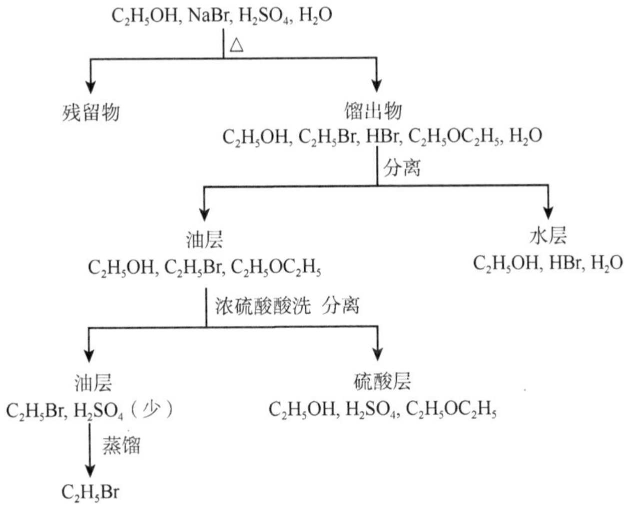

六、数据及结果

产品名	沸程/℃	性状	密度/(g/cm^3)	理论质量/g	体积/ml	产量/g	产率/%
溴乙烷	38～39.5	无色油状液体	1.46	13.56	6.8	9.93	73.2

七、实验讨论

（1）反应温度对收率的影响。

（2）⋮

【课后研究】

（1）有机化学实验的废液有哪些？怎样分类？

（2）我国化学试剂纯度分为哪几个等级？

考点： ①玻璃仪器的洗涤和干燥方法；②实验室安全常识和事故的处理方法；③标准磨口仪器的用途及适用范围

实践项目二　熔点的测定

【实验原理】 固体化合物当受热达到一定温度时，即由固态转变为液态，这时的温度称为该化合物的熔点。严格来说，熔点是在大气压下固体化合物达到固-液两相平衡时的温度。通常情况下，纯净的固体有机化合物都有固定的熔点。在一定压力下，纯的固体有机化合物的固-液两相之间的变化非常敏锐的温度差在 0.5～1.0℃范围内（熔点范围称为熔程或熔距）。如被测物中混有杂质，则其熔点下降，且熔距也较长。因此，可通过测定化合物的熔点来鉴别固体有机化合物真伪或者判断固体有机化合物的纯度。鉴定一种新制备的化合物是否为已知化合物，常用混合熔点测定法。将新制化合物与已知化合物混合测熔点，如混合物熔点低于两者各自熔点，且熔程扩大，则是两种化合物；如混合物熔点并无降低现象，则两者同一化合物。有时也可能观察到熔点升高现象，这可能是两者反应生成新的化合物的缘故。熔点测定方法有毛细管测定法、熔点仪测定法和热分析法（如差示扫描量热法）等，其中毛细管法测定熔点，仪器简单，操作方便，是实验室常用的方法。

【器材与试剂】

1. 器材 熔点测定管（又称 b 形管或提勒管），缺口橡皮塞，温度计（0～200℃）、熔点测定毛细管，玻璃导管（长 40～60cm），铁架台，铁夹，酒精灯，玻璃表面皿，橡皮圈。

2. 试剂 液体石蜡[化学纯（CP）]，肉桂酸[分析纯（AR）]。

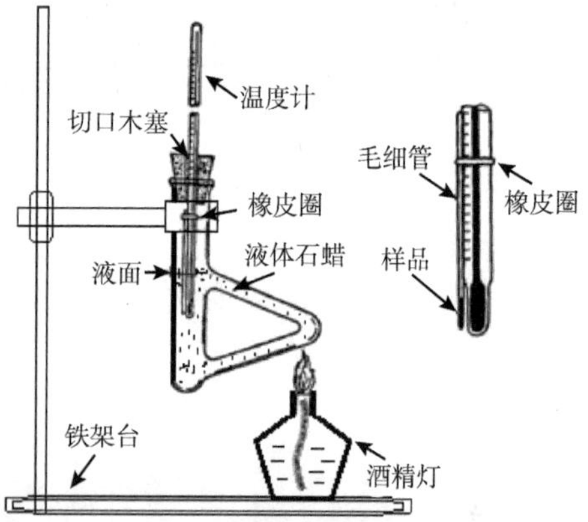

图 13-5　熔点测定装置图

【熔点测定装置】 熔点测定装置一般分为简易熔点测定装置（图 13-5）和熔点仪。熔点仪与简易熔点装置不同的是可以控制加热升温速度，熔点测定值准确度更高。学生实验一般采用简易测定装置，有助于熔点测定技能的掌握。简易熔点测定仪由酒精灯、提勒管（也称 b 型管，内装传温介质）、温度计和熔点测定样品毛细管共同组成。

【操作规程】

1. 毛细管管端的熔封 取一根熔点测定毛细管，两手掌心相对，用两手的拇指和食指的前端夹住毛细管，倾斜约 45°放入酒精灯外焰内约 0.5mm，左手拇指和食指扶住毛细管，右手拇指和食指慢慢转动毛细管加热，直到管端烧红，玻璃熔化，拿离，冷却即可。

2. 样品的填装 取少量肉桂酸样品，干燥，尽量研细。将研细粉末置于洁净的玻璃表面皿上，将其聚成一堆，再将熔封好的毛细管开口的一端垂直插入样品堆中，反复几次，即有少量样品被挤入毛细管内。将装有样品的毛细管开口端朝上，放入垂直置于玻璃表面皿上的玻璃导管（长 40～60cm）中，使其自由落下，反复操作数次，直至样品均匀、紧密平整地填装在毛细管底部，所装样品高度为 2～3mm。

3. 仪器的装配 在提勒管中装入液体石蜡为传热浴液，使其液面略高于侧面支管口上沿。用小橡皮圈套将装好样品的毛细管固定在温度计下端，使毛细管下端的待测物质恰好与温度计水银球的中央平行。注意：固定橡皮圈应该高于液体石蜡液面，切勿没入其中。将固定好样品管的温度计通过切口软木塞轻轻地插入提勒管中，使水银球处于提勒管上下支管的中部为宜。再将提勒管固定于铁架台上（图13-5）。

4. 熔点的测定

（1）粗测：先用酒精灯的外焰沿着提勒管的下支管来回预热，然后在提勒管的支管远端加热，管内传温液体石蜡因温度差而发生对流循环，使温度均匀上升。熔点测定的关键操作之一就是控制加热速度，使热能够通过液体石蜡的传递透过毛细管到达样品，样品受热熔化，令熔化的温度与温度计所显示的温度一致。粗测时温度上升速度可稍快，每分钟上升5～6℃，得到一个近似熔点。

（2）精测：准确测定时需等浴液的温度下降至近似熔点以下30℃左右，更换一根装样毛细管再行慢慢地加热，以每分钟上升约5℃的速度升温。待温度加热达到比近似熔点低10～15℃时，调小火焰，使温度每分钟上升 1℃为宜。当温度接近熔点时，加热要更加缓慢。此时应该特别仔细观察温度的上升与毛细管中样品变化的情况。待样品出现小液滴时，表示已开始熔化（初熔），至样品全部透明时则表示完全熔化（全熔）。记录样品刚有小液滴出现时和样品恰好完全熔融时两个温度的读数，两值之差即为被测物质的熔程（熔距或熔点范围）。真实的熔点是恰好完全熔融时的温度。按上述操作重复再测定一次。

【数据及结果】

样品测定数据及结果见表13-2。

表13-2　样品测定数据及结果

项目	1	2	平均值
始熔温度/℃			
全熔温度/℃			
熔程/℃			

【课后研究】

（1）现有两瓶白色固体粉末状有机化合物，从外观上看两者相同。请你设计一种实验方法来验证它们是否是同一种物质。

（2）影响熔点测定准确度的因素有哪些？

考点：①熔点和熔程；②熔点测定操作规程；③熔点测定装置组成部件

实践项目三　重　结　晶

【实验原理】

1. 重结晶　重结晶是将晶体用溶剂先进行加热溶解后再冷却析出晶体的操作过程。在此过程中，因被提纯化合物及杂质在溶剂中溶解度和量的不同，析出晶体的量也不同。如杂质量较少，热溶液冷却后，杂质留在溶液中，被提纯化合物析出晶体；如杂质在溶剂中难溶而被提纯化合物易溶，趁热过滤时可除去，滤液冷却后被提纯的化合物析出晶体，从而达到分离纯化的目的。

2. 溶剂选择原则　选择适当的溶剂是重结晶的重要环节，一般遵循以下原则：①遵循“相似相溶”规则，且溶剂不与被提纯的物质起化学反应；②被提取物在溶剂中的溶解度随温度的变化而有较大的变化；③杂质在溶剂中的溶解度很大或很小；④被提取物在溶剂中能得到较好的结晶；⑤沸点较低，易于与晶体分离除去，沸点最好低于被提纯物质的熔点；⑥溶剂易得、价廉、毒性小、不易燃烧。

3. 溶剂确定方法　如不能从现在资料中找到合适的溶剂或只能找到几个有可能用于重结晶的溶剂，可通过实验确定。具体做法如下：将0.1g粉末试样置于小试管内，用滴管逐滴加入溶剂，同时不断振摇。若加入溶剂约1ml已全溶，则该溶剂不能入选。因试样在该溶剂中溶解度太大，不利冷却后晶体析出。若加入1ml后试样仍不溶解，加热后才溶解，冷却后有大量晶体析出，则可选定为重结晶溶剂。若加入1ml后加热仍不溶解，再逐渐加入溶剂至3ml，若试样仍不溶解，则该溶剂不适用。若在 3ml 内加热溶解冷却后有大量晶体析出，也可选用。如果试样在某一溶剂中很易溶解，在另一溶剂中难溶，且两溶剂又能相互混溶，则可组成混合溶剂进行试验。常用的混合溶剂有水-乙醇、水-丙酮、水-冰醋酸、乙醇-苯、苯-石油醚等。若几种溶剂同样适合时，则应根据重结晶的回收率、溶剂的毒性、可燃性、价格、用量及操作难易等加以选择。

【器材与试剂】

1. 器材 100ml 烧杯，50ml 或 100ml 圆底烧瓶，布氏漏斗，保温漏斗，抽滤瓶，短颈玻璃漏斗，表面皿，量筒，滤纸，玻璃塞，真空泵，烧瓶夹，软胶管，电加热套，酒精灯。

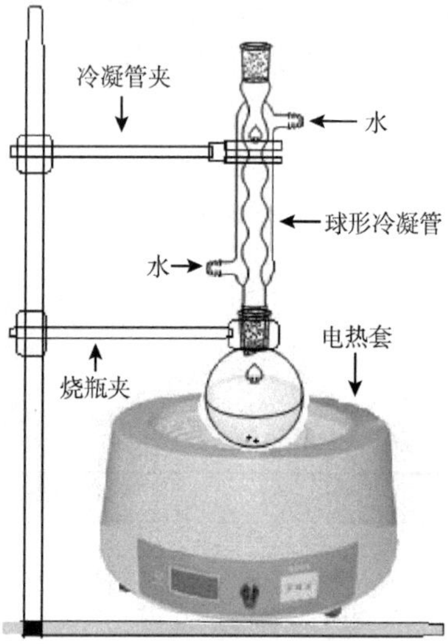

图 13-6 加热回流装置图

2. 试剂 95%乙醇，粗乙酰水杨酸，活性炭。

【回流溶解装置】 采用有机挥发性溶剂进行重结晶时，加热溶解固体必须采用回流溶解装置（图 13-6），以免溶剂挥发损失过多和防止意外事故的发生。回流溶解装置由加热装置（如电热套或硅油浴）、蒸馏烧瓶和球形冷凝管共同构成。加热溶解时，冷凝管起到冷凝作用，使得挥发的溶剂再回到蒸馏烧瓶中，加热速度不宜过快，以形成的蒸气不超冷凝管内部下端第二个球体为宜。

【操作规程】

1. 溶解 称取 2g 粗乙酰水杨酸置于 50ml 圆底烧瓶中，并加入两粒沸石和 10ml 95%乙醇，照图 13-6 所示组装好加热回流装置后，加热至沸腾，观察烧瓶中乙酰水杨酸是否完全溶解。若没有完全溶解，停止加热，从冷凝管上口端通过漏斗添加少量 95%乙醇（切勿将溶剂滴入电热套，以防失火），继续加热至沸腾，观察是否完全溶解；重复上述操作，直至乙酰水杨酸完全溶解。再添加前面加入溶剂总量的 5%～20%（以免趁热过滤时过早析出晶体），煮沸得热溶液。

2. 活性炭脱色 如果样品中含有色杂质，可加入活性炭脱色。先移去热源，待上述溶液稍冷后，通过自折纸漏斗，从烧瓶口加入样品量的 1%～5%的活性炭（色深活性炭加量），切勿活性炭粘烧瓶磨口处，再加热微沸 5～10min，让有色杂质充分吸附在活性炭上。

3. 趁热过滤 热溶液或加有活性炭的热溶液需趁热过滤。通常常压过滤可除去热溶液中的不溶性杂质（尘土、活性炭等）。为了加快过滤速度，避免过滤时析出晶体造成堵塞，可采用短的粗颈漏斗和菊花形滤纸过滤，同时可采用一些保温措施。当重结晶溶剂为水时，如图 13-7A 所示，用小火加热盛放滤液的锥形瓶，产生热的蒸气可使玻璃漏斗保温；如溶剂为有机溶剂，采用保温热水漏斗过滤，漏斗夹套内装入热水或加热夹套（图 13-7B），水温应略低于所用溶剂的沸点。滤毕，用少量热水洗涤烧瓶和滤纸。

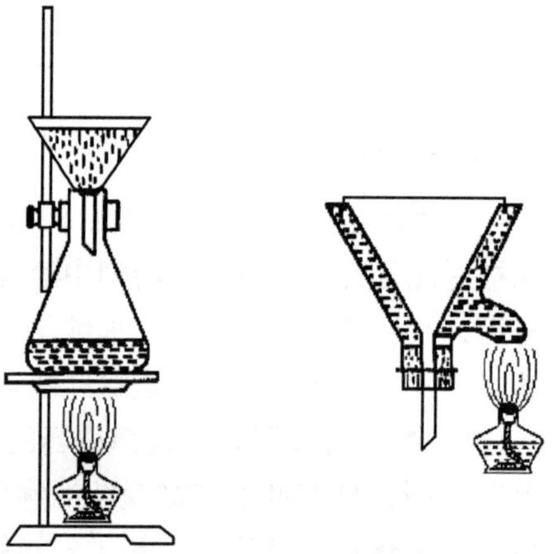

图 13-7 趁热过滤装置

菊花形滤纸由于表面积较大，过滤速度较一般滤纸快。其折叠方法：先将圆形滤纸对折，再对折成圆形的 1/4，展开后如图 13-8A 所示；再以 1 对 4 折出 5，3 对 4 折出 6，1 对 6 折出 7，3 对 5 折出 8，如图 13-8B 所示；以 3 对 6 折出 9，以 1 对 5 折出 10，如图 13-8C 所示；然后，在 1 和 10，10 和 5，5 和 7，7 和 4，4 和 8，8 和 6，6 和 9，9 和 3 之间各向内折叠，如图 13-8D 所示；把滤纸展开，在 1 和 3 各向内折叠一个不叠面，如 13-8E 所示；最后展开折叠的滤纸宛如菊花，如图 13-8F 所示。展开后的滤纸经整理后放入玻璃漏斗即可。注意：折叠时，对于滤纸的顶部不宜重压，因过滤时它承受压力最大，以免破损泄漏。

4. 结晶 将滤液室温放置，缓慢冷却，可析出较大而均匀的晶体。若溶液已冷却而过饱和，仍未析出晶体，可用玻璃棒摩擦器壁或投入该被提纯物质的晶体，帮助晶体析出。

5. 抽滤 将布氏漏斗配以橡皮塞装在抽滤瓶（或吸滤瓶）上，抽滤瓶与循环水泵（或真空泵）之间接一个安全瓶（图13-9），当水压降低时，可防止水倒吸入抽滤瓶。抽滤的操作步骤：先开启循环水泵（或真空泵），然后关闭安全瓶通大气活塞，抽吸；停止时，先打开安全瓶的活塞与大气相通，再关闭循环水泵。布氏漏斗中所铺的滤纸应剪得比漏斗内径略小，且能完全覆盖所有的小孔为宜。过滤前，用溶剂润湿，抽吸，使滤纸紧贴在漏斗底部，防止晶体在抽滤时自滤纸边缘吸入瓶内。用搅拌棒或刮刀将结晶与母液混合物转移到漏斗中，使结晶均匀分布于滤纸上，一直抽吸至几乎无液体滤出为止。可用倒置的玻璃瓶塞压挤晶体表面，尽量将液体除净。洗涤时，先恢复常压，加入适量冷的新鲜溶剂，使其恰好盖住结晶，静置片刻，重新抽吸，直至抽干。重复洗涤1～2次。停止抽滤时，应先开启安全瓶活塞或拔去抽滤瓶上的橡胶管，然后关闭循环水泵（或真空泵）。

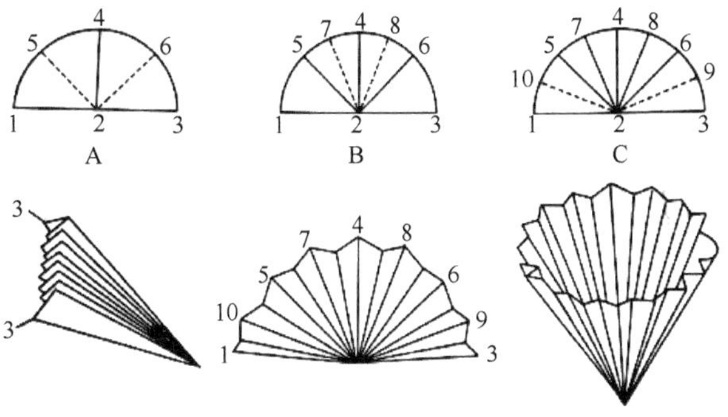

图13-8 菊花形滤纸折叠方法

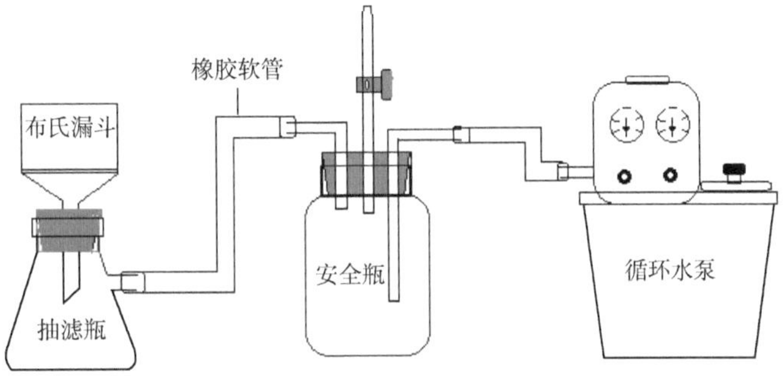

图13-9 抽滤装置

6. 结晶的干燥 将结晶转移到表面皿上，摊成薄层，置于干燥器中或上面盖一张滤纸，在空气中晾干；也可置于红外灯下快速红外干燥。称量，计算回收率。测定熔点，并与乙酰水杨酸熔点加以比较。

【数据及结果】

计算公式：

$$\text{回收率} = \frac{m_{\text{纯}}}{m_{\text{粗}}} \times 100\%$$

样品测定数据及结果见表13-3。

表13-3 样品测定数据及结果

项目	品名	$m_{\text{纯}}$/g	$m_{\text{粗}}$/g	回收率/%	性状	理论熔点/℃	实测熔点/℃
结果	乙酰水杨酸						
结论							

【课后研究】

（1）如何证明经重结晶提纯后的产品是否纯净？

（2）以有机溶剂和水作为重结晶溶剂，两者操作上有何不同？

（3）晶体干燥方法如何选择？

考点：①重结晶法提纯有机化合物的原理；②重结晶操作步骤；③加热回流、抽滤和趁热过滤操作；④菊花形滤纸折叠

实践项目四　旋光度的测定

【实验原理】 旋光性物质根据其旋光性可分为两类：使偏正光的振动平面向右（顺时针）旋转的称为右旋化合物（以“+”表示）；使偏正光的振动平面向左（逆时针）旋转的称为左旋化合物（以“–”表示）。通过测旋光度，可以检验旋光物质的纯度并测其含量。物质的旋光度与溶液的浓度、溶剂温度、样品管长度和所用光源的波长等都有关系，常用比旋光度$[\alpha]_D^t$来表示各物质的旋光性。

$$[\alpha]_D^t = \frac{\alpha}{l \times c} \qquad (13\text{-}1)$$

式中：α为旋光仪测定的度数；t为测定时的温度（20℃）；D表示旋光仪光源为钠光的D线（λ=589nm）；l为样品管长度；c为溶液的质量浓度，g/ml，纯液体可用密度。比旋光度是旋光性物质的一个重要的物理常数，可用于以鉴别旋光性物质。

【器材与试剂】

1. **器材**　电子天平，目视圆盘旋光仪，100ml容量瓶，250ml烧杯，玻璃棒，滤纸，擦镜纸。
2. **试剂**　葡萄糖，重蒸馏水。

【目视圆盘旋光仪】 常用的旋光仪有目视圆盘旋光仪或自动旋光仪两种。目视圆盘旋光仪主要由钠光源、检偏镜、样品管槽、检偏镜及转动手轮、刻度盘、调焦旋钮、目镜等部件组成，见图13-10。自动旋光仪是将检偏镜、手动转轮、刻度及目镜采用光电机械联动方式直接显示出旋光度，操作更简便快捷。

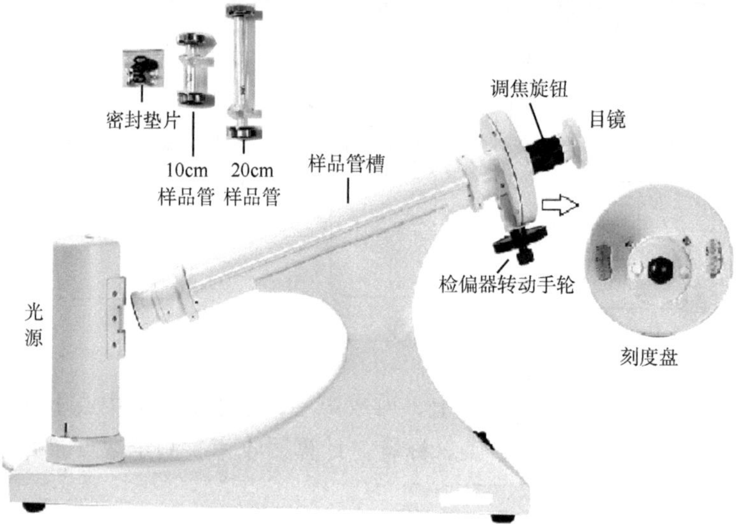

图13-10　旋光仪仪器及配件图

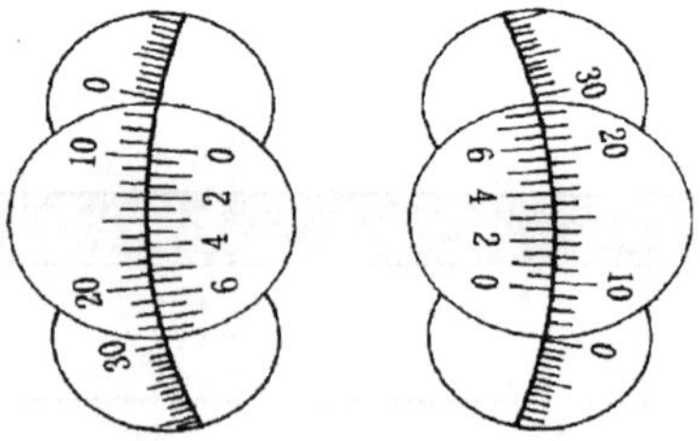
图13-11　旋光仪的刻度盘和游标盘

目视圆盘旋光仪测定旋光度的具体读数方法是：如图13-11所示，右边游标盘的0刻度线对在刻度盘的9与10之间，游标盘上的3与刻度盘的线对得最准，所以读数为+9.30°，但因为偏振面在旋光仪中旋转α°后，它所在的平面和从这个角度向左或者向右旋转n个180°后所在平面完全重合。所以观察值为α时，实际角度可以是$\alpha \pm n \times 180°$。图中读数为+9.30°，实际上数值可能为9.30°、189.30°、369.30°或者–170.70°等。所以在测定未知物时，至少要做改变浓度或样品管长度的测定，如果观察值为+9.30°，当稀释2倍后，新读数为+4.65°，则此未知物的$\alpha = 4.65° \times 2 = 9.30°$，而不是$+9.30 \pm n \times 180°$的其他值。

【操作规程】

1. **待测溶液配制**　用天平准确称取10.0～10.5g葡萄糖样品，在100ml容量瓶中配成溶液。溶液若不透明澄清，用滤纸过滤。

2. **旋光仪零点的校正**　旋光仪接通电源，首先打开钠光灯，稍等几分钟，待光源稳定后，从目镜中观察视野，如视野不清楚可调节目镜焦距。选用合适的样品管并洗净，充满重蒸馏水（应无气泡），放入旋光仪的样品管槽中，调节检偏镜转动手轮，使三分视野消失，视场的明暗程度一致，如图 13-12C 所示，读出刻度盘上的刻度并将此角度作为旋光仪的零点。

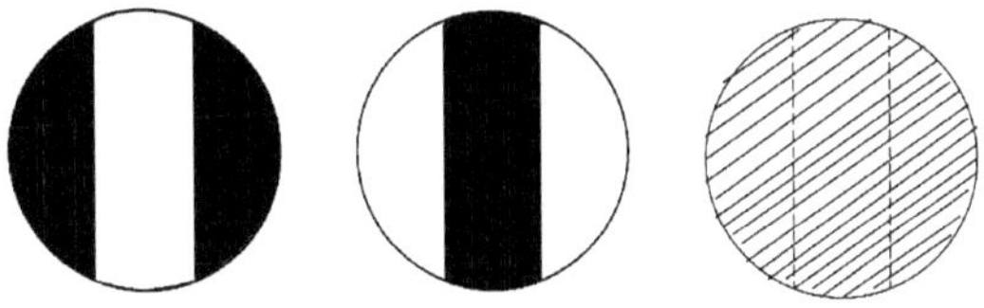

图 13-12　三分视野示意图

3. **装待测液**　洗净样品管后，用少量待测液润洗 2～3 次，往样品管内倒满待测液（无气泡），拧好样品管盖，用擦镜纸擦干外壁。

4. **旋光度的测定**　将装好待测样品的样品管放入仪器内，调整目镜的焦距，使视野清晰。旋转手轮，调整检偏镜转动手轮，使视场中三分视场的明暗程度一致，读取刻度盘上所示的刻度值，此时刻度盘上的读数与蒸馏水读数之差即为该样品的旋光度。

测完一次后，在旋光仪中放另一只盛有待测样品的测试管，按上述方法测其旋光度值，重复两次，取其平均值，记下样品管的长度和溶液的温度，由葡萄糖溶液的比旋光度计算浓度。

5. **实验结束**　洗净样品管，再用蒸馏水洗净，擦干存放。镜片用软绒布揩擦。仪器连续使用时间不宜超过 4 h，如果过长，应熄灯休息 10～15min，否则会影响灯的寿命。

【数据及结果】　实验数据及结果填写入表 13-4。

表 13-4　样品测定数据及结果

温度（℃）	样品管长度（dm）	蒸馏水读数	旋光度（°）			葡萄糖的浓度 g/ml		
			1	2	平均值	1	2	平均值

【课后研究】

（1）已知葡萄糖在水中的比旋光度 $[\alpha]_D^{20}$ 为+52.5°，将葡萄糖水溶液放在 1dm 长的样品管中，在 20℃测得其旋光度为+2.8°，求这个溶液的浓度。

（2）影响旋光度的因素有哪些？

（3）实验中是如何判断被测物质是左旋还是右旋的？

考点：①手性化合物的旋光性及其测定的原理；②旋光度测定的操作规程；③旋光仪的基本构造

实践项目五　常 压 蒸 馏

【实验原理】　当液相蒸发速度与气相凝结速度相等时，液面上的蒸气达到饱和，称为饱和蒸气，它对液面所施加的压强称为饱和蒸气压。当液体的蒸气压增大到与外界所施加的压强（通常是指大气压）相等时，就有大量气泡从液体内部逸出，当气态和液态达到动态平衡，即液体沸腾，此时的温度称为该液体物质在此压力下的沸点，通常所说的沸点是指大气压为 101.325kPa 时液体沸腾的温度。实验证明，液体的蒸气压只与液体的本性和温度有关，即液体在一定温度下具有一定的蒸气压。具有固定沸点的液体不一定都是纯净的液态有机化合物，有些有机化合物常和其他组分形成二元或三元共沸混合物，有一定的沸点，例如，95.5%的乙醇和 4.5%的水组成的共沸混合物，其沸点为 78.15℃。

蒸馏是将液态有机化合物加热至沸腾变成蒸气，再将蒸气冷凝为液体这两个过程的联合操作。通过蒸馏可以把沸点相差大于 30℃的几种液体混合物分离，也可以将易挥发物质与难挥发物质分开，从而达到分离与提纯的目的。纯净的液态有机化合物在蒸馏过程中沸程很小（0.5～1.0℃），故利用蒸馏的方法可测定有机化合物的沸点，还可根据沸程的大小来鉴定液态有机化合物的纯度。

【器材与试剂】

1. **仪器** 50ml 蒸馏烧瓶，蒸馏头，温度计套管，100℃温度计，直形冷凝管，接液管，锥形瓶，铁架台（2个），铁夹，电加热套，量筒，长颈漏斗，沸石，橡皮管，乙醇回收缸。

2. **试剂** 工业乙醇。

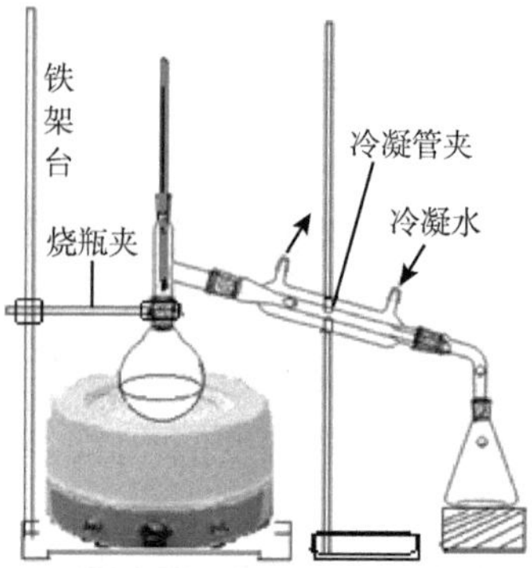

图 13-13 常压蒸馏装置图

【常压蒸馏装置】 蒸馏装置由加热装置、蒸发装置、冷凝装置和接收装置四部分组成（图 13-13）。加热装置常采用电加热套或控温水浴（油浴）。蒸发装置由单颈蒸馏烧瓶、蒸馏头和温度计组成。蒸馏烧瓶容量的选择方法：被蒸馏液体积一般不超过其容量的三分之二也不应少于其容量的三分之一；温度计量程应大于被收集馏分的沸程 20℃以上。冷凝装置选用直形冷凝管，冷却水应从下口进入、上口流出且上端的出水口应朝上，以保证冷却水充满冷凝管套；若液体的沸点高于 140℃，则必须用空气冷凝管。接收装置常用接液管连接锥形瓶或圆底烧瓶，若接液管（如牛角管）不带支管，则两者间不可塞紧，以防密闭体系爆炸；若被蒸馏物易挥发、易燃或有毒，可在接液管支管上连接一根橡皮管，通入水槽或引出室外。

【操作规程】

1. **加入样品** 先取干燥的蒸馏瓶（可放入干燥的烧杯中）称量，向蒸馏烧瓶中加入乙醇样品时，使蒸馏烧瓶倾斜，然后缓慢地往蒸馏烧瓶中倒入待蒸工业乙醇约 20ml，称量，再加入 2～3 粒沸石，防止加热时暴沸。注意：如果加热后才发现没加沸石，应立即停止加热，待液体冷却后再补加，切忌在加热过程中补加，否则会引起剧烈的暴沸，甚至使部分液体冲出瓶外，严重时引起着火。

2. **仪器安装** 按照如图 13-13 所示搭蒸馏装置，仪器装配的顺序：从热源开始，由下而上，从左向右，依次安装。注意：温度计水银球上端与蒸馏头支管底边处在同一水平线上，且刻度正对观测者。玻璃仪器磨口处连接紧密，不留缝隙，整个装置要求无论从正面或侧面观察，各仪器的轴线都要处在同一平面内。

3. **加热蒸馏** 先通冷凝水，然后开加热开关。开始加热时升温速度可以稍快些，并注意观察液体汽化情况，随时调整加热的速度，控制蒸馏出液速度以每秒钟 1～2 滴为宜。在蒸馏过程中，应使温度计水银球上始终附有冷凝液滴，此时气液两相平衡，温度计所指示的温度正是液体的沸点。一般在达到沸点或所需收集馏分的温度范围前，馏出的液体称为前馏分。当温度计指示温度恒定或达到所需的温度（如乙醇的沸点 78℃）时，换一个已称量过的干燥的锥形瓶收集 78～79℃的馏分。如果维持原先加热程度，不再有馏出液蒸出且温度突然下降或继续升高时，应停止蒸馏。即使杂质量很少或没有，蒸馏瓶中都应留有少量液体，切勿蒸干，以免发生意外事故。

4. **蒸馏结束** 撤除热源，待体系稍冷后再停止通冷凝水，然后自右向左拆卸装置（与安装顺序相反），洗净和收拾好仪器。并将蒸馏出的乙醇倒入指定的回收缸中，前馏分倒入废液回收桶。

【数据及结果】 称量馏分并记录实验数据，见表 13-5。

表 13-5 乙醇蒸馏实验数据及结果

产品名	大气压/kPa	样品色泽	样品质量/g	温度范围/℃	馏分色泽	馏分质量/g	回收率/%
乙醇							

【课后研究】

（1）液体的沸点与大气压有什么关系？温度计放置位置对沸点的准确性有何影响？

（2）蒸馏时，加入沸石为什么能防止暴沸？如果加热后才发现没加沸石怎么办？当重新蒸馏时，用过的沸石能否继续使用?

考点：①常压蒸馏的原理；②常压蒸馏装置的构成部件；③常压蒸馏的操作规程；④常压蒸馏及沸点测定的应用

实践项目六　萃　　取

【实验原理】

1. 萃取　萃取是一种常用的分离和提纯有机化合物的操作。依据溶剂（也称萃取剂）和被萃取物的相态可分为液-液萃取和液-固萃取。液-液萃取是利用物质在两种互不相溶（或微溶）的溶剂中溶解度的不同，使物质从一种溶剂中转移到另一种溶剂中的操作。液-固萃取是利用萃取剂从固态混合物中溶出所需的物质的操作。应用萃取可以从固体或液体混合物中获得所需的物质，也可以用来除去混合物中少量的杂质，通常前者称为“抽取”或“提取”，后者称为“洗涤”。

2. 分配定律　分配定律是液-液萃取的理论依据。在一定温度下，组分在两相间分配达到平衡时的浓度比称为分配系数，用 K 表示，分配系数是决定试样能否分离的参数，其大小取决于试样性质、有机溶剂的性质等，可以用公式表示为：$K=c_A/c_B$（c_A、c_B 为物质在 A、B 两种互不相溶的溶剂中的物质的量浓度，可以近似地看作是物质在两溶剂中的溶解度之比），一般从水溶液中萃取有机化合物时，要求被萃取物不与水、溶剂反应，在萃取剂（A）中的溶解度要大，而在水（B）中的溶解度较小；K 越大越容易把物质从水相中萃取到有机溶剂中，有效分离所需萃取次数越少；K 越小，有效分离所需萃取的次数越多。在操作中，可通过将一定量的溶剂分成 3～5 份，做多次萃取，来提高萃取的效率。

通常可在水中加入一些与溶剂和被萃取物不反应的电解质（如氯化钠）来降低有机化合物和萃取剂在水中的溶解度，以提高萃取效果。

【器材与试剂】

1. 仪器　分液漏斗，铁架台，铁圈，量筒，锥形瓶，烧杯，玻璃棒。

2. 试剂　2%乙酸，乙酸乙酯，凡士林，pH 试纸。

【操作规程】

1. 检漏　选择容积大于被萃取液体的体积一倍以上的分液漏斗。关闭分液漏斗颈部玻璃活塞，向分液漏斗内注入适量的蒸馏水，观察活塞的两端以及漏斗的下口处是否漏水。若不漏水，关闭上磨口塞，左手握住活塞，右手食指摁住上磨口塞，倒立，检查是否漏水；若不漏水，正立，将上磨口塞旋转 180°，倒立，检查是否漏水，若不漏水，则此分液漏斗可以使用；若漏水，拔下活塞，擦干漏水的磨口处，在旋塞的通孔两端涂少量凡士林（注意避开通孔），插入活塞并沿一个方向旋转直至透明。再重复上述检漏操作，不漏水方可使用，否则，更换新分液漏斗。注意：若是聚四氟乙烯活塞，不可涂凡士林，以免沾污萃取液。

2. 装料　按图 13-14 中静置装置图搭建萃取装置。量取 2%乙酸 5ml 加入分液漏斗中，再量取 7ml 乙酸乙酯加入分液漏斗中。注意：分液漏斗中液体总体积不能超过漏斗容积的 3/4。

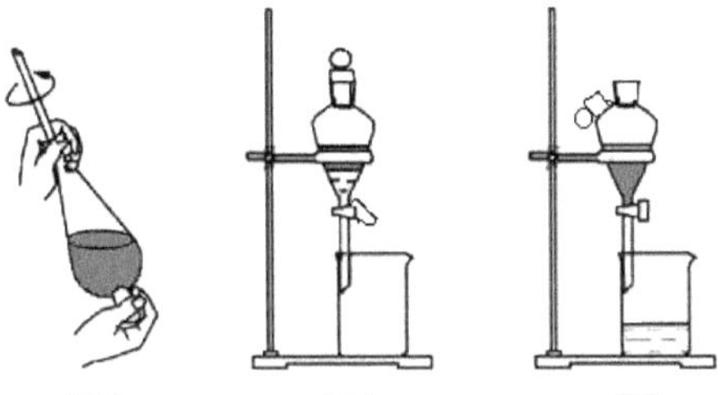

图 13-14　分液漏斗的使用示意图

3. 振摇　分液漏斗振摇时的抓握法：用右手食指、中指交叉掌根部顶住分漏漏斗塞紧的磨口塞，拇指、食指及中指包抓住漏斗的上部；左手的拇指、食指和中指卷曲握住活塞，无名指和小指卷曲抵在漏斗颈的下部，将活塞小头端置于左手掌心内。左撇子抓握法左右手对调。此抓握法可确保振摇时磨口塞和活塞紧密不漏液。将漏斗的长颈口端向上倾斜 15°～30°，按一定的旋转方向轻轻旋摇，使不相溶的液体充分混合。每隔几秒钟将长颈口倾斜向上，朝向无人处缓慢打开活塞放气，解除内部压力（图 13-14）。重复旋摇和放气操作 2～3 次，以便萃取充分。注意：避免过于剧烈或长时间振摇，以防产生乳化现象。

4. 静置分层 将分液漏斗放在铁架台的铁圈上，静置分层（图 13-14）。

5. 分液 分层后，打开顶部磨口塞，再用右手缓慢旋开分液漏斗下面的活塞，将下层液体放出到烧杯中，如图 13-14 所示，当液体分界面到达活塞孔道中间时立即关闭活塞。上层乙酸乙酯溶液从分液漏斗上口端倒出至锥形瓶。

6. 多次萃取 用 pH 试纸测试烧杯中水溶液的 pH，再将烧杯中的下层液体倒入分液漏斗中，加入 7ml 乙酸乙酯，重复上述 3～5 的操作，进行第二次萃取，并测试水层的 pH。

7. 实验结束 上层分出液倒入回收瓶中，分出的水层达标排放。清洁仪器，放回原处。分液漏斗的磨口和活塞处放置小纸条，以防长期不用粘连。

【数据及结果】 实验数据及结果填入表 13-6。

表 13-6 样品测定数据及结论

被萃取液	萃取前 pH	第一次萃取后 pH	第二次萃取后 pH
乙酸水溶液			
实验结论			

【课后研究】

（1）影响萃取效率的因素有哪些？怎样选择萃取剂？

（2）请设计除去水中少量苯酚的实验过程。

（3）试分析萃取过程产生乳化现象的原因及如何消除。

考点：①分配定律和液-液萃取的基本原理；②液-液萃取的操作规程；③分液漏斗的检漏和分液操作

实践项目七 减压蒸馏

【实验原理】 液体的沸点是指其蒸气压等于外界压力时的温度，因此液体的沸点是随外界压力的变化而变化的，降低蒸馏体系的压力，则液体的沸点下降，这种在减压下的蒸馏操作称为减压蒸馏或真空蒸馏。沸点与真空度的关系可近似由 $\lg p=A+B/T$ 导出，其中，p 为蒸气压，T 为绝对温度，A 和 B 为常数，以 $\lg p$ 为纵坐标，$1/T$ 为横坐标，可以得到一条直线，从两组已知的压力和温度可以计算出 A 和 B 的数值，再将压力代入上述公式，就可以算出对应压力下的沸点。一般的高沸点有机化合物，当压力降低到 2.67kPa（20mmHg，1mmHg=0.133 kPa。）时，沸点比常压沸点要低 100～120℃。如本实验水杨酸甲酯在常压下的沸点为 222℃，需要减压至 20mmHg，此时水杨酸甲酯的沸点约为 120℃。很多有机化合物，特别是高沸点的有机化合物，在常压下蒸馏往往发生分解、氧化或聚合等反应。在这种情况下，采用减压蒸馏方法最为有效。

【器材与试剂】

1. 仪器 电子控温油浴，50ml 蒸馏瓶，克氏蒸馏头，毛细管，温度计，冷凝管，真空接液管，安全瓶，测压计（或电子测压计），氯化钙塔，氢氧化钠塔，石蜡块塔，真空泵，升降台。

2. 试剂 水杨酸甲酯（冬青油）。

【减压蒸馏装置】 减压蒸馏装置主要由蒸馏、减压（抽真空）、安全保护和测压四个部分组成（图 13-15）。

1. 蒸馏 由蒸馏瓶、克氏蒸馏头、毛细管、温度计、冷凝管、接受器和加热装置等组成。克氏蒸馏头可以减少由于液体暴沸而飞溅入冷凝管的可能性。毛细管（可用 0.5ml 刻度移液管替代，不易断）则是气化中心，使蒸馏平稳，避免液体过热面产生暴沸冲出现象。毛细管管口距瓶底 1～2mm，为了控制毛细管的进气量，可在毛细管上口端套一段橡皮管，并用螺旋夹夹住。馏出液接受部分通常

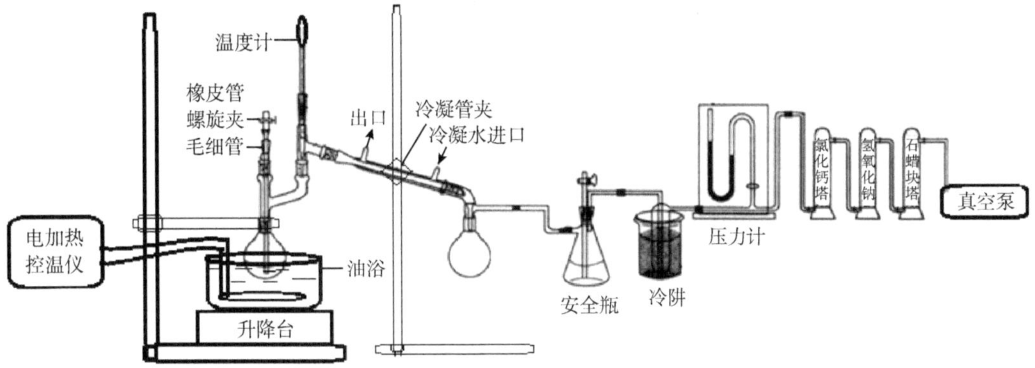

图 13-15　减压蒸馏装置

采用多尾真空接液管连接两个或三个梨形烧瓶，只需转动接液管便可接受不同的馏分。注意：减压蒸馏系统中切勿采用有裂纹或厚薄不均的玻璃仪器，更不可用不耐压的平底瓶（如锥形瓶），以防内向爆炸。加热装置最好采用带有电加热控温的硅油浴，且烧瓶中蒸馏液体部分应没入硅油中，保证受热均匀。

2. 安全保护　一般用安全瓶，安全瓶的作用是使仪器装置内不发生太突然的变化以及防止泵油的倒吸。若使用油泵，则要注意油泵的防护保养，不使有机化合物质、水、酸等的蒸气侵入油泵内，因此，用油泵进行减压蒸馏时，在接受器和油泵之间，应顺次装上冷阱和分别装有粒状氢氧化钠、块状石蜡、硅胶或无水氯化钙等吸收干燥塔，以防止低沸点溶剂、酸和水汽进入油泵。其中冷阱可放在广口的保温瓶内，用冰-盐或干冰-丙酮冷却剂冷却。

3. 减压　采用减压泵，最常用的减压泵是油泵和水泵，水泵所能达到的真空度不如油泵。与蒸馏系统相连接的应采用硬质橡胶管，以保证抽气时不塌瘪。

4. 测压　可采用U型水银测压计或电子测压计。

【操作规程】

1. 减压蒸馏装置搭建　按图13-17所示，从下往上，从左向右，依次组装减压蒸馏装置。为了保证系统的气密性好，磨口仪器的所有接口部分都必须用真空油脂润滑涂好。

2. 气密性检查　开启减压泵，关闭安全瓶上的活塞，再拧紧螺旋夹关闭毛细管，减压至压力稳定后，夹住连接蒸馏系统的橡胶管，观察压力计是否有变化，无变化则不漏气，有变化即表示漏气。检查仪器不漏气后，恢复到检查前装置状态。

3. 加样　量取20ml水杨酸甲酯，拔去毛细管，通过长颈漏斗加入蒸馏瓶中，再装好毛细管。

4. 减压蒸馏　开启减压泵，关好安全瓶上的活塞，调节毛细管导入的空气量，以能冒出一连串小气泡为宜。小气泡作为液体沸腾汽化中心，同时又起一定的搅拌作用，可防止液体暴沸。当压力稳定后，开始加热。液体沸腾后，应注意控制温度，并观察沸点变化情况。待沸点稳定后，转动多尾接液管接受馏分，蒸馏速度以每秒0.5～1滴为宜。在蒸馏过程中，应注意压力计的读数、压力、液体沸点、油浴温度，收集馏分的沸程等数据。

5. 蒸馏停止　蒸馏完毕，移去热源，慢慢旋开夹在毛细管上的橡皮管的螺旋夹，待蒸馏瓶稍冷后再慢慢开启安全瓶上的活塞，平衡内外压力（注意：这一操作须特别小心，一定要慢慢地旋开旋塞，使压力计中的水银柱慢慢地恢复到原状，如果引入空气太快，水银柱会很快的上升，有冲破U型管压力计的可能），然后才关闭抽气泵。

6. 实验结束　收集所有馏分并量取体积。拆卸减压装置并清洗玻璃仪器。

【数据及结果】　水杨酸甲酯减压蒸馏的实验数据及结果见表13-7。

表 13-7 减压蒸馏实验数据及结果

蒸馏前		蒸馏	
项目	数据	项目	数据
色泽		沸点或沸程/℃	
样品体积/ml		馏分体积/ml	
初始真空度		真空度	
回收率/%			

【课后研究】

（1）在何种情况下需要采用减压蒸馏？

（2）减压蒸馏时，为什么先抽气再加热，而结束时先移除热源再停止抽气？

考点：①减压蒸馏的原理；②减压蒸馏装置的组成；③减压蒸馏的操作规程；④减压蒸馏的应用

实践项目八　提取茶叶中的咖啡因

【实验原理】 咖啡因（1, 3, 7-三甲基-2, 6-二氧嘌呤），又称咖啡碱，是一种生物碱，存在于茶叶、咖啡、可可等植物中，咖啡因的结构式为

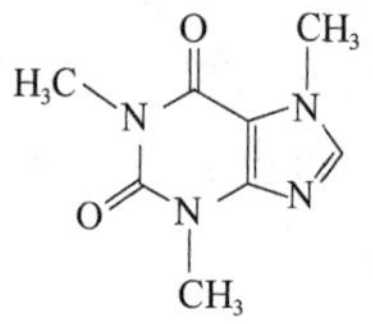

茶叶中含有 1%～5%的咖啡因，同时还含有单宁酸、色素、纤维素等物质。

咖啡因是弱碱性化合物，可溶于氯仿、丙醇、乙醇和热水中，难溶于乙醚和苯（冷）。纯品熔点 235～236℃，含结晶水的咖啡因为无色针状晶体，在 100℃时失去结晶水，并开始升华，120℃时显著升华，178℃时迅速升华，利用这一性质可纯化咖啡因。

索氏提取法是利用溶剂回流及虹吸原理使固体物质连续不断地被纯溶剂所提取的固-液萃取法。该法所用溶剂少且效率高。本实验是以乙醇为溶剂，用索氏提取器从茶叶中提取得到含咖啡因等的混合物，再经浓缩、中和、升华，得到含结晶水的咖啡因。

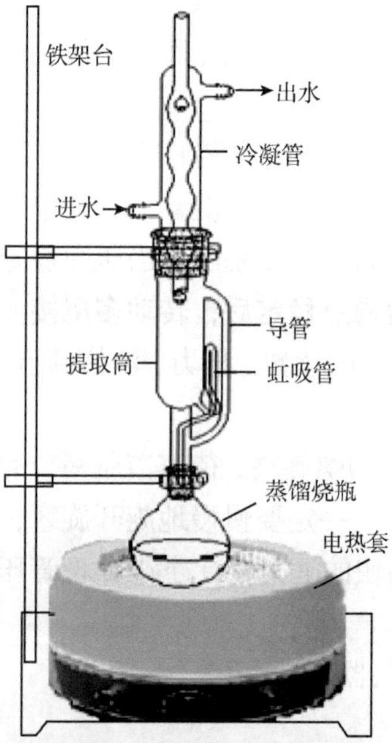

图 13-16 咖啡因的提取装置图

咖啡因工业上主要是通过人工合成制得。它具有刺激心脏、兴奋大脑神经和利尿等作用。故可以作为中枢神经兴奋药，也是复方阿司匹林（APC）等药物的组分之一。

【器材与试剂】

1. 仪器 电加热套，电陶炉，索氏提取器，滤纸，脱脂棉，蒸馏装置，抽滤装置，蒸发皿，玻璃漏斗，烧杯。

2. 试剂 茶叶，氯仿，95%乙醇，10% 盐酸，碘-碘化钾试剂，30% H_2O_2，5%鞣酸，浓氨水、生石灰。

【索氏提取器装置】 索氏提取器装置由索氏提取器、冷凝管、蒸馏烧瓶和加热装置组成，见图 13-16。

【操作规程】

1. 咖啡因的提取 称取 5g 干茶叶，装入滤纸筒内，轻轻压实，滤纸筒上口塞一团脱脂棉，置于索氏提取器提取筒中，滤纸筒高度不超过

虹吸管，索式提取器的虹吸管极易折断，装配和取拿时必须特别小心。圆底烧瓶内加入 60～80ml 95%乙醇，加热乙醇至沸，连续抽提 1h，待冷凝液刚刚虹吸下去时，立即停止加热。将仪器改装成蒸馏装置，加热回收大部分乙醇。然后将残留液（10～15ml）倾入蒸发皿中，烧瓶用少量乙醇洗涤，洗涤液也倒入蒸发皿中，蒸发至近干。加入 4g 生石灰粉，搅拌均匀，用电陶炉或电炉加热，蒸发至干，除去全部水分。冷却后，擦去沾在边上的粉末，以免升华时污染产物。

2. 升华提纯 将一张刺有许多小孔的圆形滤纸盖在蒸发皿上，取一只大小合适的玻璃漏斗罩于其上，漏斗颈部疏松地塞一团棉花。将蒸发皿放置于电陶炉上小心加热，慢慢升高温度，咖啡因通过滤纸孔遇漏斗内壁凝固，当纸上出现白色针状晶体时，暂停加热，冷却至 100℃左右，揭开漏斗和滤纸，用小刀将附着于滤纸及漏斗壁上的咖啡因刮入表面皿中。搅拌蒸发皿内的残渣，重新放好滤纸和漏斗，用较高的温度再加热升华一次。合并两次升华所收集的咖啡因并称量。注意：在升华过程中必须始终严格控制加热温度，温度太高，将导致被烘物和滤纸炭化，产品既受污染又遭损失，进行再升华时，加热温度也应严格控制。

3. 咖啡因的鉴定

（1）与生物碱试剂反应：取咖啡因结晶的一半于小试管中，加 40ml 水，微热，使固体溶解。分装于 2 支试管中，一支加入 1～2 滴 5%鞣酸溶液，记录现象。另一支加 1～2 滴 10%盐酸（或 10%硫酸），再加 1～2 滴碘-碘化钾试剂，记录现象。

（2）氧化：在蒸发皿剩余的咖啡因中，加入 30% H_2O_2 8～10 滴，置于水浴上蒸干，记录残渣颜色。再加 1 滴浓氨水于残渣上，观察并记录颜色有何变化。

【数据及结果】 将咖啡因提取数据及鉴别反应现象填写入表 13-8。

表 13-8 咖啡因提取数据及反应现象

项目	数据	反应	现象
茶叶质量		与生物碱反应试管 1	
咖啡因质量		与生物碱反应试管 2	
性状		氧化后蒸干	
回收率/%		氧化后蒸干、加浓氨水	

【课后研究】

（1）索式提取器的工作原理是什么？它有什么优点？

（2）查找资料，咖啡因具有哪些药物作用？

考点：①旋光仪的组成部件与操作方法；②索氏萃取、蒸馏、升华等基本操作；③从茶叶中提取咖啡因的操作规程；④咖啡因的鉴定方法

实践项目九 水蒸气蒸馏八角茴香

【实验原理】 不溶或几乎不溶于水的挥发性有机化合物和水一起蒸馏的操作称为水蒸气蒸馏。当有机化合物与水一起加热时，整个系统的蒸气压是各组分的蒸气压之和，即

$$p_{总} = p_{H_2O} + p_A + p_B + K \tag{13-2}$$

当总蒸气压与大气压相等时，液体开始沸腾（低于 100℃）。此时混合物的沸点低于系统内任何一个组分的沸点，所以用水蒸气蒸馏可使有机化合物在比其沸点低得多的温度下蒸馏出来。

能够采用水蒸气蒸馏提纯或分离有机化合物必须具备以下几个条件：①不溶于水或难溶于水；②长时间与水共沸，不与水反应；③在 100℃时，有 5mmHg 左右的蒸气压。

水蒸气蒸馏适用于以下几种情况：①常压蒸馏会发生分解的高沸点有机化合物；②产物与大量树脂状、不挥发或难挥发杂质混合，采用蒸馏或萃取等方法都很难分离；③反应副产物或过剩的原料容

易随水蒸气挥发。

【器材与试剂】

1. 仪器 二颈烧瓶，安全管，水蒸气发生器，接液管，三通管，酒精灯，分液漏斗，锥形瓶，直形冷凝管，双孔橡胶塞，螺旋夹，量筒等。

2. 试剂 八角茴香，蒸馏水。

【水蒸气蒸馏装置】 水蒸气蒸馏装置由水蒸气发生装置和蒸馏装置组成（图 13-17）。水蒸气发生装置由加热器（如电热套）、安全导管、长颈烧瓶和导气管构成；安全导管下端应插入水蒸气发生器中水面中部以下，但不可接近底部。导气管与蒸馏烧瓶中导气管间应接三通管（也称 T 形管）。三通管用来除去水蒸气在导气管中冷凝下来的水，有时在操作不正常情况下，也可使水蒸气发生器与大气相通。蒸馏物的量不应超过蒸馏烧瓶容积的 1/3。水蒸气导入管要插入接近蒸馏瓶的底部，使水蒸气与待蒸馏液体接触充分，如图 13-17 所示。

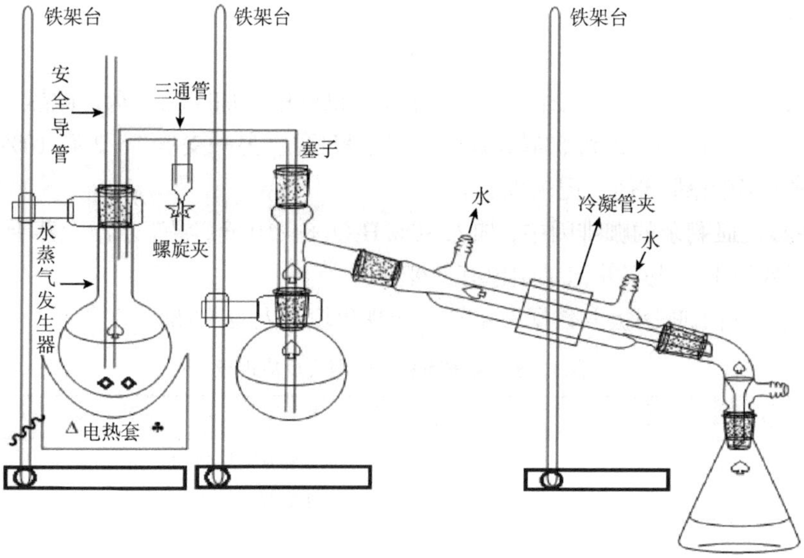

图 13-17 水蒸气蒸馏装置

【操作规程】

1. 加入样品 往水蒸气发生器中加入约为容器 3/4 的水，再加入几颗沸石。称取 10g 八角茴香，用研钵研碎，加入 250ml 蒸馏烧瓶中，再加入 30ml 水。

2. 装配仪器 遵循“由下而上，从左往右”的装配原则按图 13-17 装配好仪器。

3. 水蒸气蒸馏 先通入冷凝水，再打开 T 形管处螺旋夹通大气，加热使水蒸气发生器中水沸腾，待有大量水蒸气产生并从 T 形管中出来时，立即旋紧螺旋夹，使水蒸气导入烧瓶中，开始蒸馏。随着水蒸气的冷凝，烧瓶内液体不断增加，当超过烧瓶容积 2/3 时，或蒸馏速度缓慢时，可小火加热烧瓶。蒸馏速度控制在 2～3 滴/s。

4. 蒸馏停止 当馏出液澄清或达到 200ml 时，停止蒸馏。先松开螺旋夹通大气，再停止加热，以防倒吸。冷却至室温后拆除装置。

5. 分液 将馏出物转入分液漏斗中，静置分层，取上层液，并称量。

【数据及结果】 记录八角茴香油的色泽和质量，并计算出产率。

【课后研究】

（1）怎样判断水蒸气蒸馏的馏出物在水的上层还是下层？

（2）在水蒸气蒸馏过程中要经常检查什么？

（3）请设计水蒸气蒸馏油脂的实验步骤。

考点：①水蒸气蒸馏的基本原理；②水蒸气蒸馏装置的组成；③水蒸气蒸馏的操作规程；④水蒸气蒸馏的应用

实践项目十　乙酰苯胺的制备

【实验原理】 游离胺能参与许多化学反应，乙酰化后乙酰胺的碱性比胺弱，且难被氧化，参与典型反应的倾向小。芳胺酰化后，芳环的亲电取代反应活性也小于芳胺。酰胺在酸或碱的催化下水解又可以回到游离胺，因此在有机合成中可以通过乙酰化反应来保护伯胺和肿胺。苯胺是极为重要的芳胺，常用的酰化试剂有乙酰氯、乙酸酐和冰醋酸，采用酰氯或酸酐作为酰化剂，反应进行较快，但原料价格较贵。本实验采用冰醋酸作为酰化剂，价格便宜，但反应时间较长。反应过程中不断移除生成的水，有助于提高产率。反应中需加入锌粉防止苯胺氧化，其反应式如下：

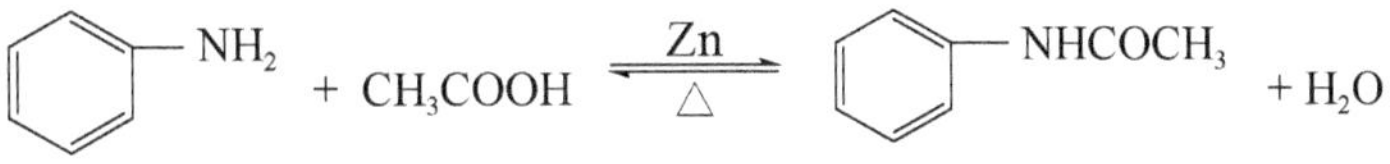

反应粗产品中含有未反应的苯胺，可采用重结晶的方法除去苯胺及其他杂质。

乙酰苯胺，俗名退热冰，是重要的医药中间体，用于合成樟脑，制取药物、染料和橡胶硫化促进剂等。

【器材与试剂】

1. 仪器　圆底烧瓶（50ml），蒸馏头，刺形分馏柱，温度计（200℃），冷凝管，接液管，抽滤瓶（250ml），布氏漏斗，短颈漏斗，玻璃塞，红外灯，烧杯（250ml，100ml），电热套，电陶炉，滤纸，循环水真空泵。

2. 试剂　苯胺，冰醋酸，锌粉，活性炭。

【制备装置】 乙酰苯胺制备装置由加热装置（温控油浴较好）、反应烧瓶、刺形分馏柱、温度计（200℃）和接受器组成（图 13-18）。因反应过程中需及时移去生成水，提高反应产率。但水与反应物冰醋酸的沸点相差不大，要将二者分开，必须在反应瓶上装一个刺形分馏柱，使水和乙酸的混合气体在分馏柱内进行多次汽化和冷凝，部分乙酸回流入烧瓶继续反应，水分蒸出。

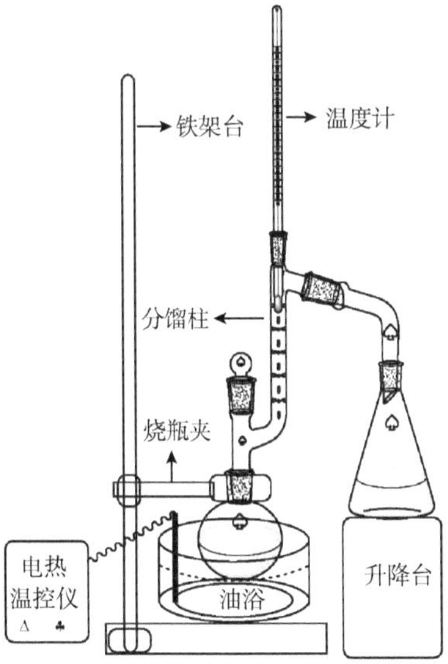

图 13-18　乙酰苯胺的制备装置图

【操作规程】

1. 制备粗乙酰苯胺　在 50ml 圆底烧瓶中加入 5ml 苯胺（5.1g，0.055mol）、7.5ml 冰醋酸（7.5g，0.13mol）和 0.1g 锌粉，摇匀，再加入两粒沸石。按图 13-18 搭建制备装置。缓慢加热，保持微沸而蒸气不进入分馏柱。15min 后，逐渐升高，将反应生成的水和少量乙酸缓慢蒸出，馏出液的温度控制在 104～105℃，反应约 1h。反应瓶中有阵阵白烟产生，温度计温度下降，表示反应已基本完成，停止加热。在剧烈搅拌下，趁热将反应混合物慢慢倒入装有 100ml 冷水的烧杯中，以使沉淀析出完全，然后将沉淀与母液转移到布氏漏斗中抽气过滤，并用少量冷水洗涤并压紧，即得粗产品乙酰苯胺。

2. 提纯粗乙酰苯胺　将粗乙酰苯胺放入 250ml 烧杯中，加入 80ml 蒸馏水，在电陶炉上加热煮沸（可在烧杯上覆盖表面皿防水分蒸发过快），待粗品完全溶解后（如不能完全溶解，可补加适量水，再煮沸便完全溶解），停止加热，稍冷后加入约 1g 活性炭，搅拌，再煮沸数分钟进行脱色，趁热过滤（使用菊花形滤纸和短颈漏斗）。将滤液冷却至室温，析出大量晶体，用布氏漏斗抽气过滤，晶体再用少量水洗涤 2 次，抽干后再红外烘干，即得精制乙酰苯胺。

【数据及结果】 记录乙酰苯胺的色泽和质量并计算产率。

【课后研究】

（1）应用苯胺为原料进行苯环上某些取代反应时，为什么常先要进行乙酰化？

（2）怎样检验乙酰苯胺是否纯净？

（3）查找资料，除乙酰苯胺外，还有那些常用的退烧药物。

考点：①苯胺乙酰化反应的原理；②苯胺乙酰化反应的装置；③固体有机化合物制备操作规程。

实践项目十一　乙酰丁酯的制备

【实验原理】 在酸（硫酸或盐酸）催化下，羧酸与醇反应生成酯和水，是典型的可逆酯化反应。主反应方程式如下。

$$CH_3COOH + CH_3(CH_2)_2CH_2OH \underset{\triangle}{\overset{H^+}{\rightleftharpoons}} CH_3COOCH_2(CH_2)_2CH_3 + H_2O$$

副反应：

$$CH_3(CH_2)_2CH_2OH + H_2SO_4 \underset{\triangle}{\overset{H^+}{\rightleftharpoons}} CH_3(CH_2)_2CH_2OHSO_3 + H_2O$$

$$2CH_3(CH_2)_2CH_2OH \underset{\triangle}{\overset{浓H_2SO_4}{\rightleftharpoons}} CH_3(CH_2)_2CH_2OCH_2(CH_2)_2CH_3 + H_2O$$

$$CH_3(CH_2)_2CH_2OH \underset{\triangle}{\overset{浓H_2SO_4}{\rightleftharpoons}} CH_3CH{=}CH_2CH_3 + CH_2{=}CHCH_2CH_3 + H_2O$$

为了使平衡向生成酯的方向移动，可以增加反应物之一的酸或醇的量，也可以将反应生成物及时蒸出。本实验采用冰醋酸过量和生成物水通过分水器移除的方法，以提高正丁醇的转化率。用浓硫酸作催化剂，控制温度在 110～120℃。初馏液中含有乙酸丁酯外，还有醚、硫酸氢丁酯、丁烯、水等副产物和未反应的少量丁醇和乙酸等。依次采用碳酸钠溶液洗涤除去酸，饱和氯化钙溶液洗涤除醇，无水硫酸镁干燥除去少量水，最终蒸馏纯化。

【器材与试剂】

1. 仪器 分液漏斗，球形冷凝管，分水器，圆底烧瓶，温度计，锥形瓶，量筒。

2. 试剂 丁醇，冰醋酸，浓硫酸，饱和碳酸钠溶液，饱和食盐水，饱和氯化钙溶液，无水硫酸镁，pH 试纸。

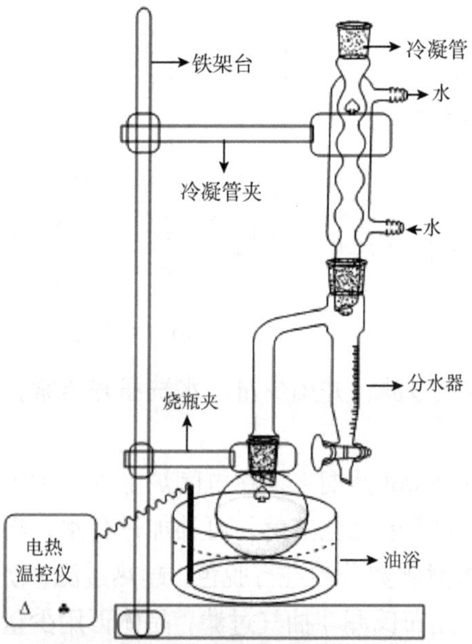

图 13-19　乙酸丁酯的制备装置图

【制备装置】

乙酸丁酯的制备装置由电热温控仪、硅油浴、蒸馏烧瓶、分水器和球形冷凝管组成（图 13-19）。电热温控仪可以调控反应温度，降低副反应；硅油浴可使反应受热均匀；分水器和冷凝管可以使反应物回流充分反应和分离水，提高反应产率。

【操作规程】

1. 样品准备 用量筒量取 7.5ml（5.5g，0.075mol）正丁醇和 8.5ml（9g，0.15mol）冰醋酸于 50ml 圆底烧瓶中，边振摇边缓慢滴加 0.5ml 浓硫酸，使反应物混合均匀，避免造成局部酸过浓引起有机化合物碳化，发生副反应。充分混合后加几粒沸石。

2. 制备装置搭建 在油浴缸中加入硅油，放入加热器，固定烧瓶使瓶中液面没入油浴中；在分水器内加入水，液面至离分水器支管口 1～2cm，接入圆底烧瓶，在分水器上方接入球形冷凝管，如图 13-21 所示。通冷凝水。

3. 制备反应 开启电热温控仪，加热至温度 110～120℃。加热沸腾后，分水器的液面逐渐上升，上层液体回流至圆底烧瓶中，待水层接近支管口时放出水至原起始液面，重复数次，待液面保持基本不变时，反应完全，停止加热。

4. 洗涤除杂 用少量饱和食盐水冲洗分水器，并将溶液倒入分液漏斗，将圆底烧瓶中的液体也一并倒入分液漏斗，静置分层，弃去水层，再往分液漏斗中加入15%碳酸钠溶液，振摇直至没有气体逸出，用pH试纸检验，酯层呈中性。把混合液移入分液漏斗，充分振摇后静置分层，弃去水层。用10ml饱和食盐水洗涤酯层，用分液漏斗分离。从分液漏斗上口将酯层倒入干燥的锥形瓶中，加入无水硫酸镁干燥。

5. 蒸馏纯化 将干燥好的粗产品滤入圆底烧瓶中，加入几颗沸石，装好蒸馏装置，在油浴中加热蒸馏。用已称量的锥形瓶收集124～126℃的馏分。

【数据及结果】 观测乙酸丁酯的色泽、气味，记录馏分沸程，称量并计算产率。

【课后研究】

（1）粗产品中的杂质有哪些？怎样除去这些杂质？

（2）实验中的浓硫酸起什么作用？为什么必须洗去碳酸钠后再用饱和氯化钙溶液洗去醇？

考点：①酯化反应及副反应；②分水器的作用；③有机酸合成酯的操作规程

自测题

一、单项选择题

1. 有机实验室发生下列火灾时处理错误的是（　　）
   A. 小器皿内着火：马上用砂袋、石棉板、金属板等覆盖，可使其立即熄灭
   B. 有机化合物质着火：马上用水浇灭
   C. 衣服着火：不要惊慌地到处乱跑，着火者可就地滚动，压灭火焰，同时用水冲淋，使火彻底熄灭
   D. 电器着火：应立即切断电源，然后用灭火器灭火，灭火的时候从四周向中心扑灭
2. 下列情况使熔点偏低的是（　　）
   A. 加热过快　　B. 样品受到污染
   C. 样品研得不细　　D. 样品填装得不实
3. 下列不属于重结晶选择试剂的要求是（　　）
   A. 不与被提纯的物质起化学反应
   B. 温度对被提纯物质在溶剂中溶解度影响大
   C. 无毒，无腐蚀性，操作安全
   D. 对杂质的溶解度非常小
4. 下列哪项不能通过蒸馏完全实现（　　）
   A. 测定化合物沸点
   B. 分离液体混合物
   C. 提纯，除去不挥发的杂质
   D. 回收溶剂
5. 下列有关比旋光度的测定操作，错误的是（　　）
   A. 仪器使用前要预热
   B. 对于未知样品，可以一次读出旋光度值
   C. 旋光管装液前要润洗
   D. 两次操作用相同长度的旋光管
6. 从碘水中萃取碘的实验中，不能用作萃取剂的是(　　)
   A. 四氯化碳　　B. 苯
   C. 乙醇（酒精）　　D. 汽油
7. 减压蒸馏结束后，首先应（　　）
   A. 关闭冷却水　　B. 移开热源
   C. 拆除安全瓶　　D. 打开安全阀
8. 下列哪项不是乙酰苯胺制备的实验用到的仪器装置（　　）
   A. 萃取装置　　B. 分馏装置
   C. 热过滤装置　　D. 抽滤装置
9. 下列哪项可用来除去液态有机化合物中含有的微量水（　　）
   A. 金属钠　　B. 无水氯化钙
   C. 无水硫酸镁　　D. 醋酐
10. 下列哪个操作不是连续性的（　　）
   A. 索氏提取　　B. 回流
   C. 分液　　D. 分馏

二、简答题

1. 重结晶包括哪些步骤?
2. 蒸馏由几部分组成?各部分玻璃仪器的名称是什么?
3. 热过滤和抽滤用到哪些仪器?
4. 简述减压蒸馏装置的组成和气密性检查操作方法。
5. 水蒸气蒸馏原理是什么？被提纯物质需要满足哪几个条件?
6. 制备乙酰苯胺为何要及时除去生成的水？如何除去?
7. 乙酸丁酯制备中馏出液用饱和碳酸钠溶液洗涤的目的是什么?用氢氧化钠溶液代替行不行?为什么?

（张青芳）

参考文献

程青芳，2019. 有机化学实验. 3 版. 南京：南京大学出版社

国家药典委员会，2020. 中华人民共和国药典. 北京：中国医药科技出版社

蒋银燕，2017. 化学实验教程. 北京：人民卫生出版社

刘斌，卫月琴，2018. 有机化学. 3 版. 北京：人民卫生出版社

刘军，王萍，张文雯，2020. 有机化学.4 版. 北京：化学工业出版社

陆涛，2016. 有机化学. 8 版. 北京：人民卫生出版社

马俊，2014. 有机化学实验. 4 版. 北京：中国医药科技出版社

王志江，2018. 有机化学. 2 版. 北京：中国中医药出版社

郇瑞斌，徐伟刚，2015. 有机化学. 3 版. 北京：科学出版社

邢其毅，2016. 基础有机化学. 4 版. 北京：北京大学出版社

周健民，余瑜，2018. 有机化学. 2 版. 南京：江苏凤凰科学技术出版社

教学基本要求

（108 课时）

一、课程性质和课程任务

《有机化学》是高职高专药学类、药品制造类、食品药品管理类、医学检验技术等相关专业的专业课程标准中的必修的、重要的基础课程，是一门介绍有机化合物的来源、结构、性质、应用等基础知识和制备、分离纯化、测定等基本技能的课程。它的主要任务是在学习《基础化学》的基础上，根据高职高专药学类、药品制造类、食品药品管理类、医学检验技术等相关专业的人才培养目标的要求，使学生有选择地学习有机化学的基本理论、基本知识和基本反应；初步掌握有机化合物的结构和性质以及两者之间的关系，特别是与药学、医学、食品等有关的重要有机化合物的用途；并训练有机实验的基本操作，为生物化学、药理学、微生物学、药物化学、药物制剂技术、营养学、药品食品检验技术、医学检验技术等后续课程及专业核心课程的学习打下坚实的基础；培养学生用有机化学的知识和方法分析问题和解决问题的能力，并为学生今后进一步的发展提供必要的知识储备。

二、课程教学目标

（一）职业素养目标

（1）具有爱党爱国爱民的思想和服务大众的理念，积极参与新药、新技术的开发研究应用，为人类美好生活贡献光或热。

（2）具有良好的安全与法律意识，自觉遵守化学品、危化品、毒品管理法律法规，不危害他人及自身。

（3）具有绿色化学的理念和环保意识，保护自然资源和环境。

（4）具有健康的心理和认真负责的职业态度，做好自身与他人的防护措施。

（5）具有勤学善思的学习习惯、细心严谨的工作作风、团队合作的职业精神和较强的沟通适应能力。

（6）具有终身学习的理念，在学习和实践中不断地思考问题、研究问题、解决问题。

（二）专业知识和技能

（1）掌握有机化合物的名称、结构和性质的基础知识及常见重要化合物的应用。

（2）掌握常用的有机化合物分离纯化的基本方法和操作技能。

（3）具有有毒有害有机化学品判断和区分的能力，做好自身与他人的防护措施。

三、教学内容和要求

教学内容	教学要求			教学活动参考	教学内容	教学要求			教学活动参考
	了解	熟悉	掌握			了解	熟悉	掌握	
一、绪论				理论讲授 多媒体	（三）二烯烃		√		理论讲授 多媒体
（一）有机化合物和有机化学		√			（四）炔烃			√	
（二）有机化合物的结构			√		三、环烃				
（三）有机化合物的分类和特点			√		（一）脂环烃		√		
二、链烃					（二）单环芳烃			√	
（一）烷烃			√		（三）多环芳烃和非苯系芳烃		√		
（二）单烯烃		√			四、对映异构				

续表

教学内容	教学要求			教学活动参考
	了解	熟悉	掌握	
（一）手性与对映异构			√	理论讲授 多媒体
（二）光学异构体		√		
五、卤代烃				
（一）卤代烃的分类和命名			√	
（二）卤代烃的性质		√		
（三）重要的卤代烃	√			
（四）亲核取代反应和消除反应机理		√		
六、 醇 酚 醚				
（一）醇			√	
（二）酚			√	
（三）醚		√		
（四）硫醇和硫醚		√		
七、醛 酮 醌				
（一）醛和酮		√		
（二）醌	√			
八、羧酸及其衍生物				
（一）羧酸			√	
（二）取代羧酸		√		
（三）羧酸衍生物			√	
（四）油脂和磷脂	√			
（五）碳酸衍生物	√			
九、有机含氮化合物				
（一）胺			√	
（二）重氮化合物和偶氮化合物		√		

教学内容	教学要求			教学活动参考
	了解	熟悉	掌握	
（三）腈		√		理论讲授 多媒体
十、杂环化合物与生物碱				
（一）杂环化合物			√	
（二）生物碱	√			
十一、糖 蛋白质 核酸				
（一）糖			√	
（二）蛋白质			√	
（三）核酸		√		
十二、萜类和甾族化合物				
（一）萜类化合物		√		
（二）甾族化合物		√		
十三、有机化学实验基本技能				
实践项目一 有机化学实验常识			√	
实践项目二 熔点的测定			√	实践教学 多媒体
实践项目三 重结晶			√	
实践项目四 旋光度的测定		√		
实践项目五 常压蒸馏			√	
实践项目六 萃取			√	
实践项目七 减压蒸馏			√	
实践项目八 提取茶叶中的咖啡因		√		
实践项目九 水蒸气蒸馏八角茴香		√		
实践项目十 乙酰苯胺制备			√	
实践项目十一 乙酸丁酯的制备			√	

四、学时分配建议（108学时）

教学内容	学时数		
	理论	实践	小计
第1章 绪论	4		4
第2章 链烃	8		8
第3章 环烃	6		6
第4章 对映异构	4		4
第5章 卤代烃	4		4
第6章 醇 酚 醚	6		6
第7章 醛 酮 醌	6		6
第8章 羧酸及其衍生物	8		8
第9章 有机含氮化合物	6		6
第10章 杂环化合物与生物碱	4		4
第11章 糖 蛋白质 核酸	6		6
第12章 萜类和甾族化合物	4		4

续表

教学内容	学时数		
	理论	实践	小计
第 13 章　有机化学实验基本技能			
实践项目一　有机化学实验常识		2	2
实践项目二　熔点的测定		2	2
实践项目三　重结晶		4	4
实践项目四　旋光度的测定		2	2
实践项目五　常压蒸馏		2	2
实践项目六　萃取		2	2
实践项目七　减压蒸馏		4	4
实践项目八　提取茶叶中的咖啡因		4	4
实践项目九　水蒸气蒸馏八角茴香		4	4
实践项目十　乙酰苯胺制备		6	6
实践项目十一　乙酸丁酯的制备		4	4
机动	4	2	6
合计	70	38	108

五、教学基本要求的说明

（1）有关理论教学内容的编排建议：本课程主要以官能团作为内容编排的主线，各章节主要讲授有机化合物的结构、命名、性质以及与药学、食品、医学有关的重要化合物，典型反应机理可以根据各院校的实际情况施教——选讲或少讲。

（2）在有机化学教学具体实施过程，应根据专业的不同，教学内容的侧重点应有所体现，并可对教学课时分配做出相应的调整。

（3）由于知识容量大，课时紧，应尽可能地利用现代化的教学手段，提高教学效率，增强教学效果。

（4）实践训练项目可根据各院校教学计划和实践硬件条件进行选择性实践教学，无条件开展的实践项目可选择录像视频教学。

自测题（选择题）参考答案

第1章

1. BC　2. B　3. ACD　4. D　5. ABC　6. C　7. D　8. D　9. AC　10. C　11. AC　12. C

第2章

1. D　2. B　3. A　4. D　5. C　6. C　7. B　8. B　9. C　10. B　11. D　12. C　13. B　14. D　15. B

第3章

1. CD　2. C　3. BCD　4. ACD　5. ABC　6. ABD　7. B　8. C　9. AD　10. A　11. BCD　12. B
13. AC　14. ABD　15. ABCD

第4章

1. C　2A　3. A　4. A　5. AB　6. A　7. ABC　8. BD　9. D　10. B

第5章

1. D　2. C　3. A　4. A　5. D　6. C　7. C　8. A　9. D　10. B　11. A　12. C　13. AC　14. BC　15. BCD

第6章

1. C　2. A　3. B　4. B　5. B　6. A　7. B　8. B　9. D　10. D　11. C　12. C　13. A　14. B　15. A

第7章

1. A　2. C　3. C　4. B　5. A　6. D　7. B　8. A　9. B　10. D

第8章

1. C　2. B　3. C　4. A　5. D　6. C　7. D　8. B　9. C　10. C　11. A　12. C　13. A　14. B　15. C
16. C　17. A　18. D

第9章

1. B　2. A　3. C　4. C　5. C　6. A　7. B　8. B　9. D　10. D

第10章

1. B　2. A　3. E　4. E　5. B　6. B　7. BCE　8. CDE　9. A　10. ABD

第11章

1. C　2. C　3. A　4. A　5. D　6. B　7. A　8. B　9. A　10. D　11. A　12. C　13. C　14. D　15. B
16. C　17. B　18. D

第12章

1. B　2. A　3. B　4. D　5. C　6. D　7. B　8. D　9. A　10. B

第13章

1. B　2. B　3. D　4. B　5. B　6. C　7. D　8. A　9. C　10. C